LA PHILOSOPHIE
DE LA NATURE
CHEZ LES ANCIENS

PAR

CH. HUIT
DOCTEUR ÈS LETTRES

> « Res ardua obscuris lucem dare,
> « omnibus vero naturam, et
> « naturae sua omnia ».
> [PLINE L'ANCIEN].

Ouvrage couronné
par l'Académie des Sciences morales et politiques

PARIS
ANCIENNE LIBRAIRIE THORIN ET FILS
ALBERT FONTEMOING, ÉDITEUR
Libraire des Écoles Françaises d'Athènes et de Rome
du Collège de France, de l'École Normale Supérieure et de la Société des Études Historiques
4, RUE LE GOFF, 4
—
1901

LA
PHILOSOPHIE DE LA NATURE
CHEZ LES ANCIENS

DU MEME AUTEUR

De l'authenticité du Parménide, 1 vol. in-8º. . . . . 4 fr. »»
De priorum Pythagoreorum doctrina et scriptis, 1 vol. in-8º 3 fr. »»
Platon à l'Académie, brochure in-8º. . . . . 1 fr. 50
Études sur le banquet de Platon, in-8º. . . . . 3 fr. »»
Examen de la date du Phèdre, in-8º . . . . 2 fr. »»
La Vie et l'Œuvre de Platon (avec un beau buste de Platon en héliogravure Dujardin), ouvrage couronné par l'Académie des sciences morales et politiques, 2 vol. grand in-8º raisin . . 24 fr. »»
Les Origines grecques du stoïcisme, brochure in 8º. . . . 1 fr. 50
Le Gorgias, commentaire grammatical et littéraire des chapitres xxxvii-lxxxiii, précédé d'une étude sur le style de Platon et suivi d'un appendice sur les mythes de ce philosophe, in-8º. . . . . 2 fr. »»
Études sur le Philèbe, in-8º . . . . 1 fr. 50
Études sur le Politique attribué à Platon, in-8º. . . . . 1 fr. 50

SAINT-AMAND, CHER. — IMPRIMERIE BUSSIÈRE

LA PHILOSOPHIE
DE LA NATURE
CHEZ LES ANCIENS

PAR

CH. HUIT

DOCTEUR ÈS LETTRES

« Res ardua obscuris lucem dare
« omnibus vero naturam, et
« naturae sua omnia ».

(PLINE L'ANCIEN).

Ouvrage couronné
par l'Académie des Sciences morales et politiques

PARIS
ANCIENNE LIBRAIRIE THORIN ET FILS
ALBERT FONTEMOING, ÉDITEUR
Libraire des Ecoles Françaises d'Athènes et de Rome
au Collège de France, de l'École Normale Supérieure et de la Société des Études Historique
4, RUE LE GOFF, 4

1901

AVANT-PROPOS

En 1890, l'Académie des sciences morales et politiques mettait au concours le sujet suivant : *La philosophie de la nature chez les anciens*. En 1892, sur le rapport de M. Ch. Lévêque (1), elle couronnait l'ouvrage qu'on va lire. Depuis lors huit ans se sont passés, durant lesquels l'auteur, mettant à profit d'une part les conseils de critiques autorisés, de l'autre les lumières contenues dans des publications nouvelles, n'a rien négligé pour rendre son œuvre moins imparfaite.

L'étendue même et l'intérêt de la question à traiter le mettaient en présence d'un double écueil.

Le premier, restreindre le sujet à ses données essentielles au risque de l'enfermer dans des limites arbitraires et de ne rien laisser subsister de sa majestueuse ampleur.

Le second, vouloir tout citer, tout mentionner, tout discuter dans un domaine de proportions presque infinies, car après lui-même, son âme et ses facultés, il n'est rien que l'homme (sans excepter le Grec et le Romain d'autrefois) ait observé, examiné, contemplé et approfondi avec autant d'empressement que la nature. Dans ce qu'elle appelait la *physique*, l'antiquité faisait rentrer tout ce qui n'est pas du ressort spécial de la logique et de la morale,

---

(1) On en trouvera quelques extraits dans un *Appendice* à la fin de ce volume.

c'est-à-dire non seulement la cosmologie, mais encore la plus grande partie de la théodicée et de la psychologie.

Voilà pourquoi l'auteur ne s'est pas reconnu le droit d'éliminer du cadre de ses recherches les éléments empruntés à la nature tant par la religion que par la poésie antique. De là une première partie, où l'imagination et le sentiment jouent un aussi grand rôle que la raison et le raisonnement dans la seconde, d'un caractère avant tout scientifique. En revanche, parmi les textes qui s'offraient en foule malgré tout ce que le temps nous a ravi, il a fallu se borner à quelques citations assez courtes, en s'interdisant les unes parce qu'elles n'étaient pas indispensables, d'autres parce qu'elles sont pour ainsi dire gravées dans toutes les mémoires.

Au surplus, après les travaux si remarquables de Quinet, de Guigniaut et d'Alfred Maury sur les religions des anciens — de Laprade, de MM. Gebhart et Boissier sur le sentiment de la nature dans la littérature classique — de MM. Zeller et Chaignet sur l'ensemble de la philosophie grecque — de MM. Tannery et Milhaud sur la période antésocratique — de Th. H. Martin et de M. Fouillée sur Platon — de Ravaisson et de Lévêque sur Aristote — de Bouillet sur Plotin — il ne restait qu'à tenter la synthèse des résultats obtenus par tant d'excellents écrivains. On retrouvera ici leurs jugements les plus remarquables, parfois même jusqu'à leurs expressions : qui pourrait en être surpris ? (1)

Des ouvrages tels que celui-ci n'ont rien à attendre de

---

(1) Dans un de ses plus séduisants dialogues, Platon prête à Socrate l'ingénieuse réflexion que voici : « Je sais bien que je n'ai pu trouver par moi-même toutes ces belles choses, car je connais la médiocrité de mon génie. Reste donc que les pensées, qui s'échappaient de mon âme, aient été puisées à des sources étrangères. Mais j'ai l'esprit si indolent que j'ignore comment ni d'où elles me sont venues. » L'auteur, qui n'est ni un Socrate, ni un Platon, prie ses lecteurs de lui accorder, cas échéant, le bénéfice d'une semblable excuse.

la curiosité publique. Recueillir les suffrages de ce qui reste encore au milieu de nous d'amis des lettres et de la civilisation antique, telle est l'ambition de l'auteur, et en même temps l'unique récompense à laquelle il aspire.

Paris, août 1900.

LA PHILOSOPHIE DE LA NATURE
CHEZ LES ANCIENS

PREMIÈRE PARTIE

INTRODUCTION

Placé aux confins du monde intelligible et du monde sensible, l'homme par son âme touche aux idées, par son corps à la matière : mais d'ordinaire ce dernier monde l'occupe et le captive infiniment plus que le premier. Il y a pour lui, tout ensemble, fierté légitime et difficulté manifeste à s'élever dans une région supérieure : il semble au contraire qu'il n'ait qu'à s'abandonner à la pente de sa pensée pour s'intéresser à ce qui l'entoure, pour descendre vers ce qui lui est inférieur. De plus, il se rattache aux êtres de la création par un commerce incessant, par des liens innombrables : il est fait pour eux comme ils sont faits pour lui.

Si, pour se produire, les forces naturelles n'ont pas besoin de l'homme, pour porter leurs fruits les plus merveilleux elles ont attendu son intelligente intervention. Quelque idée que l'on se fasse de son origine, la nature telle qu'elle se montre à nous réclame une raison qui la comprenne et lui commande : autrement elle serait bien près de n'être que nuit et silence. Que serait la lumière, que seraient les splendeurs de tout genre qui en jaillissent, sans œil qui les perçoive ? que seraient les sons les plus harmonieux, sans oreille préparée pour les entendre ? quelles moissons couvriraient le sol, sans bras pour le défricher ? Aussi bien, partout où l'homme n'a pas apparu ou a passé sans laisser de trace, solitude est synonyme tantôt de stérilité et de désolation, tantôt de terreur, toujours de tristesse.

Mais si l'homme est nécessaire à la nature, la nature à son tour est nécessaire à l'homme, qu'elle entoure et pénètre, pour ainsi parler, de toute part. C'est d'elle que nous viennent et l'air que nous respirons, et les éléments qui conservent notre existence, et les modèles primitifs de nos arts, et les impressions qui tiennent perpétuellement notre esprit en éveil : comment s'étonner de la puissance avec laquelle le monde extérieur s'impose à notre sensibilité et saisit notre imagination ? l'univers est un domaine immense ouvert tout à la fois à la pénétration de notre intelligence et au déploiement de notre activité. Conquises et domptées par la main qui les fait servir à son usage, les forces et les énergies toujours subsistantes du monde physique provoquent notre curiosité à scruter l'un après l'autre tous leurs mystères.

Considérons notre organisme : ses ressorts les plus parfaits ont pour mission de nous mettre en communication avec le dehors, et pour ne représenter qu'un degré élémentaire de la connaissance, la sensation n'en est pas moins le préliminaire presque indispensable d'une illumination plus haute. De même notre âme est capable de jouissances moins matérielles et plus pures que les plaisirs des sens : mais tandis que sans cesse et d'eux-mêmes ces plaisirs s'offrent à elle, quelle satisfaction d'ordre intellectuel et moral ne doit pas être achetée au prix d'un effort ?

Ainsi, si la nature n'est pas, comme on l'a dit, la seule révélatrice, la seule éducatrice de l'homme, son action n'en est pas moins visible soit dans le tempérament des sociétés, soit dans la formation des individus. C'est comme un spectacle qui se reflète perpétuellement dans l'imagination humaine :

c'est comme une excitation venue du dehors et faisant éclore avec plus ou moins de fécondité et de promptitude les germes de pensée et de sentiment contenus au dedans.

En droit et en fait, l'homme est vraiment le roi de la création : au sein de la nature même, son industrie a réussi, selon une expression remarquable de Cicéron, à créer pour ainsi dire une seconde nature (1) : mais ce monarque dépend de ses sujets presque autant que ses sujets dépendent de lui. Il est arrivé, il arrive encore à l'historien des institutions et des idées de se préoccuper fort peu du sol où elles ont germé, du ciel sous lequel elles ont vu le jour : attentif par devoir à l'homme intérieur, le psychologue, de son côté, perd aisément de vue l'homme extérieur, celui que mille liens apparents ou cachés attachent au milieu où il vit. Et cependant si étroits sont ces rapports qu'historiens et politiques, psychologues et moralistes auraient un égal avantage à en tenir un compte judicieux (2).

Sous l'empire de certains préjugés ou par l'effet de ses plus cruelles rigueurs, la nature a été parfois l'objet des malédictions de l'homme, presque toujours, presque partout ses splendeurs et ses bienfaits ont provoqué à son égard des élans d'admiration, même des invocations enthousiastes. Pour un infortuné qui la traite de marâtre, combien d'autres la vénèrent comme une reine ! De toute manière elle n'a jamais

---

(1) *De natura deorum*, II, 60 : « Terrenorum commodorum omnis est in homine dominatus. Nos campis, nos montibus fruimur : nostri sunt amnes, nostri lacus : nos fruges serimus, nos arbores : nos aquarum diductionibus terris fecunditatem damus : nos flumina arcemus, dirigimus, avertimus : nostris denique manibus in rerum natura quasi alteram naturam efficere conamur ». — On sait avec quelle éloquence Bossuet développe des considérations analogues dans son *Sermon sur la mort*.

(2) « La philosophie subit les lois de l'espace aussi bien que celles du temps. Elle est née quelque part, elle passe de contrées en contrées, elle suit certains chemins. Etudier ces migrations, dresser cet itinéraire philosophique, c'est ce que j'appellerai l'histoire géographique de la philosophie. » (P. Janet, *Principes de métaphysique et de psychologie*, I, p. 254.)

cessé de tenir une place dans la pensée et les préoccupations de l'homme : les textes littéraires et philosophiques, même les monuments artistiques et religieux sont à travers les siècles autant de témoins irrécusables, ici des sentiments qu'elle a inspirés, là des problèmes qu'elle a posés à la curiosité des métaphysiciens et des savants. Ce sont les premiers chapitres de cette longue et intéressante exploration que l'on se propose d'étudier dans ce travail, limité au seuil du Moyen Age. Embrassée dans toute son étendue, l'œuvre paraît immense et serait bien faite pour décourager quiconque aurait l'ambition d'en épuiser, l'un après l'autre, les divers aspects, de les fouiller jusque dans les moindres détails. Heureusement notre tâche est plus restreinte.

Il ne s'agit en effet, nullement, ou de décrire les transformations du globe à partir de l'apparition de l'homme à sa surface, ou de descendre dans les cavernes et les cités lacustres qui aux âges préhistoriques ont abrité certaines populations ; il n'est question ni de remuer les ruines de cités ou de nations fameuses, aujourd'hui depuis longtemps disparues, ni de suivre les archéologues en quête des plus anciens vestiges de l'industrie humaine au berceau. En nous assignant un domaine différent, nettement circonscrit, quoique singulièrement vaste encore, notre sujet nous invite à abandonner à d'autres ces recherches d'un intérêt parfois si palpitant. Ce que nous aspirons à retrouver, c'est le retentissement du monde extérieur au fond de l'âme humaine, c'est l'ébranlement de l'imagination en face de tant de merveilles, plus tard les tentatives faites par l'intelligence pour se rendre compte de l'ensemble de la nature et des phénomènes innombrables dont elle est incessamment le théâtre. Au lieu de paysages à retracer, ce sont des idées et des impressions que nous avons à recueillir et à décrire ; au lieu de phénomènes à classer et à analyser, ce sont des systèmes dont il faut reconstituer la genèse, marquer les rapports et suivre la succession. Les solutions qui nous intéressent visent non les difficultés matérielles de l'homme physique luttant contre la résistance des

choses, mais les multiples problèmes se posant devant l'esprit humain aux prises avec les mystères de la création.

Qui nous redira les premières impressions de l'humanité en face du monde extérieur? Nul document contemporain n'est là pour nous les révéler. Ecartons les imaginations arbitraires du transformisme pour qui l'homme primitif, être inférieur et n'ayant de l'homme que le nom, se distinguait à peine de l'animal avec lequel il se confondait naguère : ne ongeons qu'à l'homme, être raisonnable et libre, appelé sans doute à étendre à travers les siècles le champ d'action et le pouvoir de ses facultés naissantes, mais en possession, dès son apparition sur ce globe, des lumières et des énergies intérieures sans lesquelles nous ne pouvons même pas le concevoir.

Plus d'un auteur, philosophe ou poète, a tenté de peindre le père de notre race s'éveillant à la vie et faisant par tous les sens à la fois l'essai des merveilleuses capacités de son âme. En présence du monde infini, le spectacle, on peut le croire, fut tout ensemble assez curieux pour le surprendre, assez splendide pour le ravir, assez imposant pour l'effrayer : et quelle imagination serait à la hauteur d'un pareil tableau! Pour nous modernes, héritiers d'une civilisation cinquante ou soixante fois séculaire, vivant au milieu d'une nature depuis longtemps peuplée, assouplie, fécondée, embellie par les mille inventions de l'industrie humaine, il nous est impossible, ou à peu près, de nous figurer le globe sous l'aspect où il apparut à ses plus anciens habitants. Notre terre elle-même, la paléontologie et la géologie l'attestent, a son histoire : quelle période de son existence traversait-elle alors? Ajouterons-nous foi aux descriptions enchanteresses que la poésie antique nous a léguées des merveilles de l'âge d'or, alors que les plaines, vierges du soc de la charrue, se paraient spontanément de riches moissons, alors que les fleurs naissaient d'elles-mêmes sous la tiède haleine des zéphyrs? ou au contraire doit-on, à l'exemple de Buffon, se représenter les premiers humains « témoins des derniers mouvements convulsifs de la terre, tremblant sur un sol qui tremblait lui-même sous leurs pieds, exposés aux injures des éléments, pénétrés du sentiment commun d'une terreur funeste ? » Ces deux peintures si opposées ne sont-elles que fictions arbitraires, ou répondraient-elles peut-être à deux phases différentes de l'histoire de notre planète et de notre race ? nous abandonnons à d'autres le soin de trancher ce débat. Une chose est certaine : c'est que l'humanité, dans sa marche pour prendre graduellement possession du globe, et en particulier dans ses migrations à travers notre continent, a rencontré des obstacles de plus d'un genre : ce fut pour elle une tâche parfois bien rude de défricher le sol inculte et rebelle, de trouver un abri contre les assauts des éléments, contre les intempéries des saisons, contre la dent des bêtes sauvages. Or, tant que se perpétua cette lutte sans trêve ni relâche, une étude patiente et bienveillante du monde physique était impossible : auxiliaire à invoquer ou ennemie à combattre, partout la nature se dressait comme une puissance dont il fallait avant tout s'assurer le concours ou désarmer le courroux. Plus tard, quand, sorti vainqueur de ce combat, l'homme commença à jouir de sa conquête, l'admiration avait eu le temps de s'émousser : les esprits en contact journalier avec la nature cessèrent d'en être frappés, et négligèrent de rechercher les causes de phénomènes qui n'excitaient plus d'étonnement : comme si, remarque Cicéron, la nouveauté des choses fût plus efficace que leur grandeur pour s'imposer à l'attention.

Ajoutons que dans l'enfance des peuples, comme dans celle de chacun de nous, la raison avec les facultés supérieures qui en dérivent reste volontiers dans l'ombre, inconsciente de sa force, tandis que l'imagination affranchie se donne carrière. Souvenons-nous que tout ce qui relève de notre sensibilité échappe communément au contrôle de notre dialectique, et que le plus souvent on est aussi incapable qu'on se montre oublieux de raisonner ses joies et ses tristesses, ses antipathies et ses terreurs. Dès lors nous n'éprouverons aucune surprise à voir les sciences de la nature que tant de raisons, semble-t-il, devaient faire surgir dès les débuts de la civilisation, ne faire cependant leur apparition que si tard (1).

A défaut de la science, comment se traduiront les premières impressions de la nature sur l'homme, les premières réflexions de l'homme sur la nature? Sans doute un tel rôle paraît convenir éminemment à la poésie, ce chant spontané de l'âme que l'on rencontre à l'origine de toutes les littératures ; aussi bien le premier exemple du rythme et de la mesure ne fut-il pas le souffle de la poitrine, le mouvement de la vague, le balancement des forêts ? Mais si toute race humaine est douée d'une poésie latente, tantôt cette poésie n'arrive pas à prendre conscience d'elle-même, tantôt les monuments qui la renferment ont été ensevelis dans l'oubli et ont disparu sans retour. C'est ainsi que, dans l'antiquité la plus reculée, les Hébreux et les Hindous sont les seuls peuples qui aient eu une poésie véritable, les seuls du moins chez lesquels une partie notable de ces chants primitifs aient survécu.

Heureusement, pour combler cette immense lacune, un autre domaine non moins vaste s'ouvre à nos investigations : un élément nouveau va intervenir, qui jettera tout au moins quelque lumière sur un sujet enveloppé de tant d'obscurités.

---

(1) « Dans l'intelligence, l'imagination est antérieure à l'expérience et à la raison lentement conquises sur elle : ce que nous appelons entendement, c'est l'imagination assujettie à modeler sur les choses les combinaisons d'idées qu'elle forme ; mais avant de se soumettre à cette loi, il a fallu que l'imagination s'exerçât d'abord avec une pleine liberté, et c'est pourquoi l'art et la religion précèdent la philosophie et la science. L'humanité tend à s'adapter à ce qu'elle rêve plus encore qu'à ce qu'elle voit. » (M. Boirac.)

CHAPITRE PREMIER

La nature et la pensée religieuse.

I. — Réflexions générales.

Il ne s'est pas trompé, le philosophe qui a défini l'homme, par opposition à tous les autres vivants, un être religieux. Si vains que nous soyons, il suffit à chacun de s'interroger soi-même pour avoir le sentiment de sa dépendance. Qui oserait dire qu'il est son propre auteur, son unique maître ? Qui voudrait se persuader que le hasard contient le premier et le dernier mot de sa destinée, sans qu'aucune intelligence n'en surveille le cours après en avoir souverainement marqué le but ? Non, tout homme que la passion n'aveugle pas proclame par sa raison l'existence d'un Etre suprême, alors même que cette raison se reconnaît impuissante à le saisir et incapable de le comprendre : car en nous, hors de nous, cet Etre se cache et se manifeste tout ensemble à notre regard.

Sans doute en rentrant en lui-même, l'homme trouverait au fond de son âme un reflet de Dieu à certains égards plus immédiat et plus vivant : mais de même qu'à une miniature achevée l'enfant préfère un tableau aux vastes dimensions ou une image grossière aux couleurs éclatantes, de même les peuples enfants conçoivent la divinité plutôt d'après les impressions confuses mais énergiques des sens (1) que d'après l'analyse attentive des facultés psychologiques les plus hautes. Avant de creuser les problèmes soulevés par l'existence et la marche de l'humanité, avant de soumettre la nature aux investigations minutieuses de la science, avant même de posséder une langue assez souple, assez riche pour traduire ses sentiments en face de l'univers, et de transformer en poésie les mouvements intimes de son âme, l'homme, obéissant à un instinct secret, a lu dans les divers aspects du spectacle du monde l'affirmation de la divinité (2) : bien mieux, dans sa simplicité il a cru y rencontrer la divinité elle-même. Ainsi à défaut d'une révélation directe, ou d'une culture supérieure qui de la création permette de conclure méthodiquement au Créateur, de ce monde dont la figure passe à un être parfait et immuable en soi, l'étude de la nature a pu prendre la forme d'une véritable théologie (3). Pour l'homme des premiers siècles, c'est un objet instinctif d'adoration que cette source permanente de vie et de mouvement avec sa fécondité que

---

(1) L'homme primitif « vivait sans cesse en présence de la nature : les habitudes de la vie civilisée n'avaient pas encore mis un voile entre elle et lui. Son regard était charmé par ses beautés ou ébloui par ses grandeurs. Il jouissait de la lumière, il s'effrayait de la nuit, et quand il voyait revenir la sainte clarté des cieux, il se sentait plein de reconnaissance » (Fustel de Coulanges, *La cité antique*).

(2) Est-ce la nature qui a d'abord montré Dieu à l'homme ? est-ce au contraire, comme le veut Bernardin de Saint-Pierre, le sentiment de la divinité qui a rendu l'homme attentif à l'ordre de la création ? Toujours est-il qu'en dehors du peuple juif « la tradition religieuse est née de la primitive interprétation de la nature. Les mythes les plus anciens sont aussi les plus voisins de la nature qui les a suggérés ». (Ch. Lévêque, *Revue des Deux-Mondes*, mars 1898.)

(3) Le panthéiste Gœthe ne pardonnait pas à Jacobi cette thèse que la nature dérobe Dieu à notre regard. « Je n'y voyais qu'un paradoxe étroit et borné, pénétré que j'étais d'une méthode pure, profonde, innée, qui m'a toujours fait voir inviolablement Dieu dans la nature et la nature en Dieu. C'est cette conviction qui a servi de base à mon existence entière. » Peut-être est-il plus exact de dire simplement avec Laprade : « Si naïf et si grossier que soit dans une âme le sentiment de la nature, il n'y pénètre pas sans y apporter une pensée religieuse plus ou moins pure, plus ou moins élevée. »

rien n'épuise, avec ses forces toujours en action. Dans la foudre qui gronde, dans la mer qui s'agite en bouillonnant, dans les astres qui roulent sans se heurter à travers l'espace, l'habitant de l'Inde, comme celui de la Perse et de la Grèce, soupçonne vaguement des êtres doués de facultés et de passions semblables aux nôtres : chaque énergie qui se manifeste au sein de la vaste hiérarchie des êtres est considérée comme la traduction visible ou même comme la personnification directe d'un des innombrables attributs de l'infini. Ainsi à une époque où la nature, que nul encore n'étudiait à la lumière de l'expérience, dérobait absolument le secret de ses plus mystérieux ressorts, tout un ensemble complexe d'impressions à la fois physiques et morales concourait au grandiose du drame dont la terre et le ciel paraissaient le théâtre.

Écartons les mythes dépourvus de toute signification allégorique, et les légendes bizarres, sorties de l'imagination populaire ; voici le double problème fondamental impliqué dans toute théogonie primitive : que sont les choses ? — d'où viennent les choses ? (1) — et la réponse n'est autre qu'une explication tantôt plus grossière, tantôt plus idéale de la création. La même question que les écoles grecques feront sortir de l'obscurité des sanctuaires était agitée sous le voile des croyances de l'antique Orient : tandis que les religions modernes sont essentiellement des systèmes de morale, les religions anciennes sont avant tout des systèmes de physique. Dans le temple d'Isis à Thèbes comme dans la forêt druidique, dans les monastères bouddhistes comme dans les colonies bruyantes de l'Asie mineure, chez les nations les plus séparées par les distances, les mœurs, les idiomes, mêmes préoccupations, même besoin d'interroger la terre, le ciel et les astres pour pénétrer, s'il est possible, leurs mystères avec

---

(1) « Si le concept de l'univers a été formé par l'humanité la plus primitive, la question de l'origine et de la fin des choses peut être justement appelée le problème religieux ou théologique par excellence. » (Roberty, *Revue philosophique*, déc. 1890.)

l'aide empressée d'une imagination qu'aucun scrupule ne retient.

Mais l'érudition moderne ne remonte pas au berceau de la pensée avec la même facilité qu'aux origines politiques des nations. Les grands événements ont laissé des traces, ne fût-ce que par leur retentissement à travers les siècles : les grandes cités se reconnaissent encore à la majesté et à l'étendue de leurs ruines : de grandes doctrines et de grands systèmes ont pu disparaître sans retour lorsque l'écriture n'est pas intervenue pour les sauver de l'oubli. Sauf de rares exceptions, les théologies, nous l'avons dit, sont les seuls vestiges des premiers efforts intellectuels de l'humanité. Or, dans ce domaine que de lacunes en apparence irréparables pour l'historien ? (1) combien de croyances religieuses ne nous sont connues que par des relations mutilées, incomplètes, et sur lesquelles des idées d'origine bien plus récentes ont mis leur visible empreinte ! comment retrouver la première expression d'une pensée qui se cherche elle-même, comme déconcertée par l'infinité de son objet ? Essaiera-t-on, ainsi que l'ont proposé quelques savants, de suppléer au silence des périodes les plus anciennes par une sorte d'induction ou de divination appuyée sur des documents d'un âge postérieur ? Qui ne voit tout ce qu'un pareil procédé offre de téméraire ? On se plaît en ce domaine à invoquer je ne sais quelles lois permanentes de l'humanité : qui nous garantit qu'au cours des siècles ces lois n'ont subi aucune transformation et que dans l'enfance des sociétés elles étaient ce qu'elles sont aujourd'hui ?

Toutefois il est permis de ramener à quelques types fonda-

---

(1) Plus d'un érudit acceptera difficilement ou même rejettera tout à fait cette affirmation trop confiante de Laprade : « Tout ce qui s'était perdu de nécessaire à la philosophie de l'histoire est à peu près retrouvé ou se retrouvera successivement, comme se retrouvent dans les assises de notre globe les matériaux indispensables au génie pour reconstruire les premiers âges de la création ».

mentaux les rapports entre la religion et la nature, chez les principaux peuples de l'antiquité.

Se rapproche-t-on, d'une part, des siècles témoins de la fondation des premiers empires, et de l'autre, des hauts plateaux de l'Asie centrale qui furent, d'après la tradition commune, le berceau de l'humanité? La croyance à un Créateur tout-puissant apparaît chez les Hébreux, où elle ne laisse à la nature, comme nous allons le voir, qu'un rôle essentiellement subordonné : elle se retrouve chez les anciens Perses, quoique inclinant déjà vers un certain naturalisme : elle n'est entièrement absente ni des plus vieilles spéculations de l'Inde ni des plus antiques rites religieux de la Chine.

Ailleurs ce Dieu, qui se révèle dans son œuvre, tend graduellement à se confondre avec elle, au point d'être incorporé à sa propre création. L'ensemble des choses est, dès lors, ramené à une seule et identique nature qui est tout et engendre tout; tantôt on appelle de ce nom l'immensité matérielle avec tous les êtres qui la peuplent, l'infini se trouvant ainsi comme dissous dans le fini : tantôt ces êtres, ombres de l'être véritable, sont considérés comme la manifestation apparente et transitoire de la substance impalpable et invisible, et le monde, comme l'expansion de l'existence souveraine, le fini étant absorbé au sein de l'infini. La pensée hindoue, comme on le verra plus loin, a oscillé de la sorte de la conception du tout spirituel à celle du tout matériel, deux notions contradictoires en apparence, assez voisines en réalité.

Ce n'est pas tout. Le monde est le théâtre des oppositions et des contrastes : le beau et le laid, le grandiose et le monstrueux, la vie et la mort, l'esprit et la matière, le bien et le mal y sont ou semblent y être perpétuellement en lutte : il faut expliquer leur antagonisme éternel : de là naquit le dualisme de Zoroastre, qui a eu tant de retentissement dans tout l'antique Orient et où certains modernes ont vu la forme logique et définitive de toute religion de la nature. Poursuivez plus avant ce dédoublement, ce fractionnement de l'être

2

absolu et vous touchez aux innombrables variétés du polythéisme auquel se rattache le culte officiel de l'antiquité païenne presque tout entière.

Mais l'évolution est la loi des choses humaines. Parallèlement au mouvement descendant qui conduit à l'idolâtrie par l'altération progressive d'une croyance pure à l'origine, l'histoire nous fait assister au mouvement ascendant qui, chez d'autres races, remonte du fétichisme le plus grossier aux fictions mythologiques les plus ingénieuses.

Effrayé de l'action irrésistible des forces naturelles, torrents impétueux, tempêtes de la mer, foudre de l'air, rayons brûlants du soleil, l'homme sauvage ignore ou ne sait plus qu'il y a quelque chose au-dessus et au delà de ces agents matériels à la merci duquel il est livré, et avec lui tout ce qu'il possède. Il leur prête une personnalité dont il faut acheter la protection ou conjurer la colère par des offrandes ou des sacrifices : dans sa naïve terreur il multiplie les objets de son culte, puissances inférieures et toutes locales, attachées à quelque être déterminé. Telles furent pendant de longs siècles les croyances populaires de l'Assyrie, de la Chaldée et de la Phénicie : telles furent celles du paganisme gréco-romain longtemps avant sa période d'extrême décadence.

Avec le temps, l'homme éclairé rougit de ces pratiques grossières : il eut honte d'avoir fait un dieu de la pierre, de l'arbre, de la source avec laquelle il était en contact quotidien : même alors il continua de prodiguer ses adorations à la mer, à la terre nourricière, et surtout à ces luminaires célestes que leur éloignement comme leur éclat élevait si fort au-dessus du reste de la création. Comment les astres et notamment le soleil, dont l'apparition périodique apporte à la terre la chaleur et la vie, eussent-ils cessé de paraître étroitement apparentés avec la divinité elle-même ?

A un degré plus avancé de civilisation, l'homme ayant un juste sentiment de sa nature propre et du prix de sa pensée, en vient à adresser ses hommages à des puissances morales, ou du moins à des notions abstraites, la Sagesse, la Justice, la Beauté (1). Tandis que les dieux cosmiques, mal délimités dans leur sphère d'influence en raison du concert et de l'homogénéité des diverses parties de la création, empiètent les uns sur les autres et ne possèdent pas de personnalité fixe, les dieux nouveaux (qu'on peut appeler psychologiques), distincts comme les sentiments ou les conceptions auxquelles ils correspondent, ont des attributs caractéristiques et séparés. Rares dans les religions orientales, et cela parce que la conscience humaine n'y est encore que vague et confuse et que l'être libre s'y distingue insuffisamment de tout ce qui l'entoure, ils se multiplient avec le cours du temps dans le culte hellénique. Parvenu à ce point de son développement, le sentiment religieux, en l'absence de toute autorité reconnue, demeure soumis à tous les caprices de l'imagination : du moins il a secoué la tyrannie de la nature qui n'intervient que pour prêter passagèrement à l'idée quelque forme concrète. La notion d'une puissance immatérielle et vraiment divine est née : nous sommes sur la voie au terme de laquelle brille le Dieu de Platon et d'Aristote.

Est-il nécessaire de redire que, jusque dans les plus beaux siècles d'Athènes et de Rome, les esprits inférieurs et peu cultivés étaient idolâtres dans l'acception complète du terme, tandis que les classes supérieures se contentaient d'une religion mythologique, et que seule une élite montait plus haut sur les traces du spiritualisme philosophique jusqu'à la conception d'un Dieu unique, intelligence souveraine, affranchie de tout contact avec la matière ? Et puisque, ici-bas, la sensa-

---

(1) M. Perrot, à qui sont empruntées en partie les réflexions qui précèdent, ajoute dans un autre passage de l'*Histoire de l'art dans l'antiquité* (Tome II, p. 77) : « Ce pouvoir supérieur dont l'homme se sentait comme le jouet, il l'a d'abord partagé et comme morcelé à l'infini : il en avait pour ainsi dire distribué les parcelles entre des agents sans nombre et souvent sans nom. Peu à peu l'intelligence opéra ce travail d'abstraction et de réduction qu'elle a conduit à son terme chez tous les peuples qui ne se sont pas attardés dans les conceptions de l'enfance. Sans cesser d'admettre l'existence des génies, elle imagina des dieux. »

tion de l'infini ne nous est guère donnée que par la nature, attestation permanente de l'immensité divine, ne soyons pas surpris que certains cultes de l'Orient aient plus vivement agi sur les âmes que les gracieuses fictions de la Grèce. Les divinités du Panthéon hellénique ont une tout autre valeur esthétique et poétique : mais si leur contemplation plaît à l'esprit, elle ne provoque aucun saisissement, elle n'impose aucune adoration, elle n'éveille chez le coupable aucun remords. On a pu dire sans blasphème des Grecs qu'ils ont joué avec leurs dieux.

Pour compléter et confirmer ces considérations générales, il ne sera pas sans intérêt d'examiner d'un peu plus près les emprunts faits à la nature par le sentiment religieux chez les grands peuples de l'Orient (1).

II. — Les Hébreux.

Ouvrons le livre sacré des Hébreux, la Bible, ce monument antique entre tous, ces archives vénérables du genre humain : nous y trouvons à la première page une révélation positive sur les origines du monde. La postérité a lu et lira avec respect ce chapitre de la *Genèse*, moins sans doute pour y chercher une solution arrêtée aux problèmes posés par les sciences particulières (astronomie, géologie, zoologie, etc.) (2),

---

(1) L'auteur ne se dissimule pas ce que les pages suivantes offriront d'insuffisant aux yeux des savants qui se sont consacrés spécialement à l'étude des religions antiques. Mais quelle que fût son incompétence en ces matières (lesquelles d'ailleurs ne figuraient pas expressément dans le programme académique), il lui a paru qu'il ne pouvait les passer entièrement sous silence sans laisser subsister dans son œuvre une lacune fâcheuse.

(2) C'est sans doute une réaction exagérée contre l'école voltairienne qui a dicté à Bernardin de Saint-Pierre ces paroles : « Je suis bien aise de dire à nos politiques qu'aucun homme n'a mieux connu les lois de la nature que les auteurs des livres saints. »

que pour se pénétrer de la grande pensée morale et religieuse qui s'en dégage. C'est qu'en effet le spiritualisme chrétien, (et avec lui, pour une large part, la civilisation chrétienne elle-même) sort, comme de sa racine, du dogme de la création, éclatant trait de lumière qui a dissipé en Judée les ténèbres du dualisme répandu dans le reste de l'Orient.

A vrai dire, c'est moins une cosmogonie qu'une géogonie que contient la Genèse : et encore dans la Bible la terre est-elle très rarement considérée en elle-même et pour elle-même, mais plutôt dans ses rapports avec l'homme et spécialement avec l'homme moral. L'univers est une éloquente manifestation de celui qui l'a créé. « Les cieux racontent la gloire de Dieu, et le firmament nous révèle ce que sont les ouvrages de ses mains » ; dans cette seule exclamation, on l'a dit avec raison, il y a non seulement tout un trésor de sentiments poétiques, un thème inépuisable d'aspirations et de méditations profondes, mais, ce qui nous intéresse ici d'une façon particulière, tout un filon de philosophie religieuse. Aussi bien le concept abstrait, que nous désignons à tout instant par ces mots *la nature, les forces de la nature*, est inconnu à l'Hébreu (1) : sa langue n'a même aucun mot pour le traduire. Plus d'une fois on a cherché à expliquer le fait par l'influence latente du climat et du milieu. « La nature, écrit Renan, tient peu de place dans les religions sémitiques : le désert est monothéiste : sublime dans son immense uniformité, il révéla tout d'abord à l'homme l'idée de l'infini, mais non le sentiment de cette vie incessamment créatrice qu'une nature plus féconde a inspiré à d'autres races. » « Non, répond Laprade, l'éternel Jéhovah, ce Dieu un et sans figure, n'est pas né du désert et du sentiment de la vide immensité, comme les idoles monstrueuses de l'Egypte et de l'Inde sont nées des fanges du fleuve et des chaudes ténèbres de la forêt

---

(1) « Apud Israelitas, donec ab idolatris corrumperentur, altum per multa sæcula de natura silentium fuit. » (Boyle, cité par Nourrisson.)

tropicale, comme la Vénus Aphrodite est née des rives élégantes de la mer Ionienne. C'est Jéhovah qui a créé le désert et l'a donné pour asile à son peuple. »

Quoi qu'il en soit, dans le *Pentateuque* comme dans les livres historiques, le monde est constamment présenté comme créé, gouverné et dirigé par le Tout-Puissant absolument indépendant de la nature qui dépend au contraire de lui tout entière. Ailleurs, sous une forme ou sous une autre, l'univers est le produit de l'action divine : mais la divinité se confond avec son œuvre. Dieu ne vit en quelque sorte que dans le monde et par le monde, sa personnification la plus adéquate et la plus complète. Chez les Hébreux, le Très-Haut est par excellence l'immatériel, l'impalpable : la création est son marche-pied. Non seulement ni la nature ni rien de ce qu'elle renferme n'est digne d'un culte : c'est à peine si elle est associée dans les rites sacrés au culte de son auteur : tout disparaît en face de la toute-puissance divine (1). « Que m'importent vos sacrifices ? dit Jéhovah : l'univers est à moi avec tout ce qu'il renferme » (2). Ce n'est pas à un de ses dieux, si avides du parfum et de la graisse des victimes, qu'un Grec eût osé prêter de semblables paroles.

Est-ce à dire que l'Hébreu ait fermé les yeux sur les magnificences du ciel, sur les séductions du monde visible ? Non sans doute, et ce qui ne nous permet pas un seul instant de le croire, c'est la richesse de couleurs, c'est l'abondance et la grâce des images que l'on rencontre dans les livres sacrés. Il est vrai qu'ici la nature, jamais décrite et célébrée pour elle-même, l'est bien rarement à la façon d'Homère, j'entends comme image des sentiments et des passions des hommes : si

---

(1) « La nature n'est pas même un vêtement pour Jéhovah : il peut la refaire, la briser, s'il lui plaît. Les vents ne sont pas son souffle, ils sont ses envoyés : les étoiles ne sont pas ses regards, elles sont ses esclaves. Le monde n'est pas son image, il n'est pas son écho, il n'est pas sa parure, il n'est pas sa lumière, il n'est pas sa parole : qu'est-il donc ? il n'est rien devant lui » (Quinet).

(2) Ps. XLIX, 12.

on lui fait une place, c'est pour qu'elle élève à Dieu : courtes et vives, les descriptions sont presque toujours accompagnées de quelque pensée religieuse. Tantôt c'est un cri spontané d'admiration en face de tant de merveilles (1), tantôt une invitation adressée à la nature entière pour qu'elle entonne un hymne en l'honneur du Créateur (2).

Ici l'âme qui aspire vers le Dieu qu'elle aime est comparée au cerf altéré qui soupire après l'eau des fontaines : plus loin, l'innocent sauvé des complots des méchants à l'oiseau délivré des filets des chasseurs. Le juste sera représenté par l'arbre qui se couvre de fleurs et de fruits au bord d'une eau courante, le pécheur par la poussière que le vent balaie de la surface du sol. L'épouse de l'homme de bien, c'est la vigne qui tapisse la maison de ses branches fécondes : ses enfants, ce sont les jeunes plants d'olivier qui grandissent autour de sa demeure.

Des comparaisons analogues, reproduites ou développées avec une profusion tout orientale, tiennent une large place dans les livres appelés *sapientiaux* : mais ici encore il s'agit bien moins de peindre aux yeux d'une façon frappante l'extérieur des hommes et des choses que de mettre en lumière un état d'âme, ou de traduire une pensée morale. Avec les siècles et peut-être au contact de civilisations différentes (3), l'Hébreu sentira s'éveiller dans son esprit des problèmes nouveaux. Jusque-là il avait eu, si l'on peut ainsi parler, l'intuition directe, immédiate du divin au sein de la nature : dans les plus charmants de ses phénomènes comme dans les plus redoutables il ne veut voir qu'une chose, l'action toujours présente

---

(1) Voir notamment le Psaume VIII, commençant et se terminant par cette exclamation enthousiaste : *Domine Dominus noster, quam admirabile est nomen tuum in universa terra !*

(2) Dans le Psaume CIII, a dit Humboldt, « on trouve une esquisse entière du monde : l'univers, le ciel, la terre avec les êtres animés qui la couvrent, tout y est peint en quelques traits ».

(3) Le livre *De la sagesse* paraît être du IIIe ou même du IIe siècle avant notre ère : c'est un monument de la lutte morale entre le judaïsme et l'épicurisme dégénéré. Les infiltrations stoïciennes qu'on a cru pouvoir y relever restent en somme assez problématiques.

du Tout-Puissant. Un mot suffit à expliquer l'ordre immuable de l'univers : Jéhovah y règne en maître absolu (1). C'est lui qui fait descendre la rosée sur la verdure, lui qui assure la fécondité des troupeaux, lui qui de son toucher enflamme les hauteurs du Liban et dont la voix retentit dans les roulements du tonnerre, lui que l'œil humain contemple dans les soulèvements de la mer et dans les splendeurs de la montagne. En un mot Dieu, partout présent, suffit à tout : derrière la cause suprême s'évanouissent et s'effacent toutes les causes secondes : la recherche patiente des lois est du même coup supprimée. La nature avec les énergies qu'elle met en œuvre cesse d'avoir sa vie propre, son existence à part, énigme incessante proposée à la curiosité de l'homme. Ainsi, si l'Hébreu avant la captivité avait médité sur les œuvres du Très-Haut, c'était avec autant de crainte et de tremblement que d'admiration, et le Psalmiste, pénétré de la même circonspection que Socrate, pouvait s'écrier avec plus de sincérité encore : « Je n'ai pas cherché à me hausser jusqu'à ces régions merveilleuses qui me dépassent » (2).

Descendons maintenant quelques siècles pour recueillir les aveux bien autrement significatifs de l'Ecclésiaste. Pour lui la création demeure la preuve par excellence de l'existence de Dieu (3), et il déplore l'erreur des païens idolâtres qui, en attachant leurs regards sur l'œuvre, n'ont pas su s'élever jusqu'à l'ouvrier. Les créatures les ont séduits par ce qu'elles possèdent de beauté et de force : mais il y a un être, celui-là même auquel elles doivent l'existence, qui l'emporte infiniment sur elles en splendeur et en puissance. La sagesse éternelle a présidé à la formation du monde où elle a tout disposé

---

(1) *Ordinatione tua perseverat dies, quoniam omnia serviunt tibi. Fundasti terram, et permanet* (Ps. cxviii, 90 et 91).

(2) *Non ambulavi in magnis, neque in mirabilibus super me* (Ps. cxxx, 1).

(3) Pascal a dit que les écrivains sacrés s'étaient servis de la nature non pour démontrer Dieu, mais pour éveiller et accroître la foi en lui. En harmonie avec l'ensemble de la thèse de Pascal, cette assertion a contre elle plus d'un texte de l'Ecriture.

avec nombre, poids et mesure (1) : ce qu'elle a créé, une Providence vigilante le conserve ; si le monde subsiste, ce n'est pas qu'il porte en lui-même les causes de sa durée : c'est parce que Dieu aime ce qui est sorti de ses mains (2). L'homme rêve d'atteindre à la science et à la sagesse : entreprise difficile et même téméraire, car les intentions véritables de la divinité demeurent cachées à la faible intelligence humaine. Nous avons une peine incroyable à comprendre ce qui nous entoure : comment nous flatter de pénétrer les prodiges célestes (3)? Qui jamais a compté le sable de la mer, les gouttes de la pluie, les instants de la durée? Qui a mesuré la hauteur du firmament, l'étendue de la terre, la profondeur de l'abîme (4)? « Je me suis proposé, dit l'Ecclésiaste, de soumettre à mes investigations et à mes recherches tout ce qui se passe sous le soleil » : mais il se hâte d'ajouter que si Dieu a ainsi livré le monde aux disputes des hommes, afin de donner un but au besoin d'activité qui les dévore, c'est qu'il était assuré qu'ils ne réussiraient pas à pénétrer ses mystérieux desseins (5). « J'ai appliqué mon esprit à la science et j'ai vu que ce n'était que fatigue et affliction d'esprit. » Conclusion désenchantée, mais qui n'est pas pour surprendre sous la plume à qui est échappée cette exclamation fameuse : « Vanité des vanités, et tout n'est que vanité ! »

Très antérieur aux livres sapientiaux, le poème de Jacob a paru aux esprits philosophiques le joyau de l'Ancien Testa-

---

(1) *Sagesse*, xi, 21. — Dans un passage de l'*Ecclésiastique* (xlii, 25, *Omnia duplicia, unum contra unum, et non fecit quidquam deesse*) Bernardin de Saint-Pierre signale une remarquable expression de cette loi de la nature qui oppose les êtres les uns aux autres, afin de produire des convenances : loi dans laquelle il voit non sans une évidente exagération « la clef de toute philosophie ».

(2) *Quomodo posset aliquid permanere, nisi tu voluisses ? aut quod a te vocatum non esset, conservaretur ?* (*Sagesse*, xi, 26).

(3) *Ib.*, ix, 16.

(4) *Ecclésiastique*, i, 2.

(5) *Ecclésiaste*, iii, 11 : *Mundum tradidit disputationi eorum, ut non inveniat homo opus quod operatus est Deus ab initio usque ad finem.* Cf. I, 13.

ment. « Il a une manière de sentir royale et divine, disait Herder du sage de l'Idumée. C'est toujours la même notion du néant de la création, dès qu'on la compare au Créateur, au moindre signe duquel les colonnes du ciel tremblent saisies d'effroi : c'est la même impuissance de l'homme à se faire une idée même lointaine du Tout-Puissant : ce sont les mêmes exclamations d'admiration et de stupeur en face de ce monde prodigieux au milieu duquel il se trouve jeté et où, en dépit de la Providence, le mal tient tant de place. Mais ici c'est Dieu lui-même qui est supposé intervenir pour enseigner à son serviteur combien ses œuvres dépassent la portée de l'homme. Dans un morceau plein d'une poésie sublime, tous les êtres et tous les phénomènes de la création sont évoqués tour à tour pour faire à la puissance divine le plus imposant des cortèges et laisser Job comme écrasé sous la conscience de sa petitesse :

« Où étais-tu quand je jetais les fondements de la terre? Dis-le moi, si tu le sais. Sais-tu qui en a posé les limites? qui en a tracé le plan? sur quel fondement sont assises ses bases? qui en a fixé la pierre angulaire, lorsque les astres du matin me louaient de concert, au milieu de l'allégresse générale des enfants de Dieu? sais-tu qui a emprisonné la mer dans ses rivages, lorsqu'elle débordait en sortant du sein de sa mère, lorsque pour vêtement je lui donnais les nuées et que je l'enveloppais d'obscurités comme des langes de son berceau? c'est moi qui ai marqué ses bornes, qui lui ai imposé des barrières, et je lui ai dit : « Tu viendras jusque-là, et tu n'iras pas plus loin : et là tu briseras l'orgueil de tes flots ». Est-ce toi qui depuis ta naissance as commandé à l'étoile du matin, et montré à l'aurore le lieu de son lever? est-ce toi qui tiens dans tes mains et qui secoues les extrémités de la terre?..... Es-tu entré dans les gouffres de la mer? as-tu porté tes pas aux confins de l'abîme? Les portes de la mort se sont-elles ouvertes devant toi, et ton œil a-t-il percé ses sombres demeures? As-tu considéré l'étendue de la terre? Dis-moi, si tu sais tout, où habite la lumière, où résident les ténèbres?...

As-tu sondé les trésors de la neige? as-tu visité les trésors de la grêle?... Elèveras-tu ta voix dans les nues, et le torrent des eaux fondra-t-il sur toi?... Est-il un mortel capable de raconter les lois du firmament, ou de faire taire le concert harmonieux des astres? »

Et les questions divines se succèdent et se pressent, passant en revue tous les règnes de la nature, tous les prodiges de la création. Jamais poésie ne s'est élevée à une plus haute et plus riche éloquence : mais entre de telles pages et la science véritable de la nature, est-il besoin de le constater? il y a un abîme. Chez les races sémitiques, où l'idée religieuse est toujours restée si vivace, le travail métaphysique, jamais vraiment original, a rarement enfanté des œuvres durables.

III. — Les Perses (Assyriens et Phéniciens).

Le parsisme est incontestablement une des religions les plus anciennes de l'Asie. Ce qui en constitue le fonds primitif et essentiel, c'est le culte de la lumière et du ciel d'où elle paraît descendre : on avait choisi dans la nature comme objet de vénération non ce qu'elle offre de violent, de désordonné et de destructeur, comme la Volupté ou la Mort, mais au contraire ce qu'elle renferme de plus pur, de plus bienfaisant, et à certains égards de moins matériel. Selon le degré de culture intellectuelle de ses adorateurs, le feu est tantôt le dieu par excellence, tantôt l'emblème le plus noble de la divinité et de la moralité. Si l'on se souvient que dans le *Véda* les dieux sont appelés *dévas* (d'un mot sanscrit qui signifie « brillant »), que les hymnes sacrés de l'Inde parlent sans cesse d'Indra qui communique à la terre le feu du ciel, et d'Agni qui fait monter de la terre au ciel le feu du sacrifice, on croira sans peine que parsisme et brahmanisme ont une commune origine. Est-ce une révolution religieuse soudaine qui, à une époque lointaine, a séparé les Iraniens des Hindous ? ou la religion des premiers est-elle issue d'une transformation lente et spontanée ? ou enfin cette réforme résulte-t-elle d'un contact nécessairement tardif avec des populations sémitiques ? Les archéologues hésitent entre ces diverses solutions.

A une époque qu'il est impossible de préciser, Zoroastre, élève, dit-on, des Chaldéens d'Assyrie (1), répudiant le culte licencieux des divinités féminines adorées chez les Babyloniens et les Ninivites, s'efforça de rendre au parsisme sa pureté originelle ; les anciens rites furent conservés, sauf à être conciliés avec le spiritualisme dont la religion nouvelle était pénétrée. Elle admettait un dieu suprême : le Temps sans limites (Zervana-Akarana), père de deux divinités rivales, Ormuzd (Ahura-Mazdâo) le génie du bien (2), et Ahriman le génie du mal. D'Ormuzd naquit Mithra, son puissant auxiliaire dans la lutte contre les esprits de ténèbres et qui, à ce titre, a trouvé des adorateurs jusque dans la Rome impériale envahie par les croyances de l'Orient.

Mais d'où est sorti le dualisme inauguré et personnifié avec tant d'éclat dans la religion iranienne par l'opposition d'Ormuzd et d'Ahriman ?

La réponse ne paraît pas difficile. L'homme n'avait, en effet, qu'à rentrer en lui-même pour voir la direction de sa vie disputée par deux tendances contraires : appelé par sa conscience à admirer et à pratiquer le bien, il a senti d'autres penchants non moins impérieux l'entraîner au mal. Puis, ou-

---

(1) D'après M. Maspero, les Chaldéens se figuraient le monde comme « une chambre close en équilibre au sein des eaux éternelles : » pour eux, la création n'était qu'une mise en train d'éléments préexistants, et le créateur un ordonnateur (dont la fantaisie populaire avait varié à l'infini les noms et les procédés) des matériaux divers que le chaos renfermait.

(2) Il est assez remarquable que dans ce nom de l'Auteur de toutes choses la philologie découvre la double conception qui est à la base de la théodicée platonicienne et péripatéticienne. Ahura contient, en effet, la racine *asu* ou *ahu*, *celui qui a l'être*, et Mazda la racine de $δάημι$, *celui qui sait, celui qui pense*.

vrant les yeux sur le spectacle du dehors, il a cru retrouver dans l'alternance de la lumière et des ténèbres (1) la lutte même dont son âme était le théâtre, et c'est ainsi que la Nature eut l'honneur de suggérer à l'un des peuples les plus cultivés de l'antique Asie la solution la plus simpliste et la plus radicale du problème du mal, sinon la plus nette et la plus explicite. Il paraissait dès lors contradictoire de faire remonter le mal à la source de toute justice et de toute vérité ; on en fit un principe aussi absolu et à certains égards aussi divin que le bien (2) : la création, c'est le vaste champ de bataille que se disputent les deux antagonistes, jusqu'au jour où le mal sera anéanti, la terre tout entière purifiée par le feu, Ahriman et ses ministres absorbés dans l'empire absolu du bien.

En dépit de ce dualisme, il semble que les Perses aient touché de près à la conception et au culte du pur esprit. Dans leur culte, point de temples, point d'images, point de statues : le feu du sacrifice était allumé sur les lieux hauts, en face du ciel, dont ils donnaient volontiers le nom à leur dieu suprême, si nous en croyons Hérodote : de là l'ordre intimé par Xerxès et dont la piété d'Eschyle se révolte, de livrer aux flammes les temples de la Grèce, la seule demeure digne des dieux étant la nature dans sa majesté.

Et maintenant, veut-on savoir la genèse de l'univers ? Le temps sans bornes est sorti de son repos pour être salué du nom de Créateur (3) : il articule son Verbe, et depuis que ce seul mot du génie du bien, *Je suis*, a appelé à l'existence ce monde doué de sa réalité propre, l'œuvre de la création se poursuit

---

(1) Dans la *Sâga* islandaise, le combat apparent du jour et de la nuit est également considéré comme le centre de la vie du monde.
(2) Chez les Grecs, les théories cosmologiques d'Empédocle et une page célèbre du Xe livre des *Lois* de Platon sont les seuls échos positifs d'une semblable croyance.
(3) « C'est toi, sage Mazda, toi le premier de tous, que je proclame le maître souverain de la Nature et de l'esprit : c'est en toi que repose la terre sacrée, en toi que s'est formé son sein » (*Avesta*). Aucune religion païenne n'a célébré en termes plus magnifiques la toute-puissance et l'autorité absolue du Dieu suprême.

à travers les âges à l'aide de génies préposés à chaque catégorie d'êtres. La nature n'est pas Dieu même, mais elle est pour ainsi dire le grand-prêtre de Dieu et son fidèle allié dans le combat contre le principe mauvais. L'homme lui-même a pour premier devoir d'aider la création à se maintenir dans sa pureté et sa fécondité : c'est un soldat toujours armé contre le génie du mal. Quant à la divinité, les attributs que lui décerne la fameuse inscription de Khartoum seraient acceptés presque sans modification par la théologie chrétienne.

Mais si l'histoire des religions est tenue à réserver à Zoroastre une place d'honneur, on ne saurait en dire autant de celle de la philosophie. Dans l'*Avesta*, comme dans les *Upanishads* dont il sera parlé plus loin, le mythe côtoie sans cesse les spéculations rationnelles, et la liturgie déborde de toutes parts sur la morale : on n'y trouve ni la métaphysique intermittente ni la poésie débordante des *Védas*. C'est l'œuvre d'une ration laborieuse et conquérante, tandis que les Hindous sont une race essentiellement contemplative, née pour se livrer à la nature au sein d'une adoration voluptueuse ou pour l'étouffer en soi sous les rigueurs de l'ascétisme.

Après avoir subjugué le monde assyrien, saturé de luxe et de mollesse, les Perses finirent par céder eux-mêmes aux atteintes de la corruption asiatique (1). De tout temps Accadiens et Phéniciens (2) avaient vénéré la Nature sous son côté le plus sensuel : ces peuples voluptueux et amoureux de la chair étaient incapables de se figurer la divinité autrement que sous un aspect charnel et féminin. A Babylone même, surtout depuis le règne d'Artaxerxès II, Ischtar et Belit (Mylitta) sont plus populaires que Baal, lui aussi un Dieu-Nature (3), per-

---

(1) Quelles avaient été les croyances primitives de la Médie ? Après une étude attentive des documents, Robiou déclare que la question demeure entourée d'une profonde obscurité.

(2) La première cosmogonie de Sanchoniathon pose comme fondement des choses « le souffle de l'air et le chaos obscur, tous deux sans limites dans l'espace ». La seconde a un caractère moins ouvertement matérialiste.

(3) « Baal n'était pas distinct de la nature créée, du moins aux épo-

sonnifié dans l'astre qui chaque année semble mourir avec les frimas pour renaître au printemps. Circonstance remarquable : les divinités multiples qui représentent la vie de la nature ont ainsi un double aspect, enivrant et sombre, où s'unissent étroitement les deux idées de production et d'anéantissement. L'Astarté sémitique et syriaque en offre un frappant exemple. Cette « déesse du ciel, vraie souveraine du monde », comme elle est qualifiée sur mainte inscription, ne cesse pas de créer et de détruire, sur le modèle de la nature dont elle incarne toutes les énergies. La même croyance et les mêmes instincts, mais avec une perversion croissante du sens moral et un développement graduel des cérémonies et des pratiques les plus impures, ont donné naissance au culte d'Aphrodite, si répandu sur toutes les rives de la Phénicie et de l'Asie mineure.

L'une des punitions encourues par ces races esclaves des pires entraînements des sens a été justement relevée par Laprade : « Les grandes nations si industrieuses, si impuissantes qui régnèrent par leur opulence sur toute l'Asie occidentale ont disparu sans laisser un monument intellectuel. La nature elle-même qu'elles ont adorée n'a pas gardé les débris de leur civilisation et de leurs arts avec la sollicitude qu'elle semble avoir mise à nous conserver les ruines de l'Egypte et de la Grèce. » Un peuple, qui consent à cette honteuse abdication de la raison devant des penchants inférieurs, renonce du même coup à tout rôle vraiment durable et glorieux.

En contact incessant avec ces religions sensuelles, le parsisme tel que nous l'avons défini ne pouvait échapper à leur influence. Il en sortit un panthéisme qui transporta dans le

---

ques de l'histoire qui sont accessibles à nos recherches » (De Vogüé, *Inscriptions phéniciennes de Chypre*, 1867). — « L'amour créateur est le dieu souverain de ces populations : le premier de leurs rites, c'est la volupté. Voyez dans Hérodote quelle était la destination de cet édifice de Babylone qu'il appelle le temple de Jupiter Bélus et qui fut le centre des religions assyriennes. Au sommet d'une tour immense un lit aux pieds d'or offre chaque nuit une épouse nouvelle au dieu qui répand sur le monde des torrents de richesse et de vie. » (Laprade.)

monde matériel la notion et l'origine de la vie, le principe générateur, la puissance créatrice. Le rang suprême, assigné à l'élément humide et fécond, paraît une importation des doctrines chaldéo-phéniciennes : la fusion n'était que trop facile à opérer, du moins dans les idées et les coutumes de populations ignorantes, à qui souriait peu la religion trop abstraite de Zoroastre. On attribua à Ormuzd une mère qui reçut le nom d'Anaïs ou Anahit (la pure), déesse des eaux fécondantes, disposant d'une puissance avec laquelle devait compter Ahura-Mazdào lui-même. Artaxerxès II lui éleva des temples à Babylone, à Suse et à Ecbatane, ces trois capitales de son royaume. Confondue par les Grecs avec leur Artémis, elle est mentionnée par Strabon et par Tacite avec le double surnom de Diane persique ou Leucophryne.

IV. — Les Egyptiens.

L'Egypte ancienne occupe dans l'histoire de la civilisation une place considérable. Non seulement à une époque extrêmement reculée, elle nous apparaît déjà en possession d'une organisation politique et sociale vraiment étonnante ; non seulement elle a acquis de bonne heure et conservé pendant de longs siècles une réputation exceptionnelle de sagesse ; non seulement avec le temps elle a amassé par voie d'observations dans le domaine de la nature des connaissances étendues que d'ailleurs elle ne semble pas avoir jamais fait entrer dans des cadres scientifiques ; mais placée sur la carte de l'esprit humain comme sur celle du monde au point d'intersection de l'Orient et de l'Occident, elle a servi à la Grèce plus que toute autre contrée d'initiatrice dans la double sphère de l'art et de la science (1).

---

(1) Dans un ouvrage intitulé *Sanctuaires d'Orient*, M. Schuré définit l'Egypte antique « le pays où résident les Idées-Mères qui tiennent la

Et cependant ce que nous savons de son génie et de son histoire n'apporte à l'objet spécial de notre étude qu'une bien faible contribution.

D'où vient cette apparente contradiction? et pourquoi le peuple qui a médité si profondément sur le monde de la mort a-t-il si peu à nous apprendre sur le monde de la vie?

Rappelons-nous le spectacle qu'offre aux regards la vallée du Nil. Nulle part la nature n'a moins parlé à l'homme, moins éveillé sa curiosité, attiré ses sympathies ou provoqué ses terreurs. Dans l'Inde, le voyageur éprouve comme malgré lui une impression de saisissement en présence d'une exubérance de vie : en Grèce, une impression de séduction en face d'une grâce souriante. En Egypte, rien de semblable : partout mêmes objets, mêmes accidents de terrain, mêmes jeux d'ombre et de lumière : ciel, terre, atmosphère, tout concourt à cet effet de monotonie : de Péluse jusqu'aux hauts plateaux « une vallée d'abord déployée dans le delta, puis enfermée entre des dunes et des falaises au delà desquelles il n'y a plus que l'immensité solitaire et silencieuse du désert : à l'horizon, les montagnes grisâtres prolongent lieue après lieue leurs lignes basses et sans noblesse (1) ». Les regards qui, ailleurs, s'arrêtent captivés sur le paysage ne rencontrent ici que les œuvres de l'homme : pyramides aux masses grandioses et écrasantes, labyrinthes profonds, sphinx gigantesques, statues colossales, canaux et lacs creusés par une main savante. Sur la terre des Pharaons, l'homme a pris complètement conscience de son individualité, non en face de ses rois sous le joug desquels il s'est volontairement courbé, mais en face de la nature : il s'est senti distinct d'elle, bien plus, capable de

---

clef des intelligences », tandis que la Grèce a pour elle « les formes mélodieuses qui tiennent la clef de la beauté ». C'est là une vue plus singulière qu'exacte. Il est d'ailleurs à remarquer que Platon, cependant plein de respect pour tout ce qui touche à l'Egypte, reconnaît comme la note dominante de l'Egyptien aussi bien que du Phénicien non pas τὸ φιλομαθές, mais τὸ φιλοχρήματον ou τὸ φιλοκερδές (*République*, IV, 436 A).

(1) M. Maspéro.

lui résister, capable même de lui commander et de détourner à son profit quelques-unes de ses forces dont l'expérience, à défaut de la science proprement dite, avait graduellement révélé la portée (1).

Est-ce à dire que la nature soit restée entièrement indifférente à l'Egyptien? Non, sans doute : mais ce qu'il y cherche, ce qu'il lui demande, c'est précisément ce que les sens n'y voient pas, ce que l'imagination ou l'intelligence seule est apte à y découvrir, je veux dire une représentation plus ou moins fidèle du monde spirituel. Au lieu de demeurer sous la dépendance de la nature, l'homme la contraint à traduire, à interpréter ses propres conceptions. Toute pensée trouvera dans la création son expression concrète, sa figure allégorique, comme si le rôle par excellence des objets extérieurs était de servir de signes aux sentiments du dedans (2). Sur les faces des obélisques, sur les parois des cercueils, sur les murs des hypogées, le hiéroglyphe est le résultat et la consécration de ce symbolisme, caractéristique ineffaçable du génie égyptien. Comment n'eût-il pas rencontré son berceau naturel et son plus vaste champ d'expansion sur une terre où régnait la notion du mystère, où le sphinx aux formes étranges, partout reproduit, était comme la personnification « du grand inconnu dans la Nature », où, d'après la légende, les prêtres non seulement n'ôtaient jamais le voile qui couvre la statue d'Isis, mais ne voyaient eux-mêmes jamais cette statue sans voile.

C'est qu'en Egypte, loin de se confondre avec la matière, l'esprit vit de sa vie propre, vie qui se prolonge bien au delà

---

(1) Il n'est pas inutile de rappeler ici que les témoignages relatifs à la science égyptienne, postérieurs à Alexandre, sont légitimement suspects.

(2) En parlant ainsi, je n'entends nullement contester ce qu'affirme si judicieusement M. Scala (*Die Studien des Polybius*, p. 239) : « Die Natur hat zu allen Zeiten und allen denkenden Vœlkern das Beispiel des ewigen Kreislaufes des Werdens, Wachsens und Vergehens geboten, und von hier aus haben sich Beziehungen auf die Unsterblichkeit des Microcosmos ergeben : so haben die Ægypter die stets wiederkehrenden Erscheinungen der Natur in innigen Zusammenhang mit dem einzelnen Menschen gebracht. »

de la tombe. S'il y a quelque exagération à soutenir que la mort y obtient des humains un culte, il est certain, du moins, qu'elle y est investie d'un véritable royaume, objet de constantes méditations. Les tombeaux magnifiques qui couvrent le sol de l'Egypte sont un hommage éclatant rendu à ce qui constitue notre *moi* : les origines de l'âme, ses destinées ultérieures, ses épreuves et ses triomphes dans le monde à venir, voilà, de préférence à toutes les scènes de la nature, les sujets que l'imagination du scribe ou de l'artiste égyptien traite avec une abondance d'inspiration que rien, semble-t-il, ne peut épuiser. Et comme certaines prédispositions mentales se conservent dans une race à travers les siècles, les étranges fictions qui rempliront dans les premiers siècles de notre ère les traités gnostiques sont contenues en germe dans certaines pages du *Livre des Morts*.

Hérodote rendait aux Egyptiens ce témoignage : « Ils sont très religieux et surpassent tous les hommes dans les honneurs qu'ils rendent aux dieux ». Mais la religion égyptienne au ve siècle est-elle, comme le pense Naville, l'héritière d'un monothéisme ancien dont la pureté s'est graduellement altérée, où faut-il y voir au contraire, avec Lenormant et M. Amelineau, le fruit d'une culture première essentiellement matérialiste qui, peu à peu, a fait place du moins dans les sanctuaires à une explication moins grossière de l'homme et de l'univers ? Le débat ne date pas d'hier et ne semble pas toucher à sa fin (1). Le dieu populaire par excellence, Osiris ou Râ (2), « le seul vivant, le seul générateur au ciel et sur la terre (3) », est représenté par le soleil sous sa forme cosmique la plus accessible à la foule, un disque de feu posé sur une barque et navi-

---

(1) « Les théologiens d'Hermopolis dégagèrent graduellement l'unité du dieu féodal de la multiplicité des dieux cosmogoniques. » (Maspero.)

(2) D'après certains égyptologues, l'étymologie de ce mot serait « l'ordonnateur », absolument comme le δημιουργος de Platon.

(3) Ces qualifications, qu'on lit déjà dans Hérodote, sont confirmées par la lecture des anciens textes sacrés. Au reste, « soit tendance matérielle, soit effet de l'éducation, les premiers Egyptiens voyaient Dieu partout dans l'univers » (Maspero).

guant autour du monde. C'est d'ailleurs, comme les divinités de l'Inde, un dieu sujet à d'innombrables métamorphoses : il suit toutes les phases de la nature, se modifiant sans cesse avec le cours du temps et des saisons. Toutefois, entre les deux peuples, il y a une différence profonde. L'Egyptien manque de la capacité de se former des idées abstraites et contraste de la sorte avec l'Hindou qui tend, au contraire, à échanger chaque idée concrète contre une abstraction, imprimant ainsi à sa religion un caractère métaphysique très prononcé.

Isis, sœur ou femme d'Osiris, mérite à un plus haut degré encore d'attirer notre attention : subordonnée à Neith et à Hathor pendant bien des siècles, elle s'élève plus tard au premier rang, et son culte a fleuri jusqu'au triomphe du christianisme. Primitivement c'est « la vache céleste (1), la souveraine du ciel »; sur des inscriptions plus récentes elle apparaît comme la maîtresse des forces mystérieuses, la puissante enchanteresse ou la Providence bienfaisante, en un mot, comme la grande déesse de la nature (2) : c'est une des conceptions les plus remarquables du polythéisme antique. On s'explique sans peine que la Grèce lui ait élevé des temples en l'associant tantôt à Héra, tantôt à Dêmêter (3), et qu'à Rome elle ait été honorée dans des mystères secrets que le Sénat tenta vainement d'interdire.

De ce mythe à une cosmogonie véritable, il semble qu'il

---

(1) Ce n'est pas la seule analogie entre l'Isis égyptienne et l'Io mise en scène par Eschyle.

(2) Un hymne grec (C. I. g. 3724) l'appelle :

Πρεσβίστην μακάρων ἐν Ὀλύμπῳ σκῆπτρον ἔχουσαν
Καὶ γαίης πάσης καὶ πόντου δῖαν ἄνασσαν.

D'autre part on lit dans Macrobe (*Saturnales*, I, 20) : « Isis vel terra vel natura rerum subjacens soli », et dans ses *Métamorphoses*, Apulée lui prête le langage suivant qu'aucun dieu du panthéon gréco-romain n'eût osé s'approprier : « Je suis la nature, mère de toutes choses, maîtresse des éléments, principe originel des siècles ».

(3) M. Foucart affirme que les plus anciens monuments font de Dêmêter la juxtaposition d'un dieu tellurique et d'une déesse agricole, ce qui répond exactement au couple égyptien d'Isis et d'Osiris.

n'y ait qu'un pas. Ce pas, la science égyptienne l'a-t-elle jamais franchi?

Nous sommes ici, ne l'oublions pas, dans un pays vraiment exceptionnel où un fleuve aux ondes majestueuses est la source unique de la fécondité et de la vie, où la prospérité et l'existence même des populations sont suspendues à la hauteur et à la durée de ses débordements, où ses alluvions bienfaisantes, réparant sans se lasser les champs qu'épuise la culture, apportent chaque année plus d'éléments fructifiants que n'en peuvent consommer les récoltes les plus riches. Dès lors, quoi de plus naturel au point de vue mythologique que le sentiment d'une immense unité génératrice, d'un dieu unique ou supérieur, source et principe de tous les autres, et au point de vue cosmologique, que la croyance qui place à l'origine de l'univers « au temps où en haut rien n'existait qui s'appelât le ciel, où en bas rien n'avait reçu le nom de terre », l'eau primordiale, le *Nou*, océan céleste dans les profondeurs infinies duquel flottaient à l'état de désordre les germes des choses (1)? Inséparable de cette substance, l'esprit divin, *Thot*, sentit en soi le désir d'affirmer sa puissance créatrice, et tandis que la nuit enveloppait encore le chaos, sa parole appela le monde à l'existence. Son premier acte fut de modeler au sein de l'eau un œuf (2) d'où jaillit la lumière, cause immédiate de la vie dans toutes les sphères où elle est répandue. Est-ce à cause de sa rondeur que, dans le langage des initiés, l'œuf était réputé « le simulacre du monde » (3)? ou s'agit-il simplement d'un vulgaire symbole emprunté au phénomène de la génération? Ce qu'il importe de noter, c'est

---

(1) Dans sa Préface (ch. x et xi) Diogène Laërce dit en parlant des croyances égyptiennes : Ἀρχὴν μὲν εἶναι τὴν ὕλην, τὸν δὲ κόσμον γενητὸν καὶ φθαρτὸν καὶ σφαιροειδῆ.

(2) Râ est parfois représenté façonnant sur un tour, à la façon d'un potier, l'œuf mystérieux d'où la légende faisait sortir le genre humain et la nature entière.

(3) « Mundi simulacrum » (Macrobe, *Saturnales*, vii, 16). — Cf. Eusèbe, iii, 11.

que la mythologie égyptienne, d'ailleurs fortement imprégnée de naturalisme, ne se laisse pas facilement ramener à l'unité d'un système quelconque de philosophie. Isocrate déclare sans doute dans son *Busiris* que l'Egypte s'est montrée également capable « d'établir des lois pour les empires et de rechercher la nature des choses » (1); néanmoins, vus de près, les textes innombrables déchiffrés jusqu'ici par l'érudition moderne justifient mal la sagesse supérieure dont les sanctuaires égyptiens passaient pour être les dépositaires. « A la suite de longues méditations, écrit M. Perrot, l'esprit des sages avait bien pu s'élever à la conception ou tout au moins à la contemplation de cette cause première qui de ses profondeurs laissait couler à travers le temps et l'espace le fleuve de la vie universelle, dont le Nil avec son large courant et ses ondes nourricières était l'image visible. » Mais ces théories, quelles qu'elles fussent, ne sont jamais sorties des temples : la grande masse est restée asservie à une idolâtrie grossière. De l'aveu de M. Amelineau, aucun des monuments littéraires égyptiens maintenant connus n'offre un ensemble satisfaisant de doctrines cosmologiques : où le célèbre Brugsch avait cru découvrir des forces qui se déploient, M. Maspero ne veut voir que des êtres qui s'engendrent, une mythologie enfantine au lieu d'une savante philosophie.

V. — Les Chinois.

Des rives du Nil passons à l'autre extrémité du monde ancien. Les Chinois, dont l'intelligence fut de tout temps enfer-

---

(1) Καὶ νομοθετῆσαι καὶ τὴν φύσιν τῶν ὄντων δύναται ζητῆσαι. — Cf. *Timée*, 24 B (c'est un prêtre égyptien qui parle à Solon) : « Quant à la science, tu vois quelle attention y donne chez nous la loi dès le commencement, passant en revue l'ordre du monde jusqu'à la divination et à la médecine, faisant servir les choses divines à l'explication des choses humaines, et nous mettant en possession de toutes les connaissances qui se rapportent à celles-ci ». — La compilation arabe qui s'intitule *L'abrégé des merveilles* parle en ces termes des prêtres de

mée dans un empirisme étroit, ont-ils jamais rien créé qui ressemble à une religion ou à une science logiquement constituée ? La question demeure douteuse, en dépit des nombreux ouvrages où l'on s'est appliqué à l'éclaircir.

Leur principal philosophe, Confucius, n'est au fond qu'un moraliste plus indifférent aux problèmes et aux solutions scientifiques que ne le fut jamais Socrate, dont il se rapproche sur tant d'autres points. Il est naturel de supposer qu'une race dans la langue de laquelle l'esprit et la pensée ne trouvent pas de mot pour se traduire a dû demeurer étrangère à toute espèce de recherche intellectuelle approfondie (1). L'unique considération qui nous détermine à lui accorder ici une place, c'est que les Chinois paraissent se faire de la divinité une idée empruntée indirectement au spectacle de la nature. Ils aiment à se donner pour « fils du ciel » : personnification de l'élément divin plutôt que d'une région particulière de l'univers physique (pour trouver le ciel, disent les Chinois, il faut percer la voûte céleste), le ciel ou *Tao* a tout engendré ; c'est le premier des êtres : mais est-ce un dieu ayant conscience de lui-même ? Nullement : par essence c'est le vide, l'entièrement indéterminé : il lui faut la création pour se réaliser et acquérir une connaissance quelconque de soi : c'est par une vertu de leur nature que les êtres de toute espèce sont arrivés à l'existence. Il est à remarquer toutefois qu'en Chine, à aucune époque, le dieu du ciel ne fut détrôné par les dieux de la terre, ainsi que nous le voyons dans mainte autre mythologie. A l'heure actuelle, malgré le développement des conceptions naturalistes vers la fin de l'ère païenne, Chang-Ti, le dieu su-

---

l'antique Egypte : « Ils fondaient leur art sur les étoiles, qui leur révélaient les choses cachées et les sciences occultes ».

(1) Quelques-uns des sages Chinois ont composé des livres sous ce titre : *De la nature*. On n'y trouve que des mots, derrière lesquels se dissimule un positivisme découragé : témoin cette pensée de Tchuang-Tzé, prêtre de l'école Taoïste (au milieu du IVe siècle avant notre ère) : « Bien qu'infiniment subtil, l'esprit, aux prises avec les mille transformations que produisent les êtres, leur vie et leur mort, leurs formes et qualités diverses, ne peut en connaître la racine ».

prême, conserve encore une suprématie sur le reste de l'univers, où tous les êtres sont réputés vivre de la même vie universelle.

Mais il y a peu de races chez qui l'idée de Dieu, toujours vaguement saisie, jamais nettement définie, languisse, obscurcie de plus de nuages, sans que personne, prêtres ou hommes d'Etat, magistrats ou savants, s'inquiète de la mettre en lumière. Triste résultat de cette espèce d'abdication à la fois intellectuelle et morale ; tout dans la civilisation chinoise paraît ébauché, rien n'est achevé, ni conduit à sa perfection (1). Confucius ne cessait de recommander à ses disciples « de ne pas songer aux origines » : son système, que l'on a qualifié de rationalisme sans métaphysique, a pour unique base le vague sentiment de la perpétuité inexplicable du Grand Tout. L'homme ne reconnaît d'autre pouvoir supérieur que la loi inflexible du destin, sorte de principe rationnel que l'on révère en se courbant devant ses arrêts. Devenir un petit *Tao* par l'immutabilité de la pensée et de la conduite, voilà pour le sage le moyen de se rendre supérieur au monde et aux forces qui y agissent.

La nature, considérée en un certain sens par les Chinois comme le prolongement de l'âme humaine, est pour eux un vaste champ à cultiver, non une œuvre d'art à contempler ou un problème philosophique à résoudre. Les plus modernes d'entre leurs poètes semblent avoir précédé les Occidentaux dans l'art de peindre le monde extérieur à travers l'état de leur âme et pour ainsi dire à l'aide de traits empruntés au domaine moral. Mais cette espèce de romantisme plus ou moins artificiel sort de toutes façons du cadre de ce travail.

---

(1) C'est une thèse sans cesse répétée dans les livres chinois que les êtres commencent et finissent sans cesse, sans qu'aucun d'eux puisse atteindre à ses véritables limites.

VI. — Les Hindous.

Si, parmi les contrées historiques de l'antiquité, l'Inde nous occupe la dernière, ce n'est pas que nous méconnaissions ou l'ancienneté ou l'importance relative de sa première civilisation. Tout au contraire, il nous semble que nulle part ailleurs on ne découvre des rapprochements plus étroits avec la poésie et la philosophie qui ont été et qui resteront jusqu'à la fin des temps le double orgueil de la Grèce : à ce point qu'à la suite de Bopp et de Schlegel maint érudit a tenté de faire triompher cette idée que tous les peuples aryens, de l'Himalaya à l'Atlantique, ne forment en définitive qu'une seule et même famille. Qu'à l'origine l'Orient et l'Occident n'aient pas été violemment séparés et qu'ils ne doivent pas l'être davantage aujourd'hui dans la critique et dans l'histoire, c'est ce qu'admet sans peine tout esprit réfléchi : les Grecs eux-mêmes, si jaloux qu'ils fussent de leurs privilèges, ont fini par avoir conscience de tout ce dont ils étaient redevables aux barbares par eux si longtemps dédaignés (1).

Néanmoins, une barrière subsiste : il y a une ligne de démarcation qu'il est difficile, presque impossible, de supprimer. Ainsi quelques différences qu'il y ait à tant d'égards entre la pensée grecque et la nôtre, nous vivons manifestement sur le même fonds, la nature qui nous entoure est sensiblement la même, nos facultés supérieures, croyances et religion à part, s'inspirent aux mêmes sources. Si dans la sphère sociale comme dans la sphère scientifique nous sommes supérieurs

---

(1) Il faut le constater : même après Périclès, même après Alexandre, même après l'ère chrétienne — un Clément d'Alexandrie, un Proclus, par exemple, n'ont vu de l'Inde que la surface, et son génie propre leur est resté fermé.

aux Grecs, dans le domaine de l'art, des lettres, de la philosophie, nous demeurons leurs disciples : nous comprenons d'instinct, nous prenons plaisir à goûter et à imiter les créations de leur génie, soutenu et réglé par une raison essentiellement amie de l'ordre, de la mesure et du goût. L'Inde, au contraire, où règne en souveraine l'imagination avec ce qu'elle a de plus irrégulier, de plus désordonné, nous repousse plus qu'elle ne nous attire : pour la pénétrer, nous avons besoin d'un perpétuel effort, et à ce prix même nous n'arrivons qu'à une intelligence bien incomplète.

Sur le terrain particulier où nous confine notre étude, cette opposition éclate au grand jour. Les religions et les arts de l'Inde sont envahis, dominés par les puissances de la nature (1), auxquelles les religions et les arts de la Grèce ne laissent qu'une place restreinte et discrète. Là, malgré les siècles, l'humanité ne s'est élevée que rarement et comme par accès au-dessus des notions et des sentiments qui appartiennent à sa première enfance : ici elle a franchi d'un pas rapide et sûr les étapes qui devaient la conduire à sa pleine maturité.

Chose étrange, l'Hindou n'a jamais cessé de faire corps, si l'on peut ainsi parler, avec la nature qui l'entoure : il n'a jamais songé à se détacher d'elle, à s'opposer à elle : c'est elle au contraire qui lui impose l'obsession de son infatigable et tumultueuse activité. Selon une définition célèbre, elle, c'est l'Océan infini, lui, c'est l'écume qui apparaît mobile et fugitive à la crête des vagues : elle, c'est le Tout sans borne et éternel, lui, c'est le phénomène qui passe avec et comme tout le reste, perdu, presque anéanti dans cet abîme de la vie universelle où il est réduit au rôle d'imperceptible atome. Incapable de se concentrer fortement en un moi doué d'intelligence, de volonté et d'action, l'esprit même le plus éminent

---

(1) L'Inde a été qualifiée d'immense laboratoire de métaphysique théologique et de symbolisme où « les énigmes naturalistes ont été sublimées en mysticisme religieux. » (M. V. Henry).

n'a jamais connu les fières revendications du « roseau pensant ».

Pourquoi cette abdication ?

Est-ce parce que, dans l'Inde, la nature a revêtu des formes particulièrement imposantes, des attraits tout à fait enivrants ? parce que sa fécondité se joue en productions colossales ? parce que des fleuves au large lit, aux ondes bruyantes, parce que des forêts presque impénétrables recèlent dans leur sein une multiplicité inouïe d'espèces vivantes ? est-ce parce que, en face de cette nature à la fois nourricière et meurtrière, l'homme des premiers âges s'est senti impuissant et désarmé ?

Ou bien est-ce que, subissant à son insu l'influence d'un climat voluptueux et énervant, il n'est arrivé que bien tard à découvrir en lui-même quelque chose d'individuel et de personnel, à prendre conscience de sa supériorité morale ? s'est-il incliné devant les forces de la nature comme il se courbait dans la vie civile devant un despostisme dont les prétentions, même les plus inouïes, n'ont jamais été contenues par aucune déclaration d'indépendance ? Au milieu de ces fourmilières humaines qui composent les populations de l'Orient, l'individualité s'efface, la personnalité disparaît : or n'est-ce pas en vertu d'une loi psychologique que nos jugements sur ce qui nous entoure reposent avant tout sur des analogies puisées dans l'analyse de notre être propre ?

Quoi qu'il en soit, la première tendance de la religion indienne, ainsi que l'atteste le *Rig-Véda*, fut de placer la divinité, c'est-à-dire la source de l'être et de la vie, là même où la vie éclatait dans toute sa plénitude, dans sa prodigieuse universalité ; le monde est un arbre gigantesque dont les innombrables créatures sont les rejetons et les rameaux (1). Renonçant à définir et à comprendre, renonçant même à figurer la puissance mystérieuse, invisible, irrésistible que partout on

---

(1) C'est ce qui a fait dire à M. Schuré : « Beaucoup moins développés que l'homme moderne par le raisonnement et par l'intelligence de l'univers physique, ces Aryas avaient dans leur simplicité et leur grandeur une sorte d'intuition directe et sublime du fond de la nature et des choses divines. »

croit rencontrer, on s'épuise à la décrire par ses effets, à la nommer par ses aspects divers. De là ces myriades de qualificatifs ou épithètes, dont la variété s'explique par le perpétuel étonnement d'une race enfantine ; de là la fantaisie qui se déploie dans les représentations plastiques des mythes relatifs à l'origine des choses ; de là ces conceptions et ces formes bizarres, incohérent assemblage d'éléments humains accouplés à tout ce qui dans la nature avait frappé le regard. La divinité prend successivement et même simultanément toutes les formes ; partout le sens religieux la retrouve : elle vit à la fois d'une multitude de vies et se transforme en tant de personnages qu'elle finit par devenir impersonnelle : tout se confond avec elle et elle se confond avec tout.

En Grèce, chaque dieu a sa physionomie à part, décrite par les poètes, fixée dans le marbre par le sculpteur, acceptée par l'opinion commune, consacrée et sanctionnée par la tradition. Dans l'Inde, jamais les dieux individuels ne briseront la chaîne qui les unit les uns aux autres dans la divinité universelle (1) : l'Hindou, a dit finement M. Barth, n'a jamais pu se contenter d'un seul dieu ni se résigner à en avoir plusieurs. C'est ce panthéisme confus qui a retenu dans les liens du naturalisme un peuple au sein duquel se font jour des instincts spiritualistes et dont la piété trouve parfois des accents singulièrement pénétrants. Il est certain que l'objet principal de la religion brahmanique, c'est la glorification de la Nature, du Ciel, du Soleil, du Feu et des astres. Chaque phénomène marquant étant à son tour divinisé, les symboles, par une évolution fréquente dans l'histoire des religions, se sont substitués peu à peu avec une liberté de plus en plus complète à l'être unique dont ils passaient à l'origine pour les différentes manifestations (2).

---

(1) « Les dieux védiques ont revêtu quelques traits caractéristiques, mais semblent tous émerger de quelque fond vague où ils perdent toute physionomie propre et se confondent les uns avec les autres » (M. Max Müller).

(2) « Le fond de la religion védique est évidemment ce panthéisme

La même tendance qui a présidé aux détails de la croyance reparaît dans les détails du culte, produits d'une imagination perdue dans le chaos de ses hallucinations. Le symbolisme des rites sacrés est tellement incohérent que, les gnostiques peut-être exceptés, rien de comparable ne se rencontre à aucune époque de l'histoire de la civilisation : autant l'Hindou se soucie peu de pénétrer la nature, autant par tous les moyens il s'ingénie en la célébrant à rivaliser avec son inépuisable fécondité. La remarquable étude de Bergaigne, intitulée *Les dieux souverains de la religion védique*, nous montre dans les rites compliqués des sacrifices l'imitation de deux groupes de phénomènes célestes, les uns solaires, les autres, si l'on peut ainsi parler, météorologiques (1). Le but poursuivi est de reproduire aussi fidèlement que possible sur la terre ce qui s'accomplit dans le ciel. Varouna, personification de la lumière (2), est représenté comme une providence vengeresse qui voit tout et à laquelle rien n'échappe, comme la sagesse qui règle le cours des astres et celui des fleuves, qui préside à la fertilité de la terre et au retour périodique des saisons.

---

rudimentaire qu'on désigne sous le nom d'animisme. Tout objet a une âme et peut, le cas échéant, revêtir un caractère mystérieux et quasi divin... Au-dessus de ce vieux fond s'élèvent les grandes divinités, personnifications des éléments et des phénomènes de la nature, quand elles ne sont pas le produit de la réflexion abstraite. » (M. Barth, *Journal des savants*, Mai 1896.)

(1) On consultera avec intérêt sur ce point un livre plus récent, œuvre d'un orientaliste de marque, M. P. Regnaud (*Les premières formes de la religion et de la tradition dans l'Inde et dans la Grèce*, 1894). D'après ce sanscritiste aux vues hardies et très discutées, trois causes ont préparé le πρῶτον ψεῦδος d'où a jailli la mythologie d'abord, et beaucoup plus tard la philosophie : 1° la substitution des images aux symboles dans les matières qui font l'objet des hymnes védiques ; 2° la personnification des éléments du sacrifice ; 3° la généralisation des idées relatives à ces mêmes éléments.

(2) « Tu enveloppes tout comme la jante enveloppe les rayons », lui dit le poète. L'obscurité qui cache le ciel est désignée en sanscrit par un mot qui signifie « contraire à la loi ». — Notons à ce propos que chez la plupart des peuples sémites et touraniens, le dieu suprême est de la même façon assimilé au ciel ou plus exactement à la lumière céleste.

Ainsi s'affirme de bonne heure dans l'Inde antique une notion capitale, qui ne fera qu'assez tard son apparition dans la pensée grecque : celle de l'ordre des choses, condition nécessaire de toute stabilité, aussi bien dans le monde moral que dans la nature extérieure où l'esprit de l'homme en a surpris la première et la plus visible manifestation.

Ce que sera dès lors la poésie indienne, on le pressent aisément. L'inspiration d'où elle dérive n'a d'autre principe, d'autre aliment, que la nature « décrite pour nous y faire sentir la présence des dieux, ou plutôt d'une vie universelle, pour nous mettre en communication avec la substance même du monde, où bien encore pour exprimer de ce qui se voit une harmonie avec ce que nous sentons (1) ».

Ainsi, dans les plus anciens hymnes (sauf les passages qui sont de pures élucubrations liturgiques), ce qui se reflète, ce sont les impressions tour à tour fascinantes et redoutables qui se dégagent du spectacle de la création ; ce qui domine, c'est une reconnaissance enthousiaste pour les puissances bienfaisantes qui se révèlent dans la nature, et plus encore une terreur secrète en face des forces redoutables dont elle est le théâtre, et l'homme trop souvent la victime. Le poète supplie, tremble, pleure, se réjouit : c'est ainsi que le panthéisme indien fait jaillir de la nature tout ce que celle-ci recèle de trésors poétiques et le traduit dans une langue qui se fait son complaisant auxiliaire : par la sonorité et la variété de ses modulations, le sanscrit établit un rapport étroit entre les bruits du dehors et les sensations du dedans.

De même qu'en Grèce, dans l'Inde l'épopée a succédé à la poésie lyrique. En passant d'un genre à l'autre, l'esprit indien a-t-il préparé son affranchissement? Loin de là, il reste soumis au même joug, rivé à la même obsession. La nature vierge

---

(1) V. de Laprade. — Ajoutons qu'au jugement de Bergaigne, les *Védas* trahissent le travail d'une série d'arrangeurs épris d'ornements factices, et fermés ou à peu près aux premières émotions de la créature ignorante : c'est l'œuvre de raffinés précoces, de primitifs décadents.

et indomptée, avec les êtres innombrables sortis de son sein, les forêts et leurs sauvages habitants, les déserts et les tempêtes jouent dans le *Ramayana* un rôle dont la persistance déconcerte, puis fatigue et rebute bien vite le lecteur moderne. Voilà, non sans doute à l'exclusion de la divinité et de l'homme, mais certainement de préférence à l'homme, les vrais héros de l'épopée indienne : c'est à la nature qu'elle les emprunte avec les caractères qu'elle leur prête, les épithètes par lesquelles elle les désigne, les exploits qu'elle leur attribue. Tandis que la Grèce des temps héroïques concentre sur elle-même, sur ses passions, sur ses luttes et ses combats son talent de description et d'analyse, tandis que dans ses fictions elle exagère sa force au point de se croire capable de se mesurer même avec les dieux, ici l'humanité silencieuse, sans volonté, sans rôle personnel, garde presque partout une attitude effacée.

Le drame exigeait d'autres acteurs ; aussi lorsque, à une date relativement récente, l'Inde voulut avoir son théâtre, vraisemblablement à l'imitation de la Grèce, une notion différente de la nature se fait jour. Au lieu d'un saisissement véritable, c'est avec une sorte de mélancolie qu'on la contemple, comme il convient à des esprits qui se plaisent à analyser leurs réflexions. Non cependant que cet ordre d'idées fût resté jusque-là ignoré. On avait vu Rama se consoler de la perte de son royaume en contemplant le mont Tchitakoutra « qui de son front sublime semble percer le ciel », et parler, comme le ferait un romantique, « des nuits sombres et orageuses, en harmonie avec les peines de l'amour ». A sa bien-aimée il adresse ces paroles d'un tour tout moderne : « Regarde cette liane flexible : elle s'est posée amoureusement sur ce robuste tronc comme toi, chère Sita, fatiguée, tu laisses ton bras s'appuyer sur le mien. » Et le poète avait écrit ces vers étranges qu'un Grec certainement eût eu peine à comprendre : « Assis sur le sommet de la montagne et regardant le ciel serein, le disque pur et blanc de la lune, et cette nuit amie imprégnée de la lumière automnale, Rama, percé du trait d'amour, retournait dans son esprit la pensée de celle qui était l'objet de ses feux. »

Mais si, comme nous venons de l'établir, la nature longtemps a fait le fond des religions et de la poésie de l'Inde, peut-on dire qu'elle y ait jamais été l'objet de recherches scientifiques? L'étymologie et la grammaire, la métrique et la logique ont été cultivées et poussées très loin par certaines écoles d'érudits : géomètres et physiciens surtout paraissent inconnus (1). Sauf une conception plus intuitive que discursive de l'ordre éternel (2) attesté par la régularité des phénomènes célestes, rien ici qui ressemble à la science, à ses allures constantes et réglées, à ses expériences méthodiquement instituées et patiemment poursuivies. Il est dans le caractère de l'asiatique de s'incliner devant le fait sans en chercher l'explication. Lutter contre la nature pour la subjuguer et lui arracher ses secrets était aux yeux de l'Hindou une tentative aussi vaine que sacrilège : l'observer simplement, analyser les facultés et les procédés qui nous permettent de communiquer avec elle, suivre attentivement la marche des phénomènes, tout cela même devait demeurer étranger à des hommes séduits par cette notion devant laquelle toutes les autres s'effacent : la notion de l'infini. S'absorber ainsi dans l'universel et l'éternel aide mal à connaître les êtres individuels et périssables, autrement du moins que par la voie toujours dangereuse de la spéculation.

Car l'Inde, c'est incontestable, a eu une philosophie; sur les bords du Gange comme en Grèce, l'esprit humain en face des mythes traditionnels a revendiqué son indépendance et exercé ses droits. Constatons à ce propos que dans la race

---

(1) Un orientaliste de mérite, M. Deussen, constate combien est défectueuse dans l'Inde la connaissance de la nature, combien sont faibles les argumentations tentées dans ce domaine.

(2) *Rita* n'est pas seulement la règle liturgique du sacrifice, c'est la marche merveilleuse et invariable des choses, telle qu'elle résulte des décrets souverains des dieux, mainteneurs des lois sur lesquelles repose l'univers. Les individus sont périssables, mais les espèces sont éternelles.

indienne la pénétration, et la subtilité métaphysique ne le cèdent en rien à l'inspiration poétique. Mais outre que l'influence religieuse est restée jusqu'au bout dominante, l'examen comparé des textes révèle une singularité remarquable. S'agit-il des croyances et des cérémonies consacrées ? Les écrivains hindous sont d'une prolixité sans mesure, leurs traités ou leurs poèmes d'une abondance de détails absolument intempérante : l'esprit se perd dans la multiplicité confuse de ses conceptions et dans l'accumulation indéfinie des formes destinées à les traduire ; la pensée étouffe sous le poids de ses fausses richesses (1).

S'agit-il au contraire des essais épars d'explication rationnelle de l'univers ? insouciants de toute logique, ils s'enveloppent systématiquement dans des formules d'une concision obscure (2) : des vues originales, parfois même profondes, jaillissent tout d'un coup en éclairs rapides, mais pour nous laisser retomber presque aussitôt en pleine nuit. Les penseurs les plus marquants prennent plaisir à concentrer leur enseignement dans des aphorismes d'une concision désespérante (*sûtras*), à peu près inintelligibles en eux-mêmes et qui ont provoqué dans la suite des commentaires sans fin. Du reste, pas plus sur le terrain philosophique qu'ailleurs, et même moins qu'ailleurs, l'Hindou ne sait observer une marche régulière et dérouler ses réflexions suivant un plan rationnel (3).

---

(1) « La poésie védique vit de métaphores, les demandant aux associations d'idées en apparence les plus bizarres, les greffant et les entassant les unes sur les autres et s'élevant ainsi à ce que Bergaigne appelait le galimatias double et triple du Véda » (M. Barth). Il y a dans ces interminables énumérations comme une surenchère dans l'inintelligible.

(2) Au plus grand nombre on peut appliquer ce que M. Barth écrivait récemment du *Maha-vâstu* (*Journal des Savants*, août 1899) : « Ce qu'on trouve ici le moins, c'est un système, on n'en a pas même les fragments, mais seulement un certain ensemble de notions mystiques, nullement spéculatives. »

(3) « Dans le *Rig-Véda*, il n'y a pas deux idées à se suivre logiquement » (Bergaigne).

Succession des pensées, choix des expressions, tout semble ici livré sans réserve au hasard : l'art de la composition ou fait complètement défaut, ou se perd dans un cliquetis de mots plus ou moins retentissants.

Et maintenant, où tendent plus ou moins directement la plupart des grands systèmes de l'Inde ? Ce qui précède le laisse deviner : comme les premières théories des φυσιόλογοι ioniens, ce sont avant tout des cosmogonies, avec cette différence toutefois que le but principal ou même unique du philosophe indien, c'est de remonter à la conception religieuse de l'unité divine (1) : unité sans cesse compromise par les retours offensifs du polythéisme populaire, personnifiant et divinisant l'une après l'autre toutes les forces de la nature, Surya le soleil, le dieu bienfaisant par excellence, Vritra qui retient captives les eaux célestes, Indra qui brise les nuages d'où jaillit la pluie féconde, les vents qui dissipent les nuées et purifient l'atmosphère, l'aurore, le crépuscule, les esprits lumineux compris sous le nom générique d'*Adityas*, « les impérissables », sans parler de toute une armée de divinités secondaires investies du gouvernement de telle ou telle partie de l'univers.

De cette double tendance sortit un dogme essentiel, dont on retrouve de tous côtés l'expression à la fois troublante et obscure, à savoir qu'il n'existe en réalité qu'un être unique, conçu tour à tour sous forme abstraite et sous forme concrète (2) ; le reste est sans valeur, ou pour mieux dire,

---

(1) Cette conception a été justement appelée le *leitmotiv* de la philosophie indienne tout entière. Le *Rig-Véda* constate en cent endroits que les sages donnent à l'être unique plusieurs noms. Ce recueil, de même que la *Mundaka*, contient maint passage dont le théisme le plus exigeant pourrait se déclarer satisfait. Il est à noter que jusque dans le système athée et matérialiste de Kapila, dont il sera parlé plus loin, la nature plus ou moins divinisée est le premier des vingt-cinq principes qui constituent l'ensemble de la science.

(2) Dans le *Rig-Véda*, Brahmà apparaît tantôt comme la puissance toute spirituelle à laquelle s'adresse la prière, tantôt comme ce qu'il y a de plus intime et de plus noble dans les phénomènes de l'univers, dont il est à la fois la cause efficiente et la cause matérielle. Un des

n'existe pas. Ce que l'homme doit adorer, c'est l'être dans sa substance universelle (1), et surtout dans sa vie partout incessamment répandue. Les anciens dieux furent conservés, mais rigoureusement subordonnés à Brahm, cause et principe de tout.

Mais devant ces intelligences curieuses et plus subtiles encore que curieuses, le problème de la création s'était posé avec ses inséparables difficultés (2). Quels moyens la divinité a-t-elle

---

personnages du *Bhâgavata-Purâna* dit à ce Dieu : « Tu fais exister les créatures en toi-même, sans rien perdre de ta substance, comme l'araignée qui en tissant sa toile se réserve l'intégrité de son énergie productrice. »

(1) On lit dans l'*Isa-Upanishad* : « Un seul être remplit l'univers entier, et il le dépasse encore infiniment. Quand l'homme sait voir tous les êtres dans ce suprême esprit, et le suprême esprit dans tous les êtres, il ne peut plus dédaigner quoi que ce soit. »

(2) C'est une des questions traitées dans les *Purânas*, compositions de date relativement récente, quoique ayant la prétention de s'appuyer sur des traditions très reculées. Mais si un panthéisme assez vague est le terme auquel aboutit plus ou moins directement toute philosophie indienne, remarquons avec quel art ont été prévues et comme écartées à l'avance quelques-unes des plus redoutables objections communément élevées contre ce système. Voici, par exemple, ce que répond Bhâgavat à Brahmâ dans le *Bhâgavata-Purâna* : « De même qu'après la création les grands éléments ont pénétré tout ensemble et n'ont pas pénétré les êtres supérieurs et inférieurs, de même je suis à la fois et je ne suis pas dans ces éléments. Aussi la seule chose que doive chercher à comprendre celui qui désire connaître la nature de l'Esprit, c'est le principe qui, uni aux choses, est cependant distinct d'elles. » (2, IX. 34). Si l'Esprit suprême (*Paramâtman* ou *Mahamâtman*) consent à vivre sous les formes changeantes et éminemment périssables de la matière, c'est sans rien perdre de la grandeur au sein de laquelle il repose ; s'il est présent en chacun de nous, c'est sans participer à nos préjugés et à nos souffrances. Pour nous mettre en garde contre les données de la science empirique (*Avidya*) le *Vedanta* (Cf. Deussen, *Das System des Vedanta*, Berlin, 1883) ne connaît pas de remède plus efficace que la métaphysique (*Vidya*) ; ainsi raisonnait Parménide dans son fameux poème. Mais il y a mieux. Non seulement l'âme suprême a en elle ou plutôt est elle-même toutes les forces qui se déploient dans l'univers ; mais cette multiplicité ne porte aucune atteinte à son unité ; car nous sommes ici dans le domaine de l'apparence et de l'illusion. L'univers n'est qu'une fantasmagorie. « La triple forme que la tradition attribue à Bhagavat créant, conservant et détruisant l'univers, les sages savent qu'elle est le produit de Mâyâ, de l'illusion, et que par suite on ne la

employés pour accomplir son œuvre ? pour toute réponse, nous n'obtenons qu'un aveu d'ignorance et d'incertitude. S'agit-il des êtres visibles ? « La création est ramenée à une évolution dont les formes se dégagent les unes des autres au gré de rapports extérieurs et puérils, tels qu'on peut les attendre d'imaginations enfantines, mais qui n'en distinguent pas moins d'une façon bien nette cette ébauche de cosmogonie de toutes celles qui reposent sur l'idée d'une création *ex nihilo* (1). » Veut-on maintenant remonter plus haut, jusqu'à l'origine des principes eux-mêmes ? Voici ce qui nous est enseigné : « Brahm fut enfanté le premier en lui-même avant le commencement des âges... L'essence de l'être et du non-être n'est révélée que par lui. C'est de lui qu'est partie pour se déployer la brillante lumière » (2). Et ailleurs : « Il n'y avait alors que les eaux : ce monde n'était primitivement qu'une masse aqueuse où s'agitait le maître de la création » (3). Mais aucun passage n'est plus explicite, plus caractéristique dans le sens de la transcendance que le suivant : « Alors il n'existait ni être, ni non-être, ni monde, ni ciel, ni région supérieure... Lui seul respirait sans le moindre souffle, par un don qu'il tenait de lui-même. Rien d'autre que lui n'existait en dehors de lui : l'obscurité cachait l'obscurité... D'abord apparut l'amour, le produit nouveau de l'intelligence (4)... Ce rayon que les voyants virent partout, cette étincelle qui pénétra le monde vient-elle de l'abîme ? vient-elle des hauteurs ? Qui le sait exactement, qui a jamais marqué le point d'où jaillit la vaste création ?... Lui seul de qui elle émane, lui qui regarde

---

donne à l'Etre suprême que pour nier qu'il soit réellement actif. » (A. Roussel, *La cosmologie hindoue*.)

(1) M. Regnaud, *La religion védique* (Revue philosophique, 1881).

(2) Texte du *Sama-Véda*, appartenant au dernier âge de l'Inde antique comme le Xe livre du *Rig-Véda*.

(3) Texte du *Yadjour-Véda noir*, dont on remarquera l'analogie d'une part avec la théorie de Thalès, et de l'autre avec les premiers versets de la Genèse.

(4) Comparer le vers si souvent cité de Parménide :

Πρώτιστον μὲν ἔρωτα θεῶν μητίσατο πάντων.

du haut du ciel, le sait en vérité, ou peut-être même ne le sait-il pas » (1). Est-ce que je m'abuse en affirmant que rarement, l'impression du mystère intime qui enveloppe toutes choses au regard de la raison humaine a été rendue de façon plus saisissante (2) ?

Un monument d'ordre tout différent, et dans lequel s'affirme un Védantisme mêlé d'éléments mythologiques, le code de Manu contient néanmoins dans sa préface un autre exposé des mêmes croyances. « Autrefois tout ce monde était ténébreux, inconnu, dépourvu de tout attribut distinct, vide et indiscernable. Celui qui est heureux, existant par lui-même, le commencement des êtres, qui par son action a dissipé la nuit, qui n'est point conçu par les sens, invisible, impensable, a d'abord créé l'eau, et la semence de la lumière a été produite, œuf brillant comme l'or, étincelant comme l'astre aux mille rayons (3). A l'intérieur vivait le divin Brahmâ, ancêtre de tous les mondes, qui des morceaux brisés de l'œuf forma la

---

(1) *Rig-Véda*, x, 129. Cette traduction, à ce que l'on m'assure, a une précision que le texte est loin de posséder (Cf. i, 164, le chant de Dirghatama). — M. Regnaud termine comme il suit une étude approfondie de ces anciens documents : « Les hymnes prétendus philosophiques du *Rig-Véda* sont de vastes allégories qui se jouent autour des éléments du sacrifice personnifiés, et qui ne supposent pas d'autres spéculations ni d'autres théories que celles mêmes dont le sacrifice était, de longue date déjà sans doute, l'objet traditionnel. Néanmoins l'idée-mère du sacrifice — le circulus indéfini de la vie universelle — perdue comme essence de la religion, se conserva et se prolongea par la philosophie. Le panthéisme inconscient et incomplet des hymnes védiques devint le panthéisme dogmatique et systématique du *Védanta*. »

(2) Ce mystère, qui dans les âges modernes a trouvé son expression peut-être la plus significative dans les fameuses antinomies de Kant, s'était déjà traduit dans l'antiquité par les formules contradictoires d'Héraclite et de Parménide, de même que par des phrases comme la suivante, tirée du *Bhâgavata-Purâna* (3, xxix, 45) : « Voilà quel est le Temps infini et qui met fin à tout, qui est sans commencement et qui fait tout commencer, qui produit la créature par la créature, et qui détruit par la mort le dieu de la destruction. »

(3) Image ou hypothèse que nous avons déjà rencontrée dans les croyances égyptiennes et qui reparaîtra dans les théories orphiques.

terre et le ciel, et de lui-même enfanta l'esprit qui existe et qui n'existe pas. » C'est cet esprit qui se revêt d'une enveloppe corporelle dans tous les êtres vivants. Plus loin le même ouvrage déroule sous nos yeux les phases alternantes de la force initiale, tantôt se réveillant, tantôt retombant dans le sommeil (1). Lorsque Brahma s'endort, l'œuvre divine se dissout ; puis le crépuscule annonce une nouvelle aurore : l'univers renaît pour mourir encore, et ainsi de suite pendant l'éternité. C'est qu'en effet la création n'a pas de motif ni de but : l'activité divine est seule en scène, se jouant également à produire et à détruire (2).

Avant de passer au bouddhisme, faisons un dernier emprunt aux *Upanishads*, commentaires liturgiques de dates d'ailleurs assez différentes, où M. Deussen en Allemagne et M. Henry en France s'accordent à voir l'aboutissement naturel de la conception philosophique des premiers *Védas*. A la notion anthropomorphique d'un Dieu suprême se substitue graduellement l'idée toute métaphysique de l'être en soi (*âtman*), âme qui anime la nature entière. Au reste, qu'il est rare de découvrir au milieu de ces flots débordants de mysticisme les traces même passagères d'une pensée vraiment virile (3) ! Citons quelques exemples. « Qui es-tu ? » demande-t-on à l'homme, et il répond : « Je suis le fils des saisons, né de l'espace infini et de la

---

(1) Des vues toutes semblables se font jour dans certains textes stoïciens.

(2) Héraclite chez les Grecs ne nous offre-t-il pas un enseignement très voisin ?

(3) Schopenhauer, pénétré d'admiration pour une doctrine à laquelle la sienne propre fait écho, disait des auteurs des *Upanishads* : « A peine avons-nous le droit de les prendre pour des humains... Cette illumination extraordinaire de leur esprit doit être attribuée à ce que ces sages, plus rapprochés par leur date des origines de notre race, saisissaient l'essence des choses plus nettement et plus profondément que ne le peut la génération affaiblie d'aujourd'hui. » — A quoi Barthélemy Saint-Hilaire répondait dans le *Journal des savants* (avril 1888) : « L'historien de la philosophie peut jeter un regard sur les *Upanishads* : mais nous les donner comme modèles, nous recommander le peu de métaphysique qu'elles contiennent, c'est pousser l'indulgence beaucoup trop loin. »

lumière. » — « Qui a commandé au premier souffle de vie de se produire ? Nul ne le sait : Brahma n'est pas compris de ceux qui le comprennent, il est compris de ceux qui ne le comprennent pas (1). » — « Par l'ordre de qui vivons-nous ? Où est la cause ? est-ce le temps, la nature, la nécessité, le hasard ? sont-ce les éléments ? Les sages qui se confinent dans la méditation ont pensé que la puissance de Dieu est cachée : or c'est de lui que relèvent toutes les causes, temps, nature et le reste. » — La pensée indienne, malgré ses hardiesses, recule et abdique devant ces problèmes d'origine que seule la pensée grecque osera regarder en face. Mais de la mythologie un peu puérile des Védas à cette audacieuse théologie, quel intervalle (2) !

Malgré ses tendances essentiellement pratiques (car Çakya-Mouni fut un solitaire, un contemplatif, un ascète, bien plus qu'un théoricien ou un philosophe), le bouddhisme, ne fût-ce que par la fraternité qu'il proclame entre tous les êtres, ne pouvait pas ne pas avoir son contre-coup dans la sphère doctrinale (3). Un nouveau système, l'un des six orthodoxes, le *Yoga*, expression d'une sorte d'utilitarisme religieux fondé sur des observances mystiques, fut imaginé par les Brahmanes

---

(1) Analogie frappante avec certains dogmes néoplatoniciens et gnostiques.

(2) D'après un indianiste de grand mérite, M. Weber, la philosophie indienne aurait traversé en matière de cosmologie quatre phases bien tranchées : 1° La matière se suffit à elle-même ; 2° l'ordre du monde suppose une puissance organisatrice ; 3° le monde sans substance propre n'est qu'une émanation de l'être divin ; 4° il perd jusqu'à l'être et se réduit à une pure illusion. — Faisons un instant abstraction de cette dernière doctrine, ne retrouve-t-on pas dans les trois précédentes l'idée maîtresse de trois grandes écoles grecques, l'école ionienne, l'école socratique et l'école alexandrine ?

(3) « Dieu est tout », avaient dit les brahmanes. « Tout est Dieu », répliquent les bouddhistes. — La cosmogonie de la plus ancienne école bouddhiste connue comprend deux principes répondant aux deux états entre lesquels oscillent perpétuellement tous les êtres, à savoir le repos et le mouvement.

pour donner satisfaction au côté le plus séduisant de l'hérésie nouvelle, qui à son tour lui a beaucoup emprunté. Nous en trouvons un écho immédiat dans un des épisodes les plus fameux du *Mahabharata* (1). Le Dieu suprême y déclare qu'il est « la semence éternelle de la nature, tout entière en chacun des êtres ». Sur ce premier principe l'analyse n'a aucune prise, car il n'offre à l'esprit qu'une généralité indécomposable. Par une contemplation assidue, et par la constance dans les pratiques ascétiques, le *Yogui* arrive non seulement à dominer la nature et à en diriger à son gré le cours, mais à se dépouiller de son existence propre et à s'affranchir de toute vicissitude par sa rentrée dans le sein de Brahma, le dieu ineffable élevé, comme celui des Alexandrins, au-dessus de toute essence.

Avec le bouddhisme, le panthéisme indien a rompu avec ses origines naturalistes pour aboutir au plus audacieux nihilisme qui fut jamais. L'univers est absolument vide ; la création, où la mort et la vie se disputent sans relâche l'empire, n'est qu'un ensemble de vaines apparences (2) : c'est une chute, une dégradation à jamais déplorable de l'être absolu, pour qui sortir de son indétermination, c'était fatalement déchoir. Ce fut de sa part une première faute de croire à la possibilité du monde, une seconde de concevoir le désir de le réaliser, la troisième et dernière de lui donner l'être. Cédant à l'attrait de *Maya* (l'illusion transcendantale), l'Infini est sorti de ses profondeurs : par leur union la pensée de l'Eternel devint visible

---

(1) Cet épisode, intitulé le *Bhâgavad-Gîtâ* ou « chant du bienheureux », une des trois sources officielles du *Védanta*, était considéré par Barthélemy Saint-Hilaire comme postérieur au recueil des *Karikas*, résumé élégant et fidèle du *Sâmkhya*, qui passe pour être du premier siècle de notre ère. — C'est également à titre épisodique que dans ses divers poèmes Virgile nous révèle ses vues sur la constitution du monde.

(2) « Je sens comme Bouddha tourner la grande roue, la roue de l'illusion universelle, et dans cette stupeur muette il y a une véritable angoisse. Isis soulève le coin de son voile, et le vertige de la contemplation foudroie celui qui aperçoit le grand mystère. » (Amiel, *Journal*.)

et l'univers fut engendré. Née d'une séduction coupable, l'existence est la source de tous les maux ; le vide règne au-dedans comme au dehors des êtres : rien de plus funeste que la puissance magique par laquelle nos sens sont irrémédiablement captivés, que l'erreur de conscience qui nous pousse à nous considérer comme des personnes. Puisqu'en toute créature vit Brahma, troublé et souillé par la matière, la vraie destinée du monde sera de supprimer cet indigne mélange et de retourner à la pureté, il faudrait presque dire, à l'inanité de son principe. De même chacun de nous renonçant à la fois à l'amour de l'être et à sa fausseté doit chercher à se rapprocher autant qu'il est en lui de la plante et de la pierre : c'est le premier commandement du bouddhisme de fermer ses yeux et ses oreilles au spectacle et aux bruits décevants de la création. Pour atteindre au *nirvâna*, la science est d'un merveilleux secours : n'est-ce pas elle en effet, et elle seule, qui nous fait comprendre le néant des choses !

Il est à remarquer (et les plus savants critiques n'ont pas manqué de le faire ressortir) que dans l'Inde bouddhiste tout au moins la philosophie n'a jamais, si l'on peut ainsi parler, vécu de sa vie propre ; en tout cas, elle n'est point, comme dans la Grèce du vi^e au ive siècle (1), un divertissement supérieur de l'esprit, un déploiement de la raison qui se plaît à essayer et à affirmer sa force. Quoique féconde en distinctions, en analyses, en spéculations subtiles, elle a pour but immédiat une œuvre : la transformation de l'homme, le redressement de sa vie (2). De là vient que les investigations scienti-

---

(1) Il est remarquable qu'aux grands systèmes tout pénétrés de métaphysique aient succédé en Grèce même des écoles qui visent avant tout un but moral. Mais la part considérable faite à la spéculation rationnelle et scientifique jusque dans l'épicurisme et le stoïcisme est une marque éclatante de la supériorité de l'esprit grec sur le génie hindou.

(2) N'oublions pas ce qu'aimait à répéter Bergaigne, à savoir que les péchés liturgiques sont à peu près les seuls dont se soit avisée la morale védique. Mais comment ne pas être frappé de voir la croyance au flux intarissable des choses engendrer en Grèce des conséquences métaphysiques, et dans l'Inde des prescriptions morales ?

fiques proprement dites y furent considérées comme un luxe réservé à la curiosité du petit nombre (1). Dans le bouddhisme notamment, l'ascétisme prime tout : même les sectes les plus libertines entendent qu'on résiste à la nature : tout être intelligent a pour devoir de l'annihiler, non de la perfectionner, moins encore d'en jouir. C'est, dit Laprade, l'héroïque négation de la domination que la nature exerçait si violemment par les sens sur l'âme de ces races à la fois naïves et raffinées.

Croirait-on qu'à côté de l'idéalisme illimité dont nous avons parlé, l'Inde antique a connu un matérialisme presque brutal, qui lui-même a revêtu des formes très diverses ? D'après les uns, la matière est l'unique être existant ; c'est de son évolution spontanée qu'est sorti le monde avec toutes ses merveilles ; du vide naissent l'un après l'autre les quatre éléments. Kapila, fondateur du *Sâmkhya*, celui des six systèmes orthodoxes dans lequel Jacobi croit découvrir l'inspiration initiale du bouddhisme (2), rejette formellement la divinité et la Providence ; c'est un athéisme explicite (3). Son premier principe est la matière éternelle (*mula prakriti*), sans forme, sans parties, matrice féconde de tous les êtres (4), cause universelle et fatale qui produit sans être produite ; au-dessous d'elle s'étage une

---

(1) « Le bouddhisme s'est occupé de l'homme si exclusivement qu'il n'a rien vu de la nature intérieure. Les phénomènes les plus surprenants au sein desquels nous vivons ne lui ont rien appris ; et cependant plus on étudie la nature, plus on la connait, plus on l'admire, plus on y sent la présence immanente d'une puissance et d'une intelligence infinies... Le brahmanisme était manifestement entré dans une voie plus sage » (Barth. Saint-Hilaire, *Journal des savants*, mai 1892.)

(2) Les rapports du *Sâmkhya* avec le brahmanisme ont donné lieu aux thèses contradictoires de Deussen, Garbe et Dahlmann.

(3) Cette opposition capitale suffit pour faire rejeter les conclusions de M. Schlüter (*Aristoteles' Metaphysik eine Tochter der Sankhyalehre des Kapila*, 1874).

(4) Ce sont à peu près les expressions de Platon dans le *Timée* ; mais ici ce n'est pas la matière aveugle, chaotique et intelligente qui est chargée de réaliser et de maintenir l'ordre du monde. — On n'éprouve d'ailleurs aucune surprise à voir les Védantins adresser à cette doctrine les mêmes reproches que Platon dirige contre les atomistes au Xe livre des *Lois*.

série de vingt-quatre principes formateurs, en tête desquels figure une sorte d'âme du monde qui est sa première création (1), tandis que le dernier et le plus récent est le *Purusha* ou l'*Atman*, d'ordre spécialement intellectuel, mais spectateur tranquille et impassible des œuvres de la *Prakriti*. Un moderne a cru pouvoir définir l'univers dans ce système « le produit de la réflexion de la matière sur le miroir de l'être absolu (2) ».

D'autres penseurs ont imaginé un atomisme qui n'est pas sans analogies avec celui de Démocrite. D'après le *Vaiçeshika*, créé par Kanada, l'élément primordial de toute substance est l'atome. Les dernières particules indivisibles de la matière sont éternelles : leurs composés ne le sont pas. Invisible, intangible, l'atome échappe à tous nos sens et demeure en dehors de toute conception. En quelque mélange, en quelque combinaison qu'il entre, il reste immuable : aucun changement ne peut l'atteindre. Une puissance mystérieuse qui tire ses effets d'un monde supérieur au nôtre et inaccessible, lui aussi, à notre entendement, a uni ou séparé les atomes d'après des

---

(1) Dans son *Essai sur la philosophie orientale* (1842), ouvrage assez remarquable pour l'époque, Charma rapporte cette comparaison empruntée par lui à Kapila : « La tortue tantôt déploie ses membres et les projette au dehors de son écaille, tantôt les replie et les ramasse sous leur enveloppe commune. Ainsi fait la nature quand elle enfante les mondes ou les anéantit. » — Au surplus les rapprochements ne manquent pas entre le *Sâmkhya* et les doctrines grecques. On y enseigne, comme Héraclite, le flux et le reflux incessant des choses, et le perpétuel renouvellement de l'univers ; comme Epicure, l'incompatibilité entre la perfection divine et le gouvernement du monde ; comme Plotin, la délivrance de l'homme assignée comme but essentiel à la philosophie. Certains critiques ont même cru découvrir dans la logique de Kapila toute une théorie du raisonnement inductif à la façon de Bacon.

(2) Ici encore nous retrouvons cette croyance générale que toute existence individuelle est une déchéance en même temps qu'une déception. Si nous en croyons l'auteur du *Mahâbâratha*, seul le vulgaire distingue entre le *Samkhya* et le *Yoga*, et de fait le *Bhâgavata Purâna* (voir A. Roussel, ouv. cité, p. 81), enseigne tour à tour le dualisme et le non-dualisme sur le terrain cosmologique.

lois déterminées (1). L'origine et l'essence de cette inconnue de l'équation du monde sont absolument cachées : elle demeure insaisissable, même après que l'intelligence a poussé à ses dernières limites l'analyse des phénomènes matériels. — Ce système est-il spiritualiste ou matérialiste ? Les deux thèses, au dire des plus doctes, peuvent être soutenues avec une égale vraisemblance : pour nous, dans un enseignement qui déclare vaines et insolubles les questions d'origine, nous croyons retrouver un ancêtre lointain du positivisme (2).

Nous venons d'interroger brièvement les diverses écoles indiennes sur ce qu'elles pensaient de la nature. L'obscurité de leurs réponses n'est pas seule à laisser le critique dans l'embarras : elle se complique de celle de leur chronologie. Quand ont apparu, dans quel ordre précis se sont succédé ces divers systèmes ? on voudrait le savoir ; mais en dépit des efforts de plusieurs générations d'érudits, ce problème reste presque aussi obscur qu'au temps où Cousin écrivait : « Les différentes théories philosophiques qui ont vu le jour sur le sol de l'Inde n'ont pas de date certaine, pas même de date relative. Comme si elles étaient nées simultanément, toutes se citent les unes les autres, soit pour s'appuyer, soit pour se combattre. »

---

(1) M. Garbe (*Philosophische Monatshefte*, 1893) soutient que la philosophie atomistique du *Vaiçeshika* est certainement postérieure au siècle de Leucippe et de Démocrite. — M. Mabilleau (*Histoire de la philosophie atomistique*, Paris, 1895) l'avait rapproché de celle de Boscowich. Plus récemment, M. P. Tannery (*Annales de philosophie chrétienne*, juin 1898) a fait observer qu'ici comme dans la théorie d'Anaxagore « les éléments possèdent comme qualités primordiales les propriétés particulières et subjectives perçues par nos divers organes ». « Le *Vaiçeshika*, ajoute-t-il, de même que les autres systèmes hindous sous leur forme primitive, ne répond guère à l'idée que nous nous faisons d'une philosophie. C'est beaucoup moins l'exposé méthodique d'une doctrine cohérente qu'un entassement de formules sèches qui sentent l'école, non la libre recherche de la vérité. »

(2) Et plus particulièrement, de l'étrange théorie de l'*Inconnaissable*, telle que l'a édifiée Herbert Spencer.

A l'heure, sans doute encore assez éloignée, où prendra fin cette regrettable incertitude, l'histoire des idées dans l'Inde ancienne acquerra un intérêt sur lequel il serait superflu d'insister. Mais dès maintenant, on s'explique pourquoi dans cet ouvrage on a cru devoir faire entrer, en l'empruntant aux sources les plus sûres, ce résumé de la cosmologie indienne.

CHAPITRE II

La nature et le sentiment poétique.

I. — Réflexions générales.

Chez les divers peuples que nous venons de passer en revue, c'est, si l'on peut ainsi parler, par l'intermédiaire du sentiment religieux que des rapports se sont établis entre l'homme et la nature. Sauf en Judée, partout nous avons vu l'humanité chercher dans la création, tantôt ses dieux eux-mêmes, tantôt la personnification ou tout au moins l'emblème des puissances supérieures auxquelles elle apportait le tribut de son adoration. Hébreux et Hindous ont également été sensibles aux charmes de la poésie ; mais chez l'une et l'autre nation, les poètes n'ont interprété la nature et ne lui ont donné une place dans leurs vers que sous la dictée du sentiment religieux. Enfin l'Inde nous a fait assister à un développement philosophique dont il a paru opportun de résumer les enseignements les plus essentiels sur l'objet spécial de notre travail : ici encore il est de toute évidence que la pensée religieuse n'est pas restée étrangère à la naissance et aux doctrines de la spéculation cosmogonique.

Maintenant, nous quittons l'Orient pour la Grèce, et à peine avons-nous mis le pied sur le sol hellénique que s'offre à nous une pensée vraiment indépendante ; indépendante du monde extérieur qu'elle étudie d'un regard curieux au lieu de le contempler de loin avec une sorte de terreur ; indépendante des traditions qu'elle admet ou rejette à son gré avec une prodigieuse insouciance, qu'il s'agisse de législation ou d'art, de physique ou de politique ; indépendante du dogme religieux que nul ne songe à définir, dont aucun livre sacré ne garde le dépôt, et au respect duquel ne veille aucune caste jalouse. C'est à la considération des choses elles-mêmes, c'est à la réflexion personnelle que l'intelligence des sages demande la lumière.

Jusqu'ici, dans l'examen des croyances orientales, il a été question du monde, des divers éléments qui le composent, des phénomènes les plus éclatants dont il est le théâtre, de quelques-unes des forces qui s'y déploient ; nulle part, nous n'avons encore rencontré la notion précise et explicite de ce que nous appelons aujourd'hui la *nature*. C'est en Grèce que cette idée et ce terme vont faire leur apparition : que conclure de cette circonstance, d'une importance, à coup sûr, capitale, sinon qu'en toute rigueur, c'est ici seulement que nous entrons dans notre véritable sujet, tout ce qui précède n'étant qu'une introduction utile sans doute, mais nullement indispensable. Si dans une étude de ce genre, il y avait quelque intérêt à ne pas passer entièrement sous silence les peuples de l'Orient, c'était précisément pour montrer le peu de place qu'ils sont en droit de revendiquer dans une *Philosophie de la nature*.

Dans l'histoire des idées, les mots ont leur rôle : arrêtons-nous un instant à examiner en lui-même le terme qui sert comme de centre à toute cette étude.

La vie des mots présente une particularité assez curieuse et, à ce qu'il nous semble, trop peu remarquée. A l'origine des langues ils sont confus, parce que la conception qu'ils ont charge d'exprimer est confuse elle-même et n'a pas encore été suffisamment approfondie. On dirait une invention en quête de sa forme définitive : le partage des connaissances acquises entre les divers éléments ou composants du vocabulaire est le résultat d'une lente élaboration. Au déclin des langues, la même indétermination tend à reparaître, résultat, cette fois, d'un trop long usage et non d'une expérience encore mal assurée. C'est qu'en effet l'idée ayant été tournée et retournée en tous sens s'est enfermée dans le mot avec tous ses aspects différents et toutes ses définitions successives (1). Le cortège d'images que chaque mot amène à sa suite s'allonge ainsi constamment au cours des âges : si bien que, pour élargir d'abord la compréhension, et si cette métaphore est permise, l'horizon d'un terme, un moins grand effort d'analyse et de pénétration n'est requis que pour le restreindre ensuite et le fixer. Presque toutes les langues comptent un nombre respectable de ces mots qui ont été comme remplis d'idées ou de sentiments divers par toute une série de générations. Dérouler dans leur ordre chronologique ces significations multiples, c'est bien souvent s'initier, et par une voie parfaitement logique, au développement graduel d'une idée ou d'une institution.

On ne sera donc pas surpris que nos langues modernes, héritières naturelles de la réflexion et du travail intellectuel de plusieurs siècles, contiennent plusieurs termes d'un sens mal spécifié, et néanmoins d'un emploi commode, et d'autant plus fréquent qu'on peut s'en servir pour traduire un plus grand nombre d'idées connexes. Fâcheux quand il s'agit de notions proprement scientifiques, ce vague répugne moins qu'on ne pourrait le croire à la poésie et à l'éloquence : dans une foule de cas, c'est un moyen éminemment propre à prévenir au moins provisoirement tout brusque conflit d'opinions entre l'écrivain et ses lecteurs, entre celui qui parle et ceux

---

(1) Platon déjà en avait fait l'observation. Ecoutons, par exemple, ses doléances dans le *Philèbe* (12 C) à propos de l'ἡδονή sur laquelle va porter la discussion : « Je sais qu'elle a plus d'une forme : et puisque nous commençons par elle, il nous faut examiner d'abord avec soin quelle est sa nature. A l'entendre nommer comme nous faisons, on croirait être en présence de quelque chose de simple : néanmoins elle s'est incorporé des sens de toute espèce, et à quelques égards dissemblables entre eux. »

qui l'écoutent. Il suffit, en effet, que chacun de ces derniers se croie autorisé à donner à la pensée la signification qui, dans le cas présent, lui agrée le mieux. Interrogé sur ce point, l'auteur n'oserait sans doute pas affirmer que cette interprétation était rigoureusement la sienne : mais il y aurait peut-être témérité égale de sa part à soutenir qu'il l'avait formellement exclue. A la faveur de cette complaisante équivoque, la discussion se poursuivra sans encombre, jusqu'au moment où quelque affirmation ou négation catégorique vient inopinément déchirer tous les voiles. D'autres fois, au contraire, en usant d'un de ces mots à ententes multiples, un esprit précis et lumineux voudrait s'arrêter à un sens particulier qu'il s'efforce de souligner : quelque effort qu'il s'impose, il ne peut empêcher ses auditeurs ou ses lecteurs de mêler inconsciemment à cette interprétation spéciale un résidu de toutes les autres ; et peut-être que lui-même n'échappe pas à cette difficulté au point où il se le persuade.

Or, le mot *nature* (et ce sera notre excuse pour avoir introduit ici cette courte digression philologique) offre éminemment ce caractère. C'est un nom flottant, ondoyant, mal déterminé, comportant des conceptions et des acceptions multiples, presque contradictoires. « Il n'y a peut-être pas de mot plus familier à la fois et plus solennel, plus compréhensif quand on le prononce, et plus vague quand on l'analyse, de plus de clarté apparente, et d'une plus profonde obscurité (1). » Dans la langue courante, il intervient de façon incessante : poètes et savants se le disputent; le moraliste l'entend autrement que le métaphysicien, l'hygiéniste autrement que l'ar-

---

(1) M. Nourrisson (*Robert Boyle et l'idée de nature*, 1875). On lit à la page suivante de ce mémoire : « Définir l'idée de nature, la dégager des ténèbres qui l'enveloppent, découvrir tous les sophismes et dissiper tous les malentendus que ces ténèbres mêmes ont permis d'accumuler, substituer enfin à des abstractions vaines ou à de trompeuses images une claire et solide notion de la nature, ce serait rendre à la science un service d'une haute portée ». Sans tendre directement à un but aussi élevé, le présent ouvrage pourra, nous l'espérons, aider à y atteindre.

tiste ; le mystique oppose les mouvements de la nature à ceux de la grâce ; le critique a l'ambition de ramener à la nature ou au naturel les intelligences fatiguées par les excès d'une civilisation trop raffinée. Le psychologue se sert de ce terme pour désigner l'essence constante, tant des individus que de l'espèce humaine ; le pédagogue distingue avec soin les qualités que nous tenons de la nature et celles qui sont le fruit de l'éducation et du travail. Le naturaliste met au compte de la nature, comme pour se dispenser de remonter au delà, la production, la conservation, l'évolution et la destruction des êtres créés ; le spiritualiste, porté à confondre le règne de la nature avec celui de la matière, l'oppose résolument à celui de l'esprit, comprenant sous le nom de nature tout ce qui naît, agit et se développe sans le concours présent d'aucune réflexion, l'ensemble des forces dont l'existence est réglée par des lois nécessitantes, où la liberté n'a pas de part. Encore, pour être complet, convient-il de reconnaître que chacune de ces acceptions est susceptible, à son tour, d'une foule de nuances diverses, si bien qu'il serait difficile, par exemple, de rencontrer deux philosophes parfaitement et constamment d'accord, chaque fois qu'il leur arrive de parler de la nature.

A ce point de vue les anciens ne sont pas mieux partagés que les modernes. A peine en possession de ce mot *nature*, ils se sont heurtés aux mêmes incertitudes, aux mêmes divergences, et ont eu à s'orienter au milieu du même dédale : pour s'en convaincre, qu'on lise les premières pages du livre II de la *Physique* d'Aristote. Chaque école nouvelle s'est emparée à son tour de cette notion et de ce mot pour les marquer tous deux à son empreinte, et moins de deux siècles après leur entrée dans le vocabulaire philosophique, faute d'entente préalable, aucune discussion sur ce terrain ne pouvait aboutir.

C'est précisément l'histoire de ces variations que nous avons à écrire, histoire aussi complexe qu'intéressante. Mais puisque chez les races cultivées, les mots, loin de se produire d'une manière inintelligente et fortuite, s'ajustent de certaine façon aux idées qu'ils expriment, examinons rapidement ce que la philologie peut nous apprendre au sujet des deux mots φύσις en grec et *natura* en latin (1).

Recourt-on à l'étymologie de φύσις (2) ? Aussitôt on songe aux formations analogues δόσις (ce qui est donné), θέσις (ce qui est posé), λύσις (délivrance), τίσις (paiement) où prédomine tantôt la signification passive, tantôt la signification active. Il importe ici de remarquer qu'à l'imitation de ἵστημι le verbe φύω a des temps qui ont exclusivement, les uns la seconde, les autres la première de ces significations : donc, de même que στάσις a les deux sens presque diamétralement opposés de « constitution, état donné » et de « soulèvement, révolte », de même, grammaticalement parlant, φύσις pourra désigner également, selon les exigences de la pensée, un principe actif et un principe passif (3), ou pour donner à cette antithèse son expression philosophique, un mélange d'être et de devenir (4). Toute-

---

(1) A mes lecteurs tentés de regarder comme inopportun le court *excursus* grammatical qui va suivre, je répondrai qu'à mon avis la « sémantique », comme elle se nomme aujourd'hui, est appelée à rendre de réels services jusque dans l'enseignement philosophique. L'histoire des idées est maintes fois liée plus étroitement qu'on ne le pense à celle des mots.

(2) Consulter Curtius, *Griechische Etymologie*, p. 285.

(3) Les habitudes intellectuelles de l'antiquité comportaient que la même idée fût traduite d'une façon concrète par l'actif et le passif indifféremment (Cf. δυνατός, « puissant » et « possible »). Ainsi, pour les Pythagoriciens et pour Platon πέρας et πεπερασμένον sont deux termes métaphysiques synonymes, ce qui doit limiter une chose en s'y ajoutant ne pouvant être qu'une essence elle-même limitée.

(4) Il va de soi que chez les Latins *natura* (transcription littérale de φύσις) a passé par les mêmes variations que le terme correspondant chez les Grecs : ici encore nous retrouvons sans peine la double signification du mot primitif : « puissance créatrice », et « ensemble des choses créées ». Si *statura*, conformément au sens neutre unique de *stare*, n'a que l'acception de « stature », si *scriptura* désigne habituellement, non l'action d'écrire, mais « une pièce écrite », d'autres mots de la même famille, je veux dire formés à l'aide du même suffixe, *fractura* (« fracture » et « fragment ») *pictura* (« action de peindre » et « tableau »), *jactura*, *cultura*, etc., ont le double sens actif et passif que la plupart d'entre eux ont fidèlement gardé dans notre langue (comparer « subir

fois, comme φύω est particulièrement usité aux deux temps (1) où il perd sa force active, par φύσις la langue grecque courante entend quelque chose de passif plutôt que d'actif, une manière d'être plutôt qu'un être, ce qui est produit plutôt que la force productrice, ce qui croît et se développe plutôt que la source même de l'être et de l'existence. Le sens terminal, celui auquel tend et aboutit toute l'évolution du mot, c'est « ce qui constitue les choses », « leur essence », οὐσία, ποιότης, comme l'enseignent les lexicographes anciens (2). Nous sommes loin des fières ambitions des premiers qui dissertèrent et écrivirent περὶ φύσεως avec la prétention de résoudre l'énigme de l'univers. Ce mot que la pensée réfléchie avait emprunté à l'usage commun pour lui assigner un rôle éminent et en faire comme le centre de toute une évolution philosophique, a gardé jusqu'au bout sa place modeste dans le vocabulaire de la foule : et cependant, durant plusieurs siècles, il a été l'objet de discussions retentissantes et d'explications disparates qui, par leur réunion, a dit un critique, rappellent le chaos primitif d'Anaxagore. Dans le camp des philosophes, le mot jouit d'une singulière faveur : tous, jusqu'à Socrate, s'absorbent en quelque sorte dans la définition et l'explication de ce qu'il faut entendre par « nature », aussi bien Héraclite qui s'attache uniquement aux vicissitudes des êtres créés que Parménide qui les supprime, aussi bien un Pythagoricien réduisant tout aux nombres qu'un disciple de Démocrite ra-

---

une censure » et « exercer la censure », — « la lecture me fatigue » et cet ouvrage ne supporte pas la lecture », etc). Pour terminer par une réminiscence philosophique, notons, à ce propos, que les deux fameuses épithètes employées par Spinoza, mais usitées déjà assez longtemps avant lui au Moyen Age, *natura naturans* et *natura naturata*, étaient ainsi comme contenues à l'avance dans le substantif même qu'elles qualifient.

(1) L'aoriste second ἔφυν et le parfait πέφυκα.
(2) Nous ne parlons pas ici des cas très nombreux où ce mot apparaît comme dépouillé de toute signification précise et réduit au rôle de simple périphrase. Ainsi dans l'*Alceste* d'Euripide : χρωτὸς εὐειδῆ φύσιν (v. 174) et dans l'*Antiope* : σαρκῶν φύσιν, chez Lucrèce *natura aquai*, *materiai*, chez Cicéron et ailleurs.

menant tout au vide et aux atomes. Stoïciens et épicuriens, ennemis irréconciliables en métaphysique non moins qu'en morale, useront avec le même empressement et la même liberté de la notion de *nature*, sauf à l'interpréter, comme nous le verrons, en deux sens tout à fait différents. Anciens et modernes s'accordent, ou à peu près, à voir dans la nature essentiellement « le monde des phénomènes » ; mais qui comptera les aspects sous lesquels il est possible de l'étudier ?

Ajoutons, pour clore cette digression, une dernière remarque.

Chaque mot est à sa manière une image, et ainsi de la grammaire nous passons à l'iconographie. On sait que les Grecs, sous l'influence des idées qui ont présidé à la formation de leur brillante mythologie, ont aimé et recherché de bonne heure les représentations symboliques, dont le rôle, en poésie, remonte à l'âge d'Homère. Au vi[e] siècle, l'art plastique mettant à profit ces précieuses indications, crée des statues de la Fortune, des Saisons, de la Nuit, du Sommeil, de la Mort : au temps de Périclès, ce genre allégorique prend une extension croissante, mais son complet épanouissement se produit au ive siècle, c'est-à-dire à une époque où depuis longtemps la philosophie avait pris possession du domaine de la Nature, célébré sa puissance, analysé ses divers éléments. Or, nous ne voyons nulle part que Φύσις ait eu une individualité artistique, semblable à celle qu'elle recevra si fréquemment chez les poètes et les moralistes allégoriques du Moyen Age. Est-ce que le sculpteur aurait dédaigné ou ignoré l'enseignement contenu dans cette imposante suite d'ouvrages en tête desquels se lisait le titre traditionnel Περὶ φύσεως ? Au surplus, si parfois l'on a attribué à l'art, dans la Grèce de Périclès, une influence au moins indirecte sur les destinées de la philosophie, il semble bien que, d'une manière générale, la philosophie est restée totalement étrangère aux destinées de l'art.

Mais il est temps de reprendre la suite interrompue de notre véritable sujet.

Deux facultés différentes, quoique profondément humaines l'une et l'autre, la sensibilité et l'intelligence nous mettent en relation avec les objets du dehors. Tantôt ceux-ci nous attirent ou nous repoussent, nous agréent ou nous déplaisent, sans que, tout entiers à l'impression éprouvée, nous songions à analyser les émotions qu'ils nous causent : tantôt provoquant notre étonnement, tenant notre curiosité en éveil, ils nous sollicitent à nous enquérir de leur essence, de leurs relations et de leurs attributs, à étudier leur origine, leurs causes et leurs fins. Il est rare que ces deux facultés s'isolent entièrement l'une de l'autre : il est rare aussi qu'elles entrent simultanément en exercice. L'homme, passionnément enthousiaste ou passionnément irrité, ne raisonne ni son exaltation, ni sa haine : il s'abandonne spontanément aux mouvements intérieurs qui l'agitent au point de le faire sortir parfois de lui-même, selon une énergique locution que la plupart des langues se sont successivement assimilée. Qu'un spectacle vous inonde de joie ou vous glace de terreur, il est évident que vous ne vous préoccupez guère de le soumettre à une sorte de dissection scientifique. Réciproquement, Laplace qui a si exactement mesuré et calculé les dimensions et les mouvements des astres n'a jamais eu les oreilles bercées, comme autrefois Pythagore, par la mélodieuse harmonie des sphères : de même que le botaniste, habitué à examiner un à un les organes délicats des fleurs, ne tarde pas à être insensible à leur forme gracieuse, à leurs brillantes couleurs, à leur enivrant parfum.

Il n'est pas moins intéressant de constater combien l'homme capable de réflexion se sent tour à tour rapproché et éloigné de la nature, tenté de se confondre avec elle et obligé de s'en distinguer. Entre ce qu'elle a de plus secret et ce que nous avons de plus intérieur se manifestent, à des degrés d'ailleurs très divers selon les lieux et les circonstances, une correspondance véritable et des affinités inattendues : pas un sentiment humain, dirait-on, qui ne soit susceptible de se traduire; et si ce terme est admis, de s'objectiver en quelque aspect du paysage. Mais toutes les races et toutes les périodes de la civilisation ne se sont pas prêtées avec la même facilité à ce curieux travail de la pensée. De même entre l'homme, être intelligent et libre, et tout le reste de l'univers, il y a des différences bien faites pour provoquer les méditations des sages : mais ici encore, ne demandons pas indistinctement à tous les siècles et à toutes les nations de soumettre à une étude approfondie les titres authentiques de notre supériorité.

C'est que la première de ces deux tâches relève plutôt de la poésie, la seconde de la science, et si ces deux puissances antagonistes se disputent la découverte de l'idéal, elles n'y conduisent pas par la même route. Rarement, sauf quand il s'appelle Lucrèce ou Gœthe, le poète est homme de science, bien que au jugement de Laprade toute poésie, qu'elle le sache ou qu'elle l'ignore, ne soit que l'enveloppe, le rayonnement le plus vivant d'une philosophie ; de son côté, le savant se fait gloire volontiers d'avoir entièrement rompu avec les charmes et les artifices de la poésie. Et tandis que certaines intelligences s'absorbent dans la contemplation des êtres créés sans pousser plus avant leur curiosité, sans chercher si au delà de ce monde d'apparences il n'y en a pas un autre qui le fonde et qui l'explique, d'autres guidées par leur admiration même vont plus loin et montent plus haut ; pour elles l'infini est visible dans le fini, la cause suprême et ses perfections dans les choses qu'elles a appelées à l'existence. Pour être plus répandue dans nos sociétés modernes et chrétiennes, cette seconde note n'est pas totalement absente de l'antiquité. La Grèce notamment, par un privilège qu'elle partage avec les premières d'entre les nations européennes contemporaines, a vu ces deux Muses, la poésie et la philosophie, non seulement briller sur son sol presque en même temps d'un incomparable éclat, mais s'y donner fraternellement la main. La poésie n'a pas dédaigné de servir de vêtement à des idées morales et métaphysiques de tout genre, de même que la philosophie, même quand elle s'exprime en prose, a été heureuse, parfois, de se draper à sa manière dans les plis brillants et les métaphores propres à la poésie. Néanmoins, ces deux sources d'inspiration dérivent de facultés différentes ; elles ont chacune son langage propre, ses procédés à part : il serait téméraire de les confondre, et nul ne nous reprochera, même quand il s'agit de la Grèce et du monde gréco-romain, d'étudier dans des chapitres distincts l'interprétation de la nature par les poètes d'une part, par les philosophes et les savants de l'autre.

C'est un fait que sous aucun climat l'homme n'échappe entièrement à la nature : partout elle l'environne, partout elle le domine par la grandeur de ses forces, partout elle le divertit par la variété de ses phénomènes. Il semble, dès lors, qu'obéissant d'ailleurs constamment à des lois immuables, elle doive exercer une action, toujours la même, sur les hommes de tous les temps et de tous les lieux.

Il n'en est rien.

Je ne parle pas ici de ces dispositions subjectives qui nous amènent à retrouver dans le paysage le reflet de nos préoccupations passagères : une pareille délicatesse psychologique ne convient qu'à notre sensibilité moderne. La vie de nos artistes est d'ordinaire si étroitement associée à celle de la nature, que leur âme entière avec ses sentiments et ses croyances se trahit dans leurs descriptions du monde extérieur (1) ; le même site, les mêmes objets sont réfléchis dans des conditions différentes d'animation, de lumière, de profondeur, selon l'intelligence qui leur sert de miroir. Chez l'un, c'est la forme qui l'emporte ; chez cet autre, la couleur ; ici, la variété un peu confuse de l'ensemble ; là, l'ordre exact des parties. Les anciens, sauf de très rares exceptions, n'ont pas vécu dans cette familiarité avec la nature : ces nuances d'expression leur sont

---

(1) Pour ne citer qu'un exemple, est-il dans l'antiquité un tableau de paysage qui ait été commenté comme l'ont été, sous nos yeux, les toiles les plus admirables de Corot et de Millet? Il est vrai qu'à en juger par les textes conservés, les descriptions mêmes qui nous touchent le plus chez Homère, Sophocle, Virgile et Horace ne paraissent avoir que bien rarement fixé l'attention.

demeurées étrangères (1). C'est aujourd'hui une vérité banale que, pour le laboureur, nature est synonyme de fécondité ; pour le matelot, d'immensité ; pour le pâtre et le nomade, d'indépendance et de liberté ; est-il un seul écrivain de la Grèce et de Rome que ce point de vue ait véritablement frappé? Sans rien sacrifier de ce qui dérive de l'initiative et de l'énergie propre des races et des individus, il est permis de chercher avec discrétion, dans le ciel et le climat, la solution de certains problèmes sociaux. Hippocrate l'avait enseigné bien avant Montesquieu : mais étendre cette observation à l'esthétique où son application est si immédiate et sa justification si facile, nul dans l'antiquité ne paraît y avoir sérieusement songé. Et cependant, lorsque deux contrées éveillent dans l'esprit des images et des impressions essentiellement différentes, il est inévitable que le sentiment de la nature y revête des formes dissemblables.

Ainsi, tout en reconnaissant que l'imagination si vive de Laprade s'est facilement exagéré le contraste entre les rives du Gange et de l'Océan Indien d'un côté, et celles du Pénée et de la mer Ionienne de l'autre, il reste néanmoins une large part de vérité dans les lignes suivantes : « Par l'immensité des mers et des plaines, par la luxuriance de la végétation et l'incroyable multiplicité des espèces animales, la nature des contrées orientales développait dans l'homme la vague et absorbante notion de l'infini... Dans leur presqu'île les Hellènes

---

(1) La même réflexion s'impose quand on lit, par exemple, ces lignes tirées des *Notes de voyage* d'A. Tonnellé : « Comment, en voyant au loin ces lignes abaissées et adoucies des hauteurs qui s'effacent, l'habitant des âpres montagnes n'imaginerait-il pas là des régions plus fortunées, aux fruits abondants, au soleil clément, aux communications plus faciles, une vie plus douce et plus exempte des tracas de l'humanité ? De même, l'habitant des plaines rêve une vie plus fraîche, plus libre, plus pure, plus heureuse sur ces sommets sereins, bleuâtres, perdus dans le ciel. C'est l'illusion du lointain, et d'une vie différente, meilleure, à trouver autre part. » Sans doute, on reconnaît ici la réflexion célèbre de Tacite : *major e longinquo reverentia ;* mais la pensée finale, pensée tout à la fois si mélancolique et si consolante, quel auteur païen nous en donnera l'équivalent ?

ne rencontrèrent pas un fleuve digne d'être le fleuve-Dieu, comme le Gange ou le Nil, pas une montagne qui s'élevât sur les autres comme l'Himalaya s'élève au-dessus des chaînes de l'Asie. L'Olympe n'était pas le seul sommet assez sublime pour que les dieux homériques y tinssent leur conseil : le Parnasse et le Ménale, le Taygète même et l'Hymette rivalisaient avec lui de divinité. Sur la terre grecque, si tout respire l'harmonie, rien n'est combiné pour ramener de force l'esprit à l'idée de l'unité absolue. Le pays est divisé, au contraire, en une multitude de systèmes presque isolés, divers de production, de configuration, de température, depuis les gras pâturages où s'ébattaient les cavales thessaliennes jusqu'aux sèches collines où, sur quelques touffes de sauge et de lavande les abeilles attiques allaient cueillir leur miel. Aussi, le principe du morcellement domine-t-il dans l'organisation politique et religieuse de la Grèce, sans que toutefois la diversité y engendre jamais la confusion. Cette nature est variée, mais sobre : nulle part, à force de richesse dans sa parure, elle n'effacera dans l'intelligence humaine l'idée d'un nombre commensurable, d'un contour déterminé (1) ». En s'approchant de la Grèce la mer elle-même, au lieu d'apparaître comme l'élément sans figure et sans bornes, s'emprisonne et se découpe en mille golfes, en mille péninsules. Partout des horizons fins, des collines que couronne la gracieuse silhouette de quelque temple, des torrents dont le lit se remplit en été de lentisques et de lauriers-roses, des îles semées sur les flots comme les astres au firmament.

Ainsi, sous quelque aspect qu'on l'envisage, la nature faite ici à la taille de l'homme semble se complaire à voiler ce qu'elle offre ailleurs de grandiose et de mystérieux. Elle charme les yeux plutôt qu'elle n'élève la pensée. Si l'homme doit compter encore avec ses résistances, il sait qu'il peut les vaincre : le marbre du Pentélique servira à la construction des temples de l'Acropole : entre la Grèce et l'Ionie les flots

---

(1) Laprade, ouv. cité, p. 259.

seront non pas un obstacle et une barrière, mais une voie toujours ouverte de communication.

Le sens de l'infini, et à plus forte raison le tourment de l'infini, a manqué aux Grecs : au lieu de s'y laisser attirer et absorber comme tant d'autres peuples anciens et modernes, ils ont constamment écarté cette notion de leur horizon intellectuel, de même qu'elle était absente de leur horizon physique. « Entre le sol et la voûte du ciel ne s'étendait pas aux yeux du Grec une distance sans mesure, inépuisable à l'imagination, illimitée comme les rêves, incommensurable comme les désirs d'un cœur inassouvi (1). » Il lui a manqué le sentiment habituel de la vie universelle dont la conception devait enchanter plus d'un de ses philosophes. Artiste et poète, il s'attache dans le monde visible aux spectacles qui lui sourient « d'un sourire olympien (2) » : ce qui séduit son imagination, ce ne sont donc pas les horizons infinis où l'âme se perd en même temps que le regard, les silences profonds, les immensités, le besoin de se pencher sur les abîmes de la montagne comme sur ceux de la pensée, d'errer sur les grèves solitaires (3) comme à travers le dédale des systèmes : au contraire, comme pour voiler cette infinité, il se plaît à y placer tout un peuple de divinités (4), à animer ces silences par des visions de tout genre et à se représenter dans chaque accident de la création un être tout à la fois supérieur et semblable à l'homme avec lequel il entretient un échange de sentiments,

---

(1) G. Charmes.

(2) « Tandis que la poésie moderne, comme écrasée par un laborieux effort vers l'infini, courbe le front et plie sous le poids qu'elle aspire à soulever, la poésie antique, debout après tant de siècles, le front haut et serein, porte légèrement sur sa tête sa couronne de fleurs » (Ampère). Telles, ajoute un peu plus loin le docte critique, les gracieuses canéphores du temple d'Erechthée comparées aux massives cariatides de la loge d'Orgagna.

(3) Je n'ignore ni le vers 84 du V⁰ livre de l'*Odyssée*, ni les vers 614-5 du V⁰ livre de l'*Enéide* : mais ce sont des exceptions.

(4) « La nature est plus ou moins belle, mais belle toujours parce qu'elle ne ressemble jamais à ce qu'il y a de laid en nous. De là chez les Grecs sa divinisation » (E. Faguet).

demandant ainsi tout ensemble à la nature de lui interpréter son âme, et à son âme de lui interpréter la nature.

Ce que l'imagination indienne cherchait au dehors, ce n'est pas ce qui parle de l'homme, ce qui rappelle l'homme avec ses facultés propres : de la contemplation habituelle et prolongée de la nature était sortie pour elle l'idée d'une âme universelle, pénétrant tout ce qui respire ; ces êtres dont le fourmillement avait de quoi confondre ne semblaient pas à l'homme vivre d'une autre vie que la sienne et celle de la terre qui les porte : il avait comme perdu la conscience de son individualité. Cette même conscience est au contraire le caractère distinctif du Grec. En face et sous la main de ses dieux, qu'il mêle cependant à toutes ses actions et à toute son histoire, il garde le sentiment très net de son activité propre : de même loin de s'identifier avec la nature, il se pose fièrement en dehors d'elle, et s'il ne l'a pas encore contrainte à le servir comme les modernes, il ne la domine pas moins de toute la hauteur de sa pensée. Il ne tremble pas devant elle comme le sauvage ; il ne la fait pas évanouir dans ses rêves mystiques comme l'Hindou ; il l'élève à sa hauteur. Entre la nature et l'esprit s'établit une union indissoluble, note dominante de la culture grecque, où l'intelligence cherche d'instinct et trouve dans le sensible son point de départ, son instrument et son symbole ; ce fut sa force, ce fut aussi à certains égards sa faiblesse.

Au lieu d'être réduit à l'état de poussière insaisissable, d'accessoire imperceptible dans le vaste univers, l'homme est ici au premier plan ; dans toutes les sphères de la vie intellectuelle et morale, religion, poésie, science, art, il s'est affranchi définitivement des étreintes jusque-là victorieuses de la nature ; avant Socrate il a pratiqué le γνῶθι σεαυτόν, il s'est étudié lui-même ; il a voulu se rendre compte de ses énergies intérieures, et quand à l'heure du péril ses forces semblent le trahir, comme l'Ulysse de l'*Odyssée* au fort de la tempête il gourmande son cœur et se reproche son peu de courage. S'il lui arrive par instants de sentir sa misère et d'en tracer une

peinture sombre parfois mais toujours poétique, tout aussitôt
il reprend conscience de la supériorité de sa nature, de ce
fonds permanent de grandeur et de liberté qui relève si haut
sa condition mortelle. Ajoutons que la vie civique, partout si
affairée, si ardente, si intense, attire toutes ses ambitions,
absorbe, sans l'étouffer d'ailleurs, toute son activité. D'une
race qui est toute action et toute virilité, il n'a pas de plus
constant orgueil que son autonomie, sa libre initiative. Or il
est rare, sauf au déclin des civilisations, que le sentiment de
la nature éclate dans des âmes fortement occupées par la politique et par ses luttes. La vie quotidienne avec son agitation
sans cesse renaissante, avec ses accès continus d'espérance et
de crainte, saisit alors trop profondément l'homme tout entier
pour laisser en son cœur une place aux tranquilles jouissances de la contemplation. A qui veut aimer la nature et se
sentir en sympathie avec elle, un certain degré d'isolement
intellectuel, de calme intérieur est indispensable.

Les modernes dissertent sans fin sur la part qui revient à la
nature dans la poésie : les anciens ne se sont même pas posé
ce problème. C'est que dans le paysage grec depuis Homère
la première place est prise par l'homme et par ses œuvres.
Voyez Platon et Aristote : ils proclament l'un et l'autre la
poésie une imitation, mais où est le modèle? c'est l'homme,
ses actions, ses mœurs, ses sentiments (1). Tandis que chez
les plus grands écrivains français de ce siècle la nature déborde, pour ainsi dire, dans la littérature hellénique elle doit
se contenter de quelques traits pleins de grâce, il est vrai ;
poètes épiques ou lyriques, historiens ou orateurs se sont
gardés de la donner à leurs personnages pour interlocutrice,
conseillère ou complice, de même qu'ils ont abandonné aux
philosophes la tâche et le soin de raisonner sur elle. Les descriptions, bien plus rares d'ailleurs chez eux que chez les
modernes, n'ont jamais pour objet d'exciter, de caresser ou

---

(1) Ἤθη καὶ πάθη καὶ πράξεις. — On sait que notre grand siècle littéraire s'est inspiré d'un principe analogue, sans doute en partie à
l'exemple même des anciens.

de calmer une passion, de mettre en lumière quelque harmonie cachée entre le paysage et l'âme qui le considère. Pendant l'âge d'or des lettres grecques, nul n'a songé à prêter à la nature un rôle tout moral de compassion ou de malveillance, à accuser son insensibilité en face de nos malheurs, à la traiter de marâtre injuste et perfide ; ou au contraire à s'en faire une amie, une consolatrice, une confidente, à qui les cœurs blessés vont demander l'apaisement de leurs peines et l'oubli de leurs maux. Quand la poésie l'anime, c'est par une fiction de l'esprit à laquelle le cœur demeure le plus souvent étranger.

Schiller a écrit quelque part : « Si l'on se rappelle la belle nature qui entourait les Grecs, si l'on se représente dans quelle libre intimité ils vivaient avec elle sous un ciel si pur, on doit s'étonner de rencontrer chez eux si peu de cet intérêt profond avec lequel nous autres modernes nous restons suspendus à ses scènes grandioses. La nature paraît avoir captivé leur intelligence plutôt que leur sentiment moral. Jamais ils ne s'attachèrent à elle avec la sympathie et la douce mélancolie de quelques-uns de nos contemporains. » Ils ont eu en face d'elle (le contraire était impossible) leurs heures d'admiration, mais d'une admiration plus contenue, quoique non moins éclairée que la nôtre et en un certain sens plus légitime, car ne s'éveillant jamais à l'insu de la raison, elle ne courait pas risque de s'égarer. Puis, si pendant la vie ils se montrent quelque peu indifférents à cette beauté, à cette splendeur du dehors, quels émouvants adieux ils lui font à l'heure suprême, comme s'ils eussent souscrit à l'avance à cette touchante réflexion de notre Lamartine :

> Terre, soleil, vallons, belle et douce nature,
> Je vous dois une larme au bord de mon tombeau !
> L'air est si parfumé, la lumière est si pure,
> Aux regards d'un mourant le soleil est si beau !

Un ciel dont les poètes ont désespéré de rendre l'ineffable clarté mérite bien les regrets éloquents d'un Ajax, d'une Iphigénie et d'une Alceste.

Voilà dans quelle mesure, on le voit bien restreinte, les anciens ont connu ce que nos littératures modernes appellent le sentiment de la nature (1), cette émotion confuse, mais pénétrante que le spectacle du monde extérieur développe au fond d'une âme particulièrement délicate et élevée. Pareille douleur esthétique, ainsi qu'on l'a définie, leur est restée à peu près ignorée. Nul d'entre eux n'a ressenti au contact intime de la nature le plaisir inquiet, l'ébranlement profond, le « mal d'amour » de certains contemporains qui ont pris plaisir à exagérer une ivresse tantôt sincère, tantôt légèrement factice.

Qu'est-ce donc, pour le sentiment hellénique, que la nature ? Un décor, décor fait en général à souhait pour la satisfaction des yeux, et sur lequel ils aiment à promener plutôt qu'à fixer longuement leur regard ; dans leurs peintures la nature se réfléchit comme dans un cristal, en traits d'une exactitude étonnante et d'une remarquable finesse : mais dans ces sensations admirablement saisies et non moins admirablement reproduites, seul, d'un écrivain à l'autre, le talent littéraire est en cause : rien ne fait songer à l'impression personnelle, à ce que nous appelons « l'état d'âme » de l'artiste.

Dès les temps les plus reculés, les créations de l'art disputent à celles de la nature l'attention de l'observateur : les Athéniens du grand siècle sont plus fiers, nous le savons, des chefs-d'œuvre d'Ictinus, de Mnésiclès, de Phidias et de Praxitèle que de leur ciel d'azur et de leur mer étincelante. Mais remontons jusqu'à Homère : d'où les jardins et les palais d'Alcinoüs tirent-ils leur séduction ? Moins assurément de la beauté des fleurs, de la fraîcheur de la verdure et des eaux, que des statues enchantées dont Vulcain a fait don à l'heureux roi des Phéaciens. Voyez le monde sur le bouclier d'Achille : il est là tel qu'il apparaissait à l'imagination hellénique, c'est-à-dire comme l'empire où règne et s'exerce de mille manières

---

(1) Il est même à remarquer que la langue grecque, si riche en dérivés de tout genre, n'a aucun terme pour rendre la notion très complexe qu'enferme notre mot « sensibilité ».

l'activité de l'homme. Le *Bouclier d'Hercule*, œuvre d'une époque différente, nous offre un tableau aux proportions moins simples et moins harmonieuses, mais conçu exactement d'après les mêmes données. Que rencontre-t-on au fond de la plupart des célèbres comparaisons homériques? Les impressions du pâtre et du laboureur, les souvenirs du matelot et du chasseur, impressions et souvenirs conservés et agrandis par la pensée populaire.

Mais veut-on une preuve décisive de cette place éminente que la civilisation hellénique reconnaît à l'homme, à sa supériorité physique et morale, aux facultés merveilleuses, première condition de son infatigable industrie? On la trouvera dans la mythologie : et telle est l'importance de ce facteur dans la vie religieuse, intellectuelle et artistique des Grecs (1) qu'il est indispensable de nous y arrêter quelques instants.

II. — La mythologie.

Quelle fut l'origine du mythe? Quelle est sa véritable signification? Dérive-t-il, comme le veut Max Müller, d'une sorte de vie apparente prêtée par les mots aux choses, si bien que les phénomènes naturels désignés sous une foule d'épithètes pittoresques auraient pris d'eux-mêmes la forme d'autant de scènes dramatiques? ou faut-il au contraire avec Creuzer et son école se persuader qu'on est ici en face d'un abîme de sagesse philosophique et même de science naturelle (2)? La Grèce a-t-elle tout créé dans ce domaine, ou a-t-elle reproduit à sa manière un fonds plus ancien emprunté à l'Inde, à l'Assyrie et à l'Egypte? Questions difficiles, dans la discussion

---

(1) Faut-il rappeler ici qu'aux yeux de Bacon la mythologie était bien supérieure à tous les systèmes philosophiques de l'antiquité?

(2) Déjà, dans l'antiquité, certains esprits (Voir le *De natura deorum*, II, 24) avaient émis l'opinion que la mythologie recélait toute une philosophie de la nature, aussi ingénieuse dans la forme qu'arbitraire et conjecturale dans le fond.

desquelles nous n'avons heureusement pas à entrer ; bornons-nous à constater que par nature le Grec était trop amoureux de clarté pour prendre goût aux conceptions flottantes et mal ébauchées qui étaient à la base des cultes de l'Orient. L'Inde en particulier, nous l'avons vu, avait senti vivement Dieu dans la nature, poussant même cette identification jusqu'à absorber l'univers dans la vie divine. — Tout autre est la conception hellénique, dominée par un principe supérieur d'ordre et de distinction. La même révolution religieuse qui ennoblit l'idolâtrie par l'emploi exclusif de la figure humaine ferma la plus large issue par où l'homme (je parle de la foule, non de quelques génies supérieurs) pouvait s'élever jusqu'à la conception d'un monde exclusivement divin. L'esprit grec, à qui le clair-obscur lui-même est antipathique, qui ne se plaît qu'aux notions clairement définies (1), saisissables aux yeux du corps en même temps qu'au regard de la pensée, n'a réussi à mettre ses dieux à sa portée qu'en leur ôtant l'infinité et le mystère. En revanche, si les mythes en général témoignent de l'étonnement et pour ainsi dire du tremblement de l'homme en face de la création, les mythes grecs nous montrent l'homme se sentant supérieur à la nature, au point de la forcer en quelque sorte à se modeler à son image. Ici nulle croyance à une puissance auguste, secrète, invisible, que l'émotion du cœur autant que le trouble de l'imagination croit découvrir au delà des choses. Lorsqu'on affirme que le Grec était assez superstitieux, assez porté à tout concevoir sous forme concrète pour considérer la nature entière comme « démoniaque » au sens antique du mot, on oublie que dans sa langue il n'y a pas un seul mot répondant exactement au latin *numen*, expression habituelle de l'action cachée et pour ainsi dire surnaturelle de la divinité (2). Ce qui caractérise la

---

(1) Il prêtera jusqu'aux tourbillons et aux tempêtes une forme que l'imagination puisse apprécier, de même qu'il tentera de revêtir d'une personnalité vivante et agissante ces abstractions que nous nommons les Muses, les Heures, les Saisons, le Sommeil et la Mort.

(2) D'après M. Hild (*Le culte des démons dans l'antiquité*, p. 40), tandis

religion homérique (on en a souvent fait la remarque), c'est que l'humanité, la nature et les dieux y sont associés et confondus au point qu'il est impossible de marquer au juste les limites qui les séparent (1).

Que si maintenant, allant plus loin, on veut déterminer scientifiquement quelle fut la part des impressions venues de la nature dans la formation de cette mythologie si séduisante, la réponse n'est pas aisée. Si nous en croyons des érudits autorisés, les témoignages tirés de l'épopée et des vieilles théogonies d'une part, et de l'autre les affirmations des historiens et des mythologues les plus considérables établissent que l'Aryen émigré en Grèce et en Italie y apporta le naturalisme qui y subsista à titre de souvenir alors même qu'il disparut comme croyance. Il est assez vraisemblable que les plus anciens mythes grecs, proches parents des mythes sanscrits, exprimaient le jeu des forces naturelles : les phénomènes célestes y tiennent, comme il faut s'y attendre, une grande place (2) ; mais la vue de la mer n'a pas agi moins fortement sur les imaginations. Peuple marin, les Grecs étaient avec elle en contact incessant. Les teintes brillantes qu'elle revêt en Orient sous une chaude lumière, ses nuances fuyantes, ses agitations capricieuses, les flots tour à tour caressant amoureusement la grève ou soulevés violemment par la tempête, tout, jusqu'à l'écume des vagues, prit forme, tout eut sa lé-

---

que θεός répond au dieu anthropomorphique et poétique, δαίμων traduirait « l'idée vague d'une puissance mystérieuse, l'aspiration vers une divinité rationnelle ». Cette thèse nous paraît insuffisamment établie. — Quant aux expressions homériques telles que ἲς ποτάμοιο, μένος πυρός, ce sont sans doute de simples périphrases poétiques plutôt que l'affirmation d'un principe caché.

(1) Lorsqu'au fort de la querelle des Anciens et des Modernes, les adversaires d'Homère reprochaient à ses dieux d'être inférieurs à l'homme en moralité, on croyait avoir suffisamment expliqué ce grave scandale en faisant observer que nous sommes ici en présence de forces naturelles personnifiées.

(2) Dans notre pays, des érudits de premier ordre ont fait de sérieuses tentatives pour dégager les incarnations solaires cachées sous les personnages si curieux d'Ixion, de Sisyphe et de Tantale.

gende (1). Les eaux des sources et des rivières furent invoquées comme des divinités bienfaisantes (2) : on délégua à des Nymphes de tout ordre le soin d'entretenir la vie dans l'univers ; les montagnes eurent leurs Oréades, les fontaines leurs Naïades, les forêts leurs Napées, les arbres leurs Dryades et leurs Hamadryades ; les vents furent personnifiés dans Borée, Zéphyre et les Harpies. Mais ni les textes conservés ni les conclusions qu'ils autorisent ne nous montrent un vrai culte de la nature, régulièrement organisé et uniformément répandu sur le sol hellénique. Si des traces encore visibles de cette antique conception se rencontrent dans certains épisodes des épopées homériques, les plus anciens monuments que les hellénistes puissent consulter, ces traces elles-mêmes, si rares, si effacées, permettent de mesurer le changement qui s'était dès lors opéré dans les esprits. Le naturalisme pur, c'est-à-dire l'adoration des choses inanimées et des forces qui s'y manifestent, est une véritable exception dans l'*Iliade* où les dieux, revêtus de formes humaines, doués de facultés humaines, animés de passions humaines, beaux de toute la beauté des races héroïques, ne cessent pas d'intervenir au milieu des hommes. « A part sa foudre, Jupiter n'a plus rien conservé dans Homère pour rappeler que ce dieu fût d'abord l'atmosphère où respirent tous les êtres vivants, le firmament sans bornes qui contient tous les astres : il a perdu presque tous les caractères de ce mythe météorologique dont se souvenait le vieil Ennius quand il a dit :

Aspice hoc sublime candens quem invocant omnes Jovem » (3).

Dans l'étrange épisode conjugal entre Jupiter et Junon au

---

(1) Les noms mêmes donnés par Hésiode aux gracieuses Néréides, Galéné, Glaucé, Cymopolia, Cymothoé attestent avec quelle délicatesse la poésie ancienne avait noté et rendu les divers aspects que présente **la mer.**

(2) Cf. Maury, *Religions de la Grèce antique*, I, p. 154 et suiv.

(3) Laprade, p. 311. — Cf. G. Sortais (*Ilios et Iliade*, p. 307) : « La

XIVᵉ chant de l'*Iliade* on peut également soupçonner un symbole du rapprochement du ciel et de la terre, condition de la vie végétale à la surface de notre planète. C'est ce que traduisent encore au siècle d'Auguste, quoique avec moins de conviction que de talent poétique, les beaux vers de Virgile :

> Tum pater omnipotens, fecundis imbribus æther,
> Conjugis in gremium lætæ descendit et omnes
> Magnus alit magno commixtus corpore fetus (1).

Sans doute l'impression sera différente, si de l'*Iliade* on passe à la *Théogonie*. Ici les vestiges du naturalisme primitif sont incontestablement plus apparents (2) : les dieux d'Hésiode, sauf exceptions, touchent de plus près à la nature que ceux d'Homère : avant eux, la matière universelle existe sous la forme du chaos éternel : au-dessus d'eux, la force universelle

---

Nuit et le Jour gardent dans Homère l'épithète caractéristique de « sacrée », l'Aurore, la Mer et la Terre, celle plus significative encore de « divine »... Poseidon est appelé quelque part « celui qui entoure la Terre » : Zeus a son cortège d'attributs physiques, « dardant les éclairs », « lançant la foudre », « amassant les nuées », « pluvieux », « tempêtueux » ; qualificatifs obstinément accolés à son nom par un lien tout traditionnel. » — De même, au vᵉ siècle, Euripide (fragm. 869 et 935) n'hésitera pas à assimiler Jupiter à l'éther.

(1) *Géorgiques*, II, 325 ; *cf.* Lucrèce, I, 251. — Ce serait peut-être ici le lieu d'instituer un parallèle entre la mythologie romaine et la mythologie grecque, si voisines sur certains points, si éloignées sur d'autres. Quelques mots nous suffiront. Dans le Panthéon romain, où tous les actes de la vie, tous les instants de la durée sont sous la protection de dieux spéciaux, où toutes les émotions (la Crainte, la Pâleur, la Vengeance, etc.), toutes les vertus eurent successivement des autels, on ne rencontre guère pour présider aux phénomènes naturels que des divinités rurales d'ordre très inférieur (Vertumne, Palès, Flore, etc.). Les grands dieux eux-mêmes demeurent à l'état de puissances abstraites et reçoivent des épithètes tirées du monde moral (Jupiter *Stator*, Juno *Moneta*, Mars *Gradivus*, Bacchus *Liber*, etc.).

(2) Des matériaux anciens s'y mêlent à des éléments relativement modernes, imaginés par les philosophes ou reflets de traditions locales.

sous la forme du destin inexorable. Peut-être même faut-il renoncer à trouver dans toute l'antiquité grecque, avant l'ère qu'on peut appeler philosophique, une personnification plus approchante de ce qui est pour nous la nature que la Γαῖα d'Hésiode (1), la terre au vaste sein enfantant successivement Οὐρανός ou le ciel, les montagnes, la mer, Hypérion et Phébé, c'est-à-dire le soleil et la lune, sans parler des Géants et des Cyclopes, personnages aux proportions fantastiques qu'on croirait calqués sur les dieux de la légende indienne. Ce n'est pas trop s'avancer que d'y voir la représentation tout ensemble de la fertilité inépuisable du sol terrestre, et des forces déchaînées qui s'y donnaient carrière aux plus anciennes périodes géologiques (2). Le monde naissant avait offert le spectacle d'une confusion prodigieuse : ce fut au prix de crises violentes, de bouleversements redoutables, vraisemblablement contemporains des premières générations humaines que triomphèrent enfin l'ordre, la beauté, l'harmonie. Ces divinités bizarres et anormales, que le poète ne cherche ni à expliquer ni à comprendre, ont disparu promptement, l'histoire en fait foi, de la pensée et du culte de la Grèce : elles choquaient trop ouvertement cet amour de la mesure, trait distinctif du génie hellénique.

C'est ainsi qu'après la Terre et le Ciel que nos yeux contemplent, Cronos et Rhéa qui président au temps, c'est-à-dire au développement régulier des êtres, ont déjà un caractère presque rationnel. Quant au procédé imaginé pour rattacher ces dieux les uns aux autres, il n'est pas pour surprendre : selon la remarque très judicieuse de M. Zeller, le génie grec était trop naturaliste, trop polythéiste pour concevoir comme

---

(1) Homère la fait intervenir dans une double formule de serment, mais sans lui attribuer de rôle précis et déterminé.

(2) « Seltsam ist diese zweifache Stellung der Γῆ gewiss, doch aber aus ihrem Wesen genügend zu erklæren. Denn da die Erde neben dem unermesslichen Segen, den sie spendet, auf der anderen Seite auch ebenso furchtbar ihre Macht offenbart (so dass die verschiedenartigsten Wesen, wie Nymphen und Typhœus ihrem Schoosse entstammen konnten), so lag eine Doppelstellung der Gœttin den Olympiern gegenüber nahe. » (DREXLER)

Zoroastre et les Juifs, l'univers avec tout ce qu'il renferme appelé à l'être par la simple parole d'un Créateur ; images de la création mobile, les dieux helléniques devaient en partager les vicissitudes (1). Empruntée à l'expérience, l'idée de génération se présente comme l'accompagnement obligé de l'anthropomorphisme. Pour le petit nombre des sages et des penseurs ces généalogies divines (2), que le vulgaire avait le tort de prendre au pied de la lettre, pouvaient très bien n'être qu'une figure, une métaphore, une forme de langage dont nos habitudes modernes ont conservé des traces (3).

A cette première conception s'en joint une seconde, empruntée directement au souvenir des révolutions politiques qui s'étaient succédé durant les premiers âges de la Grèce. Pour l'éclat et l'énergie des peintures, la *Théogonie* n'a rien de comparable à la révolte des géants contre Jupiter, à cette Titanomachie (4) dont le sauvage tumulte est l'image ou l'écho des bouleversements volcaniques et des cataclysmes terrestres dont furent témoins les premiers âges du globe (5). L'ima-

---

(1) Conception déjà longuement développée par Maury.

(2) Les incidents plus qu'étranges dont elles sont semées représentaient, d'après l'épicurien Métrodore, les diverses combinaisons des éléments au sein de la nature. « Physica ratio non inelegans inclusa est in impias fabulas », comme s'exprime Balbus dans le *De natura deorum* (II, 24).

(3) Ne disons-nous pas tous les jours que la « solitude enfante la tristesse », que « la prospérité engendre l'orgueil », que « l'oisiveté est la mère de tous les vices », etc.

(4) Vers 678-795. Il est assez remarquable de constater que les traits principaux de ce combat se retrouvent dans la lutte entre le génie du bien et celui du mal, d'après Zoroastre.

(5) Pour comprendre pleinement cette partie de la mythologie grecque, il semble qu'il faille avoir vu de ses yeux l'âpre et sauvage nature à laquelle nous en devons le tableau. Veut-on les impressions d'un témoin oculaire ? « Je songe à la révolte des Titans s'efforçant d'escalader l'Olympe et renversés par la foudre de Jupiter, quand je considère ces monts bouleversés de la Thessalie et de la Phocide, ces rocs encore fumants et hérissés comme une éternelle menace contre le ciel, quand je sens gronder encore et s'agiter le sol sous mes pieds, comme si les fils vaincus des Titans continuaient à jeter aux Olympiens un défi suprême. Ici toute cette vieille théogonie ne paraît plus une

gination qui a dicté ces pages dignes de Milton manque peut-être de brillant et de grâce ; à coup sûr, ni la vigueur ni le grandiose ne lui font défaut. Et qu'est-ce que la victoire de l'Olympe, sinon l'éclatante affirmation du triomphe de l'intelligence sur les puissances fatales du monde matériel ? (1)

Mais comment de ces vieilles divinités qui chez les antiques Pélasges n'avaient pour images que de grossiers simulacres, des pierres brutes, des troncs d'arbre, la Grèce a-t-elle passé aux conceptions idéales qui respirent dans les drames de Sophocle et sous le ciseau de Phidias ? C'est ce qu'il est aisé d'expliquer.

Autrefois comme aujourd'hui, mais plus particulièrement au berceau de la science, où les analogies jouent un rôle si considérable, l'homme a un penchant naturel à juger les phénomènes du dehors à la lumière de ce qu'il a découvert en lui-même : il se refuse pour ainsi dire à comprendre la vie sous une autre forme et dans d'autres conditions que celles qu'il surprend en sa propre personne (2). Et nous-mêmes, héritiers de tant de siècles de civilisation, résistons-nous toujours à la tentation de prêter à la nature nos sentiments, nos dédains ou nos sympathies, nos joies et nos tristesses ?

---

fantaisie de l'imagination, mais une histoire de la nature qui jadis aurait révélé à la poésie ses secrets » (BENOIST, *Disc. d'ouverture du cours de litt. grecque à la Sorbonne*, 1852).

(1) Ce qui, peut-être, offre le plus d'intérêt au lecteur moderne dans la suite de la *Théogonie*, c'est précisément la traduction en langage poétique de la transformation qui s'est graduellement opérée dans les idées de la race hellénique. A la religion primitive essentiellement naturaliste se substituent peu à peu des croyances plus relevées, un culte plus épuré. C'est ainsi, par exemple, que le règne de Saturne prépare celui de Jupiter dont la première épouse sera Μῆτις ou la sagesse, et la seconde Θέμις ou la justice suprême, l'ordre universel. Les dieux psychiques héritent des attributs et de l'autorité des anciens dieux cosmiques.

(2) Lorsque des mythologues tels que M. Otto Gilbert, affirment que toutes les conceptions mythiques des Hellènes sont sortis, sans aucune exception, du spectacle de la nature, ils devraient tout au moins ne pas oublier l'étroite et pour ainsi dire indissoluble association entre ces divinités de tout ordre et l'anthropomorphisme.

Au surplus, si comme les peuples jeunes on s'en tient aux apparences, comment refuser la vie à la nature? N'a-t-elle pas, en effet, le mouvement dans l'eau qui ruisselle à la surface des continents, ou s'agite à la surface des mers, dans les vents qui parcourent l'espace comme des voyageurs infatigables (1)? N'a-t-elle pas les attractions puissantes des corps les uns vers les autres et ces lois de la gravitation qui président aux révolutions planétaires? N'a-t-elle pas les merveilleuses ascensions de la sève dans le brin d'herbe de la prairie aussi bien que dans le chêne de la montagne? Le monde végétal ne semble-t-il pas mourir en hiver pour ressusciter au printemps? La pierre même et le minéral n'offrent-ils pas à notre curiosité les groupements symétriques de la cristallisation, les propriétés surprenantes de l'ambre et de l'aimant? Voilà comment, au premier éveil de la pensée, l'homme a projeté partout dans la nature la vie, tout à la fois cause et symbole de sa force. Le polythéisme antique atteste la vivacité avec laquelle a été observé et senti le jeu des forces de tout genre qui interviennent dans la création.

Or, le type de la vie en nous, c'est l'âme, l'âme que les anciens, faute d'avoir approfondi la distinction entre le corporel et le spirituel, ont constamment regardée comme le principe vivifiant par excellence, comme la source et l'explication nécessaire de tout mouvement (2). Dès lors, quoi de plus logique que de personnifier sur le modèle de l'âme toutes les forces en action dans la nature? Que le génie poétique et artistique apparaisse: d'une religion naturaliste il fera sortir sans peine une religion anthropomorphique, où tout sera ramené aux conditions et aux proportions humaines : les philosophes eux-mêmes, sauf de rares exceptions, devront entrer

---

(1) *Iliade*, XV, 620 : Λιγέων ἀνέμων λαιψηρὰ κέλευθα.

(2) Aussi l'appelaient-ils volontiers ἀεικίνητος et αὐτοκίνητος. — Les étymologies du *Cratyle* sont quelque peu fantaisistes : du moins elles ont le mérite d'être l'écho des idées alors en cours. Or, Platon donne comme racines à ψυχή les deux mots φύσις et ἔχει ou ὀχεῖ, « ce qui maintient, ce qui transporte la nature ».

en accommodement avec la foi populaire. Et comme il y a en nous ces deux hommes que Platon connaissait si bien, l'un dominé par ses instincts sensuels, l'autre attiré vers les sphères idéales, la mythologie grecque a incarné dans les satyres l'énergie capricieuse de la végétation, les formes heurtées des rochers, les instincts sauvages des animaux qui les fréquentent, tandis que les Nymphes et Diane, la chaste déesse, personnifient de la façon la plus heureuse la grâce des eaux limpides, la fraîcheur des vallons solitaires, les senteurs fortifiantes de la montagne, la fière indépendance de la vie agreste. Une fois entrée dans cette voie, l'imagination grecque s'est donné pleine carrière, sans doute avec plus d'art, plus de sens esthétique, avec un instinct plus marqué de mesure, de clarté et d'harmonie, mais avec autant de liberté que l'imagination orientale. C'est le tour d'esprit des populations bien plus encore que la diversité des sites ou l'opposition des climats qui a décidé des divinités reconnues et honorées dans les différentes contrées du monde hellénique. Au reste, « en transformant ainsi la nature, les Grecs ne faisaient que lui rendre ce qu'elle leur avait donné. La vie du dehors était venue à eux pleine d'images et de sensations : elle sortait d'eux et elle retournait aux choses pleine de dieux (1) ». De cette explication concrète à la conception moderne plus abstraite, au mouvement conçu comme le résultat de forces sans cesse invoquées et néanmoins toujours mystérieuses, il y a progrès, non parce que les causes sont mieux connues, non parce que l'esprit humain a passé du surnaturel à une explication naturelle (2),

---

(1) M. Croiset. — On reconnaît l'adage attribué à Thalès et tant de fois répété après lui : "Ωστε τρόπον τινὰ θεῶν πάντα εἶναι πληρῆ. Aristote se l'approprie en substituant simplement au mot θεῶν le mot ψυχῆς. — Ne nous imaginons pas, d'ailleurs, que les conquêtes de la science aient absolument et définitivement triomphé de cette habitude mentale : qu'est-ce, par exemple, que le *Poème de l'arbre* de Laprade, sinon l'éloquente expression de la fusion de l'âme humaine avec les choses ?

(2) Les savants contemporains qui ne veulent voir nulle part Dieu dans la nature ne se trompent-ils pas, en un sens, plus étrangement encore que le Grec idolâtre qui la divinisait avec si peu de scrupule ?

mais parce que le mystère est envisagé plus en face.

Et ici se pose une question d'un indiscutable intérêt. Le sentiment et l'intelligence véritables de la nature chez les Grecs ont-ils gagné ou perdu au triomphe de leur mythologie ?

Sans doute, à première vue, le polythéisme agrandissait la création en l'enrichissant d'une multitude de figures radieuses, dont le brillant cortège forme au milieu des forêts, sur les flots, au fond des vallées et sur les montagnes comme un chœur de danse et de musique perpétuelles, comparé par Beulé à un immense et magnifique tissu de fictions enlaçant l'univers entier dans un réseau d'or et de lumière. On est allé jusqu'à dire que la poésie de la nature est là tout entière et qu'avant Homère, la mer immense, le ciel étoilé, la lune aux reflets argentés, le soleil aux traits de flamme n'avaient rien dit à l'homme : c'est le paganisme qui, en évoquant Hypérion, la blonde Phébé, Neptune, Amphitrite ou Nérée, a poétisé l'univers, jamais plus imposant qu'au temps

> où le ciel sur la terre
> Vivait et respirait dans un peuple de dieux.

On nous permettra d'avoir un autre avis. Il suffit, en effet, de réfléchir pour comprendre que c'était là en réalité non pas enrichir mais dépouiller la nature, lui enlever sa vie propre, son rôle véritable, si admirable quand on considère la merveilleuse harmonie de l'ensemble, rôle que le polythéisme fractionnait à l'infini entre une multitude de personnages factices(1). Les dieux grecs qui remplissent le monde visible y éclipsent de leur humaine beauté la splendeur propre de la création : ainsi se trouvait brisé et irrévocablement brisé le lien caché des êtres, qui oblige le plus humble comme le plus

---

(1) Il est singulier que la raison n'ait pas fait entendre beaucoup plus tôt les protestations de Cotta dans le *De natura deorum* (III, 25) : « Neptunum esse dicis, Balbe, animum cum intelligentia per mare pertinentem. Idem de Cerere. Istam autem intelligentiam aut maris aut terræ non modo comprehendere animo, sed ne suspicione quidem possum attingere. »

grand de plonger par toutes ses racines dans la vie générale, sa première raison d'exister étant dans sa corrélation constante avec le tout infini.

Ce que la vraie poésie eut à en souffrir, un philosophe va nous l'apprendre : « L'anthropomorphisme avec ses dehors séduisants et son éclat superficiel est un système funeste à la poésie. Son apparente libéralité cache l'étroitesse et l'exclusivisme. Faire entrer la nature dans le monde humain, c'est la détruire. La mythologie grecque a tué la nature et tué la véritable poésie, celle qui n'est pas une fantaisie exécutée sur des motifs brillants dont l'homme est toujours et invariablement le thème... Les Grecs ont compris que la matière ne suffit pas à expliquer le monde. Ils ont senti la vie tressaillir autour d'eux, se glisser dans tous les pores de la masse, la pénétrer, la mouvoir, lui donner une voix et une âme. Mais leur imagination trop éprise de clarté pour consentir à se laisser envelopper de nuages, trop nette pour rien concevoir sous des traits indécis et flottants, n'a pas su refléter les nuances infiniment variées de la nature (1)... Ne pouvant se représenter en elles-mêmes les forces naturelles, ils en ont fait des génies ou des dieux

---

(1) Elle a songé avant tout à se peindre elle-même : c'est même de quoi l'ont félicitée certains apologistes de la mythologie classique : écoutons l'un des plus ingénieux, C. Benoist : « Si pour un regard superficiel elle semble distraire de la contemplation de la nature et lui ôter sa vérité en lui ôtant sa solitude, en réalité, lorsqu'on pénètre au contraire dans son sens profond et mystérieux, on s'aperçoit qu'elle est toute inspirée par l'instinct le plus vif des spectacles du monde physique. Etudiée de près, elle nous laisse entrevoir à travers ses allégories et ses personnifications hardies et merveilleuses les phénomènes naturels tels que les comprenaient des esprits ignorants et naïfs, sous le charme de la sympathie ou la fascination de l'épouvante. » Pareille exégèse est-elle aussi exacte que séduisante ? En tout cas je crains qu'elle ne soit singulièrement rétrospective. De bonne heure, le sentiment mobile a pris la consistance d'une croyance, les impressions individuelles ont été coulées dans un moule uniforme. Dans ces divinités de tout ordre, renonçons à chercher une peinture exacte et sincère de la réalité. Ce sont des fictions et des figures traditionnelles, fixées par les descriptions des poètes et plus tard par le ciseau des sculpteurs ou le pinceau des céramistes.

par une sorte de retour au fétichisme primitif... Voyez ce chêne ; la vie de cet arbre ne lui appartient plus : c'est une dryade. L'imagination est satisfaite, mais l'émotion disparaît. La nature ne reçoit les honneurs de l'apothéose que parce qu'elle est morte. Tout ce qu'il y a de spontané dans les choses s'en retire peu à peu et va peupler l'Olympe. Le monde a gardé sa forme, mais l'âme est partie (1). » Tout à l'heure il nous paraissait excessif que partout le Grec eût aperçu et placé une âme : on voit avec quelle facilité le reproche contraire lui a été adressé.

En veut-on une preuve spéciale ? Qu'on considère la mer, « cette chose qui confond l'esprit, ce symbole visible de l'Eternel inconnu ! elle est devenue Neptune, avide, turbulent, robuste, vindicatif, aveugle dans sa force, admirablement dessiné d'ailleurs pour exprimer ce qui peut être rendu par des actes humains de cette vie merveilleuse de l'Océan. Au lieu de l'Océan lui-même, c'est donc la figure de Neptune qui posera devant le poète ; c'est elle qui cachera la mer immense, qui traduira sur sa physionomie grandiose mais limitée toutes les passions qui agitent la face terrible et sans bornes de la mer... En présence de la tempête mugissante, vous tous qui n'êtes pas Homère, mais qui voyez la nature avec votre cœur au lieu de la chercher dans les fables grecques, n'auriez-vous pas à nous dire quelque chose de plus profond et de plus religieux (2) ? »

Le poète antique avait-il à décrire un site, à célébrer une contrée ? Athènes n'était pas seulement la cité de Minerve, c'était Minerve elle-même : Thèbes s'incarnait dans la nymphe Thèbè.

---

(1) M. Breton, *La poésie philosophique en Grèce*, p. 87. — Lamartine déjà, se plaçant à un point de vue analogue, s'était vanté « d'avoir fait le premier descendre la poésie du Parnasse et donné à ce qu'on nommait la Muse, au lieu d'une lyre à sept cordes de convention, les fibres mêmes du cœur de l'homme, touchées et émues par les innombrables frissons de l'âme et de la nature. »

(2) Laprade, p. 373. — Cf. Chateaubriand, *Génie du christianisme*, 2ᵉ partie, livre IV, ch. I.

Le seul nom de ces villes éveillait immédiatement dans la pensée une forme plastique avec le bouclier, la lance, l'égide et la couronne au front. Sans doute, grâce à un état d'âme tout spécial, les plus heureusement doués ont réussi à unir la nature et la mythologie, l'impression sensible et les souvenirs de la fable, et à faire de ce mélange un tout où leur esprit, si souple et si mobile, court sans cesse d'une de ces régions à l'autre. Ainsi procèdent non seulement les poètes contemporains de la naïveté des premiers âges, mais encore les grands tragiques et jusqu'à cet Aristophane si irrespectueux envers l'Olympe. A des émotions véritables ils associent sans hésiter et même avec un empressement qui nous choque des réminiscences mythologiques déconcertantes pour notre goût moderne : voyez plutôt les premiers vers de la touchante prière qu'Iphigénie adresse à son père. Je ne veux point prétendre que l'Aurore aux doigts de rose d'Homère ou l'Aurore aux sandales d'or de Sapho ait absolument caché à ces poètes ou à leurs contemporains les splendeurs de l'aube matinale : mais il est certain que, grâce à ces fictions, la vraie nature tendait à s'effacer derrière une autre nature toute artificielle, sur laquelle le sentiment, pas plus que la science, n'avait de prise véritable, une nature que l'imagination avait d'ailleurs arrangée et transformée avec assez d'habileté pour que la raison captivée n'ait songé que bien tard à briser le charme et à déchirer l'illusion. La nature, en tant que génératrice des choses, avait disparu : la philosophie la retrouvera ; ce sera la partie la plus importante de notre tâche de raconter ses efforts pour secouer le joug enchanté de la légende populaire et restituer à l'intelligence ses droits compromis.

Quoi qu'il en soit, et malgré toute assertion contraire, un fait est facile à établir (1). Considérée dans ses rapports avec la sensibilité comme avec l'intelligence de l'homme, la nature

---

(1) Pour soutenir cette thèse, il n'est même pas indispensable de répéter à la suite de romantiques tels que Châteaubriand : « La mythologie, peuplant l'univers d'élégants fantômes, ôtait à la création sa gravité, sa grandeur et sa solitude. »

ne pouvait que gagner à l'évanouissement progressif de l'élément parasite qui l'avait envahie (1) ; voilà pourquoi les poètes anciens eux-mêmes n'ont jamais mieux senti ni mieux traduit son charme intime, ils ne l'ont jamais décrite avec plus de bonheur que lorsqu'ils se sont mis directement en face d'elle, laissant dans l'ombre ou supprimant résolument ce cortège de personnifications et de divinités de tout genre dont la fantaisie l'avait remplie.

C'est ce que les pages suivantes mettront en pleine lumière. Il nous a paru que, dans une étude de l'étendue de celle-ci, il serait illogique de passer sous silence des témoins aussi illustres et surtout aussi qualifiés qu'Homère, Sophocle et Virgile : la haute poésie en effet va rejoindre la haute philosophie, et comme on l'a dit très justement, sur les sommets de la pensée se donnent rendez-vous toutes les maîtrises de l'esprit humain.

Pour savoir ce que l'antiquité classique a pensé de la nature, quelle part elle lui a faite dans ses idées et dans ses sentiments, après avoir examiné sa croyance et son culte, il n'est que juste d'interroger ses poètes (2).

III. — La poésie de la nature en Grèce.

1. — *Homère.*

Tout a été dit, et depuis des siècles, sur le mérite d'Homère :

---

(1) Que l'on compare même superficiellement aux chefs-d'œuvre de la belle époque les productions de l'école alexandrine, où l'inspiration appauvrie prend sa revanche dans une profusion accablante d'allusions et de souvenirs mythologiques : le contraste saute aux yeux.

(2) Il est superflu de faire remarquer qu'il ne s'agit nullement ici de recommencer une tâche dont se sont acquittés tant d'esprits éminents, et d'apprécier les poètes grecs et romains au point de vue de l'éclat ou de la mélodie de leurs vers, des beautés littéraires de leurs descriptions ou de la richesse de coloris de leurs tableaux. Même dans cette partie de notre travail, nous nous efforcerons de conserver à nos réflexions un caractère en rapport avec le titre de notre ouvrage.

c'est avec raison qu'en lui empruntant une de ses plus magnifiques images, on a représenté les poètes de la Grèce suspendus à ses chants comme les dieux de l'Olympe à la chaîne d'or de Jupiter. Ce qui nous intéresse particulièrement dans ses deux épopées, c'est qu'elles expriment ce qu'il y a de vraiment spontané, de vraiment original dans le génie hellénique.

Or, comment la nature a-t-elle parlé à Homère ? sous quels aspects s'est-elle révélée à lui ? sous quelles couleurs lui-même s'est-il plu à la peindre ?

Remarquons tout d'abord qu'il ne la connaît pas sous le nom que la philosophie devait populariser plus tard, ni, ajoutons-le, sous aucun terme synonyme (1). Ces notions de nature, de monde, d'univers, qui reviennent à satiété dans les conceptions et sous la plume de nos poètes modernes, sont étrangères à l'inspiration homérique, familière avec la plupart des détails de la création, mais n'ayant point embrassé les choses dans leur majestueux ensemble. Une telle généralisation, si ce mot est ici à sa place, est nécessairement l'œuvre de la réflexion, et dès lors suppose une époque de pleine maturité.

Qu'on ouvre au hasard l'*Iliade* et l'*Odyssée* : on se sentira promptement en face d'une imagination aussi alerte que féconde, mise en rapport avec le monde extérieur par d'innombrables impressions. La nature inanimée elle-même se reflète presque tout entière, quoique par fragments, dans cette poésie primitive. Ici c'est la nuit avec ses constellations qui par un ciel pur brillent d'un vif éclat dans l'auréole même de la lune ; là ce sont les nuages qui pendant le sommeil des vents

---

(1) Le mot de φύσις ne se rencontre chez lui qu'une fois, dans l'*Odyssée* (X, 303) :

...πόρε φάρμακον Ἀργειφόντης
...καί μοι φύσιν αὐτοῦ ἔδειξε.

Il s'agit de la plante merveilleuse qui doit mettre Ulysse à l'abri des enchantements de Circé, et dont Mercure lui explique la *nature* ou plutôt la *vertu*. — On ne retrouve ensuite le mot que dans le composé φυσίζοος, joint au mot αἶα dans trois passages (*Iliade*, III, 243 et XXI, 63 — *Odyssée*, XI, 301).

s'amoncellent autour des cimes élevées. Voyez-les obscurcir peu à peu la mer qui s'agite avec un sourd murmure; les vagues frissonnent d'abord, puis, se chassant les unes les autres, viennent se briser avec fracas sur la grève; bientôt elles se gonflent, se soulèvent, vomissent l'écume et couvrent d'algues tout le rivage. Sur terre l'Eurus et le Notus déchaînés abattent les uns sur les autres avec un grand fracas les hêtres, les frênes, les cornouillers à la rude écorce, déracinent dans le verger l'olivier tout couvert de fleurs blanches, orgueil de son possesseur. Gonflés par les pluies d'hiver, les torrents se précipitent au fond des gorges où leurs eaux s'entrechoquent et tourbillonnent, emportant des quartiers de roc et roulant à la mer avec un épais limon les arbres arrachés à leurs bords. Les averses de grêle fouettent la terre nourricière; la neige couvre au loin les campagnes, ou au fort de l'été, soudain une colonne de poussière se dresse sur les routes, l'éclair brille, la foudre éclate et la terre ébranlée semble sur le point de s'entr'ouvrir (1). Ainsi les côtés sombres de la nature, et si je puis ainsi parler, ses colères et ses menaces, thèmes préférés des poètes du Nord, le poète de l'Ionie ne les a pas oubliés : mais s'il les a fait entrer dans ses vers, c'est presque toujours à titre de comparaison.

Est-il nécessaire d'ajouter que la nature animée n'a pas moins de place dans les tableaux homériques? Tout occupé à peindre le tumulte de la guerre et les fureurs de la mêlée, et plus soucieux d'ailleurs de rendre les mouvements que d'analyser les sentiments des combattants, le poète se souvient d'avoir contemplé les combats que les oiseaux de proie se livrent au milieu des airs quand la jalousie ou la faim les met aux prises : il a vu « les lions des montagnes, nourris par leur mère dans l'épaisseur des forêts profondes, ravir les bœufs, les grasses brebis et ravager l'étable du laboureur jusqu'à ce qu'eux-mêmes, atteints du fer aigu, périssent sous

---

(1) Voir l'ouvrage de Bougot (*Etude sur l'Iliade d'Homère*, p. 338) auquel nous avons fait plus d'un emprunt dans ce rapide résumé.

la main des hommes » ; il a été témoin de loups dévorants déchirant un cerf à la haute ramure : « alors ils vont en troupe au bord d'une source profonde : leur langue mobile lape la noire surface des ondes, tandis que de leur bouche coule encore le sang du carnage » ; il a regardé à l'arrière-saison « les nombreuses légions d'oies sauvages, de grues et de cygnes au long cou voler en se jouant au-dessus des flots du Caystre, agiter leurs ailes et chercher à se devancer en poussant des cris qui s'entendent au loin dans la campagne ».

Choisis entre cent autres, ces exemples montrent avec quelle complaisance les yeux du vieil aède se sont arrêtés sur les scènes indéfiniment variées de la vie rurale dont la poésie a constamment aimé à s'inspirer (1). On le verra même, au grand scandale de la pruderie classique, comparer le radeau d'Ulysse, ballotté par la mer en courroux, à un fagot de broussailles secoué en tous sens dans un champ par le vent d'hiver, ou Ajax faisant fière retraite devant un ennemi dix fois supérieur en nombre à « l'âne pénétrant dans des guérets chargés de moissons, malgré les efforts des enfants qui le retiennent, et dédaigneux des coups que cette troupe impuissante fait pleuvoir sur lui, ne se retirant que rassasié d'épis ». C'est que le domaine tout entier de la nature était ouvert à ces génies de la première antiquité : ils s'en allaient puisant partout leurs similitudes et leurs images, sans être inquiétés par les scrupules de ce que l'on appelle un peu abusivement « le bon goût » ; il n'avait pas encore été décidé que tel objet de la nature serait noble et tel autre vil, ni qu'un

---

(1) Telle métaphore justement célèbre des âges suivants a dans Homère son premier modèle. Que de fois, par exemple, n'a-t-on pas cité le beau mot de Périclès dans son oraison funèbre des guerriers athéniens : « L'année a perdu son printemps ». Or n'est-ce pas un ressouvenir de cette gracieuse comparaison : « Imbrius tomba comme le frêne abattu par l'airain sur la cime d'une montagne et recouvrant le sol de son tendre feuillage » (*Iliade*, XIII, 178). Ἔοικε δὲ ὥσπερ συναλγῶν τῷ δένδρῳ τοιαῦτα εἰρηκέναι, écrivait dans son admiration un des plus anciens commentateurs

brevet de poésie serait décerné à certains êtres, tandis que d'autres ne méritent qu'oubli ou mépris. En revanche, le réalisme contemporain eût infailliblement révolté le vieux poète habile à découvrir jusque dans les scènes les plus familières quelque aspect noble ou charmant, gracieux ou fier, symbole ou écho de l'existence humaine.

De même qu'un voyageur curieux et avisé, venu dans un pays pour y étudier la langue, les mœurs et les habitudes sociales, ne peut s'empêcher de noter en passant les détails les plus saillants du paysage, de même Homère tout en prenant plaisir à se remémorer les divers spectacles de la nature, ne s'attarde cependant pas à les décrire : ses peintures, les citations précédentes en font foi, se bornent à quelques traits sobres et rapides qui leur donnent toute la précision, toute la vigueur d'un bas-relief et les maintiennent dans une exacte et heureuse proportion avec l'idée qu'il faut éclairer, ou la situation qu'il s'agit de dépeindre. Dès son berceau, la poésie grecque a refusé de se laisser absorber ou même simplement dominer par la nature qu'elle aimait un peu à la façon de Pascal, sans l'oser dire. Le sentiment, étranger à la rêverie moderne, se contente d'une courte allusion, parfois se ramasse en un seul mot : l'esquisse remplace le tableau. Un simple qualificatif (1) suffit le plus souvent au poète non pour donner une vision distincte et complète d'un site quelconque, cité, fleuve ou montagne, mais uniquement pour aider la pensée à s'en faire une image sensible, plus ou moins conforme à la réalité. D'ordinaire, les enfants n'aperçoivent que l'aspect général des choses : c'est l'ensemble qui les frappe, c'est de l'ensemble qu'ils se souviennent : les détails leur échappent. Il n'en va pas autrement des peuples enfants.

Ici un philologue ne manquerait pas d'intervenir pour faire remarquer que la langue poétique des Grecs était merveilleu-

---

(1) Ainsi Ὑλήεσσα (Πλάκος), ἐρατεινή (Ἐμαθία), ἐρίβωλος (Φθία), πετρήεσσα (Αὐλίς), πολύκνημος (Ἐτεωνός), πολυτρήρων (Θίσβη), πυλυστάφυλος (Ἱστίαια), δινήεις (Ξάνθος), etc.

sement apte à exprimer de telles sensations, frappantes encore qu'indécises. Notre logique exige que chaque fragment d'une idée composite ait un terme particulier qui le traduise : au contraire, ce bel idiome de la Grèce antique savait créer des composés où plusieurs impressions en se mêlant rendaient à l'imagination les choses elles-mêmes dans leur naturelle confusion. En une épithète unique, les Grecs excellent à condenser ce qu'ils ont éprouvé le plus vivement en face d'un grand spectacle, d'une scène sublime de la nature : épithète généralement sonore, pleine de majesté ou de grâce, ayant le charme spécial des paysages crépusculaires dont les lignes sont vaporeuses et qui n'en plaisent que davantage. Nous peignons les choses avec plus d'exactitude, les connaissons-nous mieux ? et surtout en donnons-nous une impression plus vraie ?

N'allons pas croire cependant que l'habitude de cette précision, on pourrait dire de cette concision poétique, ait banni entièrement des épopées homériques les descriptions qui chez des écrivains plus récents occupent une si grande place. La peinture des jardins d'Alcinoüs (1), celle de la grotte de Calypso (2), ou de l'île des Cyclopes (3), peuvent passer pour des modèles du genre : plusieurs scènes du bouclier d'Achille sont une naïve reproduction de la vie rustique avec les sensations qui lui sont propres, rendues dans toute leur simplicité, mais aussi dans toute leur plénitude. Jamais cependant la nature n'est peinte en elle-même et pour elle-même : comme plus tard Socrate, Homère aurait pu dire : « Les forêts et les champs n'ont rien à m'apprendre et je ne puis profiter que dans la société des hommes ». Si le monde extérieur a sa beauté, c'est parce que l'homme y vit et y donne à toute chose son sens et sa valeur : images, comparaisons, tableaux ne sont pour le poète épique qu'éléments accessoires, dans une subordination constante à l'égard de la pensée (4). Dans

---

(1) *Odyssée*, VII, 110, et suiv.
(2) *Odyssée*, V, 63 et suiv.
(3) *Odyssée*, IX, 116 à 124.
(4) « Avec ses métamorphoses des forces cosmiques en divinités, la

les siècles suivants, les artistes d'abord, et à leur suite les philosophes (1), garderont de même fidèlement pour l'homme toutes les ressources de leur génie, toute la puissance de leur idéalisme.

Créées uniquement en vue de prêter un cadre à des scènes d'un tout autre ordre, les descriptions homériques sont purement objectives, c'est-à-dire qu'elles ne reflètent que de loin les sentiments du poète ou ceux de ses héros (2). Point de réflexions personnelles s'ajoutant ou se substituant à la réalité : rien qui nous ouvre les perspectives effrayantes ou sublimes de l'infini, et cependant le poète n'y était-il pas amené par son sujet même lorsque sur le bouclier d'Achille, qui est pour lui comme sa carte de la nature, il entreprend de peindre l'espace sans bornes au sein duquel est suspendu notre globe ? Or sept vers sans relief exceptionnel lui suffisent pour raconter tout ce que lui a dit l'immensité des cieux, pour traduire ce

---

mythologie arrête l'élan poétique qui s'ingénie à donner de la vie aux choses. Les héros d'Homère ont une existence parallèle à la nature : ils n'entrent point en communion avec elle. Ils n'en subissent aucune influence. Le lieu où ils discutent, où ils combattent, pourrait changer comme un décor au théâtre : leurs sentiments n'en recevraient aucune altération ». (P. LALLEMAND, *A travers la littérature*, p. 13.)

(1) Plusieurs esprits éminents s'accordent en effet à reconnaître à l'art athénien du ve siècle une secrète influence sur les destinées de la philosophie grecque, et ils s'expliquent ainsi avec M. Dauriac ce fait que « l'école d'Athènes s'oppose plus nettement peut-être et plus profondément à la philosophie hellénique antérieure que celle-ci ne se distingue des philosophies orientales ».

(2) On a dit, par exemple que le site où Ulysse fait la rencontre de Nausicaa et de ses compagnes ajoutait au charme de cette gracieuse idylle. La grâce sévère de ces lieux sauvages, les rives du fleuve qui verse ses belles eaux dans la mer au milieu des bois et des rochers, constituent un cadre des plus harmonieux ; mais gardons-nous de croire que pareil choix résulte d'un dessein préconçu. De même on songe involontairement à un épisode célèbre de *René* lorsqu'au premier chant Homère nous représente le prêtre Chrysès marchant silencieux et le cœur brisé au bord de la mer mugissante : et cependant si Châteaubriand a reçu en partage, comme l'auteur de l'*Iliade*, une admirable imagination poétique, pour tout le reste, de l'un à l'autre, quel intervalle !

qu'il a dû éprouver en face de ce merveilleux ensemble que, bien des siècles plus tard, Pythagore allait le premier saluer du beau nom de κόσμος. On l'a dit, et toute l'histoire de l'art et de la pensée antiques le confirme, les regards du Grec ont été fermés à l'innombrable, son cœur à l'invisible. Ni Homère, ce chantre des batailles et des actions éclatantes, ni aucun des poètes qui l'ont suivi n'ont connu l'amour des modernes pour la nature, amour esthétique, si l'on peut ainsi parler, fait surtout de molle rêverie et de muette contemplation en face d'un monde caché derrière celui que les sens nous révèlent.

Peut-être toutefois en saisissons-nous une trace discrète et aisément inaperçue dans les vers où le poète oppose la douce clarté des astres aux feux des Troyens qui jettent l'épouvante dans le cœur d'Agamemnon : « Lorsque dans le ciel autour de la lune argentée brillent les étoiles radieuses, lorsque les vents se taisent dans les airs et que l'on découvre au loin les collines, les vallons et les sommets des montagnes, la vaste étendue des cieux se montrant sans voile laisse apercevoir tous les astres, et le cœur du berger se remplit d'allégresse (1). » Mais je me défie du commentateur récent qui, après avoir payé à ces vers un tribut bien mérité d'admiration, ajoute : « Homère, n'en doutons pas, a été plus d'une fois ce pâtre qui, assis au penchant des coteaux et perdu dans l'ombre de la nuit, tranquille en face des magnificences du ciel oriental, a senti vibrer son âme à l'unisson de la silencieuse immensité ». Disons plutôt qu'il y a dans ce passage une sorte de pressentiment lointain de tout un ordre de réflexions que la contemplation de la nature réservait à des races moins jeunes, élevées au milieu de préoccupations religieuses, morales et sociales bien différentes; et à ce point de vue, rien de plus exact que les lignes suivantes : « Cette joie intime du berger, c'est le sentiment poétique à sa naissance : c'est du même coup le dernier terme de la poésie. La sérénité atteinte par une douce et profonde émotion, par une secrète commu-

---

(1) *Iliade*, VIII, 555.

nion avec la grandeur et la beauté, n'est-ce pas pour les esthéticiens de l'école de Platon le suprême effet de l'art ? Mais ce que nous essayons d'expliquer par l'analyse et l'abstraction, deux mots du vieux poète suffisent pour nous en faire sentir l'éloquente et simple réalité (1). » Mais souvenons-nous qu'il s'agit ici d'une exception isolée au milieu de milliers et de milliers de vers. Le monde extérieur est évidemment décrit dans l'antique épopée d'une façon infiniment plus picturale qu'émotionnelle, si l'on me permet cette expression : et sur ce point comme ailleurs, plus que partout ailleurs peut-être, Homère a donné le ton à la poésie grecque presque tout entière ; jusque dans la période alexandrine, aucune transformation notable n'est venue modifier le sentiment de la nature, tel qu'il se dégage de l'*Iliade* et de l'*Odyssée*.

2. — *Hésiode*.

Postérieur à Homère selon toutes les vraisemblances, Hésiode n'en représente pas moins des traditions plus anciennes qu'il a fécondées à sa manière et non sans génie. Nous avons déjà rencontré sur nos pas l'auteur de la *Théogonie :* nous le retrouverons ailleurs. Ici c'est au seul poète des *Œuvres et les Jours* que nous avons affaire. La Grèce reconnaissante apprit de bonne heure à le confondre avec Homère dans une même vénération ; mais entre les deux poètes il n'y a communauté ni d'inspiration et de but, ni de procédé et de coloris.

Avant même l'esprit d'indépendance qui animait en Grèce tant de cités rivales, la nature s'était chargée d'établir entre les diverses parties du monde hellénique des oppositions que le génie national sut transformer au moins partiellement en harmonies. Ainsi passe-t-on de l'Ionie et des îles de la mer Egée aux côtes de la Locride, ou même simplement de Sparte à Athènes ou d'Athènes à Thèbes, on constate qu'en même

---

(1) M. J. GIRARD, *Études sur la poésie grecque*, p. 216.

temps le sol change d'aspect, et l'esprit des populations de caractère. Quelque obscurité qui plane sur la biographie d'Homère, il est certain qu'il avait vu le jour, non dans l'Attique au sol aride, ni en face de l'austère Taygète dans les vallons pierreux de la Laconie, mais bien sur les bords enchanteurs de l'Archipel, à Chio ou à Smyrne, sous ce beau ciel d'Asie à peine voilé parfois de vapeurs transparentes. En revanche, qu'il est naturel de placer le berceau d'Hésiode dans cette Béotie au rude climat, couverte non de lacs azurés et limpides comme ceux des Alpes, mais de marais que couvre une atmosphère toujours brumeuse,

Bœotum in crasso jurares aere natum,

entourée de montagnes dont les âpres contreforts fermaient sans doute l'horizon du poète quand il leur empruntait dans sa Titanomachie de si fortes et de si saisissantes images (1). Il nous en avertit lui-même, c'est pendant qu'il faisait paître les brebis au pied du divin Hélicon qu'il a été visité par les Muses et qu'il a reçu « une voix divine pour annoncer ce qui doit être et ce qui fut ».

Si la place des brillants récits d'Homère est dans les fêtes des princes et leurs festins joyeux (2), Hésiode chante pour le laboureur courbé sur son sillon. Chez lui, au lieu de la contemplation paisible des scènes graves ou plaisantes de la nature, ce sont les réalités prosaïques de la vie rurale qui apparaissent au premier plan. « Nation forte et dure au travail,

---

(1) Aux impressions de Benoist, citées dans une note précédente, ajoutons celles d'Ampère : « Ici le climat est plus rude qu'ailleurs. Les sommets de l'Hélicon rendent les hivers rigoureux et en été interceptent les brises rafraîchissantes. Dans les tristes accents d'Hésiode, on croit entendre gémir la poésie exilée de son brillant berceau d'Ionie et l'on comprend pourquoi sur cette terre moins heureuse elle aura un caractère plus sombre. »

(2) Ἀναθήματα δαιτός, comme s'exprime Homère lui-même en parlant des chants de Démodocus. — L'auteur inconnu du *Bouclier d'Hercule*, versificateur de décadence, ne mérite pas de nous arrêter.

peu faite aux impressions vives, aux aspirations orgueilleuses, étroitement attachés aux intérêts présents et à la vie commune, les Béotiens n'étaient pas nés pour cette abondance d'images et de pensées, pour ce luxe d'inventions, de détails et d'aventures qui distinguaient leurs brillants contemporains des colonies asiatiques (1). »

Et cependant, à l'occasion, la Muse d'Hésiode trouve pour peindre les objets extérieurs des épithètes expressives, pleines de relief et d'éclat, de même qu'elle sait introduire au milieu de ses prescriptions parfois bien minutieuses des tableaux d'une réelle vigueur, sinon toujours d'une touche délicate et fine. Ecoutons le poète nous retracer les frimats de l'hiver : nous nous croirons transportés loin de la Grèce et de l'Orient sous le ciel glacé du Nord. Mais évidemment il cède moins encore que l'auteur de l'*Iliade* au simple plaisir d'observer et de décrire. La campagne à cultiver, le sol à défricher, la forêt à exploiter, en un mot les mille occupations laborieuses de la vie rustique ou de l'existence pastorale, voilà ce qui fait le fond des *Travaux et les Jours* (2).

Malgré tout cependant, on peut glaner dans Hésiode quelques traits charmants, d'autant plus charmants qu'ils sont empruntés de plus près à la nature. La poésie des champs s'est glissée jusque sous la sécheresse des préceptes et les a comme pénétrés d'une vive senteur : s'agit-il, par exemple, de marquer la fin de l'hiver et le retour des beaux jours ? « Quand l'hirondelle aux plaintes matinales revient se montrer aux hommes avec le printemps nouveau... quand fleurit le chardon, quand retirée dans la verdure, agitant à

---

(1) G Guizot, *Ménandre*, p. 12. — Encore faut-il faire une exception en faveur de cet illustre Béotien qui s'appelle Pindare.

(2) « Ce sont les phénomènes naturels eux-mêmes qui font impression sur Hésiode : quant aux causes cachées, quant à l'harmonie intérieure et profonde, en un mot quant à tout ce qui est au delà de la sensation immédiate, il n'en a ni le souci ni peut-être même le soupçon. Voilà déjà un premier aspect des choses qui n'existe pas pour lui. Il y en a un second qu'il ne voit pas davantage, c'est celui du rêve. » (M. M. Croiset.)

grand bruit ses ailes, l'harmonieuse cigale se répand en accents pleins de douceur. » Mais ne cherchons pas chez Hésiode cette intimité avec la nature qui associe aux joies de l'homme comme à ses peines les êtres inanimés, la mer, les montagnes, les fleuves et les forêts. C'est en agronome, si l'on peut ainsi parler, et non sans une pointe de sensualité rustique, qu'il jette les yeux sur la campagne environnante et en particulier sur le monotone horizon d'Ascra, « misérable bourgade, odieuse en hiver, triste en été, en aucun temps agréable ». Chez Homère, la nature joue le rôle d'un gracieux accessoire, comme dans les tableaux de Raphaël : chez Hésiode, c'est le théâtre des rudes et patients labeurs de l'homme (1). A peine accorde-t-il au laboureur quelques heures de joie durant la belle saison : à peine a-t-il soupçonné ces jouissances sans apprêt des populations rurales que l'inépuisable imagination d'Aristophane dépeindra dans les *Acharniens* et ailleurs en traits d'une vérité surprenante, en attendant qu'à Rome Lucrèce et surtout Virgile les immortalisent dans leurs vers. En un mot, rien chez Hésiode qui rappelle l'exclamation célèbre :

O fortunatos nimium, etc.

3. — *La poésie lyrique*.

Pour un Allemand ou un Français du xixe siècle, fervent admirateur de Gœthe ou de Hugo, poésie lyrique est synonyme d'effusion d'une âme rêvant de l'infini en face des grandes leçons de l'histoire ou du spectacle imposant de la création. Tout autre, on le sait, est l'impression qui se dégage pour nous des lyriques grecs. Comme Hésiode, comme

---

(1) « Hésiode conduit l'homme sur le champ de bataille où la Nature, personnifiée par les divinités monstrueuses de la *Théogonie*, semble se déchirer elle-même... Il peint avec une insistance particulière les sombres nuits d'orage, il a prêté l'oreille à la plainte immense poussée par la forêt profonde. » (M. GEBHART.)

Homère, c'est de l'homme qu'ils s'occupent, ce sont les dieux et les héros qu'ils célèbrent, c'est au cœur humain, aux sentiments qui l'agitent, amour ou haine, ironie de la satire ou enthousiasme du patriotisme, qu'ils demandent leur constante inspiration.

A la vérité, des improvisations naïves, telles que la *chanson de l'hirondelle* ou la *chanson de la corneille* nous montrent la poésie populaire se rapprochant, non sans succès, de la nature. Mais que cette note est rare dans le lyrisme classique! Les fleurs jouent un rôle dans les strophes d'Alcman, les roses sont l'ornement préféré de celles de Sappho (1), qui n'a oublié ni « l'hirondelle printanière », ni le rossignol, ce « héraut des beaux jours ». Dans ses chansons amoureuses d'une grâce si pénétrante, Anacréon fait volontiers servir le paysage extérieur de décor à mainte scène de plaisir ; Simonide décrit en quelques vers charmants le silence de la nature attentive aux chants mélodieux d'Orphée : « Il ne s'élevait pas alors le moindre souffle qui remuât le feuillage, rien qui empêchât la voix harmonieuse de se répandre pour charmer l'oreille des mortels. » Mais de là au *Lac* de Lamartine, quelle distance ou plutôt quel abîme ! Notons cependant deux comparaisons que Sapho a tirées de ses souvenirs rustiques : la jeune fille sans protecteur, c'est « la jacinthe que sur la colline les bergers foulent aux pieds, écrasant contre le sol sa fleur de pourpre » ; la vierge, fière de sa pudeur, c'est « une douce

---

(1) Veut-on se rendre compte de la distinction des deux points de vue, antique et moderne ? Qu'aux plus beaux vers de Sappho, qu'à ses descriptions les plus enchanteresses on compare ces lignes de Bernardin de Saint-Pierre : « Pour que la rose soit à la fois un objet de l'amour et de la philosophie, il faut la voir lorsque, sortant des fentes d'un rocher humide, elle brille sur sa propre verdure, que le zéphyr la balance sur sa tige hérissée d'épines, que l'aurore l'a couverte de pleurs. Quelquefois une cantharide, nichée dans sa corolle, en relève le carmin par son vert d'émeraude : c'est alors que cette fleur semble nous dire que, symbole du plaisir par ses charmes et sa rapidité, elle porte comme lui le danger autour d'elle et le repentir dans son sein. »

pomme qui rougit au sommet de la branche, haut, bien haut. Les cueilleurs l'ont oubliée : non, ils ne l'ont pas oubliée, mais ils n'ont pu l'atteindre ». A ces citations il nous plaît d'ajouter un fragment d'Alcman où apparaît pour la première fois, dans ce qui nous reste des anciens, ce double sentiment de paix et de mélancolie que tout homme éprouve à l'heure où, les ombres de la nuit descendant sur la terre, un sommeil réparateur enveloppe tous les êtres de la création depuis la forêt sauvage jusqu'à l'oiseau blotti dans son nid. Virgile, lui-même, à qui cette considération est familière, aura peine à surpasser le vieux poète :

« Alors reposent et les sommets et les gorges des monts, et les ravins et les précipices, et les tribus rampantes que nourrit la terre noire, et les fauves des montagnes, et la race des abeilles, et les monstres dans les sombres profondeurs des mers : alors aussi reposent les troupes des oiseaux aux ailes épandues. »

Mais, dira-t-on, cette absence presque complète d'un sentiment en dehors duquel on dirait qu'il n'y a pour nous ni ode ni élégie, ne doit-elle pas s'expliquer par les ravages du temps qui de tous les lyriques grecs entre le viie et le ve siècle n'a laissé arriver jusqu'à nous que des débris, cueillis pour la plupart au gré de quelque obscur compilateur ? En ce qui touche Pindare, cette explication cesse d'être de mise, et cependant, que l'on parcoure la longue suite de ses odes triomphales : la nature y tient si peu de place que dans un livre de quatre cent cinquante pages consacré exclusivement à l'illustre poète, un critique doublé d'un lettré délicat, M. A. Croiset, n'en a trouvé que trois à réserver à ce côté si intéressant de son sujet.

De fait, à ne considérer que la disposition et l'élocution, on sait que le lyrisme grec est aussi concentré, aussi contenu que le lyrisme moderne l'est peu. De Thèbes à Cyrène, d'Egine à Syracuse, les odes pindariques nous transportent successivement sur les points les plus variés de ce monde hellénique : quelle ample matière à des descriptions brillantes et sans cesse renouvelées ! Comme autrefois Homère, le poète thébain a résisté à la tentation ou plutôt il ne l'a même pas connue. Tout entier aux vainqueurs et aux triomphes qu'il célèbre, il relègue résolument la création à l'arrière-plan. S'il sent vivement les beautés du monde visible, c'est avec une mâle sobriété qu'il les introduit dans ses vers : il lui suffit d'ordinaire de quelques traits éclatants mais rapides, jetés en passant comme au hasard, fugitives apparitions qui s'évanouissent presque aussitôt : il est vrai que ce sont habituellement (1) de ces épithètes expressives, taillées à facettes pour ainsi dire et qui à elles seules contiennent en raccourci les données d'un tableau (2). Musical plutôt que pittoresque, Pindare exalte et entraîne, selon le mot si juste d'Horace ; pas plus que ses devanciers ou ses successeurs dans l'histoire de la poésie grecque, il ne possède ce don tout moderne d'ouvrir à la méditation rêveuse des espaces en quelque sorte infinis. Les anciens ayant du monde une connaissance relativement incomplète, leurs métaphores même les plus hardies, même les plus extraordinaires ont quelque chose de plus aisément accessible : celles de Pindare ne font pas exception. On a remarqué toutefois qu'il avait une prédilection visible pour les scènes calmes, doucement éclairées par la lumière de la lune. A l'exemple de Sappho qui aimait à projeter sur ses tableaux les poétiques rayons de l'astre des nuits, le chantre

---

(1) Rarement sa pensée se développe, et encore en deux ou trois vers seulement, comme dans le passage que voici : « Les noirs sillons ne donnent pas chaque année leur moisson : les arbres ne se couronnent pas de fleurs odorantes à chaque retour du printemps » (*Néméennes*, xi, 51).

(2) La même remarque s'applique aux fragments de Bacchylide récemment découverts. J'y découvre cependant une description dont Buffon eût volontiers recueilli quelques traits. « De ses ailes rapides coupant le profond éther s'élève l'aigle, messager du grand Jupiter, tranquille et fier de sa force robuste, tandis que se cachent de terreur les oiseaux à la voix harmonieuse. Ni les sommets de la terre immense ne l'arrêtent, ni les vagues impraticables de l'infatigable mer. Il va dans le chaos infini, avec les souffles de la tempête » (V_e ode triomphale).

des athlètes couronnés, comme fatigué de respirer la poussière brûlante de l'arène, évoquait avec bonheur ces heures fraîches et sereines « dont la paix plaisait à son âme comme les teintes adoucies à ses yeux ».

L'occasion s'est déjà présentée de faire remarquer avec quelle facilité presque inexplicable l'imagination grecque se prêtait à associer, à fondre dans une même conception la mythologie et la nature. Pindare en est un exemple frappant. Veut-il mettre sous nos yeux une éruption de l'Etna? La colère du volcan, c'est la colère même de Typhée, le géant vaincu, enseveli sous la montagne fumante (1). Entreprend-il de nous intéresser à un lieu consacré par quelque souvenir religieux ou héroïque? il semble qu'il songe à la légende plutôt qu'au site, aux acteurs divins ou humains du drame bien plus qu'au paysage lui-même.

C'est seulement dans un genre voisin de l'ode que, déployant une hardiesse de tours et d'images inconnue avant lui, il se révèle à nous sous un jour nouveau. « Tout en écoutant par délicatesse instinctive ces éclats de verve grossière que comportait le culte de Dionysos, Pindare, loin d'en méconnaître l'inspiration, remontait au contraire à ce qui était l'essence même de ce culte, à savoir le sentiment et l'adoration des forces mystérieuses de la nature. Personne n'a parlé en termes plus splendides et tout à la fois plus émus, plus frais, du renouveau, de ce réveil merveilleux de la plante, et du chaste frisson de volupté qui la fait tressaillir dans tout son être aux premières caresses du soleil : et ce tableau ravissant, c'est dans un dithyrambe que le poète l'a placé, sous la secrète et profonde influence des idées, des émotions que le nom de Dionysos faisait naître en son âme (2). » Voici quelques lignes de ce fragment :

« Rayonnant de joie, je viens pour la seconde fois chanter le Dieu qui se couronne de lierre... Les pronostics des vents

---

(1) 1ᵉ *Pythique*, v. 38 et suiv.
(2) Nageotte, *Histoire de la poésie grecque*, II, p. 237.

ne nous ont point échappé, lorsque, ouvrant la chambre nuptiale des fleurs empourprées, ils en font sortir le printemps odorant. Les plantes au suave nectar alors s'épanouissent : alors sur la terre immortelle s'étale l'aimable feuillage des violettes, les roses se mêlent aux cheveux, la voix des chants retentit dans l'accompagnement des flûtes, et les chœurs célèbrent Sémélé au front ceint d'un bandeau. »

Un érudit moderne qui a vécu longtemps par la pensée dans la familiarité de la Grèce antique se représente et s'explique sans trop de peine l'enthousiasme qui accueillait au temps de Pindare une semblable poésie puisée aux sources vives de la croyance nationale ; où l'emploi de ces mythes ingénieux était-il mieux justifié que dans des poèmes destinés à des fêtes brillantes au milieu « des cours les plus spirituelles du monde grec » ? Mais qu'on ne nous demande pas d'applaudir avec un égal empressement. La mythologie païenne qui, au XVIe et au XVIIe siècle, avait retrouvé comme un regain de jeunesse, aujourd'hui nous importune : nous restons froids, parce que le charme est définitivement rompu.

4. — *La poésie dramatique.*

Si de l'ode nous passons à la tragédie, que pourra nous apprendre ce genre nouveau sur ce que les Athéniens du Ve siècle pensaient de la nature ? Bien peu de chose sans doute, car comment demander un tableau du monde extérieur à une poésie où, selon le mot d'Aristote, tout se concentre dans l'action ? Non moins héroïque que l'épopée, mais sauf exceptions encore plus exclusivement humaine, la tragédie ne s'intéresse qu'aux mœurs, aux caractères et aux passions, cause indirecte ou immédiate des événements qui se déroulent aux yeux du spectateur. S'il s'agit en particulier des grands tragiques du Ve siècle, ni la situation de leurs personnages, ni les habitudes d'une vie passée tout entière au sein d'une civilisation avancée ne laissaient de place à ces comparaisons gracieuses ou frappantes que la muse d'Homère empruntait si volontiers aux scènes de la vie antique (1). Néanmoins, le fond du cœur de l'homme n'a pas changé depuis vingt-trois siècles, et dans le théâtre grec plus d'un trait appartient à un ordre de réflexions que nous avons tort de croire exclusivement moderne.

Issu des vieilles légendes théogoniques, le drame d'Eschyle en a retenu la solennité et la terreur : ses dieux, quoique en pleine possession de leur personnalité humaine comme de leur signification morale, ont gardé une trace lointaine de leur caractère original. Telle la statuaire antérieure à Périclès : moins idéale, mais plus religieuse peut-être que celle de l'âge suivant. Le *Prométhée enchaîné* nous apporte un écho du naturalisme primitif, transfiguré en passant par l'imagination d'un Athénien du ve siècle ; les personnages sont essentiellement symboliques : un rocher inaccessible battu par les flots, au centre d'un paysage rempli de sublimes horreurs, voilà le lieu de la scène, et parmi les divinités qu'invoque le prisonnier du Caucase, plus d'un nom avait de quoi surprendre les spectateurs de ce sombre drame. Pour visiter et consoler le persécuté de l'Olympe, nous voyons accourir du fond de leurs retraites humides un essaim de jeunes Océanides dont la présence prête un charme tout particulier à cette étonnante et mystérieuse composition.

On a dit que l'antiquité n'avait jamais eu la pensée d'une intimité capable d'associer aux souffrances de l'homme comme à ses joies les êtres inanimés, rivières et montagnes, vallons et forêts. Et cependant Eschyle nous montre la création tout entière émue par le supplice d'Atlas : « Un long murmure avait couru sur les vagues de la mer, retenti au fond des abîmes et sur les rives des fleuves sacrés (2). » Et

---

(1) A cette règle une seule exception, et qui se justifie d'elle-même : le *Cyclope* d'Euripide.

(2) *Prométhée*, v. 431.

quelles paroles sortent les premières de la bouche du Titan après l'éloignement de ses bourreaux : « Divin éther, souffle ailé des vents, sources des fleuves, sourire innombrable des flots, terre, mère de tous les êtres, et toi, soleil, à l'œil duquel rien n'est caché, c'est vous que je prends à témoin du traitement qu'un dieu éprouve de la part des dieux ! » (1) On a pu, sans rien exagérer, définir *Prométhée* « le drame de la sympathie universelle » : véritable exception dans les annales de la poésie antique (2). Comme Homère et comme Pindare, Eschyle se plaît aux courtes descriptions : trois vers lui suffisent pour peindre l'îlot de Psyttalie : « Il est en face de Salamine une île, petite, d'un accès difficile aux vaisseaux, où, sur la rive de la mer, Pan aime à mener ses chœurs. »

Même précision chez Sophocle et chez Euripide : car la célèbre description de Colone, que l'on serait tenté de m'opposer, doit être mise avant tout au compte de l'amour du sol natal, et des dieux sous la protection desquels il est placé (3). L'éloge des beautés de la nature, écrit Chassang à ce propos, disparaît et s'efface au milieu des transports de l'hymne patriotique.

Dans l'Athènes de Périclès, qui donc se souvient encore des sombres tableaux de la *Théogonie ?* Les forces en lutte au berceau du monde ont fait place à une vision radieuse, à une nature observée et décrite avec la sympathie d'un artiste. Ce que les héros et avec eux les poètes de la tragédie grecque goûtent avec un charme particulier, c'est la pureté du ciel hellénique, cette lumière dorée qui baigne l'horizon d'une clarté doucement transparente. « Brillant éclat du jour, soleil radieux, je te parle aujourd'hui pour la dernière fois ! O

---

(1) *Ib.*, v. 88.

(2) Joignons-y, si l'on veut, un gracieux fragment des *Danaïdes* qui célèbre le grand mystère de la vie circulant à travers toute la création.

(3) Peut-être aussi, si la tradition mérite quelque confiance, est-elle née du secret désir du vieux poète de se concilier la faveur des juges devant lesquels il était cité par ses fils ingrats.

lumière, terre sacrée de Salaminé, ma patrie : ô foyer de mes ancêtres, illustre Athènes, fontaines, fleuves de cette contrée, plaines de Troie, adieu ! » (1). Ainsi s'exprime Ajax à l'heure où il va se percer de son épée.

Une plainte semblable et non moins touchante s'exhale des lèvres d'Iphigénie marchant au sacrifice. Et, chose surprenante, c'est Euripide, le poète dialecticien, qui semble avoir le mieux compris et apprécié la nature. Les *Bacchantes* nous transportent dans les montagnes solitaires : on y respire l'air des grands bois, on voit le chevreuil bondir à travers les halliers. Est-ce là, se demande M. Weil (2), le résultat de la forte impression que les sites accidentés de la Macédoine ont faite sur le poète athénien ? en tout cas c'est le cadre qui convenait aux transports des Ménades, à ces extases délirantes qui les arrachaient au sentiment de l'existence personnelle pour les absorber en quelque sorte dans une vie plus vaste et plus intense. « C'est en s'oubliant, en se plongeant au sein de la nature comme dans une fontaine de Jouvence, une source d'énergies mystérieuses, surhumaines, que le fidèle de Bacchus ressent un soulagement délicieux. »

Mais sans aller jusqu'à cet enthousiasme vraiment mystique, rappelons le beau chœur d'*Hélène* (3), lequel débute par la peinture de la mer calme, quand au milieu du silence des vents la rame du marin sert comme de coryphée aux dauphins dans leurs danses joyeuses, et la monodie d'*Ion* qui nous montre les étoiles se réfugiant dans le sein de la nuit lorsque le soleil dore les cimes sourcilleuses du Parnasse. Rien de plus frais que le réveil national de tout ce qui vit ici-bas, tel qu'il nous est décrit par le premier chœur de *Phaéthon*. Autant de passages, ajoute notre éminent helléniste, où Euripide prouve qu'un grand poète, un poète complet, tout occupé qu'il soit à peindre les passions des hommes et leurs

---

(1) Vers 856-863.
(2) Dans un article du *Journal des Savants* (janvier 1890) auquel sont empruntées également quelques-unes des réflexions qui vont suivre.
(3) Vers 1451 et suiv.

8

tragiques conséquences, n'en conserve par moins l'âme ouverte aux aspects les plus séduisants de la création.

En même temps que la légitime curiosité de l'homme, sa sympathie pour la nature se traduit sur la scène athénienne par des accents presque modernes. Ce sont les adieux de Philoctète (1) aux muets confidents de son infortune, à la grotte qui lui servit d'asile, à la montagne dont l'écho si souvent lui renvoya ses cris, à la falaise battue par la vague bruyante ; c'est la prière que l'exilé de Lemnos adresse aux oiseaux du ciel, qu'il supplie de le soulever sur leurs ailes à travers l'étendue (2) : prière où un critique moderne était trop empressé de retrouver « la nostalgie des espaces azurés ». C'est l'apostrophe enthousiaste du jeune Hippolyte à la prairie déserte « que le tranchant du fer n'a pas violée, où l'abeille voltige seule au printemps et que la pudeur rafraîchit de la rosée des sources vives » (3). C'est Phèdre plongée dans les langueurs du désir, effrayée d'elle-même, aspirant à la solitude : « Hélas ! que ne puis-je au bord d'une onde limpide puiser une eau pure pour me désaltérer ! sous les peupliers, couchée dans l'herbe épaisse, comme je reposerais !... Conduisez-moi sur la montagne, je veux aller dans la forêt, à travers les pins, partout où les meutes sauvages s'élancent sur les biches tachetées ! » (4) C'est enfin l'élégie plaintive des compagnes d'Iphigénie dans la barbare Tauride : « Oiseau qui sur les rochers de la mer fais entendre un chant de douleur, alcyon dont les accents, compris des sages d'entre les mortels, pleurent sans cesse un époux chéri, je mêle mes gémissements aux tiens, regrettant les fêtes de la Grèce et les ombrages du Cynthe, où le palmier délicat marie son ombre à celle du pâle olivier et des lauriers aux rameaux touffus ! » (5)

---

(1) Vers 1453.
(2) Vers 1092.
(3) Ce dernier vers, a-t-on dit, est « étincelant de fraîcheur romantique ».
(4) Vers 208-218.
(5) Vers 1089.

Enfin il n'est pas jusqu'au contraste entre la sérénité de la nature et les agitations du cœur de l'homme qui n'ait fourni à la poésie ancienne le sujet d'un admirable tableau. Ainsi, quelle peinture délicieuse que celle du bois sacré de Colone où Œdipe, ce proscrit, ce criminel involontaire, voit s'accomplir son mystérieux trépas!

J'accorde qu'il y a tel passage où Euripide, par exemple, offre des traces de cette subtilité et de ce raffinement que Rousseau et ses émules ont mis à la mode dans notre pays ; je reconnais chez lui plus d'un trait de mélancolie pessimiste qui ne déparerait ni Vigny ni Châteaubriand ; néanmoins, il y a quelque excès à soutenir « qu'il fait pressentir cette famille de poètes qui contemplent le monde extérieur à travers leur propre pensée et étendent sur le paysage la nuance de leur humeur » (1). Ce qui est incontestable, c'est que de son temps la science commence à être en possession d'un prestige fascinateur ; les vieillards qui composent le chœur d'*Alceste* vantent « le génie qui, sur les ailes de la Muse, s'est élancé jusqu'aux régions célestes ». Un autre fragment d'Euripide célèbre « le chercheur qui, l'âme exempte de passions, contemple l'ordre éternel de la nature impérissable ».

Nous sommes loin, bien loin, de cette note ou savante ou attendrie lorsque, quittant la tragédie pour la comédie, nous nous mêlons aux spectateurs et aux personnages d'Aristophane, applaudissant avec frénésie au retour triomphal de la Paix, après tant d'années de misère, conséquence de longues et ruineuses hostilités. Ces peintures villageoises rappellent Rubens et Téniers, non Rembrandt ou Raphaël. Quelle variété, quelle senteur agreste dans cette suite de scènes si vivement crayonnées ! Un intérieur rustique pendant l'hiver, de gaies promenades durant l'été, tout cela se succède en quelques vers, mélange inimitable de poésie et de réalité.

Ailleurs, dans un ordre d'idées déjà bien différent, n'est-ce

---

(1) LAPRADE, *ouv. cit.*, p. 356.

pas le sentiment de la nature qui éclate à la manière antique dans ce chœur célèbre : « Nuées éternelles, humides et mobiles vapeurs, élevons-nous radieuses du sein mugissant de l'Océan notre père, sur les cimes touffues des hautes montagnes. De là nous dominerons les sommets des collines, et la terre sacrée qui nourrit les moissons, et les fleuves au divin murmure, et les flots mugissants de la mer retentissante. L'œil infatigable des cieux illumine la terre entière de resplendissantes clartés. Allons secouer les humides brouillards qui cachent notre face immortelle et promenons au loin nos regards sur le monde. » La note est moins brillante peut-être, mais elle n'a pas moins de fraîcheur et de charme dans cet appel adressé par la huppe à la troupe légère des oiseaux : « Vous tous qui portez comme moi des ailes, vous qui butinez dans les guérets fertiles, innombrables tribus au vol rapide et au gosier mélodieux, mangeurs d'orge et pilleurs de grains, vous qui vous plaisez au milieu des sillons à gazouiller d'une voix grèle, et vous qui dans les jardins habitez le feuillage du lierre, ou qui becquetez sur les collines le fruit de l'olivier sauvage ou de l'arbousier, accourez, volez à mon appel ! Vous aussi qui dans les vallées marécageuses happez les cousins à la trompe aiguë, et vous qui hantez l'aimable prairie de Marathon, toute humide de rosée ; et vous, oiseaux à l'aile diaprée, francolin, francolin, et vous encore, tribus des alcyons qui rasez les flots gonflés des mers : venez ici apprendre une grande nouvelle ! » (1).

Manifestement le poète, qui en tant de passages s'oublie jusqu'à la gravelure, savait à l'occasion sentir d'abord et ensuite traduire en strophes mélodieuses et vraiment attiques ce que la nature a de plus gracieux. Pour que le monde extérieur tînt chez lui une place qui plus tard lui sera impitoyablement refusée par

---

(1) A rapprocher de ces vers ceux où les grenouilles (dans la pièce de ce nom) chantent les douceurs de leur existence marécageuse. Evidemment si la verve aristophanesque se plaît à inventer des cadres aussi bizarres, c'est qu'elle a calculé à l'avance les sources de poésie qu'elle allait ainsi s'ouvrir.

Plaute et par Molière, il ne fallait rien moins qu'une verve primesautière, empressée à rechercher et prête à recueillir partout ce qui pouvait égayer le public à la fois délicat et libertin des Lénéennes et des Dionysies. Inutile d'ajouter que dans les pièces d'Aristophane la nature, considérée essentiellement comme l'amie et la mère nourricière de l'homme, apparaît sous un aspect qui ne rappelle ni la solennité d'Eschyle, ni la gravité sereine de Sophocle, ni surtout la mélancolie un peu apprêtée d'Euripide.

Quelques lignes nous suffiront en ce qui touche la comédie nouvelle : toute occupée à retracer les caractères, les vices et les ridicules, à piquer la curiosité par des tableaux de mœurs, à faire jouer les ressorts de l'intrigue, à mettre en scène les incidents de la vie domestique, elle n'a rien à demander à la nature, rien à emprunter aux spectacles variés de la création, où d'ailleurs sur les pas d'Epicure elle incline à ne reconnaître que les jeux raisonnés du hasard. Ménandre, avait, dit-on, défini la campagne « le meilleur maître de vertu » : la maxime, alors comme de nos jours, n'était guère contestable : mais elle relève du bon sens et de la morale infiniment plus que de l'art et du sentiment. Je citerais ici plus volontiers des fragments tels que le suivant, où par une inspiration étrange le poète exploite, pour ainsi parler, au profit de la philosophie pessimiste de son temps, la splendeur immuable de la terre et des cieux : « J'appelle heureux celui qui retourne de bonne heure d'où il est venu, après avoir contemplé sans trouble les magnificences de la nature : qu'il vive un siècle ou quelques courtes années, jamais ses yeux ne verront plus merveilleux tableau. »

5. — *Xénophon et Platon.*

Ce n'est pas dans le pays où ont écrit Rousseau et Châteaubriand que l'on s'étonnerait de voir des prosateurs cités au cours d'un chapitre sur la poésie de la nature : mais la prose attique ne nous retiendra pas longtemps : Hérodote et Xénophon ont vu de leurs yeux sous le ciel de l'Asie mineure ou de l'Egypte d'opulentes contrées qui ont dû frapper vivement leur curiosité ; mais ou ils ont négligé de les décrire, ou toute nuance marquée de sentiment est absente de leurs tableaux.

Sans doute l'heureux possesseur des riches domaines de Scillonte en appréciait à bon droit tout le prix, et le récit de la mémorable retraite des Dix-Mille s'interrompt (1) pour nous faire admirer ces terres plantureuses qui procuraient tout à la fois à Xénophon les agréments et les revenus d'une large existence. Par reconnaissance, l'auteur du charmant petit traité intitulé l'*Economique* n'a pas manqué de faire l'éloge de la vie rurale, des paisibles jouissances qu'on y goûte, des ressources qu'elle assure, des qualités guerrières qu'elle enfante, des leçons de justice et de libéralité dont l'homme lui est redevable. Aussi le disciple du moraliste « à qui les arbres et les champs n'avaient rien à apprendre » n'hésite pas à saluer une vérité sociale essentielle dans ce mot qu'il répète : « L'agriculture est la mère et la nourrice des autres arts ». Pas de situation plus sûre, pas d'occupation plus agréable. Mais, quoi qu'en ait pensé Socrate, le beau ne saurait se confondre avec l'utile, et ce que nous nommons aujourd'hui le sentiment de la nature n'est que médiocrement intéressé aux ingénieux développements contenus au chapitre v de l'*Economique* (2). Tandis que les autres écrivains

---

(1) *Anabase*, v, 3.

(2) Les extraits suivants en feront foi : « Même les plus heureux des hommes ne peuvent se passer de l'agriculture. Sans contredit, les soins qu'elle exige sont une source de plaisir et de prospérité pour la maison... Et d'abord, tout ce qui est essentiel à l'existence, la terre le procure à ceux qui la cultivent ; et les douceurs de la vie, elle les leur donne par surcroît... Est-il un art qui paye plus largement ceux qui l'exercent, qui offre plus de charmes à ceux qui s'y livrent, qui tende plus généreusement les bras à qui lui demande le nécessaire, qui fasse à ses hôtes un accueil plus généreux ? En hiver, où trouver mieux un bon feu contre le froid ou pour les études qu'à la campagne ? En été, où chercher une eau, une brise, un ombrage plus frais qu'aux champs ? Quel art offre à la divinité des prémices plus dignes d'elle, ou célèbre des fêtes plus splendides ? »

grecs vantent ou les calmes réflexions de la vie spéculative, ou le bruyant retentissement des triomphes politiques, Xénophon, ce modèle du *gentleman-farmer* des temps antiques, place au-dessus de tout les plaisirs et les travaux de la campagne, mais ce point de vue, si spécial qu'il soit, réduit la nature à n'être qu'un cadre attirant entre tous pour l'infatigable activité de l'honnête homme.

En revanche, un illustre contemporain de Xénophon aurait le droit de réclamer s'il était passé ici sous silence. C'est le privilège des grands génies auxquels rien n'est resté entièrement étranger, que tôt ou tard ils se présentent à la pensée de celui qui médite, alors même que cette méditation semble n'avoir qu'un rapport éloigné avec leurs préoccupations les plus familières. Tel Platon dans l'antiquité : chez lui le savant et surtout le philosophe nous occuperont longtemps dans la suite de cet ouvrage : dès maintenant nous devons un souvenir au poète, à l'écrivain qui, pour vivre de préférence dans la sphère des vérités métaphysiques, n'a pas laissé néanmoins d'être sensible aux charmes du paysage. On sait avec quel art il encadre la plupart de ses dialogues dans des scènes empruntées à la vie athénienne. En ce genre, le prologue du *Phèdre* mérite toute notre attention.

Socrate se promenant rencontre son jeune ami qui l'entraîne doucement hors des murs d'Athènes ; il veut à tout prix se faire lire un discours de Lysias dont Phèdre a dérobé le manuscrit, et voilà les deux causeurs à la recherche d'un endroit solitaire sur les rives de l'Ilissus. « Vois ce platane élevé, s'écrie le jeune homme. Nous trouverons à son ombre une brise légère, de l'herbe pour nous asseoir ou nous étendre à notre gré. Ici l'onde paraît sourire, tant elle a de pureté et de transparence. » Socrate n'est pas moins ravi : « Par Junon, la belle retraite ! Comme cet arbre est large et élevé ! et ce gattilier, quelle magnificence dans son tronc élancé et dans sa tête touffue ! on le dirait fleuri à souhait pour embaumer ces lieux. Est-il rien de plus charmant que la source qui coule sous ce platane ? Nos pieds qui y baignent en attestent la fraîcheur...

Ne te semble-t-il pas que la brise a ici quelque chose de suave et de parfumé, et le chœur des cigales je ne sais quoi de vif et qui sent l'été ? Mais ce qui me plaît le plus, ce sont ces hautes herbes qui nous permettent de reposer mollement notre tête en nous couchant sur le terrain doucement incliné (1). » L'enseignement philosophique, même chez Platon, a été rarement à pareille fête ; mais peut-on continuer sérieusement à affirmer que la peinture de paysage a été inconnue de l'antiquité, quand on sort de lire cette page exquise, frais tableau où sourit le printemps, et où l'on serait presque tenté (puisque c'est Platon qui le compose) de chercher un symbole lointain mais singulièrement gracieux encore des splendeurs de cet autre monde et de cet autre ciel que nous révèlera la suite du dialogue ? et les métaphysiciens même les plus austères seraient-ils admis à se plaindre, si l'auteur du *Phèdre* qui excelle, comme chacun le sait, à nous introduire ou dans la prison de Socrate, ou chez Polémarque, ou sous les portiques de l'opulent Callias, avait plus souvent prêté l'oreille à une autre Muse qu'il portait en lui (2) ?

---

(1) *Phèdre*, 229 A-230 C. — Il y a comme une réminiscence lointaine de ce prélude dans quelques lignes d'ailleurs très brèves placées par Platon au début des *Lois* (I, 625 B).

(2) Au chapitre LIX du *Voyage d'Anacharsis*, Barthélemy nous montre Platon entouré de quelques amis au promontoire de Sunium. Une tempête effrayante se déchaîne, et tandis qu'autour de lui l'on se pose ces graves questions : Pourquoi ces écarts et ces révolutions de la nature ? — Est-ce une cause intelligente qui excite et apaise les ouragans ? — Quelle puissance préside aux destinées du monde ? — le philosophe « demeure plongé dans un recueillement profond : on eût dit que la voix terrible et majestueuse de la nature retentissait encore autour de lui ». Puis sur les instances réitérées de son entourage, il sort de son silence pour exposer ses vues pleines d'élévation sur la divinité et la Providence. — Le vrai Platon eût pu sans doute tirer de cette scène de la nature une matière à haute éloquence : mais il a choisi pour son *Timée* un cadre bien différent.

6. — *Théocrite.*

La poésie grecque, qu'on pouvait croire morte avec Sophocle et Aristophane, brille sous les Ptolémées d'un dernier et éphémère éclat. Nous passons néanmoins sans nous y arrêter sur les élégies savantes d'un Philétas et d'un Callimaque, pleines de bel esprit, envahies par d'importunes réminiscences mythologiques, foncièrement romanesques au double sens actuel de ce mot ; les fragments que nous en possédons n'offrent à l'historien du sentiment de la nature absolument rien à glaner. Même absence complète d'émotion dans les *Phénomènes* d'Aratus, où les plus beaux passages ne se recommandent que par l'exactitude du tableau et le choix ingénieux des expressions. Que dire d'Eratosthène dans son *Hermès*, interrogeant, comme devait le faire notre Chénier dans un poème de même titre, les lointaines origines de notre globe, et décrivant l'univers sans paraître se douter de la grandeur incomparable d'un tel sujet ? Mais, dira-t-on, peut-être qu'en renonçant aux rêves métaphysiques d'un Empédocle et d'un Parménide, en restreignant systématiquement son horizon, en substituant à ces hardies hypothèses une observation même un peu superficielle, la poésie avait plus de chances de saisir sur le fait l'action cachée de la nature. Pour se guérir de cette illusion, il suffit de jeter les yeux sur les *Cynégétiques* et les *Halieutiques* d'Oppien : ces longs manuels en vers où le didactique et le descriptif se mêlent et se coudoient perpétuellement justifient à merveille ce mot d'un critique : « Les gens qui parlent le plus de la nature ne sont pas toujours ceux qui la sentent le mieux » : et Plutarque ne se trompait pas en raillant des poèmes prétendus qui de la poésie, disait-il (1), n'ont que l'apparence.

Il semble cependant que cet ordre de pensées aurait pu ai-

---

(1) *De la lecture des poètes*, p. 27.

sément donner naissance à une œuvre de génie, à l'heure où les vieilles idoles reprenaient une ombre de vie en se rattachant aux divinités cosmiques dont la Grèce les avait peu à peu séparées. Il n'en fut rien, soit que la veine poétique en Grèce fût comme épuisée après tant de siècles de production incessante, soit que le milieu nouveau où l'esprit hellénique se trouvait transplanté fût peu propice aux grandes et fortes créations. Partout manque la vie intérieure, l'art de passionner ou tout au moins d'animer la nature et d'établir entre elle et l'homme cet échange de sentiments par où le monde physique parle à l'imagination du poète, sans même que ce dernier en ait toujours distinctement conscience.

Faisons toutefois une exception en faveur de la pastorale, telle que la comprit Théocrite, prouvant ainsi que jusque dans la décadence de l'art les sources de l'invention originale demeurent ouvertes au vrai talent. Ne nous attendons pas ici, d'ailleurs, à ces saisissements de la pensée, à ces réflexions profondes que suggère au poète moderne la contemplation rêveuse : ce que l'on rencontre, ce que l'on goûte chez l'auteur des *Idylles*, c'est la reproduction vivante, et comme nous dirions aujourd'hui, toute objective de la vie du pâtre et du pêcheur, dans les vallons et sur les rivages de la Sicile (1). Bien autrement réaliste que Virgile, il excelle à nous donner en quelques vers la sensation immédiate de la réalité champêtre (2). Ses bergers sont vraiment les enfants de la solitude,

---

(1) « Jamais plus de grâce, plus de fraîcheur, de sève printanière que dans cette poésie née sur les ruines de la liberté. Théocrite et Virgile attestent qu'à certaines époques de mort, quand l'univers semble expirer de lassitude et de vieillesse, l'esprit humain cherche un refuge dans la nature... La barbarie des conquérants a beau dévaster les riantes prairies, les frais vallons, les collines boisées de Sicile ou d'Arcadie : l'esprit de l'homme s'abreuvera toujours à cette onde limpide, sous l'olivier sacré et sous l'ombrage des pins, prêtant l'oreille avec délices à des chants « plus doux que le murmure du ruisseau qui coule du haut du rocher » (Quinet, *Vie et mort du génie grec*, p. 185).

(2) Si nous en croyons le plus récent commentateur de Théocrite, M. Legrand, le poète sicilien aime la campagne surtout en raison du repos qu'elle procure : loin d'en scruter les mystères et d'en sonder

médiocrement préoccupés des bienséances sociales, les hommes de la nature, dont ils ont ressenti presque à leur insu la pénétrante influence. Mais cette nature n'a rien de sauvage, rien de mystérieux, rien de grandiose : les bocages qui retentissent de leurs chants semblent à l'abri du souffle redoutable des ouragans ; à peine la mer effleure-t-elle la côte d'un battement silencieux.

Veut-on un exemple des peintures préférées de Théocrite ? nous l'emprunterons aux pièces épiques du commencement de sa carrière : c'est là, chose curieuse, que s'étale avec une sorte de prédilection son goût pour les scènes de la nature. Les Argonautes viennent de débarquer au pays des Bébryces : « Ils trouvèrent sous une roche polie une source vive d'où jaillissait une eau pure et intarissable, coulant sur un lit de cailloux pareils à de l'argent ou du cristal ; tout auprès s'élevaient de grands pins, de blancs platanes, des cyprès à la cime élevée et des fleurs embaumées où font leur doux travail les abeilles industrieuses, emplissant les prairies de leur bourdonnement au retour des beaux jours. » La peinture est gracieuse, quoique non exempte d'un peu de manière ; c'est bien là un de ces frais recoins d'ombre et de verdure où s'assied avec bonheur dans les pays du soleil le voyageur altéré. Mais n'en demandez pas davantage à la muse bucolique : la note philosophique reste étrangère à ses pinceaux.

Les *Idylles* (la plupart du moins) sont des drames d'un genre spécial où l'intérêt se concentre de lui-même sur les acteurs, et non sur le lieu de la scène. « Les humbles héros de Théocrite ne cherchent dans la nature ni les grandes perspectives ni les curiosités de la forme et de la couleur : habitués à leur horizon de montagnes et de bruyères, ils l'aiment parce qu'ils n'en imaginent pas d'autre ; ils l'aiment aussi pour les jouissances et le bien-être qu'ils y trouvent. L'herbe rare sous

---

du regard les vastes horizons, il en goûte bien plutôt ce qu'elle peut donner au corps de fraîcheur et de quiétude paresseuse dans les gracieuses retraites où sa fantaisie le transporte.

leurs pieds, au-dessus de leur tête l'ombre pâle d'un olivier, sous leurs yeux des coteaux aux flancs gris où broutent les chèvres, tel est le cadre ordinaire de l'idylle antique (1). Théocrite n'a jamais songé ni à l'agrandir ni à lui prêter une poésie d'emprunt, au risque de lui enlever la poésie profonde des choses vraies (2). »

Parfois cependant à la vie pastorale telle que la réalité l'a faite, le poète est tenté d'opposer celle que l'imagination rêve : il arrive alors qu'au delà de la colline prochaine le regard de ses bergers, comme dans un passage célèbre d'Homère, plonge dans l'horizon illimité de la mer et du ciel. Ou même par une inspiration vraiment poétique, Théocrite et ses continuateurs Bion et Moschus nous représentent la nature entière s'associant aux souffrances morales, aux peines de cœur d'un Ménalque ou d'un Daphnis, et pleurant sur leur trépas prématuré. Est-ce là une simple figure de rhétorique ? Est-ce un écho de la sympathie qu'à certaines heures l'homme cherche et croit découvrir entre le monde extérieur et les sentiments de son âme ? Peut-être l'un et l'autre à la fois. La note moderne est encore plus accentuée dans ce passage qu'imitera Catulle : « Et maintenant, adieu, ô divin Silène, dirige tes chevaux vers l'Océan : pour moi, je continuerai à porter mon chagrin comme je l'ai fait jusqu'ici. Adieu, Séléné à la face brillante, adieu, vous aussi, astres, cortège silencieux de la nuit. » Ainsi parle Simetha, « soulagée par ses confidences et ses effusions, gagnée par le calme de la nature qui l'environne au bord de la mer pendant une nuit radieuse, et prenant conscience de sa misère (3) ».

---

(1) Dans l'*Idylle* vi, on pourrait croire que le poète avait sous les yeux le prologue charmant du *Phèdre*.

(2) Couat, *La poésie Alexandrine*, p. 418.

(3) M. J. Girard. — Mais dans la littérature du temps ce n'est là qu'une exception. « Les Alexandrins n'ont pas écouté dans leur cœur l'impression que produisaient sur eux la nature, la divinité, le spectacle du monde ; ils ont recherché dans les livres l'impression que d'autres en avaient reçue. » (R. Doumic).

7. — *Les romanciers grecs.*

Le roman (genre littéraire que l'antiquité a connu et ne pouvait pas ignorer, bien qu'elle n'en ait pas été éprise au même point que les modernes) ouvre aux imaginations une carrière à peu près illimitée : dès lors, là, mieux que partout ailleurs peut-être, les éléments préférés par les auteurs et leur public donnent la note exacte de l'état d'âme du temps. Or, appliqué à la civilisation gréco-romaine, ce critérium donnerait à penser que la nature intéressait médiocrement les Grecs de la décadence (1). Dans la trame de leurs fictions comme dans la création de leurs caractères, les romanciers d'alors ne relèvent guère que de leur fantaisie. Pour frapper l'attention du lecteur, Héliodore et ses contemporains ne reculeront pas devant l'abus du pittoresque, semant sur les pas de leurs héros rocs, torrents, précipices, cavernes et obstacles de tout genre : ce qui manque le plus à un semblable décor, c'est d'être naturel. Seul l'auteur de *Daphnis et Chloé*, conteur élégant, a un sentiment assez vif des charmes du paysage : les descriptions ne sont pas rares dans son œuvre ; ici c'est « une fontaine dont l'eau qui s'épandait en forme de bassin nourrissait au-devant une herbe fraîche et touffue, et s'écoulait à travers le beau pré verdoyant » (2) ; ailleurs, la peinture traditionnelle des grâces du printemps. Mais ce qui est à noter, c'est que Daphnis et celle qu'il aime se laissent gagner eux-mêmes par la joie de la nature. « Toutes choses adonc faisant bien leur devoir de s'égayer à la saison nouvelle, eux aussi, tendres, jeunes d'âge, se mirent à imiter ce qu'ils entendaient et voyaient... Ils s'aiment : mais plus encore les enflamme la saison de l'année. » Et dans un autre passage : « Pour eux, à terre les pommes avaient meilleure senteur, aux

---

(1) C'est ce qu'on peut conclure du silence de Villemain (*Essai sur les romans grecs*) et de Chassang (*Histoire du roman dans l'antiquité*).

(2) J'emprunte la traduction que P. L. Courier nous a donnée de ce roman en français du XVIᵉ siècle.

branches elles étaient plus fraîches : les unes embaumaient comme malvoisie ; les autres reluisaient comme or. » Contenue dans une juste mesure, pareille conception ne manque ni de justesse ni d'agrément.

8. — *Les Pères de l'Église.*

Avant de faire nos adieux à la poésie hellénique, transportons-nous par la pensée à l'époque où le christianisme achève de prendre possession de l'empire romain. Dans les hymnes de Synésius, de cet évêque de Ptolémaïs qui garda jusqu'au bout les souvenirs de sa première éducation païenne, la nature reparaît, comme dans les livres hébreux, pour faire cortège à l'adorateur du Très-Haut. Même à l'apogée de sa splendeur, la poésie grecque offre-t-elle beaucoup de passages comparables à ce qu'on va lire :

« La nuit m'amène vers toi pour te louer, ô Tout-Puissant ! J'ai pour témoin les étoiles à la douce lumière, la lune errante et l'auguste soleil, modérateur des astres sacrés... Joyeux de m'élever jusqu'à tes parvis, je vais en suppliant tantôt vers les temples où se célèbrent les saints mystères, tantôt sur la cime des hautes montagnes, tantôt dans les profondes vallées de la Lybie que jamais ne souilla un souffle impie... Paix dans le ciel et sur la terre ! Que l'Océan se calme, que l'air se taise ! Arrêtez-vous, souffles des vents : suspendez votre cours, vagues impétueuses, fleuves rapides, sources jaillissantes ! Que le monde entier fasse silence, tandis que j'offre les hymnes saints en sacrifice ! »

En suivant cette voie, on arrive immédiatement aux Pères de l'Église, à saint Basile par exemple, tantôt déployant dans la peinture de sa retraite du Pont des couleurs qu'Humboldt (1) déclarait en plus parfaite harmonie avec nos sentiments modernes que tout ce qui nous reste de l'antiquité clas-

---

(1) *Cosmos*, ii, 30.

sique, tantôt élevant à Dieu les pauvres habitants de Césarée par la contemplation des merveilles de la création. « En feuilletant l'*Hexaméron*, on croirait parfois lire de belles pages détachées des *Etudes de la nature* : c'est le même soin pour montrer partout Dieu dans son ouvrage : c'est la même imagination spéculative et tendre pour découvrir les bontés du Créateur, la même délicatesse, la même sensibilité dans l'expression pour les faire comprendre et pour les faire aimer (1). » Sauf une note évidemment plus religieuse, il y a comme un ressouvenir de Socrate et de Platon dans ce spiritualisme à la fois savant et populaire auquel la nature sert de texte et d'inspiration.

Veut-on, dans un siècle si éloigné du nôtre et surtout si différent, quelque chose de plus voisin encore de la mélancolie moderne ? (2) Qu'on ouvre saint Grégoire de Nazianze :

« Hier, tourmenté de mes chagrins, j'étais assis à l'ombre d'un bois épais, seul et dévorant mon cœur... Les brises de l'air, mêlées à la voix des oiseaux, versaient un doux sommeil du haut de la cime des arbres où ils chantaient réjouis par la lumière. Cachées sous l'herbe, les cigales faisaient résonner tout le bosquet : une eau limpide baignait mes pieds, s'écoulant doucement à travers le bois rafraîchi : mais moi, je restais occupé de ma douleur et indifférent à tout le reste... Dans le tourbillon de mon cœur agité, je laissais échapper ces mots : Qu'ai-je été ? Que suis-je ? Que deviendrai-je ? Je le

---

(1) Villemain, *Tableau de l'éloquence chrétienne au IVe siècle*, p. 117.
(2) Parmi les âmes religieuses d'alors, il en est qui croient devoir se fermer aux spectacles enchanteurs de la création avec le même soin qu'aux séductions des folies mondaines. Ainsi s'expliquent ces lignes de M. G. Boissier, à propos de la rareté étonnante des descriptions dans les œuvres de S. Augustin : « On sait qu'en général les chrétiens se méfiaient de la nature, la grande inspiratrice du paganisme, et qu'ils avaient autre chose à faire que d'en contempler les beautés. Je me figure qu'absorbés par la recherche de la perfection morale, quand ils se trouvaient en présence d'un beau paysage dont la vue pouvait les distraire de leurs méditations, ils se disaient avec Marc-Aurèle : Regarde en toi-même. »

sais à peine. » Premier aveu d'une confession qui se prolonge, notant avec une surprenante pénétration ces multiples antinomies entre la nature, où tout suit docilement et joyeusement sa voie, et l'homme livré au tourment intérieur de sa réflexion inquiète.

Dans ce mélange de pensées abstraites et de captivantes émotions, dans ces beautés de la nature opposées aux fluctuations d'une âme aux prises avec la redoutable énigme de l'existence, n'y a-t-il pas comme la révélation inattendue d'une poésie nouvelle, qui sans être celle d'Homère n'en a pas moins, selon le mot de Villemain, sa vérité, sa nouveauté et dès lors sa grandeur?

Mais il ne faut pas que l'intérêt de certains rapprochements ou le charme de certains souvenirs nous égare : au lieu de descendre encore plus avant le cours des siècles, hâtons-nous de le remonter.

IV. — La poésie de la nature à Rome.

1. — *Les prosateurs latins avant Auguste.*

En passant de la Grèce à Rome, verrons-nous se transformer, grandir ou s'éteindre ce sentiment de la nature dont la littérature grecque nous a fourni d'intéressants mais trop rares échos?

On a vanté mille fois le soleil de la Grèce, son ciel pur, ses collines et ses montagnes, ses îles et ses mers : mais que n'a-t-on pas écrit dans tous les temps sur les splendeurs de la nature italienne? Ici plus que partout ailleurs, au moins dans notre vieille Europe, l'homme s'abandonne sans résistance à l'enchanteresse qui le berce et le captive, si même elle ne l'endort.

Cependant durant les six premiers siècles de Rome (1), cette nature n'a pas trouvé de poète : elle n'a pas eu un seul panégyriste vraiment digne de sa beauté. Sur les pas et à la suite de leurs légions victorieuses, les Romains ont débordé de toutes parts sur le monde conquis : ils ont pu contempler les Alpes couronnées de leurs neiges éternelles (2), l'Afrique et ses immenses déserts, la Germanie et ses sombres forêts, l'Orient et ses antiques merveilles : ils ont franchi les mers, gravi les falaises de la Grande-Bretagne, ils se sont assis au pied des Pyramides et au bord des colonnes d'Hercule. Aucun de ces contrastes n'a eu le don d'éveiller en eux le goût de la description et le sens du pittoresque. Si leurs historiens parlent de ces plages lointaines, c'est pour vanter les bienfaits de la paix romaine, pour célébrer les succès des ambassadeurs de Rome ou les exploits de ses proconsuls : comme si ces contrées où les incidents de la vie politique les forcent à transporter tour à tour le théâtre de leurs récits ne les intéressaient que par les obstacles auxquels s'est heurtée la conquête ou par les monuments qui y perpétuent le souvenir du triomphe.

> Hæ tibi erunt artes, pacique imponere morem,
> Parcere subjectis, et debellare superbos.

Chaque nation a ainsi non seulement sa mission, mais son caractère et son génie. L'ancienne Rome nourrissait un peuple rude et laborieux, allant droit au but pratique et ignorant ces aspirations constantes au vrai et au beau auxquelles a été sensible dès l'âge d'Homère la Grèce, terre des doux loisirs. L'esprit romain est positif, dédaigneux de l'idéal,

---

(1) Si même on embrasse du regard l'histoire entière des lettres romaines, en dehors d'un épisode justement célèbre du second chant des *Géorgiques*, on ne trouve guère d'autre éloge de l'Italie que la dernière page de l'*Histoire naturelle* de Pline ou quelques vers déclamatoires de Rutilius.

(2) Ce spectacle inspirait d'ailleurs en ce temps-là moins d'admiration que d'effroi, s'il faut en croire Claudien (*De bello getico*, v. 340) : « Aussitôt qu'on aperçoit des glaciers, il semble qu'on ait vu la Gorgone, tant est grande notre épouvante. »

mais doué d'un sens d'autant plus profond quand il s'agit d'observer et d'apprécier la réalité : race de soldats faits pour conquérir et gouverner le monde, non pour soumettre à une lente et curieuse analyse les multiples aspects de la création ; race de laboureurs touchant de trop près aux exigences prosaïques de la vie champêtre pour en sentir bien vivement les charmes poétiques.

Ouvrez Varron et Caton, ces deux types achevés du Romain de la vieille roche : ils écrivent non pas *De rerum natura* — ce sujet pour lequel le génie grec tant de fois s'était passionné les laisserait absolument froids — mais *De re rustica*, ce qui est assez différent. Désirez-vous placer votre fortune en biens-fonds ? ils vous donneront des instructions complètes, des conseils d'homme expert et avisé. Etes-vous en quête des meilleurs aménagements pour vos vergers, vos jardins, vos champs, vos forêts, vos troupeaux ? leurs ouvrages ne vous laisseront rien ignorer de ce que vous avez intérêt à connaître. Ne leur demandez ni la grâce tout attique de l'*Economique* de Xénophon, ni même la simplicité naïve et un peu rude d'Hésiode. Caton notamment, âpre au gain et ne songeant qu'au profit, règlera avec une implacable vigilance les devoirs du régisseur, la tâche des colons et des serviteurs de tout ordre. Terres, animaux, hommes, pour lui tout est bon à exploiter, et celui qui refusait de s'attendrir sur la décrépitude d'un vieil esclave aura l'âme inévitablement fermée à tout ce que la nature peut offrir de séductions.

Chez les contemporains ou les successeurs de ces deux écrivains moralistes ou historiens, bateleurs amusant la foule au théâtre ou orateurs applaudis au Sénat, hommes politiques enrôlés sous les drapeaux de Marius ou de Sylla, de César ou de Pompée, nous ne soupçonnons aucun faible pour la poésie, et pour la poésie de la nature encore moins que pour toute autre. Au surplus, combien en connaît-on qui aient fait à la postérité la confidence de leurs propres sentiments ?

Cette remarque évidemment ne s'applique pas à Cicéron; lequel au contraire a beaucoup écrit, et grâce à son éclatante renommée a eu cette bonne fortune que son œuvre presque entière a défié les atteintes du temps. Mettons ici de côté toute la partie oratoire, où l'amour le plus sincère de la nature eût difficilement trouvé l'occasion de se produire (1) : mettons de côté aussi toute la partie philosophique proprement dite (2), que nous retrouverons plus tard, et où d'ailleurs Cicéron, dans ses théories sur l'univers, n'est que l'écho des doctrines de la Grèce. Le cadre littéraire dans lequel il aime à insérer ses dissertations pouvait lui fournir, l'exemple du *Phèdre* le prouve, plus d'un prétexte de décrire en détail quelque paysage choisi : or tantôt comme dans le *Brutus*, il se borne à nous montrer ses interlocuteurs prenant place sur le gazon au pied d'une statue de Platon : tantôt comme dans les *Lois*, l'entrée en matière est tirée du bois sacré voisin de la villa où il est censé engager un entretien avec Atticus. Mais ni l'un ni l'autre de ces morceaux ne fait vraiment honneur à Cicéron, évidemment mieux inspiré lorsque, au début du livre V *De Finibus*, il insiste sur le privilège des endroits historiques de réveiller en nous le souvenir des grands hommes qui les ont habités (3).

Mais dans sa correspondance où les préoccupations de l'homme public s'effacent ou du moins devraient s'effacer derrière les confidences de l'ami, l'écrivain recouvre sa pleine

---

(1) Faisons une exception si l'on veut, pour le charmant paysage qui entoure le temple de Cérès à Enna : mais Cicéron se reproche pour ainsi dire d'avoir cédé à la tentation de le décrire (*De signis*, XLVIII, 112 et 113) car il ajoute aussitôt : « Non obtundam diutius : etenim jamdudum vereor ne oratio mea aliena ab judiciorum ratione esse videatur ».

(2) L'argument des causes finales amène cependant l'auteur du *De natura Deorum* (II, XXXIX) à peindre avec un réel bonheur les charmes de la création. La page étant trop longue pour se prêter à être citée, je n'en détache qu'une phrase assez remarquable : « Ipsum autem mare sic terram appetens littoribus eludit, ut una ex duabus naturis conflata videatur ».

(3) Relevons en outre une phrase d'Atticus, au commencement du IIe livre des *Lois* : « Ut tu paulo ante de lege et jure disserens ad naturam referebas omnia : sic in his ipsis rebus, quæ ad requietem animi delectationemque quæruntur, natura dominatur ».

liberté. Or celui qui a si bien su discerner le charme particulier qu'offrent à l'homme sur le déclin de l'âge les scènes calmes et riantes de la nature (1), fait à peine l'une ou l'autre allusion rapide aux agréments de la campagne (2) et aux impressions du paysage. S'il se ruine à embellir ses villas, c'est surtout parce qu'il y rêve, pour la continuation de ses travaux littéraires, une bibliothèque richement fournie et des salles de lecture décorées de quelques statues de prix, originaux ou copies (3).

Chose singulière, dans la volumineuse collection de ses Lettres, le seul passage où se fasse jour un écho de nos préoccupations modernes n'est même pas de lui; mais de son vieil ami Sulpicius, alors gouverneur de l'Achaïe, qui lui écrit en apprenant son inconsolable affliction à la mort de sa chère Tullia : « Il faut que je vous communique une réflexion qui m'a fait du bien. A mon retour d'Asie, faisant route d'Egine vers Mégare, je me mis à regarder la contrée environnante. Que de villes autrefois florissantes, aujourd'hui ruines éparses sur le sol ! — A cette vue je me dis à moi-même : Comment, chétifs mortels que nous sommes, osons-nous nous plaindre au trépas de l'un des nôtres, nous dont la nature a fait la vie si courte, alors que d'un seul coup d'œil on aperçoit les cadavres de tant de grandes cités ? » Cette leçon tirée des ruines, ajoute à ce propos M. Boissier, cette manière d'interpréter la nature au profit des idées morales, cette mélancolie sérieuse mêlée à la contemplation d'un beau paysage : autant de sentiments que l'antiquité païenne a peu connus.

Si de Cicéron on passe à Salluste, il faut reconnaître que la *Conjuration de Catilina* ne se prêtait guère à une peinture animée des charmes de la nature : en revanche la *Guerre de Jugurtha* forçait l'historien à transporter son lecteur sur un

---

(1) Voir les chapitres xv et xvi du traité *De Senectute* et en particulier le passage suivant : « Nec vero segetibus solum et pratis et vineis et arbustis res rusticæ lætæ sunt, sed hortis etiam et pomariis tum pecudum pastu, apium examinibus, florum omnium varietate ».

(2) Notamment dans une lettre à son frère (*Ad Quintum*, III, 1).

3) *Ad famil.*, IV, 5.

continent nouveau, aux confins du désert. Nous le voyons en effet s'arrêter à nous en tracer le tableau, mais ce qui l'intéresse avant tout, ce sont les origines, les ressources et le caractère de ces Numides que les meilleurs généraux de Rome eurent tant de peine à dompter : dix lignes suffisent à l'ancien gouverneur de l'Afrique pour résumer ses impressions sur l'aspect du pays.

Il n'en va pas autrement chez Tite-Live, qui ne décrit que rarement un site ou une région, et là seulement où ce crayon rapide ajoute à la clarté ou à l'intérêt de la narration (1). S'agit-il, par exemple, du passage des Alpes par Annibal ? Pour peindre les horreurs de la montagne et ses sauvages précipices, le combat incessant livré par les hommes et les chevaux à un sol qui se dérobe ou aux neiges accumulées sur les hauteurs, l'imagination de l'écrivain trouve des traits vraiment expressifs : mais il est évident qu'il ne perd pas un instant de vue le redoutable ennemi qui s'apprête à fondre sur Rome (2).

2. — *Lucrèce*.

Dans le domaine que nous explorons, la poésie latine va heureusement nous dédommager de la stérilité au moins relative de la prose. En Grèce, c'est à la curiosité, c'est à l'amour du beau, c'est au sens de la forme et de la couleur qu'avait parlé la nature : au lieu de tirer immédiatement son inspiration des choses, le Grec les entrevoyait volontiers à travers les transformations brillantes que leur imposait son imagination. Ce n'est pas lui assurément qui eût jamais prononcé le mot célèbre : *Sunt lacrymæ rerum*. Le Romain, dont le génie

---

(1) Quiconque est familiarisé avec la haute montagne sera frappé de la justesse de cette courte description tirée du récit de la guerre contre Persée (XLIV, 6) : « Rupes utrinque ita abscissæ sunt, ut despici vix sine vertigine quadam simul oculorum animique possit : terret et sonitus et altitudo per mediam vallem fluentis Penei amnis. »

(2) Voir Taine, *Essai sur Tite-Live*, 278 et suiv.

revêt comme spontanément la note solennelle et dont le sérieux ne va pas toujours sans quelque tristesse, était capable de sentir plus profondément certains aspects de la création.

L'exemple de Lucrèce suffirait à le prouver. Disciple convaincu de l'école épicurienne, il a beaucoup emprunté à ses maîtres : mais ce qu'il a peut-être de plus remarquable, de plus profond, il ne le doit qu'à lui-même. Peu lu, même à Rome, à peine compris, exalté dans la suite outre mesure par les uns, injustement dédaigné par le plus grand nombre, l'auteur du *De natura rerum*, dans une étude telle que celle-ci, a droit à une place d'honneur. Il parle de la nature, et en parle sans cesse : qui pourrait s'en étonner? C'est son véritable, son unique héros. Il s'y intéresse sans nul doute, il en scrute tous les détails avec une sorte de passion : son tort, tout au moins son malheur, est de ne la voir qu'à travers un système né dans la vieillesse du génie hellénique, système le moins enthousiaste, le moins poétique qui fût jamais. D'autres esprits évidemment se sont approchés avec plus de liberté de la nature, heureux d'ouvrir leur cœur à toutes les impressions, à tous les enseignements qui descendent du ciel étoilé ou qui montent de la terre perpétuellement féconde ; bon gré, mal gré, aux yeux de Lucrèce, tout doit justifier cette conclusion préconçue : le monde est un immense agrégat d'atomes, d'où Dieu et l'âme sont entièrement absents. On l'a dit, et ce jugement sévère est à peine exagéré : le *De natura rerum* nous offre toute la doctrine d'Epicure : la vraie nature n'y est pas.

Mais nous abandonnons, pour le retrouver dans une autre partie de ce travail, l'interprète autorisé des thèses philosophiques et scientifiques de celui en qui il va jusqu'à saluer un dieu. Ici le poète seul nous appartient : à quels éloges a-t-il droit ?

Rappelons d'abord qu'aux termes de ses déclarations expresses la poésie n'est pour lui qu'un accessoire, comparable au miel dont on enduit les bords de la coupe pour faire accepter à l'enfant le breuvage amer qui doit le guérir. C'est entendu : Lucrèce est un penseur qui tient à ses ardentes convictions tout autrement qu'à la forme dont il les a revêtues. Et cependant au milieu de cette physique subtile et fausse qui multiplie et prolonge sans scrupule ses démonstrations savantes, le lecteur découvre, et plus fréquemment qu'on ne pourrait le croire, des éclairs de sentiment, des tableaux ramassés mais pittoresques, mélange d'originalité indéniable, de grâce naturelle et de verdeur un peu sauvage, la Muse n'ayant à son service qu'une langue fruste encore et mal assouplie. Il y a dans cette œuvre plus ou moins inachevée des passages où, comme on l'a dit très justement, le poète ne discute plus et oublie les contradictions de sa philosophie aussi bien que l'appareil encombrant de ses démonstrations! s'abandonnant alors sans réserve à l'impression des objets sur lesquels il arrête son regard, le dialecticien de tout à l'heure se fait peintre et ses visions se projettent avec un relief étonnant sur la trame un peu austère de son exposition (1).

Veut-il, par exemple, nous apprendre jusqu'où va la mobilité des atomes? Comme la comparaison est ingénieuse! « Quand les rayons du soleil s'insinuent par une ouverture dans une salle obscure, regarde, tu verras une infinité de corpuscules s'agiter de mille manières dans le sillon lumineux, et comme s'ils s'étaient déclaré une guerre éternelle, se livrer des assauts et des combats sans fin. » Et un peu plus loin : « Quand l'aurore verse ses feux sur la terre, quand les oiseaux dans les forêts solitaires voltigeant de branche en branche remplissent l'air de leurs joyeux concerts, mesure avec quelle rapidité le soleil à son lever baigne toutes choses de ses effluves lumineuses (2). »

---

(1) Qu'on relise notamment la description de la peste d'Athènes : quelle intensité de réalisme !

(2) II, vers 113 et 143. Puisqu'aussi bien c'est avant tout de poésie qu'il est ici question, pourquoi ne pas citer cette dernière peinture dans le texte original, afin d'en faire savourer l'indiscutable harmonie :

> Primum Aurora novo quum spargit lumine terras
> Et variæ volucres, nemora avia pervolitantes,
> Aera per tenerum liquidis loca vocibus opplent.

Il n'est pas jusqu'à la sensibilité exquise de Virgile à laquelle ne prélude Lucrèce, comme dans ce morceau tant de fois cité :

« Quand, au milieu des vapeurs de l'encens, la hache sacrée a fait tomber au pied de l'autel un jeune taureau, sa mère qui déjà n'est plus mère parcourt les vertes forêts, laissant partout les empreintes profondes de ses pieds fourchus : ses regards inquiets demandent à tout le voisinage l'enfant qu'elle a perdu. Elle s'arrête dans l'obscurité des bois, qu'elle remplit de ses gémissements : puis elle retourne à l'étable, morne, absorbée dans ses regrets. Les tendres saules, les herbes baignées de rosée, les fleuves qui coulent à pleins bords n'ont plus de charmes pour la délivrer de ses inquiétudes soudaines : les jeunes troupeaux qu'elle voit bondir sur le gazon ne peuvent faire illusion à son amour. » N'est-ce pas que l'auteur de ces vers a mis tout son cœur dans cette peinture, qui prête généreusement à l'animal sans raison ce qu'il y a de plus intime et de plus poignant dans nos propres tristesses ?

Même mérite, que le poète décrive le spectacle offert par notre globe aux premiers jours de son existence (V, 781), ou l'action fécondante de la pluie (I, 251), ou les ravages de la tempête (I, 272-293), qu'il nous montre les tendres agneaux folâtrant à côté de leurs mères, ou qu'il nous fasse assister aux bégaiements de la musique à son berceau, ou enfin qu'il dépeigne en traits vraiment idylliques les fêtes rustiques des pauvres laboureurs (V, 1387-1409). Aussi n'est-on pas surpris de lire sous la plume si fine de M. G. Boissier : « Si j'avais à désigner l'écrivain romain chez qui le sentiment de la nature me semble le plus vif, le plus profond et le plus vrai, je n'hésiterais pas à nommer Lucrèce. Comme c'est sur elle que tout son système s'appuie, on peut dire qu'il l'aime de toute son âme. »

C'est qu'en effet l'énumération qui précède serait très incomplète, si l'on oubliait la sympathie manifeste du poète pour l'évolution de la vie universelle, pour le travail caché de la matière sans cesse en renouvellement : sympathie qui est la note dominante de son œuvre et qui faisait dire à Gœthe que de ce puissant édifice se dégage une impression de grandeur souverainement poétique (1). En dépit de son athéisme d'école et du pessimisme qui en est la suite logique (2), Lucrèce est parfois saisi de ces frissons intérieurs qui agitent les âmes en face des grands mystères de la création. L'immensité des espaces infinis et du temps éternel l'accable : et cependant il ne trouve, pour ainsi parler, son vrai point de vue que dans ces régions où s'évanouit toute limite, où l'imagination la plus hardie doit s'avouer vaincue. Alors, selon ses propres expressions, « les murailles du monde s'écroulent ». « Je vois, s'écrie-t-il, la nature à l'œuvre dans le vide infini... Quand je médite sur ces grands objets, je me sens pénétré d'une volupté divine, j'éprouve un frémissement (3). » Voilà la grande poésie : inutile de le contester.

3. — *Virgile*.

De Lucrèce à Virgile la transition est aisée. Aussi bien le second a connu et imité le premier et on conçoit facilement l'émotion que l'auteur des *Géorgiques* dut ressentir en lisant le poème *De la Nature*. « Ce regard qui embrasse l'univers et

---

(1) A ce point de vue il importe de remarquer les vers consacrés à Cybèle, la grande divinité asiatique de la nature, qui dès cette époque prenait une place importante dans la religion de Rome comme dans sa poésie.

(2) En veut-on un exemple facile à saisir : tandis que Virgile parle du calme bienfaisant de la nuit en termes d'une douceur exquise, Lucrèce n'en veut voir que les ombres effrayantes :

Nox ubi terribili terras caligine texit. (VI, 851)

(3) His tibi me rebus quædam divina voluptas
Percipit, atque horror. (III, 16)

A propos de ce dernier mot, Littré fait la réflexion suivante : « Les Latins avaient un beau mot ignoré des Grecs pour exprimer la sensation causée par l'ombre, le silence, le froid et la majesté des forêts : c'était *horror*, sorte de frissonnement qui n'était ni sans crainte, ni sans respect, ni sans plaisir. »

en sonde les mystères avec un frisson religieux : cette âme qui se mêle aux choses, qui vivifie la matière inerte, qui s'intéresse à la vie de la plante, qui s'associe aux joies et aux douleurs de l'animal sans langage ; cette imagination vive, cette sensibilité profonde durent ravir, pénétrer, enflammer le génie du chantre des arbres, des animaux et des abeilles. Il admira le courage et le bonheur du philosophe et s'écria :

> Felix qui potuit rerum cognoscere causas (1).

En vérité, ce que nous venons de lire qu'est-ce autre chose, sinon la quintessence du génie de Virgile qui a dépassé son devancier en perfection littéraire, non en puissance d'invention ?

Horace a dit de son ami :

> Molle atque facetum
> Virgilio annuerunt gaudentes rure Camænæ.

L'éloge est précieux sans doute, mais insuffisant. Si depuis dix-neuf siècles Virgile est demeuré l'un des poètes préférés de quiconque sait méditer, aimer et sentir, il le doit à la grâce de sa poésie, et plus encore à l'élévation et à la délicatesse de ses sentiments. Non seulement il se plaît à tout animer et, si l'on me passe cette expression, à tout humaniser dans le monde où à ses yeux il semble qu'il n'y ait rien qui ne se réjouisse, souffre et pleure. Lui-même a « le don des larmes, selon un beau mot de saint Augustin ; et chez les anciens il a été le premier et presque le seul à aimer la nature à la façon contemplative et mélancolique des modernes (2) ». Lucrèce, on

---

(1) M. Crouslé.
(2) A ce propos qu'on me permette de transcrire ici quelques réflexions intéressantes, quoique en partie au moins discutables, de M. Chantavoine : « Les anciens cherchaient avant tout dans la nature des sensations : leur piété plus naïve et leur imagination plus crédule que la nôtre, au lieu de s'abîmer et de s'assombrir (comme nous le faisons aujourd'hui : rappelez-vous la Maison du Berger de Vigny) dans le mystère des choses, faisaient apparaître dans ce mystère qui plaît

l'a dit avec raison, en est toujours resté le fidèle et viril observateur : chez lui la note triste, d'ailleurs fréquente, est le fait non du poète qui vit dans ses songes, mais du philosophe qui réfléchit et s'afflige. Virgile, en même temps qu'il a des rayons de jeunesse et de beauté qui enchantent, a connu dans le sens noble et presque religieux du mot cette rêverie qui est le repos des âmes souffrantes : c'est à la solitude qu'il a demandé ses meilleures inspirations. Comblé des faveurs du prince, confident et ami intime de Mécène, entouré d'une popularité sans égale, il fuyait Rome et ses palais pour aller à Naples ou à Tarente se livrer à l'étude et à la contemplation. Le tumulte des cités, leur bruit stérile, leur agitation perpétuelle l'importune : c'est à la nature qu'il demande l'oubli momentané des hommes et des choses :

> O qui me gelidis in vallibus Hæmi
> Sistat, et ingenti ramorum protegat umbra !

En même temps son âme vibre à toutes les impressions du dehors : si le monde extérieur l'intéresse, c'est parce que le

---

surtout à l'inquiétude du philosophe, des formes divines qui souriaient à la fantaisie du poète... Loin de chercher à compliquer ou à expliquer la nature, ils se contentaient d'en jouir voluptueusement comme d'un tableau et d'un concert qu'ils prenaient plaisir à regarder et à entendre. Nous autres les tard venus, nous mêlons volontiers notre âme humaine à l'âme des choses : nous confions ou nous demandons à la nature le secret de notre destinée. » — Mais, pour en revenir au rapprochement affirmé dans notre texte, il y a assurément une émotion plus poignante chez Lamartine :

> Repose-toi, mon âme, en ce dernier asile
> Ainsi qu'un voyageur qui, le cœur plein d'espoir,
> S'assied, avant d'entrer, aux portes de la ville
> Et respire un moment l'air embaumé du soir.

Mais il y a une suavité plus pénétrante chez Virgile :

> Et jam summa procul villarum culmina fumant,
> Majoresque cadunt altis de montibus umbræ.

Par ce côté cependant, ces deux beaux génies n'en sont pas moins frères et appartiennent sans conteste à la même famille d'esprits.

sentiment le transfigure pour ainsi dire sous son regard. Voyez avec quelle émotion il parle dans ses *Eglogues* du sol natal, de son cher pays de Mantoue, de l'humble chaumière qui abrita son enfance : c'est qu'il entrevoit tous ces chers souvenirs à travers les déprédations et les terreurs des guerres civiles :

> Impius hæc tam culta novalia miles habebit !
> Barbarus has segetes !

L'éloge de l'Italie dans les *Géorgiques* est un tableau plus étendu, d'un plus large essor, d'une tonalité plus chaude et presque enthousiaste ; ici c'est le Romain qui parle, le patriote fier de la superbe contrée aux moissons fécondes, aux lacs magnifiques, au printemps éternel, de cette terre nourricière des héros dont s'enorgueillit l'histoire romaine :

> Salve, magna parens frugum, Saturnia tellus,
> Magna virum !

Je n'ai pas à rappeler les conjonctures politiques et sociales au milieu desquelles les *Géorgiques* ont vu le jour : il suffit de dire que Virgile était doublement qualifié pour produire ce chef-d'œuvre. Au don de bien parler des choses de l'agriculture se joint chez lui celui de les bien connaître : ce qu'il chante, il y croit et il l'aime, persuadé qu'il est de l'influence bienfaisante de la nature sur ceux qui vivent en quelque sorte à son ombre et sont avec elle en constante communication. Telle est la magie de ses vers qu'ils prêtent à la campagne une séduction à laquelle n'atteint pas toujours la réalité.

Un dernier trait achève de nous intéresser à Virgile. Il avait sans doute maintes fois hésité entre sa vocation littéraire et des aspirations qu'il jugeait plus relevées. La poésie l'avait conduit par degrés aux préoccupations philosophiques, et il avait fini par éprouver pour les grands problèmes de l'origine et des lois de l'univers quelque chose de la curiosité infinie d'un Pythagore ou d'un Démocrite.

On a cité maintes fois, et on a eu raison, les vers fameux des *Géorgiques* où Virgile, dans un visible élan d'admiration pour Lucrèce, exalte les spéculations savantes sur l'univers. Comme pour ne laisser échapper aucune des solutions données à l'énigme du monde, lui-même recueille les enseignements des systèmes les plus opposés (1). Il aurait souhaité (nous possédons sur ce point ses aveux) de sonder à son tour les secrets de la nature, de savoir d'où vient la vie des choses, quelle route les astres suivent dans les cieux, ce qui fait trembler la terre, ce qui soulève les mers, ce qui détermine la variété des saisons (2). Mais pour atteindre à ces hauteurs de la science, les forces lui manquent, et faute de génie pour comprendre la nature (3), il se contentera de l'aimer sous sa forme la plus attrayante :

> Rura mihi et rigui placeant in vallibus amnes :
> Flumina amem silvasque inglorius.

Virgile, peintre des champs et des bois, se résignait à l'obscurité : la gloire a été sa juste récompense.

4. — *La poésie élégiaque.*

Qui le croirait ? Tibulle semble avoir été visité quelque jour par la même tentation dont s'accusait Virgile, mais il l'a sans doute, et du premier coup, dédaigneusement repoussée :

---

(1) Dans son *Traité de la concupiscence* (chap. XVIII) Bossuet note cette versatilité philosophique de Virgile et s'en scandalise, oubliant l'abîme qui sépare un poète d'un théologien.

(2) *Géorgiques*, II, 475 et suiv. — Outre le texte célèbre du VI° chant de l'*Énéide* (v. 724), on sait que dans la VI° Eglogue, au grand étonnement de Fontenelle, Silène (un demi-dieu champêtre) chante « comment les éléments condensés d'abord au sein du vide immense donnèrent naissance à tous les êtres et formèrent l'assemblage de ce vaste univers ».

(3) Remarquons à ce propos que le mot même de *natura* (ou *rerum natura*) qui revient presque à toutes les pages de Lucrèce, a été comme à dessein évité par Virgile.

c'est du moins ce que laissent supposer ces vers aussi remarquables que peu connus :

> Alter dicat opus magni mirabile mundi
> Qualis in immenso desederit aere tellus,
> Qualis et in curvum portus confluxerit orbam,
> Ut vagus, e terris qua surgere nititur, aer,
> Huic et contextus passim fluat igneus æther,
> Pendentique super claudantur ut omnia cælo.

Entraîné prématurément au tombeau, Tibulle songe aux fleurs du printemps qu'il ne reverra pas et proteste contre les rigueurs de sa destinée par de gracieuses et touchantes comparaisons empruntées à la nature :

> Quid fraudare juvat vitem crescentibus uvis,
> Et modo nata mala vellere poma manu ? (1)

Horace (2) nous montre le poète, son conseiller et son ami, « errant parmi les ombres salutaires des bois silencieux ». Ainsi, lorsqu'en maint passage, Tibulle place aux champs le bonheur et qu'au trouble inséparable des existences opulentes il oppose les paisibles douceurs de la vie rustique, il écoute son propre naturel ; peut-être aussi se conforme-t-il au mot d'ordre parti du cabinet de Mécène ou du palais d'Auguste.

C'est qu'en effet nous retrouvons chez le voluptueux Properce, son contemporain, les mêmes invectives contre l'amour déréglé de la parure,

> Naturæque decus mercato perdere cultu,

contre le luxe insensé et les prodigalités ruineuses des générations nouvelles, si différentes de celles à qui jadis suffisaient à la campagne des plaisirs moins coûteux et plus purs. N'est-il pas permis de soupçonner une simple hyperbole de rhéteur dans les vers où, abandonné par Cynthie, il ne voit plus dans

---

(1) III, 5.
(2) *Epîtres*, I, 4.

la nature entière qu'un vaste désert ? Faut-il le prendre au mot lorsque, las d'avoir perdu sa jeunesse dans des intrigues et des déceptions mondaines, il déclare n'avoir plus d'autre rêve que « de pénétrer le secret instinct de la nature et d'apprendre quel est le dieu dont la sagesse gouverne l'univers ? (1) ». Un poète qui laisse la mythologie déborder perpétuellement dans ses vers nous autorise à douter de la sincérité de ses émotions.

Catulle ne mérite guère de nous retenir davantage. Son *Attis* dépeint la libre et sauvage violence du culte de la nature dans la personne de ce berger phrygien qui traverse les mers et s'enfonce dans les bois pour s'y livrer à des orgies frénétiques, sauf à regretter dans ses heures de réflexion les joies perdues de la vie ordinaire. Mais ce qu'on relit plus volontiers, ce sont les modestes épigrammes où il met en scène le Priape gardien de son humble villa, entourée de marais, au toit couvert de joncs, et du jardin contigu où les pommiers odorants, la vigne et l'olivier ombragent la statue du dieu rustique, où violettes, pavots et citrouilles menacent d'étouffer les jeunes épis.

On cite également volontiers dans l'*Epithalame de Thétis et de Pélée* ces deux vers qui peignent assez heureusement les vagues de la mer se soulevant à mesure que fraîchit la brise du matin :

> Post vento crescente magis magis increbrescunt,
> Purpureaque procul nantes ab luce refulgent.

Mais si l'on rencontre chez Catulle des comparaisons empruntées aux spectacles de la nature, c'est avant tout dans les pièces imitées ou traduites de ses modèles helléniques. « Il a fallu que les Grecs lui apprissent à ouvrir les yeux sur le monde. Pour lui il était trop occupé par ses propres pas-

---

(1) III, 5 :

> Tum mihi naturæ libeat perdiscere mores,
> Quis Deus hanc mundi temperet arte domum ?

sions, trop personnel pour pouvoir s'éprendre ardemment de la nature » (1).

Ainsi chez les élégiaques latins, rien ne rappelle ou ces invocations à la nature, mère des choses, ou ces âpres retours sur ses sévérités inexorables, que l'on voit se succéder d'une façon presque dramatique sous la plume de Lucrèce.

3. — *Horace*

« Les poètes aiment les bois et fuient le fracas des villes. » Ainsi Horace semble partager l'aversion de son ami Virgile pour le tumulte de Rome : les termes dont il se sert en parlant de la campagne laisseraient croire qu'il était fait uniquement pour s'y plaire et qu'il n'a jamais été citadin que par occasion, presque par contrainte, rêvant le long de la Voie Sacrée uniquement parce qu'il ne lui est pas loisible de le faire dans ses bois de la Sabine. Au fond il n'est qu'à demi convaincu.

Une médiocrité dorée suffit à ses vœux, soit (2) : mais il se réserve le droit d'en jouir à sa façon et selon ses goûts dans un champêtre et studieux asile (3), tel qu'il nous le décrit au début de son épître à Quintius. « Je préfère, dit-il, la solitude de Tibur à la pompe royale de Rome » : c'est exact, sauf à ne soupirer qu'après Rome dès qu'il a rejoint ses bosquets de Tibur :

> Romæ Tibur amem ventosus, Tibure Romam.

C'est du palais d'Auguste envahi par la foule des courti-

---

(1) M. MICHAUT, *Le génie latin*, p. 241.

(2) Comparer Martial écrivant à un de ses protecteurs : « Veux-tu savoir ce que désire ton ami ? avoir à lui, pour l'exploiter lui-même, une petite propriété rurale ».

> Hoc petit, esse sui nec magni ruris arator.

(3) *Epîtres*, I, 18 :

> Sit bona librorum et provisæ frugis in annum
> Copia.

sans et des solliciteurs que l'auteur des *Satires* jette ce cri du mondain blasé : « O campagne, quand te reverrai-je (1) ? Oh ! quand paraîtront sur ma table ces fèves, parentes vénérées de Pythagore, et ces menus légumes assaisonnés d'un lard friand ! ô veilles, ô festins des dieux ! lorsque toute ma maison soupe avec moi devant mon foyer et que mes joyeux serviteurs se rassasient des mets auxquels je touche à peine. » A ce point de vue, l'épître à Fuscus n'est pas non plus sans charme : « Si l'on doit se rapprocher de la vie de nature, est-il meilleur séjour qu'une belle campagne? où trouver de plus tièdes hivers, des zéphyrs plus doux et qui tempèrent mieux les ardeurs de la canicule... Où trouver un sommeil moins troublé d'inquiétudes jalouses ?... Voici une maison qu'on admire : c'est qu'elle domine un vaste horizon. La nature, vous la chassez à coups d'étrivières, et cependant, elle revient toujours : elle triomphe à la longue de vos injustes mépris (2). » Horace veut être un des premiers à prêcher le retour à la simplicité, à la frugalité d'autrefois ; mais parmi ceux des favoris d'Auguste qui touchaient de plus près à la personne du prince, combien donnaient l'exemple de cette tardive conversion ? En vain les beaux esprits de la cour impériale accordaient-ils aux mœurs du passé de poétiques regrets : par leur scepticisme ils achevaient d'en rendre impossible la résurrection (3).

Au surplus ne demandons pas à Horace cet amour délicat et passionné des choses qui a immortalisé Virgile son ami :

---

(1) Même accent, ou peu s'en faut, chez Catulle saluant avec émotion son domaine familial : « Sirmio, perle des îles et des presqu'îles, quel bonheur de te revoir ! »

(2) Quoiqu'il soit à peu près universellement reçu que Destouches a très bien résumé cette dernière phrase dans un vers mille fois cité,

Chassez le naturel, il revient au galop,

après avoir relu le contexte, je soupçonne dans ce rapprochement un contre-sens véritable.

(3) Horace en convient lui-même : voyez plutôt la mercuriale qu'il se fait adresser par Davus son esclave (*Satires*, II, 7).

il ne sait pas assez se détacher de lui-même. Pratiquant à sa façon sa propre devise : *Nil admirari,* il n'emprunte au paysage que le cadre d'une élégante causerie, d'une scène voluptueuse, d'un festin plus ou moins délicat (1). Dès que domine le caprice, le goût des discussions piquantes, des mordantes satires, sous le règne de l'esprit en un mot, la poésie de la nature n'est plus susceptible d'être comprise, moins encore d'être goûtée. Moraliste par inclination native, qu'Horace glisse dans les humbles sentiers de la poésie familière ou qu'il s'élève sur les hauteurs du lyrisme, c'est toujours les ressorts intérieurs de la vie humaine, les spectacles de la vie sociale qu'il a en vue. S'il lui arrive de parler de la nature, c'est avant tout de la sienne et de la nôtre : les regards du poète, au lieu de s'égarer dans ce vaste univers, se concentrent non sans une certaine satisfaction sur ce petit monde d'idées et de penchants que chacun de nous porte en soi.

6. — *Manilius et Ovide.*

Le ciel et l'univers, tel est au contraire le sujet expressément choisi par Manilius, l'auteur des *Astronomiques :* mais le poète dont la pensée a dû pendant longtemps se promener dans toutes les profondeurs de l'espace n'en a rapporté aucun cri d'admiration : l'émotion si naturelle à l'homme qui se trouve face à face avec l'infini est absente de cette minutieuse description du firmament où quelques pages brillantes, quelques peintures ingénieuses, quelques épisodes gracieux ou pathétiques, trop rares au gré du lecteur, se détachent du milieu d'énumérations arides et de périodes surchargées de détails. Un seul passage de ce long exposé didactique a une

---

(1) C'est la thèse soutenue par E. Voss (*Die Natur in der Dichtung des Horaz,* Dusseldorf, 1889). De même M. G. Boissier (*Promenades archéologiques,* p. 23) déclare que l'intimité d'Horace avec la nature est loin d'égaler celle de Virgile et de Lucrèce. L'auteur des *Odes* pousse jusqu'à l'abus l'emploi des réminiscences mythologiques.

saveur presque moderne. A l'aspect immuable du ciel le poète oppose le spectacle des transformations du globe où les empires succèdent aux empires ; à quelques siècles de distances, une contrée ne se reconnaît plus :

> Quot post excidium Trojæ sunt eruta regna !
> Omnia mortali mutantur lege creata
> Nec se cognoscunt terræ vergentibus annis...
> At manet incolumis mundus, suaque omnia servat
> Quæ nec longa dies auget, minuitve senectus (1).

La même absence de sentiment se trahit chez l'auteur des *Métamorphoses*, poète de cour et de salon, le plus brillant, sinon le plus spirituel représentant de la société raffinée d'alors. Ovide nous montre sans doute la Nature intervenant soit à l'origine du monde pour mettre fin à la guerre des éléments au sein du chaos :

> Hanc Deus et melior litem natura diremit,

soit dans les âges suivants pour présider aux perpétuelles métamorphoses des choses :

> rerumque novatrix
> Ex aliis alias reparat Natura figuras.

Ajoutons que ce début du poème n'est pas absolument dépourvu de grandeur. Mais l'auteur, qui n'a rien du philosophe et n'est ni un Lucrèce ni un Virgile, retombe bien vite à la chronique de l'Olympe, plus ou moins agréable roman d'aventures. Avant comme après Ovide, maint poète s'est exercé sur le thème complaisant et inépuisable de l'âge d'or : matière à descriptions brillantes, rêve chimérique que caresse volontiers une civilisation vieillie, lasse d'elle-même et au fond très peu disposée à revenir à la simple innocence de ce qui passe pour le règne ou l'école de la nature (2).

---

(1) I, 497. Comparer l'éloquente apostrophe de Byron à l'Océan au IV° chant de *Child-Harold*.

(2) Il est d'Ovide précisément, ce vers caractéristique :

> Laudamus veteres, sed nostris utimur annis.

7. — *Les écrivains de l'ère impériale.*

Le dernier des poètes latins de talent, Lucain, nous ramène des fictions de la mythologie aux réalités de l'histoire. La *Pharsale* présente un manque à peu près complet de pittoresque et de couleur. Quel intérêt peut garder la nature dans une épopée où les destinées de Rome et du monde s'agitent entre deux de ces mortels extraordinaires nés pour commander au genre humain ! (1) Que Lucain rencontre sur ses pas les gorges de l'Apennin, ou les plaines de la Thessalie, ou les rivages de l'Egypte, aucun vers ne fait tableau (2). Pour peindre les aspects effrayants du désert africain, son imagination entasse traits sur traits, et épithètes sur épithètes : de pareilles descriptions ne trahissent pas plus de sentiment que de goût (3). Une fois cependant, une seule, il a semblé vouloir nous donner une note vraiment poétique ; c'est en parlant de la forêt que César, durant le siège de Marseille, ordonna à ses soldats de dépouiller de ses arbres séculaires pour la construction de machines de guerre :

---

(1) Humanum paucis vivit genus... (V. 343.)

(2) C'est avec la même brièveté que Juvénal parle des obstacles redoutables accumulés par la nature sur la route d'Annibal :

Opposuit natura Alpemque nivemque.

Evidemment tout à l'indignation que lui causent les grands et petits scandales de Rome, le célèbre satirique n'a eu ni la pensée ni le loisir d'interroger la nature ou de chanter sa puissance.

(3) Dans ce IX° chant quelques vers cependant m'ont frappé : ceux où Lucain s'excuse d'emprunter aux traditions mythologiques l'explication de certains phénomènes en face desquels la science s'avoue impuissante :

... Quid secreta nocenti
Miscuerit Natura solo, non cura laborque
Noster scire valet ; nisi quod vulgata per orbem
Fabula pro vera decepit sæcula causa. (v. 620.)

> Lucus erat, longo nunquam violatus ab ævo,
> Obscurum cingens connexis aera ramis
> Et gelidas alte submotis solibus umbras.
> ... Non ullis frondem præbentibus auris
> Arboribus suus horror inest : tum plurima nigris
> Fontibus unda cadit.

Malgré le commandement formel et réitéré de César, ses soldats hésitent :

> Sed fortes tremuere manus, motique verenda
> Majestate loci,

et pour les entraîner il faut que leur chef, donnant l'exemple, assure hautement sur sa tête la responsabilité de sa téméraire audace.

Chose remarquable, une réflexion presque identique à celle que nous venons de relever s'est présentée à Sénèque écrivant à Lucilius : « Si tibi occurrit vetustis arboribus et solitam altitudinem egressis frequens lucus et conspectum cœli densitate ramorum aliorum alios protegentium submovens, illa proceritas silvæ et secretum loci et admiratio umbræ in aperto tam densæ atque continuæ, fidem tibi numinis facit. Et si quis specus saxis penitus exesis montem suspenderit, non manu factus, sed naturalibus causis in tantam laxitatem excavatus, animum tuum quadam religionis suspicione percutit. (1) » Mais d'où vient qu'en présence de la mer et des montagnes aucun ancien n'a éprouvé pareil tressaillement ? serait-ce parce que le spectacle s'en déroulait pour ainsi dire chaque jour à tous les regards, et faut-il appliquer à ces aspects grandioses de la création, en ce qui touche les plus grands écrivains de Rome

---

(1) Lettre 41. — Ovide (*Amours*, III, 1) avait déjà dit en parlant d'un bois sombre : *Nomen adest.* — Dans sa *Germanie*, Tacite (ch. 39) nous montre les Suèves se réunissant dans une forêt entourée de tout temps d'une terreur sacrée, *auguriis patrum et prisca formidine sacram;* beau vers échappé par mégarde à l'austère prosateur qui ajoute : *Est et alia luco reverentia : nemo nisi ligatus ingreditur, ut protestatem numinis præ se ferens.*

et de la Grèce, le mot célèbre de Cicéron : *Assiduitate viluerunt?*

Dans la littérature de l'ère impériale, les deux passages bien courts que nous venons de transcrire sont les seuls où l'on voie la nature exercer une action morale sur l'imagination et le cœur de l'homme. Rien de semblable assurément ne perce dans la sorte de coquetterie mise par Pline le Jeune (1) à décrire certains sites particuliers où des phénomènes peu ordinaires ont vivement frappé sa curiosité de touriste : il ne nous fait grâce d'aucun détail, insistant au contraire sur telle ou telle circonstance accessoire, tantôt en savant à l'affût d'explications plus ou moins acceptables, tantôt en bel esprit qui s'amuse et veut amuser son lecteur (2).

C'est alors une question vivement débattue que celle de savoir si le séjour des champs doit être recommandé à l'homme de lettres et au penseur. Pline, qui avait appelé l'une de ses deux villas « la tragédie » et la seconde « la comédie », et qui n'allait jamais à la chasse sans emporter ses tablettes, afin qu'aucune de ses inspirations ne fût perdue ni pour lui ni pour la postérité, répète sans cesse à ses amis que « Minerve ne se plaît pas moins que Diane sur les montagnes ». Si on l'en croit, l'ombre des forêts, la solitude et le silence sont propres à suggérer les plus heureuses pensées. Dans sa joie d'arriver à sa maison de Laurente, il s'écrie : « O mer, ô rivages, ô vrai sanctuaire des Muses, que d'idées ne faites-vous pas naître en moi, que d'ouvrages vous me dictez (3) ! » Quintilien, traitant à son tour le même problème, n'est pas absolument de cet avis : « Il ne faut pas ajouter foi trop aisément à ceux qui vous conseillent les bois et les forêts, sous prétexte que les grands horizons, les charmes du site élèvent l'âme et donnent carrière à l'inspiration. Une retraite de ce genre peut avoir ses agréments, c'est incontestable : mais ce n'est pas

---

(1) Par exemple, dans sa lettre sur les sources du Clitumne (VIII, 8).
(2) Notamment, IV, 50 et V, 6.
(3) I, 9.

un stimulant à l'étude. Tout plaisir nous détourne inévitablement du but poursuivi. La beauté des forêts, le cours des rivières qui les arrosent, le bruissement du vent dans les branches, le chant des oiseaux, la liberté de promener ses regards tout autour de soi dans l'espace, tout cela nous distrait, et la satisfaction qu'on éprouve est faite beaucoup moins pour affermir que pour détendre les ressorts de la pensée (1). »

Quoi qu'il en soit de ce point spécial, il semble qu'après les convulsions sanglantes des dernières années de la république, la paix rendue ou imposée à Rome par le gouvernement d'un seul ait dû permettre aux esprits de mieux goûter la nature. On voit à cette époque, surtout dans les hautes classes de la société, le besoin et l'habitude des voyages se répandre, en même temps que se développait la prospérité générale. Les merveilleux progrès de l'administration romaine jusque dans les contrées les plus reculées rendaient chaque jour plus faciles des excursions même assez lointaines. Comment résister au désir de jouir à l'étranger de spectacles d'autant plus vantés qu'ils étaient moins connus ? Comment se refuser le plaisir et l'orgueil de parcourir ce monde que Rome a refait à son image ? Mais, il faut le dire, la curiosité commune s'adresse bien moins aux beautés du paysage qu'aux souvenirs de la fable et de l'histoire, aux monuments dûs au ciseau du sculpteur ou à l'art de l'architecte (2) : de plus, parmi tous ces hommes que les exigences de leur carrière officielle, le soin de leurs intérêts ou le désir de se produire conduisent à travers tant de pays et de climats différents, du fond de la Calédonie au

---

(1) *Institution oratoire*, X, 3.
(2) L'auteur du petit poème intitulé L'*Etna* en fait naïvement l'aveu : « Nous parcourons les terres et les mers au péril de notre vie pour aller admirer des temples magnifiques avec leurs riches trésors, des statues de marbre et des antiquités sacrées : nous recherchons avidement les souvenirs fabuleux de la vieille mythologie : nous faisons ainsi dans nos voyages la ronde de tous les peuples, mais sans daigner regarder les ouvrages de la nature, bien plus grande artiste cependant qu'un Myron ou un Polyclète ! »

pied de l'Atlas, ou des colonnes d'Hercule aux rives de l'Euphrate, nous ne retrouverons ni un Bernardin de Saint-Pierre ni un Châteaubriand. Les uns, tels les gens d'affaires en quête d'un abri provisoire contre les importuns et les solliciteurs, ignorent absolument la contemplation et la rêverie : les autres, pour ouvrir librement leur âme aux impressions du dehors devraient, chose à peu près impossible, la fermer d'abord aux impatiences et aux obsessions du dedans. Pour ces derniers, et c'est le grand nombre alors, si nous en croyons les dires de Sénèque, le goût de la campagne n'est fait que du dégoût de la ville : ils l'aiment par caprice, par lassitude : imposée par la mode, née d'une disposition passagère, cette passion sans racines ne peut avoir qu'une durée éphémère. Les malheureux s'agitent en vain pour se procurer des plaisirs auxquels leur nature blasée les rend insensibles, ou même simplement pour atteindre un repos qui les fuit.

Tout fait croire que les vrais amants de la nature étaient aussi rares alors parmi les Romains opulents qui accouraient à Antium, à Ostie, à Baïes, à Tarente, qu'aujourd'hui parmi les habitués de Nice, de Trouville ou de Biarritz. Comme s'exprime Sénèque précisément à propos du rivage de Baïes : « Une nature trop charmante efféminé les cœurs, et le pays où nous vivons contribue infailliblement à affaiblir notre vigueur morale, tandis que l'aspect rude et sévère d'une contrée affermit l'âme et la rend propre à de plus grands efforts (1) ».

Ils ne font, d'ailleurs, guère preuve d'une sympathie plus sincère pour la nature, les heureux possesseurs de ces splendides villas si complaisamment décrites dans les *Lettres* de Sénèque ou les *Silves* de Stace. Ce sont gens du monde qui ne se font pas construire de tels palais uniquement pour y vivre dans une contemplation muette des beautés champêtres. Sur un emplacement choisi et déjà privilégié par la nature, le talent de l'architecte et du jardinier devait réaliser des prodiges :

(1) Lettre 41.

> Ingenium quam mite solo ! quæ forma beatis
> Arte manus concessa locis ! non largius usquam
> Indulsit natura sibi.

On tirait vanité de ce que Saint-Simon devait appeler « le plaisir superbe de forcer la nature » et de surmonter à tout prix les résistances qu'elle oppose (1) : jusque dans leurs plus paisibles retraites, les Romains apportaient, comme on l'a dit, leurs habitudes de conquérants. Séduisantes perspectives, prairies et clairières, thermes et pièces d'eau, portiques de verdure et colonnades de marbre, orgues hydrauliques, hippodromes pour la course à pied ou en char, jardins où s'étalent de toutes parts les roses de Préneste et de la Campanie, bassins où les reflets de la lumière imitent le feu des pierreries, volières pleines d'oiseaux rares, pavillons de repos parfois revêtus des matériaux les plus précieux, — et si nous franchissons le seuil de l'édifice principal, — appartements magnifiques, marbres rehaussés de veines brillantes, bronzes plus précieux que l'or, sortis des ruines de Corinthe, œuvres d'argent et d'airain où s'est joué le talent des plus habiles ciseleurs : rien n'avait été oublié de ce qui peut flatter les sens ou charmer le regard.

> Visa manu tenera tectum scripsisse Voluptas,

selon l'ingénieuse expression de Stace, et au milieu de tant de splendeurs, le poète flatteur s'écriait :

> ... Quæ rerum turba ! Locine
> Ingenium an domini mirer magis ?

Mais tant de luxe et de trésors cachaient à tous les yeux dans

---

(1) Stace III, 2, 15 et Tacite, *Annales*, XV, 42 : « Extruxit domum (Nero) in qua haud perinde gemmæ et aurum miraculo essent, solita quidem et luxu vulgata, quam arva et stagna, et in modum solitudinum hinc silvæ, inde aperta spatia et prospectus : magistris et machinatoribus Severo et Celere, quibus ingenium et audacia erat, etiam quæ natura denegavisset, per artem tentare et viribus principis illudere. »

ces résidences princières l'action incessante et jusqu'à la présence de la nature. Dans cet excès de somptuosité, Juvénal est seul ou presque seul à soupçonner un ridicule, lui qui s'écrie, en voyant jaunir les maussades gazons de la fontaine Égérie, emprisonnés dans leurs cadres de marbre : « Respectez la nature : elle seule est belle; elle seule est vraie ! »

> ... Quanto præstantius esset
> Numen aquæ, viridi si margine clauderet undas
> Herba, nec ingenuum violarent marmora tophum !

En effet, comment ressentir le charme bienfaisant de la nature dans des jardins plus monotones encore que ceux de Versailles, allées régulières enfermées entre des charmilles se coupant à angle droit, arbres rigoureusement alignés, taillés géométriquement, ou même torturés de façon à dessiner le nom du propriétaire, ou à prendre les figures les plus inattendues. « Dans mon parterre, écrit Pline le Jeune, le buis représente plusieurs animaux qui se regardent. » Quelle décadence que celle qui applaudit de tels contresens artistiques (1) ?

D'autres, nous l'avons dit, avaient la passion des voyages ou plutôt des déplacements, semblables, selon le mot de Sénèque, à ces malades qui s'imaginent trouver quelque soulagement en se retournant sans cesse sur leur lit de souffrance. Quittent-ils Rome ? c'est afin de rompre avec la monotonie de l'existence quotidienne, de tromper l'ennui qui les ronge : déplorables dispositions, il faut en convenir, pour se plaire même dans les lieux les plus ravissants et les plus justement vantés. Les moins blasés, en quête d'imprévu, se promènent en ouvrant de grands yeux : leur curiosité en éveil, attentive aux moindres détails, est toute surprise et toute heureuse de découvrir des singularités et des bizarreries, ou du moins de se les figurer ; leur désœuvrement s'occupe à les observer, et

---

(1) Combien est plus sensé le langage si différent que Cicéron prête à Atticus, au début du livre II des *Lois?* — Il faut d'ailleurs rendre à Pline cette justice que dans quelques-unes de ses lettres il laisse percer un sentiment plus vrai et plus sérieux de la nature.

s'ils sont gens d'esprit cultivé, comme ce Pline que nous avons déjà nommé, leur imagination s'amuse à les décrire ou s'évertue à les expliquer. Plus le sujet est mince, plus elle se bat les flancs pour lui donner de l'intérêt : mais si les yeux et la pensée du touriste ont été un instant distraits, il est trop évident que son cœur est resté et devait rester froid.

Ces satisfactions, si superficielles, si passagères, éprouvées au contact de quelque spectacle insolite, il est même des âmes déjà trop profondément atteintes pour pouvoir les goûter. Sénèque(1) nous représente ces victimes du spleen antique entreprenant sans fin des voyages sans suite, des courses errantes de rivage en rivage et faisant sur terre comme sur mer la triste expérience du mal incurable qui les dévore. On court en Campanie, où bientôt on se lasse de ces sites riants, de ces villes opulentes : alors on s'enfonce dans les gorges des montagnes, on gravit les côtes abruptes du Bruttium ou de la Lucanie ; mais quel plaisir trouver au milieu de ces escarpements et de ces précipices (2) où l'œil ne rencontre pas un endroit où se reposer ? Que faire alors ? on se laisse attirer par le doux climat de Tarente ; mais cette tranquillité absolue vous fatigue ; on reprend le chemin de Rome, on revient aux spectacles sanglants de l'amphithéâtre, aux jouissances maudites auxquelles on avait cru dire un éternel adieu.

La nature parle et plaît aux âmes simples et pures : elle est sans voix comme sans attrait pour les esprits et les cœurs corrompus (3).

---

(1) *De tranquillitate animi*, ch. II. Le philosophe romain a été rarement mieux inspiré que dans cette peinture vigoureuse du « romantisme » païen. Son style y atteint par endroits à une véritable éloquence.

(2) D'une manière générale les anciens sont restés insensibles à tout ce que les touristes modernes appellent « de belles horreurs ». Les sites sauvages n'ont jamais eu le don de les attirer. Cicéron lui-même avoue que seule l'habitude peut faire trouver quelque agrément aux contrées montagneuses. Les grandes plaines, les belles prairies, les champs couverts de moissons, la campagne avec ses fruits et ses fleurs, d'un mot, ce qu'elle offre ou d'utile ou d'agréable, voilà ce qu'appréciait le Romain.

(3) Rappelons ici en terminant, à la suite de M. Michaut, que, jusque

8. — *Conclusion.*

Nous venons de suivre les phases principales qu'a traversées le sentiment de la nature chez les Grecs d'abord, ensuite chez les Romains. Il était intéressant de connaître sous quel aspect ces deux grands peuples, nos ancêtres immédiats dans l'ordre intellectuel, avaient aperçu de préférence le monde extérieur. Quelque distance qui sépare à d'autres égards l'homme antique de l'homme moderne, il est impossible que la nature n'ait pas été pour son imagination un spectacle, pour son esprit un objet d'agréable curiosité, pour son cœur une source de douces ou de terrifiantes émotions.

Mais pour ne rien dire de tant de milliers d'esclaves attachés à un incessant labeur à l'atelier ou sur la glèbe, quel effort ne fallait-il pas à l'homme libre lui-même, citoyen de ces fameuses républiques, pour s'abstraire de la politique, s'arracher aux exigences sans nombre de la vie sociale et jeter, ne fût-ce qu'en passant, un regard attentif et bienveillant sur les beautés de la terre et des cieux ? Evidemment, on ne songeait point alors à se faire de la nature une compagne ou une inspiratrice, à vivre avec elle et au milieu d'elle, dégagé de tout autre lien, dans l'intimité du sentiment ou de la réflexion. Quand l'homme a cessé de la craindre, il ne s'est pas livré à elle, même après que certaine philosophie en eut fait la dépositaire de la force créatrice, la dispensatrice des bienfaits de l'existence : y chercher une image de notre propre activité, un écho agrandi de nos énergies et de nos passions, lui demander une première et vague révélation de l'énigme des choses, voilà ce que fit la poésie, quand elle ne se bornait pas au simple plaisir de dé-

---

dans les tragédies de Sénèque, on rencontre de petits tableaux de la nature pleins de vie et de fraîcheur, ou de pittoresque et d'énergie : telle la forêt battue par le vent d'orage (*Agamemnon*, 90-94), la description mêlée au monologue lyrique d'Hippolyte (v. 1-85), et surtout la gracieuse et complaisante peinture de la paix des champs dans un chœur de l'*Hercule furieux* (125-161).

crire. Depuis cent ans surtout, la Muse moderne s'est donné une autre tâche : elle a aimé à se perdre et à s'absorber dans le monde extérieur, insensible, inconscient, indifférent au bien et au mal. Le Grec, comme le Romain, vit de préférence avec lui-même et, si l'on peut ainsi parler, de lui-même, gardant en face de la nature sa pleine indépendance, maintenant fermement sa personnalité ; il n'a jamais entendu et certainement il n'eût pas écouté la voix harmonieuse murmurant à son oreille le chant de la sirène :

> Oui, la nature est là, qui t'invite et qui t'aime,
> Plonge-toi dans son sein qu'elle t'ouvre toujours (1).

Nous en sommes arrivés à réserver le nom de poésie presque exclusivement à la peinture des choses sensibles. Sans doute, la nature n'est absente ni de l'art (2) ni de la littérature antiques : seulement la place qu'elle y occupe est relativement restreinte, et d'ailleurs exempte de tout excès, de toute affectation. Sur ce point, les anciens peuvent, à bien des égards, nous servir de modèles.

Notre tâche semble toucher à sa fin, en réalité elle est à peine commencée. Nous avons maintenant à étudier ce qu'ont fait Grecs et Romains, non plus pour traduire les impressions qui leur venaient de la nature, mais pour la soumettre, au contraire, aux prises de leur intelligence, pour essayer de la comprendre, de la définir, et de lui ravir ses secrets.

---

(1) « Les anciens contemplaient la nature en elle-même et en elle seule : leur attention, leur admiration était tout objective. Pour ces témoins intelligents, ces observateurs ingénieux, le monde n'était qu'un spectacle : leur esprit était en rapport avec la création : leur âme n'était point en communion avec elle » (C. BELLAIGUE).

(2) Une étude complète sur les rapports entre l'art et la nature chez les différents peuples et aux différentes périodes de l'antiquité apporterait aux pages qui précèdent un complément aussi intéressant qu'instructif : mais outre qu'elle n'était pas demandée par le programme académique, je ne me suis pas senti capable de m'en acquitter autrement que d'une façon superficielle. *Non omnia possumus omnes*, comme s'exprime très justement l'adage antique.

Nous venons d'assister en quelque sorte à la conquête de l'homme par la nature : nous allons être témoins de la revanche de l'homme prenant par son génie, autant qu'il est en lui, possession de cette même nature et mettant sur elle son empreinte.

DEUXIÈME PARTIE

CHAPITRE PREMIER

La recherche scientifique.

I. — Considérations préliminaires.

L'homme, avons-nous dit, a deux voies principales pour entrer en relation avec la nature : le sentiment et la réflexion. Placée dès son berceau en face des merveilles de la création, l'humanité a commencé par contempler et par admirer, par se réjouir et par trembler ; et, dans la suite des âges, toute distraite qu'elle ait été de ce spectacle par les exigences grandissantes de la vie politique et sociale, à aucune période de son histoire, elle n'a discontinué de s'ouvrir aux impressions du dehors et d'en noter au-dedans d'elle-même le fugitif ou le durable écho. Mais la nature n'est pas seulement un magnifique décor perpétuellement déroulé sous les yeux de l'homme pour le remplir tour à tour ou tout à la fois d'étonnement et d'enthousiasme, de joie et de terreur. Elle a cet autre privilège de solliciter sa curiosité, de le provoquer à l'étude : elle pose devant son esprit un nombre indéfini de problèmes, et de tout ordre (1). Par la simplicité, par la régularité, par la continuité de son action, elle semble lui dire : « Tu sais qui je suis, ou du moins tu n'as qu'à te baisser vers moi, tu me connaîtras sans peine », et en même temps par le mystère dont elle s'entoure, par la diversité prodigieuse de ses créations, elle prend plaisir à dépister les recherches, à éluder les efforts des plus persévérants investigateurs. Comme on l'a fait ingénieusement remarquer, il n'y a pas de notion plus commune et plus familière ; il n'y en a pas non plus de plus savante et de plus solennelle.

Dans ce duel séculaire entre l'homme et l'univers, c'est l'intelligence qui, victorieuse ou vaincue, est l'acteur principal, sinon unique, interrogeant la nature, prenant mille moyens pour la contraindre à répondre et tentant de découvrir par une divination hardie ce que sa rivale s'obstine à lui cacher.

Toute connaissance approfondie suppose évidemment un état social où l'homme trouve le calme et le loisir nécessaires aux patientes méditations ; c'est une sorte de luxe intellectuel forcément inconnu aux premiers stades de la civilisation. Mais les conditions extérieures même les plus favorables sont encore insuffisantes, aussi longtemps que l'esprit n'a pas été formé et préparé à la tâche délicate qui l'attend. C'est qu'en effet, selon un adage célèbre, il n'y a pas de science du particulier. Or qu'est-ce que l'homme perçoit dans la nature, de connaissance directe et immédiate ? La multiplicité et le changement, des

---

(1) Bien que ce soit, semble-t-il, une thèse reçue que la nature ne demeure poétique que dans la mesure où elle n'est pas encore objet de recherche scientifique, ou a cessé de l'être, l'histoire atteste que dans une civilisation suffisamment avancée la science de la nature et la poésie de la nature ne sont nullement condamnées à s'exclure, et que le développement de la seconde ne suppose en aucune façon le déclin de la première. Ainsi, pour ne parler que de notre pays et de notre siècle, est ce qu'un Laplace, un Cuvier, un Geoffroy Saint-Hilaire, un Dumas, un Pasteur ne partagent pas fraternellement avec un Lamartine, un Hugo, un Laprade et un Leconte de Lisle, l'honneur d'avoir illustré la France ?

êtres individuels, des formes qui diffèrent à l'infini, des phénomènes sans nombre toujours variés, sinon dans leur fond même, du moins dans les circonstances concomitantes : pour reconnaître et même pour soupçonner l'unité cachée sous cette pluralité vraiment surprenante, il faut ou des observations répétées et approfondies, ou une puissance de réflexion rare au premier âge de l'humanité (1). « Une hirondelle ne fait pas le printemps », a dit spirituellement Aristote : pour qu'une science pût surgir, des vues d'ensemble étaient indispensables, des expériences ou des découvertes isolées n'avaient que bien peu de valeur. Ce n'était pas assez non plus que les multiples aspects de la nature vinssent successivement frapper les sens ou se réfléchir dans l'imagination : il fallait que la raison, appliquée à analyser les données immédiates de la sensation, y discernât ou du moins y pressentît un ordre, quelque enchaînement constant, des rapports invariables, en un mot des lois ; il fallait que la nature fût déclarée intelligible et que du spectacle de ces apparences, où l'ignorant ne sait voir que les jeux capricieux du hasard, l'esprit humain apprît à dégager une formule stable, se rapprochant de la précision rigoureuse du nombre. Une pierre tombe, la fumée s'élève : à première vue la tentation sera grande d'assigner deux causes différentes à deux phénomènes aussi opposés ; le triomphe de la science sera d'en trouver l'explication dans une seule et même théorie et d'apercevoir l'action de la même cause dans les caresses printanières des zéphyrs et dans les sinistres rafales de la tempête.

Rien d'étonnant, dès lors, si la science de la nature n'a apparu qu'assez tard, même chez les peuples qu'une heureuse fortune a mis de bonne heure en possession d'une civilisation complète. Il en est, et non des moins considérables, chez lesquels cette science ou semble être demeurée constamment

---

(1) Avec sa logique habituelle, l'auteur de la *Métaphysique* devait en faire la remarque : Σχεδὸν χαλεπώτατα ταῦτα γνωρίζειν τοῖς ἀνθρώποις, τὰ μάλιστα καθόλου· πορρωτάτω γὰρ τῶν αἰσθήσεων ἐστί (I, 2, 982ᵃ, 23).

inconnue, ou ne fut jamais qu'une importation du dehors, incapable de jeter de profondes racines et de prendre des développements nouveaux, ou encore dégénéra promptement en un ferment de superstitions de toute espèce. Telles les nations de l'antique Orient dont, pour ce motif, nous ne parlerons ici qu'en passant.

II. — La science orientale.

Que dans certains domaines, l'Inde et l'Assyrie, la Phénicie et l'Egypte aient produit de grandes choses, imaginé et réalisé d'importantes créations, nul ne le conteste aujourd'hui ; mais sur le terrain qui nous occupe, leur infériorité par rapport à la Grèce éclate au grand jour (1). Et cependant, on l'a dit avec raison, sous le ciel de l'Orient, ce n'est pas la nature si variée, si productive, si féconde, qui a fait défaut à l'homme ; elle y est au contraire plus riche, plus brillante peut-être que partout ailleurs ; c'est l'homme qui a fait défaut à la nature. Ou il s'est laissé paresseusement envahir et absorber par elle, ou s'il l'a considérée, c'est à la façon naïve de l'enfant, nullement préoccupé de la comprendre, faute tout à la fois d'une curiosité assez éclairée pour se poser les problèmes à résoudre, et d'une méthode assez sûre pour en atteindre la solution.

L'Inde, étudiée dans ses plus anciens monuments, nous a déjà mis en présence d'un peuple associant la nature sous toutes ses formes à ses croyances comme à ses pratiques religieuses, issues les unes et les autres d'une imagination vagabonde dont la raison n'a jamais contrôlé ni contenu les écarts. L'Hindou s'offre à nous avec un flot intarissable de poésies presque toutes de caractère liturgique, et quelques essais étranges de métaphysique : l'étude méthodique de la nature

---

(1) Le *Mâhabhârata* contient cette phrase (vIII, 2107) qui équivaut à un aveu formel : « Les Yavânas possèdent toute science ».

ne l'a jamais attiré. « On dirait que la science, avec ses procédés précis, avec ses investigations constantes, avec ses analyses minutieuses et positives, est pour l'Inde et l'Asie un emploi trop viril et trop fort de la raison.... Les Hindous se vantent, il est vrai, d'avoir possédé des connaissances astronomiques à une date fort ancienne ; mais quand, chez un peuple qui n'a jamais su observer et s'est contenté pendant longtemps d'une astronomie grossière et totalement différente, on trouve tout à coup, plus ou moins exactes, plus ou moins bien comprises, l'évaluation des révolutions planétaires, celle de la précession des équinoxes, des inégalités périodiques, et jusqu'aux constructions géométriques par lesquelles le génie d'Hipparque réussit presque à expliquer ces dernières, il ne reste qu'une chose à faire : chercher à qui ce peuple a pris toutes ces choses qu'il n'a certainement pas trouvées de lui-même (1). » Ainsi se vérifie cette thèse soutenue par M. J. Soury : « Bien loin que les Hellènes aient emprunté à l'Inde leurs connaissances les plus sublimes, c'est l'Inde qui a reçu de la Grèce les éléments mêmes de sa haute culture scientifique (2). »

Si nous passons de l'Inde à l'Egypte, notre déception sera presque égale. Evidemment la race qui a construit les pyramides, élevé tant de monuments, sculpté tant d'obélisques et d'hypogées, créé la légende de Theut, l'inventeur de l'écriture, et d'Hermès Trismégiste, l'inventeur des sciences, peut passer à bon droit pour l'une des plus instruites et des plus savantes de l'antiquité ; mais outre que de la science elle ne paraît avoir apprécié que les applications pratiques (3),

---

(1) Barthélemy Saint-Hilaire. — Les désignations grecques des douze signes du zodiaque ont passé dans les langues de l'Inde, et les astronomes indiens confessent que ce sont des noms étrangers, sans racines correspondantes dans leur propre idiome.

(2) La même conclusion se dégage avec un surcroît de preuves du livre plus récent de M. Goblet d'Alviella, *Ce que l'Inde doit à la Grèce* (Paris, 1897).

(3) Cf. Platon, *République*, IV, 486, A.

dans le vaste domaine des connaissances physiques et naturelles elle n'a pas dépassé un niveau assez élémentaire. Seules l'arithmétique et la géométrie ont été cultivées tant en Egypte que dans la Haute Asie à une époque où personne encore n'y songeait en Grèce.

La connaissance des astres est un autre privilège reconnu de l'antique Orient (1). L'auteur de l'*Epinomis* le constate et en même temps il explique par des raisons très exactes la date reculée des observations astronomiques faites en Egypte et Chaldée : « C'est une ancienne contrée qui enfanta les premiers hommes adonnés à cette étude : favorisés par la beauté de la saison d'été, ils contemplaient les astres, pour ainsi dire, constamment à découvert, parce qu'ils habitaient loin des pluies et des nuages des régions célestes. Leurs observations, vérifiées durant une suite infinie d'années, ont été répandues en tous lieux et notamment en Grèce. » Aujourd'hui comme alors, sur les rives du Tigre comme sur celles du Nil, pendant les longs mois de la saison chaude, le ciel est d'une sérénité implacable, et aucun obstacle ne dérobe à l'œil la moindre partie de l'horizon.

Ajoutons que le dogme fondamental du Parsisme, l'adoration du feu et de la lumière, devait avoir pour conséquence naturelle de redoubler l'admiration instinctive de l'homme pour les corps lumineux qui roulent dans le firmament. C'est du faîte des tours pyramidales de Bélus visitées par Hérodote et dont les ruines excitent encore à cette heure l'étonnement des voyageurs, que pour la première fois l'homme, embrassant du regard le ciel immense, s'est flatté de le décrire et de le mesurer (2).

Frappés de la forme singulière des constellations et du rapport étroit qui rattache les saisons à la marche apparente

---

(1) « In Syria Chaldæi cognitione astrorum solertiaque ingeniorum antecellunt » (Cicéron).

(2) Affirmation identiquement reproduite dans le traité *De divinatione* (I, 1, 2).

du soleil, les Chaldéens saluèrent dans la nature (personnifiée à leurs yeux par les astres) la souveraine absolue de l'homme comme du reste de la création. La plus haute ambition de l'intelligence était de savoir lire dans les cieux les arrêts de la destinée ; rien n'arrive au hasard : les événements, même les plus insignifiants, résultent de combinaisons arrêtées à l'avance : une nécessité inéluctable conduit tout et soumet tout à son pouvoir et de cette nécessité les astres sont tout à la fois les régulateurs et les interprètes. Mais nous sommes ici en présence d'une croyance traditionnelle, non d'une science régulière, et alors même qu'après l'effacement politique de leur race les sages Chaldéens gardèrent, à la faveur de la superstition même qu'ils exploitaient, la haute situation qu'ils s'étaient acquise (1), il est difficile de voir plus qu'une supposition éminemment conjecturale dans ces lignes de M. Perrot : « Leur pensée hardie a même tenté d'expliquer l'origine et la nature des choses ; quoique présentées sous forme de mythes, leurs hypothèses cosmogoniques ont peut-être été jusque sur les bords de la mer Egée provoquer le premier éveil du génie spéculatif de la race grecque (2) ». Ce qui est certain, c'est que le souvenir de la supériorité scientifique à laquelle ils étaient parvenus se perpétua d'âge en âge chez les nations de l'Occident comme chez celles de l'Orient.

La plupart des écrivains rapprochent, au point de les confondre, Chaldéens et Mages (3), alors que les premiers n'ont

---

(1) On lit dans Strabon : « Les philosophes, habitants du pays, avaient en Babylonie leur domicile à part. Ces philosophes sont connus sous le nom de Chaldéens et ils s'occupent principalement d'astronomie. Quelques-uns font également profession de tirer des horoscopes : mais ils sont réprouvés par leurs confrères. »

(2) Le même érudit a certainement vu plus juste dans les lignes suivantes : « Si certaines expressions des textes phéniciens semblent indiquer qu'à Tyr comme à Thèbes la pensée cherche par instants à s'élever d'échelon en échelon jusqu'à l'idée de la cause première, ce ne fut là jamais chez ce peuple, qui n'avait pas l'esprit tourné vers la métaphysique, qu'une vague et passagère aspiration » (III, 62).

(3) Les Grecs ont peu parlé des mages dont ils se faisaient d'ailleurs

guère avec les seconds qu'une communauté assez lointaine d'origine et de patrie.

Issue, croyait-on, du culte des dieux, la magie, essentiellement hostile aux doctrines de Zoroastre (1), ne prétendait à rien moins qu'à diriger à l'aide de puissances supérieures le cours régulier des choses et à régner sur les éléments par des moyens surnaturels, au moins en apparence (2). Le monde avait apparu aux Chaldéens comme peuplé d'esprits sans nombre : le secret des Mages consiste à agir sur ces esprits et à les faire servir à ses desseins. La nature est une puissance malveillante dont il faut à tout prix se concilier la faveur. Ainsi, outre un talent de divination qui leur ouvrait les mystères de l'avenir, les mages se vantaient de posséder des formules conjuratoires qui mettaient entre leurs mains les moyens de suspendre ou de modifier à leur gré le cours des événements (3).

---

une idée très peu exacte. Platon n'emploie ce terme qu'une fois et encore dans un sens figuré. — L'auteur du *Premier Alcibiade* (122 A) affirme qu'en Perse l'un des quatre précepteurs de l'héritier des rois est chargé de lui enseigner « la magie de Zoroastre, fils d'Oromaze », et il ajoute immédiatement : ἐστὶ δὲ τοῦτο θεῶν θεραπεία. Cicéron reprend à son compte la même assertion (*De divinatione* I, 41) : « Et in Persis augurantur et divinant Magi... Nec quisquam Persarum rex potest esse qui non ante majorum disciplinam scientiamque perceperit ». — Aristote à son tour, confondant les mages avec les sectateurs du parsisme, les nomme parmi ceux qui placent le bien suprême à l'origine et non à la fin des choses (*Métaphysique*, XIV, 4, 1091 ^{b} 10 : τὸ γεννῆσαν πρῶτον ἄριστον τιθέασι) — Dans l'*Axiochus*, Socrate reproduit une peinture du dernier jugement qu'il dit tenir du mage Gobryas.

(1) La Magophonie, à la fin du règne de Cambyse, est une preuve frappante de l'opposition radicale de ces deux courants. On sait aujourd'hui de la façon la plus positive que la révolution par laquelle Darius fut porté au trône eut un caractère religieux autant que politique. Les inscriptions de ce monarque déclarent les magiciens Mèdes « ennemis de la patrie ».

(2) M. Berthelot fait au sujet de ces pratiques orientales une remarque d'une grande portée : « La notion du miracle accordé par la faveur des dieux et au besoin imposé à leur volonté par les formules de la magie était jugée inséparable de l'action secrète des forces naturelles... Cette disjonction fut l'œuvre des Grecs. »

(3) Les livres magiques découverts dans la bibliothèque d'Assurba-

De bonne heure, la Grèce prêta l'oreille à ces étranges inventions, et quelques-uns de ses sages passaient pour s'y être initiés (1). Mais l'orgueil, la superstition et la fourberie envahirent bientôt cette caste dégénérée et finirent par jeter un irrémédiable discrédit sur des noms jusque-là respectés.

Chose singulière : il s'agissait dans la magie de dompter la nature ; or, c'est précisément en l'appelant à son aide, en se soumettant à ses lois qu'on se flatte d'y réussir : c'est en la suivant docilement qu'on rêve de la surpasser (2). Voici, de ce

---

nipal à Ninive se divisent en trois parties : la première contient des conjurations contre les mauvais esprits ; la seconde, des incantations pour guérir les maladies ; la troisième, des hymnes au chant desquels était attribué un pouvoir surnaturel.

(1) Spécialement Démocrite, en raison sans doute de l'étendue de ses connaissances, conséquence de ses nombreux voyages. Avait-il réellement, comme l'écrit M. Tannery, « introduit l'esprit de la physique hellène dans le chaos des vieilles recettes mystiques » ? Je croirais plutôt avec M. Berthelot que « le véritable Démocrite, l'ancien philosophe rationaliste, était devenu dans l'Egypte hellénisée un personnage mystique, moitié savant, moitié magicien et faiseur de tours, ce qui est aussi arrivé à Aristote au Moyen Age ». Synésius lui prête l'axiome suivant : « Transforme, si tu peux, la nature des métaux, car la nature est cachée à l'intérieur. » On reconnaît là, du premier coup, la fameuse théorie si longtemps populaire des qualités occultes en opposition avec les qualités apparentes dans les divers êtres de la création.

Pour en revenir à la Grèce, sur la scène athénienne les enchantements de Médée sont célèbres : déjà dans Homère, nous avions ceux de Circée. Les sortilèges jouent également un rôle considérable dans la poésie alexandrine : voyez l'Hécate des *Argonautiques* et la *Magicienne* de Théocrite. On retrouve des superstitions analogues dans la Rome de Caton et de Virgile (*Eglogue* VIII), héritière du génie sombre des anciens Etrusques. Sénèque le tragique prend plaisir à énumérer toute une série de prodiges dus à l'art de Médée. Sous le règne des empereurs, Mages et Chaldéens désignent concurremment des charlatans, souvent criminels, auxquels on attribuait le pouvoir d'évoquer les ombres et de vouer les vivants aux dieux infernaux. Les consulter était puni de mort.

(2) Première expression de la célèbre formule de Bacon : *Natura parendo vincitur*. « Mais, pour la plupart des hommes d'alors, dit M. Berthelot, la loi naturelle, agissant par elle-même, était une notion trop simple et trop forte : il fallait y suppléer par des recettes mystérieuses. »

fait, une preuve bien curieuse. Il existe sous le nom de Démocrite un traité intitulé *Physica et mystica*; le second fragment contient un passage singulier où Ostanès, le maître prétendu du philosophe grec, évoqué du milieu des morts, entr'ouvre pour lui découvrir ses secrets l'une des colonnes du sanctuaire de Memphis. On s'attend à des révélations extraordinaires, et l'on ne trouve que ces trois axiomes cabalistiques : *La nature se plaît dans la nature, la nature triomphe de la nature, la nature domine la nature*. Veut-on maintenant un commentaire du premier? Je l'emprunte au recueil intitulé : *Verba philosophorum*. C'est Parménide qui parle : « Sachez qu'à moins de vous diriger conformément à la vérité et à la nature, d'après ses dispositions et compositions propres, en joignant les unes aux autres les choses congénères, vous travaillerez mal et vous opérerez en vain. Il faut que les natures rencontrent les natures, se réunissent et se réjouissent entre elles, car la nature est dirigée par la nature, et la nature embrasse la nature. » Dans le même recueil, Démocrite ne tient pas un autre langage : « Il faut apprendre à connaître les natures, les genres, les espèces, les affinités (1), et de cette façon arriver à la composition proposée. Sachez que si l'on ne combine pas les genres avec les genres, on travaille en pure perte et l'on se fatigue pour un résultat sans profit. Car les natures sont charmées les unes par les autres, etc. (2). »

S'agit-il, dans les phrases citées et dans les très nombreux passages analogues, de la nature universelle (3) ou des na-

---

(1) On voit que l'antiquité a eu le pressentiment de l'affinité chimique, témoin ce passage de Synésius (*Des songes*, 3) : « De même qu'il y a des présages dans la nature, il y a aussi des attractions. Le sage est celui qui sait comment tout se lie dans le monde : à l'aide des objets présents, il étend sa puissance sur les plus éloignés. »

(2) Textes tirés d'un article de M. Berthelot dans le *Journal des savants* (septembre 1890). Sans avoir produit ni un Bacon, ni un Copernic, ni un Galilée, les Arabes ont accumulé une foule d'observations utiles dont la science plus récente a fait son profit.

(3) Evidemment, c'est à cette nature que s'adressent des invocations

tures particulières des diverses substances? Évidemment les auteurs de ces compilations bizarres passent perpétuellement et avec une étonnante facilité de l'une de ces notions à l'autre : mais sous le nom de nature, ils entendent le plus souvent un pouvoir occulte, tantôt attribué, tantôt refusé à la divinité (1). Les premiers alchimistes sont contemporains et élèves des néoplatoniciens ; ne soyons donc pas surpris de les voir s'inspirer de Plotin et des gnostiques. Leurs théories reposent sur la conception d'une matière première considérée comme l'être et la vie des choses : il leur a suffi, selon l'expression de M. Berthelot, « de concréter en quelque sorte cette matière par un artifice de métaphysique matérialiste que l'on retrouve dans la philosophie chimique de tous les temps ».

Enfin, dans la Kabbale, cette autre héritière du gnosticisme, le plus élevé des Anges ministres du Très-Haut, l'Ange architrône, joue précisément, nous dit Franck (2), « le rôle de cette force aveugle et infinie qu'une philosophie plus ou moins crédule a voulu parfois substituer à Dieu sous le nom de nature, tandis que, au dessous, des anges subalternes sont aux diverses parties de la nature, à chaque sphère et à chaque élément en particulier, ce qu'est leur chef à l'univers entier ». Il est superflu, d'ailleurs, de faire remarquer que dans les écrits des Kabbalistes, la divinité n'est plus le Dieu de la Bible se manifestant aux patriarches et parlant par les prophètes, mais bien une sorte d'âme mystérieuse de l'univers, le principe caché des choses, l'abîme primordial, tel qu'il est dépeint par les écoles panthéistiques de l'Egypte et de la Chaldée. Cette in-

---

telles que φύσι πάμμητος ἀδάμαστε, ou des expressions comme la suivante : κόσμου φύσις ἀστερόφοιτος.

(1) On lit en tête du traité d'alchimie dédié par Stéphanus à l'empereur Héraclius : « O nature supérieure aux natures et qui en triomphes, nature qui tires le tout de toi-même et qui l'accomplis, dominatrice et servante, source céleste d'où tout découle, etc. »

(2) *La Kabbale*, p. 168. — Cf. Rubin : *Kabbala und Agada in mythologischer, symbolischer und mystischer Personnification der Fruchtbarkeit in der Natur* (Vienne, 1895).

fluence et celle du manichéisme répandu à un moment donné dans tout l'Orient nous expliquent pourquoi la Kabbale reconnaît dans la nature « deux éléments distincts, l'un intérieur, incorruptible, qui se révèle exclusivement à l'intelligence : c'est l'esprit, la vie ou la forme ; l'autre purement extérieur et matériel, dont on a fait le symbole de la déchéance, de la malédiction et de la mort (1). »

Mais en voulant pousser à fond l'analyse de ces doctrines sans consistance, nous serions promptement entraînés hors des limites de notre véritable sujet. Bornons-nous à une seule réflexion. Autrefois comme aujourd'hui, l'homme se sentait fait pour commander à la nature : mais il ignorait les bases légitimes sur lesquelles doit être assis son pouvoir.

III. — La science hellénique.

C'est à la race hellénique qu'était réservé l'honneur d'être l'initiative de l'humanité dans la voie de la connaissance réfléchie. Le Grec a été le premier à concevoir nettement l'idée de la science, le premier à travailler à sa réalisation avec un indiscutable succès (2).

Sur ce terrain, sa foi religieuse a été pour lui tout à la fois

---

(1) Ajoutons ici une remarque assez curieuse. Le livre *Des mystères* (vulgairement attribué à Jamblique) parle d'une matière particulière préparée par des recettes théurgiques et devenant ainsi capable d'enfermer la divinité et de lui offrir au moins momentanément un siège digne d'elle.

(2) C'est là une vérité historique que M. Milhaud, dans un livre tout récent, a traduite en termes excellents : « Dans l'examen des lois de Lycurgue et de Solon, des pratiques du culte et des croyances religieuses, dans l'étude des mœurs et des conditions de l'état social, on pourra chercher en Egypte ou dans l'Orient des termes de comparaison fort instructifs, et parfois même on retrouvera à l'étranger l'origine et l'explication de quelque tradition antique : la pensée spéculative s'exprimant sous la forme de la science rationnelle est un fait vraiment personnel du génie grec. Voilà l'œuvre capitale par laquelle il a laissé sa trace définitive dans l'histoire des idées. »

un appui et un obstacle. Tel qu'il nous apparaît définitivement constitué dans les épopées homériques, le polythéisme contient déjà une remarquable analyse de l'ordre du monde, des qualités de l'être et des lois de la vie ; autant les dieux du panthéon indien ou égyptien se mêlent, s'opposent et se confondent au gré d'une fantaisie que rien ne contient, autant ceux du panthéon grec ont des attributions et une physionomie distinctes, conformes au rôle qui leur est départi dans l'ensemble de la création. Une pareille théologie, on a eu raison de le dire, était l'œuvre d'un peuple appelé plus tard à créer la philosophie. En revanche, la multiplication indéfinie des essences divines et leur action toujours présente et partout répandue au sein de l'univers dispensaient les esprits de toute autre recherche : les phénomènes de tout genre se trouvaient ainsi expliqués ou plutôt n'avaient plus besoin de l'être. Neptune soulevant et calmant les flots rendait compte des marées et des tempêtes ; Jupiter, brandissant sa foudre, répondait à toutes les questions que soulevait le fracas du tonnerre ou l'incendie allumé par l'orage.

Un temps vint cependant où une solution aussi simple ne suffit plus à la curiosité de quelques intelligences plus éclairées ou du moins avides de plus de lumière. Demandez à Platon ce qui fut le berceau de la philosophie : il vous dira qu'elle est fille de l'étonnement (1), et Aristote, s'emparant à son tour de la même pensée, nous montre au premier livre de sa *Métaphysique* les hommes d'abord préoccupés de problèmes à leur portée (τὰ πρόχειρα τῶν ἀπόρων), puis s'élevant par degrés à des sujets plus complexes, comme les phases de la lune, les éclipses de soleil, la nature des astres, l'origine du monde.

Un des passages les plus célèbres de la Bible nous représente Dieu établissant les cieux sur nos têtes comme des hérauts chargés d'annoncer sa grandeur, et dont le silence majestueux est une voix religieuse partout entendue, partout

---

(1) Μάλα γὰρ φιλοσόφου τοῦτο τὸ πάθος, τὸ θαυμάζειν (*Théétète*, 155 D).

écoutée. De même, les anciens sont unanimes à rapporter au spectacle et à la contemplation de l'univers la première excitation à la philosophie et à la science. Thalès et ses premiers successeurs furent astronomes autant que métaphysiciens. On demandait à Anaxagore pourquoi il était au monde. Pour étudier le ciel, répondait-il (1). Platon fait dire à Timée : « La plus merveilleuse utilité de la vue, c'est que nous n'eussions jamais pu discourir, comme nous le faisons, du ciel et de l'univers, si nous n'avions pas été en état de considérer le soleil et les astres. L'observation du jour et de la nuit, les révolutions des mois et de l'année nous ont fourni le nombre, révélé le temps, inspiré le désir de connaître la nature et le monde, (περὶ τῆς τοῦ παντὸς φύσεως ζήτησιν ἔδοσαν, 47 A). Ainsi est née la philosophie, le présent le plus précieux que les dieux aient jamais fait et feront jamais aux mortels. » Aristote n'est pas moins catégorique, et Cicéron (2) lui prête cette ingénieuse et profonde réflexion :

« Supposons que des hommes eussent toujours habité sous terre dans de belles et brillantes demeures, ornées de statues et de tableaux, richement pourvues de tout ce qui abonde chez les hommes du monde, et que soudain l'abîme, venant à s'ouvrir, ils quittassent leur domicile ténébreux pour gagner notre séjour. En contemplant soudain la terre, les mers et le ciel, l'immensité des nues, la force des vents, la beauté et la masse du soleil qui par l'effusion de sa lumière fait naître au loin le jour dans l'espace, et lorsque la nuit aurait obscurci la terre, ces étoiles innombrables, parure et décor du ciel, cette lune et ses phases, son cours et son décours, enfin le lever et

---

(1) Τοῦ θεωρῆσαι τὸν οὐρανὸν καὶ τὴν περὶ τὸν ὅλον κόσμον τάξιν (*Morale à Eudème*, I, 3) : réponse bien digne du philosophe à qui remonte cette maxime : Ἡ θεωρία τέλος τοῦ βίου καὶ ἡ ἀπὸ ταύτης ἐλευθερία (Clem. Alex., *Strom.*, II, 21, 130).

(2) *De natura Deorum*, II, 37. Ce passage (probablement quelque réminiscence des poétiques enseignements de Platon) ne se retrouve pas dans les écrits conservés d'Aristote. Peut-être était-il extrait d'un des dialogues qui avaient cours dans l'antiquité sous le nom du Stagirite.

le coucher de tous les astres et la régularité inviolable de leurs éternels mouvements ; à ce spectacle pourraient-ils douter qu'il n'y eût, en effet, des dieux et que ces grandes choses ne fussent leur ouvrage » ? (1)

Sans doute, selon la parole de Bossuet, un homme qui sait se rendre présent à lui-même trouve en lui Dieu plus présent que toute autre chose, et la connaissance de ce que nous sommes a paru à des esprits éminents une voie merveilleuse pour atteindre à la connaissance de la divinité. Mais en fait, nous venons de le voir, c'est à la nature, au sens où l'entendent les modernes, que revient le mérite d'avoir provoqué la réflexion philosophique, et à la philosophie de la nature, l'honneur d'inaugurer dans le monde civilisé cette longue et brillante suite de théories rationnelles qui demeureront jusqu'à la fin des temps le frappant témoignage tout à la fois de la puissance et des bornes de l'esprit humain.

Dans ce domaine comme en tant d'autres, les Grecs ont légué à la postérité des modèles qui n'ont guère été surpassés ; et leur exemple a été assez imposant pour entraîner à leur suite des esprits en apparence très peu préparés à une semblable vocation. Le Romain lui-même, tout rebelle qu'il soit par tempérament aux études spéculatives, s'y laissera attirer. Ecoutez

---

(1) Plaçons ici une remarque qui ne paraîtra pas sans intérêt. D'ordinaire, l'ébranlement de l'imagination en face d'un phénomène diminue dans l'exacte proportion où ce phénomène est étudié, analysé, pénétré par la science réfléchie. Or, tandis que dans Homère, il n'y a aucune trace de divinisation des astres (voir l'admirable description d'une nuit d'été qui termine le VIII° chant de l'*Iliade*), tandis que pour les φυσιόλογοι ioniens les phénomènes célestes ne sont pas d'un autre ordre que ceux qui s'accomplissent à la surface de notre globe, Pythagore, Platon et Aristote, frappés de la constance et de la régularité merveilleuse des révolutions planétaires, s'accordent à reconnaître au monde céleste une nature à part, supérieure et presque divine : préjugé qui se perpétuera jusqu'à la disparition du paganisme. — Mais, pour emprunter des exemples aux temps modernes, n'est-il pas évident que Newton, en face de l'infiniment grand, et Pasteur, en face de l'infiniment petit, ont éprouvé un saisissement intellectuel inconnu à tous leurs devanciers ?

Cicéron déclarer que le véritable aliment de l'âme et du génie, c'est la considération et la contemplation de la nature, et Sénèque s'écrier à l'imitation de Chrysippe : « Animus in vinculis est, nisi accessit philosophia et illum respirare jussit rerum naturæ spectaculo... Quoties potest, apertum petit, et in rerum naturæ contemplatione quiescit... Nisi ad illa admitterer, non fuerat nasci » (1). Rien de plus explicite que de pareilles déclarations.

On comprend sans peine que, jaillissant d'une telle source, la science ait gardé longtemps un reflet poétique. Mais entre le sentiment et le raisonnement une alliance sérieuse, durable, est-elle possible ? Jusqu'à quel degré d'abstraction la poésie peut-elle sans abdiquer s'engager sur la route aride de la science ? Jusqu'à quel degré d'imagination la science peut-elle sans se mentir à elle-même emprunter les sentiers fleuris de la poésie ? Selon les sujets, les lieux et les époques, ces questions sont susceptibles assurément de solutions bien diverses (2).

Chez les Grecs, ce fut, sans doute, le rare mérite de Parménide d'avoir été dialecticien sans cesser d'être poète; au jugement d'Aristote, Empédocle dans la même tentative n'avait pas rencontré le même succès. Après ces deux écrivains, la philosophie grecque, selon le mot de Strabon, descend du char des Muses et marche à pied. Habilement combinées dans les pages les plus éloquentes de Platon, la poésie et la science se séparent dès lors pour ne renouer alliance que sous les auspices de la Muse latine : car si elles reparaissent associées dans certaines compositions de l'école alexandrine, c'est par artifice, au grand détriment de la première comme de la seconde. Il

---

(1) *Lettre* LXV à Lucilius, et *Consolation à Helvie*, 9.
(2) Cf. dans la thèse latine de Ferraz (*De disciplina stoica apud poetas romanos*) le chapitre intitulé : *Quibus conditionibus sociari possint philosophia et poesis.* — Je saisis avec empressement cette occasion de rappeler le souvenir d'un maître regretté qui n'a jamais cessé d'entretenir avec moi le commerce d'idées le plus affectueux.

en est alors de la Grèce comme de mainte nation moderne : en acquérant une compréhension toujours plus distincte des merveilles de la nature, elle semble en avoir, peu à peu, perdu le sentiment. Euripide a étalé plus de savoir et d'érudition que Sophocle : comme génie poétique, il lui est inférieur. Aristote a traité les mêmes sujets que son maître, avec de tout autres préoccupations de rigueur et de méthode, mais aussi avec infiniment moins d'éclat et d'agrément.

Et maintenant quel est dans le domaine de la nature le point de départ de toute investigation féconde? Evidemment l'observation. Ici la raison, qui règne en souveraine dans la sphère de la mathématique, n'a pas le droit de parler la première, et de deviner la réalité. Comment espérer quelques lumières sur le monde, c'est-à-dire sur un ensemble d'êtres contingents et régis par des lois également contingentes, sinon en s'imposant l'obligation de le connaître? et le moyen de le connaître, sans s'astreindre à le voir réellement tel qu'il est? Au surplus, les phénomènes ne peuvent échapper longtemps à la curiosité qui est un de nos instincts les plus profonds. Dès lors, bien qu'assurément observer soit à sa manière une originalité, comment supposer que l'observation, cette condition fondamentale de toute découverte, ait été ignorée des anciens? (1) et surtout comment admettre un seul instant qu'elle ait été négligée ou dédaignée par les Grecs (2), cette race si sagace, si fière, si pénétrante, par les Grecs en qui Pline l'ancien saluait « les plus exacts et les premiers des

---

(1) « A toutes les époques, sous tous les climats, dans l'existence la plus grossière et la plus inculte, l'homme observe, par cela seul que Dieu lui a donné des sens : il observe, et il ne peut pas faire autrement. » (Barth. Saint-Hilaire).

(2) M. Perrot a fait remarquer, non sans raison, qu'en Grèce la variété infinie des climats, des sites, des productions a puissamment concouru à tenir en éveil l'intelligence « en la contraignant à être toujours attentive aux changements de temps et de milieu, à devenir exacte observatrice, à noter les traits particuliers et distinctifs des hommes et des choses ».

observateurs »? S'il en eût été ainsi, comment expliquer leur richesse intellectuelle dans tous les ordres de la pensée? Seraient-ils restés assez étrangers au mécanisme de la formation scientifique pour ne pas sentir la nécessité de subordonner toute affirmation de principes à la constatation préalable des faits qu'il s'agissait d'expliquer? Au surplus, les termes mêmes correspondant aux diverses opérations mentales que l'observation suppose leur sont familiers : σκοπεῖν (Aristote dit en parlant des philosophes antésocratiques, *Métaph.*, IV, 5, 1010 ª 1 Περὶ τῶν ὄντων τὴν ἀλήθειαν ἐσκόπουν (1) — διατηρεῖν (Aristote : διατηροῦσι τὸ συμβαῖνον περὶ τὰ οὐράνου μέρη καὶ πάθη) — ἐξετάζειν, σκέπτεσθαι, θεωρεῖν, ἐννοεῖν, etc. Cicéron, sans doute à la suite de l'un de ses modèles grecs, donnera du physicien cette définition : *Physicum, id est speculatorem venatoremque naturæ.* (*De natura deorum*, I, 30).

Mais de même qu'il ne suffit pas de raisonner de la première façon venue pour atteindre une conclusion certaine, et qu'il appartient au logicien de déterminer avec précision les lois de la pensée formelle, de même l'observation scientifique a ses règles, ses procédés, sa méthode, dont les anciens ne se sont que bien tardivement avisés (2). Ce qui est un peu pour étonner, c'est qu'un peuple qui dans le domaine moral a fait des découvertes si étendues, si merveilleuses, d'une précision si surprenante et d'une richesse presque inépuisable, ait négligé dans la sphère du monde extérieur des moyens d'investigation qui lui avaient si bien réussi ailleurs : c'est qu'au

---

(1) On rencontre chez Isocrate les deux expressions parallèles : σκοπεῖν τὰς φύσεις τὰς τῶν ἀνθρώπων et σκοπεῖν τὴν φύσιν τῶν πραγμάτων.

(2) Aussi n'irais-je pas jusqu'à soutenir avec Barth. Saint-Hilaire que « l'hellénisme a connu tout aussi bien que nous ce qu'est la méthode d'observation dans toute son étendue et toute sa puissance ». Les anciens et surtout les Grecs ont usé de l'observation, c'est certain : mais il me semble qu'on pourrait leur appliquer de tout point ce que Cicéron dit de la cadence oratoire chez les prédécesseurs d'Isocrate : « Si quando erat, non apparebat eam dedita opera esse quæsitam, verumtamen natura magis tum casuque, non unquam ratione aliqua aut ulla observatione fiebat ».

temps où un Sophocle et un Euripide mettaient sur la scène avec tant de gloire les tendances les plus intimes, parfois les plus cachées de notre nature morale et portaient dans l'analyse psychologique une sûreté de vue si remarquable, au temps où les multiples ressorts de la politique, où les fondements de l'état social étaient approfondis avec la pénétration que l'on sait par un Thucydide, un Platon et un Aristote, — la simple connaissance des phénomènes naturels soit demeurée si vague, si incomplète, et cet ordre de recherches si peu populaire. Descartes avait-il donc raison de poser cette assertion répudiée par la plupart de nos contemporains : « L'esprit est plus aisé à connaître que le corps ? » Mais les anciens en général partaient d'un point de vue bien différent, puisqu'ils ne mettent rien au-dessus des plus hautes méditations sur le ciel et sur l'univers pour conduire efficacement l'âme à prendre conscience d'elle-même et de ses affinités avec l'intelligence divine (1).

Pour expliquer le contraste que nous venons de relever, et l'avance prodigieuse prise dans l'antiquité par la science de l'homme sur la science de la nature, remarquons d'abord que la nature est hors de nous et que cette étrangère ne nous montre qu'indifférence, tandis que l'homme, chacun de nous la porte en soi ; que la vie physique, au dehors et même au dedans de nous, se conserve et se continue presque sans notre concours, tandis que notre vie morale, tout autrement importante, est notre œuvre personnelle de tous les instants ; enfin que la vie sociale, si étendue et si ramifiée chez une race telle que la race hellénique, nous engage dans un réseau de relations jamais interrompues. Nous l'avons constaté en passant en revue les chefs-d'œuvre de la poésie hellénique, c'est à

---

(1) Voir le *Timée* de Platon et les *Tusculanes* de Cicéron (v, 25). — Bacon, plus porté évidemment à atténuer qu'à exagérer en nous le rôle de la raison et de la conscience, affirme également que l'entendement connaît la nature par un rayon direct, et l'homme par un rayon réfléchi (*De augmentis scientiarum*, III, 1).

l'homme surtout que le Grec s'intéresse : membre dans la cité d'un organisme politique où l'activité de chacun contribue à la prospérité de tous, les droits individuels et les vertus civiques le touchent plus que tout le reste ; c'est en cherchant à les définir que les sept sages ont acquis leur célébrité. Un petit nombre d'esprits d'élite, et à leurs heures de loisir (1), daignent ouvrir les yeux et réfléchir sur le monde extérieur: pour la foule c'est là une étude de luxe dont l'utilité et à plus forte raison la dignité ne sont pas même soupçonnées.

Rappelons enfin l'influence indirecte, mais réelle de la mythologie traditionnelle, substituant un peu partout à l'aspect intérieur et intelligible du phénomène une sorte d'image extérieure et sensible. Il y a des cas où l'emploi du symbole est à peu près inévitable, ce qui faisait dire à Aristote : φιλόμυθος ὁ φιλόσοφος πώς ἐστι : mais la science n'est possible que le jour où l'esprit se place résolument en face de l'objet qu'il a l'ambition de saisir et de comprendre. Tout intermédiaire détourne son attention et affaiblit son action. En outre, donner d'un phénomène céleste ou terrestre une explication naturelle, c'était inévitablement déposséder quelque dieu ou quelque déesse de son rôle et de ses attributs consacrés : tentative que la plupart devaient juger audacieuse, et un trop grand nombre impie et sacrilège. Anaxagore n'a pas été le seul à en faire l'épreuve. On hésitait à forcer des secrets gardés par des puissances jalouses.

Mais avec le temps le progrès de la réflexion et des lumières devait avoir raison de cette crainte superstitieuse, et d'autres causes plus graves, plus immédiates ont contribué au lent et incomplet développement de la connaissance de la nature. A quelles conditions pouvait-elle prendre un légitime essor ? Quels procédés fallait-il employer pour surprendre des vérités si bien cachées à un regard superficiel ? Comment se garantir des illusions que l'esprit humain rencontre ici à peu

---

(1) Voir sur ce point la déclaration explicite de Platon dans le *Timée* (39 D).

près infailliblement sur sa route? Où est la pierre de touche qui permet de distinguer sûrement entre les hypothèses probables et les conjectures arbitraires? — autant de questions capitales auxquelles les anciens n'ont guère songé. Aristote, ce génie si prodigieux pour son temps, semble avoir eu sur bien des points comme le pressentiment des règles à suivre dans la recherche des vérités physiques (1) : mais tandis qu'il traçait d'une main presque infaillible, et pour toute la suite des siècles, les lois du raisonnement déductif, son *Organon* était muet, ou peu s'en faut, sur les véritables procédés de la méthode inductive, et jusque chez l'auteur de l'*Histoire des animaux*, l'étude de la nature a ses imperfections et ses défaillances. Peu à peu chez ses successeurs instruits à son école, l'observation volontaire vient s'ajouter ou même se substituer à l'observation fortuite ; on va au-devant des phénomènes au lieu d'attendre peut-être vainement qu'ils se produisent sous les yeux du spectateur.

Néanmoins la grande, l'irrémédiable lacune qui a rendu stérile en ce domaine l'effort de l'antiquité, c'est l'absence de ce que l'on a si justement nommé « l'âme des sciences physiques », je veux dire *l'expérimentation*. De Thalès à Proclus, durant cet intervalle de douze siècles, je ne sais si à aucune époque elle a jamais été sérieusement et largement pratiquée. On dira sans doute à l'excuse des anciens qu'elle comporte des appareils, des instruments de précision dont ils n'ont eu aucune idée, et que ce serait bouleverser de fond en comble l'édifice de nos connaissances que de supprimer par la pensée tout ce que nous devons au microscope et au télescope, au thermomètre et au galvanomètre, sans parler des

---

(1) « It constitutes the strongest of all his many claims to our intellectual veneration, that he was able to perceive so largely as he did the superior value of the objective over the subjective method in matters pertaining to natural science ». (M. Romanes dans la *Contemporary Review*). Barthélemy Saint-Hilaire avait plaidé cette même cause avec une infatigable conviction.

inventions de toute espèce qui s'accumulent dans nos laboratoires. A quoi Lange et d'autres répondent que ces mêmes instruments comptent précisément au nombre des conquêtes les plus remarquables de la science, et que sur ce terrain les modernes mieux dirigés ont fait de rapides progrès sans être d'abord mieux outillés que les anciens.

Il ne faut pas d'ailleurs, disons-le en passant, se figurer ces derniers aussi complètement déshérités sous ce rapport qu'on le fait communément. Assyriens et Egyptiens ont déjà connu l'usage du gnomon. La διόπτρα et le μετεωροσκόπιον servent dès le temps d'Eudoxe à la mesure des hauteurs (1); Hipparque imagine l'astrolabe qui permet de déterminer directement les longitudes et les latitudes des astres : l'invention de la sphère armillaire remonte à Ératosthène, et selon d'autres, à Anaximandre. Cicéron (2) ne mentionne qu'avec une profonde admiration celle à laquelle Archimède avait attaché son nom.

J'ai parlé tout à l'heure de laboratoires : c'est là que la science moderne cite pour ainsi dire la nature à son tribunal, là qu'elle poursuit sans relâche ses investigations minutieuses sur la composition et les propriétés des êtres, là qu'elle prépare et qu'elle célèbre ses plus glorieux triomphes. Or élever et organiser des arsenaux de ce genre est une idée qui ne s'est présentée à l'esprit d'aucun Grec ni d'aucun Romain, pas même d'un de ces Ptolémées qui ont doté leur capitale égyptienne de tant d'autres établissements aussi utiles que somptueux (3).

C'est qu'en effet la science d'alors se bornait à enregistrer, à collectionner des faits plus ou moins authentiques, plus ou moins décisifs : on ne croyait pas qu'on pût agir sur la na-

---

(1) Voir Tannery, *Recherches sur l'histoire de l'astronomie ancienne*, p. 46 et suiv.
(2) *De republica*, I, 14.
(3) Rappelons ici l'observatoire qu'Eudoxe à l'imitation, dit-on, des prêtres Chaldéens avait établi à Cnide sa patrie.

ture, lui poser des questions dans tous les sens, la mettre à la torture, s'il le fallait, en lui imposant un travail déterminé en vue d'une démonstration attendue, et sous la contrainte de cette dialectique d'un nouveau genre, l'obliger à livrer l'un après l'autre tous ses secrets. Ce procédé qui nous paraît si simple, qui nous est devenu si familier, les anciens l'ont ignoré, faute de soupçonner et d'avoir mesuré la puissance dont il dispose pour compléter et contrôler les données de l'observation (1). Ces vieux philosophes, qui semblent n'avoir d'autre préoccupation, d'autre champ d'étude que la nature, ne savaient ni la solliciter par l'expérience, ni l'épier adroitement pour surprendre son action, ni jeter les phénomènes dans une sorte de creuset où s'opère le départ de l'essentiel et de l'accidentel (2). Au reste, la réflexion ou un heureux hasard eût-il conduit à imaginer et à pratiquer des recherches de ce genre, on se fût exposé à être traité de charlatan, de magicien, comme plus tard d'alchimiste et de sorcier.

Comment expliquer cette étrange attitude, en si frappant contraste avec ce qui se passe dans l'ère moderne ? D'une part, semble-t-il, elle résulte d'un respect exagéré pour la na-

---

(1) Il convient cependant de noter que d'après Chalcidius le médecin pythagoricien Alcméon aurait le premier proclamé la nécessité et donné l'exemple des dissections. Humboldt affirme ne pas connaître dans l'antiquité d'expériences physiques véritables antérieures à celles qui servirent à Ptolémée à déterminer les lois de la réfraction : l'*Optique* de ce savant renfermait un énoncé précis des variations du rayon lumineux passant de l'air dans l'eau, ou dans le verre.

(2) Je ne m'arrêterai pas ici à discuter et à réfuter après M. Milhaud la singulière théorie ainsi résumée par ce savant écrivain : « Si les Grecs n'ont pas créé la science expérimentale, c'est que leur tournure d'esprit les en aurait rendus incapables. Seul, ce qui est démontré, ce qui peut rentrer aux yeux de la raison dans l'ordre immuable des choses, était accepté par eux comme donnée scientifique. Il fallait, pour que notre science pût naître, une éducation nouvelle de l'esprit humain, qui la détournât du besoin constant de démonstration rationnelle. Cette éducation, le fidéisme religieux du moyen-âge l'aurait réalisée ».

ture (1), investie d'une sorte de puissance divine que l'homme pouvait admirer, mais sur laquelle il ne se reconnaissait aucun droit (2) ; d'ailleurs, pourquoi faire ainsi violence à cette souveraine ? lui dicter des ordres eût été jugé téméraire, et aussi inutile que téméraire (3). D'autre part, on peut considérer cette abstention comme la conséquence d'un certain idéalisme théorique : on avait de la raison, de sa dignité, de son pouvoir une conception si haute qu'on aurait rougi de puiser sa science ailleurs (4).

Ainsi la méthode expérimentale, cette clef des connaissances naturelles n'a jamais été ni clairement approfondie, ni sérieusement pratiquée (5) ; si les anciens l'apprécient, c'est surtout comme moyen de vérification, au même titre que la preuve d'une opération mathématique : d'ailleurs l'expérimentation étant ou incomplète ou mal dirigée, la théorie qu'elle servait à édifier gardait un caractère plus ou moins aléatoire. Mais comme instrument de découverte, ils n'y ont guère recours, et encore à titre exceptionnel, que lorsque se brise entre leurs mains la chaine du raisonnement ou que les prin-

---

(1) L'expression énergique de Bacon, *dissecare naturam*, eût paru alors aussi absurde que sacrilège.

(2) Témoin ce passage de Cicéron (*De divinatione*, I, 18) : « Non reperio causam. Latet fortasse obscuritate involuta naturæ. Non enim me Deus ista scire, sed his tantummodo uti voluit ».

(3) Bacon, au contraire, et Descartes rêvent tous deux d'une science qui étendrait à l'infini l'empire de l'homme sur la nature.

(4) Platon, on le sait, est très loin d'être le seul parmi les philosophes anciens à tenir pour suspecte la connaissance sensible et à exalter d'autant la connaissance rationnelle. Cf. *Théét*, 201 E : ὧν οὐκ ἔστι λόγος οὐκ ἐπίστητα εἶναι.

(5) M. BROCHARD (*Revue philosophique*, 1887) en fait remonter la première apparition aux écoles de médecine d'Alexandrie et en particulier au sceptique Ménodote de Nicomédie qu'il appelle « le père du positivisme dans l'antiquité ». — Cf. F. MARTIN, *La perception extérieure*, p. 151 : « Les anciens ne concevaient pas la science à notre façon, c'est-à-dire ne lui assignant pas comme objet les phénomènes, ne pouvaient avoir l'idée de l'expérimentation, qui est le mode de connaissance des phénomènes. »

cipes communément admis ne fournissent aucune solution acceptable.

Que se passait-il donc? Après avoir jeté un premier et rapide regard sur la nature et demandé au spectacle du monde le point de départ et pour ainsi dire l'étincelle dont ils avaient besoin, ces physiciens de profession, bien plus métaphysiciens et logiciens qu'ils ne se le figuraient eux-mêmes, avaient hâte de rentrer dans leur pensée pour n'en plus sortir, fermant désormais les yeux aux impressions du dehors : et comme le montre avec une évidence supérieure l'exemple de Pythagore et de Parménide composant d'éléments rationnels la notion qu'ils se font de l'être, cette contemplation, cette considération des choses, dont ils parlent si volontiers, intérieure beaucoup plus qu'extérieure, ne suppose pas d'autre observatoire qu'une retraite studieuse, pas d'autre procédé qu'une réflexion s'exerçant en pleine indépendance, qu'il s'agisse de l'atomisme de Démocrite ou de l'idéalisme de Platon : pratique excellente pour sauvegarder à l'égard des phénomènes ce qu'un contemporain a appelé assez finement « la liberté esthétique de l'esprit », mais moyen très discutable de se retrouver d'accord avec la réalité, au terme de sa méditation comme au début. Ajoutez que tandis qu'à l'heure présente les données expérimentales nous écrasent et par leur nombre et par leur liaison démontrée, elles étaient alors assez rares, assez imparfaitement coordonnées pour laisser champ libre à l'invention, et même pour rendre, en dehors de la sphère des principes, toute synthèse impossible, surtout s'il s'agissait d'expliquer la nature entière et non pas seulement une série déterminée de phénomènes (1) : aussi quelle prodigieuse diversité d'opinions dans l'unique école ionienne, à la fois si ambitieuse et si naïve, si curieuse et si émerveillée ! Même de très grands gé-

---

(1) Gothe comparait la nature à un livre immense contenant les secrets les plus merveilleux, mais dont les pages sont dispersées à travers tout l'univers Combien de ces pages les anciens même les plus instruits avaient-ils feuilletées ?

nies, puissants théoriciens, n'arriveront pas à se persuader qu'il importe plus encore de multiplier les premières assises de leur système en s'aidant des révélations de l'expérience que d'élever une construction aérienne en étendant indéfiniment la chaîne de leurs déductions (1).

Ainsi d'une part, peu, trop peu de phénomènes naturels vraiment étudiés, convenablement classés, sérieusement analysés, partout un horizon restreint : une expérience incomplète, insouciante du détail précis, et laissant subsister entre des faits intrinsèquement semblables les différences auxquelles se heurte un regard superficiel : faute d'avoir serré d'assez près les choses les plus simples et les plus élémentaires que l'on se flatte trop souvent de pénétrer d'une première vue, des idées étranges ou fausses tant sur l'être en général que sur ses manifestations diverses dans les divers domaines de la création. D'autre part, une confiance absolue dans le pouvoir de la raison, qui tout en prenant conscience de sa force ne se rend compte ni de sa faiblesse ni de ses limites : cette conviction que la nature entière, en dépit de sa prodigieuse complexité, est régie au fond par quelques lois très sommaires, en très petit nombre, partout applicables, constamment agissantes ; en un mot une logique ayant à la fois toutes les timidités et toutes les audaces de celle de l'enfant. En voilà assez pour expliquer comment sur des données partielles et insuffisamment contrôlées on se hâte de greffer des notions ou des propositions générales invoquées presque aussitôt comme des vérités au-dessus de toute discussion. Un résultat particulier dont l'intelligence ou l'imagination a été frappée est soudain transformé en principe absolu qu'on ne songe même pas à soumettre à quelque vérification ultérieure. Ajoutons que les anciens étaient dupes des analogies dans les mots aussi bien que des ressemblances dans les choses : c'est ainsi qu'Aristote

---

(1) En fait, certains modernes parmi les plus célèbres et les plus admirés, un Descartes, un Spinoza, un Hegel, un Schopenhauer, n'ont-ils pas donné le même spectacle et succombé à la même tentation ?

traite simultanément de la production des métaux et de celle des nuages, de l'origine des pierres et de celle de la foudre (1).

Les premiers philosophes grecs peuvent à bien des égards être comparés à des colons qui, abordant à un continent jusque-là inconnu, s'enfoncent hardiment dans la forêt vierge sans s'inquiéter en aucune manière des restrictions qu'une civilisation plus avancée imposera aux droits illimités qu'ils s'arrogent. Plus tard il y aura des démarcations tracées, limites entre Etats voisins ou entre propriétés limitrophes : en ce temps-là tout paraît un bien vacant. Leurs assertions sont-elles en contradiction avec l'expérience quotidienne la plus vulgaire ? le divorce est-il visible entre les croyances traditionnelles de leur race et les conclusions où les entraîne leur méditation solitaire ? rien ne les arrête : le sentiment de leur isolement ne fait qu'exalter la conviction qu'ils ont de leur supériorité sur la foule ignorante, égarée par de trompeuses apparences (2). Loin de dissimuler leur originalité, ils ne semblent avoir d'autre souci que de la pousser à l'extrême : en tout cas pas un instant ils ne doutent ni de leur droit ni de leur pouvoir d'imposer à la réalité leur façon de l'interpréter. A l'heure actuelle, de telles prétentions se rencontrent encore sur le terrain de la métaphysique pure : pas un savant soucieux de sa renommée n'oserait se les permettre ; bien plus, à la seule annonce d'un fait nouveau qui se montre rebelle aux théories jusque-là les plus universellement admises, chimistes et physiciens, physiologistes et astronomes, s'inclinant devant cette révélation inattendue de la nature, abandonnent un enseignement séculaire vainement défendu par des noms glo-

---

(1) Tels ces naturalistes du xvi° siècle, lesquels, rapprochant naïvement tout ce que le hasard amenait sous leurs yeux, décrivaient pêle-mêle, dans les termes les plus fantaisistes, les trachées des plantes et celles des insectes, le tartre des dents et le tartre du vin.

(2) Entendez Parménide s'écrier avec fierté en parlant de sa théorie :

Ἡ γὰρ ἀπ' ἀνθρώπων ἐκτὸς πάτου ἐστίν.

rieux et des preuves que la veille encore on déclarait surabondantes.

Tout autre assurément est l'attitude d'un Thalès, d'un Pythagore ou d'un Héraclite, et M. Zeller a très heureusement caractérisé par les mots de *physikalischer Dogmatismus* le trait commun des philosophes de la période antésocratique (1). C'est merveille de relever les problèmes déconcertants qu'ils se posent (quelque chose comme les antinomies de Kant sur le caractère fini et infini du temps, de l'espace, du mouvement et du monde), et les solutions catégoriques, quoique étrangement improvisées, qu'ils y apportent : merveille encore de voir comment entre leurs mains une conjecture devient une certitude dès qu'elle paraît fournir de quelques faits isolés une explication plus ou moins plausible, comment ils jugent superflu de déterminer avec exactitude l'origine et la valeur de telle ou telle proposition mise en crédit par une apparente conformité avec la nature. Pour lui créer un équivalent d'évidence, le procédé est simple : il consiste à exagérer, s'il le faut, l'importance des faits qui la justifient, à fermer prudemment les yeux sur tout ce qui la contredit.

En outre il faut s'attendre à ce que la brillante faculté qui avait donné à la Grèce sa religion et ses légendes héroïques interviendrait avec une égale puissance, quoique sous une forme différente, dans la naissance et les premiers développements de sa philosophie. Et en effet il est visible que l'imagination a concouru à enfanter, à transmettre ou à modifier théories et systèmes (2), de même qu'autrefois dans les chants des rhapsodes

---

(1) Platon et Aristote ne sont pas assurément moins dogmatiques, le second surtout : mais l'épithète qui convient en parlant de leur enseignement est celle d'*intellectualischer Dogmatismus*.

(2) Je laisse ici de côté le rôle littéraire éminent qu'elle joue, par exemple, dans le poème de Parménide et les pages les plus brillantes de Platon : je ne parle que des conceptions elles-mêmes, et je constate notamment que M. Milhaud (*Leçons sur les origines de la science grecque*, p. 168) donne pour base à une de ses argumentations à propos 'Anaximandre la très vive imagination du penseur ionien.

et des lyriques elle remaniait et embellissait à son gré événements et croyances. Les analogies immédiates elles-mêmes ne font pas ici défaut. Chez Empédocle, par exemple, les éléments constitutifs de l'univers auront leurs querelles et leurs réconciliations tout comme les Olympiens chez Homère, et sous des noms divers le chaos primitif ne jouera pas un moindre rôle chez certains penseurs que chez les poètes. Mais pour ne pas insister sur des rapprochements peut-être un peu fortuits, il il est incontestable que les abstractions réalisées ont failli être une seconde fois l'écueil de la pensée grecque, en lui imposant une sorte de mythologie nouvelle moins riante à coup sûr que la première. L'atome, l'idée, la forme, l'acte, la puissance, la tension, voilà les puissances nouvelles qui doivent désormais expliquer tout ce qui existe. Loin de moi la pensée de soutenir du même coup qu'ici on ne rencontre que rêverie ou chimère (1) : au contraire, la science moderne a hérité de quelques-unes de ces conceptions vraiment étonnantes, et l'on comprend sans peine que des lettrés plus philosophes que savants, tels qu'un Villemain, aient parlé du « sublime conjectural de l'imagination antique ». Bien souvent cependant nous avons devant nous un édifice qu'on dirait construit sans la participation de la raison, ou même à l'abri de son contrôle, comme si son intervention ne pouvait avoir que des suites fâcheuses.

Voilà bien cet *intellectus sibi permissus* que Bacon, dans la suite, devait si vertement critiquer. Au surplus, veut-on une preuve indirecte et cependant irrécusable des préférences innées du génie grec pour tout ce qui relève directement de l'application intérieure de l'esprit? Que l'on mette en parallèle avec la lente évolution des sciences naturelles les remarquables

---

(1) Les modernes si âpres sur ce point à la critique des anciens oublient de s'examiner eux-mêmes. Conçoit-on à l'heure présente un système quelconque de cosmologie qui consente à se passer de la notion de *force* ? Or dans quel embarras cruel jetterait-on les savants si on leur interdisait de faire usage de cette notion avant de l'avoir nettement définie ?

progrès réalisés dès une époque relativement ancienne par les sciences exactes, où l'expérience n'a qu'un rôle tout à fait secondaire, où les vérités à découvrir sont liées les unes aux autres par des relations logiques et jouissent de toute l'évidence des principes auxquels elles se rattachent. Ici l'intelligence se suffit vraiment à elle-même ; voilà pourquoi, sous l'effort de la pensée d'un Pythagore, d'un Philolaüs, d'un Euclide, d'un Platon, d'un Archimède, les mathématiques ont de bonne heure trouvé leur voie (1). Se demande-t-on à quel degré de développement est parvenue en Grèce une de nos sciences modernes ? On peut sans crainte le mesurer au rapport plus ou moins étroit qu'elle offre avec les connaissances exactes, au secours qu'elle est en droit d'attendre de la science des nombres. Presque toutes les découvertes durables de la physique ancienne sont de nature mathématique (2). Depuis les temps les plus reculés, dans les principales nations de l'Orient, les savants ou, comme on les nommait alors, les sages s'étaient livrés à la contemplation des mouvements célestes (3). Les plus anciens philosophes grecs s'empresseront de suivre cet exemple, et l'entretien entre Socrate et Euthydème dans les *Mémorables* atteste que, dès le ve siècle, les découvertes astronomiques avaient atteint un haut degré de justesse et de précision. A l'origine, notre globe était réputé un disque plat :

---

(1) « La vraie méthode de recherches pour la résolution de questions proposées est l'analyse, telle que l'a conçue Platon, telle qu'elle a été pratiquée par les anciens géomètres » (DUHAMEL).

(2) Remarquons à ce propos qu'Aristote (*Physique*, II, 2, 194^a 7) définit l'acoustique, l'optique et l'astronomie τὰ φυσικώτερα τῶν μαθημάτων. Ici encore on ne peut pas dire que les anciens se soient totalement trompés ; car qui ignore jusqu'où va, à l'heure actuelle, dans toutes les branches de la physique supérieure, l'importance de la formule et le rôle du calcul, « puissance merveilleuse qui métamorphose tout ce qu'elle touche », comme s'exprime Cousin dans son discours de réception à l'Académie française.

(3) On trouvera cette histoire résumée de main de maître soit dans l'*Exposition du système du monde*, par Laplace, soit dans les travaux plus récents de MM. Tannery et Milhaud.

on ne tarda pas à se convaincre de sa sphéricité. Si sur le point capital de la rotation et de la translation de la terre les anciens, en dépit de quelques protestations isolées (1), sont restés victimes d'une illusion de la vue, cependant jusque dans leur erreur ils ont fait preuve d'une habileté digne d'éloges ; on ne peut en effet qu'admirer les inventions extraordinairement ingénieuses qui leur permirent de mettre au moins provisoirement leurs théories d'accord avec les apparences. La physique, la chimie étaient à peine ébauchées, la biologie n'existait pas encore que déjà on connaissait l'obliquité de l'écliptique, la durée de l'année tropique, les éléments du système solaire, la précession des équinoxes.

Ainsi, pour nous résumer, le grand tort des anciens a été de s'imaginer qu'une fois en possession des données fournies par une observation même fortuite, même isolée, tout le reste était affaire ou de divination ou de raisonnement ; que l'esprit humain, au nom des facultés et des lumières qui lui sont propres, avait immédiatement conquis le droit de dogmatiser, d'interpréter à sa manière ces données, de pressentir ou de supposer ce qu'elles ne renfermaient pas. De là, la patience, faut-il dire persévérante ou opiniâtre, avec laquelle l'antiquité a essayé tour à tour des mêmes faits les explications les plus différentes ; de là ces généralisations prématurées qui donnaient à des intelligences supérieurement déliées l'illusion d'avoir trouvé l'essence des êtres (2). Le procédé déductif était regardé comme l'expression de la liaison des choses dans la nature elle-même (3) : plus celle-ci apparaissait comme pénétrée de

---

(1) On reviendra sur ce point dans la suite du présent ouvrage.

(2) « Les Grecs s'élancent du premier coup aux plus hautes conclusions et ne songent guère à construire pour y atteindre une bonne route solide : leurs preuves se réduisent le plus souvent à des vraisemblances. En somme, ce sont des spéculatifs qui aiment à voyager sur le sommet des choses » (TAINE).

(3) On connaît la critique de Bacon : *Assensum syllogismus, non res astringit*, qui d'ailleurs n'a pas détourné Hegel d'écrire le mot fameux : « La nature est un syllogisme immanent. »

raison et d'intelligence, plus user dans son étude de moyens rationnels semblait un droit et presque un devoir.

Aujourd'hui, le savant craint de s'aventurer seul : il voudrait ne marcher que dirigé par l'expérience et appuyé sur elle ; en tout cas il s'avance aussi loin qu'il le peut à la main et à la lumière de ce guide. Que cette circonspection eût étonné les anciens ! Voyez les Pythagoriciens : la réalité observable refuse de se laisser enfermer exactement dans les cadres qu'*a priori* on lui a imposés ; qu'à cela ne tienne ! un astre sera inventé de toutes pièces pour rétablir l'harmonie. Préférez-vous interroger Platon ? il vous répondra dans le *Philèbe* que jusque dans le domaine de la nature, la science maîtresse — celle qui ne donne rien à l'opinion et s'appuie uniquement sur des principes universels et nécessaires, poursuit partout et impose partout l'idéal scientifique dont elle est la plus haute expression, — c'est la dialectique. Ainsi, dans tout conflit entre la science et la métaphysique, c'est à la première de s'incliner. Ailleurs le même Platon affirmera que si l'étude des causes secondes et des êtres qui passent offre le moindre intérêt au philosophe, c'est uniquement parce qu'elle est une contribution utile à une connaissance véritable de la cause première, de l'être impérissable. Aristote a très bien vu que le rôle de la science est de tirer l'inconnu du connu (1) : néanmoins il s'en faut que lui-même se conforme en toute occasion à cette règle si pratique. Plus d'une fois la subtilité de son esprit lui a suggéré des démonstrations arbitraires. Nous possédons ce que la langue contemporaine appellerait ses « conférences de physique », φυσικαὶ ἀκροάσεις : l'ouvrage, qui débute par un exposé et une discussion de principes (2), est occupé tout entier par des

---

(1) *Physique*, I, 1, 184ᵃ 16 : πέφυκε δὲ ἐκ τῶν γνωριμωτέρων ἡμῖν καὶ σαφεστέρων ἡ ὁδὸς ἐπὶ τὰ σαφέστερα τῇ φύσει καὶ γνωριμώτερα.

(2) Ces déclarations sont assez significatives pour mériter d'être reproduites : Τότε οἰόμεθα γινώσκειν ἕκαστον, ὅταν τὰ αἴτια γνωρίσωμεν τὰ πρῶτα καὶ τὰς ἀρχὰς τὰς πρώτας καὶ μέχρι τῶν στοιχείων· δῆλον ὅτι καὶ τῆς περὶ φύσεως ἐπιστήμης πειρατέον διορίσασθαι πρῶτον τὰ περὶ τὰς ἀρχάς; (*Physique*, I, 1, 184ᵃ 12).

controverses que d'un commun accord nous renvoyons aux métaphysiciens de profession. De même que l'explication particulière des diverses classes d'êtres cède le pas à l'explication suprême de l'être en général, de même les données des sens, que nous prisons si fort, s'effacent derrière les intuitions et les constructions de l'entendement. Et ceux qui pensent ainsi ne sont pas seulement, comme on serait tenté de le croire, des idéalistes impénitents comme Xénophon ou Parménide ou même Platon. Prenons Démocrite, celui de tous les prédécesseurs de Socrate qui passe d'ordinaire pour incliner de plus près au matérialisme (nous verrons plus loin dans quelle mesure cette réputation est méritée) ; il enseigne expressément que la perception des sens est obscure, que la connaissance par la raison est seule vraie, seule authentique (γνησίη). L'essence intime des choses se dérobe aux sensations qui ne nous révèlent que des apparences incertaines ; l'entendement découvre et scrute ce qui les dépasse, les seules réalités indiscutables, à savoir les atomes et le vide. En poussant à l'extrême cet adage juste en soi : « Il n'y a pas de science du particulier », la pensée grecque dans l'ordre des recherches savantes allait droit aux généralisations les plus larges (1), et le même motif qui dictait à Aristote ce paradoxe apparent : « La poésie est plus philosophique que l'histoire » devait faire envisager la *Physique*, telle que nous venons de la décrire, comme une œuvre plus véritablement scientifique que l'*Histoire des animaux* ou tel traité spécial dû à un anatomiste ou à un géomètre du temps.

Après l'exposé qui précède des difficultés éprouvées par les Grecs, ces éducateurs par excellence du paganisme antique, à

---

(1) « Les idées générales sont la passion des esprits qui n'ont pas encore rassemblé un grand nombre de faits : ils s'en enivrent comme d'une vapeur légère, subtile et pénétrante. Elles ne traînent pas après elles un poids mort de chiffres, d'observations et de formules » (M. Faguet).

se faire une idée exacte et complète de la nature, de ses forces, de son activité incessante et de ses créations sans cesse renouvelées, il paraît équitable de relever les principales circonstances qui excusent en partie du moins cette lacune en soi assez étrange de la culture antique.

I. — Dire que la logique a été inconnue des Grecs, serait un paradoxe aussi inexact qu'injurieux : il est permis néanmoins de constater qu'au vᵉ siècle elle n'avait encore été l'objet d'aucune étude spéciale. La science que l'Allemagne contemporaine a baptisée du nom d'*épistémologie* était encore au berceau. Il semble qu'en émancipant l'intelligence de tout joug étranger, les premiers essais des penseurs ioniens auraient dû avoir pour résultat de faire sentir plus vivement le besoin d'entourer la science de toutes les précautions et de toutes les garanties intellectuelles qu'elle est en droit de réclamer. Et cependant, quelle que fût leur finesse naturelle, les Grecs n'eurent longtemps qu'une intuition vague des lois, des limites et des conditions de la connaissance humaine, partant des règles qui s'imposent à notre intelligence dans la poursuite et l'acquisition de la vérité. Que de fois en les lisant sommes-nous déconcertés par le tour insolite de l'argumentation? Mais, comme on l'a vu plus haut, soit que leur pénétration native se sentît plus à l'aise dans les investigations psychologiques et morales, soit que leur amour de la mesure et de la précision trouvât une satisfaction immédiate dans l'enchaînement rigoureux des mathématiques, ce sont les sciences naturelles qui ont eu le plus à souffrir de l'absence de méthode régulière. La dialectique platonicienne et les *Analytiques* d'Aristote comptent parmi les titres d'honneur de l'antiquité : le *Novum organon* est une œuvre essentiellement moderne.

Dans le domaine scientifique auquel se rapporte notre travail, les problèmes mêmes que se posent les anciens ont parfois de quoi nous surprendre. Les uns par leur immensité et leur profondeur : la science en est encore à ses premiers bégaiements, et déjà elle a l'ambition de résoudre l'énigme du monde, de pénétrer jusqu'aux principes constitutifs des êtres et aux conditions souveraines de leur génération : les autres au contraire par leur subtilité et, si j'ose le dire, leur bizarrerie, à tel point qu'ils deviendront à peu près inintelligibles pour les âges suivants. Pour nous, telle question alors agitée a cessé d'en être une, telle réponse a perdu toute signification. Réciproquement, il est vrai, nous nous jetons avec passion dans des controverses en face desquelles les plus savants d'alors auraient haussé les épaules, incapables qu'ils étaient d'en comprendre l'intérêt. Le critique qui refuse de tenir compte de cette évolution des idées est exposé à se rendre coupable de dédains ou de blâmes injustes : toute histoire impartiale (et celle de la philosophie ne fait pas exception) doit tendre à être « la résurrection du passé ».

Quant aux questions naturelles qui sont de tous les âges, nous avons déjà dit ce qui manquait aux Grecs pour les résoudre avec sûreté. Socrate fut le premier à enseigner par quelle route on pouvait s'élever du bon sens vulgaire à la raison, de l'opinion à la science ; encore ne l'a-t-il fait que pour les vérités de l'ordre moral. Platon son disciple insiste sur l'utilité des définitions, des divisions et des classifications en termes qui nous font sourire, habitués que nous sommes à nous en préoccuper avant tout le reste ; mais précisément cette insistance nous montre que c'étaient là autant de procédés auxquels nul n'avait encore songé. La démonstration elle-même passait pour superflue, peut-être uniquement parce qu'on connaissait mal l'art de tirer du calcul, de l'expérience ou du raisonnement les éléments d'une argumentation décisive. Parménide sera le premier à ne pas se contenter d'énoncer des thèses en laissant à ses affirmations le soin de triompher par leurs seules forces : il les explique, il les développe, il disserte avec un tour d'esprit presque scolastique. On s'imaginait d'ailleurs volontiers qu'on avait tranché une difficulté alors qu'on l'avait simplement reculée, et telle solution de la sagesse antique est voisine de celles dont se contente une intelligence d'enfant. Ainsi la notion de rapport ne se détachait pas des choses qui lui servaient de fondement: ce qui sert à juger s'identifiait à la fin avec l'objet même du jugement. Avait-on trouvé la loi d'un phénomène? on se croyait dispensé de toute autre recherche dans l'ordre des causes (1), et Aristote est obligé de rappeler aux Pythagoriciens que les propriétés même les plus merveilleuses du nombre sont impuissantes à rendre compte de l'existence du moindre des êtres (2).

Aller au-devant des doutes, imaginer et discuter des objections est resté chose inconnue jusqu'au temps des sophistes et de Socrate. Il est vrai que les systèmes antérieurs se forment et s'enseignent dans des milieux restreints d'où ils ne rayonnent que difficilement et lentement au dehors : ils n'ont que des contacts à distance, si l'on peut ainsi parler. Les contradictions parfois flagrantes qu'ils présentaient n'ont apparu au grand jour que dans l'âge de l'érudition et de la dialectique, et ce sera l'originalité de Zénon d'Élée d'en pousser quelques-unes à l'extrême. Plus d'un de ces anciens philosophes a commis l'imprudence, à peine remarquée de son vivant, d'avoir des « convictions successives », défendues par lui en apparence avec une égale assurance, sinon avec un égal enthousiasme. Renan l'a dit très justement : « Il est dangereux de faire coïncider de force les différents aperçus des anciens. Ils philosophaient souvent sans se limiter dans un système, traitant les mêmes sujets selon les points de vue qui s'offraient tour à tour à eux ou qui leur étaient offerts par les écoles précédentes, sans s'inquiéter des dissonances qui pouvaient exister

---

(1) La même confusion (mais est-elle toujours involontaire?) persiste sous nos yeux chez certains savants qui savent si bien sur le bout du doigt comment les choses se passent dans la création qu'ils s'estiment dispensés de croire à un créateur.

(2) *Métaph.*, xiv, 6, 1093^b 7; Αἱ ἐν τοῖς ἀριθμοῖς φύσεις αἱ ἐπαινούμεναι καὶ τὰ τούτοις ἐναντία καὶ ὅλως τὰ ἐν τοῖς μαθήμασιν, ὡς μὲν λέγουσί τινες καὶ αἴτια ποιοῦσι τῆς φύσεως, ἔοικεν οὑτωσί γε σκοπουμένοις διαφεύγειν, et Sextus Empiricus (*adv. Math.*, vii, 92) précisant l'objection ajoute : τὸν ἀπὸ τῶν μαθημάτων γιγνόμενον λόγον θεωρητικόν τε ὄντα τῆς τῶν ὅλων φύσεως ἔχειν τινὰ συγγένειαν πρὸς ταύτην.

entre ces divers tronçons de théories (1). » Ce sont des essais qu'ils avancent et retirent sans en apercevoir, à plus forte raison sans en mesurer toutes les conséquences. Aussi Aristote compare-t-il ingénieusement les physiciens de l'école d'Ionie à de braves soldats mal exercés qui frappent parfois de bons coups dans la mêlée, mais ignorent en général le maniement des armes.

II. — Une seconde raison a manifestement contribué à retarder les progrès de la science antique : c'est que personne ou presque personne ne songeait à la cultiver en vue de son utilité (2) : personne ne se faisait un idéal de la découverte de tous les trésors, sans exception, que recèle le vaste sein de la nature et de leur appropriation de plus en plus universelle aux besoins et aux jouissances de l'homme. Les écoles d'autrefois se distinguaient par une curiosité philosophique et scientifique très désintéressée. Aucun intérêt public ou privé ne mettait comme de nos jours le monde civilisé en émoi à l'annonce de quelque invention ou découverte inattendue.

L'industrie moderne, autour de laquelle gravitent les intérêts d'une légion de producteurs et d'une armée innombrable de consommateurs, est l'héritière à la fois laborieuse et fortunée des multiples applications de la science qui a ainsi pour elle les savants qu'elle honore et la foule qu'elle sert et enrichit (3). Nos mœurs lui imposent en quelque sorte l'obligation

---

(1) *Averroès*, p. 126.

(2) Platon n'hésite pas à blâmer de leurs préoccupations trop pratiques certains mathématiciens de son temps. — On connaît l'anecdote rapportée par Stobée. Un élève demandait à Euclide à quoi lui servirait un théorème. Le géomètre lui fit donner un triobole. Il traitait en esclave un jeune homme qui montrait un esprit aussi servile.

(3) « Sans cesser de correspondre à un besoin désintéressé de notre esprit, la science entre en contact avec les intérêts positifs. Elle restitue au monde transformé et transfiguré les éléments qu'elle a demandés au monde et elle rend au centuple à la vie humaine ce que la vie lui a donné » (M. Poincaré). — On peut plaindre les anciens de n'avoir point conçu ce séduisant programme : mais en l'adoptant les plus grands

impérieuse de démontrer chaque jour davantage son action pratique et tout particulièrement son efficacité économique dans la production de la richesse. Encore un coup, chez les anciens rien de semblable : à leurs yeux l'étude du monde est assez attachante par elle-même pour n'avoir besoin d'aucun stimulant étranger. Ils accueillent sans doute les découvertes usuelles que le hasard ou la réflexion leur suggère, mais ils ont garde de les considérer comme faisant partie intégrante de la science : c'est un surcroît ou un accident, selon la juste expression d'un contemporain; en tout cas, la pratique demeure distincte de la théorie (1). Aussi bien ce qu'on poursuivait alors, ce ne sont pas les services modestes ou éclatants qu'on est en droit d'attendre de la science pour développer le luxe ou le confort de la vie : ce sont les satisfactions d'ordre bien différent qu'elle doit donner à nos facultés intellectuelles les plus hautes, ce sont les lumières qui doivent en jaillir pour une explication de plus en plus étendue de l'énigme du monde. A la suite de Bacon, les modernes veulent se servir de la nature : les anciens aspiraient avant tout à la comprendre ; ils l'étudient, pourrait-on dire, par amour désintéressé de l'ordre éternel des choses.

Si Thalès est appelé un sage, s'il a gardé l'honneur d'avoir été l'initiateur du mouvement philosophique en Grèce, c'est précisément parce que sans cesser d'être, comme nous dirions, un homme pratique, il avait dépassé dans ses recherches le champ un peu étroit des applications usuelles (2). Lorsque

---

d'entre eux (leurs déclarations expresses sont là pour nous l'apprendre) auraient eu conscience de déchoir.

(1) M. Michaud écrit à propos d'Euclide : « C'est une marque absolument significative de sa conception de la géométrie théorique que de ne pas vouloir dans un même livre énoncer les formules utilisables et les propositions de la science purement spéculative. Les unes et les autres ne lui semblaient pas relever du même ordre d'idées ». Scrupule étrange, et bien étonnant chez un peuple où le simple céramiste avait le même idéal artistique que les sculpteurs les plus renommés.

(2) Plutarque, Solon, 3 : περαιτέρω τῆς χρείας ἐξικέσθαι τῇ θεωρίᾳ

autour de lui on prenait en pitié ses recherches savantes, il établissait par des faits qu'il ne tient qu'à un philosophe de s'enrichir (1). Mais on le voyait le plus souvent plongé dans la contemplation de la nature, ainsi que le raconte Platon dans le *Théétète :* « On rapporte que Thalès, tout occupé d'observations astronomiques et regardant au-dessus de lui, tomba un jour dans un puits et qu'une servante de Thrace d'un esprit plaisant et facétieux, le railla disant qu'il voulait savoir ce qui se passait au ciel et ne prenait pas garde à ce qui était à ses pieds. » Ce même désintéressement se rencontre chez tous ses successeurs, et a dicté notamment le langage qu'au témoignage de la tradition Pythagore tint un jour au tyran de Phlionte (2). Sans nous arrêter aux griefs opposés de Socrate (3) et de Platon contre les savants leurs contemporains, nous avons hâte d'en venir à cette appréciation si explicite d'Aristote au début de sa *Métaphysique* (4) : « Si les premiers hommes ont rougi devant la nature, c'est de leur ignorance, non de leur impuissance, et la preuve, c'est que cette recherche des causes n'a commencé que lorsque tous les besoins de l'homme étaient depuis longtemps satisfaits... Quel est l'homme libre ? celui qui relève de lui-même seulement et non d'autrui ; de même la seule science vraiment libérale est celle que l'on recherche ainsi pour elle-même... Voilà la science vraiment divine à la fois et humaine ; toutes les autres connaissances sont plus nécessaires : aucune n'est plus noble. » Dans ce passage Aris-

---

(1) Ce récit offre mainte variante. Voir Cicéron, *De divinatione*, I, 49, et Saint-Marc Girardin : « Thalès ne s'était fait spéculateur que pour donner une leçon à ses critiques, et millionnaire que pour prouver que la science n'est pas aussi stérile qu'on le dit. Il distribua ses bénéfices au peuple, au lieu de les garder pour lui et pour ses actionnaires, démentant ainsi le rôle de financier qu'il avait pris un instant ».

(2) *Tusculanes*, V, 8 : « Ut in mercatu liberalissimum esset spectare nihil sibi acquirentem, sic in vita longe omnibus studiis contemplationem rerum cognitionemque præstare. »

(3) Voir notamment *Mémorables*, I, 4, 12-16.

(4) I, 2, 982^b 20 : Φανερὸν ὅτι διὰ τὸ εἰδέναι τὸ ἐπίστασθαι ἐδίωκον καὶ οὐ χρήσεώς τινος ἕνεκεν, κ. τ. λ.

tote, il est vrai, vise spécialement la métaphysique, mais ce qu'ailleurs en tant d'endroits il dit de l'excellence de la vie contemplative nous montre assez que sa réflexion a un caractère tout à fait général. Même sentiment chez Archimède (1), dont le rôle scientifique et social a été cependant si différent.

Cette disposition intellectuelle, moins répandue assurément à Rome qu'à Athènes, s'est néanmoins maintenue jusqu'aux derniers siècles de l'antiquité. On en trouve encore un écho direct dans le passage suivant des *Questions naturelles* (2) de Sénèque (il s'agit du problème de la transformation des continents) : « Quod erit pretium operæ ? Quo nullum majus est, nosse naturam. Neque enim quidquam habet in se hujus materiæ tractatio pulchrius, quam multa habeat futura usui, quam quod hominem magnificentia sui detinet, nec mercede, sed miraculo colitur (3). »

Sans doute il convient sur ce point de ne rien exagérer et de ne pas se représenter la science antique comme « réfugiée dans un temple inabordable, loin des réalités terrestres. » Le même Platon, par exemple, qui, dit-on, ne pardonnait pas à

---

(1) « Archimède eut le cœur si haut et l'entendement si profond qu'il ne daigna jamais laisser par écrit aucune œuvre de la manière de dresser toutes ces machines de guerre ; mais réputant tout art qui apprend quelque utilité vil, bas et mercenaire, il employa son esprit et son étude à écrire seulement choses dont la beauté et subtilité ne fût aucunement mêlée avec nécessité. » (PLUTARQUE, *Vie de Marcellus*, traduction d'Amyot.)

(2) VI, 4.

(3) Aujourd'hui encore d'éminents représentants de la pensée moderne ne tiennent pas un autre langage. « L'objet de la science est de connaître pour connaître : c'est son inutilité même qui fait sa beauté ; c'est à ce titre que la science est sœur de l'art, de la religion, de la vertu » (JANET, *De la responsabilité philosophique*). — « Vouloir les vérités utiles avant les vérités belles, c'est vouloir les fruits avant l'arbre ; ce n'est pas aux nations utilitaires que restera la prééminence : car elles sont stériles en génies et même en simples esprits d'élite », (M. FOUILLÉE.) — De fait, précisément, chez les peuples modernes qui passent pour les plus civilisés, l'enseignement *technique* et *professionnel*, comme nous l'appelons aujourd'hui, ne s'est organisé qu'assez longtemps après celui des collèges et des universités.

Archytas d'avoir par ses constructions et ses dessins compromis la pureté sévère de la science, soutient dans le *Philèbe* une théorie moins exclusive : « Supposons, écrit-il, un homme confiné par la pensée dans ce monde abstrait qui échappe aux yeux de la foule, un homme familier avec l'essence et les propriétés du cercle divin et de la sphère divine, mais au reste ignorant ce qu'est la sphère humaine, ce que sont les cercles réels, incapable de se servir des instruments plus ou moins grossiers requis pour la construction d'un navire ou d'un édifice ; son sort paraîtra-t-il seul digne d'envie ? » et Platon répond par la bouche d'un de ses interlocuteurs : « Notre situation serait ridicule avec ces connaissances divines, si nous n'en avions pas d'autres. » Et chez Aristote lui-même, au métaphysicien si justement fier de son œuvre s'unit étroitement le laborieux observateur à qui la postérité a été redevable de tant de connaissances profitables.

III. — Une troisième influence enfin a agi dans le même sens que les précédentes ; je veux parler des conditions politiques et sociales du monde grec.

L'art, la poésie, la philosophie elle-même sont avant tout œuvre individuelle : pour produire des chefs-d'œuvre, l'inspiration personnelle n'a besoin ni de relations étendues ni d'un concours étranger ; et sur ce triple terrain la division de la Grèce en races rivales, en cités antagonistes, aussi fières d'elles-mêmes que dédaigneuses du reste du monde, a peut-être moins nui qu'elle n'a contribué à l'épanouissement si riche, si varié de la pensée hellénique. A l'épopée ionienne succède et s'oppose la lyrique éolienne et dorienne, plus tard le drame attique, et en passant d'une région à l'autre, la sculpture et la céramique enfantent de nouveaux produits, s'enrichissent de nouveaux procédés.

La science au contraire est essentiellement œuvre collective et de longue haleine : on n'y peut faire un pas utile en avant qu'en reprenant les recherches au point où d'autres les ont laissées ; pour jeter les bases de l'édifice, à plus forte raison pour y ajouter de nouvelles assises, il faut le travail persévérant et ininterrompu de toute une suite de générations. Ici tout spécialement le temps est un grand maître : mais rien ne se fait sans lui (1). En outre la vocation scientifique est coûteuse (2) : l'homme y est perpétuellement tributaire de la nature, les objets à étudier aussi bien que les substances sur lesquelles il faudrait expérimenter sont rares, et doivent être cherchés très loin. Que le savant même le plus entreprenant, même le plus laborieux, soit abandonné à lui-même dans le cercle étroit d'une modeste bourgade, que la bienveillance publique se détourne de lui ou ne lui soit que parcimonieusement mesurée : comment ne se verrait-il pas réduit à l'impuissance et envahi par le découragement?

Or tandis que, dans la Grèce antique, les poètes, dont les chants volent de bouche en bouche (ἔπεα πτερόεντα), se servent les uns aux autres de modèles (3), les travailleurs de la science, dont le plus petit nombre a songé à laisser des écrits (et encore des écrits d'une intelligence souvent difficile en l'absence de tout commentaire), sont condamnés à reconstruire la nature chacun à sa manière, ignorant les opinions et parfois jusqu'au nom et à l'existence de leurs plus notables devanciers (4). Ainsi aucun commerce, aucune entente entre les hommes que la science attire : aucune institution publique ou privée qui les rapproche ; sauf de très rares exceptions (5), aucune école qui

---

(1) C'est ce que Cicéron a exprimé dans une phrase oratoire : « Nihil est, quod longinquitas temporum excipiente memoria prodendisque monumentis efficere atque assequi non possit. » (*De divinatione*, I, 7) — et Bacon dans un adage d'une concision saisissante : *Veritas filia temporis*.

(2) L'antiquité affirme que Démocrite, par exemple, consuma en recherches savantes un patrimoine de plus de cent talents.

(3) Ecoutons ici la mélancolique réflexion de Bacchylide : « L'homme à l'homme transmet la sagesse (ἕτερος ἐξ ἑτέρου σοφός)... il n'est pas aisé de trouver du nouveau (ἀβρήτων πύλας ἐξευρεῖν). »

(4) C'est ainsi que faute d'être incorporée aussitôt dans un ensemble, une vérité de détail, à peine aperçue, disparaît pour ne reparaître ensuite que beaucoup plus tard.

(5) La constitution d'une école hippocratique à Samos n'a pas été

leur permette de se donner des maîtres ou de se créer des disciples : aucune publicité qui répande les résultats de leurs travaux : ils se forment, si l'on peut ainsi parler, au hasard, ils grandissent dans un complet isolement.

Athènes n'avait pas assez de couronnes et d'applaudissements pour ses poètes favoris : Périclès mettait les trésors de l'Acropole à la disposition de Phidias : à la cour des rois et des tyrans, les artistes sont comblés de largesses et de faveurs (1). Au contraire, peu appréciée des politiques, quand ces politiques ne sont que des esprits vulgaires, la science (et particulièrement la science de la nature) a le malheur d'être suspecte à la foule, dont Anaxagore et Aristote faillirent l'un et l'autre éprouver les rigueurs. Démocrite vient à Athènes au temps où cette capitale intellectuelle de la Grèce est à l'apogée de sa splendeur, où la jeunesse se précipite aux leçons des sophistes : personne ne s'y doute de sa présence, et lui-même y reste volontairement inconnu. En revanche on sait avec quelle âpreté maligne Aristophane persifle sur la scène des *Nuées* les physiciens de son temps.

Ainsi la Grèce qui devait avoir l'honneur de créer la science l'a acheté au prix de difficultés sans nombre, en luttant contre bien des entraves, en surmontant bien des obstacles, d'autant que dans toute théorie physique ce sont les premiers pas qui sont méritoires ; une fois la direction tracée et la route découverte, il n'y a qu'à y marcher. Pionniers de la science, les Grecs ont connu tous les tâtonnements, toutes les incertitudes inséparables d'une exploration hardiment poussée sur des terres ignorées. Sur tel ou tel point ils se sont égarés, ne les

---

sans influence sur le développement de la médecine grecque. — Il va de soi que dans tout ce passage nous avons en vue la Grèce du vi[e] et du ve siècle, contemporaine des premières tentatives philosophiques que nous avons à exposer.

(1) Aussi parlant de cette époque dans son histoire des arts, PLINE l'ancien (*Hist. natur.*, XIV, 1) n'hésite pas à écrire : *Abundabant et præmia, et opera vitæ.*

jugeons et surtout ne les condamnons pas avec une sévérité qui deviendrait aisément injuste : ailleurs ils ont trouvé le vrai, cela suffit à leur renommée.

Pour être nos modèles en ce domaine comme en tant d'autres, deux choses indispensables, nous l'avons vu, leur ont manqué : une connaissance suffisamment complète et étendue des phénomènes, d'une part, et de l'autre la pratique de la seule véritable méthode : double constatation qui coûte aux admirateurs du génie hellénique, car comme ils étaient merveilleusement préparés par tout leur tempérament intellectuel à pénétrer la nature, ces Grecs en qui la finesse dialectique s'unissait si heureusement à l'enthousiasme poétique ! Que le sauvage, que l'ignorant soit indifférent aux découvertes matérielles même les plus susceptibles d'être fécondes, cela se comprend : le ressort mental qui doit porter sa pensée plus haut et plus loin lui fait défaut. Bacon s'est trompé quand il a dit : « La vraie philosophie est celle qui rend le plus fidèlement la nature et qui est écrite comme sous la dictée du monde dont elle n'est que le simulacre et le reflet : elle n'ajoute rien de son propre fonds : elle n'est qu'une répétition et une résonance. » Si instructives qu'on les suppose, les données des sens n'en appellent pas moins l'intervention de l'esprit et de son activité propre, seule capable de les interpréter avec compétence (1). Pour qu'un progrès soit possible, il faut quelque anticipation, quelque pressentiment de ce que l'on va découvrir. Si d'heureux hasards peuvent mettre sur la voie un inventeur, c'est toujours à la condition qu'il sera prêt à profiter de cette bonne fortune. A tout autre que Galilée, les oscillations de la lampe de la cathédrale de Pise n'eussent rien

---

(1) Il est superflu de rappeler ici les belles pages où deux esprits d'ailleurs bien dissemblables, Claude Bernard et Ernest Naville, se sont trouvés d'accord pour établir que l'hypothèse est le point de départ nécessaire de tout raisonnement expérimental, la condition sans laquelle le naturaliste, se bornant à entasser des observations et des statistiques stériles, est impuissant à saisir la vérité cherchée.

révélé sur l'isochronisme des mouvements du pendule : il fallait un Newton pour être conduit par la vue d'une pomme qui tombe à l'une des lois fondamentales de l'univers, un Haüy pour trouver les formes essentielles de la cristallisation à la seule inspection des fragments d'un morceau de quartz brisé. Soit : mais que n'est-on pas en droit d'attendre d'un Pythagore, d'un Démocrite, d'un Platon ou d'un Aristote ?

Ici une objection est à prévoir. « Chez ces grands hommes que vous venez de nommer, me dira-t-on, le savant disparaît malheureusement derrière le métaphysicien qui lui est presque toujours très supérieur. » Voici ma réponse : « Leur tort, et celui de leurs collaborateurs moins célèbres dans la grande œuvre de la constitution de la science, a été non de s'occuper des théories autant et plus que des phénomènes, non d'avoir cru fermement au caractère rationnel des grandes lois naturelles, mais d'avoir estimé que pour les découvrir il y avait une autre voie que la méthode inductive, partant, de s'être inspirés beaucoup trop de la raison et pas assez de l'expérience dans le choix de leurs hypothèses. Nous cherchons l'unité trop bas : ils la cherchaient trop haut. Nous désespérons trop vite d'y atteindre : ils se flattaient trop facilement de l'avoir découverte (1). Notre science n'est pas assez philosophique : la leur offre trop exclusivement ce caractère. »

On insiste et l'on dit : « Ce sont des égarés : à quoi bon les suivre dans tous leurs écarts ? » — L'argument aurait une certaine force s'il était établi qu'ils se sont trompés toujours : or que pour la philosophie de la nature il n'y ait rien de sérieux à recueillir, rien même à glaner dans ce travail intellectuel de

---

(1) Rappelons ici les sages réflexions de Bacon dans son *Novum Organon* (ch. LXXVI) : « On va toujours s'élançant jusqu'aux principes des choses, jusqu'aux degrés extrêmes de la nature, quoique toute véritable utilité et toute puissance dans l'exécution ne puissent résulter que de la connaissance des choses moyennes. Mais qu'arrive-t-il logiquement ? Qu'on ne cesse d'abstraire la nature jusqu'à ce qu'on atteigne à une matière destituée de toute forme déterminée, ou qu'on ne cesse de la diviser jusqu'à ce qu'on soit arrivé aux atomes. »

trois siècles dont nous allons raconter l'histoire, c'est ce que pour notre part nous ne saurions admettre, et dans notre conclusion nous espérons mettre le contraire en pleine lumière. A côté de certaines explications que l'antiquité a été la première à abandonner, et qui trahissent du premier coup une inexpérience scientifique manifeste, que d'étonnantes anticipations de mainte théorie encore en faveur ! combien d'aperçus lumineux qu'une connaissance plus exacte de la nature, acquise depuis, n'a fait que confirmer ! Il y a dès lors plus et mieux qu'un simple intérêt archéologique pour attirer la pensée moderne vers cet examen d'un passé reculé ; telle est l'opinion unanime des juges compétents et le présent ouvrage n'a d'autre ambition que d'apporter à cette opinion un surcroît d'autorité.

IV. — Les sources.

Nous venons de voir dans quelles conditions est née la science de la nature en Grèce, et quels obstacles ont retardé son libre développement. Mais l'histoire de ces premiers et laborieux efforts, quelles règles suivre pour l'écrire ?

1. — Quelques noms exceptionnellement illustres attirent ici notre attention au point qu'on serait tenté de s'y attacher exclusivement et de faire le vide autour d'eux (1). Cette tentation est d'autant plus forte que les anciens sont loin de s'être

---

(1) Dans le domaine philosophique plus que partout ailleurs peut-être se vérifie cette réflexion de Daremberg : « Privilège singulier ! influence fatale ou providentielle des grands génies ! Ils font oublier tout ce qui les a précédés et ne laissent plus sur la route des historiens que quelques monuments pour ainsi dire solitaires, permettant à peine de reconnaître et de caractériser les évolutions de l'esprit humain. »

intéressés aux monuments de la science au même degré qu'aux chefs-d'œuvre de la littérature. L'esprit scientifique ne se rencontrait que chez le plus petit nombre, tandis que la nation entière professait un pieux respect pour ses grands poètes et ses grands écrivains.

Il semble dès lors que les modernes n'aient qu'à s'incliner devant les arrêts du temps, heureux d'approfondir ce qu'il a épargné, sans souci de ressusciter ce qu'il a détruit. Mais notre légitime curiosité demande davantage : elle entend reconstituer, autant qu'il sera possible, les diverses phases de la spéculation intellectuelle : or qui peut nous assurer que tel penseur sur lequel nous ne savons rien ou presque rien n'a pas eu sur la marche des idées une influence considérable, quoique peu remarquée ? on sait d'ailleurs que pour retrouver leur signification véritable, certaines œuvres d'un mérite hors de pair doivent être remises à leur place dans la série dont elles ne sont que les plus brillants anneaux : on en possède alors une compréhension plus précise, on est mieux préparé à les apprécier d'abord, et à en jouir ensuite.

Mais si rationnelle, si légitime que soit cette méthode, comment l'appliquer lorsqu'on est uniquement en présence de fragments épars dont la provenance est elle-même parfois peu authentique (1), le sens équivoque, dont la suite et l'enchaînement sont difficiles ou pour mieux dire, impossibles à déterminer ? Comment de ces débris de pensées, de cette poussière de systèmes remonter aux théories qui s'y cachent plutôt qu'elles ne s'y traduisent ? L'école, après un éclat passager, a-t-elle disparu sans retour ? tout document décisif fait défaut. S'est-elle au contraire maintenue à travers les âges, sauf à subir d'inévitables transformations ? Les indications abondent, mais incohérentes, contradictoires, et

---

(1) Ils ont été en effet recueillis par des commentateurs ou des compilateurs de la période alexandrine : et il n'est nullement démontré que ces auteurs aient eu sous les yeux les textes originaux qu'ils prétendent résumer, parfois même transcrire littéralement.

de nature à jeter le critique dans un cruel embarras.

On répondra peut-être qu'en l'absence de textes originaux d'une autorité reconnue, une tradition remontant à l'antiquité a fixé les principes directeurs de chaque philosophe et marqué tout au moins les grandes lignes de son enseignement. Soit : mais cette tradition mérite-t-elle confiance et dans quelle mesure ? n'a-t-elle rien laissé perdre de ce qui était essentiel, tandis qu'elle exagérait bien au delà de leur importance certains détails bien secondaires ? N'a-t-elle pas entrepris témérairement de combler à sa manière certaines lacunes, ou de faire un choix arbitraire entre des opinions diverses et jusque-là plus ou moins flottantes ? Le plus souvent d'ailleurs elle aboutit à nous mettre en face de données contradictoires, sans nous fournir aucun fil conducteur propre à nous orienter au milieu de ce dédale.

De là dans cet ordre d'études deux excès également à redouter.

Parmi les historiens, les uns, par défiance d'eux-mêmes ou par un scrupule exagéré, s'imposent la loi de ne dépasser en aucun sens les textes que le hasard a mis entre leurs mains. Or il en est de ces textes comme de ces fragments de colonnes ou de sculptures, de ces pans de murs à demi détruits qui surgissent du sol sur l'emplacement de quelque antique édifice : ils ont beau en être la trace visible, ils ne permettent même pas à l'imagination la plus hardie d'en ressaisir le plan général. Dès lors comment restituer la construction primitive ? On en désespère, au grand détriment de l'histoire de l'art, qui pourrait espérer s'enrichir d'un chapitre précieux.

L'embarras du philosophe n'est pas moindre, car d'une part la destinée des idées est loin d'être aussi étroitement rattachée aux temps et aux lieux que celle de l'art, et de l'autre le lien et la succession logique des diverses parties ont ici une importance capitale. Collectionner même avec soin des assertions isolées, juxtaposer des opinions empruntées à des sources de valeur très inégale, ce n'est pas faire revivre un système, ni lui rendre son rang et sa physionomie propres.

Des membres dispersés ne sont pas un corps vivant (1).

Et ce qui aggrave encore la tâche de l'interprète moderne, c'est que ces physiciens antérieurs à Platon et à Aristote « n'étaient pas des raisonneurs, et de là, plus encore que de la perte de leurs ouvrages, résulte la difficulté que nous éprouvons à saisir chez eux les éléments d'un système véritable, d'une doctrine liée : ils n'en avaient pas en effet et se souciaient assez peu d'en avoir. Leur esprit naturellement audacieux et profond pénétrait parfois très avant dans les raisons secrètes des choses... Mais c'étaient des lueurs isolées, des lambeaux détachés sans lien organique et central, sans corps et sans âme... Les uns avaient une physique sans logique, d'autres une philosophie première sans explication du monde, des causes sans effets ou des effets sans cause. Si, plus ambitieux, ils s'efforçaient de sonder toutes les parties de l'être, ils étaient arrêtés par d'insurmontables obstacles, tombant dans les contradictions les plus grossières et qui semblaient le moins permises » (2).

Rien de plus juste que ces réflexions : mais il serait fâcheux à coup sûr qu'elles eussent pour conséquence d'arracher au critique une sorte d'abdication, de lui imposer « une défiance excessive de soi-même, qui retombe en réalité sur les autres, et dont l'effet certain serait de détruire, au nom de notre ignorance, une gloire élevée par ceux-là qui la savaient légitime » (3). Voilà ce qui a jeté d'autres esprits dans une extrémité tout opposée.

---

(1) Cicéron (*Tusculanes*, v, 10) a raison : *Non ex singulis vocibus philosophi spectandi sunt, sed ex perpetuitate et constantia.* — Bacon, plus impartial qu'on ne se le figure d'ordinaire dans ses jugements sur l'antiquité, confesse que « nous ne connaissons de la science des anciens que des opinions morcelées qui nous paraissent faibles, tandis que replacées dans leurs ouvrages, elles offriraient une plus grande consistance à cause de l'harmonie continue et du soutien mutuel des parties. »

(2) De Ridder, *De l'idée de la mort en Grèce*, p. 115.

(3) G. Bréton, p. 196.

Tel penseur de l'antiquité a eu son temps de célébrité : nous n'avons de son système qu'une connaissance rudimentaire et tronquée : à l'imagination et au raisonnement de le reconstruire. De l'œuvre antique rien ou presque rien n'a survécu; qu'à cela ne tienne : sur ces vagues indications, avec autant de hardiesse, mais moins de sûreté que Cuvier dans ses restitutions paléontologiques (1), l'esprit créera à nouveau ce qu'une autre pensée avait enfanté (2).

Chacun de ces intrépides restaurateurs des systèmes évanouis en arrive à prétendre posséder les anciens mieux qu'ils ne s'étaient compris eux-mêmes, et à attacher à telle de leurs formules un sens profond qu'ils ne soupçonnaient pas. Les progrès de la pensée ont ouvert des horizons plus larges et fait surgir mainte question nouvelle, à laquelle on voudra, bon gré mal gré, que chacun de ces philosophes anciens ait une réponse, et ainsi, sous couleur d'éclairer un texte, on travaille sans ménagement sur la pensée. D'un mot, d'une phrase, d'un rapprochement, d'une comparaison on extrait toute une théorie dont l'allure moderne se trahit au premier aspect (3). Quel plaisir en effet, et quel honneur de retrouver

---

(1) A cette occasion qu'on me permette de rappeler ici une pensée originale d'un contemporain : « Le grand Cuvier reconstituait tout un système animal d'après un débris d'ossement : si l'esprit de l'homme était aussi logique que la nature, ne devrait-on pas reconstituer tout un système philosophique d'après un extrait de raisonnement ? »

(2) C'est ainsi que M. Lutoslawski déclare que pour concevoir le platonisme il faut aller bien au delà de ce que Platon nous révèle de sa pensée. — Peut-être, mais certainement à condition de ne pas le contredire.

(3) Comme le faisait remarquer très justement M. Brochard dans une de ses savantes leçons de la Sorbonne, c'est une erreur manifeste que de vouloir retrouver à tout prix chez les anciens nos propres solutions ; mais c'en est une aussi, et plus répandue encore, de s'imaginer que les questions à résoudre se posaient pour eux exactement comme pour nous. Les mots les plus usuels, les plus essentiels : âme, idée, matière, espace, mouvement, etc, étaient loin d'avoir alors le même sens qu'aujourd'hui.

ses propres idées chez des hommes en possession d'une renommée séculaire ! et si pour obtenir cet intéressant résultat il était nécessaire de solliciter doucement les textes, qui ne trouverait la tentation naturelle et l'entreprise excusable? Peut-être, écrit un de ces critiques, notre conception ne sera-t-elle pas absolument adéquate à celle de l'auteur étudié : mais à tout prendre, cela vaut encore mieux que de ne pas en avoir du tout (1).

Les anciens, nous l'avons accordé nous-mêmes, ont eu des intuitions de génie, des divinations pleines de force, dont ils n'ont pas nécessairement mesuré les lointaines et surprenantes applications. Ici toutefois une distinction s'impose. En logique, et à certains égards en morale, l'esprit humain trouve en soi et les axiomes qui servent de point de départ à ses recherches et les procédés dialectiques qui de ces axiomes feront jaillir théories et systèmes. En physique et en astronomie au contraire, les vues les plus lumineuses, les plus fécondes peuvent attendre pendant des siècles la circonstance qui doit les provoquer et les produire au jour. Dans le domaine proprement scientifique il y a témérité à vouloir, coûte que coûte, devancer l'ordre des temps.

Dès lors quel parti se recommande aux esprits judicieux ? ne pas se laisser arrêter par une timidité excessive, ne pas se laisser emporter par une ambition inconsidérée ; recueillir avec empressement tout ce qui peut nous éclairer sur la vraie

---

(1) Cette méthode peut, il est vrai, se couvrir d'un antécédent autorisé, celui d'Aristote lui-même ; on sait en effet qu'au regard de l'auteur de la *Métaphysique* toute formule philosophique recèle et doit recéler une doctrine qu'il s'empresse en réalité de reconstruire et de discuter à sa façon. A ce propos il est piquant d'entendre M. Milhaud soutenir qu'Aristote, trois cents ans au plus après Thalès et Anaximandre, n'était pas aussi capable que nous, venus vingt-trois siècles plus tard, de comprendre ces vieux penseurs grecs. Et quelle est l'explication de notre supériorité? C'est que les conquêtes actuelles de la science nous permettent de nous faire une idée juste de ces anciennes hypothèses, germes obscurs de théories développées depuis.

pensée des anciens (1), mais les entendre et les expliquer avant tout par eux-mêmes au lieu de les ajuster pour ainsi dire à notre niveau : en un mot, ne voir en eux que ce qu'ils pouvaient être, eu égard à l'état de la science et au degré de développement de l'esprit humain dans leur siècle et dans leur contrée. « Nous ne devons pas juger les œuvres de l'époque primitive avec les préoccupations de la critique moderne : nous devons redevenir anciens pour juger les anciens (2), nous inspirer de leur esprit et ne pas être plus exigeants qu'eux. Il faut reconnaître et apprécier en eux une certaine saveur d'archaïsme que l'on gâterait en voulant tout expliquer. Comprendre la doctrine d'un Thalès ou d'un Xénophane, par exemple, cela ne consiste pas à introduire dans son œuvre une unité factice qui nous en rende l'intelligence plus facile et plus rapide. Toute recherche d'une méthode exacte, toute tentative de découvrir un plan bien défini nous écarterait de la vérité » (3).

II. — Mais là même où nous pouvons nous croire en possession de textes authentiques, d'autres difficultés surgissent, nées de l'imperfection de la langue philosophique encore au berceau. Au même titre que Lucrèce, ces premiers

---

(1) A ce point de vue, des ouvrages tels que ceux de M. Tannery (*Pour l'histoire de la science hellène*, Paris 1887) et de M. Milhaud (*Leçons sur les origines de la science grecque*, Paris 1893) comblent une véritable lacune. Sans parler des citations expresses, on s'en est maintes fois inspiré dans la suite de ce travail.

(2) Dans son admirable préface, Tite Live nous confie qu'en racontant les vieilles traditions de Rome il se fait comme le contemporain de ces âges reculés : *antiquus fit animus*. Belle et grave expression, dit à ce propos Littré ; il faut que l'âme, le cœur se fassent anciens parmi les choses anciennes, et la plénitude de l'histoire ne se dévoile qu'à celui qui descend ainsi disposé dans le passé.

(3) M. Bréton, p. 29. Les mêmes réflexions avaient déjà été présentées par Paul Janet dans sa thèse : *De la dialectique de Platon et de Hegel*, p. 7.

métaphysiciens ou naturalistes de la Grèce ont le droit de faire entendre leurs doléances,

> Multa novis verbis præsertim cum sit agundum,
> Propter egestatem linguæ et rerum novitatem (1).

Si souple et si riche que fût naturellement le grec, il y eut à l'origine pénurie inévitable de termes et d'expressions pour tant de problèmes nouveaux. Une science n'est qu'une langue bien faite, dira Condillac. Or qu'était, que pouvait être alors le vocabulaire philosophique (2)? Si nos idiomes modernes, assouplis par le temps et pliés à toutes les exigences de l'esprit, sont des dépositaires infidèles et ne rendent qu'imparfaitement les idées qu'on leur confie, que dut-il se passer au point de départ de la tradition, lorsque la pensée était insuffisamment exercée soit à l'analyse des concepts, soit aux lois sévères de la déduction? Pour traduire les notions nouvelles on s'avisa d'abord de puiser dans la langue commune (3) : tel mot dut revêtir une signification scientifique, mais sans renoncer pour autant à celle que lui avait assignée l'usage : de là une confusion toujours possible entre deux acceptions différentes, l'une matérielle, l'autre intellectuelle, rattachées par une analogie plus ou moins profonde. Il est même arrivé qu'un terme identique a été appliqué à deux conceptions distinctes par deux écoles successives. Ainsi pour nous, et sans doute déjà pour le plus grand nombre des contemporains

---

(1) *De natura rerum*, I, v. 139-140.

(2) « Quand la raison, plus maîtresse d'elle-même, écarta fermement le symbole pour atteindre à la pure vérité, quand elle souffla sur tous ces fantômes pour chercher la réalité même des essences dont ils n'étaient qu'une image, il lui fallut se créer une méthode et une langue nouvelles : ce ne fut pas l'œuvre d'un jour » (E. Egger, *Mémoires de littérature ancienne*, p. 299).

(3) C'est elle qui a fourni, par exemple, les mots φύσις, εἶδος, γένος, ἰδέα, δύναμις, etc. : plus tard Platon et les stoïciens créeront de toutes pièces des termes nouveaux avec une liberté qui fait songer à celle des auteurs philosophiques de notre temps.

l'ambiguité de l'expression dans ces vieux textes compromet gravement la clarté de la pensée.

Justifier cette thèse dans le détail nous jetterait dans d'inopportunes digressions. Toutefois il nous paraît intéressant de constater quand et comment sont entrés dans le vocabulaire philosophique les deux termes de *principe* et de *cause,* depuis deux mille ans les pierres angulaires de toute métaphysique comme de toute science de la nature.

A l'origine ils se juxtaposent et se confondent, et avec eux les deux termes voisins de *matière* et de *substance* (1). Aristote est le premier qui les ait nettement différenciés (avant le IV⁰ siècle il n'y a dans ce domaine aucune terminologie arrêtée) tandis que pour les Ioniens les deux principes *a quo* et *ex quo* (cause *efficiente* et cause *matérielle*) sont encore complètement identifiés. Et en effet, étant donné cet axiome qui constituait aux yeux des anciens une vérité indiscutable : *ex nihilo nihil* (2), il ne restait qu'à déterminer l'être, quel qu'il fût, — de nature ou physique selon les Ioniens, ou mathématique selon Pythagore, ou métaphysique selon les Éléates, — d'où tout provient et où tout doit rentrer (3). Cet être, on l'appellera dans la suite assez indifféremment ἀρχή ou στοιχεῖον, deux mots (ou deux notions) que Platon avait distingués au contraire avec le plus grand soin (4). Le premier a, dit-on,

---

(1) Soyons indulgents pour les anciens. Avons-nous nous-mêmes une conception bien nette de ces diverses notions : *masse, force, travail, énergie,* dont nos savants font un perpétuel emploi ?

(2) « Esse aliquid, quod ex nihilo oriatur, aut in nihilum subito occidat, quis hoc physicus unquam dixit ? » (CICÉRON). Cependant au témoignage de Sextus Empiricus (*adv. Math.*, VII, 53), un certain Xéniade de Corinthe avait hardiment assigné aux choses le non-être comme origine et fin.

(3) C'est ainsi qu'on lit dans les *Placita philosophorum* (I, 3) à propos de l'ἄπειρον d'Anaximandre : ἐκ τούτου πάντα γίγνεσθαι καὶ εἰς τοῦτο πάντα φθείρεσθαι.

(4) Galien du moins l'affirme : Τῶν ἀπὸ Ἰωνίας φιλοσόφων οὐδὲν διαλλάττειν αὐτὰ νομιζόντων, Πλάτων πλεῖστα διενηνοχέναι αὐτὰ κέκριχε.
— D'après Sextus, les pythagoriciens définissaient les nombres ἀρχαὶ καὶ στοιχεῖα τῶν ὅλων (*adv. Phys.*, X, 248).

fait son apparition dans la langue philosophique avec Anaximandre : quant au second (primitivement et étymologiquement « lettre de l'alphabet) », rien ne prouve qu'il fît déjà partie du vocabulaire pythagoricien, comme le veut Sextus Empiricus. Il se rencontre dans le *Timée* (48 B) et le *Sophiste* (252 B) : mais ce n'est qu'avec Aristote (1) qu'il est entré définitivement dans l'usage. Quant au concept d'*élément* (au sens moderne), il paraît avoir été introduit dans la spéculation scientifique par Empédocle. Au reste, que de confusions et d'erreurs causées chez les Grecs par l'emploi irréfléchi ou l'interprétation abusive du mot ἀρχή (2) ! Platon qui a tenté d'y porter remède n'y a pas entièrement réussi (3).

Trouver l'élément originel des choses, telle fut la première démarche de la raison et pendant longtemps on se contenta de la détermination de ce qu'Aristote devait appeler « la cause matérielle ». La seconde devait consister à attribuer à cet

---

(1) Si en effet Aristote appelle στοιχεῖα la Φιλία d'Empédocle, ce n'est pas, comme on l'a cru, à la suite de ce philosophe lui-même, qui avait d'ailleurs employé en parlant des « éléments » l'expression ῥιζώματα πάντων, laquelle se rencontre également dans un texte prétendu pythagoricien. — On lit parmi les définitions stoïciennes énumérées par Diogène Laërce (vii, 136) : στοιχεῖον ἐξ οὗ πρώτου γίγνεται τὰ γιγνόμενα καὶ εἰς ὃ ἔσχατον διαλύεται. — Sur ce point on consultera utilement Diels (*Elementum*, eine Vorarbeit zum griechischen und lateinischen Thesaurus, Leipzig, 1899).

(2) Après avoir fait observer que ce qui échappe au devenir n'en a pas moins sa raison d'être, et une raison supérieure, Aristote (*De soph. elench.*, 6, 168ᵇ35) proteste contre l'identification établie par quelques-uns entre γεγονέναι et ἀρχὴν ἔχειν. Théophraste dans son livre célèbre περὶ φυσικῶν semble en parlant de ses devanciers avoir interprété ἀρχή comme répondant à ce que nous appelons aujourd'hui l'*essence*. — Les Latins se sont servis heureusement des deux mots *initium* et *principium* pour éviter l'amphibologie créée en grec par ce mot unique ἀρχή.

(3) Tantôt, en effet, il use de ἀρχή au sens que nous donnons communément au mot *principe* en métaphysique (par exemple, dans un passage bien connu du *Philèbe* et dans le chapitre assez inattendu du *Phèdre* (245, C-E) sur l'immortalité de l'âme, où est formulée l'équation ἀρχή = ἀγένητον) : tantôt au contraire il laisse à ce mot son sens logique assez habituel de *base* ou *point de départ* d'une argumentation, par opposition à ὑπόθεσις ou τελευτή (ainsi *République*, vi, 510 B).

élément l'efficace d'une cause véritable, jusqu'au jour où apparaîtrait dans toute son évidence la nécessité d'une cause intelligente : or, avant Anaxagore, la matière ne se distingue pas de l'esprit, non plus que de la forme dont le nom même était inconnu avant Platon et Aristote, de même que la notion du mouvement et celle de l'ordre qui préside au mouvement parurent longtemps inséparables. Il semble qu'Héraclite ait été le premier à soupçonner la nécessité logique d'une cause motrice. L'emploi de αἰτία, sans aucune addition ni qualification quelconque, ne se rencontre pas avant les écrits de Platon et d'Aristote (1) et suppose les recherches de ces deux philosophes relatives à la notion de causalité. Ici comme ailleurs ce fut le propre de la dialectique de transformer en conceptions abstraites les données de l'expérience (2).

Ces préliminaires posés, il est temps d'ouvrir ce qu'on peut appeler les archives philosophiques de notre Occident, et

---

(1) Chacun songe ici de lui-même soit à la définition donnée dans le *Cratyle* (413 A) : δι' ὅ τι γίγνεται τοῦτ' ἐστὶ τὸ αἴτιον, soit au passage célèbre du *Philèbe* (27 B) où après avoir parlé 1º de l'ἄπειρον, 2º du πέρας, 3º de leur mélange, Platon ajoute : ὅρα εἴ σοι δοκεῖ ἀναγκαῖον εἶναι πάντα τὰ γιγνόμενα διά τιν' αἰτίαν γίγνεσθαι, et un peu plus loin : τὸ δὲ δὴ πάντα ταῦτα δημιουργοῦν λέγωμεν τέταρτον, τὴν αἰτίαν, ὡς ἱκανῶς ἕτερον ἐκείνων δεδηλωμένον. Il est vrai que dans quelques passages platoniciens αἰτία semble désigner moins la cause que les conditions d'un phénomène. — Quant à Aristote, entre tant de textes qu'on pourrait citer, j'en relèverai un seul, à cause du jour qu'il jette sur le sens exact de l'adjectif αἴτιος (et par conséquent du substantif correspondant) d'après ce philosophe : Οὔτε τοῦ ποιῆσαι αἴτιος ὁ ἀριθμός, οὔτε ὅλως ὁ ἀριθμός, οὔτε ὁ μοναδικός, οὔτε ὕλη οὔτε λόγος, οὔτ' εἶδος τῶν πραγμάτων (*Métaph.*, xiv, 5, 1091ᵇ23).

(2) A titre de curiosité philosophique, on peut lire chez Polybe (III, 6) la distinction assez vague établie par cet historien entre les trois explications des grands événements historiques qu'il désigne sous le nom de ἀρχή, αἰτία et πρόφασις.

d'interroger successivement les sages de la Grèce antique sur ce qu'ils pensaient de la nature, des éléments qui composent le monde, des forces qui s'y déploient, enfin de la cause qui a établi et maintient dans ce vaste ensemble un ordre si merveilleux et si constant.

CHAPITRE II

La métaphysique de la nature.

I. — Cosmogonies.

Peut-être le simple rapprochement des deux titres ci-dessus causera-t-il quelque surprise. Qu'ont de commun, dira-t-on, Homère et Orphée avec Thalès et Anaxagore ? Mais de même qu'un ingénieux écrivain a publié *La morale en Grèce avant les philosophes,* on concevrait sans peine un ouvrage intitulé : *La cosmologie* — ou pour marquer d'un trait distinctif une science très voisine de celle-là sans cependant se confondre avec elle — *La cosmogonie avant les philosophes.*

C'est qu'en effet les premiers Grecs n'ont certainement pas vécu sans croyances religieuses et que, nous l'avons dit, toute croyance implique une solution, quelle qu'elle soit, plus ou moins raisonnée, plus ou moins enfantine, de l'énigme fondamentale des choses. Telle était manifestement la pensée de Platon (1) lorsque dans son *Lysis,* d'accord en cela avec les plus éclairés de ses contemporains, il disait des poètes, longtemps les seuls éducateurs de sa race : ὥσπερ πατέρες τῆς σοφίας καὶ ἡγεμόνες, et celle d'Aristote, lorsqu'il faisait aux premiers

---

(1) Je n'entends nullement, en parlant de la sorte, trancher le procès toujours pendant de l'authenticité du *Lysis.*

théologiens (οἱ πρῶτον θεολογήσαντες) l'honneur de les compter au nombre des philosophes dont il rapporte et discute les opinions.

Au surplus, de même qu'à la différence du rationalisme moderne le rationalisme grec a vécu longtemps en bonne intelligence avec l'enseignement des sanctuaires, de même, si nous en croyons M. Berger, la mythologie elle-même « n'est, à proprement parler, qu'une explication rationaliste de la religion (1). La vraie religion grecque doit être cherchée dans les mystères qui ont perpétué au sein de la Grèce la tradition des anciennes croyances ». Quoi qu'il en soit de cette théorie assez singulière, il est certain que la mythologie, ayant rencontré en face d'elle le problème de l'univers, y a répondu de la façon tout à la fois la plus poétique et la moins scientifique du monde, par le polythéisme. Au premier regard jeté sur la nature, le Grec se l'est figurée comme une république confuse partagée entre une multitude de souverainetés distinctes et de forces rivales le plus souvent discordantes. Dans une telle conception rien évidemment de très philosophique : elle tendait plutôt à supprimer la question à résoudre, et en fait elle a réussi à en dissimuler pour un temps la grandeur et l'importance. Sans doute dans l'ensemble de ses fables on voit se dessiner le plan et l'ordonnance d'un monde invisible dont le monde réel est conçu tantôt comme l'original et tantôt

---

(1) On serait tenté d'alléguer en faveur de cette thèse certaines assertions de Diogène Laërce dans sa préface, si on les croyait dignes de quelque créance. Selon ce laborieux mais peu judicieux compilateur, Musée, l'auteur de la première théogonie, avait déjà affirmé que « tout naissait d'un même principe et y retournait », et que le poème de Linus débutait par ce vers :

Ἦν ποτέ τοι χρόνος οὗτος, ἐν ᾧ ἅμα πάντ' ἐπεφύκει.

A tout prendre on pourrait considérer ces contes comme des indices intéressants de la tradition régnante, mais il faut leur préférer cette opinion plus réservée de M. C. Martha (*La délicatesse dans l'art*, p. 102) : « Dans le monde païen, pour les esprits cultivés le charme infini des images mythologiques était dans l'incertaine philosophie que recélaient ces images. »

comme la copie. Mais dès que l'homme admet que derrière toutes les forces et tous les êtres de la nature se cache un Dieu dont la volonté et l'action tiennent lieu d'explication suprême, sa raison, en apparence satisfaite, est dispensée ou du moins se dispense elle-même de rien chercher au delà : si bien qu'au jugement de critiques éclairés, il y a certainement plus de philosophie latente dans les théogonies bizarres de l'Orient que dans la mythologie d'Homère, double ingénieux des aspirations et des passions de l'humanité (1). C'est le monde abandonné à lui-même, si je puis ainsi parler, dans son immensité silencieuse qui a le don d'étonner, jusqu'à l'écraser, notre intelligence émue. Inutile de demander si un polythéiste grec a pu écrire la phrase fameuse de Pascal : « Le silence éternel de ces espaces infinis m'effraie. »

Aussi chercherait-on vainement dans les deux épopées homériques un seul vers où ce problème redoutable des origines soit résolu, je dirai même où il soit posé. Quintilien dit que le vieux poète a créé et deviné tous les genres d'éloquence : on ne saurait en dire autant de toutes les branches de la philosophie ; si Homère prélude de loin aux chefs-d'œuvre oratoires de Périclès et de Démosthène, rien chez lui ne présage la gloire dont la Grèce sera redevable un jour à Platon et à Aristote. Sans doute Maxime de Tyr écrit une dissertation sous ce titre : *Y a-t-il une philosophie selon Homère ?* Strabon (2) appelle l'*Iliade* l'œuvre d'un philosophe (φιλοσόφημα), et Horace (3) élève le chantre de la guerre de Troie au-dessus de Chrysippe et de Crantor ; mais évidem-

---

(1) Ceci n'ôte rien à la justesse de cette réflexion de M. Milhaud : « Les Ioniens en vinrent promptement à cet état d'esprit dont Homère déjà nous donne l'impression, qui n'est pas, si l'on veut, l'irrévérence à l'égard des dieux, mais tout au moins un détachement suffisant des choses sacrées pour parler de Zeus, de Junon et des autres à peu près comme nous en parlerions nous-mêmes. »

(2) XXXIV, 4, 4.

(3) A la suite d'Anaxagore, si l'on en croit Favorinus (DIOGÈNE LAERCE, II, 11).

ment c'est pour des raisons sans rapport avec notre sujet, je veux dire pour tant de réflexions profondes sur les problèmes psychologiques et moraux dont s'occupe de préférence la poésie grecque, la vie terrestre de l'homme, sa destinée, son âme, ses facultés ; c'est en songeant à tant d'exemples de générosité et de courage, à tant d'admirables maximes de morale semées dans son récit ou placées dans la bouche de ses héros. Si Jupiter est qualifié en tant de passages de « père des dieux et des hommes », c'est une simple épithète, très propre à résumer l'idée que la foule se faisait de sa puissance et plus particulièrement de sa Providence suprême (1). Dans deux vers, l'Océan est représenté en passant comme le principe de toutes choses et même des dieux (2) : cette tentative d'explication du monde par une cause unique matérielle est peut-être une dernière trace d'un mythe très ancien auquel Aristote fait allusion (3) : mais le poète qui, évidemment, n'en a pas conscience eût été bien surpris de lire sur ce point les commentaires sans fin des mythologues, à commencer par Platon qui, dans le *Théétète*, veut qu'Homère ait donné ainsi à entendre que tout est engendré par le flux et le mouvement.

---

(1) Ce fait suffit toutefois pour qu'Aristote ait pu écrire la phrase que voici : Οἱ ποιηταὶ οἱ ἀρχαῖοι βασιλεύειν φασιν οὐ τοὺς πρώτους οἷον νύκτα ἢ χάος, ἀλλὰ τὸν Δία.

(2) *Iliade*, xiv, 201 et 246 :

Ὠκεανόν τε, θεῶν γένεσιν...
Ὠκεανοῦ, ὅσπερ γένεσις πάντεσσι τέτυκται.

Observons qu'on ne sort pas ici de l'abstraction et qu'un sculpteur trouverait malaisément dans ces données le dessin d'une figure anthropomorphique. Mais cela nous autorise-t-il à chercher dans cet Océan confiné aux extrémités du monde la représentation d'une conception bien plus moderne, l'immutabilité des lois de la nature ?

(3) Après avoir rappelé l'hypothèse de Thalès, Aristote (*Métaph.*, I, 983b27) ajoute : Εἰσὶ δέ τινες οἳ καὶ τοὺς παμπαλαίους καὶ πολὺ πρὸ τῆς νῦν γενέσεως καὶ πρώτους θεολογήσαντας οὕτως οἴονται περὶ τῆς φύσεως ὑπολαβεῖν. Ὠκεανόν τε γὰρ καὶ Τηθὺν ἐποίησαν τῆς γενέσεως πατέρας. — On lit dans le *Rig-Véda* (X, 129) : « Enveloppé dans la nuit à l'origine, tout cet univers n'était qu'une onde indistincte ». L'idée paraît asiatique beaucoup plus qu'hellénique.

Au reste, comme Homère passait aux yeux des anciens pour le résumé de toute la sagesse antique, il n'est pas étonnant qu'il se soit trouvé un Grec, Métrodore de Lampsaque, disciple d'Anaxagore, pour faire un recueil de toute la science homérique relative à la nature (1).

Au contraire, dès sa première page la *Théogonie* (2) d'Hésiode s'annonce comme devant remonter au commencement des choses et dérouler sous nos regards l'histoire entière de la création. Quoique liée à un récit essentiellement mythologique, cette cosmogonie, la plus ancienne que nous connaissions en Grèce, a donc un réel intérêt pour l'historien des idées (3).

Sans doute on ne doit s'attendre à trouver ici ni intelligence scientifique du problème, ni même un vague essai de solution raisonnée (4). Le poète se demande avec une curiosité enfantine : « Qui a fait toutes choses et comment toutes choses ont-elles été faites ? » Et la réponse consiste simplement, selon la remarque de Proclus, à considérer comme le premier être ce que l'on ne peut ni nommer ni expliquer. « Au commencement fut le Chaos, puis Géa au vaste sein, éternel et inébranlable soutien des dieux... enfin l'Amour, le plus beau des immortels, qui pénètre tout de sa douce langueur... Du Chaos et de l'Erèbe naquit la noire Nuit, de la Nuit l'Ether et le Jour... A son tour Géa engendra d'abord, égal à elle-même en grandeur, Ouranos qui devait la couvrir de toute part de sa voûte étoilée... puis les hautes montagnes, enfin la Mer

---

(1) Diogène Laerce, II, 11 : ὅν καὶ πρῶτόν σπουδάσαι τοῦ ποιητοῦ περὶ τὴν φυσικὴν πραγματείαν.

(2) Inutile de revenir dans cette partie de notre travail sur *Les œuvres et les jours*, où l'on ne rencontre « aucune conception de la nature dans son ensemble, comme force mystérieuse et divine, rien de ces élans enthousiastes qui abondent chez Lucrèce et Virgile. La philosophie était encore à naître » (Croiset, *Histoire de la litt. grecque*, I, 520).

(3) Il est clair que le poète n'est ici qu'un écho : « Die aelteste unserhaltene Theologie, die des Hesiod, setzt eine reiche Entfaltung mythischer Spekulation voraus » (Gomperz).

(4) On a prononcé à propos de la *Théogonie* le mot d'évolutionnisme. C'est là une anticipation des plus arbitraires.

au sein stérile, aux flots tumultueux et bouillonnants. »

Qu'est-ce au juste que le Chaos, être purement métaphysique et à proprement parler négatif, inaccessible à l'imagination, rebelle à toute définition précise ? Aux yeux d'Aristote (1), c'est l'espace ou le vide infini, lieu nécessaire de toutes choses, une sorte d'incommensurable abîme : mais on entrerait mieux, croyons-nous (2), dans la pensée primitive en se représentant une matière informe (3), analogue à celle que Platon fait intervenir dans son *Timée* en termes dont le vague est probablement prémédité. Bien des siècles plus tard Ovide reprendra le thème philosophique de la *Théogonie* : mais sa versification brillante ne pourra que l'embellir sans l'éclairer :

> Ante mare et terras et quod tegit omnia coelum
> Unus erat toto Naturæ vultus in orbe,
> Quem dixere Chaos, rudis indigestaque moles,
> Nec quidquam, nisi pondus iners, congestaque eodem
> Non bene junctarum discordia semina rerum...
> Hanc Deus et melior litem Natura diremit (4).

---

(1) *Physique*, IV, 1, 208^{b}32 : Ὡς δέον ὑπάρξαι πρῶτον χώραν τοῖς οὖσι.

(2) Tel n'est pas l'avis de M. P. Tannery qui écrit dans un article très documenté des *Annales de philosophie chrétienne* (Février 1899) : « Le Khaos hésiodique n'est personnifié que sous la forme de deux doublets, l'Erèbe et le Tartare. D'après l'étymologie et leurs épithètes ordinaires, le premier met en relief l'attribut d'obscurité, le second correspond au sentiment d'horreur, de tremblement qu'excitent les lieux vides, sombres et froids. L'abîme primitif est donc imaginé comme un immense trou noir, sans chaleur comme sans lumière : c'est en somme l'image naïve et grossière du néant. » Un autre commentateur propose l'explication suivante : « Ein gæhnender Raum, erfüllt mit einem Urnebel, ein dunkler unermesslicher Abgrund. » — Dans la peinture du Tartare qui sert comme d'épilogue à la Titanomachie, Hésiode nous montre le séjour des Géants séparé de la Terre par un gouffre immense (χάσμα μέγα) où les éléments des choses continuent à s'agiter en impétueux tourbillons.

(3) Avant Platon, Anaxagore introduira au début de sa cosmogonie une conception assez semblable.

(4) Si l'on prend à la lettre ce dernier vers, aux yeux d'Ovide la Nature, au lieu d'être une puissance immuable, serait soumise à la loi du perfectionnement et du progrès.

Après le Chaos, la Terre. Partout où la nation du Dieu créateur s'est obscurcie ou a été voilée, la Terre n'est pas seulement la plus ancienne des divinités, c'est la mère de toutes les autres. N'est-elle pas, en effet, l'origine apparente et le réceptacle de toutes choses, la nourrice inépuisable du genre humain et de toute la nature animée (1) ? C'est en termes enthousiastes, directement inspirés par la grâce du génie grec, que l'auteur d'un des hymnes conservés sous le nom d'Homère salue cette antique déesse. Dans les invocations les plus anciennes, la terre est fréquemment comme ici associée au ciel ; c'est que pour la féconder il faut que du soleil descende la chaleur et des hauteurs de l'air la pluie : de là cette conception d'un hymen des deux divinités, tel qu'il nous est apparu dans la brillante poésie de Virgile. Dans le *Rig-Véda* le Ciel et la Terre nous sont même donnés comme les ancêtres des dieux et de l'Univers. Le culte de la Terre adorée comme une déesse se retrouve sous mille formes différentes aussi bien sur les rives du Tigre et de l'Euphrate (2) qu'au fond des forêts de l'antique Germanie (3).

Que dire du Tartare, de l'Erèbe, de la Nuit (4), ces étranges et sombres divinités, sinon qu'on y reconnaît immédiatement autant d'équivalents du Chaos ? Reste Eros, apparition bien inattendue au milieu de créations si dissemblables. Ce n'est point ici, en dépit des apparences, une simple figure poétique, mais un être véritable dont la mission est de rapprocher les principes contraires, capable non seulement d'appeler à l'exis-

---

(1) Voir dans Pline (*Histoire naturelle*, II, 63) le passage remarquable qui commence par ces mots : « Terræ uni rerum naturæ partium, eximia propter merita, cognomen indidimus maternæ venerationis. Sic hominum illa, ut cœlum Dei. »

(2) Qui ne se rappelle ici le mythe de Cybèle et les beaux vers de Lucrèce (II, 590-643) ?

(3) Cf. Tacite, *Germanie*, 40 : « In commune Hertham, id est Terram matrem colunt. »

(4) Dans la plupart des traditions orientales, c'est la Nuit qui enfante le Jour. Le génie grec n'a dû se prêter qu'à regret à une pareille conception.

tence les germes cachés dans les choses, mais de remplacer le Chaos par un ensemble organisé d'une façon régulière et durable. Puisque à cette heure l'amour perpétue la vie, pourquoi ne l'aurait-il pas produite au début (1)? Qu'en songeant au futur système d'Empédocle on voie dans ce principe la force attractive qui détermine les combinaisons des corpuscules élémentaires, ou qu'on se rappelle la doctrine à la fois platonicienne et chrétienne, laquelle proclame que l'Etre parfait a créé le monde par amour, on ne peut qu'être frappé de la pensée profonde cachée sous un mythe dont cependant le poète lui-même ne semble pas avoir saisi la portée.

C'est qu'en effet, selon la remarque de Zeller, la somme d'idées contenue directement dans les fables de la *Théogonie* est fort médiocre. Non seulement toute notion de Providence en est absente (car Saturne dévorant ses enfants fait bien plutôt penser à une Nature créant au hasard, sans but, et replongeant impitoyablement ses créations dans le néant), mais ce qui dépasse l'observation vulgaire y dérive de la tradition populaire ou d'un travail de l'imagination, non de la réflexion méditant sur les causes naturelles des choses.

Eclairée par les découvertes modernes de la géologie et de la paléontologie, la science moderne a tenté sans doute de donner un sens scientifique à certaines assertions du vieux poète. Ainsi que veulent dire ces fils d'Ouranos, odieux à leur père dès leur naissance et ensevelis par lui tout aussitôt

---

(1) Ainsi raisonnaient également les sages de l'Inde, d'après ces vers du *Rig-Véda* : « Oui, l'amour, voilà le premier-né des êtres, l'amour qui fut le germe primitif de la pensée et en qui les sages, s'ils interrogent leur cœur, découvrent le lien du néant et de l'être. » A son tour, Plutarque relève dans cette assertion de la *Théogonie* (reprise plus tard par Parménide) une profonde intelligence des lois de la Nature. Je crois cependant que le scoliaste s'inspire manifestement de théories philosophiques très postérieures quand il donne de l'Eros hésiodique la très curieuse explication métaphysique que voici: Τὴν ἐγκατεσπαρμένην φυσικῶς κινητικὴν αἰτίαν ἑκάστῳ τῶν ὄντων, καθ' ἣν ἐφίεται ἕκαστον τοῦ εἶναι.

dans les profondeurs de la terre, sinon que notre globe a d'abord enfanté des êtres gigantesques et terribles, bientôt replongés dans son sein ? Ces Titans, ces Hécatonchires, auxquels leur père n'a donné la vie que pour la leur ôter, comme s'il eût eu horreur de leur laideur et de leurs violences, ne sont-ce pas ces races de monstres qui ont paru sur la terre avant l'homme, ces mégalosaures, ces icthyosaures qu'on serait tenté de prendre pour les premières ébauches du Créateur s'y reprenant à plusieurs fois pour perfectionner son œuvre, et remplaçant enfin par des productions plus harmonieuses ses informes essais (1) ? Il est littéralement vrai que nous retrouvons aujourd'hui dans les entrailles du globe les restes de ces êtres antédiluviens : nous mesurons leurs ossements énormes, qui déconcertent notre imagination.

Sans doute le rapprochement est séduisant et à première vue, si nous n'étions pas en présence d'un poème aussi ancien, très suffisamment vraisemblable : mais, à y bien réfléchir, il n'a que la valeur d'une conjecture. S'agit-il notamment de l'ordre dans lequel se succèdent ces étranges générations de dieux ? Guigniaut écrivait : « Par une révélation secrète de l'esprit qui vit dans l'homme comme dans la nature, Hésiode devina que la suite naturelle des évolutions cosmiques représentée par la série traditionnelle des révolutions divines s'était opérée comme une transition progressive de l'absolu au relatif, de l'infini au fini. C'est cette grande idée philosophique, *obscurément comprise*, qui lui donna l'unité intime et génératrice de son poème, véritable système sur le monde et ses lois. » Même avec la restriction capitale que nous venons de souligner, l'idée philosophique dont parle le savant mythologue dépasse certainement de beaucoup l'horizon intellectuel d'Hésiode : c'est un tort de voir à tout prix dans la mythologie (comme Bacon inclinait à l'affirmer) une sagesse qui s'enveloppe et se déguise. Les notions scientifiques et métaphysiques qu'impliquent tant

---

(1) Même croyance chez Empédocle et Lucrèce (V. 835).

de savantes explications étaient bien étrangères au poëte béotien : ni dans les détails de la *Théogonie* ni dans la pensée d'ailleurs assez obscure qui les relie il ne faut soupçonner tant de profondeur.

Ce qui est vrai, c'est qu'Hésiode touche de bien plus près qu'Homère au génie symbolique et allégorique de la haute antiquité, et permet mieux de mesurer l'intervalle considérable qui sépare des premières recherches philosophiques originales la tradition grossière enfantée par la spéculation mythologique (1).

C'est au même point de vue qu'il convient de se placer pour apprécier Phérécyde de Syros, contemporain, à ce que l'on croit, d'Anaximandre dont les théories peuvent bien ne pas lui être demeurées étrangères. Son premier dogme était : Ζεὺς μὲν καὶ χρόνος ἐς ἀεὶ καὶ Χθὼν ἦν : pour lui, ce qui existe avant toutes choses et éternellement, c'est le dieu de l'éther ou de l'atmosphère, et la masse terrestre, à laquelle il est bien près d'assimiler l'ensemble primitif et confus des êtres (2). Pour former le monde (car Phérécyde admet une sorte de δημιουργία divine) (3), Jupiter se métamorphose en Eros (symbole

---

(1) Accordons toutefois avec d'éminents critiques que même les anciennes légendes helléniques (surtout si on les rapproche de celles de l'Inde) sont raisonnables jusque dans le fabuleux, et, pour ainsi parler, naturelles jusque dans le surnaturel. Tout ce qui heurterait trop violemment les lois de la nature, tout prodige invraisemblable est banni du merveilleux homérique : il y a là un élément positif, un besoin de clarté et d'intelligibilité qui prélude heureusement à la science future.

(2) On a sans doute, et dès l'antiquité, interprété Χρόνος comme le dieu du temps. Mais il est difficile de se persuader qu'à une époque aussi reculée un mythologue ait classé au deuxième rang parmi les principes des choses un concept aussi abstrait. Le passage qui suit immédiatement : χθονίη δὲ ὄνομα ἐγένετο Γῆ ἐπειδὴ αὐτῇ Ζεὺς γέρας δίδοι, a donné lieu à une foule de commentaires. Il semble qu'il fallait traduire : « Quand Jupiter lui accorda la terre en partage ».

(3) Pendant longtemps on avait entendu certaines paroles étranges rapportées à Phérécyde par Clément d'Alexandrie (*Stromates*, VI, 621 et 642 A) en ce sens que « Jupiter jetait comme un voile superbe sur

d'une force organisatrice immanente aux choses), et de même que dans la *Théogonie*, les puissances inférieures de la nature tentent en vain de résister au dieu suprême. L'armée divine reste maîtresse du monde.

Un point important, car Aristote lui-même (1) en a été frappé, est ici à noter. Le premier principe n'est plus comme chez Hésiode un chaos indéfinissable, la matière dans son état le plus rudimentaire : c'est l'être le plus complet, le plus parfait. Cette seule substitution implique une révolution religieuse et intellectuelle incontestable : mais résultait-elle d'un effort de la réflexion, ou simplement de l'adoption d'un autre système mythologique, contemporain du premier et qui paraît avoir fourni le fondement au moins implicite des croyances homériques ? évidemment cette seconde hypothèse est de beaucoup la plus vraisemblable.

C'est ce que confirme à sa manière l'étude de l'*orphisme*, terme assez vague servant à désigner un courant religieux presque mystique, remontant sans doute à une époque assez ancienne, mais dont l'apogée se place entre l'âge de Pisistrate et celui de Périclès, alors que les plus éclairés d'entre les Grecs, épris en quelque sorte de vie intérieure et de perfection morale, aspirent ardemment à une révélation des lois qui règlent la destinée humaine. Pour le dire en passant, c'est le seul effort sérieux qui ait été tenté en Grèce en vue d'assurer au sentiment religieux la direction des âmes (2), et, chose remar-

---

le squelette de la terre la surface bigarrée des continents et des eaux ». A la suite de la découverte en Égypte d'un fragment du vieux prosateur ionien, M. Weil (*Revue des études grecques*, X) a rectifié cette fausse interprétation.

(1) *Métaph.*, XIV, 4, 1091ᵇ 8 : Οἷον Φερεκύδης καὶ ἕτεροί τινες τὸ γεννῆσαν πρῶτον ἄριστον τιθέασι. — Je ne vois aucune raison sérieuse pour considérer avec M. Gomperz Phérécyde et les orphiques comme des éclectiques de la famille des Alexandrins.

(2) Le βίος ὀρφικός des Grecs répond assez approximativement à ce

quable, ses dernières conséquences, où s'étale la licence la plus corrompue, sont un démenti absolu de la pureté de son principe. Néanmoins il n'y a presque aucune exagération à soutenir que « les véritables prêtres de la Grèce furent les orphiques avec les pythagoriciens et les platoniciens qui s'engagèrent sur leurs traces. Sans eux le polythéisme hellénique n'eût été qu'une doctrine superficielle et frivole, capable seulement d'amuser un peuple en fête : sans eux la tradition aurait été interrompue entre l'Orient et l'Occident ».

Il va de soi que nous n'avons pas à approfondir ici l'enseignement orphique relatif à la bonté et à la justice divines, à la vie à venir, au rôle de l'expiation : notions si élevées, au moins à certains égards, que Xénophane et Platon, ces deux adversaires irréconciliables de l'Olympe homérique, ont puisé largement à cette source inspirée. Nous devons nous borner à envisager l'orphisme au point de vue cosmogonique ; même réduite à ces proportions restreintes, la question ne laisse pas d'offrir quelque difficulté.

Où en était de ses métamorphoses l'antique religion de la

---

que nous appelons aujourd'hui « la vie religieuse ». Et pour achever le rapprochement, il est à remarquer que, malgré l'invocation de noms révérés remontant à une antiquité reculée, l'orphisme ne s'est jamais répandu au delà d'un cercle restreint d'initiés. Quant à la valeur intrinsèque et à l'inspiration générale de la doctrine, les avis des modernes sont très partagés. Les uns refusent d'y voir quoi que ce soit de philosophique : « Tandis que les premiers physiologues ioniens s'efforçaient de résoudre par un effort de la pensée le problème de la formation et des destinées du monde, des esprits moins hardis, portés vers la méditation religieuse plutôt que vers la spéculation métaphysique, se flattaient de retrouver dans les vieux dogmes révélés la vérité tout entière. » (MALLET). Les autres y découvrent au contraire des vues d'une profonde et saisissante originalité : « Es ist wohl zu beachten, dass die orphische Theogonie nicht die Dichtung eines biederen bœotischen Hirten war, sondern dass sie das Dogma einer weit über Griechenland verzweigten Sekte darstellt..... Die Orphiker werden von dem Geschichtschreiber der Philosophie nicht mehr hintenan gesetzt werden dürfen. Sie haben sich ihren Platz so gut verdient wie die Pythagoreer, welche von ihnen an Genialitæt und Kühnheit der Spekulation weit uberragt werden. » (KERN).

nature, dans l'âge que l'on est convenu d'appeler *orphique*, au berceau même de la civilisation grecque ? Les poèmes qui sont censés en provenir obscurcissent ce problème historique au lieu de l'éclaircir : on ne sait quelle date leur assigner. Quelques-uns pourraient à la rigueur remonter au vi⁰ siècle avant Jésus-Christ : les plus récents ne sont certainement pas antérieurs au v⁰ siècle de notre ère : la plupart s'échelonnent entre ces deux dates extrêmes (1). Que penser, par exemple, d'un hymne dont voici la traduction presque littérale :

> Sur le Verbe divin, seul monarque des cieux,
> Attache pour jamais et ton cœur et tes yeux...
> Le Verbe est le seul être existant par lui-même :
> Principe, fin, milieu, tout reconnaît ses lois.

L'inspiration grecque et païenne, marquée d'une couleur stoïcienne, se retrouve avec moins de peine dans ces lignes que nous a conservées Stobée : « Jupiter fut le premier et le dernier, la tête et le milieu ; de lui procèdent toutes choses : c'est le souffle qui anime tous les êtres, un seul corps excellent qui embrasse le feu et l'eau, la terre et l'éther, la nuit et le jour (2). » L'unité divine fut un des dogmes préférés des orphiques : tout au moins ont-ils une tendance visible à concevoir les nombreuses divinités de la religion populaire comme

---

(1) Petersen (*Die orphischen Hymnen*, dans le *Philologus*, xxvii, 385 et suiv.) les rapporte aux plus beaux siècles du stoïcisme dont ils portent plus ou moins visiblement l'empreinte : mais selon toute apparence, dans la composition de ces hymnes sont entrés des fragments de poèmes antérieurs.

(2) Les *Lois* de Platon (IV, 715 E) contiennent une version plus simple de la même doctrine, mise en relation avec les mouvements de l'univers : Ὁ δὴ θεός, ὥσπερ καὶ ὁ παλαιὸς λόγος, ἀρχήν τε καὶ τελευτὴν καὶ μέσα τῶν ὄντων ἁπάντων ἔχων εὐθείᾳ περαίνει κατὰ φύσιν περιπορευόμενος. A propos du vers célèbre auquel Platon fait ici allusion,

Ζεὺς κεφαλή, Ζεὺς μέσσα, Διὸς δ' ἐκ πάντα τέτυκται,

Wecklein écrit : « Die christliche Vorstellung von der Allgegenwart, Unendlichkeit, Unermesslichkeit Gottes steht kaum mit der Vorstellung dieses Fragments in Einklang. »

les diverses expressions de la vie universelle qui circule dans la nature :

Εἷς Ζεὺς, εἷς Ἀΐδης, εἷς Ἥλιος, εἷς Διόνυσος,

ou encore :

Εἷς ἔστ' αὐτογενής, ἑνός ἔκγονα πάντα τέτυκται.

Le monde naît et meurt dans l'unité de son principe.

Comment concilier avec l'affirmation aussi précise, aussi formelle de la souveraineté absolue de Jupiter les étranges cosmogonies qui dans la suite des temps eurent cours tour à tour ou simultanément sous le nom d'Orphée (1) ? Ici c'est la nuit, variante du chaos, qui est placée à l'origine des choses : là de l'eau et du limon sort un dieu au corps de dragon, lequel produit un œuf immense qui se brisant par le milieu forme le ciel avec sa moitié supérieure, la terre avec l'autre moitié : ailleurs le premier être est Chronos, père de l'Ether et du Chaos, avec lesquels il produit un œuf d'argent, d'où sort un dieu (appelé Phanès (2) ou Mêtis ou Eros) destiné à être absorbé plus tard par Jupiter. Cet œuf du monde, origine à son tour des créations ultérieures, paraît avoir joué dans les croyances orphiques un rôle considérable. Semblable fiction, assez naturelle pour qui assimile la formation du globe au développement et à la transmission de la vie animale (3),

---

(1) Dans les *Argonautiques* d'Apollonius (I, 496 et suiv.) Orphée chante « comment la terre, le ciel et la mer, autrefois confondus dans une seule forme, avaient été séparés, chaque élément de son côté, et tirés de cet état funeste de lutte ». Mais par qui et de quelle manière avait été réalisé ce progrès ? Le poète oublie de nous l'apprendre : peut-être ne le savait-il pas lui-même.

(2) Selon M. Tannery, tandis que l'œuf cosmique appartient à la théologie primitive, le mythe de Phanès est de date postérieure.

(3) C'est ainsi que la pensée antique hésitait entre le monde issu du développement spontané de germes primitifs (φυτουργία) et le monde façonné comme une œuvre d'art par les mains d'un ouvrier (δημιουργία).

trahit néanmoins une provenance orientale (1) ; conjecture d'autant plus plausible que d'autres détails de cette même tradition impliquent également une déviation partielle du génie grec vers les dogmes obscurs qui en Babylonie comme en Egypte étaient à la base des religions de l'Orient (2).

Des élucubrations aussi surchargées d'éléments fantastiques, exposées en outre le plus souvent sous une forme purement mythique, n'offraient à la réflexion qu'un point d'appui bien peu solide : si ces anciens théologiens ont frayé la voie aux physiciens d'Ionie venus plus tard, leur principal, sinon leur unique mérite est d'avoir affirmé à leur manière l'importance du problème cosmologique : quant à la tâche de rechercher méthodiquement les dernières raisons des choses, ils l'ont abandonnée à leurs successeurs (3).

Avant de quitter ce sujet, il semble que nous devions nous arrêter un instant en face d'une notion qui tient une grande place dans l'antiquité païenne. Pour nous restreindre à la

---

(1) Circonstance à noter, on n'en trouve aucune trace ni dans les mystères d'Eleusis ni dans les dialogues de Platon (cf. *Timée*, 40 D) : en revanche on comprend qu'un poète comique tel qu'Aristophane se soit empressé de mettre cette étrange fiction sur la scène. Voir la curieuse profession de foi des *Oiseaux* (v. 694).

(2) Maury a défini assez exactement l'orphisme « une systématisation du naturalisme théologique qui faisait le fond de la mythologie hellénique ». A ce propos on remarquera ce qu'un vieil auteur cité par Cicéron rapporte du temps et des lieux où se célébraient les mystères de Lemnos et de Samothrace :

> Quae Lemni
> Nocturno aditu occulta coluntar,
> Silvestribus sepibus densa ;

comme si l'on avait voulu, afin de frapper davantage les imaginations, les plonger dans les mystérieuses obscurités de la nature.

(3) On lit dans un fragment de Plutarque : « Les poèmes orphiques aussi bien que les traditions tant égyptiennes que phrygiennes nous apprennent que la physiologie primitive n'était qu'une exposition fabuleuse de la nature, qu'une théologie mystérieuse, se cachant sous des énigmes et des arrière-pensées. »

Grèce, Homère et Eschyle, Hésiode et Pindare nous parlent également d'un Destin qui étend son inéluctable pouvoir sur toutes choses, sans en excepter les dieux eux-mêmes. Postérieurs au Chaos, les Immortels sont en outre inférieurs au destin. On devine sans trop de peine comment naquit cette redoutable croyance. Qu'on se représente l'impression saisissante que dut éprouver l'homme des premiers âges en face de la grandeur incommensurable de l'univers, et surtout en face des forces indomptables de la nature, transformées par lui en autant d'impérieuses divinités : après s'être senti faible, il en vint à se croire impuissant.

Ecartons ici pour un instant le point de vue moral ; ne songeons ni à cette jalousie des dieux pour qui le bonheur prolongé de l'homme est une offense, ni à ces décrets mystérieux qui accumulent les crimes au sein de certaines familles pour y multiplier ensuite les expiations : oublions cette fatalité qui plane sur tout le théâtre d'Eschyle comme un acteur aussi terrible qu'insaisissable. N'envisageons que le caractère nécessaire des ordres du destin.

Or si toute la physique moderne repose sur l'existence au sein de la nature de lois permanentes, dont l'homme peut diriger tout au plus, jamais changer l'action : si la notion fondamentale de la loi est un rapport constant et défini entre deux ou plusieurs faits qui s'enchaînent ; si les lois de la nature sont proclamées à bon droit immuables ; si l'on se rappelle le mot de Descartes : « L'univers est comme une fatalité et une nécessité immenses », et qu'on en rapproche la définition donnée par Cicéron (1) du destin antique : « Ε῾μαρμένη, id est ordo seriesque causarum, quum causa causæ nexa rem ex se gignat : ex quo intelligitur ut fatum sit non id quod superstitiose, sed id quod physice dicitur, causa æterna rerum » ; si pour nos déterministes contemporains, il n'y a plus au ciel qu'un Dieu inutile, incapable d'intervenir dans le gouvernement du monde, puisqu'il est impuissant à pénétrer d'aucune

---

(1) *De Divinatione*, I, 55.

façon dans ce cercle de fer, — on se demandera avec quelque raison si chez les anciens le terrain n'était pas merveilleusement préparé pour l'étude de la nature : on s'étonnera que des hommes qui croyaient tout invariablement réglé ici-bas n'aient pas cherché précisément à connaître les lois auxquelles était soumise la création.

En fait, Homère personnifie sous les noms de Μοῖρα et d'Ἐρινύες les droits de la nature (1), l'enchaînement nécessaire des phénomènes, et comme lui mythologues et philosophes transportent sans hésiter la notion de nécessité du monde moral au monde matériel. A Chronos l'une des formes de la théogonie orphique unit la Nécessité ou Adrastée (littéralement : celle qu'on ne peut fuir) dont il est dit que d'une manière incorporelle elle pénètre le monde entier jusqu'à ses dernières limites. Le même dogme, exprimé avec plus de force encore, se retrouve chez Pythagore (2) à l'exemple duquel Parménide (3) donne la Nécessité pour fondement à son argumentation. Héraclite à son tour fait du Destin un des ressorts cachés du monde (4), et Zénon et Chrysippe en lui empruntant sa cosmologie assureront à cette doctrine le patronage d'une école imposante. Dans le célèbre mythe final de la *République* Platon nous montre suspendu aux extrémités du Ciel le fuseau de la Nécessité, lequel donne le branle aux révolutions des sphères (5).

Malgré tout cependant le rapprochement que nous venons

---

(1) Voir la note de Pierron sur le vers 418 du xixe chant de l'*Iliade*.

(2) Ἀνάγκην περικεῖσθαι τῷ κόσμῳ, ou encore ἀνάγκῃ καὶ ἁρμονίᾳ πάντα γενέσθαι (Philolaüs).

(3) Ἀνάγκη ἓν ἅπαντα εἶναι.

(4) Parmi les divers titres que l'imagination hardie d'Euripide se plaît à donner au maître de l'Olympe, figure celui-ci : Ἀνάγκη φύσεως (*Troyennes*, v. 886) et par là le poète entendait manifestement « l'ensemble des lois nécessaires et immuables de la nature », cette puissance supérieure dont il a dit dans un autre passage (*Alceste*, 964) : πλείστων ἀψάμενος λόγων κρεῖττον οὐδὲν ἀνάγκης εὗρον.

(5) A propos du rôle beaucoup plus métaphysique que mythique de la Nécessité dans le *Timée*, M. Pfleiderer écrivait récemment (*Sokrates*

de tenter n'est qu'à la surface. Aussi longtemps que les puissances aveugles de la Nature parurent à l'homme les auxiliaires des décrets non moins aveugles du Destin, aussi longtemps surtout que la Nature fut envisagée non comme l'œuvre de la sagesse suprême, mais comme un instrument de vengeance entre les mains des dieux irrités (1), le seul sentiment qu'elle pouvait inspirer, c'était non une curiosité ou une sympathie véritable, mais bien plutôt une sorte de respect craintif ou de religieux effroi. L'idée de loi est sœur de l'idée d'ordre, d'harmonie, tandis que l'idée de destin emporte celle de caprices sans règle, sinon de rigueurs sans motif et sans objet.

Le Νοῦς d'Anaxagore, ordonnateur souverain du monde, a porté à l'antique fatalité un coup décisif : le Dieu de Socrate et de Platon invite à l'étude de ses merveilles, disposées avec tant d'art en vue du bien de l'homme ; tout autre était le Dieu vengeur d'Eschyle, ou le Dieu jaloux d'Hérodote.

II. — Cosmologies.

1. — *Réflexions générales.*

Après de longs détours au moins apparents, nous voici enfin arrivés au cœur même de notre sujet. C'est l'honneur et le mérite caractéristique de la pensée grecque de ne pas s'être arrêtée, en ce qui touche les questions d'origine, aux tenta-

---

und Plato, p. 634) : « In der ἀνάγκη des Timœus klingt die altmythische εἱμαρμένη nach, welche sich durch das Mittelglied der δίκη und des μέτρον hindurch nur sehr langsam und auch bei Plato (ja selbst bei Aristoteles) noch nicht recht zum Gedanken der Naturordnung, dem gesichert wissenschaftlichen Boden erst der Neuzeit klären sollte. »

(1) Ce que nous voyons dans *Agamemnon* (v. 563 et suiv.) et dans le terrible dénouement du *Prométhée enchaîné*.

tives plus ou moins irrationnelles de la mythologie. Ecartant d'une main ferme l'autorité de la tradition, le prestige de la fable, l'esprit humain va se placer résolument en face de la nature elle-même pour lui demander compte de ses lois constitutives, et il ne reculera pas le jour où cette recherche le mettra aux prises avec l'absolu et l'infini. Il s'agit en définitive de trouver dans la création ce qui s'y rencontre et ce qui ne s'y rencontre pas tout ensemble, ce que les sens sont incapables d'y apercevoir et ce que la raison seule y découvre, un principe supérieur à elle-même, dont elle dépend et qui en soit cependant distinct et indépendant. C'est le rôle propre de la *cosmologie*, au sens philosophique du mot. La pensée grecque a mis deux et trois siècles à s'élever à cette hauteur : et il faut la plaindre d'en être redescendue presque aussitôt.

Mais à première vue une circonstance singulière arrête notre attention. Il est dans l'ordre des choses que l'homme observe avant de recourir au raisonnement et à l'hypothèse, et qu'un développement philosophique soit non pas suivi, mais précédé par un vaste développement scientifique.

Or, que répètent à l'envi la plupart des écrivains modernes lorsqu'ils en viennent à parler des débuts de la philosophie en Grèce ? « Voyez le génie humain dans sa juvénile audace se jetant de plain saut dans l'inconnu, se posant les problèmes les moins accessibles, aspirant à s'égaler à l'universalité des choses, dans l'ignorance où il se trouve de sa force et de ses limites, et de tout critérium qui l'aide à discerner ce qu'il sait de ce qu'il sait mal ou de ce qui le dépasse, en un mot, commençant par où, en bonne logique, il faudrait finir. »

N'y a-t-il pas là une anomalie, mieux encore, une contradiction ? Essayons de l'éclaircir, et, s'il se peut, de l'expliquer.

On se représente communément ces vieux (1) penseurs

---

(1) Ils nous pardonneront de leur appliquer cette épithète, puisque dès l'antiquité on les appelait οἱ ἀρχαῖοι, οἱ πάλαιοι, ou même οἱ παλαί-

ioniens, Thalès, Anaximène et leurs disciples comme des philosophes et uniquement des philosophes. Si l'on prend ce mot dans son sens le plus compréhensif, si l'on entend par philosophie la réduction d'une science particulière, quelle qu'elle soit, à ses données fondamentales, à ses principes essentiels, ou encore la constitution d'une théorie capable d'embrasser dans une vaste synthèse les éléments connus de l'univers, on a raison (1) : il n'en est plus de même si l'on interprète l'idée et le mot au sens restreint que nous lui attachons de préférence aujourd'hui.

Un Descartes, un Spinoza, un Kant, un Hegel bâtissent leur édifice sur quelque fondement rationnel, emprunté aux lois mêmes de la pensée ; tout au contraire, les Grecs que nous venons de nommer prennent leur point de départ dans l'expérience : leur originalité, sinon leur mérite, consiste à généraliser des observations particulières, ce que personne n'avait fait avant eux.

Quel est leur dessein ? déterminer la cause des phénomènes sensibles de tout ordre, la nature des corps tant célestes que terrestres, se rendre compte de la vie végétale et animale dans ses manifestations si diverses : ils poursuivent tous, chacun à sa manière (2), le mystère d'une seule et même existence entrevue à travers des myriades de phénomènes jugés irréductibles par le bon sens vulgaire : leur rêve est de ramener les forces les plus hétérogènes en apparence à une force unique, primordiale, universelle, dont les modifications expliquent

---

τατοι. Il est vrai que ces questions d'ancienneté sont essentiellement relatives : témoin Chrysippe qui englobait jusqu'à Platon et Aristote dans le groupe qu'il désignait par le terme collectif de οἱ ἀρχαῖοι (Diogène Laerce, vii, 201).

(1) C'est ainsi qu'un Ampère et un Pasteur, un Claude Bernard et un Cournot pourraient légitimement prendre rang parmi les philosophes. L'*Histoire naturelle* de Buffon est philosophique au sens large de ce mot.

(2) Tandis que le Dorien pousse à l'extrême le respect de la tradition, l'Ionien met son amour-propre à se faire une sagesse pour son propre compte.

l'apparition et la disparition des êtres. Il s'agit pour eux non de s'enfermer dans l'étude isolée ou du mouvement, ou de la force, ou de la vie, ou de la conscience, mais d'embrasser d'une seule vue toutes ces propriétés, tous ces attributs de la réalité, de découvrir l'un dans le multiple, le pôle immuable dans l'éternelle fluctuation des choses, à moins que comme Héraclite on n'érige cette fluctuation même en principe suprême, en axiome inébranlable. La tâche était difficile (nous y travaillons encore après vingt-quatre siècles), et je ne suis pas surpris de ce mot d'ailleurs légèrement pédantesque que Barthélemy prête au grand-prêtre de Cérès s'adressant à Anacharsis : « Cette nouvelle maladie de l'intelligence humaine a substitué de grandes erreurs à de grands préjugés. »

Le problème par excellence est la recherche d'un ὑποκείμενον (1), d'un *substratum*, c'est-à-dire d'une substance première qui sans qualités arrêtées se prêterait indifféremment à les recevoir ou à les produire toutes (2), d'une réalité qui, placée derrière l'être que nos sens perçoivent, lui donne et lui conserve l'existence (3). Tous ces penseurs ont été ainsi amenés à prêter une attention particulière aux transformations des choses, à leurs aspects successifs : la plupart ont cédé à cette tendance spontanée qui consiste à prendre les faits eux-mêmes

---

(1) Les affirmations répétées d'Aristote sur ce point sont trop connues pour qu'il soit nécessaire de les rappeler. Cet ὑποκείμενον, c'est ce que M. G. Lyon dans son style imagé appelle « la substance privilégiée qui par sa fluidité, son aptitude aux métamorphoses, semblerait la mieux douée pour faire jaillir de son sein et dérouler en nappes innombrables les ondes de l'existence ». (*L'idéalisme en Angleterre*, p. 5.)

(2) Ce sont les propres expressions dont Platon se sert dans le *Timée* (50 D-E).

(3) « Derrière les éléments qui étaient censés ajouter aux corps leurs qualités propres, les savants grecs concevaient l'unité essentielle comme résidant à un degré plus élevé dans la matière première indéterminée : modifiée par des accidents multiples, elle concourt à former toutes choses, et si les éléments sont opposés, c'est par leurs qualités et non par leur substance. » (M. BERTHELOT.)

pour des causes et la suite, l'enchaînement normal des phénomènes, pour leur explication complète et définitive. Toute analogie ou opposition tirée de l'analyse psychologique faisant défaut, l'esprit, comme absorbé dans la nature, voit se produire en elle ou par elle toutes les déterminations dont il prend conscience en lui et hors de lui : il ne va pas au delà.

Mais, dira-t-on, comment la nature, avec ses problèmes obscurs et presque insolubles (1), est-elle devenue l'objectif dominant, sinon exclusif, des spéculations des premiers philosophes (2) ? — C'est, comme l'a déjà fait observer Aristote, parce qu'ils héritaient des préoccupations des âges antérieurs : dès longtemps ces questions se trouvaient implicitement posées par les anciennes cosmogonies. Il est rare (sauf peut-être dans l'Inde) que même en matière de métaphysique les théories jaillissent tout d'un coup de la méditation personnelle et solitaire : c'est le fruit de la réflexion s'appliquant à des opinions, à des observations données. En Grèce notamment, on voit très distinctement intervenir une mythologie cherchant à se justifier : c'est du chaos des légendes et des fables poétiques que va se dégager graduellement le problème de l'univers (3). Tant que les traditions religieuses avaient suffi, la philosophie pouvait paraître inutile : on se mit à philosopher quand l'esprit cessa d'être satisfait. On raconte à ce propos, qu'à l'âge de quatorze ans, Epicure lisant Hésiode à l'école y apprit que tout provenait du chaos : mais d'où vient le chaos lui-même ? demanda-t-il, et son maître resta muet.

---

(1) « Res occultæ atque ab ipsa natura involutæ » : voilà, tel que le définit Cicéron, le « programme » de toute l'école ionienne.

(2) Ἕκαστόν τι λέγειν περὶ φύσεως (Aristote). Il est probable que selon les habitudes des anciens Grecs leurs ouvrages avaient été d'abord publiés et répandus sans titre. Ce sont les éditeurs postérieurs qui ont confondu sous l'appellation commune et aussi vague que possible de Περὶ φύσεως des compositions peut-être fort différentes par leur esprit et même par leur contenu.

(3) « Chez les Grecs l'état théologique et l'état métaphysique n'étaient séparés l'un de l'autre selon toute probabilité que par des différences non de foi proprement dite, mais d'éducation et de culture. » (Dauriac)

Cette circonstance le détermina à se donner à la philosophie. Le fait est remarquable, et il s'est produit, n'en doutons pas, bien des fois avant comme après Epicure.

Aussi que voyons-nous? Homère avait fait de l'Océan le père de toutes choses. Thalès le répète, étayant de raisonnements une croyance que le raisonnement n'a point créée. Jupiter, c'est dans la tradition primitive l'éther, l'air supérieur (1) : Anaximène fera de l'air la substance, l'origine de toutes choses. Anaximandre substitue au chaos d'Hésiode une conception générale et abstraite : il n'invente pas, il reproduit. Avant d'être le symbole du λογος d'Héraclite, le feu avait reçu et continuait à recevoir les adorations de quelques-uns des peuples les plus éclairés de l'Orient. Dans la suite, la philosophie païenne a émis la prétention, qu'elle a pleinement justifiée d'ailleurs, d'expliquer l'universalité des choses en dehors de toute inspiration religieuse : il lui est même arrivé de prendre en face du polythéisme une attitude hostile, sauf à chercher plus tard un terrain de réconciliation : à son berceau elle lui a fait plus d'un emprunt (2), qu'il s'agisse avec Thalès des mythes populaires, ou avec Héraclite de l'enseignement secret des mystères.

---

(1) Les poètes grecs et latins se feront tour à tour les interprètes de cette antique croyance. C'est ainsi qu'on lit dans le fragment 941 d'Euripide : « Vois-tu au dessus de nos têtes l'éther infini? Il étreint la terre d'un souple embrassement. C'est là Zeus, c'est là Dieu, crois-le bien », — et chez Pacuvius :

> Id quod nostri cœlum autumant, Graii æthera,
> Quidquid est hoc, omnia animat, alit, auget, creat,
> Sepelit recipitque in se omnia, omniumque idem est pater.
> Indidem eodem æque oriuntur de integro atque eodem occidunt.

(2) Les philologues ne professent pas une autre opinion. Dans ses *Etudes sur les origines de la mythologie européenne*, M. Régnault reconnaît que le trait caractéristique de la philosophie grecque est de s'être affranchie de très bonne heure de toute tradition religieuse, mais il n'en est pas moins convaincu que les doctrines philosophiques et scientifiques de l'antiquité ont leur point d'attache dans le même fonds d'idées d'où sont sortis les mythes : « Les premiers philosophes ont été les premiers exégètes des textes sacrés qui se sont appliqués à at-

Si néanmoins les sages de l'Ionie sont qualifiés couramment de philosophes, il faut s'en prendre d'abord à l'exemple donné par les anciens eux-mêmes et confirmé depuis par une tradition ininterrompue, ensuite à la merveilleuse aptitude du grec à raisonner sur les choses, à les soumettre au contrôle et à l'élaboration d'un esprit doué de qualités exceptionnelles.

Ce qui achève de nous faire illusion, c'est le mouvement continu qui, des explications plus ou moins naturalistes d'un Thalès, nous élève par degrés aux spéculations de plus en plus métaphysiques d'un Parménide, d'un Héraclite et d'un Platon.

Allons plus loin : il est probable que l'explication en apparence purement matérielle qui fait le fond de ces premiers systèmes impliquait tacitement une explication métaphysique dont elle était la traduction concrète (1). On dirait que Thalès et ses successeurs se sont bornés à choisir ce qui parut à chacun le plus spécieux, le mieux accommodé pour en faire la personnification visible de la substance primitive des choses, de ce que traduisait alors avant tout le reste le mot φύσις. C'est de la matière subtilisée, selon l'ingénieuse expression d'un critique. Les anciens ne distinguaient pas encore les concepts généraux des notions particulières à l'occasion desquelles ils s'y élevaient. Ainsi Anaximène a-t-il entendu par l'air l'élément même qui porte ce nom? ou a-t-il établi une différence positive entre l'air, substance unique et commune de tous les êtres, et l'air atmosphérique? J'incline avec M. Zeller vers cette seconde interprétation, encore que les textes fassent dé-

---

tribuer un sens général (ou cosmogonique, ce qui souvent revient au même) aux passages dont le style pouvait s'y prêter. En pareil cas, ces textes ont été les excitateurs et les guides d'une tendance à l'explication de la nature qui jusque-là sommeillait dans l'esprit humain, en attendant le mot destiné à lui donner conscience d'elle-même. »

(1) « Sont-ce des éléments concrets ou des qualités abstraites? Ni l'un ni l'autre ou bien tous les deux à la fois : car la distinction des deux points de vue n'était nullement faite à cette époque » (M. Tannery.)

faut pour la justifier. En ce qui touche Héraclite, il est certain que le feu, de toutes les formes la plus mobile, était pour lui l'image du fond éternel de vie qui se retrouve partout dans la nature, de même que le soleil ou la mer était à la fois, au regard des anciens un être que nos yeux aperçoivent et un Dieu bien réel, bien vivant sous sa physionomie humaine. Dans la cosmologie stoïcienne le feu éthéré, considéré comme engendrant et conservant tout par son intervention régulière, est évidemment autre chose que le feu consumant et dévorant dont nos sens nous révèlent à tout instant le pouvoir destructeur.

En revanche ce qui semble uniquement métaphysique et abstrait chez ces premiers penseurs garde encore quelque reste de concret. Ainsi ils ont la notion éminemment philosophique de l'unité des choses : ils entendent y ramener la multiplicité, la pluralité des apparences : mais il ne s'agit pas, comme nous dirions aujourd'hui (je parle des Ioniens, non des Eléates) de l'un en soi : cette unité a toujours pour *substratum* une matière, une φύσις. Les textes abondent pour l'établir (1). Anaximandre, dont l'ἄπειρον peut paraître une protes-

---

(1) Ainsi *Physique*, I, 4, 187ᵃ13 : οἱ μὲν ἓν ποιήσαντες τὸ ὂν σῶμα τὸ ὑποκείμενον — *Métaphysique*. I, 3,983ᵇ6 : τὰς ἐν ὕλης εἴδει μόνας ᾠήθησαν ἀρχὰς εἶναι πάντων — 8,989ᵇ29 : τό γε ὂν τοῦτ' ἔστιν, ὅσον περιείληφεν ὁ καλούμενος οὐρανός. L'unité est ainsi identifiée avec la substance qui remplit l'espace : la science de l'être se confond avec celle de la nature : la pensée paraît incapable de rien concevoir, abstraction faite des choses. En veut-on une autre preuve ? On lit au livre X de la *Métaphysique* (2, 1053ᵇ10) : Τί τὸ ἕν ἐστι καὶ πῶς δεῖ περὶ αὐτοῦ λαβεῖν ; πότερον ὡς οὐσίας οὔσης αὐτοῦ τοῦ ἑνός, καθάπερ οἵ τε Πυθαγόρειοί φασι πρότερον καὶ Πλάτων ὕστερον, ἢ μᾶλλον ὑπόκειταί τις φύσις ; dans sa *Physique* (III, 4, 203ᵃ) Aristote répète la même chose au sujet de l'ἄπειρον, avec cette restriction significative : πλὴν οἱ μὲν Πυθαγόρειοι ἐν τοῖς αἰσθητοῖς. On peut aller plus loin encore et soutenir que lorsque Parménide écrit le vers fameux :

Τὠυτόν ἐστι νοεῖ τε καὶ οὕνεκέν ἐστι νόημα,

ce n'est pas l'être qu'il veut ramener à la pensée, mais bien, conformément à l'objectivisme antique, la pensée qu'il entend identifier avec l'être.

tation explicite contre la solution jugée par lui trop matérialiste de Thalès, était bien loin d'un pareil dessein. Jusque dans le système des Pythagoriciens et des Eléates, malgré le hiatus qui sépare leur métaphysique de leur physique, les traces de naturalisme, nous le verrons, ne sont pas contestables (1). En somme, la matière, qui aux yeux d'Aristote n'est que la puissance de devenir, est représentée pour les philosophes antésocratiques par des principes nettement définis.

Il reste donc que leur enseignement a un caractère physique très prononcé (2), et le terme de φυσικοί ou φυσιόλογοι (3) que leur donne volontiers l'antiquité grecque serait assez exactement rendu dans notre langue contemporaine (4) par la qualification de « naturalistes (5). » Aussi bien les considérations de morale ou de dialectique n'ont-elles pour eux qu'un intérêt très secondaire : ils n'y touchent qu'en passant ; ce qui ne veut pas dire que sur leur terrain propre ils se soient enfermés dans la sphère naturelle sans oser la franchir. Ainsi, soutenir qu'en dépit des apparences tous les êtres se confondent dans l'unité d'une seule et même substance — ou

---

(1) « Ni le nombre pythagoricien, ni l'Un des Eléates ne sont des essences spirituelles, distinctes de l'essence sensible, comme le sont les idées platoniciennes. Ces philosophes parlent immédiatement des choses sensibles elles-mêmes quand ils soutiennent que l'essence véritable en est le nombre ou une substance unique immuable. » (ZELLER).

(2) Aussi Aristote, appuyé sur ce principe que chaque substance a ses lois propres, reprochera-t-il aux physiciens d'Ionie de ne plus laisser subsister dans l'univers qu'une seule sorte de mouvement (De cœlo, III. 1, 304b11).

(3) Ou encore οἱ φυσιολογήσαντες (De cœlo, III, 1, 298 b 19).

(4) Amyot traduisant Plutarque disait dans son style naïf « les philosophes naturels » ou plus simplement « les naturels ».

(5) A condition toutefois d'imiter la réserve d'un judicieux critique contemporain : « On peut dire, en un certain sens, de ces vieux philosophes comme des poètes de notre siècle, qu'ils ont vécu dans la nature et pour elle (PROCLUS, in Parm., I, 629 : τὸ Ἰωνικὸν περί τε τὴν φύσιν καὶ τὰς φυσικὰς ποιήσεις ἀνεστρέφετο) : mais pour eux ce n'est pas le ciel constellé d'étoiles, ou la terre parée de ses fleurs et de ses fruits ; c'est je ne sais quel être caché et mystérieux. »

que le mouvement est le phénomène essentiel, éternel, universel — ou que tout doit s'expliquer par le choc d'éléments infiniment petits s'agitant à travers le vide immense — c'est manifestement demander à la raison et non plus à l'expérience sensible la solution de l'énigme du monde (1). Or où commence pour nous la philosophie? Précisément où finit la foi absolue dans les données sensibles, où interviennent les principes et les exigences propres de la raison. En désaccord sur tout le reste, Héraclite, Anaxagore et Démocrite s'unissent pour reconnaître qu'il appartient, non aux sens mais à l'intelligence, de se prononcer sur la raison dernière des choses ; tous eussent goûté cette définition donnée de la philosophie par un contemporain : « La recherche d'un principe qui dans son unité rende raison de l'origine, de l'état présent et de la destination de l'univers » et qui par conséquent contienne l'explication dernière à laquelle toutes les autres sont nécessairement suspendues. Il y a déjà, c'est incontestable, un côté philosophique dans la science d'un Thalès et d'un Anaximandre, comme il y a un côté scientifique dans les conceptions et les méditations d'un Héraclite, d'un Démocrite, à plus forte raison d'un Platon et d'un Aristote. C'est même un des traits saillants de ces grandes figures que l'union intime qui se fait en elles entre le savant et le philosophe : phénomène aussi rare de nos jours, qu'il était fréquent dans le siècle des Descartes et des Leibniz.

Ceci nous explique pourquoi dans les théories élaborées par ces premiers savants sur l'origine des choses leurs connaissances positives et leur façon de comprendre les phénomènes même les plus ordinaires jouent un si grand rôle (2).

---

(1) Au témoignage de Simplicius, Théophraste disait déjà en parlant des spéculations abstraites de Xénophane et de Parménide sur l'être : ἑτέρας εἶναι μᾶλλον ἢ τῆς περὶ φύσεως ἱστορίας τὴν μνήμην τῆς τούτων δόξης.

(2) Au fond n'en est-il pas de même à toutes les époques et jusque sous nos yeux ?

Leur conception du monde reflète forcément le savoir rudimentaire auquel eux-mêmes et leurs contemporains étaient arrivés : leur physique (1) proprement dite a son retentissement dans tout l'ensemble de leur système dont le noyau, si l'on peut ainsi parler, doit être cherché non dans une idée métaphysique ou dans une conception *a priori*, mais dans la notion générale que chacun d'eux se faisait de l'univers d'après l'étendue plus ou moins grande de son expérience particulière (2). De là tout à la fois leur air de famille et leurs prodigieuses divergences.

2. — *Solutions de quelques difficultés*.

Avant de passer à l'étude spéciale et détaillée de chaque philosophe, qu'on me permette de montrer ici en quelques mots comment, en dehors de leur intérêt propre, les considérations qui précèdent aident à résoudre maint problème embarrassant. Et d'abord le suivant.

I. — A en juger par ce que nous savons de leur enseigne-

---

(1) Rappelons à ce propos l'habitude chez les anciens de désigner sous le nom de φυσική toute la partie de la philosophie que ne revendiquent ni la logique ni la morale (Diogène Laërce (I, 18) la définit : φυσικὸν τὸ περὶ κόσμου καὶ τῶν ἐν αὐτῷ, et ajoute : Καὶ μεχρὶ Ἀρχελάου τὸ φυσικὸν ἦν εἶδος) : c'est donc la science de l'être (au sens le plus étendu du mot φύσις); à ce titre elle touche à la psychologie (la savante *Psychologie des Grecs* de M. Chaignet en offre la démonstration éclatante) et n'est pas étrangère à la théodicée.

(2) C'est le point de vue où s'est placé résolument M. Tannery en composant son ouvrage intitulé : *Pour la science hellène*. Avant lui son maître et ami Teichmüller avait écrit : « Quand on veut comprendre la métaphysique des anciens, il faut avant tout considérer la façon dont ils expliquent la nature. » On connaît le mot de Goethe : « Dans tout effort sérieux, durable, scientifique, il y a un mouvement de l'âme vers le monde : nous le constatons à toutes les époques qui ont vraiment marché de l'avant par leurs œuvres. »

ment et par les fragments conservés de leurs ouvrages, les philosophes ioniens semblent s'être entendus pour ignorer la divinité dans leur explication du monde. Dès lors, pourquoi et comment ont-ils échappé au reproche d'athéisme dirigé plus tard contre Protagoras ou contre Diagoras de Mélos, pour ne pas parler ici d'Epicure et de ses disciples ? Serait-ce que les populations de l'Ionie firent preuve en cette matière de moins de susceptibilité que les Athéniens contemporains d'Euripide et d'Aristophane ? Pareille réponse, à bon droit, ne sera pas jugée suffisante (1) : voyons ce que dès maintenant nous sommes en mesure d'y ajouter.

J'ai dit que ces φυσιόλογοι avaient ignoré la divinité, je n'ai pas dit : nié (2). La différence ne laisse pas d'avoir son importance. Il n'en va pas assurément d'un Thalès et d'un Empédocle comme d'un Epicure et d'un Lucrèce dont l'effort devait tendre précisément et directement à exclure sans retour de l'origine et du développement de cet univers toute intervention d'un pouvoir surnaturel ou plutôt, puisque cette épithète prête à quelque confusion, d'un pouvoir étranger à la nature (3). Chez les Ioniens, la question se présente de façon bien différente, et à un point de vue, nous l'avons dit, scientifique autant et plus encore que métaphysique. Or si l'on traite jus-

---

(1) Lange en suggère une autre. Ces hommes, écrit-il, Thalès, Anaximandre, Héraclite, Empédocle, Démocrite, occupaient un rang éminent parmi leurs concitoyens : ils jouissaient de l'estime publique, dans des cités où l'on ne connaissait aucun des abus de la liberté : il n'est donc pas surprenant qu'il ne se soit présenté personne pour leur demander compte de leurs opinions.

(2) Au XVIIe siècle, l'Anglais S. Parker disait déjà de ces premiers philosophes : « Etenim videre non possumus eos causam primam (id est Deum) tollere statuisse, sed solummodo per oscitantiam aut potius ex scientiæ inopia de ea dicere omisisse », et il cite ce passage de Simplicius : Ὁ γε λόγος τοῖς τοιούτοις περὶ τῶν φυσικῶν ἀρχῶν, ἀλλ' οὐχὶ περὶ τῶν ὑπὲρ φύσιν.

(3) La thèse latine de M. Picavet (*De Epicuro novæ religionis auctore*, Paris, 1888) contient sur ce sujet des vues extrêmement originales, sauf que le mot de *religion* paraît ici assez peu à sa place.

tement d'athée le philosophe qui dans sa cosmologie se passe totalement de la notion et de l'action divines, il n'en est pas de même du savant : celui-là se pose, et doit se poser le problème du premier principe et de la cause première : celui-ci se renferme et a le droit de se renfermer dans le domaine des causes secondes (1).

Au reste, sauf Xénophane qui, incorporant Dieu à l'univers considéré comme éternel et incorruptible, rejetait avec dédain la mythologie traditionnelle, et Parménide qui se vante bien haut d'avoir brisé avec les préjugés d'une foule aveugle (2), aucun de ces penseurs antérieurs à Anaxagore n'a conscience d'une rupture systématique entre ses théories et ce qu'on pourrait appeler, non sans une certaine impropriété, il est vrai, les dogmes populaires. Les contemporains ne paraissent pas davantage s'être émus de la nouveauté hardie de ces divers systèmes : d'une part combien étaient-ils, ceux qui pouvaient se vanter de les connaître ? de l'autre comment reprocher une hérésie à des hommes qui s'abstenaient sans doute, de propos délibéré, de mettre le pied sur le terrain religieux ? Présenter la matière comme une sorte de matrice universelle (3) où s'élaborent les formes de la vie, si du même coup l'on ne prétend pas expressément se passer d'un créateur ou d'un ordonnateur du monde, ce n'est pas faire profession d'athéisme : dire que toutes choses naissent de l'eau ou de l'air et ne sont que des transformations de l'un de ces élé-

---

(1) On a cent fois cité et répété ce mot de Claude Bernard : « Quand j'entre dans mon laboratoire, j'ai soin de laisser spiritualisme et matérialisme à la porte. »

(2) Zeller refuse d'admettre avec Brandis que des scrupules religieux aient empêché Parménide de s'expliquer sur le rapport de son Etre avec la divinité. Au surplus, selon la remarque de Grote (*Histoire de la Grèce*, II, p. 98, note 1), les philosophes ioniens, en insistant sans cesse sur l'existence et le rôle des lois physiques, entraient plus directement en conflit avec le sentiment public que les Eléates avec leur Un abstrait.

(3) L'étonnante ressemblance entre *materies* et *mater* chez les Latins serait-elle toute fortuite ? Il est difficile de s'en persuader.

ments, ce n'est pas détrôner ou Neptune ou Jupiter, et de fait on prête au vieux Thalès (1) cette phrase significative : « L'univers est plein de dieux ».

La pensée individuelle tenait ici une telle place que dans la même école les mêmes problèmes sont abordés avec les dispositions d'esprit souvent les plus différentes (2). Les uns y apportent des visées avant tout religieuses (Pythagore et Xénophane, par exemple) : les autres une préoccupation presque exclusivement scientifique (Philolaüs et Parménide), et cela sans qu'eux-mêmes ou les historiens anciens après eux aient prêté à ce fait la moindre attention. Tandis que Démocrite a paru au plus grand nombre incliner au matérialisme, un de ses disciples, Ecphantus, admettait simultanément l'existence des atomes et celle d'une Providence. C'est quand les sophistes ont affiché au grand jour, dans leurs leçons et leurs écrits, leur indifférence à l'égard des dieux que les Athéniens de la vieille roche ont pris peur, et ont juré d'accabler les novateurs sous le double poids des sarcasmes d'Aristophane et des sévérités de la loi.

Mais, dira-t-on, comment se fait-il que les dieux tiennent si peu de place dans la philosophie à une époque où ils règnent en maîtres sur la poésie ? A la réflexion, notre surprise diminue. C'est que l'anthropomorphisme domine également cosmologie et théologie. L'homme conçut la nature à son image : elle lui apparut comme un système, comme un organisme, comme un grand vivant. Il avait conscience en lui-même d'un principe de vie auquel était étroitement liée sa propre

---

(1) Cicéron exposant son système y découvrait ou croyait y découvrir « mentem quæ ex aqua omnia fingeret », suppléant très probablement de son propre chef à ce qui lui paraissait manquer de ce côté aux théories soit du vieil Ionien, soit de ses successeurs.

(2) Il est même arrivé à maint philosophe de soutenir successivement des thèses opposées. Ainsi parmi les fragments conservés d'Héraclite se lisent ces deux phrases : « Le monde n'a été fait par aucun des dieux » et « La nature a été ordonnée par les dieux » (TANNERY, livre cité, p. 194 et 197).

existence : la vie universelle fut assimilée à la vie organique. A l'origine de toutes choses fut placée une matière première animée et génératrice, à la fois substance et cause de tout ce qui se produira dans la suite. Le monde porte en soi une raison suffisante de son existence et de son évolution. Ainsi la nature semblait s'expliquer par elle-même sans qu'il y ait nécessairement un être au-dessus d'elle qui la dépasse et de qui elle dépende (1), soit que toutes les substances particulières préexistent dans une substance primitive d'où le mouvement ou toute autre cause les dégage et les sépare, soit que, par une évolution intérieure, d'une matière à l'origine qualitativement homogène sortent peu à peu toutes les qualités caractéristiques des divers groupes d'êtres (2). Par voie d'application ou de pénétration (3) une âme s'est jointe au monde, afin d'en vivifier toutes les parties et d'y perpétuer l'harmonie convenable (4). Aux yeux d'une logique encore rudimentaire, ou cette âme est Dieu (5), ou Dieu est bien près d'être une hypothèse inutile.

---

(1) Dans les *Annales de philosophie chrétienne* (août-septembre 1898), M. l'abbé J. Martin se demande pourquoi Spencer a cru devoir protester contre la qualification d'athée et de matérialiste, alors que Démocrite, par exemple, n'a jamais eu semblable préoccupation. Et voici la principale raison qu'il donne de cette différence. Aujourd'hui il est constant depuis longtemps qu'on ne peut rien expliquer par la seule matière brute et le mouvement mécanique : il y a là-dessus une notoriété acquise, laquelle n'existait pas dans la Grèce du v° siècle. Aussi Démocrite pouvait-il exposer librement ses imaginations : il ne se sentait pas contraint de réunir, grâce à beaucoup de subtilités illusoires, une doctrine réellement athée et des considérations incompatibles avec l'athéisme. Il ne lui venait pas à l'esprit d'écrire un chapitre sur les *Idées dernières de la religion*. Il se contentait d'avoir une vue telle quelle de la marche des choses.

(2) On reconnaît là les deux écoles *mécaniste* et *dynamiste*, dont il sera reparlé un peu plus loin.

(3) « Animus aut infixus, aut infusus », comme s'exprime Cicéron.

(4) Pythagore, par exemple, a beau ne voir partout que des nombres : il a besoin d'une âme pour expliquer l'univers. Ὁ κόσμος φύσει διαπνεόμενος, dira Philolaüs son disciple.

(5) « Le Dieu suprême, unique, des traditions païennes n'est pas placé

A ce propos on nous permettra de faire remarquer que dans toute cosmogonie où Dieu est à sa véritable place, la nature ne saurait plus représenter qu'un terme collectif, l'ensemble des êtres créés et des forces déposées par le Créateur au sein de la création : de là vient que Platon, par exemple, en parle si peu dans son *Timée*. Au contraire, dès que s'efface la notion de Dieu, du moins en tant qu'être indépendant et personnel, comme chez les stoïciens et les épicuriens, la nature passe inévitablement au premier rang (1). D'ailleurs si le christianisme seul a pu nous donner de la divinité une notion plus pure et plus élevée que Platon et Aristote, il faut bien reconnaître que le Grec n'avait pas en général un sentiment aussi profond du divin que l'Arya de l'Inde ou de la Perse. « Le mot *Dieu* ne représentait point à l'esprit des anciens l'Être personnel et vivant qu'il nous représente aujourd'hui. Ils prodiguaient ce nom dont nous sommes maintenant si avares. Pour eux il ne renfermait guère d'autre idée que celle de l'infinitude. Tout ce qui dépassait les bornes naturelles était divin : la mer qui par son immensité étonnait leur imagination : le ciel dont leurs regards ne pouvaient sonder la profondeur : la montagne qui semblait percer la nue et les dominait de sa masse puissante. Plus tard, quand ils se mirent à philosopher, l'idée de la perfection, de l'absolu vint naturellement s'ajouter à l'idée de l'infini : mais ni Parménide, ni Empédocle, ni Platon, ni même Aristote ne conçurent jamais la notion d'une puissance individuelle et morale qui eût donné la vie au Tout et dont la Providence s'étendît à l'univers (2). »

---

comme Jéhovah sur un trône élevé à une distance infinie au-dessus de l'univers. Il gouverne le monde, mais il fait partie du monde : il y est contenu, il en est comme la pièce principale. » (M. l'abbé de Broglie.)

(1) Stobée attribue à Epidicus, philosophe qu'il place entre Héraclite et Archelaüs, la formule suivante qu'ont reprise à leur compte les encyclopédistes du dernier siècle : ὑπὸ φύσεως γεγενῆσθαι τὸν κόσμον.

(2) G. Bréton, livre cité, p. 211. — Pour Aristote, la question demeure douteuse : mais en ce qui touche Platon, à moins de traiter l'ensemble

D'autre part, comment se contenter du polythéisme flottant et parfois si irrespectueux des poètes (1)? Il semble dès lors que le langage de certains philosophes au sujet des dieux ne soit qu'une habitude, ou une concession faite aux croyances populaires, au culte officiel, à la religion établie, ou un moyen d'échapper à la vindicte publique (2).

II. — Une accusation de matérialisme intentée à ces anciens philosophes eût encore, si c'est possible, étonné davantage leurs contemporains. Sans doute nous modernes, qui avons pâli sur l'analyse de la pensée, nous avons peine à comprendre une science qui rapprochait et confondait dans une synthèse grandiose le sensible et l'intelligible, les attributs de la matière et ceux de l'absolu, les propriétés des corps et les facultés de l'esprit (3). Il n'existait alors qu'une nature au sein de laquelle s'effacent ou s'atténuent à l'infini les différences spécifiques ou individuelles, une nature qui embrasse l'universalité des êtres soumis au devenir. L'eau est matérielle : elle n'en devra pas moins avec Thalès rendre compte de l'existence de l'âme. Les nombres et leurs éléments sont essentiellement incorporels : ils n'en devront pas moins avec Pythagore servir à expliquer l'existence des corps et leurs

---

du *Timée* de pure fiction poétique, il est évident que le grief allégué manque de tout fondement.

(1) Epicure lui-même, si l'on en croit certains textes, avait coutume de dire à ses disciples : « Croyez, si vous le voulez, à l'existence des dieux : la seule chose que la raison vous interdise, c'est d'admettre les dieux qu'adore le vulgaire. »

(2) « Invidiæ detestandæ gratia », comme s'exprime Cicéron. — On pourra consulter à ce sujet mon mémoire sur la *Théodicée platonicienne* (dans les *Séances et travaux de l'Académie des sciences morales et politiques*, février 1896).

(3) « Weder die ionischen Philosophen, noch die Pythagoreer, noch die Eleaten urgirten oder kannten den durchgehenden Unterschied einer geistigen und einer körperlichen Welt : ihnen fliesst vielmehr beides auf eigenthümliche Weise ineinander » (GRUPPE). Pourquoi s'en étonner? n'était-ce pas déjà le propre de la mythologie de « matérialiser le spirituel et de spiritualiser le matériel ? »

qualités sensibles. La distinction du physique et du moral, de la matière et de l'esprit, poussée même à l'extrême par certains cartésiens, est pour ainsi dire un lien commun de la pensée moderne, encore que l'action et la réaction mutuelles de ces deux éléments demeure étrangement mystérieuse : cette distinction, les anciens, avant Socrate et Platon, ne l'ont pas faite, attribuant à la matière des capacités qui lui sont étrangères, et à l'intelligence une matérialité que nous jugeons incompatible avec son essence (1). L'esprit peut être supérieur au reste de la création, et pour le constituer une « quintessence » sera jugée nécessaire : il ne représente pas pour autant un monde à part : il obéit aux mêmes lois. C'est ainsi que dans un domaine voisin l'opinion associait étroitement la beauté corporelle et la beauté morale, et que l'art grec a pour caractère de fondre harmonieusement, au lieu de les opposer, le réel et l'idéal.

Ce qu'il importe surtout de souligner ici, c'est que ces philosophes ne voient pas seulement dans les divers êtres de la nature autant d'états différents d'agrégation, de condensation ou de raréfaction d'une seule et unique substance, ou d'un très petit nombre d'éléments (2) : à leurs yeux cette identité d'origine est la condition indispensable de toute communication, de toute action réciproque, de tout mélange des choses les unes avec les autres. Sans cela, disent-ils, comment les plantes s'approprieraient-elles les éléments du sol, pour être ensuite elles-mêmes assimilées par les animaux (3) ? C'est un fait, écrivait Diogène d'Apollonie que cette difficulté semble

---

(1) Démocrite avait dit : « La plante a une âme qui pense ». Platon, qui en tant de passages oppose l'âme au corps et le monde intelligible au monde sensible, a répliqué : « L'âme est une plante céleste ».

(2) Τὰ δὲ ἄλλα πάντα τούτων (du premier ou des premiers principes) καὶ ἕξεις καὶ διαθέσεις (ARISTOTE, *Physique*, II, 1, 9). — Ce point de vue synthétique est encore celui de plus d'un contemporain.

(3) Une théorie très voisine se fait jour dans deux adages célèbres de Newton (*Natura semper sibi consona*) et de Leibniz (*Natura non facit saltus*).

avoir particulièrement préoccupé, c'est un fait que les choses échangent entre elles leurs divers éléments, qu'elles se combinent, qu'elles agissent les unes sur les autres : autant de phénomènes inexplicables si les corps étaient distincts quant à leur essence. Il faut qu'ils soient au fond une seule et même chose, et que, sortis du même être, ils soient susceptibles de s'y résoudre de nouveau (1).

Mais voici où le problème acquiert un degré bien autrement frappant d'intérêt. Nous sommes faits pour connaître le monde extérieur et une notable partie des progrès de la civilisation dérive en ligne directe de l'avancement constant de cette connaissance. Or, disaient les anciens, comment ce qui pense en nous, si c'était une nature à part, réussirait-il à entrer en rapport avec les objets qui nous entourent, à en subir d'abord l'impression passive dans la sensation pour s'en emparer ensuite par son activité propre dans la perception ? N'y a-t-il pas là une assimilation véritable, et de quelle manière est-elle rendue possible ? De là la formule si répandue dans l'antiquité : Τὸ ὅμοιον ὁμοίῳ γιγνώσκεται, qu'il n'entre pas dans notre plan de discuter ou de contester ici (2). Évidemment dans ces temps reculés l'esprit se tourne vers son objet sans avoir conscience de ce qui l'en sépare, sans examiner les relations ou d'hétérogénéité ou d'opposition que révèle une analyse approfondie de l'acte de connaître. Plus d'un philosophe va même jusqu'à soutenir hardiment avec Parménide que la pensée se confond avec l'être pensé (3). Ainsi les prin-

---

(1) Ἐμοὶ δὲ δοκεῖ, τὸ μὲν ξύμπαν εἰπεῖν, πάντα τὰ ἐόντα ἀπὸ τοῦ αὐτοῦ ἑτεροιοῦσθαι καὶ τὸ αὐτὸ εἶναι... πάντα ἐκ τοῦ αὐτοῦ ἑτεροιούμενα ἐς τὸ αὐτὸ ἀναχωρέει (Diogène d'Apollonie, Fragm. 2, cité par Simplicius *in Phys.* 32 b). Il est à noter qu'Anaxagore fut le premier à soutenir la thèse contraire, adoptée par Aristote, à savoir que le semblable est sans action sur le semblable (τὸ ὅμοιον ὑπὸ τοῦ ὁμοίου ἀπαθὲς εἶναι).

(2) Nous en dirons autant de la définition si remarquable d'Aristote : « La sensation est l'acte commun du senti et du sentant ».

(3) Selon le vers célèbre déjà rappelé à la page 240 :
Τωὐτὸν δ'ἐστὶ νοεῖν τε οὕνεκέν καὶ ἐστι νόημα.

cipes de connaître sont subordonnés aux principes d'être (1); les lois de la connaissance sont connexes à celles de l'existence ou tout au moins ne font pas l'objet d'une étude spéciale ; les conditions subjectives du savoir ne sont ni connues ni même soupçonnées.

Voilà des lacunes et des méprises faites à première vue pour surprendre : rappelons-nous toutefois que non seulement l'unité des forces physiques est une théorie qui sous nos yeux groupe chaque jour chez les savants un plus grand nombre d'adhérents, mais qu'au jugement de philosophes d'une haute valeur toute distinction entre l'esprit et la nature disparaît au regard d'une métaphysique plus profonde. C'est vers cette solution qu'inclinent saint Bonaventure et Duns Scot au Moyen Age, plus près de nous Leibniz et Schelling, admettant une seule et même nature qui sommeille dans la plante, rêve dans l'animal et se réveille enfin chez l'homme.

III. — Si de la question des origines du monde nous descendons à celle de son existence actuelle, nous voyons les philosophes antésocratiques hésiter entre diverses hypothèses que certains érudits proposent de rattacher à deux types fondamentaux. D'après le premier, l'étendue et le mouvement suffisent pour rendre compte de l'organisation de l'univers : c'est le *mécanisme*. D'après le second, cette organisation suppose des transformations incessantes dont le point de départ et l'explication se trouvent dans la matière elle-même :

---

(1) Après avoir résumé l'analyse de la sensation qu'on lit dans le *Timée*, M. Goblot (*L'ignorance et l'irréflexion*, p. 21) fait cette réflexion : « Nulle trace en tout ceci de la distinction, aujourd'hui courante, du physique et du mental, du physiologique et du psychologique. La même chose, voltigeante au travers des corps est qualité, accueillie par l'esprit est sensation. » — « Il y a de l'être en toute pensée », dira à son tour Leibniz, ainsi commenté par M. Fouillée : « Il est logique d'admettre que le sujet pensant et voulant a un mode d'action qui se confond avec le mode d'action fondamental de l'objet pensé, et que les idées sont les réalités mêmes, arrivées dans le cerveau à un état de conscience plus élevé. » (*Revue philosophique*, Décembre 1891.)

c'est le dynamisme. Pour me servir des expressions mêmes de M. Janet, d'un côté toutes les propriétés des corps se trouvent ramenées aux lois de la géométrie et de la mécanique, c'est-à-dire à l'étendue, à la figure, à la situation et au mouvement (1) ; de l'autre au contraire, à l'étendue inerte est substitué un principe d'activité appelé force, plus ou moins semblable à ce mode d'activité interne que nous appelons effort (2). Ici l'être se transforme par sa vertu propre : là, qu'on rapproche ou qu'on éloigne ses éléments, qu'on en forme ou qu'on en conçoive des composés multiples, il reste ce qu'il est.

Cette distinction offre sans doute une clarté suffisante au point de vue scientifique : mais en est-il de même au point de vue philosophique ? Il semble qu'une cosmologie résolue à tenir compte de toutes les données de l'expérience doive emprunter quelque chose à l'une et à l'autre de ces deux théories. C'est ce que vérifie, à ce qu'il me semble, l'étude de Platon et d'Aristote (3) dans l'antiquité : quant aux modernes, il est difficile, au dire de bons juges, de classer exclusivement dans l'un des deux camps les philosophes même les plus célèbres. Leibniz, par exemple, passe pour l'un des tenants

---

(1) M. Milhaud écrit avec autant de justesse, croyons-nous, que de profondeur : « Ce qui fait que les sciences physiques s'accommodent merveilleusement de la conception mécaniste, c'est que celle-ci n'implique que des notions que peut facilement s'assimiler la mathématique, c'est que finalement elle se résout en concepts de quantité... Au contraire, les explications dynamistes sont celles où tout n'est pas retrouvé par l'analyse, où tout n'est pas reconstitué par une simple addition d'éléments, où quelque chose échappe à la représentation claire, à la construction intuitive, où le tout est autre chose encore que la somme et la disposition des parties. »

(2) L'expression virgilienne *Mens agitat molem* fait penser au dynamisme, et cependant n'en donne pas une définition complète.

(3) M. Boutroux considère la théorie péripatéticienne de la puissance et de l'acte comme la forme la plus philosophique du dynamisme, tandis qu'à ses yeux l'Etre de Parménide, immuable dans sa substance, immuable dans ses qualités, est le type et la condition nécessaire du mécanisme.

les plus marquants du dynamisme : est-ce que le mécanisme cartésien n'a rien à revendiquer dans son système ?

Supposons cependant que cette classification paraisse digne d'être conservée. Une seconde question s'impose : est-ce qu'elle peut être légitimement appliquée en toute rigueur, au viie et au vi^e siècle avant notre ère ? Je crains fort qu'à pareille date elle n'eût pas encore été comprise. A coup sûr un certain mécanisme constitue le fonds essentiel de la cosmologie de Démocrite : mais en est-il de même, sans aucune contestation, pour Anaximandre, Anaxagore (1) et Archélaüs, qu'on a l'habitude d'envelopper dans ce même groupe ? Il ne faut pas oublier que les Grecs, ces créateurs du polythéisme, dont l'imagination a multiplié à plaisir les divinités et leur action incessante dans l'univers, étaient dynamistes par goût et par tempérament. Mais autre chose est une fiction poétique, autre chose une explication métaphysique. « A la vérité ni Thalès ni Anaximandre ne se sont demandé si leurs conceptions impliquaient le mécanisme ou le dynamisme. Quand nous leur attribuons cette dernière doctrine, nous interprétons leurs systèmes d'un point de vue où ils ne se sont point placés. En réalité ils ne se posaient pas le problème de savoir si la diversité des êtres résulte de transformations qualitatives, ou s'explique par l'arrangement dans l'espace de leurs parties constituantes (2). » Et il n'en va pas autrement de leurs premiers successeurs.

IV. — Terminons ces considérations générales par une dernière remarque.

---

(1) Lorsque les mouvements et changements de l'être sont l'effet de causes extérieures, telle que la φιλία et le νεῖκος d'Empédocle, ou d'une intelligence, comme chez Anaxagore, n'est-on pas en droit de dire que le mécanisme se dépasse et finalement se supprime lui-même ?

(2) M. RODIER. — Ajoutons avec M. Tannery : « Il y a dans une pareille distinction une exagération incontestable, et elle a le grand défaut de masquer le progrès continu des concepts et l'unité fondamentale de la doctrine. Au fond, tous les Ioniens sont dynamistes

Parmi les philosophes grecs, les uns ont regardé le monde (c'est-à-dire l'organisation actuelle des éléments matériels) comme destiné à braver le temps et les siècles. Tel Parménide qui, visant le mouvement et du même coup le changement, reconnaissait à l'être ce triple attribut : ἀΐδιον καὶ ἀγέννητον καὶ ἄφθαρτον. Tel Platon faisant de l'univers l'œuvre d'un démiurge dont la bonté égale la puissance et qui confère à une production mortelle le privilège de sa propre immortalité. Les autres, et c'est le plus grand nombre, ont distingué avec soin du principe même des choses, réputé indéfectible et immuable, ce monde qu'ils proclament périssable et soumis à d'éternelles intermittences de périodes ou différentes, ou au contraire perpétuellement semblables. Ont-ils été conduits à cette conclusion par quelque raisonnement d'ordre métaphysique ? Non, mais par cette unique raison qu'on découvre dans la nature des vestiges de transformations passées et des causes permanentes de transformations nouvelles. Ajoutons que dans l'opinion générale changement et variation entraînent une idée de caducité bien plutôt que de développement et de progrès. Ainsi Xénophane enseignait que la terre était engloutie de temps à autre par les flots de la mer afin d'y être en quelque sorte modelée à nouveau. D'après certains témoignages, les Pythagoriciens croyaient à une suite d'époques où les choses repassent par le même état. Aux yeux d'Héraclite, le devenir éternel de l'univers s'affirme par une série infinie de créations et de réabsorptions, de naissances et de destructions alternantes. Démocrite et Epicure après lui soutiennent la même thèse, que l'on retrouve presque sans modifications dans le programme stoïcien.

Si tranchée qu'elle soit, l'antinomie des deux thèses se comprend : c'est qu'en effet la nature où tout passe nous parle de fragilité et de mort : la nature où tout renaît, de Providence et de résurrection.

---

comme tendance d'esprit, seulement leur mode de représentation est plus ou moins mécaniste. »

III. Les philosophes antésocratiques.

1. — *Thalès.*

Avec Thalès, nous abordons enfin aux rivages de la philosophie ; mais, à son berceau, ne l'oublions pas, la philosophie ne pouvait être qu'une vision entrevue dans un vague lointain et comme un pressentiment puissant plutôt qu'une vue claire et réfléchie de la vérité. Toute science débute par être une nébuleuse : il faut du temps et du travail pour en faire un astre lumineux.

Qu'était Thalès ? A s'en tenir aux récits de Pline, d'Apulée et de Stobée, ce Grec de Milet (1) possédait en géométrie et surtout en astronomie des connaissances très supérieures à celles qui avaient eu cours jusque-là. En était-il redevable à des observations personnelles ? Il est plus vraisemblable qu'il avait rapporté dans sa patrie des notions déjà répandues en Egypte et chez les peuples limitrophes de l'Asie. N'était-il pas lui-même d'origine phénicienne, au dire d'Hérodote ? Si nous en croyons Théophraste (2), il avait eu d'ailleurs de nombreux devanciers, qu'il avait éclipsés par l'éclat de son nom. En tout cas, il paraît bien avoir été le premier à enseigner,

---

(1) Que l'Ionie fût mieux placée qu'aucune autre région de la Grèce pour connaître et mettre à profit les vieilles civilisations de l'Orient, et que celles-ci ne soient pas restées étrangères à l'activité intellectuelle déployée de si bonne heure par les colonies helléniques de l'Asie mineure, le fait est incontestable ; mais pour être nés sur le sol asiatique, Homère et les poètes cycliques, Hérodote et les logographes ne portent-ils pas la marque authentique du génie grec ? et pourquoi ne pas en dire autant des premiers philosophes ?

(2) Au témoignage de Simplicius (*In Phys.*, f. 6 a).

sinon à répandre par la plume, les théories auxquelles l'avait conduit une vue rationnelle de l'Univers (1).

C'est là le plus ancien essai de cosmogonie philosophique dont l'histoire de la pensée grecque fasse mention : timide encore et mal assuré, ce premier pas en dehors de la tradition et du symbole, on pourrait dire en dehors des habitudes communes, mérite d'être remarqué ; il montre qu'au lieu de s'arrêter à la multiplicité apparente des êtres et des phénomènes, la science se sentait désormais capable d'en concevoir et d'en rechercher l'unité fondamentale. Le progrès réalisé consistait-il d'ailleurs, dans la solution telle quelle donnée par Thalès à ce problème difficile entre tous ? Est-ce un penseur absolument original ? Nous avons déjà eu l'occasion de nous expliquer à ce sujet. Si donc l'auteur de la *Métaphysique* n'hésite pas à proclamer Thalès « l'initiateur, le chef (ἀρχηγὸς) » de l'école qu'on a nommée ionienne, c'est moins, sans doute, en raison de la conception qui est au fond de son système que des explications scientifiques dont il l'avait étayée. Il semble qu'il ait dû sa réputation précisément à un effort tenté pour démontrer ce que, jusqu'à lui, on s'était borné à répéter sur la foi de certaines traditions. Ainsi, « sans peut-être rien inventer ou imaginer réellement par lui-même, il avait donné le branle à l'inconsciente activité qui sommeillait, et mérité par là ce renom que lui décernèrent ses contemporains et que la postérité la plus lointaine s'est plu à lui conserver ». (2)

Mais quel est le fait fondamental qui dicta à Thalès le choix de son hypothèse ? L'histoire en indique plusieurs. Rien de plus aisé à constater, partant rien de plus connu que le rôle joué par l'eau dans la germination et l'accroissement des plantes (3), rôle mis en pleine lumière sur la terre égyptienne

---

(1) Θάλης δὲ πρῶτος παραδέδοται τὴν περὶ τῆς φύσεως ἱστορίαν τοῖς Ἕλλησιν ἐκφῆναι (Théophraste).

(2) M. Tannery, ouv. cité, p. 54.

(3) *Métaphysique*, I, 3, 983^b 20 : λαβὼν ἴσως τὴν ὑπόληψιν ἐκ τοῦ πάντων ὁρᾶν τὴν τροφὴν ὑγρὰν οὖσαν.

par les inondations annuelles du Nil. A cette première observation qu'on ajoute la présence de l'eau dans la semence animale, on sera conduit, presque nécessairement, à faire de l'eau la condition primordiale de la vie. De là à y voir la source même et la cause efficiente de toute vie, il n'y a qu'un pas, et au berceau de la science ce pas est promptement franchi (1). Mais ce qui contient en soi le principe de la vie et de tous les phénomènes de la vie, comment ne serait-ce pas le principe universel ?

Selon Olympiodore, Thalès avait en outre été frappé, non seulement par la fécondité, mais encore par la plasticité et la subtilité extrêmes de l'eau (2). C'est au sein de l'Océan qu'il faisait flotter la terre, dont les exhalaisons entretenaient le feu du soleil et des astres. D'où lui venaient ces étranges suppositions ? à quelque explication que l'on s'arrête, ce sont là plutôt préjugés de naturaliste que raisonnements de philosophe.

Après avoir défini l'âme φύσις ἀεικίνητος (3), c'est-à-dire un être dont l'activité est l'essentiel et inséparable attribut, Thalès affirmait que tout avait une âme (4), en d'autres termes, que toute matière participait de quelque façon à la vie, que tout cachait et recélait une force dont l'ambre et l'aimant étaient de frappants exemples jusque dans le monde inanimé (5). De même, lorsqu'il voyait dans les forces de la nature autant de divinités vivantes et qu'il s'écriait : « La terre est pleine de dieux (6), » que faisait-il autre chose, sinon obéir à cette

---

(1) N'est-ce pas une méprise du même genre qui fait dire à un matérialiste que le cerveau « secrète la pensée » ?

(2) « Die Flüssigkeit ist dem Begriffe nach Leben » (HEGEL).

(3) *Plac. phil.*, IV, 2.

(4) ARISTOTE, *De anima*, I, 5, 411ª 7.

(5) *Ib.*, 405ª 19, et DIOGÈNE LAERCE, I, 24. — Aussi a-t-on qualifié sa doctrine tantôt d'hylopsychisme, tantôt d'hylozoïsme radical.

(6) Platon déjà (*Lois*, X, 899 B) fait allusion à cette pensée et Aristote *De anima*, I, 5, 411ª 7) se borne à la hasarder comme une conjecture : ἴσως καὶ ᾠήθη πάντα πλήρη θεῶν εἶναι. Diogène Laërce la reproduit (I, 27) sans aucune hésitation.

conception imaginative qui est à la base du polythéisme hellénique (1) ?

Mais comment entendait-il cette substance d'où tout sort, où tout rentre, et qui, pour emprunter les expressions d'Aristote, garde éternellement sa nature, tandis que ses formes et ses propriétés seules changent? On nous dit, sans doute, qu'il l'appelait ἀρχὴ τῶν ὄντων, ἀρχὴ τῆς φύσεως, ἀρχή tout court, στοιχεῖον, τὸ πρῶτον αἴτιον; mais ces mots sont pris d'un vocabulaire postérieur. En tout cas, les causes matérielles sont les seules dont il ait soupçonné et recherché l'unité, ne distinguant pas entre la matière et la forme, entre la matière en évolution et le principe de cette évolution. Prétendre qu'il a admis une âme du monde (2) à la façon de Platon et des stoïciens, c'est visiblement anticiper sur les destinées ultérieures de la philosophie : croire avec Cicéron (3) qu'il avait associé Dieu à la matière dans son explication de l'univers, c'est lui prêter un dualisme dont Anaxagore, au témoignage d'Aristote, a donné le premier exemple. Enfin, affirmer que pour Thalès, l'eau est «une force divine, subtile, mobile et motrice, pénétrant à travers la matière des choses, auxquelles elle communique le mouvement et la vie », c'est oublier, selon la remarque très juste de M. Zeller, que la notion d'une force agissant dans l'univers en général dépasse l'horizon encore très restreint de la philosophie primitive. Nous ignorons de quelle façon spéciale il expliquait la production des choses au sein de l'eau et par l'eau ; il s'en est tenu sans doute à une idée vague et mal déterminée.

---

(1) C'est ce qui a fait dire que sa philosophie est une transition entre la mythologie fétichiste des poètes et la cosmologie dynamique des philosophes.

(2) Stobée (Ecl. I, 54) : νοῦν τὸν κόσμον καὶ θεόν.

(3) De natura deorum, I, 25 : « Aquam rerum initium, deum autem esse eam mentem quæ ex aqua cuncta fingeret. » S'il est vrai, comme le déclare saint Augustin, que Thalès n'ait parlé nulle part d'une intelligence organisatrice à propos de la création et de la conservation des choses, faut-il le classer sans appel parmi les athées? Nous avons répondu plus haut à cette question.

Malgré une harmonie évidente avec d'anciennes théogonies, malgré certains échos surprenants que l'on rencontre chez les poètes du ve siècle (1), l'hypothèse de Thalès était trop peu vraisemblable pour recruter beaucoup d'adhésions (2). S'il a le premier tracé à plusieurs esprits la direction qu'ils ont suivie, il n'a pas eu de disciples, il n'a pas fondé d'école, à moins que ce mot ne serve uniquement à marquer l'analogie ou le parallélisme des tendances philosophiques.

2. — *Anaximandre*.

Anaximandre de Milet qui fut en relation avec Thalès (3) passe pour l'auteur de la première œuvre en prose qui ait été publiée en Grèce (4), prélude d'une longue série de chefs-d'œuvre, non moins immortels que ceux de la poésie. Cet essai philosophique, embarrassé qu'il était de formes et d'images poétiques, offrait-il au lecteur de véritables difficultés ? Toujours est-il qu'on ne le trouve cité presque nulle part, et qu'en ce qui concerne Anaximandre l'antiquité déjà a dû se contenter de ce que rapportait la tradition.

Comme Thalès, comme ses successeurs immédiats, il a laissé surtout une réputation de savant. Favorinus le considère comme l'inventeur du gnomon (5) ; d'autres font remonter à lui les premières cartes géographiques : on rapporte qu'il avait tenté une explication scientifique de la foudre et des vents.

---

(1) C'est en ce sens, par exemple, qu'on a coutume d'entendre le début de la 1e *Olympique* : Ἄριστον μὲν ὕδωρ, κ. τ. λ.

(2) Au temps de Périclès, Thalès eut un partisan attardé dans la personne d'Hippon de Samos, d'ailleurs peu connu, qui passe pour avoir cherché dans l'humide (τὸ ὑγρόν) le principe universel.

(3) « Socialis Thaletis » (CICÉRON, *Académiques*, II, 18).

(4) Thémistius (*Orat.*, XXVI, 317) à qui nous devons ce renseignement, dit que de la part d'Anaximandre cette publication fut un véritable acte de courage.

(5) Hérodote affirme au contraire (II, 169) que cet instrument fut emprunté par les Grecs aux Babyloniens.

Pour lui comme pour Thalès, le problème fondamental est le même ; mais la solution, bien différente, mérite l'attention. Une substance déterminée, l'eau par exemple, est très propre à rendre compte de la formation de certains êtres : en revanche, dès qu'on sort de ce cercle nécessairement assez restreint, elle se prête de moins en moins à une explication plausible des choses (1). Anaximandre avait-il eu conscience de cette difficulté ? On doit le croire ; et c'est ainsi, sans doute, qu'il fut conduit à admettre un élément primordial dépourvu de toute détermination particulière à l'égard de la sensation, doué d'un mouvement spontané (2), origine et cause de toutes les réalités concrètes, dégageant par une sorte d'évolution nécessaire les oppositions primitives qui le constituent (3). Là se rencontre à l'état homogène, dans une entière indifférence qualitative, ce qui existe dans le monde à l'état hétérogène (4) : conception qu'Anaxagore reprendra plus tard, sauf à la modifier à sa façon.

Cette substance commune des choses, nature intermédiaire entre tous les éléments, partant, autre que ces éléments eux-mêmes (5), avait-elle été qualifiée par Anaximandre de *principe* (ἀρχή) ? On est en droit d'en douter, malgré l'affirmation d'Aristote (6) : l'expression *initium rerum* qu'emploie Cicéron

---

(1) C'est ainsi que raisonnera plus tard Platon, dans son *Timée*.

(2) Hermias attribue à Anaximandre cette thèse « que le mouvement est antérieur à tout. »

(3) La question demeure obscure. D'après Ritter, toutes choses sont contenues dans l'ἄπειρον en acte, d'après MM. Zeller et Brochard, seulement en puissance. Selon les uns, c'est par voie de transformations dynamiques que la matière indéterminée prend successivement toutes les formes de l'être ; selon les autres, nous sommes ici en présence d'un mélange mécanique dont le mouvement amène graduellement les parties à se séparer.

(4) Cf. *De natura deorum*, I, 10 et *Académiques*, II, 37 : « Infinitas naturæ, a qua omnia gignerentur ». — Irénée, *Contra Haeret.*, XI, 14 : « Seminaliter habens in semetipso omnium γένεσιν ».

(5) Τί μεταξύ (*Phys.*, III, 4, 203ᵃ 18), τίς μεταξύ φύσις (Alexandre d'Aphrodise), τί ἕτερον τῶν στοιχείων ou encore τί παρὰ τὰ στοιχεῖα.

(6) *Phys.*, I, 4, 203ᵃ 3. — Hippolyte, *Philosophoumena* : ἀρχὴν καὶ φύσιν τινὰ τὸ ἄπειρον (φησὶν Ἀναξίμανδρος).

est certainement plus exacte, si même on ne doit pas aller jusqu'à soutenir avec MM. Zeller et Tannery que dans ce système ἄπειρον doit être considéré non comme un sujet, mais comme un prédicat (1).

On a dû remarquer que pour rendre ce terme, nous avions écarté le mot *infini*. C'est qu'en effet ce mot, dont vit depuis tant de siècles toute notre philosophie, a pris une signification et une portée qu'il n'eut jamais chez les Grecs. Ceux-ci opposaient constamment l'ἄπειρον (2) au πέρας, à la détermination, c'est-à-dire à ce qui achève les choses, à ce qui leur assure une existence individuelle, un degré spécial, absolu ou relatif, de perfection. Ainsi, sous une apparence métaphysique, il est permis de supposer ici quelque être de nature purement physique. Est-ce un élément matériel tombant sous les sens? Oui, sans doute, puisque le monde entier (l'eau d'abord, puis la terre, l'air et une sphère ignée enveloppante) doit en sortir. Mais alors, c'est une contradiction de l'appeler avec Simplicius « incorporel », ἀσώματον! Non, puisque, par essence, il n'est assimilable à aucun des corps que nous connaissons (3).

---

(1) De même, M. F. Martin croit que ces mots d'Aristote (*Physique*, III, 5, 204ᵃ 29) κατὰ συμβεβηκὸς ἄρα ὑπάρχει τὸ ἄπειρον sont un écho de l'argumentation d'Anaximandre.

(2) Quelle est la généalogie philosophique de ce mot? A cette question, voici ce que répond M. Regnaud : « Comme dans les termes d'apparence technique qui figurent dans les théories cosmogoniques des anciens philosophes, ce mot a été emprunté à la phraséologie liturgique des vieilles époques... C'est l'équivalent de l'*avyakta*, le *non développé*, le *non manifesté* de Manou. » A quoi l'on a répliqué en demandant comment un sens liturgique perdu, selon M. Regnaud, dans l'Inde elle-même à cette époque pour les auteurs des *Brâhmanas* a passé dans un mot de la langue courante de la fin du viiᵉ siècle en Asie Mineure.

(5) Lütze (*Uber das ἄπειρον des Anax., ein Beitrag zur richtigen Auffassung desselben als materiellen Princips*, Leipzig, 1878) l'avait défini « ein reales, materielles Eins, eine unendliche, einförmige Masse ». Dans une monographie plus récente (*Anax. Milesius, sive valentissima quædam rerum universitatis conceptio restituta*, Bonn, 1883) Neuhaeuser en donnait une explication bien plus complète : « Natura quædam corporea, propriis iisque quidem sensibilis qualitatibus utens, infinita magnitudine, in omnes partes extensa, non potentia sed actu constans, æterna

Par opposition à l'ἄπειρον, la nature (φύσις) représente dans ce système la somme des êtres existants. Le monde lui-même n'est d'ailleurs pas infini, au sens actuel de cette épithète (1), car la raison pour laquelle Anaximandre place au centre de l'univers la terre immobile, c'est qu'elle est suspendue en équilibre à égale distance des extrémités (2). Illimité en même temps qu'indéterminé (3), l'ἄπειρον doit suffire sans s'épuiser à une incessante production (4). La force créatrice, exempte de vieillesse et de mort, ne peut rester oisive : elle détache, en quelque sorte, les choses d'elle-même par une évolution ou pour parler avec plus de précision, par une circulation sans trêve, et les choses rentrent ensuite dans son sein. Esprit et matière, matière et vie ont ici, comme on l'a établi dans un précédent chapitre, une explication aussi bien qu'une origine commune (5).

---

nullique corruptionis generi obnoxia, innumerabiles mundos finitos atque caducos ex sese generans, eosque ab omnibus partibus complectens ». Enfin, dans l'*Archiv für Geschichte der Philosophie* (1895), M. Tannery émet l'hypothèse qu'Anaximandre « aurait le premier conçu l'identité du substratum pour toutes les formes fluides qui se manifestent dans l'espace libre, et dénommé ἄπειρον ce substratum alors qu'il ne se manifeste pas. Il a pu de la sorte se représenter comme principe une substance absolument concrète, et en même temps ne lui attribuer aucune forme déterminée pour la sensation. » — Ne soyons pas surpris de ces divergences : aux yeux d'un Grec l'ἄπειρον se refuse à toute définition précise.

(1) On peut même soutenir que la question de l'infini spatial ne s'était pas encore posée dans ces temps reculés.

(2) Διὰ τὴν ἴσην ἀπὸ πάντων ἀπόστασιν.

(3) Théophraste qui, dit-on, avait encore sous les yeux le texte même d'Anaximandre, déclarait très justement que l'ἄπειρον était ἀόριστον καὶ κατ'εἶδος καὶ κατὰ μέγεθος.

(4) Ἀπέραντον ἵνα μηδὲν ἐλλείπῃ ἡ γένεσις ἡ ὑφισταμένη (SIMPLICIUS). Aristote (*Physique*, III, 8, 208ᵃ 8) conteste formellement la légitimité de cette argumentation.

(5) « Le style métaphysique d'Anaximandre laissait la pensée ambiguë et flottante entre les divers états de la matière » (TANNERY). On n'est pas moins autorisé à répéter à la suite de M. Milhaud (*Les philosophes géomètres de la Grèce*, p. 70) : « La pensée philosophique aboutit dès

Des témoignages (postérieurs, il est vrai, à l'ère chrétienne) nous apprennent qu'Anaximandre avait considéré comme autant de dieux ses οὐρανοὶ ἄπειροι, innombrables étoiles ou univers stellaires périssables qu'il faisait naître, presque à la façon de Laplace, de la condensation d'une matière première (1); mais de ce que l'on sait de plus authentique touchant son enseignement il résulte que sa cosmologie ne faisait aucune place à une raison divine, ou immanente ou transcendante. Comme Thalès, il ne reconnaît explicitement aucune cause motrice distincte de la cause matérielle, qu'il se représente « embrassant tout et gouvernant tout (2) ». Pareille conception du principe des choses n'en dénote pas moins une force d'abstraction déjà considérable, une intelligence capable de s'élever au-dessus de l'intuition sensible, et il y a une profondeur indéniable dans la distinction entre un tout éternel, immuable, absolu, et ses parties, sujettes individuellement au changement (3). C'est là sans doute, ce qui a valu à Anaximandre d'être appelé par Schleiermacher « le père de la science spéculative de la nature (4) ».

---

maintenant à une conception suggérée par les faits, mais les dépassant pour les mieux expliquer. »

(1) Qui ne s'associerait à la remarque faite à ce propos par Cicéron (*De natura deorum*, I, 10) : « Comment pouvons-nous comprendre un Dieu autrement qu'immortel ?

(2) Dans la *Physique* (III, 4, 203b 10) les mots περιέχειν ἅπαντα καὶ πάντα κυβερνᾶν sont considérés, non sans vraisemblance, comme appartenant à Anaximandre lui-même : ce qui suit, καὶ τοῦτ'εἶναι τὸ θεῖον, fait au contraire l'effet d'une addition personnelle d'Aristote.

(3) Diogène Laerce, II, 1 : τὰ μὲν μέρη μεταβάλλειν, τὸ δὲ πᾶν ἀμετάβλητον εἶναι.

(4) Parler à ce sujet de « système » ou de « méthode scientifique » chez un philosophe du vi⁰ siècle paraît bien hasardeux, et nous n'irions pas jusqu'à écrire avec M. Dauriac : « Physicus quidem Anaximander est : sed de naturis quum edisserit, arcto fine quasi circumdatus mentem supra naturam extollit, metaphysicorumque regionem quasi sensilibus obductam nubibus prospicere videtur. » Il y a, ce semble, plus de justesse dans cette thèse de Bergmann : « Man darf sagen, dass A. die Stofflichkeit des Urwesens zu Gunsten der seelischen Lebendig-

Des considérations d'un autre ordre ont conduit à voir dans ce même philosophe un ancêtre lointain du transformisme, et le choix n'est pas pour surprendre dans une école qui assigne sans hésiter au changement le rôle le plus important dans la marche et la durée de l'univers. Pour rendre compte soit de la naissance des animaux, soit de l'origine de l'homme, Anaximandre avait imaginé une hypothèse bizarre, dépourvue d'ailleurs chez lui, à ce qu'il semble, de toute base scientifique. Selon lui, les premiers animaux avaient dû se produire dans l'eau, où ils étaient recouverts d'une écorce épineuse ; puis, avec les années, ils avaient pris pied sur le rivage où leur écorce s'était desséchée, puis déchirée, et par degrés ils s'étaient adaptés à leur nouvelle condition de vie (1). D'après d'autres textes, il enseignait que tous les êtres vivants étaient sortis du limon terrestre sous l'influence des rayons solaires (2). L'homme lui-même avait primitivement une autre forme qui le rapprochait beaucoup du poisson, et si l'on veut connaître la raison assez inattendue qui servait à justifier cette supposition, la voici : tandis que les autres animaux peuvent très vite trouver eux-même leur pâture, l'homme seul a besoin de longs soins nourriciers : si donc il avait été à l'origine ce qu'il est actuellement, un être aussi faible, aussi dépourvu de défense eût inévitablement succombé. Tout cela fait penser (quoique de très loin) aux vues de Darwin sur les espèces animales, si bien qu'un savant tel que Lyell a pu saluer dans Anaximandre « le plus ancien précurseur de l'évolution moderne. »

Mais ce qui peut-être surprend encore davantage chez Anaximandre, ce que plusieurs critiques ne croient même pouvoir expliquer que par une influence orientale, ce sont les ré-

---

keit abgeschwächt und damit den Keim zu einer vom Hylozoïsmus zum Spiritualismus, das ist, der Lehre dass das eine Seiende ein rein intelligibles und geistiges Wesen sei, führenden Entwicklung gelegt habe. »
(1) *Placita*, V, 19.
(2) *Philosophoumena*, I, 6.

flexions morales dont il avait accompagné, dit-on, ses théories spéculatives. A l'état originel d'indétermination de tous les êtres au sein de l'ἄπειρον répondait une ère de justice, d'harmonie et de bonheur : dès lors, le désir d'une existence individuelle et séparée est insensé et funeste; le fait de revêtir les conditions de l'être fini est un mal, partant un malheur (1) ; la vie de chaque être est, pour ainsi dire, faite de la mort ou du déclin d'une infinité d'autres, et l'anéantissement qui ramène toutes choses à leur source est une dette fatalement payée à l'ordre universel. « Ce dont toutes choses ont tiré leur origine doit nécessairement les recevoir quand elles périssent, car il faut qu'elles expient les unes envers les autres leur injustice en étant châtiées dans la succession des temps » (2). Un monde s'écroule, un autre monde s'élève, pour disparaître à son tour en vertu de la même loi inexorable (3) : tout le développement cosmique se trouve ainsi assimilé à un drame saisissant, et si l'on pouvait admettre un seul instant avec Richter et Roth que l'ἄπειρον d'Anaximandre répond à l'*Urgeist* des métaphysiciens allemands, le vieux philosophe grec aurait devancé de vingt-quatre siècles Hegel définissant la création « le calvaire de la divinité ».

---

(1) On reconnaît ici aussitôt la thèse chère à Schopenhauer et aux bouddhistes ses maîtres. Elle se représentera à nous chez Empédocle.

(2) Texte conservé par Simplicius : Ἐξ ὧν δὲ ἡ γένεσίς ἐστι τοῖς οὖσι καὶ τὴν φθορὰν εἰς ταὐτὰ γένεσθαι κατὰ τὸ χρεών. διδοῦσι γὰρ αὐτὰ τίσιν καὶ δίκην τῆς ἀδικίας κατὰ τὴν τοῦ χρόνου τάξιν. Autre analogie curieuse entre Anaximandre et la philosophie indienne.

(3) « Qui nunc est absumpto mundo, iterum ex infinito nova rerum series evolvitur, novusque dabitur injustitiæ locus ; inde supplicium novum mundique ruina » (DAURIAC). Qu'on supprime par la pensée ces réflexions morales : ne croirait-on pas lire le résumé de certaines pages célèbres de Spencer ? A propos d'Anaximandre, M. Milhaud (ouv. cité, p. 184) transcrit une page de Kant, très remarquable assurément, quoique peu connue, où le philosophe allemand adoptant cette théorie décrit, avec une sorte d'enthousiasme, son impression en face de ces mondes que la nature toujours féconde crée sans jamais se lasser.

3. — *Anaximène.*

Milet qui pouvait s'enorgueillir d'avoir donné le jour à Thalès et à Anaximandre, est encore la patrie du successeur et de l'héritier immédiat de ces deux philosophes, Anaximène, né, selon les conjectures les plus vraisemblables, au temps de la prise de Sardes par Cyrus, c'est-à-dire vers 547. Il est remarquable, assurément, de constater la continuité de ce mouvement intellectuel qui, durant deux ou trois générations place à la tête du monde hellénique une de ces riches colonies de l'Asie Mineure, appelées à servir comme de traits d'union entre le monde oriental et la Grèce.

Comme ses devanciers, Anaximène croit à l'unité originelle de la matière (1), à l'éternité du mouvement évolutif, à la succession indéfinie de mondes qui ne s'organisent que pour périr ensuite. Mais, d'autre part, l'ἄπειρον d'Anaximandre lui parut une solution beaucoup trop vague du problème cosmologique ; de l'autre, l'eau de Thalès n'autorisait que des explications bien matérielles et bien grossières. Aussi, voulant donner une idée plus précise et plus acceptable du processus par lequel les choses dérivent de leur principe, crut-il devoir substituer à l'eau un élément différent, l'air, qui dès la plus haute antiquité avait apparu aux Grecs, non comme une substance inerte, mais comme un principe vivant, enveloppant, pénétrant et animant toutes choses. Il n'en faudrait pas davantage pour rendre compte du choix d'Anaximène ; on ajoute qu'il s'inspira également de l'empire que l'âme, souffle aérien, exerce sur le corps (2).

Pour lui, l'air est une substance invisible et inaccessible aux sens, du moins à l'état de repos, infinie en étendue, tou-

---

(1) D'après Simplicius (*in Phys.*, 6 a) il admet μίαν φύσιν ὑποκειμένην, οὐκ ἄπειρον, ἀόριστον δέ.

(2) Οἶον ἡ ψυχὴ ἡ ἡμετέρα ἀὴρ οὖσα συγκρατεῖ ἡμᾶς, καὶ ὅλον τὸν κόσμον πνεῦμα καὶ ἀὴρ περιέχει (Stobée, *Ecl. Phys.*, 296)

jours en mouvement (1). Tout en dérive par voie de contraction (συστολή ou πύκνωσις) et de dilatation (χάλασις, ἀραίωσις) (2) : d'abord le froid et le chaud, puis l'eau et la terre d'un côté, et le feu de l'autre. Les astres sont formés des vapeurs de notre globe qui, lui-même, affecte la forme d'un disque supporté par l'air.

Mais considérait-il ce principe comme immatériel, ainsi que le veut Olympiodore (3), ou comme matériel, ce qu'affirme Simplicius (4)? Nous avons déjà dit pourquoi cette dernière explication nous paraît plus probable, encore qu'Anaximène passe pour avoir placé la sensation, l'intelligence et la volonté parmi les attributs possibles, sinon réels, de sa substance première, plus étroitement apparentée à l'âme que chez ses deux devanciers (5). D'après Cicéron, il aurait, sous une forme détournée, reconnu à l'air un caractère divin (6) : d'après saint Augustin, les dieux dont il parlait avaient l'air pour origine.

---

(1) Ce mouvement lui paraissait suffisant pour expliquer toute génération : οἰόμενος ἀρκεῖν τὸ τοῦ ἀέρος εὐαλλοίωτον πρὸς μεταβόλην (D'après un scoliaste d'Aristote).

(2) N'est-ce pas déjà le langage de la physique moderne, affirmant que tous les corps sans exception sont susceptibles de prendre les trois états solide, liquide et gazeux?

(3) Ἐγγύς ἐστιν ὁ ἀὴρ τοῦ ἀσωμάτου. L'expression, sinon la pensée elle-même, ne remonte pas à Anaximène, puisque l'adjectif ἀσώματος ne se rencontre pas avant Aristote.

(4) *In Phys.*, f. 32 : τὸ ὑλικὸν ὄν.

(5) Roeth va même jusqu'à appeler Anaximène « le premier spiritualiste », et M. Tannery (s'appuyant sur un texte des *Placita*, I, 3) fait remarquer que le Milésien (peut-être pour être plus clair) se servait tantôt du mot ἀήρ, et tantôt de πνεῦμα (comme l'ont fait les Pythagoriciens, pour lesquels πνεῦμα et κενόν étaient synonymes). Il est probable que dans la pensée d'Anaximène l'air était quelque chose comme la matière de Tyndall qu'on a définie « l'aurore et la puissance des qualités de la vie. »

(6) « Aer divina vi fecundus, aut a spiritu divino inhabitatus (*De nat. Deorum*, I, 10).

4. — *Diogène d'Apollonie.*

Après Anaximène, l'ordre chronologique, rigoureusement suivi, nous amènerait à quitter les philosophes ioniens; mais il est préférable de leur associer un penseur rarement mentionné avant notre siècle par les historiens de la philosophie. Diogène d'Apollonie, appelé par Théophraste « le dernier des physiciens » et qualifié « d'homme éminent » par Diogène Laërce, fut sans doute contemporain d'Anaxagore qu'il a combattu et des atomistes auxquels il a fait de visibles emprunts, sauf à se rattacher étroitement à Anaximène dans son explication de la nature. A son exemple, il regarde comme la substance commune de toutes choses l'air qui pénètre tout et qui communique aux plantes et aux animaux la vie, à l'homme la raison et la conscience. Mais précisément à cause de l'importance croissante qui s'attachait à la notion d'âme, Diogène crut devoir attribuer nettement à son principe une qualité oubliée jusque-là, celle d'être pensant : à ce titre, avec plus de droit qu'Anaximène, il revendiquait pour l'air des facultés supérieures et même divines (1).

Ce qui nous intéresse particulièrement ici, c'est l'ensemble des considérations qui l'avaient conduit à cette conclusion. Diogène, nous dit-on, avait été particulièrement frappé, soit de la répartition harmonieuse de la matière dans le monde, soit de l'équilibre indispensable et permanent des jours et des nuits, des étés et des hivers, de la pluie et de la chaleur; du calme et des vents ; comme Anaxagore et sans doute à sa suite, dans cet ensemble de faits il avait vu l'empreinte évidente d'une

---

(1) Καί μοι δοκέει τὸ τὴν νόησιν ἔχον εἶναι ὁ ἀὴρ καλεόμενος ὑπὸ τῶν ἀνθρώπων καὶ ὑπὸ τούτου πάντα κυβερνᾶσθαι καὶ πάντα κρατέειν· ἀπὸ γὰρ τούτου δοκέει νόος εἶναι καὶ ἐπὶ πᾶν ἀφῖχθαι καὶ πάντα διατιθέναι (Fragment conservé par Simplicius). C'est à Diogène d'Apollonie ou aux Τριαγμοί d'Ion de Chios que les érudits rapportent les vers 227 et suivants des *Nuées*.

pensée ordonnatrice (1) : conception ou plutôt constatation capitale dont ne s'étaient avisés ni Thalès ni ses premiers successeurs. Mais tandis qu'Anaxagore distinguait expressément de la matière l'intelligence motrice, Diogène, enfermé dans le point de vue plus étroit des Ioniens et voulant tirer parti des idées nouvelles sans renoncer aux idées anciennes, prétend concilier en les confondant le principe pensant et le principe matériel. De là (à nos yeux, du moins) des contradictions inévitables : d'une part, l'air est ce qu'il y a de plus léger et de plus subtil, et cependant c'est par voie de raréfaction que doit en sortir une partie de l'univers ; de l'autre, c'est une essence que Diogène nous donne comme spirituelle, et néanmoins, c'est par des causes et des actions d'ordre purement mécanique que s'explique dans sa doctrine la formation du monde. Il enseignait sans doute qu'à des espèces d'air différentes correspondaient différents degrés de la pensée (2) ; mais au point de vue spiritualiste, n'y a-t-il pas péril égal à voir de l'esprit dans toute la création ou à n'en reconnaître nulle part? La façon dont il rendait compte des sensations montre, selon le mot de Nourrisson, qu'il n'était pas sorti des bas-fonds du sensualisme.

Cet éclectique malgré lui paraît d'ailleurs avoir joui de plus de crédit auprès des savants proprement dits qu'auprès des philosophes. Un critique moderne a même voulu le rabaisser au rôle d'un physicien se bornant à enregistrer les résultats d'expériences plus ou moins superficielles. Quoi qu'il en soit, ses ouvrages (3), plus précis, mieux composés (4) et

---

(1) Aussi un critique allemand lui attribue-t-il « eine theologisch gefärbte Weltanschauung ».

(2) Πολλοὶ τρόποι τοῦ ἀέρος καὶ τῆς νοήσιός εἰσι.

(3) Il semble, en effet, qu'outre un Περὶ φύσεως, l'antiquité possédait de lui un traité περὶ ἀνθρώπου φύσεως et une μετεωρολογία. On se souvient que l'ancienne comédie affecte de qualifier les philosophes de μετεωρολέσχαι ou μετεωροφροντισταί.

(4) Comment contester des vues déjà exactes sur la méthode à celui qui écrivait en tête de son livre : Λόγου παντὸς ἀρχόμενον δοκέει μοι

plus riches en connaissances empiriques que ceux de ses devanciers, dénotent un temps où l'observation avait fait déjà de sérieux progrès : aussi ont-il exercé une action considérable sur le développement de la littérature médicale en Grèce (1). L'école d'Hippocrate, en particulier, s'en est largement inspirée.

5. — *Pythagore* (2).

De quelle substance se sont formés tous les êtres ? Voilà comment s'était posé le problème de la nature pour les philosophes que l'on vient d'examiner. Imaginons maintenant un savant à qui des découvertes antérieures (3) ou ses propres recherches ont révélé l'existence d'un élément stable et régulier dans la production même des phénomènes : en possession d'une vérité aussi importante, comment ne se persuadera-t-il pas à son tour qu'il a résolu l'énigme du monde ? et pour avoir pressenti par une intention générale, fondée d'ailleurs sur quelques observations particulières, le rôle considérable des mathématiques dans la physique, il s'écriera : « Le nombre est le principe des choses — tout est nombre (4). »

χρεὼν εἶναι τὴν ἀρχὴν ἀναμφισβήτητον παρέχεσθαι, τὴν δὲ ἑρμηνηίην ἁπλῆν καὶ σεμνήν.

(1) Diogène s'était occupé, non seulement des tremblements de terre, de la constitution des astres, de la forme du globe, mais du rôle du cerveau, de la respiration, du système nerveux, etc.

(2) Il serait peut-être plus exact d'intituler ce chapitre : *Les Pythagoriciens*. On en verra les raisons, si on le désire, dans ma thèse latine *De priorum Pythagoreorum doctrina et scriptis* (Paris, 1873).

(3) Est-il vrai, comme l'a insinué un critique contemporain, que les Pythagoriciens se soient bornés à mettre à profit les connaissances usuelles dans les comptoirs de la Grande-Grèce « en imprimant un cachet philosophique sur des notions vulgaires d'arithmétique commerciale et d'astronomie maritime » ? A mes yeux ce n'est pas là leur rendre complète justice.

(4) Pour modérer notre étonnement, il est bon de nous rappeler le sens très large, très compréhensif de ce mot dans l'antiquité. C'est

Ainsi la même généralisation prématurée qui a fait dire aux physiciens d'Ionie : « Il y a de l'air et de l'eau en tout », fera dire à Pythagore : « Il y a du nombre en tout. » Et à vrai dire, en dépit du nouveau paradoxe, ce sera dans l'histoire de la cosmologie un indéniable progrès (1).

C'est qu'en effet si le nombre n'est pas encore la pensée, c'est une sorte d'intermédiaire naturel entre les êtres sensibles et la pensée (2) : s'il trouve dans le monde physique ses applications les plus remarquables, ce n'est pas les sens qui nous les font immédiatement découvrir. Donner aux choses une loi, une raison, exclure l'erreur en apportant partout avec soi la mesure, la limite, une détermination précise, introduire de la fixité dans la double notion du temps et de l'espace, par elle-même si fluide et si fugitive, voilà sa fonction, voilà son essence. C'est ce que les Pythagoriciens eurent le mérite d'entrevoir (3), et sur ce point la science moderne, arrivée à la même conclusion par des voies bien différentes, n'est pas pour les contredire : on peut même affirmer que les observations de Pythagore sur les cordes musicales sont la première constatation de ce que nous appelons « les lois de

---

ainsi qu'Eschyle fait dire à son Prométhée : Ἀριθμὸν, ἔξοχον σοφισμάτων, ἐξεῦρον (v. 459). — D'autre part des expressions telles que ἀριθμοὶ ἐπίπεδοι ou στερεοί attestent l'étroite connexité de la mathématique et de la physique.

(1) Aussi Aristote venant à comparer les Pythagoriciens aux physiciens leurs devanciers les appelle-t-il σοφώτεροι τούτων. — « Le progrès des sciences naturelles date du jour où l'homme soumit les phénomènes à de rigoureuses formules numériques. » (Caro)

(2) Un auteur allemand le définit assez ingénieusement « etwas sinnlich unsinnliches ».

(3) Stobée, Ecl. phys., I, 8 : Νομικά ἁ φύσις τῶ ἀριθμῶ · πολέμιον καὶ ἐχθρὸν τὸ ψεῦδος τῇ φύσι αὐτῶ. Notons ici l'emploi perpétuel de φύσις dans les fragments pythagoriciens, et avec des sens très divers : dans la phrase qui précède ce mot répond à « essence ». Ailleurs il ne sert plus qu'à former une périphrase plus doctorale : ainsi dans ces passages de Philolaüs : Τᾶς ἀπείρω καὶ ἀνοήτω καὶ ἀλόγω φύσιος ὁ φθόνος ἐστί — φύσις ἐν τῷ κόσμῳ ἁρμόχθη, où les quatre premiers mots sont le développement de cette simple idée : ὁ κόσμος.

la nature (1) ». Ils ont su se dégager de l'obsession des sens (2), pour saisir sous la confusion apparente des phénomènes un ordre réel et une constante harmonie : restreinte au monde physique, la conception pythagoricienne est d'une frappante justesse. Que font nos savants contemporains, sinon chercher le rythme, la loi de toutes les formes du mouvement depuis la formation de la nébuleuse jusqu'à la manifestation la plus complexe de la vie ?

Mais voici où commence l'erreur. A l'exemple des Ioniens, nous dit Aristote, les Pythagoriciens ont eu l'ambition d'expliquer le monde (3) : c'est le même problème, mais abordé dans un esprit plus large et traité par une autre méthode. Il leur fallait une réalité, et cette réalité, ils la cherchent résolument dans les nombres dont ils font des êtres, et même les seuls êtres réels (4). Ainsi malgré sa nature incorporelle le

---

(1) Dans une semblable découverte comme dans celle des propriétés numériques les plus simples des surfaces et des volumes (rappelons notamment la formule célèbre du carré de l'hypothénuse) n'y avait-il pas de quoi jeter dans le ravissement un génie contemplatif comme Pythagore ?

(2) C'est là un des caractères de la doctrine que la tradition avait le plus fidèlement conservés, comme le montrent ces vers d'Ovide (*Métamorphoses*, xv, 63) relatifs à Pythagore :

Mente deos adiit, et quæ natura negavit
Visibus humanis, oculis ea pectoris hausit.

(3) *Métaphys.*, I, 8, 989 ᵇ 33 : διαλέγονται μέντοι καὶ πραγματεύονται περὶ φύσεως πάντα... ὡς ὁμολογοῦντες τοῖς ἄλλοις φυσιολόγοις ὅτι τό γε ὂν τοῦτ' ἐστὶν ὅσον αἰσθητόν ἐστι καὶ περιείληφεν ὁ καλούμενος οὐρανός. — « Niemals haben sie die Realität der Welt der Sinne zu Gunsten einer Welt der Gedanken in Abrede gestellt : die pythagoreische Lehre kann in keiner Weise irgendeiner Nüancirung des modernen subjektiven Idealismus verglichen werden » (L'aumker, qui hasarde à ce propos le terme de « nouménalisme »).

(4) *De cœlo*, III, 1 : τὴν φύσιν ἐξ ἀριθμῶν συνιστᾶσιν. Il est vrai qu'on lit dans un fragment attribué à Théano : Ὁ Πυθαγόρας οὐκ ἐξ ἀριθμῶν, κατὰ δ' ἀριθμὸν ἔλεγε πάντα γίγνεσθαι (Stobée, *Ecl.* I, 302). Aristote lui-même avait écrit un peu plus haut : Οἱ Πυθαγόρειοι μιμήσει τὰ ὄντα φασὶν εἶναι τῶν ἀριθμῶν. La conclusion la plus plausible, c'est que sur ce point capital l'enseignement de l'école avait gardé quelque chose de flottant.

nombre devient un principe matériel (1), et pour ainsi dire, « une chose en soi » : selon l'esprit du temps, l'abstrait confine au concret et doit servir à l'expliquer dans une science qui confond au sein d'une grandiose mais étrange synthèse les propriétés des corps et les notions de l'entendement (2). Les rapports quantitatifs étaient considérés comme l'essence des choses pour le seul motif qu'ils la définissent et en donnent à certains égards la raison : or si de toutes les catégories la quantité est peut-être la plus simple, la plus claire, la plus rigoureusement appréciable, c'est aussi la plus pauvre. Accordons aux Pythagoriciens que cet ordre de considérations les a mis sur le voie de maint rapprochement ingénieux : le symbolisme auquel ils se sont arrêtés témoigne d'un don d'invention nullement banal ; mais il est évident que dans leurs définitions comme dans leurs explications des choses il entre trop d'imagination et pas assez d'esprit scientifique. Ce qu'on ne peut nier, c'est que les nombres régissent, ici-bas, la matière et les forces auxquelles elle sert de théâtre ; mais plus on s'éloigne de la nature inorganique pour s'avancer vers la région de la biologie, plus la spontanéité grandit, plus l'importance de la forme augmente, et plus les forces en action deviennent rebelles aux lois du calcul.

Et maintenant quelle est l'essence du nombre lui-même?

---

(1) Stobée dit en parlant d'Ecphantus, qui avait sans doute tenté une conciliation de la théorie avec celle de Démocrite : Οὗτος τὰς Πυθαγορικὰς μονάδας πρῶτος ἀπεφήνατο σωματικάς. D'autres parlaient d'ὄγκοι νοητοί dénués de toute qualité positive intrinsèque.

(2) Aux yeux de Pythagore « la fusion de l'arithmétique et de la géométrie semblait se réaliser au prix d'une dissociation, d'une décomposition de l'étendue en atomes d'espace » (M. Milhaud). Si singulière que paraisse cette conception, on en retrouve l'équivalent chez des penseurs très modernes. Chez Descartes, par exemple, « la quantité règne jusqu'à supplanter la qualité même. La mathématique avec ses rigides lois est devenue le monde, et le nombre y tient lieu et de force et de vie » (Ackermann). Et certains positivistes contemporains n'arrivent-ils pas à expliquer les corps par de pures abstractions qui n'ont d'autre réalité que leur existence mentale ?

comment se représenter son intervention dans la création ? Dans chaque ordre d'existence tout résulte de l'union du parfait ou du limité (πέρας) et de l'imparfait ou de l'illimité (ἄπειρον) (1), opposition fondamentale qui se retrouve partout sous les formes les plus diverses, aussi bien dans la totalité du monde que dans chaque être pris à part (2). Dans la suite, des esprits aventureux ont tenté d'identifier sur ce point Platon et Pythagore, en assurant que les Pythagoriciens entendaient par l'un le rapport d'égalité ou d'identité, le principe de tout accord et de toute stabilité, et par dualité au contraire le principe de toute multiplicité, de tout changement, de toute inégalité (3). C'était transporter dans le domaine du réel une antinomie conçue logiquement jusque-là.

Plusieurs historiens ont même soutenu que les Pythagoriciens étaient partis d'un point de vue tout moral et que pour eux l'ordre entier du monde n'était que le développement ou la manifestation d'un premier principe défini par la vertu ou par la sagesse. Outre que cette assertion ne repose sur aucun fondement solide, avec Zeller je la juge tout à fait invraisemblable. Ce n'est pas la physique qui chez les Pythagoriciens est traitée à la façon de la morale, c'est bien plutôt l'éthique

---

(1) C'est là du moins la théorie, plus métaphysique en apparence que scientifique, attribuée à peu près universellement à Philolaüs, en qui l'école italique atteignit son apogée. Platon lui-même dans le *Philèbe* a proclamé hautement le cas qu'il faisait de cette « antique » explication. Le monde des corps aurait ainsi été engendré par la vertu du nombre qui limite en s'y introduisant l'infini de l'espace, et détermine de la sorte la longueur des lignes, l'étendue des surfaces, et la capacité des volumes. Le point lui-même était défini « l'unité ayant une position » (Voir un article de M. Hannequin dans la *Revue philosophique*, septembre 1894.)

(2) De là cette liste d' « oppositions » qui circulait dans l'école, liste qui d'ailleurs était loin d'épuiser tous les principes dont la nature se compose ou qui agissent en elle.

(3) L'auteur des *Placita* (I, 317) va jusqu'à assimiler à la δυὰς ἀόριστος d'une part le monde visible, de l'autre la matière et le mal. Rien de moins pythagoricien.

qui est traitée à la façon de la physique (1). Quand ils disent que jusqu'à l'âme, jusqu'à la vertu tout est nombre, tout est harmonie, ils n'entendent pas fonder l'ordre de la nature sur un ordre moral supérieur, ils veulent simplement exprimer ce qui en tout leur avait paru l'élément caractéristique et essentiel. Mais l'analogie entre ce que l'on a appelé plus tard le *microcosme* et le *macrocosme* (2) ne leur avait pas échappé ; et de même que ce qu'ils admiraient surtout dans la création, c'est l'ordre, le cours régulier des phénomènes tel qu'il se révèle par les rapports mathématiques des sons, par le mouvement cadencé des corps célestes : de même c'est à leurs yeux l'ordre et la loi qui donnent à la société humaine sa dignité et sa force, à la vie humaine son véritable prix (3).

Rien de plus significatif à cet égard que la fameuse « harmonie des sphères », qu'elle ait été enseignée dès le début par Pythagore lui-même ou qu'elle soit une addition ultérieure (4). Il entre à coup sûr plus d'imagination et de poésie

---

(1) Dans un traité d'Archytas Περὶ μαθηματικῆς, on lisait d'après Porphyre « les mathématiciens ayant sainement jugé sur la nature de l'univers, ils doivent également voir juste sur les objets particuliers ».

(2) N'est-il pas surprenant de constater que ces deux mots, d'allure si franchement grecque, n'ont été créés et employés par aucun écrivain de l'antiquité?

(3) « Au moment où la philosophie a fait un pas hors du sanctuaire et va se développer dans son indépendance, nous trouvons encore dans Pythagore un type du sage primitif. Sciences physiques, sciences morales, poésie, politique, toutes les notions de l'industrie et des arts forment un ensemble indissoluble dans une seule intelligence » (LAPRADE). — Le milieu dorien où s'est constitué le pythagorisme lui a imprimé sa marque. La muse dorienne a pour la réflexion intérieure un penchant bien plus accentué que la muse ionienne.

(4) Les fragments attribués à Philolaüs et les dialogues de Platon eux-mêmes n'y font aucune allusion directe, à moins qu'on ne veuille en voir une soit dans les χορεῖαι θεῶν du *Timée* (40 B), soit dans ces lignes de la *République* (X, 617 B) où on lit à propos des cercles des révolutions astrales : ἐκ πασῶν δὴ ὀκτὼ οὐσῶν μίαν ἁρμονίαν συμφωνεῖν. Aristote dans son traité *Du ciel* est le premier à en faire explicitement mention ; mais cette conception grandiose (κομψῶς μὲν ἔρηται) a depuis fait fortune. Cicéron en parle avec une admiration visible

que de profondeur scientifique dans cette conception, de même que dans l'assimilation des sept planètes aux cordes d'or de l'heptacorde céleste (1) : comment des savants qui cependant avaient déjà des lois de l'acoustique une connaissance suffisamment précise ont-ils admis que les sons de l'octave se produisant ensemble constituent une symphonie ? mais oublions cette distraction pour nous souvenir uniquement de ce qui fait leur gloire : dans l'ordre de recherches qui nous occupe ils ont introduit une idée capitale, comparable à un foyer lumineux dont l'éclat est sans cesse allé grandissant.

D'instinct un peuple aussi artiste que le peuple grec devait considérer la nature comme une et harmonieuse ; mais c'est les Pythagoriciens qui auront le mérite de donner à ce sentiment sa consécration définitive par l'affirmation de l'ordre universel (2) : dans les phénomènes naturels la raison se retrouve elle-même avec les principes dont elle a la garde et le privilège. Puis après avoir ainsi reconnu ce qu'on pourrait appeler la beauté mathématique de la création, ils l'ont saluée les premiers (3) du nom de κόσμος, « beau mot si bien approprié à ce tout ordonné, conséquent, logique, parfaitement intelligible en soi, de plus en plus intelligible à mesure que le génie monte plus haut et s'avance plus loin (4) ». Toute l'histoire des

---

dans le *Songe de Scipion* : « Hoc sonitu oppletæ aures hominum obsurduerunt : nec est ullus sensus hebetior in nobis ». On sait que Képler et Huyghens n'avaient pas encore renoncé à cette poétique illusion.

(1) « Pythagoras hunc omnem mundum ἐναρμόνιον esse ostendit. Quare Dorylaus scripsit mundum esse organum Dei » (Censorinus, *De die natali*, 13).

(2) Pour eux ἡ φύσις et τὸ πᾶν deviennent synonymes, témoin le fameux serment pythagoricien :

Ναὶ μὰ τὸν ἁμετέρᾳ ψυχᾷ παραδόντα τέτρακτυν,
Παγὰν ἀενάου φύσεως ῥίζωματ' ἔχουσαν.

Un autre texte qualifie la τέτρακτυς de φύσεως κλειδοῦχος.

(3) Diogène Laerce, viii, 48.

(4) Caro. — C'est la première manifestation de ce que Dilthey a

sciences depuis vingt-cinq siècles en est l'éclatante justification.

Les Grecs avaient commencé, les Latins ont suivi : « Quem Græci κόσμον nomine ornamenti appellaverunt, eum nos a perfecta absolutaque elegantia mundum », dit Pline l'ancien. La transition du sens général au sens philosophique est visible dans ce vers d'Ennius :

Mundus cœli constitit silentio.

Notons à ce propos une supériorité manifeste des langues primitives : chaque mot y garde la valeur d'une métaphore (1) : car l'emploi nouveau et éminent, si l'on nous passe cette expression, de κόσμος et de *mundus* n'a nullement banni ces termes de la langue courante (2).

Sans doute ce κόσμος si magnifiquement disposé, c'est moins

---

appelé « das æsthetisch-wissenschaftliche Verhalten des Menschen » dont voici la formule philosophique : « Die göttliche Vernunft ist das Prinzip, von welchem das Vernunftsmässige an den Dingen bedingt und mit welchem zugleich die menschliche Vernunft verwandt ist : dieses Prinzip ermöglicht sonach die Erkenntniss des Kosmos in seiner logischen, mathematischen, harmonischen, immanent zweckmässigen Verfassung... In Sokrates, Plato, Aristoteles und der Stoa wird es eine der grossen Potenzen der Weltgeschichte ».

(1) Qui se doute, par exemple, que le mot *univers* a pour signification étymologique (par opposition à *diversus*) « ce qui est tourné vers l'un » ?

(2) Chez les Grecs l'acception philosophique se montre déjà nettement dans ce vers d'Empédocle (142) :

Ἄλλοτε μὲν φιλότητι συναρχόμεν' εἰς ἕνα κόσμον.

Au contraire dans la phrase de Démocrite Ὅμηρος ἐπέων κόσμον ἐκεκτήνατο παντοίων je vois l'équivalent de notre locution française : « un monde de pensées ». Au temps de Xénophon le sens nouveau de κόσμος n'était pas encore entré définitivement dans la langue usuelle puisqu'on lit dans les *Mémorables* (I, 1, 11) : ὁ καλούμενος ὑπὸ τῶν σοφιστῶν κόσμος. — D'après Stobée (I, 486), Philolaüs distinguait avec soin l'Ὄλυμπος, le κόσμος et l'οὐρανός; on lit dans Isocrate (78 C) : γῆς ἁπάσης ὑπὸ τῷ κόσμῳ κειμένης, et dans Cornutus (*Theol.*, I) : οὐρανὸς καλεῖται σὺν πᾶσιν οἷς περιέχει· κόσμος.

la terre notre séjour (1) que le monde de l'éther et des astres proclamés divins par l'école de Pythagore à cause de la régularité immuable de leurs évolutions : c'est avant tout le vaste ensemble des cieux déployant chaque nuit sur la terre son brillant manteau d'étoiles. Ce point de vue n'a guère été dépassé par Platon et par Aristote : il était réservé à la science moderne de restituer à notre globe sa place au milieu des astres et de nous faire reconnaître ici-bas le même ordre, le même équilibre harmonieux que dans le reste de l'univers.

Mais pour en revenir aux bases mêmes du système, si le nombre manifeste l'ordre, il ne le crée pas : il en est la règle, l'expression (2), la formule, non la cause. Ni la sculpture ne se conçoit sans proportions, ni la tragédie classique sans ses unités, ni la musique sans mesure, ni la poésie sans rythme ; mais en dépit de toutes les règles, où serait l'œuvre d'art en l'absence du génie créateur? Ainsi en creusant leur propre théorie les Pythagoriciens aboutissaient à reconnaître dans le monde une raison immanente ou transcendante se manifestant ici sous forme de loi fatale, et là d'intelligence consciente (3). Mais il semble bien qu'Anaxagore ait été le premier à faire ce raisonnement, ou à le pousser jusqu'à son terme.

Que leur enseignement ait toujours passé pour profondément religieux, c'est ce qu'atteste une tradition unanime, et l'histoire offre maint exemple d'un mysticisme ayant eu ainsi pour berceau une pratique assidue des sciences exactes.

---

(1) Est-ce en considération du mal physique ou du mal moral qu'à partir du vᵉ siècle et peut-être d'Empédocle, la région située au-dessous de la lune a été si fréquemment considérée comme le théâtre du désordre et du mal?

(2) « Pour les premières raisons et les premières idées, les Pythagoriciens, ne pouvant exprimer par le langage (de même qu'en pareil cas les géomètres ont recours à un tracé de figures) des principes incorporels, eurent recours aux nombres pour les rendre manifestes » (Porphyre).

(3) C'est à un néopythagoricien sans nul doute que Clément d'Alexandrie emprunte la doctrine suivante . Ὁ μὲν θεὸς εἷς· οὗτος δὲ, οὐχ ὡς τινες ὑπονέουσιν, ἐκτὸς τῆς διακοσμήσεως, ἀλλ' ἐν αὐτῇ ὅλος.

Dans l'école de Pythagore on parlait volontiers de Dieu, de la dépendance de toutes choses à l'égard de la divinité, et les célèbres *Vers dorés* contiennent des recommandations que ne désavoue à aucun titre la morale chrétienne (1). Mais le silence gardé par Aristote donne à penser que cette religiosité pratique ne se rattachait à leur système par aucun lien logique. La formule Ἐν ἀρχὰ πάντων, conséquence nécessaire d'une philosophie qui réduit tout au nombre, appartient à Philolaüs, lequel, nous dit-on, proclamait l'existence d'un premier principe, inaccessible à la pensée humaine (2), « cause avant la cause » ; l'un se trouverait ainsi tout à la fois au sommet des choses et dans les choses elles-mêmes. Mais l'un, d'où provenait-il ? Ce problème, au dire des textes, jetait le philosophe dans un cruel embarras.

De même Philolaüs avait très bien vu que les principes des choses n'étant ni semblables ni homogènes, il était impossible qu'ils fussent ordonnés si l'harmonie (définie par lui « l'unité du multiple et l'accord du discordant ») ne les pénétrait de quelque manière. Seulement lui demandait-on par qui et comment cette harmonie était réalisée, il ne savait que répondre (3). Matériellement la naissance des choses était expliquée dans l'école par la rencontre du réel et du vide (4), le monde fini

---

(1) C'est dans cette partie surtout de la discipline pythagoricienne que s'accentue le mélange de l'élément symbolique ou traditionnel avec la spéculation scientifique proprement dite : mélange qui est resté un des traits distinctifs de l'école.

(2) On lit dans la *Lettre sur les aveugles* de Diderot : « Si Pythagore avait voulu soutenir que tout peut se réduire dans notre esprit à des unités numériques, il n'aurait échoué dans ce projet que parce que cette manière de philosopher est trop au-dessus de nous et beaucoup approchante de celle de l'Etre Suprême. »

(3) « Son explication mathématique de la nature n'a rien de philosophiquement supérieur à l'explication physique des atomistes » Janet) — Cf. Sextus Empiricus (*adv. Phys.*, X, 256).

(4) Par ce vide (ἐπεισιέναι αὐτῷ τῷ οὐρανῷ ἐκ τοῦ ἀπείρου πνεύματος ὡς ἀναπνέοντι καὶ τὸ κενὸν ὃ διορίζει τὰς φύσεις, *Physique*, IV, 6, 213 b, 23) M. Milhaud (p. 233) entend « un vide relatif, quelque chose de fluide, d'aériforme, d'indéterminé dans ses dimensions et ses contours ».

aspirant, absorbant pour ainsi dire l'élément infini indéterminé qui l'enveloppe et dont il se nourrit (1). Le feu central, principe formateur du monde, centre de gravité et point d'appui de l'ensemble, exerce une sorte d'attraction sur l'ἄπειρον extérieur au monde : de là vient qu'il a été dénommé τὸ ἓν ou τὸ πέρας (2).

Ce n'est pas tout : Aristote reproche en outre aux Pythagoriciens d'avoir voulu expliquer la nature en y supprimant toute espèce de mouvement (3). Certains textes, il est vrai, nous représentent l'un comme un souffle de feu, de chaleur et de vie (4) qui pénètre la nature entière ; mais c'est là une extension de la doctrine primitive, qui ne sait rien d'une âme du monde (5).

Tel est le résumé des théories pythagoriciennes sur la nature (6) : résumé aussi fidèle, aussi précis que le permettent les

---

Quant à l'aspiration (ἀναπνεῖν) dont il est ici question, un vers de Xénophane ne permet pas de douter que telle ait bien été en effet la formule du maître.

(1) Ce qu'un écrivain récent appelle « la lutte de l'éther éternel et des régions incessamment troublées où vivent l'air et les météores qui le modifient ».

(2) Sans parler d'autres qualifications plus ou moins symboliques : « la mesure de la nature » (μέτρον), « le lien qui la maintient » (συνοχή), « l'autel de la Divinité » (βῶμος θεῶν).

(3) Lucain commet la même méprise que Pythagore lorsqu'il définit les lois astronomiques « numeri moventes astra ».

(4) Diogène Laerce, VIII, 27.

(5) Cicéron (« animum esse per naturam rerum intentum et commeantem ») affirme sans doute le contraire ; mais à cinq siècles de distance son témoignage demeure discutable, de même que cette assertion du *Dictionnaire des sciences philosophiques*, attribuant aux Pythagoriciens « la théorie dynamiste de l'efficacité du nombre, un animisme universel mais restreint par le pouvoir de la nécessité aveugle et de la nature éternelle des éléments ».

(6) Philolaüs avait été le premier d'entre les pythagoricien (Diogène Laerce, VIII, 85) à publier un ouvrage Περὶ φύσεως. Mais lorsque Stobée (I, 456) cite de ce philosophe des lignes comme les suivantes : Δῆλον ὅτι οὐχ οἷόν τ' ἧς οὐθὲν τῶν ἐόντων καὶ γιγνωσκομένων ὑφ' ἁμῶν γνωσθῆμεν μὴ ὑπαρχοῦσας αὐτᾶς (il s'agit de l'ἐστὼ ἀίδιος des êtres) ἐντὸς τῶν πραγμάτων, ἐξ ὧν συνέστα ὁ κόσμος, on répète volontiers en transposant un mot d'un ancien : Ἢ Φιλόλαος πλατωνίζει ἢ Πλάτων φιλολαΐζει.

divergences des témoignages, résultat inévitable des vicissitudes prolongées de l'enseignement pythagoricien. C'est qu'en effet nous avons affaire à une école qui s'est perpétuée avec plus ou moins d'originalité et d'éclat durant plusieurs siècles et compta des représentants jusqu'aux derniers jours du paganisme hellénique. Animé de cette conviction qu'un élément rationnel pénètre tout l'ordre phénoménal, Pythagore a frayé la voie à Platon qui l'a suivi, comme on le sait, sur bien des points. Avec lui la cosmologie s'élève au-dessus des conceptions antérieures (1) : l'esprit commence à secouer la chaîne des sens, sans monter encore jusqu'à la région de l'invisible. Ce formalisme, comme on l'a appelé, était une réaction légitime, contre le matérialisme apparent de l'école ionienne que nous allons d'ailleurs voir aux prises avec un adversaire plus inattendu encore et plus redoutable.

6. — *Xénophane et Parménide*.

Comment une ville obscure de la Grande Grèce a-t-elle mérité l'honneur de voir naître et grandir une école importante dont l'enseignement offre un contraste presque absolu avec ce qui précède et ce qui suit ? Nous laissons à d'autres le soin de discuter ce curieux problème d'ethnographie (2).

On a voulu faire sortir l'éléatisme du pythagorisme : les affinités sont évidentes (3) ; mais les divergences ne le sont pas

---

(1) Horace appelle Pythagore « non sordidus auctor naturæ verique ».

(2) Il est à noter cependant que ce panthéisme idéaliste, qui n'a pu s'acclimater sur aucun autre point du monde hellénique, offre des analogies avec certaines vues de saint Thomas d'Aquin, un Napolitain, éclate au grand jour avec Télésio et Campanella, deux Calabrais qui ne devaient guère connaître les Eléates, enfin a été enseigné dans notre siècle à l'Université de Naples par Véra et ses disciples.

(3) Pythagore déjà avait renoncé à chercher dans la matière l'explication de la forme : les Eléates concentrent dans la pensée toute la force vive de leur philosophie. Aussi est-ce aux Pythagoriciens (selon toute vraisemblance) que songe l'auteur du *Sophiste* faisant remonter

moins. Non seulement à Elée je ne retrouve aucune des prescriptions religieuses, aucun des rêves politiques de l'association pythagoricienne ; non seulement Xénophane épuise toutes ses railleries contre la métempsycose prêchée par Pythagore, mais ce dernier aux yeux duquel la création était un ensemble magnifiquement ordonné eût souri en face d'une philosophie qui, refusant d'arrêter ses regards sur le monde des phénomènes, aboutissait à la négation tant de la multiplicité que du mouvement.

Remarquons qu'à l'origine l'éléatisme se présente à nous comme une protestation contre le polythéisme populaire jusqu'alors négligé, et plutôt toléré que combattu par les philosophes. Xénophane part en guerre contre la mythologie et ses fables absurdes au nom d'un Dieu unique (1) concentrant dans son sein toute réalité. Il est surprenant de voir avec quelle vigueur avant Héraclite, avant Platon le vieux poète fait le procès d'Homère et d'Hésiode ; mais ce côté de son œuvre n'a pour nous ici qu'un intérêt secondaire ; il suffisait d'avoir indiqué que l'ensemble de la polémique de Xénophane se rattache à une préoccupation d'ordre théologique : l'infini qui ne connaît ni commencement ni déclin, au sein duquel la raison ne conçoit ni variations ni différences, voilà le Dieu qu'il faut à sa pensée.

Plus de dualisme entre l'absolu d'un côté, et le monde créé de l'autre (2). Les Ioniens avaient insisté sur l'infinie multiplicité, caractère dominant de ce monde sensible au milieu duquel les phénomènes se poussent et se succèdent comme les flots sur le rivage ; subordonnant sans hésiter les données des sens aux concepts de la raison, l'éléatisme fera de l'unité essen-

---

l'éléatisme au delà de Xénophane. Serait-ce une filiation d'idées semblable à celle qui au xviie siècle s'est établie de Descartes à Spinoza ?

(1) Le dogme de l'unité de Dieu a été également professé chez les Juifs ; mais ici ce n'est pas le secret de quelques esprits spéculatifs : c'est la foi vivante de toute une race.

(2) « Il n'y a ni genèse ni destruction : les changements apparents sont négligeables ; le monde est éternel. » (TANNERY, p. 102.)

tielle de toutes choses son dogme fondamental : c'est un monothéisme dans lequel Dieu n'est pas distinct de l'univers (1). Pareille métaphysique n'est pas le fait de penseurs médiocres : désormais la philosophie devra compter avec elle.

Sans doute les Ioniens, eux aussi, s'étaient mis en quête d'une certaine unité, mais unité avant tout d'ordre physique. Bien supérieure au point de vue philosophique, l'unité rationnelle des Éléates, unité absolue, inconditionnelle, au delà des prises de l'expérience, n'apparaît qu'au terme d'un long travail d'abstraction. Ajoutons que Xénophane au lieu de se contenter, à l'exemple de ses devanciers, de poser ses affirmations comme évidentes, s'est appliqué à leur donner pour base un raisonnement *a priori ;* le premier, pour considérer et surtout pour juger les faits, il s'est placé dans un ordre de spéculations antérieures et étrangères à ces faits eux-mêmes. Parménide son disciple a même passé aux yeux de quelques-uns pour un dialecticien de profession, fondant une école sans autre but que d'exercer ses élèves aux subtilités et aux finesses d'un art alors tout nouveau.

Mais dans un tel système que devient la nature, au sens général et habituel de ce mot (2) ? Ne semble-t-il pas qu'elle ait soudainement disparu ? L'objection ne pouvait manquer d'être soulevée (3).

---

(1) Ἐκ παντὸς ἕν, καὶ ἐξ ἑνὸς πάντα... τὸν θεὸν συμφυῆ τοῖς πᾶσι (texte cité par Sextus). Mais selon une distinction heureuse des critiques allemands, Dieu est ici *Weltkraft*, non *Weltstoff*.

(2) « L'éléatisme est une prison dont la porte ne s'ouvre plus pour qui s'y est une fois enfermé. Quand on a conçu l'être comme un et immuable, on est condamné à l'acosmisme » (M. Dunan).

(3) Platon qui dans son style imagé appelait les Éléates οἱ τοῦ ὅλου στασιῶται (*Théétète*, 181 A) disait qu'ils avaient arrêté la vie dans l'univers. Aristote après leur avoir adressé le même reproche écarte dédaigneusement par une fin de non-recevoir le système tout entier : Τὸ μὲν εἰ ἓν καὶ ἀκίνητον τὸ ὂν σκοπεῖν, οὐ περὶ φύσεώς ἐστι σκοπεῖν (*Physique*, I. 2, 184 b 25). Nous avons déjà cité précédemment (p. 242) le texte où Théophraste exclut sans appel d'une étude de la nature les spécula-

Remarquons tout d'abord que Xénophane n'a nullement inventé ce que nous appelons depuis Hegel « l'idéalisme transcendantal ». Non seulement c'est en considérant la limite visible de la voûte céleste, puis l'uniformité et la connexion des phénomènes, qu'il en vient à affirmer l'unité de l'être ; mais le multiple et le variable gardent dans sa conception une part de réalité : loin de se réduire à une abstraction vide, l'un est riche de toutes les déterminations.

Lorsque dans le conflit qui s'élève entre l'expérience sensible qui fractionne l'être au point de le réduire en poussière, et la raison qui tend à le retrouver partout identique à soi-même, Xénophane se prononce hautement en faveur de la dernière, lorsque fort de l'évidence qu'il possède il écrit à propos de la croyance vulgaire : Δοκὸς ἐπὶ πᾶσι τέτυκται, il ne veut pas dire à la façon des bouddhistes : tout ce que perçoivent nos sens n'est que trompeuse apparence et vaine illusion, mais ceci : dans le domaine de la nature notre connaissance sera toujours hésitante et il est libre à chacun de se faire une opinion : la physique est un jeu d'esprit où les imaginations peuvent se donner carrière (1). Ainsi cette doctrine, où l'on pourrait chercher une interprétation positive de l'ἄπειρον plutôt négatif d'Anaximandre, n'exclut pas absolument la réalité des corps (2), mais elle ne la sauve qu'au prix d'une certaine contradiction. « Le système du premier des Eléates

---

tions de l'éléatisme. Mais écoutons M. Jaurès (*De la réalité du monde sensible*, p. 49) : « Les axiomes fondamentaux de la science — *rien ne se perd, rien ne se crée — il y a transformation incessante, jamais perte de mouvement* — supposent l'affirmation de l'être plein, absolu, indéfectible, comme substance du monde dit matériel. »

(1) On lit dans les fragments de Xénophane : « Qui pourrait s'exprimer sur la nature de la façon la plus accomplie, celui-là même n'en sait rien... Les dieux n'ont pas tout montré aux hommes dès le commencement ; mais les hommes cherchent et avec le temps trouvent le meilleur. » — Le langage de Platon dans le *Timée* n'est pas très différent.

(2) Il n'y a donc rien de surprenant à ce que le poème de Xénophane ait été intitulé selon l'usage du temps Περὶ φύσεως, que cette désigna-

est un char attelé de deux chevaux qui tirent en sens contraire. L'unité se rompt au premier effort (1). »

Il était réservé à Parménide (2) d'imprimer aux théories de son maître un peu plus de cette rigueur philosophique qui leur faisait défaut ; en tout cas né et élevé à Elée au sein de l'idéalisme, il s'y attacha avec une sorte de conviction enthousiaste qui a largement contribué à sa renommée durant l'antiquité tout entière. C'est dans un poème Περὶ φύσεως qu'à son tour il exposa ses vues hardies sur l'être avec une solennité faite à la fois de simplicité et de grandeur (3). Le début notamment est d'une majesté sévère. Parménide se représente conduit par les filles du Dieu de la lumière au sanctuaire de la Sagesse, où de la bouche même de la déesse il doit apprendre en même temps que les secrets de la vérité immuable les fausses illusions dont se bercent les hommes :

χρεὼ δέ σε πάντα πυθέσθαι,
ἠμὲν ἀληθείης ἐκφέγγεος ἀτρεμὲς ἦτορ,
ἠδὲ βροτῶν δόξας αἷς οὐκ ἔνι πίστις ἀληθής.

Faut-il voir dans ce brillant exorde le résultat d'une inspiration comparable à celle d'Homère, s'exaltant au souvenir de ses héros ? Notons du moins que l'imagination, fatale au panthéiste indien qu'elle entraine aux rêves les plus insensés, ici se met gracieusement au service de la raison. Si la Δίκη

---

tion remonte au philosophe lui-même ou à quelque éditeur ou bibliographe postérieur. Même remarque à propos de Parménide : la solution est diamétralement opposée à celle des Ioniens ; mais ce qui est plus important, le problème au fond est resté le même.

(1) C'est ce que constatait Aristote (*Métaph.* I, 5, 985 b 21) : πρῶτον ἐνίσας, μικρὸν ἀγροικότερον, et ailleurs : οὐδὲν διεσκήνισε.

(2) Selon M. Tannery, il aurait continué le mouvement inauguré par Xénophane, mais dans une direction toute personnelle et sans lui emprunter aucune de ses théories.

(3) En ce qui touche spécialement le mérite poétique, c'est aux lettrés qu'il appartient de se prononcer entre l'admiration de M. A. Croiset et le dédain de M. Diels s'inspirant du jugement de Cicéron.

πολύποινος et les δώματα νυκτός sont des emprunts à la théogonie orphique, dans les coursiers divins attelés au char du poète il est permis de voir « un ressouvenir de la muse héroïque, un effort pour élever à la hauteur de l'ode un chapitre de métaphysique », et dans les nymphes qui à son approche ont soulevé leurs voiles « une gracieuse et saisissante image de la science au berceau, confiante et joyeuse, mais suivie d'un cortège d'illusions ».

Le poème lui-même est un audacieux défi jeté non seulement aux préjugés de l'ignorance, mais à la science des sages. Parménide a vraiment poussé à bout cette faculté analytique de l'esprit qui nous force en quelque sorte à chercher l'un dans le multiple, le semblable dans le divers et derrière le variable le permanent. Alors que partout nous découvrons des êtres, et l'Être pur nulle part, quelle hardiesse extraordinaire d'abstraction que celle qui ramène à cet unique concept de l'être la multitude innombrable des phénomènes (1) ! Le Dieu de Xénophane, identique à l'univers, conservait quelques attributs moraux : l'Un de Parménide, qui se substitue à la nature, n'en a plus. L'Être est la pensée, et la pensée est lui. Le non être ou le vide est une notion déclarée inintelligible ou du moins bannie de toute construction philosophique. Cet être un, que n'atteint aucun changement et que la nécessité enserre de son lien fatal, n'admet hors de soi aucune émanation, aucun reflet de lui-même. On ne saurait mieux le comparer qu'à une mer immense, silencieuse et infinie. Mais quand l'idée de l'infini est suggérée par le spectacle de la nature, d'ordinaire l'homme se sent comme enveloppé par une étreinte mystérieuse. Ici, au poète qui s'exalte succède

---

(1) M. Bréton (p. 146) s'inspirant d'une pensée du *Sophiste* (259 D) laquelle vise d'ailleurs une tout autre théorie, dit que Parménide a « séparé l'univers de l'univers même ». Mais il est incontestable que l'Unité absolue est rebelle à toute poésie (ἀμούσου τινός) et en contradiction avec le double témoignage des sens et de la conscience (ἀφιλοσόφου).

sans transition le dialecticien qui creuse froidement sa pensée, ignorant des sublimes effrois d'un Pascal.

Et cependant, Aristote nous le rappellerait si nous étions tentés de l'oublier, ce concept éléatique de l'Être dérive encore de la perception sensible. Si loin que soit poussée l'abstraction, le système ne brise pas complètement avec l'antique philosophie naturaliste. M. Tannery croit même être en droit d'identifier l'Être de Parménide avec la matière continue (quelque chose comme la substance étendue de Descartes) (1), le non-être avec l'espace pur, le vide intangible, insaisissable aux sens. Avec cette clef, ajoute-t-il, les fragments mêmes de son poème deviennent d'une clarté limpide. Nous dirions plus volontiers avec Zeller : « L'effort des Éléates aboutit à faire la substance universelle du réel qui n'est qu'un prédicat des choses (2) ».

Tout reposait auparavant sur le devenir : et voilà que le devenir est nié. La philosophie s'absorbait dans la nature ; dans l'entraînement de sa dialectique Parménide ira jusqu'à supprimer la nature (3). Le domaine de la vérité n'a rien de

---

(1) M. Natorp le définit : « der luckenlose Zusammenhang der Theile des Alls » et M. Bäumker y voit « keinen metaphysischen, sondern einen sinnlichen Begriff ». Si nous en croyons M. Milhaud, les textes du *Théétète* (180 E : ἀκίνητον τῷ παντὶ ὄνομα εἶναι, et 180 D : τοὺς φάσκοντας τὸ πᾶν ἑστάναι) comme ceux du *Sophiste* (242 D, 244 E, 252 A) relatifs à Parménide donnent l'impression que pour lui l'Être est l'Univers et que le mouvement nié par les Éléates n'est pas le mouvement en soi, le mouvement sous toutes ses formes, mais le mouvement de l'univers sur lui-même. — Dans les fragments de ce philosophe nous lisons que l'être est à la fois συνεχές et ἀδιαίρετον, deux épithètes dont le rapprochement offusque la logique rigoureuse d'Aristote.

(2) Est-il nécessaire de faire remarquer que pour la grande masse des hommes le réel, ce n'est pas la substance retirée en elle-même comme dans un fort inaccessible, c'est ce qui nous frappe, nous émeut, ce qui agit sur nous, ce que nos sens perçoivent ?

(3) Φύσις οὐ γὰρ ἐόντι καὶ ἀρχή (v. 66).

Ce vers nous explique comment Gorgias l'éléatique a été amené à écrire Περὶ φύσεως ἢ τοῦ μὴ ὄντος. — Cf. Sénèque, ép. 88 : « Parmenides ait ex his quæ videntur nihil esse in universum ».

commun avec celui de l'opinion. Malgré tout, à l'expression franche et hardie de cet acosmisme (pour parler comme les plus récents critiques) Parménide avait ajouté une explication ou du moins un essai d'explication des phénomènes (1) : la seconde moitié de son poème (partie intégrante de sa tâche, comme le prouve un texte cité plus haut, et dont il ne reste malheureusement que quelques vers) remontait aux origines du monde pour en décrire successivement tous les aspects. Ici la variété, le changement apparaissent comme la loi suprême : des principes renouvelés des Ioniens, le chaud et le froid, ailleurs le feu et la terre, interviennent pour rendre compte des phénomènes (2).

Accuserons-nous le « grand » Parménide d'une impardonnable contradiction? n'était-ce là de sa part, comme l'insinue M. Fouillée, qu'une concession forcée faite aux mortels amoureux de l'expérience ? ou bien a-t-il simplement voulu prouver que comme bien d'autres il était capable d'inventer une physique ? Bref, idéaliste par sa méthode, il a paru à quelques uns matérialiste par ses dernières conclusions : mais l'expérience dont il conteste les données s'est vengée à son tour, et ses explications physiques comme celles de son maître Xénophane, jugées sans portée et sans valeur, n'ont exercé aucune influence. Ce sont d'ailleurs surtout des réminiscences ioniennes ou pythagoriciennes (3).

---

(1) Plutarque (*Contre Colotès*, x, 584) attribue à ce philosophe une pensée vraiment profonde : Ἔχει τι δοξαστὸν ἡ φύσις, ἔχει δὲ καὶ νοητόν.

(2) Voir le chapitre v du livre I de la *Métaphysique* d'Aristote. Un des interlocuteurs du *De natura deorum* (I, 11) parle, à propos de Parménide, de « la couronne du cercle continu d'ardente lumière ceignant le ciel cercle qu'il appelle Dieu ». Dans un de ses fragments, le philosophe d'Elée oppose comme limites ou éléments des choses « d'un côté, le feu éthéré, la flamme bienfaisante, subtile, légère, partout identique à elle-même, de l'autre une masse obscure, corps dense et lourd ». L'ἄπειρον passe au premier plan.

(3) L'orphisme lui-même avait envahi l'éléatisme, comme le montre ce vers célèbre, si souvent cité, à propos du principe suprême :

Πρώτιστον μὲν ἔρωτα θεῶν μητίσατο πάντων.

De toute manière ce n'est pas au témoignage des sens que Parménide en appelle : ces messagers trompeurs ne nous donnent que le fantôme de la vérité. Mais ce scepticisme tel quel avait ses périls et l'idéalisme de l'école d'Elée devait trouver sa perte dans son absolue rigueur. De toute part l'expérience lui infligeait des démentis. Contre cette unité immobile, soustraite à toute condition de temps et d'espace se dressaient, faits irrécusables, la pluralité des êtres matériels, la réalité du temps, de l'espace et du mouvement. Nier ces faits, ou plutôt établir que la croyance commune tombe sous le coup de difficultés insolubles, et que les phénomènes physiques ne comportent aucune explication ni démonstration rationnelle, telle fut la tâche de Zénon qui apparut aux Athéniens, nous dit Platon dans le *Phèdre,* comme un nouveau Palamède. Dans une étude sur la philosophie de la nature, l'étrange polémique à laquelle son nom est resté attaché constitue un épisode tout à fait singulier : le raisonnement n'a peut-être jamais rien offert de plus subtil, et si Zénon a sérieusement voulu se poser en adversaire de la réalité du mouvement, il faut reconnaître qu'il a rempli son rôle avec une *maestria* sans égale (1).

Maintenant, ses arguments sont-ils tous irréprochables, comme le donne à entendre M. Brochard, ou faut-il y voir autant de sophismes grossiers, ainsi que le soutiennent bon nombre de critiques ? Est-ce contre l'existence du continu, est-ce contre sa divisibilité qu'ils sont dirigés ? Zénon n'est-il qu'un nihiliste de la pensée, selon le mot de Sénèque (2), ou mérite-t-il au contraire d'être appelé le Kant de l'antiquité ? Autant de problèmes non encore tranchés, de même que les contradictions signalées ou imaginées par Zénon ne sont pas près d'être résolues. L'être unique des Eléates, corporel et

---

(1) Cf. FRONTERA, *Etude sur les arguments de Zénon d'Elée contre le mouvement*, Paris, 1891.

(2) Dans la lettre 88 déjà citée : « Omnia negotia de negotio dejecit : ait nihil esse ».

étendu, n'imposant nullement la nécessité de mettre en doute jusqu'à la possibilité des phénomènes (1). M. Bäumker a émis l'opinion que ces célèbres paradoxes visaient avant tout la théorie pythagoricienne qui fait de la ligne une somme de points, de la surface une somme de lignes et ainsi de suite. Zénon entend démontrer que la continuité défie toute mesure purement mathématique, par conséquent qu'une telle conception de l'espace (à laquelle répond la conception du temps considéré comme une succession d'instants) est incompatible avec la notion du mouvement qui n'est possible que dans l'hypothèse du discontinu. L'illusion du dialecticien éléate consistait, dit à son tour M. Bergson, à identifier une série d'actes indivisibles (tels que les pas d'Achille) avec l'espace homogène qui les sous-tend (2).

Le successeur de Zénon, Mélissus, mérite encore moins de nous arrêter. Aristote et tous les anciens à sa suite l'ont tenu en très médiocre estime (3), et M. Tannery lui-même a dû abandonner la thèse d'après laquelle Mélissus, renonçant à étudier les phénomènes naturels pour tenter de conquérir un nouveau domaine plus solide, avait été chez les Grecs le véritable fondateur du monisme transcendant.

On le voit, c'est en tournant de plus en plus le dos à la nature que l'école éléatique avait la prétention de résoudre le problème de la nature : comment y eût-elle réussi ?

---

(1) « C'est le problème de l'être, de l'un, de l'immuable, à concilier avec le sensible, le multiple et le changeant. Les Eléates, à vrai dire, n'ont pas tenté cette conciliation : ils ont abîmé leur pensée dans la sérénité de l'unité éternelle, et ils n'ont résolu le problème du multiple que par le dédain. » (JAURÈS, *De la réalité du monde sensible*, Paris, 1891).

(2) Ce qui semble avoir été le fond de la pensée de Zénon, c'est que la pluralité et la composition ne peuvent en aucun cas être élevées à la hauteur de premiers principes : son tort a été de recourir, pour en tenir lieu, à une abstraction métaphysique, au lieu de la réalité vivante et agissante de la nature divine.

(3) Les passages de Simplicius sur lesquels on s'était appuyé jusqu'ici non seulement pour louer l'argumentation pressante et rigou-

7. — Héraclite.

Les contrastes s'appellent, dit un adage vulgaire : ils sont dans la nature des choses, ajoute l'expérience des siècles. Tandis que s'élaborait au fond de la Grande Grèce la théorie de l'être absolument un et absolument immuable, un Ionien, Héraclite, s'attachait à réduire toutes choses au devenir universel. Bien qu'en général l'antiquité ait paru beaucoup plus sensible aux défauts qu'aux mérites du sage d'Ephèse, les critiques modernes sont d'accord pour lui reconnaître un degré profond d'originalité (1).

Son œuvre principale, peut-être même unique (composée vers 478, selon Zeller et Gomperz) était intitulée Μοῦσαι ἢ περὶ φύσεως (2). Chez les anciens eux-mêmes l'obscurité en était deve-

---

reuse de Mélissus, mais pour établir en outre qu'à ses yeux l'être était essentiellement incorporel, ont été reconnus apocryphes ou tout au moins fortement interpolés. — Cf. PABST, *De Melissi Samei fragmentis*, 1889.

(1) « Unverkennbar üben Heraklit's Gedanken mehr als die irgend eines andern griechischen Denkers eine hohe Anziehungskraft auf die Gegenwart aus... Eine innere Verwandtschaft verknüpft sie mit gewissen modernen Bestrebungen .. Er pflegt bis zu dem Punkte gerade vorzudringen, wo die Wissbegierde den Menschen erst recht zu plagen anfängt ». (HARDY, *der Begriff der Φύσις in der griechischen Philosophie*). De même M. Bénard (*La philosophie ancienne*, p. 54) allègue à juste titre comme preuve de l'universalité du génie d'Héraclite, le concert d'éloges que lui décernent à l'envi idéalistes allemands et positivistes anglais. « D'autre part, ajoute-t-il, qui veut ici garder la mesure ne doit pas oublier qu'il s'agit d'un système dont nous n'avons que des fragments, que s'il offre des formules très voisines des récentes théories, elles sont loin d'avoir le sens et la portée qu'on leur attribue, et qu'il est très facile de les plier à telle ou telle opinion en abusant des analogies. »

(2) DIOGÈNE LAERCE, IX, 12. Le premier titre dérive peut-être d'une phrase du *Sophiste* (242 D). Quant au second, il se justifie, dit Dio-

nue proverbiale (1), et il n'est nullement nécessaire de supposer que nous sommes en face de réticences calculées. D'une part ni la pensée ni le langage philosophiques n'avaient encore cette souplesse que leur imprimera le double génie d'un Platon et d'un Aristote : de l'autre les phrases d'Héraclite, brèves et hachées en forme d'oracles ou de sentences (2), mal ponctuées dans le manuscrit original (3), prêtaient à des interprétations d'autant plus nombreuses que l'auteur avait introduit dans sa prose mainte tournure poétique. La tradition est d'ailleurs unanime à le peindre comme un homme fier et réservé, n'aimant ni à communiquer ses idées aux autres, ni à leur en devoir lui-même. Au-dessus de tout ce que les hommes ou les livres auraient pu lui apprendre, il mettait les vues personnelles que ses méditations solitaires lui avaient révélées touchant la nature, et en réalité autant sa cosmogonie est encore enfantine et primitive, autant sa métaphysique est pleine de profondeur (4). Comme d'ailleurs il avait senti plus vivement qu'aucun de ses devanciers les difficultés inhérentes à la détermination des principes derniers des choses, il se comparait volontiers aux chercheurs d'or, à qui la joie de la découverte fait oublier

---

gène (ιx, 5), par la tendance fondamentale de l'ouvrage (ἀπὸ τοῦ συνέχοντος), car il était divisé en trois parties : περὶ τοῦ παντὸς — ὁ πολιτικός — ὁ θεολογικός. Le grammairien Diodote (Diog. Laerce, IX, 15) prétendait au contraire qu'il n'y était question de la nature qu'à titre d'éclaircissements (τὸ δὲ περὶ φύσεως ἐν παραδείγματος εἴδει κεῖσθαι).

(1) A ce sujet Socrate avait un mot charmant en parlant d'Héraclite : « Ce que je comprends de lui est excellent : ce que je ne comprends pas doit l'être aussi » (Diogène Laerce, II, 22).

(2) Qu'on se rappelle le jugement porté par Cicéron (*Brutus*, 29) sur Thucydide et les orateurs de ce temps : « Grandes erant verbis, crebri sententiis, compressione rerum breves et ob eam ipsam causam interdum subobscuri ».

(3) Détail que nous apprennent Aristote (*Rhétorique*, III, 5) et Démétrius (*De elocut.*, 192).

(4) « Bei Heraklit bricht zuerst die philosophische Abstraktion mit siegender Gewalt durch » (Bäumker). Après Xénophane et Parménide, on mesure toute la portée d'une pareille assertion.

les lenteurs, les déceptions et les fatigues de la recherche.

Laissant de côté les hypothèses particulières qui avaient fait jusque là le fond de la cosmologie ionienne, c'est une explication générale de l'homme et du monde qu'il se flatte de léguer à la postérité.

Être ou non être, telle était, nous l'avons vu, l'alternative posée par Parménide : ni l'un ni l'autre, répond Héraclite, ou plutôt l'un et l'autre à la fois, combinés dans le devenir, c'est-à-dire dans un mouvement qui ne s'arrête jamais (1). Tout ici bas se réduit, si l'on peut ainsi parler, à un échange entre les choses et la matière universelle, représentée pour Héraclite par le feu (2), de tous les éléments le plus subtil, le moins corporel (3), le plus propre à composer et à décomposer les corps, à donner et à entretenir la vie. Confondant l'effet avec la cause, les Hindous déjà avaient puisé dans le refroidissement des cadavres la conviction que dans l'homme la vie était l'œuvre du feu.

On a souvent accusé Héraclite, et cela dès l'antiquité, d'aboutir, par l'identification qu'il établit ou paraît établir entre l'être et le non-être, à la suppression de ce fondement de toute logique qui s'appelle le principe de contradiction (4).

---

(1) *Théétète*, 152 : τὸ πᾶν κίνησις ἦν. Dans le *Cratyle*, Platon dit en parlant des créateurs du vocabulaire : « Comme la plupart des sages de nos jours, à force de se retourner en tous sens dans la recherche de la nature des choses, ils ont été insensiblement saisis de vertige et se sont imaginé que ce sont les choses qui tournent et se meuvent absolument : et la cause de cette opinion, ils ne l'attribuent pas à la manière dont ils sont affectés intérieurement, mais à la nature des choses en supposant qu'au lieu d'avoir quelque chose de fixe et de stable, elles sont dans un flux et reflux continuel. »

(2) PLATON (*Cratyle*, 413 C), PLUTARQUE (*De Ei*, 8) et SIMPLICIUS (*In Phys.*, f. 6) s'accordent à nous donner comme la formule capitale d'Héraclite : Πυρὸς ἀμοιβὴν τὰ πάντα. Mais si expressive qu'elle soit dans sa concision, suffit-elle pour qu'on doive considérer ce philosophe comme le fondateur du dynamisme moderne ?

(3) Ἀσωματώτατον (ARISTOTE, *De anima*, I, 2, 405).

(4) Platon appelle non sans quelque ironie ses partisans οἱ ῥέοντες, et si on examine la façon dont ce système est exposé et réfuté par

Il semble même que le dernier mot de toute sa doctrine soit l'identité absolue. Tout d'abord n'oublions pas que dans la sphère du fini aucun attribut de l'être n'est susceptible d'une réalisation complète : il n'y a dans le monde ni lumière pure, ni ténèbres complètes ; or, si de l'opposition des contraires naît la lutte (1), de leur habile rapprochement sort l'harmonie (2). Le seul tort d'Héraclite a été d'exagérer cette observation, en soi exacte, jusqu'à tomber dans le paradoxe. Où nous écrivons : éléments *divers*, il substitue sans hésiter : éléments *discordants*. Sa tâche, il nous l'apprend lui-même, est de mettre en lumière les contradictions que révèle l'analyse raisonnée des choses (3) : pour lui (et pareille conception équivaudrait en principe à l'arrêt de mort de la science) la nature est le théâtre de variations indéfinies : mais ce que l'on n'a pas toujours suffisamment remarqué (4), c'est qu'il affirme la stabilité de la loi du changement à côté et en face de l'instabilité inévitable de ses effets.

Aristote, on pourra se convaincre que la controverse donne parfois de l'esprit même à ceux qui se piquent le moins d'en avoir.

(1) L'auteur des *Réfutations* (IX, 9) prête à Héraclite cette phrase : Πόλεμος πάντων πατήρ ἐστί, πάντων βασίλευς, et le philosophe, dit-on (*Eth. Eud.*, VII, 1, 1235ᵃ, 28), blâmait énergiquement Homère d'avoir souhaité que toute querelle disparût du milieu des dieux et des hommes.

(2) On connaît et l'on a souvent commenté la comparaison qu'Eryximaque emprunte à Héraclite dans le *Banquet* (187 A), en la jugeant d'ailleurs obscure : τὸ ἓν διαφερόμενον αὐτὸ αὑτῷ ξυμφέρεσθαι, ὥσπερ ἁρμονίαν τόξου τε καὶ λύρης.

(3) Frag. 1 : διηγεῦμαι κατὰ φύσιν (conformément à la vraie nature) διαιρέων ἕκαστον καὶ φράζων ὅκως ἔχει.

(4) Que penser notamment de cette explication de M. Bréton : « Pour en finir avec l'idée de l'un, Héraclite supprime la substance. Ce qui jusque-là n'avait été qu'une forme de l'activité de l'être, la transformation, le devenir, comme disaient les Grecs, lui apparaît comme la réalité tout entière. La loi fatale de l'évolution domine le monde et le constitue : rien n'est, tout devient... A mesure que l'on s'éloigne de la source et qu'on descend l'échelle de la réalité, le mouvement diminue, l'être apparaît de plus en plus. Le monde d'Héraclite est une chaîne à demi-vivante dont chaque anneau meurt et renaît tour à tour. »

C'est en somme un partisan de l'hylozoïsme ionien, à la fois étendu et spiritualisé, si l'on peut employer cette expression. Le problème de la matière originelle le préoccupe moins que la loi de son évolution. Le feu dont il parle est une force omniprésente et perpétuellement active qui ne crée que pour détruire, et ne détruit que pour créer (1): *mutus alit, non mutat opus*. C'est un être éternel (πῦρ ἀειζῶον) s'allumant et s'éteignant tour à tour, symbole de cet incessant changement dont la perpétuité est aux yeux d'Héraclite la loi de toute l'existence. Le soleil ne renaît-il pas chaque jour, tandis que dans l'année cosmique le même phénomène se reproduit en traits gigantesques? Est-ce que la flamme d'une lampe, en apparence immobile, ne se compose pas de parties en mouvement qui ne brillent un instant que pour s'éteindre aussitôt? Ainsi dans le monde tout se heurte, tout est aux prises dans une agitation sans fin. « Univers bizarre, écrit M. Bréton (p. 156), où des modes ennemis se rencontrent dans le ciel intelligible et se livrent des combats épiques, se passant les armes de l'un à l'autre, mourant et ressuscitant tour à tour? N'est-ce pas comme l'image à peine effacée par l'abstraction de cette impitoyable nature que la science nous laisse entrevoir et qui, à la poursuite d'une idée irréalisable, va brisant éternellement ses moules et reprenant éternellement l'ébauche d'une réalité aussitôt morte que née! »

Mais voici peut-être ce qu'il y a de plus remarquable dans ce système. Le penseur qui a dit: *Tout passe, tout s'écoule*, a dû plus que tout autre chercher néanmoins autour de lui un point fixe, et il semble que la dialectique pure n'ait pas été seule à le lui faire découvrir. Le premier, suivant M. Tannery, Héraclite a relégué au second plan l'explication mécanique de la nature pour mettre en relief le côté divin des choses (2):

---

(1) Ce que rend admirablement, si l'on se reporte au double sens de *conficere*, l'expression de Cicéron « confector omnium ignis ». Un critique a défini le feu d'Héraclite « ignea materies quasi esuriens novæque induendæ vestis avida ».

(2) Les uns, s'attachant de préférence à la doctrine originale, préten-

grave événement qui déplaça pour longtemps l'axe de la philosophie. Ce flux et ce reflux perpétuel, cette lutte entre les formes diverses de la substance unique, cette harmonie née de l'union des contraires (1), tout cela, loin de se produire au hasard, est dominé par une loi supérieure, par un principe premier qui est au-dessus de ces perpétuelles vicissitudes et que le philosophe au début même de son œuvre, a qualifié de λόγος, nom désormais célèbre dans l'histoire de la pensée (2).

---

dent qu'il a ramené la théologie à la physique : les autres, appuyés sur le témoignage des commentateurs et particulièrement de l'auteur des *Allégories homériques* (θεολογεῖ τὰ φυσικά) disent qu'il a fait de la physique une théologie. Tous sont d'accord pour reconnaître le caractère religieux de ses théories, qu'ils fassent d'ailleurs du philosophe avec Teichmüller un disciple de la sagesse égyptienne (des jeux de mots très voisins des fameuses antithèses d'Héraclite sont fréquents dans les hymnes sacrés de l'Egypte) ou un initié des mystères avec M. Pfleiderer. Voici comment s'exprime ce dernier : « Es ist kaum zu viel gesagt, wenn man in H. auch für die bedeutendste naturwissenchaftliche Lehre der Gegenwart (il s'agit de la loi de la conservation de l'énergie) den intuitiven Propheten erblickt. Gewiss war H. von Haus aus kein Physiker in der Weise der Milesien. Aber trotzdem weiss er aus dem uralten tiefen Naturgefühl der Religion, insbesondere der Mysterien heraus den innersten Puls und Herzschlag der Natur im grossen Ganzen glücklich zu definiren und so auf seine Art zu anticipiren was dritthalbtausend Jahre später exakt nachgewiesen worden ist » *Die Philosophie des Heraklit im Lichte der Mysterien*, Berlin, 1886). Malgré son dédain pour les idoles de l'Orient et de la Grèce, bien avant les stoïciens Héraclite paraît avoir tenté de dégager le sens scientifique caché dans les rites singuliers, dans les mythes étranges qui s'étaient introduits sur le sol hellénique. Et tout ce qu'on vient de lire reçoit une confirmation indirecte de la tradition, très répandue dans l'antiquité, d'après laquelle il avait confié la garde de ses écrits aux prêtres de Diane à Ephèse.

(1) Ou, selon le mot même d'Héraclite, ἡ ὁμόνοια ἀπὸ τῶν ἐναντίων. On sait que depuis Hegel, d'ailleurs admirateur enthousiaste de notre philosophe, le terme de *Prozess* (à la fois *débat* et *marche en avant*) est devenu courant en Allemagne pour traduire ce que l'Ephésien désignait par πόλεμος.

(2) M. Espinas (*Annales de la Faculté des Lettres de Bordeaux*, 1893) veut que « ce penseur obscur, ami des contradictions, soit le père aussi bien de la philosophie transcendante que du naturalisme ».

Pour la première fois nous voyons apparaître ce que Taine appelait « la formule créatrice », « l'axiome éternel », je veux dire la conception d'une règle du monde (*Weltgesetz*), d'un ordre universel remplaçant sous une forme nouvelle et plus philosophique l'antique fatalité. Sans doute ce n'est point encore une cause consciente, distincte des choses, moins encore une raison ordonnant le monde d'après des fins (1) : mais c'est plus et mieux qu'une force aveugle et brutale : la voie était frayée à Anaxagore. C'est dans cet élément persistant et immuable, et pour parler comme les modernes, dans cette loi que se concentre pour Héraclite la notion de nature : mais c'est aller trop loin dans le sens de Platon que de résumer en ces mots la cosmologie qui en résulte : « Omnia vigent, calent, omnia ordinate gignuntur et efficiuntur : omnia denique Deo plena sunt et referta. Totus in his Heraclitus (2). »

Au reste l'harmonie dont il est ici question, est une harmonie cachée (3), que nos sens, attachés aux apparences, sont incapables de saisir : seule la raison peut y atteindre : encore s'agit-il ici non de la raison individuelle, source permanente de préjugés et d'erreurs, mais de la raison générale (τὸ ξυνόν) à laquelle l'homme ne participe qu'en descendant au fond de sa conscience (4). On cite d'Héraclite ce mot profond bien fait

---

(1) Héraclite disait : αἰὼν παῖς ἐστὶ παίζων, πεττεύων : et la Δίκη, dont nous parle un de ses fragments n'est que l'ordre tout mécanique qui régit l'univers. Remarquons à ce propos que nos antinomies physiques et chimiques (lois de l'attraction et de la répulsion, de la dilatation et de la concentration, etc.) jettent une véritable lumière sur la phrase célèbre d'Héraclite : Ὁδὸς ἄνω, κάτω μίη καὶ ὠυτή (Hippolyte, IX).

(2) M. Dauriac.

(3) Ἁρμονία ἀφανὴς φανερῆς κρείττων. On lit dans Thémistius (*Orat.* V, 69 B) : φύσις καθ' Ἡράκλειτον κρύπτεσθαι φιλεῖ, fragment auquel Gomperz rattache le suivant : ἀπιστίη ἀγαθή. ἀπιστίη διαφυγγάνει μὴ γιγνώσκεσθαι.

(4) Sextus Empiricus (*adv. Math.*, VII, 133). — Héraclite se présente ainsi à nous comme un adversaire irréconciliable de ce qu'un éminent critique de notre siècle a nommé « le sens propre » (ἡ ἰδία φρόνησις, expression où quelques historiens de la philosophie ancienne ont voulu reconnaître le témoignage trompeur des sens).

pour enchanter Socrate : Ἐδιζησάμην ἐμεωυτόν...θειότατον γὰρ τὸ γνῶθι σεαυτόν. Voulait-il dire par là, comme on l'a affirmé, que s'il a vu, s'il a cru qu'il n'y avait rien de réel, du moins rien de permanent, de fixe, d'identique, c'est pour avoir contrairement à nos théories modernes constaté ce fait en lui-même par l'observation intérieure (1) ? Mais Xénophane qui l'a devancé, Démocrite qui l'a suivi, partant tous deux de considérations bien différentes, ont exprimé sur le monde des phénomènes et sur la connaissance sensible une opinion très voisine. Rien ne lui était d'ailleurs plus antipathique que de traiter à la légère les problèmes philosophiques : μὴ εἰκῆ περὶ τῶν μεγάλων συμβαλλώμεθα, répétait-il. Un de ses plus grands griefs contre la foule, c'est « qu'elle joue criminellement avec la vérité ». Il n'y a qu'une sagesse, « connaître de quelle manière la pensée gouverne toutes choses, et s'y conformer en tout (2) ». Cette subordination absolue de l'élément individuel à l'élément universel (3) sera plus tard un des traits caractéristiques de la double doctrine platonicienne (4) et stoïcienne. On rapporte qu'Héraclite vécut dans la retraite, atteint d'une sombre mélancolie : c'est que chez lui le sentiment profond de la réalité multiple et fuyante s'accompagnait du regret d'un idéal d'unité et de stabilité. L'homme ne se consolait qu'à demi par le philosophe.

---

(1) Voir M. Chaignet, *Psychologie des Grecs*, I, p. 34. — Si l'on demande où se montre le plus à découvert l'originalité d'Héraclite, voici la réponse de M. Gomperz : « Er spann zwischen dem Natur-und Geistesleben Faden, die seitdem nie wieder abgerissen sind ».

(2) Fr. 19 : Ἓν τὸ σοφὸν μοῦνον, ἐπίστατθαι γνώμην ᾗ κυβερνᾶται πάντα διὰ πάντων.

(3) Fr. 133 : Κατὰ φύσιν ἄνθρωπός ἐστιν ἄλογος. Si ce passage est authentique, φύσις aurait ici un sens assez différent de celui qui lui est donné dans la plupart des autres fragments.

(4) « This becoming to which Heraclitus points in the material world must be the symbol of a far profounder truth, of which Heraclitus never dreamed, which even failed Plato at first to value » (ARCHER-HIND).

8. — *Empédocle.*

Empédocle (1), dont on fait parfois un simple disciple de Parménide, d'Héraclite ou même des Orphiques, passe aux yeux des historiens les plus judicieux pour un esprit d'une originalité puissante, en tout cas « pour un éclectique d'une réelle importance et d'une haute portée ». Dans le portrait que nous a tracé de lui l'antiquité il entre beaucoup de grandeur vraie et aussi beaucoup de ridicule ostentation. Il y a chez lui, à côté d'un savant tourmenté du désir de pénétrer les grands secrets de la nature, une sorte de charlatan jacobin (2), de thaumaturge aussi avide d'étonner que d'instruire (3). Du moins, s'il a cherché à en imposer par un appareil pompeux et insolite, la vénération dont il fut entouré l'excuse de n'avoir pas toujours refoulé ou caché l'orgueilleuse conscience de sa supériorité sur les courtes vues du vulgaire.

Interprétant le mot de φύσις dans son sens étymologique de « création », il rejette cette notion (4) et la proscrit absolument :

φύσις οὐδενός ἐστιν ἁπάντων
θνητῶν...
ἀλλὰ μόνον μίξις τε διάλλαξίς τε μιγέντων
ἐστί, φύσις δ' ἐπὶ τοῖς ὀνομάζεται ἀνθρώποισιν (5).

---

(1) Né à Agrigente vers 492 d'après son plus récent biographe, M. Bidez.

(2) M. Benn. — « Empedocles in a brilliant yet inconsistent system maintained both the priestly legends and a scientific monism » (Bigg, *Christian platonists*, p. 62).

(3) Jouait-il successivement ou simultanément ces deux rôles ? Sur ce point Bidez et Diehl sont en complet désaccord.

(4) Sauf à la remplacer par l'expression plus vague encore de πρώτη σύνθεσις (*Metaph.*, IV, 4, 1014 b 17)

(5) Vers 98-101. — En dehors de ce passage, φύσις ne reparaît plus que deux fois dans le poème (v. 293 et 326), et avec le sens qu'il prendra de plus en plus dans la langue commune.

Voit-on une chose naître ? On pense qu'auparavant elle n'était pas. La voit-on mourir ? On dit qu'elle n'est plus. Double illusion. En effet, ajoute Empédocle à la suite de Parménide, rien ne naît ni ne meurt : rien ne peut venir de rien et la destruction totale de l'être est aussi impossible à concevoir qu'à réaliser. Les phénomènes dont nous sommes témoins ne sont autre chose que des associations et des dissociations (1), œuvres non d'une cause efficiente unique, mais de deux forces opposées, qu'on aurait le droit, selon la remarque d'Aristote, d'appeler le *bien* et le *mal*, et que par un reste d'anthropomorphisme Empédocle désigne sous les noms restés célèbres d'*amour* et de *haine* (2), transportant ainsi dans l'économie du monde les deux ressorts par excellence de la vie morale de l'homme.

Ainsi tandis qu'on reproche non sans raison aux positivistes contemporains de ne voir dans la loi morale qu'une loi physique d'un genre à part, le philosophe d'Agrigente tombe dans une exagération contraire, réclamant comme un honneur d'avoir le premier découvert dans l'amour la force universelle :

Τὴν οὔτις μεθ' ὅλοισιν ἑλισσομένην δεδάηκε
θνητὸς ἀνήρ.

Lorsqu'il s'agit de physique, l'amour et la haine ne se conçoivent que comme équivalents ou personnifications de l'attraction et de la répulsion. En réalité, si nous en croyons M. Tannery (3), ce ne sont pas deux forces abstraites, mais des éléments étendus, des milieux doués de propriétés spéciales au sein desquels sont plongés les molécules corpo-

---

(1) Désignées de préférence chez Empédocle par les deux verbes φύεσθαι, διαφύεσθαι. — Dans la conception antique du chaos comme dans la théorie que va enseigner Anaxagore, c'est à la séparation que s'attache l'idée de perfection : ici c'est le contraire.

(2) M. Hild (p. 66) fait remarquer que dans la mythologie indienne Aditi et Diti jouent exactement le même rôle.

(3) Voir un article de la *Revue philosophique* (septembre 1887) sous ce titre : *La cosmogonie d'Euripide.*

relles (1). Mais alors pourquoi ces termes qui nous trompent? C'est, avait déjà répondu Thilo, un simple appareil poétique, d'ailleurs en complète opposition avec l'esprit du polythéisme.

D'autres critiques, soupçonnant ici des vues plus hautes, voient dans ces deux forces « deux artistes sublimes qui composent les êtres de la nature en mêlant les éléments dans des proportions diverses quoique toujours harmonieuses ». Mais que sont ces éléments ou substances particulières qualitativement immuables? Nous touchons ici au côté le plus saillant de la physique d'Empédocle. Jusqu'alors on s'était flatté d'expliquer l'essence matérielle des corps par les transformations indéfinies d'une seule et même substance, air ou feu pour les uns, eau ou terre pour les autres : vaines tentatives condamnées par l'expérience la plus vulgaire. Mais si prise isolément chacune de ces théories est convaincue d'insuffisance, en les réunissant, n'aurait-on pas la solution jusqu'alors vainement cherchée? Pourquoi ne pas attribuer au feu ce qui est chaud et brillant, à l'air ce qui est fluide et transparent, à l'eau ce qui est obscur et froid, à la terre ce qui est dur et pesant? Telle est la doctrine célèbre des quatre éléments (2) qu'Empédocle fit triompher, parce qu'il l'avait présentée avec talent et surtout parce qu'elle répondait à l'état de la science pendant son siècle et les siècles suivants. Racines et fondements de tout ($\dot{\rho}\iota\zeta\acute{\omega}\mu\alpha\tau\alpha$ $\pi\acute{\alpha}\nu\tau\omega\nu$) ces éléments passent en toutes choses et forment les combinaisons les plus diverses sans subir d'altérations. Héraclite et Parménide se trouvent du même coup conciliés. Comme on l'a dit ingénieusement, l'univers d'Empédocle a cessé d'être ou la morne uniformité de

---

(1) Ou comme s'exprime M. Milhaud (p. 247) « des fluides matériels à consistance concrète, quoique échappant aux sens ».

(2) Platon la reprendra dans le *Timée* et Aristote, allant plus loin encore, tentera d'en donner une démonstration *a priori*. — Une cinquième essence ou quintessence (dont Zeller fait remonter l'idée première au pythagorisme) fera bien son apparition çà et là dans l'histoire de la science, mais sans réussir jamais à y prendre pied d'une façon durable.

la substance, ou le flot tempêtueux des phénomènes. Ajoutons que cette réduction de la nature entière à quatre éléments dont le premier venu arrive si promptement et si aisément à se faire une idée fut un des triomphes de l'ancienne physique (1) : seule la chimie moderne l'a reléguée parmi les chimères.

Au surplus dans le système que nous examinons il ne s'agit point de rendre compte de tout par un mélange purement matériel, dont se contenterait un empirisme grossier : les contraires qui d'après Héraclite formaient le monde par leur simple juxtaposition ne le constituent point ici par leur simple succession (2). Est-ce à dire qu'il y ait place pour un Dieu dans la théorie d'Empédocle ? Malgré l'opinion d'Aristote on ne le voit pas, à moins d'entendre par là la nature même (3) : toutefois le philosophe semble avoir pressenti que seule la finalité pouvait fournir une explication satisfaisante de l'ensemble des existences, et il a placé à l'origine une tendance aveugle, à demi mécanique, à demi morale, que la raison seule peut concevoir au milieu de l'éblouissement des sens :

Τὴν σὺ νόῳ δέρκευ, μηδ' ὄμμασιν ἧσο τεθηπώς (v. 108),

puissance mal définie qui dans la création des êtres animés et particulièrement de l'homme a essayé, semble-t-il, de mille combinaisons périssables jusqu'à ce qu'il s'en rencontre une digne de durer, parce qu'elle répond aux exigences impérieuses de la vie. Seuls les organismes appropriés à leur fin

---

(1) On y croyait encore au xviii⁰ siècle, à la veille des grands travaux qui posaient les bases de la science et des méthodes chimiques.

(2) D'après Lange, le véritable mérite d'Empédocle aurait été d'avoir placé, si l'on peut ainsi parler, le principe d'individuation des êtres dans les innombrables combinaisons de l'hétérogène.

(3) En parlant ainsi, je n'ignore ni le beau vers (131) où le poète nous représente la raison divine « parcourant rapidement l'immensité du monde », ni le passage suivant, allusion probable à la polémique religieuse soulevée par Xénophane : « Heureux qui possède l'intelligence du divin : malheureux qui sur les dieux n'a qu'une croyance obscure ! » (v. 387).

ont pu se propager, tandis que d'autres moins favorisés étaient condamnés à une destruction plus ou moins rapide. Telle est la doctrine dont les lignes principales s'accusent dans les fragments d'Empédocle : et ainsi, avec plus de vraisemblance que dans le cas d'Anaximandre, le philosophe d'Agrigente paraît avoir devancé de vingt-trois siècles et Lamarck et Darwin.

D'ailleurs quelle loi préside à cette évolution des choses, à cette *concordia discors* comme s'exprime une spirituelle antithèse d'Horace (1) ! A cette grave question point de réponse. Aristote (2) classe notre philosophe avec Phérécyde et Anaxagore parmi ceux qui refusent de tirer les choses uniquement de la Nuit et du Chaos, et font tout dériver d'une cause première dont le bien est un attribut essentiel. Quoi qu'il en soit de cette affirmation dont les preuves aujourd'hui nous manquent, aux yeux d'Empédocle le monde dans son état actuel est un séjour de douleur (3), où nos âmes ont été précipitées en punition d'une faute. L'union réalisée par la φιλία est sans cesse remise en question par les efforts opposés du νεῖκος, tendant à la dissolution complète du σφαῖρος, c'est-à-dire de l'état primitif où tout s'harmonisait dans l'unité (4). Cette dissolution achevée et lorsque toutes choses semblent dissipées dans la multiplicité absolue (quelque chose comme le

---

(1) *Epîtres*, I, 12.

(2) *Métaph.*, xiv, 4. — D'après le même Aristote (*Phys.*, ii, 4, 6). Empédocle était contraint de faire une part au hasard dans la formation du monde. En effet, la φιλία rapproche sans doute les parties du tout qui ont entre elles de l'affinité : mais des proportions sont indispensables pour que d'une combinaison d'éléments hétérogènes sorte un être harmonique et complet : or ces proportions, comment les expliquer ?

(3) Ἄτης αὖ λείμωνα κατὰ σκότος ἠλάσκουσιν,... ἀτέρπεα χῶρον, ἄντρον ὑπόστεγον, autant d'expressions des Καθαρμοί qui remontent à l'orphisme primitif. Ce pessimisme (un trait de plus de rapprochement entre Empédocle et Anaximandre) expliquerait le suicide par tristesse que lui prête Lucrèce.

(4) A l'abstraction de l'unité éléatique substituez un milieu plein de vie, vous aurez le σφαῖρος d'Empédocle.

χάσμα d'Hésiode et le chaos d'Ovide), φιλία rentre en scène pour reprendre à son antagoniste les éléments dissociés, et restaurer le κόσμος. Un serment inéluctable échangé entre les deux puissances antagonistes, une loi fatale dont la bonté ne subit le joug qu'en tremblant,

.....ἐστὶν ἀνάγκης
ῥῆμα θεῶν ψήφισμα πάλαιον.....
.....χάρις στυγέει δύστλητον ἀνάγκην,

domine ces vicissitudes périodiques, cercle sans fin dont l'œil parcourt successivement tous les points sans en trouver le terme.

Il n'est pas surprenant de voir Aristote et Plutarque (1) après lui appeler par excellence ὁ φυσικός un philosophe dont le poème intitulé Φυσικά contenait, autant que nous pouvons en juger, un nombre infini d'observations de détail, et s'ouvrait même par cette déclaration formelle : « J'écris de l'univers : je vais expliquer l'origine du soleil et celle du monde visible, de la terre, de la mer aux flots innombrables, de l'air humide et de l'éther dont la sphère enveloppe toutes choses » : un philosophe qui se livra avec une prédilection visible à l'étude de la nature dont le premier il songea à comparer les divers règnes (2), ébauchant des théories (comme celle des roches ignées) qui n'ont été retrouvées que de notre temps (3).

Mais nul n'a mieux aperçu ni mieux signalé les défauts du philosophe que ce même Aristote (4) qui lui reproche de n'avoir

---

(1) *De curiositate*, 515 C.
(2) Empédocle avait notamment établi une corrélation par analogie entre les feuilles des arbres, les plumes de l'oiseau et les cheveux de l'homme.
(3) D'après M. Tannery, le tourbillon de la révolution diurne est dû à une rupture d'équilibre, résultant des mouvements désordonnés du σφαῖρος, et l'accélération de la révolution sidérale aux dépens de ces mêmes mouvements serait comme un lointain pressentiment du principe de la conservation de l'énergie.
(4) Voir en particulier, *Métaph.* II, 1000ᵃ9 et 24 : Οἱ μὲν οὖν περὶ Ἡσίο-

connu et pratiqué aucune méthode scientifique, et d'avoir admis que les grandes révolutions cosmiques, affranchies de toute loi, s'accomplissent et se succèdent tantôt d'une façon et tantôt d'une autre, au gré du caprice et du hasard.

9. — *Démocrite* (1).

Tandis qu'Héraclite se vantait de s'être formé seul, Démocrite que l'antiquité se plaît à lui opposer confesse non sans orgueil qu'il a recueilli sa sagesse dans toutes les parties de l'univers. Né vers 460 et contemporain d'Anaxagore (2) et de

---

δον καὶ πάντες ὅσοι θεολόγοι μόνον ἐφρόντισαν τοῦ πιθανοῦ τοῦ πρὸς αὑτοὺς ἡμῶν δ' ὠλιγώρησαν... καὶ γὰρ ὅνπερ οἰηθείη ἄν τις λέγειν μάλιστα ὁμολογουμένως αὐτῷ, Ἐμπεδοκλῆς, καὶ οὗτος ταὐτὸν πέπονθεν. Et dans la page qui suit Aristote soumet à une critique sévère les bases mêmes du système.

(1) On s'étonnera peut-être de me voir passer sous silence Leucippe, que les historiens de la philosophie ont l'habitude de considérer comme le premier auteur de la doctrine atomique. Aristote le nomme sans doute à plusieurs reprises, mais chose curieuse, le plus souvent à la suite de Démocrite, et d'ailleurs il ne sait rien de positif touchant ses écrits. Nous apprenons par Diogène Laërce (x, 13) non seulement qu'on hésitait sur sa patrie, mais que son existence même avait été révoquée en doute par Epicure, suivi en cela par Clitomaque (d'après Cicéron dans le *De natura deorum*, I, 23).

Plutarque et Sextus Empiricus n'en parlent nulle part. « Nous ne savons nullement si Leucippe a véritablement existé », écrit M. Tannery, et le livre cité parfois sous son nom était peut-être une œuvre de Démocrite, qui dans la crainte de se voir accuser d'impiété, aurait imaginé de se dissimuler derrière un nom d'emprunt, à peu près comme Platon l'a fait dans son *Timée* : procédé d'autant plus adroit qu'on esquive ainsi les objections auxquelles prête la doctrine. De toute manière l'enseignement de Leucippe, de même que sa personnalité, a quelque chose de si effacé, de si fuyant qu'on est parfaitement excusable de le laisser à l'écart.

(2) Dont il fut l'élève vers 436, si l'on en croit Diels. C'est à Anaxagore qu'il semble avoir pris l'idée du mouvement circulaire et tourbillonnant qui donne naissance au monde par la réunion des parties

Socrate, il n'acquit que tard réputation et influence. (1) Véritable polygraphe, presque aussi encyclopédique qu'Aristote, il a laissé des traités de tout genre attestant l'étendue de ses connaissances : écrivain de talent, il a mérité que Cicéron (2) revendiquât pour lui à ce titre une renommée égale à celle de Platon. Lucien, le railleur des philosophes, nous le représente (ce fut aussi, et sans doute pour des motifs analogues, la destinée de Gerbert et d'Albert le Grand au Moyen Age) comme un magicien et un alchimiste (3) : naturaliste et libre-penseur (autant du moins que cette qualification a un sens dans la Grèce antique), Démocrite n'a pu empêcher les âges qui suivirent de lui attribuer une foule d'incroyables superstitions. Il semble même que comme Épicure son disciple il ait eu la malchance de n'être longtemps que très imparfaitement, sinon très injustement apprécié : peu de grands noms ont été au même degré maltraités par l'histoire. En revanche « les préoccupations philosophiques de la science contemporaine (4) ont amené les penseurs à un point de vue nouveau du haut duquel l'atomisme de Démocrite a été mieux aperçu, mieux

---

similaires. Cette antériorité d'Anaxagore, admise également par M. Waddington, a été combattue par M. Ragnisco (*Filosofia delle scuole italiane*, Déc. 1883).

(1) Lui-même n'avait qu'indifférence pour la gloire. Cf. Diog. Laërce, ix, 36 : Δοκεῖ δ' Ἀθήναζε ἐλθεῖν καὶ μὴ σπουδάσαι γνωσθῆναι δόξης καταφρονῶν.

(2) *Orator*, ch. xx. — Parmi les admirateurs de son style dans l'antiquité il faut citer d'abord Théophraste et même Aristote qui dit en parlant du philosophe d'Abdère comparé à ses devanciers, γλαφυροτέρως εἴρηκεν. Denys d'Halicarnasse lui décerne à son tour (*De comp. verborum*, 24) une place d'honneur au milieu des prosateurs grecs.

(3) Nous avons déjà parlé, dans une autre partie de ce travail, des ouvrages apocryphes de magie qui circulaient sous son nom en Orient au commencement de l'ère chrétienne.

(4) « Les infiniment petits sont les maîtres et les organisateurs de l'univers : la vie simultanément détruite et refaite par eux est le prix des batailles formidables que se livrent ces armées invisibles. L'homme a repris à pied d'œuvre l'explication du monde, et il s'est aperçu que l'existence, la grandeur et les maux de cet univers provenaient du labeur incessant de ces infiniment petits » (de Vogüé).

compris ». On s'accorde notamment à reconnaître que le premier de tous les Grecs il a eu la notion vraie de la science, saisie à la fois dans sa diversité et dans son unité (1), que le premier également, poussant jusqu'au bout l'idée-mère de son système, il a conçu une explication purement scientifique du monde, dégagée de tout emprunt à l'antique mythologie, dégagée même, si l'on croit M. Mabilleau, de tout postulat d'ordre métaphysique.

Dans la théorie éléatique, le plein seul existe, le vide ne peut même pas se concevoir. Démocrite affirme au contraire avec force que le plein et le vide ou, pour parler comme Parménide, l'être et le non être sont également nécessaires à l'explication du monde (2). L'être est éternel : mais loin de se concentrer dans une unité absolue, il est divisé en quelque sorte par le vide et constitué par un ensemble innombrable de corpuscules infiniment petits, solides et pleins, physiquement indivisibles, que le philosophe appelle « premières grandeurs (3) » : chacun d'eux est mis en possession des attributs que l'éléatisme reconnaissait à sa substance unique (4). C'est ainsi que l'éternité des atomes est posée sans autre démonstration comme évidente : de même cet autre principe qu'ils sont éternellement en mouvement. Toutefois ces atomes diffèrent entre eux, sinon de poids (5), du moins de forme et de volume.

---

(1) « Ah ! si Périclès avait appelé Démocrite à Athènes, dans la capitale intellectuelle de l'hellénisme ! mais Périclès eut d'autres soucis ! » (Victor Egger.)

(2) Aristote. *Physique*, IV, 6,313b22 : Μὴ μᾶλλον τὸ δὲν εἶναι ἢ τὸ μηδέν. La science et l'opinion de Parménide étaient réconciliées.

(3) D'après Sextus Empiricus (*Adv. Math.*, IX, 363) et Strabon (XVI, 739) invoquant l'un et l'autre l'autorité de Posidonius, la théorie des atomes aurait pour premier fondateur un Sidonien du nom de Mochus, qui vivait avant la guerre de Troie ! .

(4) Entre l'éléatisme et l'atomisme Ravaisson a raison de signaler une opposition radicale et cependant il est manifeste que les atomistes ont su profiter de l'importance des propriétés mathématiques (nombre, étendue, mouvement) analysées et mises en lumière par les Eléates.

(5) Quel rôle pouvait avoir la pesanteur dans un système tel que

Maintenant comment expliquer la naissance et la fin de toutes choses (1)! Par le rapprochement ou la dissociation (2) de ces particules matérielles, entraînées dans tous les sens par un double mouvement chaotique (3) d'impulsion (παλμὸς) et de réaction (ἀντιτυπία), les plus ténues ou les plus légères constituant le ciel et l'air, les plus lourdes l'eau et la terre. Ce qui décide des propriétés des corps, de la vie et de la mort des êtres animés, c'est uniquement le groupement, la figure et la disposition des atomes, tandis que de leur contact dérive toute action et toute passion (4). S'élève-t-on dans la hiérarchie des êtres, depuis le grain de sable jusqu'au plus éclatant génie? il suffit de faire intervenir des éléments plus nombreux, des combinaisons plus compliquées et plus savantes. Tout le reste est inutile (5).

Ainsi pas de cause première : pourquoi chercher vainement le commencement de ce qui est infini? Pas de cause finale : le mouvement est sans but, comme il est sans origine

---

nous venons de l'exposer? On ne le voit pas ; c'est une propriété occulte, inventée ou conservée pour le besoin de la cause. Aussi bien est-ce non pas à Démocrite, mais à Epicure, homme d'une science presque grossière, qu'il faut imputer ce manque de logique.

(1) Aristote dit d'Anaxagore et de Démocrite ce mot profond : « Ils ont sauté à pieds joints sur le devenir ».

(2) Si nous en croyons Lucrèce, c'est à l'image des combinaisons indéfiniment variées des lettres de l'alphabet que les fondateurs de l'atomisme ont conçu leur système.

(3) Ἄτακτα, comme s'exprime Aristote. — Est-il nécessaire de rappeler la place que tiennent les tourbillons (δῖναι) dans la cosmologie cartésienne et jusque dans les théories toutes récentes de M. Faye?

(4) *De gener. et corrupt.*, I, 7,323ᵇ3 : ὅμοιον εἶναι τό τε ποιοῦν καὶ τὸ πάσχον.

(5) *De Finibus*, I, 6 : « Vim et copiam efficiendi Democritus reliquit » : Le philosophe d'Abdère, frappé, dit-on, de l'autorité que la croyance aux dieux tirait du consentement universel, n'avait cependant pas osé supprimer tout élément divin dans le monde : mais il faut voir dans le *De natura deorum* (I, 43) les étranges opinions qu'il professait sur ce point, opinions assez insensées pour dicter à Cicéron cette conclusion : « Quæ quidem sunt patria Democriti (on sait la réputation faite dans l'antiquité aux Abdéritains) quam Democrito digniora. »

et sans terme : tout est l'œuvre du hasard (1) ou de la fatalité, ou plutôt tout a son explication dans les forces inhérentes à la matière, dans les lois du déterminisme le plus absolu. Les matérialistes de tous les temps, et les positivistes contemporains ne s'y sont pas trompés : aussi les voyons-nous d'un commun accord porter aux nues cette conception de l'univers où domine le sentiment de l'aveugle nécessité des lois naturelles (2). L'un d'eux y salue même « la plus éclatante défaite de la téléologie, cette ennemie héréditaire des sciences de la nature (3) ». Hâtons-nous d'ajouter que dès l'époque où elle parut, Platon mettait les partisans d'une pareille doctrine au défi de rendre compte de l'ordonnance admirable dont té-

---

(1) Première apparition dans la philosophie de cette déesse Τύχη, tour à tour aux yeux des Grecs les plus éclairés du v° siècle idée abstraite du hasard et personnification de l'action cachée d'un pouvoir supérieur (Cf. ALLÈGRE, La déesse Τύχη, 1890).

(2) Hasard, nécessité, deux idées qui nous paraissent s'exclure. Mais peut-être sommes-nous dans l'erreur. « Les atomistes admirent que la nature est une force aveugle et qu'on peut se passer d'attribuer aux substances primordiales un esprit créateur ou d'installer au milieu d'elles une Providence. Néanmoins rien n'est laissé au hasard : tout a une cause naturelle qui exclut la contingence aussi bien qu'une cause finale » (M. RODIER). Même point de vue chez M. Milhaud (p. 248) : « L'idée que rien ne naît de rien, qui se dégageait confusément déjà des premières recherches ioniennes, cette idée que tout phénomène résulte de phénomènes antécédents, s'affirme chez les atomistes avec la dernière rigueur. Point de hasard, point d'évènement accidentel. L'accident n'est que dans l'apparence ». Mais s'il en est ainsi, à qui pense Aristote quand il dénonce les philosophes aux yeux desquels « le hasard est une cause à l'instar de la divinité » (αἰτία θεῖόν τι οὖσα καὶ δαιμονιώτερον)? ou bien faut-il se persuader avec M. Jaurès que « le hasard n'est pas l'absence de toute loi, mais la confusion inextricable produite par des lois multiples »?

(3) M. SOURY. — Déjà Bacon, estimant que le problème de la finalité est déplacé en physique, élevait bien au dessus de Platon et d'Aristote Démocrite et ses disciples, « hanc unicam ab causam, quod in causis finalibus nunquam operam triverunt ». Mais comme la synthèse n'a pas moins de prix dans les choses de la nature que l'analyse, le même Bacon reproche à l'école atomistique d'avoir entièrement négligé la première pour s'en tenir uniquement à la seconde.

moigne le κόσμος. A la vérité Démocrite n'est pas nommé en toutes lettres dans le X⁰ livre des *Lois* : mais à qui donc songe Platon, lorsqu'il fait parler ces prétendus sages aux yeux desquels « il y a toute apparence que la nature et le hasard sont les auteurs de ce qu'il y a de plus grand et de plus beau dans l'univers : les premiers éléments poussés çà et là fortuitement, chacun suivant sa propriété, étant venus à se rencontrer et à s'arranger ensemble conformément à leurs affinités, de ce mélange des contraires que la fortune a dû produire suivant les lois de la nécessité se sont formés tous les êtres que nous voyons, avec l'ordre des saisons que cette combinaison a fait éclore : le tout non d'après une intelligence, et sans l'intervention d'aucune divinité (1) ». Aristote au contraire cite fréquemment Démocrite, mais presque toujours pour lui opposer une vigoureuse réfutation, indice non équivoque de l'importance qu'il attachait malgré lui à cette explication des choses (2).

Il resterait au surplus un point à examiner. Démocrite à qui la vue du corps humain avec son merveilleux organisme arrachait, dit-on, un cri d'admiration, avait il poussé sa théorie jusqu'au bout, ou était-il de ces philosophes dont parle l'auteur de la *Physique*, et pour qui le domaine du hasard, embrassant le ciel et les êtres jusque là réputés les plus divins, s'arrêtait aux confins de la vie, où commençait le règne d'une cause nouvelle et différente, appelée tantôt la nature, tantôt même l'intelligence ? Stobée ne lui fait-il pas dire : « Rien ne se

---

(1) *Lois*, 889 x A.
(2) C'est la thèse que soutient M. Rodier : « L'abondance même des arguments qu'Aristote entasse contre l'atomisme semble dévoiler les difficultés qu'il éprouve à se convaincre lui-même du peu de valeur de ce système. On dirait qu'il combat à regret Démocrite auquel il accorde du reste une plus grande part de louange qu'à aucun autre philosophe. » Cette dernière assertion est très contestable : mais il est intéressant de constater que lorsque les Motekallemim, ennemis jurés de ceux que les Arabes appelaient les *philosophes*, c'est-à-dire des péripatéticiens, voulurent opposer autorité à autorité, ils invoquèrent non pas Platon, mais Démocrite.

fait en vain ; tout a sa raison et sa nécessité » (1) ? Mais cette maxime a beau paraître reproduire littéralement un adage célèbre d'Aristote : elle n'implique rien qui ressemble même de loin au νοῦς d'Anaxagore (2), et Lange me paraît ne rien exagérer lorsque dans le λόγος dont parle Démocrite il refuse de voir autre chose que la loi mathématique et mécanique, le rapport qui régit avec une autorité souveraine les mouvements des atomes.

D'autres, au contraire, se plaçant à un point de vue presque opposé, ont soutenu que la théorie atomistique conduit à une conception idéaliste du monde. Et voici sur quoi ils s'appuient. Non seulement Démocrite a dépouillé systématiquement les atomes des caractères qui en les plaçant sous la prise des sens les abaisseraient au niveau de l'expérience ; mais pour lui il n'y a de réel (3) et si l'on peut ainsi parler, d'authentique (γνήσιον) que le non-sensible, l'invisible (τὸ ἀόρατον), ce que les sens ne nous montrent nulle part, à savoir les atomes et le vide : seule la raison saisit d'une façon immédiate et adéquate (συμμέτρως) les principes supérieurs des choses (4). Confuse et obscure (σκοτίη), la perception extérieure

---

(1) *Ecl.*, I, 160 : Οὐδὲν χρῆμα μάτην γίγνεται, ἀλλὰ πάντ'ἐκ λόγου τε καὶ ὑπ'ἀνάγκης.

(2) Quels textes S. Augustin avait-il sous les yeux quand il écrivait : « Sensit Democritus inesse concursioni atomorum vim quamdam animalem ac spiritualem » ? Nous l'ignorons tout à fait.

(3) On sait que le philosophe définissait les qualités physiques des « impressions du sujet » (De même Descartes : « Il y a des figures d'où procèdent les sentiments que nous avons des couleurs »). Natorp lui attribue l'affirmation que voici : Ἀνθρώποισι πᾶσι ταὐτὸ ἀγαθὸν καὶ ἀληθές, ἡδὺ δὲ ἄλλο ἄλλῳ. On lit chez Stobée (*Ecl.*, I, 1104) : Οἱ μὲν ἄλλοι φύσει τὰ αἰσθητά. Δημόκριτος δὲ νόμῳ, τοῦτο δ'ἐστὶ δόξῃ καὶ πάθεσι τοῖς ἡμετέροις. P. Janet (*Principes de métaphysique et de psychologie*, II, p. 152) dit qu'il n'est pas facile de savoir au juste ce que signifie ici l'expression νόμῳ ou κατὰ νόμον : l'essentiel, ajoute-t-il, est que Démocrite entendait que les sensations n'existent pas dans la nature et en soi. C'est ce que soutenait déjà Théophraste (*De sensu*, 60) : Δημόκριτος ἀποστερεῖ τῶν αἰσθητῶν τὴν φύσιν.

(4) Λόγῳ θεωρητά, selon le mot d'Epicure rapporté par Stobée. Ainsi

nous cache plus qu'elle ne nous révèle la vérité (1), et s'oppose à la notion rationnelle comme la simple impression de la réalité à la réalité elle-même. Seul ou presque seul dans l'antiquité Démocrite a enseigné la subjectivité complète des sensations.

Accordons dès lors, si l'on veut, à C. Lévêque (2) que l'atomisme est une construction beaucoup plus métaphysique qu'empirique où la faculté *a priori* et la déduction jouent le rôle principal, presque l'unique rôle, et où la matière abstraite, distincte des diverses catégories d'êtres matériels, est bien près de ne plus mériter son nom (3). En revanche on est bien obligé de reconnaître qu'ici toute différence de substance disparaît entre l'âme et le corps, et l'on s'explique mal, sinon au prix d'une flagrante contradiction, une raison qui vient, comme elle peut et on ne sait comment, se greffer en quelque sorte sur la matière. Malgré ce qu'on pourrait appeler « un arrière-plan idéaliste », l'expérience n'en demeure pas moins le procédé générateur et de la méthode et du système (4).

Mathématicien remarquable, auteur de savants travaux,

« sur le terrain de la connaissance Démocrite procède non pas du sensualisme, mais d'un rationalisme radical » (Natorp).

(1) Il est de Démocrite, cet aveu mélancolique : Ἐν βύθῳ ἡ ἀλήθεια. Une tradition voulait même qu'il se fût crevé les yeux, de peur que le spectacle du monde extérieur ne vînt troubler l'exercice de sa pensée. (Cf. Usener, *Epicurea*, 336).

(2) Voir un remarquable article du savant et regretté professeur dans la *Revue philosophique* (1878) sous ce titre : *L'atomisme grec et la métaphysique*. — Sextus Empiricus n'a-t-il pas écrit en parlant de Platon et de Démocrite : « Ils n'ont l'un et l'autre tenu pour vrais que les intelligibles » ?

(3) « Die antike Atomistik geht aus allgemeinen erkenntnisstheoretischen Erwägungen über die Wahrheit der Sinneswahrnehmungen hervor und zielt darauf hin, mittelst rein begrifflicher Erkenntniss die Natur des wahrhaft Seienden fortzusetzen » (M. Bäumker).

(4) On peut observer qu'à la façon de Büchner, Démocrite à l'analyse extensive subordonne à peu près constamment l'analyse compréhensive, d'un caractère plus métaphysique.

attaché à la poursuite de la vérité scientifique autant qu'Epicure s'y montrera indifférent, Démocrite a le droit d'être appelé « le plus grand des physiciens grecs », et à ce titre nous le retrouverons dans une autre partie de cet ouvrage. Mais il est impossible d'accepter le rapprochement qu'on a voulu établir entre lui et Platon quant aux bases mêmes de leur cosmologie (1) : est-il évident, par exemple, que chez l'un et l'autre la conception du monde est cosmocentrique ? Ce qui domine en somme toute sa doctrine, c'est la suppression de toute recherche des causes efficientes aussi bien que des causes finales, et s'il fallait en juger par ses apologistes les plus fervents à travers les siècles, c'est la formule matérialiste et athée sous sa première forme historique. (2) Veut-on maintenant savoir quel sens il attache de préférence au mot φύσις, il est facile de se convaincre qu'il l'emploie pour désigner soit la réalité objective du monde extérieur, soit l'ensemble des forces dont ce monde est le théâtre (3).

10. — *Anaxagore.*

Jusqu'ici nous avons vu la philosophie, et spécialement l'étude de la nature fleurir en Ionie et dans la Grande-Grèce : avec Ana-

---

(1) Pour justifier pareille thèse, il ne suffit pas que Démocrite ait écrit : « Nous ne devons point nous attacher aux choses périssables, mais placer notre bonheur dans les choses divines », ou qu'il ait parfois désigné les atomes par σχήματα ou ἰδέαι, mot employé également par Hippocrate son contemporain dans son acception étymologique et purement scientifique (φύσιές τε καὶ ἰδέαι). — Ce qui ne veut pas dire que dans telle ou telle page du *Timée* on ne puisse soupçonner maint emprunt détourné fait à Démocrite.

(2) Peut-être devons-nous ainsi indirectement à Démocrite l'éloquente protestation de Socrate, de Platon et d'Aristote.

(3) L'antiquité lui attribue ce conseil donné à un ami : « Gardez-vous de rapetisser bassement dans votre esprit la Nature qui est si grande ». D'autant plus grande en effet qu'ici elle doit se substituer au Créateur.

xagore (1) elle vá enfin, comme la science et l'art, élire domicile à Athènes, où l'attendent les plus brillantes destinées. La capitale de l'Attique ne sera plus seulement la métropole du commerce et de l'art : ce sera « le prytanée de la sagesse » (2).

Comme Empédocle (3), Anaxagore prend son point de départ dans cet axiome de l'antiquité que rien ne naît ni ne meurt, et que ces expressions *naître, mourir*, prises à la lettre sont dépourvues de sens. Le problème du devenir se trouve ainsi (en opposition avec les idées alors régnantes) non pas résolu, mais éliminé pour ainsi dire de la science. Mais à l'origine, nous ne trouvons plus ici simplement quatre éléments : faute d'une distinction suffisamment précise entre la qualité et la substance, Anaxagore émit l'opinion que les principes constitutifs des choses ont toujours existé et existeront toujours avec leurs déterminations qualitatives actuelles : « Il y a de tout en tout (ἐν παντὶ πάντα) et dans chaque composé coexistent en grand nombre des parties de toute sorte, germes de tous les êtres (4) » : si loin que l'on suppose poussée la division des choses (seul dans l'antiquité Anaxagore a enseigné la divisibilité indéfinie de la matière), le mélange des qualités

---

(1) Ou selon d'autres (Diogène Laërce, II, 16), déjà avec Archélaüs, philosophe assez mal connu, qui est nommé parmi les maîtres de Socrate, et enseigna que l'univers n'a pas de bornes (τὸ πᾶν ἄπειρον).

(2) *Protagoras*, 337 D : τὸ πρυτανεῖον τῆς σοφίας.

(3) Les rapports entre les deux philosophes sont marqués avec assez de précision par Aristote (*Métaph.*, I, 3, 984ᵃ12).

(4) Voilà une conception singulièrement voisine de l'atomisme, et ce rapprochement est confirmé soit par les expressions employées par Simplicius pour définir ces éléments (ἄτομα, ἀδιαίρετα), soit par cette formule caractéristique qu'on lit dans un fragment d'Anaxagore : « Toutes les choses étaient dans la confusion, infinies en nombre et en petitesse : car l'infiniment petit existait, aucune qualité ne pouvant se manifester, à cause de cette petitesse même. » D'autre part la tradition la plus répandue veut que Démocrite soit né quarante ans après Anaxagore. D'où cette double conclusion que la cosmologie du premier de ces philosophes est au fond beaucoup moins originale qu'on ne le suppose d'ordinaire, et que chez Démocrite l'exclusion d'une cause première pensante et intelligente est non pas fortuite, mais voulue et réfléchie.

se retrouve jusque dans les éléments ultimes, de telle sorte que « partout et toujours la matière est à la fois une et composée. » Depuis Aristote (quoique le mot ne figure pas dans ceux de ses écrits que nous possédons) ces substances premières ont pris et conservé le nom d'*homœoméries*. « Anaxagore se représentait tous ces germes comme ayant été mélangés primitivement d'une façon si complète et en parties si ténues qu'il était impossible de percevoir les qualités propres de chacun et que le mélange dans sa totalité ne laissait apparaître aucun des attributs particuliers des choses (1) ».

Jusque-là le système ne fait guère que continuer l'impulsion venue des Ioniens, sauf à tirer le monde non de la combinaison des éléments, mais de leur séparation à la suite d'une action toute mécanique qui n'atteint point la nature des choses (2). Voici où il devient original. Dans cette masse confuse, si semblable au chaos, qui va introduire le mouvement, et à la suite du mouvement l'ordre, la forme, la beauté? Sera-ce le hasard, synonyme de l'inconnu, ou la fatalité, cet autre prête-nom de l'arbitraire absolu? Non, ce sera l'intelligence (3) : réponse capitale, dont il peut paraître superflu de

---

(1) E. ZELLER. — Ἡ τῶν ἁπάντων ῥίζα μία φύσις ἀόριστος καὶ κατ'εἶδος καὶ κατὰ μέγεθος, avait dit déjà Anaximandre : la théorie d'Anaxagore a une allure plus savante. « Dire que la matière primitive est quelque chose d'indéterminé parce qu'elle renferme toutes les qualités, c'est déjà dire qu'elle est une simple puissance actuelle. Aristote a très bien vu ce rapport entre ses propres vues et celles d'Anaxagore, et nous pouvons dire aussi qu'il y a là une conception de la nature fort remarquable » (M. BROCHARD).

(2) « Anaxagore avait à résoudre le difficile problème de constituer un concept qui permît la conciliation effective de la thèse moniste et dynamiste, à peu près universellement reconnue jusqu'à lui, et des idées pluralistes et mécaniques qu'il introduisait dans la cosmogonie. » (M. TANNERY).

(3) Nous apprenons par Diogène Laërce (II, 6) qu'en tête de l'ouvrage capital et probablement unique (Préface, 16) d'Anaxagore on lisait : Πάντα χρήματα ἦν ὁμοῦ, εἶτα ὁ νοῦς ἐλθὼν αὐτὰ διεκόσμησε. C'est ici, pourrait-on dire, la dernière main mise par un artiste à une œuvre à la-

souligner ici une fois de plus l'importance et la grandeur.

Si les philosophes antérieurs n'avaient pas nié l'esprit, du moins en le liant à la matière, ils n'en avaient pas nettement aperçu ni proclamé la supériorité native : ici pour la première fois (1) la raison amie de l'ordre prend conscience d'elle-même et de ses prérogatives. Le philosophe qui à la question : « Pourquoi es-tu venu au monde ? » répondait : « Pour contempler le ciel », avait compris en face de cet admirable spectacle que la matière aveugle, inerte, mobile ou immobile, comme on voudra l'imaginer, ne suffit pas à expliquer tant de merveilles (2), et qu'il faut nécessairement chercher au dehors d'elle et en dessus d'elle un principe capable tout à la fois de concevoir pareille harmonie et de la réaliser. C'est l'esprit qui a disposé et ordonné les parties du grand tout, et cet esprit, défini par Anaxagore « une nature à part, sans mélange (3), en possession de la science absolue (4), » tenait dans

---

quelle jusque là il est resté étranger. On a d'ailleurs fait remarquer (et avec raison) que cette confusion originelle (laquelle, dit expressément Anaxagore dans un autre fragment, continue maintenant comme au commencement) est un état de parfait équilibre contre les diverses qualités qui différencient les êtres, et non comme le chaos d'Ovide,

Non bene junctarum pugnantia semina rerum.

(1) Peut-être des vues analogues avaient-elles déjà été soutenues par Ion de Chios et Hermotime de Clazomène ; mais Aristote, témoin compétent, déclare que ce fut, à n'en pas douter, Anaxagore qui fit pénétrer cette notion dans la science.

(2) « Quid potest esse tam apertum, tam perspicuum, quum cœlum suspexerimus, cœlestiaque contemplati simus, quam esse aliquod numen præstantissimæ mentis, quo hæc reguntur ? » (*De natura deorum*, II, 2). Rien de plus juste : mais les vérités même évidentes ne prennent pas toujours du premier coup possession de l'esprit humain.

(3) Notons à ce propos une remarque faite dans le *De natura deorum* (I, 11 : il est à noter que c'est un épicurien qui parle) ; « Aperta simplexque mens, nulla re adjuncta, qua sentire possit, fugere intelligentiæ nostræ vim ac notionem videtur ».

(4) Πάντα νόος ἔγνω. Cette phrase assez énigmatique implique-t-elle la connaissance de la forme future et régulière des choses, partant l'intervention de la finalité ? On reste à bon droit hésitant, même

ses écrits et dans son enseignement (1) une telle place qu'il lui en resta un glorieux surnom (2).

Mais gardons-nous de croire que dès son premier essor vers l'intelligence pure, la pensée grecque ait atteint à l'élévation de Platon et d'Aristote. Non seulement le νοῦς d'Anaxagore, au lieu d'être au sens le plus profond du mot un principe des choses, est postérieur au monde auquel il doit imprimer son mouvement : non seulement il nous est représenté, non comme une personnalité vivante, mais bien plutôt comme la plus rare des substances, comme ce qu'il y a de plus subtil et de plus pur dans les choses (τὸ λεπτότατον πάντων χρημάτων καὶ καθαρώτατον), fluide léger dont le rôle semble être de s'insinuer entre les homœoméries originelles étroitement enchevêtrées afin de les séparer en groupes d'homogénéité au moins relative (3) : mais l'action de ce principe répandu en plus ou moins grande quantité dans les choses fait songer bien plus à une force naturelle qu'à une Providence. Est-il transcendant ou immanent ? On ne sait (4) : tantôt il nous est présenté comme subsistant isolé à part

---

après avoir lu quelques lignes plus bas : « Le νοῦς a tout ordonné comme il devait être, ce qui a été, est actuellement et sera plus tard. »

(1) Dans le *Phèdre* (269 E) Platon dit de Périclès : ἐπὶ φύσιν νοῦ τε καὶ ἀνοίας ἀφικόμενος, ὧν δὴ πέρι τὸν πολὺν λόγον ἐποιεῖτο Ἀναξαγόρας.

(2) Diogène Laerce, II, 6 : Παρὸ καὶ Νοῦς ἐπεκλήθη. — On a dit à ce propos que certains termes portent parfois plus loin et retentissent plus profondément dans l'imagination commune que l'objet même qu'ils désignent. Telle fut en réalité la destinée du Νοῦς d'Anaxagore : il semble qu'à dater de ce moment la pensée ait inauguré, quoique encore timidement, son règne sur le monde, tandis que jusque là la matière, les êtres matériels, les forces qui s'y déploient étaient au premier plan dans la préoccupation des philosophes.

(3) Voici comment Théophraste résumait la formation de l'univers d'après Anaxagore : Τὰ στοιχεῖα ὑπὸ τοῦ νοῦ διακρινόμενα τούς τε κόσμους καὶ τὴν τῶν ἄλλων τάξιν ἐγέννησε.

(4) Dans le *Cratyle* (403 c) où à propos de l'étymologie de δίκαιον la formule d'Anaxagore est opposée d'une façon bien inattendue aux diverses interprétations qu'avait reçues l'enseignement d'Héraclite, on en trouve l'explication que voici : Αὐτοκράτορα γὰρ ὄντα καὶ οὐδενὶ μεμιγμένον πάντα φησὶν αὐτὸν (τὸν νοῦν) κοσμεῖν τὰ πράγματα διὰ πάντων ἰόντα.

soi afin d'avoir une action surtout, tantôt au contraire comme se trouvant « certainement, maintenant et toujours, là où sont toutes les choses, séparées autrefois ou se séparant actuellement ». En tout cas ce νοῦς ne fait songer que de très loin au Dieu dont la terre et les cieux racontent la gloire : il est impossible de l'identifier soit avec le démiurge souverain du *Timée*, soit avec la νόησις νοήσεως d'Aristote, et dès lors il y a quelque exagération à faire d'Anaxagore, comme cela a lieu souvent, « le père du spiritualisme ».

Les plus éclairés d'entre les anciens ne s'y sont pas mépris, surtout en voyant à quel point le philosophe, embarrassé pour ainsi dire de sa conquête, incline à reléguer au second plan une hypothèse dont après lui Socrate et Platon développeront les heureuses conséquences avec une logique si éloquente. Sans doute il fait dériver du νοῦς le mouvement (1) qui cesse dès lors d'être considéré comme inhérent à la matière : mais quel dessein a présidé à cette intervention de l'intelligence ? Le philosophe ne s'est pas posé le problème, car ou il omet toute finalité, ou du moins il n'admet que ce que Claude Bernard appelait « des idées directrices », des tendances rationnelles cachées pour ainsi dire dans le sein de la nature et immanentes à la création (2). Aussi Simplicius nous le représente-t-il comme ayant « automatisé l'univers (3) ».

Socrate fut le premier à relever l'insuffisance des explications d'Anaxagore, tout en rendant justice à ce que son génie avait de pénétrant (4). Un de nos contemporains comparait l'émotion

---

(1) En présence de ce νοῦς qui après avoir joué brièvement son rôle laisse ensuite les lois de la mécanique accomplir en paix leur œuvre, comment ne pas songer au mot fameux de Pascal sur la « chiquenaude » indispensable dans le système de Descartes ?

(2) Voir le texte du *Cratyle* cité dans une note précédente.

(3) Αὐτοματίζων τὰ πάντα συνίστησι. Anaxagore serait ainsi au fond un pur mécaniste.

(4) Le texte des *Mémorables* (IV, 7, 6) offre un jeu de mots presque intraduisible : παρεφρόνησεν ὁ μέγιστον φρονήσας ἐπὶ τῷ τὰς τῶν θεῶν μηχανὰς ἐξηγεῖσθαι. — Je dois ajouter, d'ailleurs, qu'au jugement de

de Socrate, initié soudain à cette philosophie toute nouvelle, à la joie de Maine de Biran, découvrant chez Bichat sa théorie de l'effort musculaire. En tout cas le Socrate du *Phédon*, interprète de la pensée platonicienne, ne cache nullement la déception qui suivit pour lui ce premier moment d'enthousiasme (1). Aristote ne tient pas un autre langage dans sa *Métaphysique*, où il a consacré à Anaxagore une étude aussi approfondie qu'impartiale (2) : « Quand un homme vint dire qu'il y avait dans la nature comme dans les êtres animés (3) une intelligence, cause du monde et de l'ordre qui y éclate, cet homme parut seul avoir conservé sa raison, au milieu des opinions téméraires et arbitraires de ses devanciers... Mais entre ses mains, c'est un *Deus ex machina* (4). Est-il embarrassé d'expliquer pour quelle cause ceci ou cela est meilleur ? il invoque l'intelligence : partout ailleurs, c'est de tout autre façon qu'il rend compte de la production des phénomènes » (5).

M. A. Croiset, toute cette critique « assez plate » d'Anaxagore pourrait bien être de Xénophon plutôt que de Socrate. On comparera avec intérêt les réflexions que fait à ce sujet l'éminent professeur dans un autre de ses ouvrages *(Notice sur Thucydide*, p. 31).

(1) A ce propos M. Tannery (p. 291) taxe Platon d'ingratitude : « La doctrine d'Anaxagore, bien conçue par un esprit philosophique, c'est-à-dire capable d'abstraction et de généralisation, si cet esprit se trouve en présence des problèmes soulevés dans l'âge des sophistes, aboutit naturellement à la constitution de la théorie platonicienne des idées. » J'avoue n'être que très médiocrement convaincu, et pour me borner à ce point unique, où trouver dans la métaphysique d'Anaxagore l'équivalent même lointain de cette idée du Bien qui tient une place si brillante dans le *Timée* comme dans la *République* ?

(2) I, 8, 989ᵃ30, — Cf. 984ᵇ 15 et *Physique*, VIII, 5.

(3) A noter la distinction faite ici par Aristote entre τὰ ζῶα et ἡ φύσις.

(4) Μηχανὴ πρὸς τὴν κοσμοποιίαν. — Le reproche sera repris et précisé par Clément d'Alexandrie, *Stromates*, IV, 14 : Ἀναξαγόρας οὐδ'ἐτήρησε τὴν ἀξίαν, δίνους τινὰς ἀνοήτους ἀναζωγράφων (serait-ce également un traité « illustré » qu'aurait en vue Diogène Laërce dans cette phrase assez singulière (II, 8): πρῶτος βιβλίον ἐξέδωκε συγγραφῆς ?) σὺν τῇ τοῦ νοῦ ἀπραξίᾳ τε καὶ ἀνοίᾳ.

(5) Même impression chez la plupart des modernes. « In der ge-

En d'autres termes, Anaxagore, pour me servir des expressions de Schopenhauer, « n'a fait que poser son νοῦς : après quoi, il l'a planté là, comme une image à l'entrée du sanctuaire, sans en faire le moindre usage, sauf quelques cas urgents dont il ne sait comment se tirer ». Voici, au surplus, un exemple de sa façon de raisonner dans le domaine de la physiologie : l'homme, disait-il, est redevable à ses mains de l'empire qu'il exerce sur les autres animaux ; mais ne les avait-il pas reçues précisément afin qu'il acquît cette supériorité ? cette question, il ne paraît pas se l'être posée. Après avoir expliqué la prééminence morale de l'homme par sa merveilleuse organisation physique, l'idée ne lui était pas venue de remonter au delà.

On n'en est pas moins profondément surpris de voir Anaxagore accusé d'impiété et même d'athéisme (1) ; n'avait-il pas, au contraire, fait un pas décisif dans le sens d'un rapprochement entre l'esprit philosophique et le sentiment religieux ? Mais pendant qu'autour de lui l'ignorance continuait à apercevoir partout des prodiges, il s'était appliqué à tout ramener à des effets naturels : c'est ainsi qu'il enseignait, dit-on, que le soleil et la lune sont de simples globes enflammés, et ces explications physiques, dont se scandalisait l'auteur des *Lois* (2), allaient trop directement à l'encontre de l'opinion

---

sammten vorsokratischen Philosophie lassen sich vielleicht mit Ausnahme des Anaximander und Anaximenes nicht zwei Denker nennen, deren Interesse so rein physikalische gewesen, von denen sich so geringe Spuren ethisch-praktischer Lehren überliefert finden, wie Diogenes von Apollonia und Anaxagoras » (JOEL).

(1) PLUTARQUE, *Périclès*, 32 : Ψήφισμα Διοπείθης ἔγραψεν, εἰσαγγέλλεσθαι τοὺς τὰ θεῖα μὴ νομίζοντας ἢ λόγους περὶ τῶν μεταρσίων διδάσκοντας. Qu'on se souvienne en outre du Socrate des *Nuées*.

(2) 967 C. Le même sentiment dictait à Euripide, disciple d'Anaxagore, ces vers d'un de ses fragments contre les μετεωρολόγοι :

Τίς τάδε (le spectacle du ciel) λεύσσων θεὸν οὐχὶ νοεῖ,
Καὶ ἑκὰς ῥίπτει μετεωρολόγων
Σκολιὰς ἀπάτας ;

commune pour ne pas éveiller de nombreuses protestations. A mainte époque, on a vu les esprits superstitieux qui tremblent devant l'inconnu, trouver je ne sais quel attrait dans leurs mystérieuses terreurs et se tourner d'abord contre celui qui les invite à en secouer le joug (1). Il est probable d'ailleurs (2) que comme Phidias, cet autre illustre ami de Périclès, Anaxagore paya de son exil la bienveillance que lui témoignait le puissant dictateur, devenu suspect à la plèbe athénienne.

Le système que nous venons d'exposer aboutit en dernière analyse, comme l'a donné à entendre Aristote, au dualisme de l'esprit et de la matière, en mettant en présence l'unité simple et sans mélange d'une part, et de l'autre la pluralité des êtres composés. Le progrès sur les théories précédentes n'en est pas moins indiscutable. « Si la clarté et l'exactitude manquent à la doctrine, lisons-nous dans la *Métaphysique*, on y sent cependant une pensée qui se rapproche des hypothèses plus récentes et offre une plus grande conformité avec la nature des choses telle qu'elle se montre à nous ». C'est une période qui s'achève et une ère nouvelle qui commence. Entre elles, Anaxagore offre une transition aussi complète que naturelle : voilà pourquoi nous l'avons choisi pour clore cette étude sur la philosophie antésocratique, alors qu'un ordre chronologique rigoureux revendiquait cette place pour Démocrite. « Tandis qu'auparavant l'homme s'oubliait lui-même au milieu de l'admiration que lui inspirait la nature, il découvre maintenant en soi une force distincte de toute matière corpo-

---

Ainsi, comme on l'a justement remarqué, le même polythéisme qui ouvrait à la poésie un champ si merveilleux tenait en échec dans la masse des intelligences les résultats des méditations des sages et les découvertes les plus précieuses de la raison.

(1) Tout autres sont les appréciations de Plutarque (*Périclès*, 6) ; interprète de la science éclairée : Τὴν ἀπειρίαν ὁ φυσικὸς λόγος ἀπαλλάττων ἀντὶ τῆς φοβερᾶς καὶ φλεγμαινούσης δεισιδαιμονίας τὴν ἀσφαλῆ μετ' ἐλπίδων ἀγαθῶν εὐσέβειαν ἐργάζεται.

(2) Et Diodore de Sicile l'affirme sans hésiter.

relle, force qui ordonne et domine le monde des corps. L'intelligence lui apparaît comme supérieure à la nature : il se détourne de celle-ci pour s'occuper de celle-là (1) ». Ce sera désormais la tâche de la philosophie de déterminer avec une précision croissante la nature métaphysique et morale de cet esprit infini qui gouverne l'univers, les lois et le mode de l'action par laquelle il l'a constitué et le conserve. L'homme avait appris avec Anaxagore à pénétrer dans l'invisible (2). Socrate et Platon lui enseignèrent à regarder en lui-même pour y trouver une autre révélation de l'infini, à savoir la raison et les vérités éternelles dont elle est dépositaire.

Avant de passer aux grands philosophes de la période suivante, l'histoire nous suggère une dernière observation.

Si les luttes provoquées par la sophistique firent rapidement oublier les spéculations métaphysiques d'Anaxagore (3), tout nous montre que, à leur apparition, celles-ci avaient causé une émotion profonde (4), dont Aristote nous a donné plus haut l'explication. Et cependant, faire du monde l'œuvre d'une in-

---

(1) Zeller, II, p. 455.

(2) Tâche difficile, si nous en croyons l'auteur du Περὶ διαίτης (p. 639) : Οἱ ἄνθρωποι ἐκ τῶν φανερῶν τὰ ἀφανῆ σκέπτεσθαι οὐκ ἐπίστανται.

(3) Archélaüs, contemporain d'Anaxagore et selon quelques-uns son disciple, en revint au point de vue arriéré des anciens Ioniens. Quant à Démocrite, venu immédiatement après, on sait à quel point il exclut de la formation du monde toute intervention d'une pensée et d'une intelligence.

(4) Des traces manifestes de la doctrine se rencontrent chez Euripide (Consulter sur ce point Decharme, *Euripide et l'esprit de son théâtre*, p. 32 et suiv.), mais surtout dans le *Pirithoos* aujourd'hui considéré assez généralement comme une œuvre de Critias. Un fragment cité par Clément d'Alexandrie contient une sorte d'hymne en l'honneur du Νοῦς, «cet être qui existe par lui-même, qui dans le mouvement circulaire de l'éther a combiné la nature de tous les êtres : lui qu'enveloppent la lumière et la sombre nuit éclairée par les étoiles, autour duquel accomplit son éternelle révolution l'innombrable chœur des astres ».

telligence, alors que partout la croyance populaire mettait des êtres semblables à l'homme, était-ce donc une si grande nouveauté ? Faire de l'intelligence l'attribut par excellence de la divinité, n'était-ce pas au contraire revenir purement et simplement à la voie ouverte depuis longtemps par la mythologie ? Minerve, c'est-à-dire la sagesse, n'était-elle pas représentée sortant tout armée du cerveau de Jupiter ? Pour justifier le supplice infligé à Prométhée par le maître des Dieux, Hésiode n'avait-il pas écrit en termes exprès :

Ὡς οὐκ ἔστι Διὸς κλέψαι νόον οὐδὲ παρελθεῖν ?

Sans doute, mais ceux-là seuls qui ignorent combien en Grèce furent d'abord différentes les destinées de la pensée religieuse et celles de la pensée philosophique, créations l'une et l'autre de l'intelligence humaine interprétant à sa manière ici les données de la raison, là les inspirations de la conscience (1), combien même il fallut attendre de siècles avant qu'un essai fût tenté pour les mettre d'accord, ceux-là seuls, dis-je, pourront s'étonner de ce que les dieux chantés par Homère (2) avant de l'être par Sophocle, honorés depuis un temps immémorial dans les sanctuaires helléniques, n'ont pas abrégé pour la philosophie grecque le long développement qui de Thalès, de Pythagore et de Xénophon devait la conduire à Anaxagore et à Platon.

---

(1) Il me souvient ici d'une des leçons les plus remarquables de M. Boutroux à la Sorbonne. L'éloquent professeur y félicitait les philosophes anciens de n'avoir pas eu, comme leurs continuateurs dans les temps modernes, à se frayer péniblement leur route entre le sentiment religieux et l'esprit scientifique, aussi intransigeants à leur façon l'un que l'autre, à se tailler un domaine propre en dehors tout à la fois et du monde moral dont une autre puissance leur dispute la direction, et du monde matériel dont la science positive voudrait leur interdire l'accès.
(2) Lorsque Virgile définit Jupiter

Hominum sator atque Deorum,

que fait-il autre chose, sinon traduire presque littéralement ce que nous lisons encore dans l'*Iliade* ?

Il est superflu d'ajouter que si ces deux courants semblent parfois se rejoindre, ils n'en sont pas moins distincts et n'en demeurent pas moins étrangers l'un à l'autre, quand ils ne se montrent pas réciproquement hostiles. L'intelligence et la bonté sont les principaux attributs du Dieu de Platon, la pensée réfléchie sur elle-même, le privilège par excellence du Dieu d'Aristote : le Jupiter de la fable avec les aventures prodigieuses auxquelles la mythologie le mêle ne saurait où mendier une place dans le système de ces deux illustres métaphysiciens. Mais après Socrate les Anytus et les Mélitus n'ont plus de raison d'être : d'une part les philosophes, renfermés dans leur école, ne se risquent plus à braver sur la place publique les opinions de la multitude ; de l'autre, au sein même des foules, la foi aux divinités de l'antique paganisme va chaque jour s'affaiblissant.

IV — Socrate.

Ce n'est pas ici le lieu de retracer la carrière et la fin si connues de Socrate. De l'étrange physionomie du sage athénien, nous ne retiendrons qu'un point : il avait reçu de la nature un air de sensualité et de vulgarité en parfait contraste avec la finesse et l'élévation habituelles de sa pensée. Autour de lui, on n'était que trop porté à identifier le beau et le bien : et cependant quelle corruption chez le bel Alcibiade ! quelle vertu chez ce disgracié de Socrate !

Ce qui nous intéresse particulièrement en lui, c'est la révolution philosophique dont il a été le promoteur. Grâce à lui, de nouveaux horizons vont s'ouvrir devant la pensée grecque jusqu'alors essentiellement, sinon exclusivement occupée des problèmes relatifs à l'origine et à la nature de l'univers. Lui-même, loin de rester par principe étranger à cet ordre de recherches avait eu le plus ardent désir de s'y initier (1); mais il n'avait pas tardé à y renoncer pour aborder un tout autre champ d'observations.

Les sophistes l'y avaient devancé et c'était le temps où les sophistes donnaient le ton à la Grèce savante. Dans un fragment cité à l'une des pages précédentes, Euripide semble exhaler son mépris pour ces astronomes « dont la langue audacieuse se répand en tortueux mensonges au sujet des mystères de la nature ». Mais comme il est permis à un poète dramatique de prendre tous les rôles et de plaider, tour à tour, toutes les causes, nous ne serons pas surpris que le chœur d'*Alceste* vante le génie qui, sur les ailes de la Muse, s'est élevé jusqu'aux régions célestes et qu'ailleurs le « philosophe de la scène » fasse l'éloge « du chercheur qui, l'âme exempte de passions, contemple l'ordre éternel de la nature impérissable ».

Un page de Xénophon, en tête des *Mémorables* (2), résume assez nettement l'impression qu'avait laissée cette partie de l'enseignement de Socrate, esprit en somme plutôt positif et rebelle aux séductions de la spéculation pure : « Il ne discourait point, comme la plupart des autres philosophes, sur

---

(1) *Memor.*, IV, 7, 3 : καίτοι οὐκ ἄπειρος αὐτῶν ἦν. Cf. Diog. Laerce, II, 45 : δοκεῖ δέ μοι καὶ περὶ τῶν φυσικῶν ὁ Σωκράτης διειλέχθαι. — On a de bonnes raisons de croire que le « curriculum vitæ » exposé par Socrate dans le *Phédon* est bien le sien, d'autant plus qu'un des griefs les plus graves mis à la charge du Socrate des *Nuées*, c'est d'avoir eu l'ambition de pénétrer les secrets de la terre et du ciel : il est impossible que la caricature soit ici d'un bout à l'autre une pure invention d'Aristophane. Platon fait dire à Socrate (*Théétète*, 145 D) qu'il n'a pas dédaigné de s'occuper de mathématiques : il eût sans doute évité de faire de son maître un des interlocuteurs du *Timée*, s'il l'avait su totalement ignorant en matière de physique. Enfin, de la polémique dirigée par Socrate contre ses devanciers il résulte clairement qu'il n'était pas tout à fait étranger à leurs théories.

(2) M. Joël, qui considère les *Mémorables* comme une composition plus ou moins romanesque due à la plume de Xénophon vieillissant, conteste à cette page toute valeur historique. Pour nous, nous suivons sans scrupule l'opinion commune.

l'ensemble des choses, recherchant les origines de ce que les sophistes appellent le cosmos, par quelles causes nécessaires se produisent les phénomènes célestes (1) : il prouvait même la folie de ceux qui se livrent à de pareilles investigations. Et d'abord il demandait s'ils croyaient avoir assez approfondi les connaissances humaines pour aller s'occuper de semblables matières, ou bien si négligeant ce qui est du domaine de l'homme pour entreprendre sur les secrets des dieux, ils s'imaginaient ne pas franchir les bornes des convenances. Il s'étonnait qu'ils ne vissent pas nettement que ces mystères sont impénétrables à l'homme, puisque ceux même qui se piquent d'en parler le mieux sont loin d'être d'accord, et se traitent mutuellement de fous... Ceux-ci affirment l'unité de l'être, ceux-là sa multiplicité infinie. Les uns croient au mouvement perpétuel des corps, les autres à leur inertie absolue. Ici l'on prétend que tout naît et meurt, là que rien n'a été engendré et que rien ne doit périr (2). Il se demandait encore si de même qu'en étudiant les choses humaines on se propose de faire tourner cette étude à son profit et à celui des autres, ceux qui recherchent les choses divines se figurent, une fois instruits des lois fatales du monde, qu'ils pourront régler à leur gré les vents, la pluie et les saisons... Pour lui, il discourait sans cesse de tout ce qui est de l'homme, examinant ce qui est pieux ou impie, noble ou honteux, juste ou injuste : ce que c'est que la sagesse et la folie, la valeur ou la lâcheté, l'Etat et l'homme d'Etat et ainsi des autres choses dont la connaissance, selon lui, est essentielle pour être vertueux, et dont l'ignorance fait mériter le nom d'esclave. (3) »

---

(1) Τίσιν ἀνάγκαις ἕκαστα γίγνεται τῶν οὐρανίων, expression à remarquer.

(2) Hermias, dans son Διασυρμὸς τῶν φιλοσόφων, n'aura qu'à amplifier cette énumération en la pénétrant de son esprit moqueur.

(3) Cyniques et cyrénaïques suivront ici docilement l'exemple du maître. DIOGÈNE LAERCE dit des premiers (VI, 104) : οἷς ἀρέσκει τὸν λογικὸν καὶ τὸν φυσικὸν τόπον περιαιρεῖν, et des seconds (II, 92) : ἀφίσταντο καὶ τῶν φυσικῶν διὰ τὴν ἐμφαινομένην ἀκαταληψίαν.

Ce passage est certainement assez clair par lui-même pour n'appeler aucun commentaire. Revenons cependant en quelques mots sur les divers arguments de ce curieux réquisitoire d'où paraît d'abord ressortir une conséquence assez surprenante, à savoir que la physique grecque au ve siècle ne comprenait que l'astronomie et les phénomènes météorologiques, à l'exclusion de tous les phénomènes terrestres et de l'étude des êtres vivants. C'était enlever à la nature la plus grande partie de ce qui fait pour nous à cette heure son attrait et son importance, comme si des objets trop rapprochés de nous eussent été jugés peu dignes de l'attention des sages. Les études anatomiques étaient d'ailleurs abandonnées aux seuls médecins.

Mais allons au fond des choses.

Tout d'abord Socrate reproche à la science dont s'étaient préoccupés ses devanciers de consumer stérilement les forces de l'homme et de le détourner des seules méditations vraiment profitables. Pendant longtemps la philosophie était restée confinée dans des milieux très restreints où rien ne gênait sa liberté : mais avec le développement de la culture individuelle et de la richesse publique, le besoin d'une éducation plus complète se fit universellement sentir. Chacun se croyait apte à discuter de tout, même en philosophie : or de tout temps ce fut le propre des études scientifiques, dès qu'on les pousse au delà de certaines limites, de ne s'adresser utilement qu'à un petit nombre d'esprits. Socrate eût-il été un Ampère, un Claude Bernard ou un Pasteur, il fallait qu'il renonçât à cet apostolat moral qui s'exerçait de préférence sous les portiques et dans les carrefours, se prêtant avec le même empressement à tous les genres de situation et d'interlocuteurs.

En second lieu, lorsque du vaste cercle des choses qui nous touchent de près, et sur lesquelles il semble que la nature nous ait ménagé des prises de toutes sortes, nous ne pouvons avoir qu'une science si discutée et si incomplète, n'est-ce pas folie de prétendre atteindre sûrement la vérité dans une sphère d'un accès cent fois plus difficile ? et faut-il s'étonner qu'à s'égarer de la sorte on finisse par déraisonner (1) ? Un Képler, un Newton, un Herschell, un Laplace, armés des révélations du télescope et des données du calcul, n'avaient pas encore pénétré dans les profondeurs du ciel ; et Socrate était sans doute de très bonne foi quand il proclamait les secrets de l'astronomie impénétrables à l'homme, et menaçait en quelque sorte de l'indignation des dieux toute tentative de sonder les mystères qu'il leur a plu de se réserver (2). Pour lui, en spéculant sur les choses divines et en négligeant les choses humaines, les physiciens intervertissent l'ordre marqué par la divinité.

D'ailleurs voulait-on une preuve palpable de l'inanité de leurs prétentions ? Socrate répondait en étalant, avec une complaisance digne d'un sophiste, les divergences doctrinales de ses devanciers, étonnantes assurément. Comment parler de science dans un domaine où partout on voit se dresser affirmation contre affirmation, système contre système ? N'est-ce pas parce qu'ils s'attaquent à l'impossible que les plus doctes, que les plus habiles tombent dans des contradictions sans fin soit entre eux, soit avec eux-mêmes (3) ? Que si on lui

---

(1) J'ai cité précédemment le jugement sévère porté par Socrate sur la science d'Anaxagore.

(2) « Pour l'Hellène, dit très justement M. Boutroux, l'homme est son maître et c'est la nature avec ses secrets et son éloignement qui constitue le divin ». Cf. M. Espinas : « L'idée du secret était inséparable dans l'esprit des Grecs de celle du divin ». — Aujourd'hui encore le plus grand nombre des Musulmans même éclairés tient la science de la nature pour frivole et surtout pour impie.

(3) Il va de soi que Diogène le cynique a eu garde de négliger ce côté de l'enseignement socratique. On raconte (DIOG. LAERCE, VI, 39) qu'un jour il demandait en raillant à un sophiste dissertant sur les choses célestes : « Depuis combien de temps es-tu revenu de là-haut ? » Quoi qu'on en ait dit, il y a plus d'ironie que d'envie ou d'admiration dans ce mot de l'*Apologie* (19 C) : « Si vous voulez trouver de ces malins qui savent ce qui se passe au-dessus et au-dessous de la terre, interrogez Gorgias ou Evénus : pour moi, je l'ignore ».

objectait que chez ses contemporains les opinions communes sur la nature de l'homme, sur la règle de sa vie, sur le meilleur gouvernement offraient des divergences non moins criantes, il eût répliqué sans doute qu'ici du moins chacun de nous en descendant dans sa conscience pouvait trouver une solution aux plus graves difficultés. De là sa maxime favorite : *Connais-toi toi-même*, parole qui devait arracher l'homme au spectacle des choses extérieures et donner à l'étude de la psychologie, partant de la morale et de la politique, un essor inattendu.

De nos jours l'un des arguments que l'on reproduit sans se lasser en faveur de l'éducation dite scientifique, c'est son utilité immédiate : des bancs de l'école ou du collège on passe sans délai à l'atelier, à l'usine ou au comptoir : la science avec toutes les forces dont elle dispose apparait au grand nombre comme le facteur le plus important de la richesse sociale (1). Au temps de Socrate au contraire les seules sciences en honneur étaient précisément celles qui comportent le moins d'applications pratiques ; de là le peu de cas qu'en fait le réformateur athénien. A l'entendre un peu de géométrie sert aux arpenteurs, un peu d'astronomie aux marins ; le reste est un luxe superflu (2). Quel intérêt un homme sérieux peut-il avoir à connaitre ce que sont les corps célestes, planètes, étoiles fixes ou astres errants, leur distance de la terre, leurs révolutions, le mode de leur formation ? Saurions-nous même à merveille la vraie nature du chaud et du froid, du sec et de l'humide, est-ce que nous pourrions produire ces divers phénomènes au gré de nos désirs ou de nos besoins (3) ? On voit que sur ce point (j'en-

---

(1) Ainsi que le faisait remarquer naguère M. Le Roy dans la *Revue de morale et de métaphysique*, le culte de la science n'est au fond chez la plupart que le respect idolâtrique de ses applications industrielles ou médicales.

(2) Combien est déjà différente la pensée de Cicéron au Ve livre du traité *De Finibus* ?

(3) *Mémorables*, IV, 7. Cf. Diogène Laërce, II, 21 : ἡ φυσικὴ θεωρία

tends le souci exclusif des talents directement utilisables) Socrate pensait à peu près comme les sophistes : comme eux il n'avait que blâme ou pitié pour la science qui se prenait elle-même pour objet. En outre, tout entier à sa mission moralisatrice, il a dû prononcer plus d'une fois le mot que lui prête Platon dans le *Phèdre* : « Les champs et les arbres n'ont rien à m'apprendre ; je ne trouve profit que dans la société des hommes. » Si donc, comme Cicéron se plaît à le répéter, il a fait descendre la philosophie du ciel sur la terre, ce n'est pas à coup sûr pour mettre ce que nous appelons aujourd'hui les sciences naturelles à la place de l'astronomie et de la cosmologie détrônées.

Mais, puisqu'il en est ainsi, il ne doit s'en prendre qu'à lui-même si une admiration quelque peu exagérée pour ces physiciens dont il n'a parlé qu'avec un médiocre respect l'a fait traiter de « petit esprit superstitieux, bizarre lunatique, plat philanthrope ». Le philosophe (1) qui l'habille de la sorte ne craint pas d'ajouter : « Dorénavant ceux qui écrivent l'histoire non pour l'édification de la jeunesse, mais pour la vérité, auront à se demander si la décadence de l'esprit grec ne se révèle pas plutôt par le théologisme des socratiques que par le naturalisme des Ioniens et des sophistes... Socrate, ce maître sophiste, n'est point en effet le père de la philosophie, mais

---

οὐδὲν πρὸς ἡμᾶς. A coup sûr si Socrate était notre contemporain, les applications chaque jour plus merveilleuses de l'électricité (pour ne citer que cet exemple) lui arracheraient un tout autre langage : mais n'est-il pas remarquable de constater que l'un des griefs les plus accentués de notre génération contre la science, c'est qu'elle se montre impuissante à changer la nature et à transformer les conditions d'existence de l'homme sur notre planète ? J'ajoute que même dans l'Athènes du ve siècle avant notre ère les théories de Socrate ont eu des contradicteurs : et ne serait-ce pas pour avoir raison de ses objections que l'astronome Méton fit exposer publiquement des tables où il indiquait d'avance pour toutes les années de son cycle ce que serait chaque saison, quels vents souffleraient, καὶ ἄλλα πολλὰ πρὸς βιοφελεῖς χρείας τῶν ἀνθρώπων, comme s'exprime le scoliaste ?

(1) M. Soury dans la *Revue philosophique* (1876, II, 490 et 1877, II, 556). D'autres ont parlé dans le même sens.

bien d'une véritable folie raisonnante, de la plus dangereuse de toutes, de la syllogistique du moyen-âge ». En vérité (pour relever d'abord le dernier point) rien ne le faisait prévoir, car si quelque chose ressemble peu aux discussions « scolastiques » dont retentissait la montagne Sainte-Geneviève au siècle de Dante, ce sont apparemment les libres et spirituels entretiens de Socrate. Comment d'ailleurs espère-t-on nous faire découvrir un blasphémateur systématique de la science (1) chez celui-là même par qui a été introduite dans la pensée humaine la notion de la science ?

Pour nous, nous féliciterons bien plutôt Socrate, non pas d'avoir refusé, selon le mot d'Aulu-Gelle, d'entrer dans les causes et les raisons dernières des choses (2) (en quoi, fort heureusement d'ailleurs, ses leçons et son exemple ont été bien mal suivis par Platon et Aristote, ses plus légitimes héritiers), mais d'avoir tracé à la science de la nature la route qui devait la conduire à son véritable couronnement. C'est folie, disait-il, de vouloir expliquer uniquement par lui-même cet immense univers avec les corps immenses et splendides (3) qu'il renferme, avec l'ordre constant qui y règne. Ou il ne faut plus parler d'un κόσμος, ou il faut considérer cet harmonieux ensemble comme l'œuvre d'une intelligence qui

---

(1) Qu'on lise, par exemple, toute l'argumentation de M. Espinas dans les *Annales de la faculté des lettres de Bordeaux*, 1891, p. 33 et suiv. — Dans cette controverse, c'est à M. A. Croiset, ce lettré philosophe, que nous demanderons volontiers l'arrêt du critique impartial : « Si les modernes avaient fidèlement obéi à Socrate, la science de la nature ne serait pas née : voilà le reproche, et il est en grande partie fondé... Mais exiger de lui qu'il distinguât entre l'objet de ces recherches, légitime en soi, et le défaut de méthode qui les gâtait, c'était trop demander à un polémiste original et novateur qui, ayant trouvé à la fois un nouveau domaine à explorer et une nouvelle méthode pour le faire, ne pouvait s'empêcher de considérer les deux parties de sa découverte comme inséparables » (*Histoire de la litt. grecque*, IV, p. 210).

(2) XIV, 3 : « De naturæ causis quærere rationibusque ».

3) Τὰ μέγιστα καὶ κάλλιστα (*Mémor.*, I, 4).

« pense la pensée du monde », comme s'exprime ingénieusement Xénophon (1). Voilà ce qu'avait vaguement entrevu Anaxagore, voilà ce que Socrate a mis en pleine lumière : avec lui le principe des causes finales fait son entrée victorieuse dans la science. Chaque chose doit se définir et s'expliquer par le rôle qu'elle joue dans l'ensemble, par la part de bien qu'elle est appelée à réaliser : n'est-ce pas ainsi, et ainsi seulement, que l'œuvre matérielle acquiert un caractère intelligible ? Socrate sur ce point s'exprime en termes aussi simples que précis au cours d'un dialogue avec Aristodème : « Entre les choses dont la destination n'est pas manifeste, et celles dont l'utilité est incontestable, lesquelles considères-tu comme un produit du hasard ou d'une intelligence ? — Il est juste de reconnaître que celles qui ont un but d'utilité sont l'œuvre d'un être intelligent. — Ne te semble-t-il donc pas que celui qui dès l'origine a fait les hommes leur a donné en vue d'une fin chacun des organes qui leur permettent d'éprouver les sensations ?... Il n'a même pas suffi à la divinité de s'occuper du corps de l'homme : mais, ce qui est le point capital, elle a mis en lui l'âme la plus parfaite. » Ainsi la pensée qui conçoit le bien, et le bien qui devient le but de son action, voilà marqués pour tous les temps les deux éléments constitutifs de la finalité. Désormais l'étude des formes et des fins, *die teleologische Weltanschauung*, comme disent les Allemands, marchera de pair avec celle des causes efficientes et des causes matérielles, la seule dont on se fût préoccupé jusqu'alors. Révolution féconde (2), dont l'histoire devait se charger de révéler l'importance.

---

(1) Φροντίζει τὴν ἐν τῷ κόσμῳ φρόνησιν. — Remarquons à ce propos que l'auteur des *Mémorables*, non content d'assimiler Dieu à un artiste, est sans cesse tenté d'attribuer à la divinité un véritable pouvoir créateur : il est même curieux de voir à quelles périphrases il a recours pour échapper à cette conclusion.

(2) « L'unité de la cause motrice est intimement liée à l'unité de l'objet final : c'est parce qu'elles obéissent à une seule impulsion que les forces de la nature atteignent un but unique » (M. Gebhart).

Sans doute ce principe nouveau ne sera pas accepté universellement sans conteste ; il soulèvera mainte controverse, il provoquera mainte exagération blâmable (1) ; mais il faudra ou l'accepter ou le combattre. Ajoutons que si dans les siècles suivants d'autres en ont usé avec une logique plus sûre et plus pénétrante, avec une dialectique plus profonde et une éloquence plus brillante, sous leur forme populaire les arguments de Socrate n'ont rien perdu de leur valeur ni de leur attrait. Qu'on relise, pour s'en convaincre, son entretien avec Euthydème (2).

Néanmoins pour avoir été un des champions les plus résolus de la Providence, Socrate ne fut pas un des premiers à en prononcer le nom (3). Depuis longtemps les diverses cités grecques se considéraient sous la protection immédiate d'une divinité qu'elles honoraient à ce titre d'un culte particulier. Deux croyances, il est vrai, également répandues, la Fatalité avec ses sombres rigueurs, telle qu'elle apparut à Eschyle, et la «Jalousie des Dieux», tant de fois mise en scène par les poètes et les historiens pouvaient être regardées comme inconciliables avec le dogme d'une providence. Mais Eschyle lui-même nous fait assister à la transformation des Furies en Euménides, des vengeresses du crime en divinités bienveillantes.

---

(1) Xénophon le premier n'est pas à l'abri de ce reproche « Was ist dem Xenophon die Natur deren wissenschaftliche Betrachtung ihm ein Greuel ist ? Sie ist ihm insgesammt nur ein Instrument für die Menschen » (JOEL). Jusqu'alors c'est à la nature qu'on avait demandé d'expliquer l'homme : les termes du problème sont maintenant renversés.

(2) IV, 3, et notamment cette phrase : « Le Dieu qui dispose et régit l'univers (ὁ τὸν ὅλον κόσμον συντάττων καὶ συνέχων) se manifeste dans l'accomplissement de ses œuvres les plus sublimes ».

(3) On a fait la remarque que Socrate emploie ce mot absolument, comme un synonyme de la divinité, tandis que Platon (et les stoïciens après lui) y ajoute à peu près régulièrement le génitif θεοῦ ou θεῶν. C'est la forme mythologique qui fait place à la forme théologique. — J'avoue d'ailleurs ne pas très bien comprendre cette assertion de M. Maillet : « La Providence de Socrate agit sur la nature, comme sur l'homme, par une révélation continue du bien ».

Quant au mot de *Providence* (πρόνοια), il se lit déjà dans Hérodote, et chez Thucydide c'est une puissance protectrice qu'invoquent les Méliens livrés au bon plaisir d'Athènes. En faisant de Τύχη la fille de Zeus, Pindare de son côté montrait assez qu'il cherchait au-dessus de ce monde l'explication dernière des évènements terrestres (1).

Ce que l'instinct populaire n'avait fait que pressentir, lorsque par la bouche d'Homère il proclamait Jupiter « le père des hommes et des dieux », Anaxagore et Socrate venaient de le retrouver par la voie de la spéculation philosophique, ouvrant ainsi aux curieux de la nature des horizons tout nouveaux. Est-ce à dire que dans le monde païen la foi en la Providence triomphera sans opposition, surtout après que Platon lui aura apporté avec une sorte d'enthousiasme l'adhésion de son génie ? Comme on doit s'y attendre, longtemps avant Epicure et déjà du vivant de Socrate, elle fut vivement contredite, notamment par ce sophiste Thrasymaque dont les deux premiers livres de la *République* nous offrent un portrait si vivant. « S'il y avait au Ciel une Providence, disait-il, n'eût-elle pas veillé avant tout à ce que les hommes fussent en possession de la justice, le plus nécessaire et le plus important de tous les biens ? » (2) Mais plus loin l'épicurisme nous fournira l'occasion de passer en revue, dans la mesure où notre sujet l'exige, les difficultés opposées à ce dogme par les incrédules de tous les temps.

---

(1) On lit dans une pièce attribuée à Ariston fils de Sophocle : χωρὶς προνοίας γίγνεται γὰρ οὐδὲ ἕν.

(2) Comparer l'argumentation de Cotta dans le *De natura deorum* (III, 30) : « Si rationem hominibus dii dederunt, malitiam dederunt; est enim malitia versuta et fallax nocendi ratio. Iidem etiam dii fraudem dederunt, facinus, ceteraque quorum nihil nec suscipi sine ratione, nec effici potest... ut donum hoc divinum rationis et consilii ad fraudem hominibus, non ad bonitatem impertitum esse videatur ». Raisonnement tout artificiel et bien digne de ceux qui se scandalisent de ce que le Créateur, pour grandir l'homme, l'ait laissé « dans les mains de son conseil ».

V. — Platon.

Platon, on le sait, professait pour Socrate son maître et son ami une vénération profonde : mais il n'a pas cru devoir envisager du même œil la connaissance et l'explication de la nature. Un passage du VIIe livre des *Lois* nous découvre à cet égard toute sa pensée : « On dit qu'il ne faut ni chercher à connaître cet univers ni étudier curieusement les causes des choses, parce que ces recherches ne sont pas permises. Il me semble au contraire que c'est fort bien fait de s'y appliquer. Mon sentiment passera peut-être pour un paradoxe peu convenable dans la bouche d'un vieillard. Mais quand on est persuadé qu'une science est belle, vraie, utile à l'Etat et agréable à la divinité, il n'est pas possible de la passer sous silence (1). » Plutarque a raison d'écrire que Platon a entrepris et réalisé cette grande tâche, réconcilier la piété athénienne avec l'étude de la nature.

Il est manifeste cependant que d'autres parties de la science ont eu pour lui infiniment plus d'attraits. D'une part, la psychologie, la dialectique, la politique et la morale l'ont occupé pendant longtemps, à l'exclusion de tout le reste : de l'autre son idéalisme ne trouvait pleine et entière satisfaction que dans la contemplation de l'absolu et de l'immuable. Aussi, sans être un « acosmiste » à la façon de Xénophane et de

---

(1) *Lois*, 821 A. — M. Joël a très bien signalé les deux écueils auxquels se heurtait alors l'étude de la nature : « Hinter den Mauern Athens, wo das reiche städtische Leben zuerst alle Seiten der Geistescultur entfaltete, konnte man die Natur vergessen : von der classischen Höhe des Kennens, die dort der Menschengeist erklommen, könnte man herabschauen auf die Natur ».

Parménide, il ne viendra que tard à la nature (1), comme poussé à bout par les instances ou les résistances de ses disciples : depuis tant d'années il les entretenait du monde invisible supra céleste (ὑπερουράνιος), du monde des Idées ! n'avait-il rien à leur apprendre du monde sensible et terrestre, du monde avec lequel nos sens nous mettent en perpétuelle communication ? Admettons que la réalité, telle que la perçoivent les yeux du corps, ne doive être pour le sage qu'un point d'appui d'où il prend son vol vers des régions supérieures, qu'un marchepied pour s'élever jusqu'aux essences éternelles : telle quelle, cette réalité ne pose-t-elle pas devant nous de nombreux et intéressants problèmes, et ne mériterait-elle pas à son tour quelques instants d'attention ?

Voilà apparemment ce qui se répétait dans l'entourage habituel de Platon, arrivé à l'apogée de sa carrière : voilà la préoccupation à laquelle le philosophe lui-même n'avait pas réussi à se soustraire (1) et voulant, autant qu'il était en lui, se prêter à cette curiosité nouvelle, après avoir complaisamment exposé et développé dans les dix livres de la *Répu-*

---

(1) Dans le *Phédon* (96 A) Socrate confesse que jeune encore il rêvait de cette sagesse qu'on appelle « science de la nature » (ἥν δή καλοῦσι περὶ φύσεως ἱστορίαν) : ne serait-ce pas un demi-aveu de Platon lui-même ? Pareille préoccupation n'est pas, comme on l'a dit, entièrement absente de ceux de ses dialogues qui sont qualifiés de « socratiques ». Voyez notamment le *Ménon* et surtout le *Lysis* (214 B), où interviennent dans une discussion de morale familière les hypothèses imaginées par Empédocle et Héraclite pour expliquer l'ordre et la stabilité de l'univers. — Est-il nécessaire ici de rappeler comment le *Discours de la méthode*, après une série de théories et de discussions assez abstraites, se termine par une sixième partie intitulée : *Choses requises pour aller plus avant en la recherche de la nature ?*

(2) M. Lutoslawski constate à ce propos que déjà dans le *Théétète* bien des problèmes de la plus haute importance relatifs à la couleur, à la lumière et à la chaleur sont agités, et résolus dans un sens presque moderne. — Avant lui M. Campbell dans son *Introduction au Sophiste* (1867) avait fait remarquer que dans les ouvrages présumés appartenir à la vieillesse de Platon les termes empruntés directement ou métaphoriquement au vocabulaire de la physique et des mathématiques deviennent de plus en plus nombreux.

blique les pensées maîtresses de son système dans la double sphère métaphysique et sociale, il reprit un jour la plume pour ajouter à cette composition magistrale le monument célèbre, le complément précieux qui s'appelle le *Timée*. Et comme Platon est un esprit essentiellement synoptique, ne s'intéressant jamais à demi à la vérité, l'œuvre nouvelle, véritable résumé de ses connaissances, touchera tour à tour à toutes les sciences alors en honneur, mathématiques, astronomie, physique, anatomie et physiologie, étudiées d'ailleurs à la lumière d'une conception morale inconnue à tous ses devanciers.

Mais, quoi qu'il fît en un siècle demeuré encore étranger à toute vérification expérimentale, il était difficile à Platon, malgré son génie ou plutôt à cause de ce génie même, d'aborder l'étude de la nature avec l'assurance et surtout avec la méthode qu'apportent à ce genre de recherches nos savants modernes : en outre, comme les Ioniens avant lui, il semble s'attacher bien plus à la substantialité des choses, si l'on peut ainsi s'exprimer, qu'à leur causalité, au monde de l'être qu'à celui du devenir : nous n'avons pas à découvrir ailleurs le côté faible de son système.

Et en effet, qu'est-ce pour le grand philosophe que l'univers sensible, ce *dives et præpotens naturæ regnum* dont parle Valère-Maxime ? C'est un compromis insaisissable entre l'être et le non-être, un assemblage de choses qui deviennent et passent, se déforment et se transforment incessamment. Considérée en elle-même, l'étude de la nature (pour la plupart d'entre nous actuellement le domaine par excellence de la certitude scientifique), n'est pas et ne peut pas être une science véritable (1) : c'est tout au plus un ensemble d'opinions plus ou moins plausibles (2), plus ou moins fondées, quelque chose

---

(1) *Timée*, 29 B-D. Pfleiderer attribue cette sorte d'abdication à l'échec de la tentative faite dans le *Parménide* (?) et ajoute : « Dem blossen εἰκών entspricht naturgemäss der λόγος oder auch μῦθος εἰκώς, oder die Stufe der annähernden Wahrscheinlichkeit und der sinnigen Vermuthung ».

(2) Par ex., *Timée*, 68 D.

comme une réédition plus érudite de la seconde partie du poème de Parménide. Ici plus expressément que partout ailleurs, Platon reconnaît les bornes naturelles de l'esprit humain : est-ce ironie? jeu d'esprit? habileté oratoire? Non, c'est réelle conviction. Relisons, pour nous en assurer, ce passage bien significatif du *Philèbe* : « Quiconque s'adonne à de semblables investigations s'occupe une vie entière autour de cet univers pour savoir comment il a été produit, et quels sont les effets et les causes de ce qui s'y passe : n'est-il pas évident que l'objet de son travail n'est point ce qui existe toujours, mais ce qui se fait, ce qui se fera, ce qui s'est fait? Pouvons-nous dire qu'il y ait quelque chose de certain dans ce qui n'a jamais eu et n'aura jamais d'existence stable? Comment avoir des connaissances solides sur des objets qui n'ont aucune consistance? Donc la vérité pure ne se rencontre point dans la compréhension et la science que l'on a de pareilles matières » (1).

Veut-on une seconde preuve encore plus décisive, s'il est possible, des dispositions d'esprit de Platon? On sait les éloges qu'en toute occasion il décerne aux mathématiques et à l'astronomie, « lesquelles attirent l'âme vers la vérité et forment en elle cet esprit philosophique seul capable d'élever nos regards vers les choses d'en haut, tandis que nous avons le tort de les abaisser vers les choses d'ici bas ». Or, que lit-on quelques pages plus loin? « Qu'on admire la beauté et l'ordre des astres qui ornent le firmament, rien de mieux : mais comme après tout ce sont des objets sensibles, je veux qu'on mette leur beauté fort au-dessous de la beauté véritable que produisent la vitesse et la lenteur réelles dans leurs rapports mutuels selon le vrai nombre et les vraies figures. Or,

---

(1) *Philèbe*, 59 A-B. Cf. *Phédon* 96 A. — Quelle n'eût pas été la surprise de Platon, s'il avait pu voir dans nos traités modernes la physique se pliant à la rigueur des calculs mathématiques, et les grandes lois du monde exprimées par des formules (au moins provisoires) d'une précision vraiment merveilleuse?

tout cela échappe à la vue et ne peut être saisi que par l'entendement et la pensée... Nous nous servirons donc des astres, comme des figures en géométrie, sans nous arrêter à ce qui se passe dans le ciel, si nous voulons devenir de vrais astronomes, et tirer quelque utilité de la partie intelligente de notre âme, jusque-là délaissée (1). »

Et jusque dans le *Timée* Platon reproduit sans se lasser la même distinction pour en tirer les mêmes conséquences. Ainsi, que faut-il chercher dans l'étude de la nature? un ingénieux délassement, une récréation curieuse d'ailleurs, éminemment digne d'un esprit élevé. « S'il est quelqu'un qui pour se distraire, négligeant l'étude des êtres éternels, essaye de se faire des opinions vraisemblables sur le devenir et se procure ainsi un plaisir sans remords, il se prépare pour la vie un divertissement sage et modéré (2) ». Mais encore un coup, de certitude, point.

Cependant, selon la remarque très juste de Zeller, si Platon rabaisse extrêmement le monde des phénomènes, il s'en faut de beaucoup qu'il applique à la nature la conception toute mécanique et très prosaïque de certains modernes : pour lui le sensible n'est que la négation partielle, non absolue de l'intelligible : le monde créé est « un dieu visible, image du Dieu invisible. » Voyons-le dans le *Théétète* (3) proclamer la dignité du philosophe dont l'âme « mesurant, selon l'expression de

---

(1) *République*, vii, 529 D et 530 B.
(2) 59 C : ῞Οταν τις ἀναπαύσεως ἕνεκα τοὺς περὶ τῶν ὄντων ἀεὶ καταθέμενος λόγους τοὺς γενέσεως πέρι διαθεώμενος εἰκότας ἀμεταμέλητον ἡδονὴν κτᾶται, μέτριον ἄν ἐν τῷ βίῳ παιδιὰν καὶ φρόνιμον ποιοῖτο. Cf. Teichmuller, *Literarische Fehden*, t. II : « Mit Erstaunen muss man sehen, wie Plato alle solche grossartigen Theorien die auf die kleineren Naturen ihre stolzesten Ansprüche in der Wissenschaft begründen würden, für ein Spiel ausgiebt, das er mit den Mythen auf gleichen Fuss stellt... Was Plato wissenschaftlich nennt, soll feststehen, wie die ewig identischen Ideen : die sogenannte Naturwissenschaft aber, deren Vertreter regelmässig von Generation zu Generation über einander lachen, hielt er für mehr oder weniger gut begründete Meinungen ».
(3) 173 E. Cf. *Lettre* vii, 341 D.

Pindare, ce qui est au-dessous et au-dessus de la terre, et s'élevant jusqu'aux cieux pour contempler la course des astres, porte un œil curieux sur la nature de chacun des êtres de l'univers ».

J'irai plus loin : Platon a comme pressenti le rôle de la science dans le futur épanouissement de la civilisation. Il ne s'est pas borné à affirmer qu'une connaissance approfondie de la nature de l'homme exige une connaissance préalable de la nature universelle : après avoir rappelé fort opportunément tout ce que le génie de Périclès dut à la fréquentation d'Anaxagore, il ajoute cette réflexion bien remarquable : « Tous les grands arts s'inspirent de ces spéculations réputées oiseuses et indiscrètes qui tendent à pénétrer les secrets de la nature : sans elles on ne saurait avoir l'esprit élevé ni se perfectionner en quelque science que ce soit (1) ». Et même, fait aussi curieux qu'inattendu, Platon attend de ce genre de méditation ou de contemplation un véritable perfectionnement moral : l'homme qui sait sur quelles bases repose l'ordre universel réalisera plus sûrement sa propre destinée (2).

Malheureusement Platon, qui savait mieux que personne tout le prix d'une bonne méthode, a fermé les yeux à la seule route qui pût ici le conduire à la vérité. Par la direction même de son génie, dit Barthélemy Saint-Hilaire, il s'était condamné à ignorer une partie de ces faits naturels dont il n'avait su ou ne croyait pas devoir tenir un compte sérieux.

---

(1) *Phèdre.* — Aristoxène donnait de cette phrase célèbre une explication ingénieuse (Eusèbe, *Préparation évangélique*, xi, 3, 8) : Κάθαπερ οἱ ἰατροί μέρη τινὰ θεραπεύοντες ἐπιμελοῦνται τῶν ὅλων σωμάτων πρῶτον, οὕτω χρῆναι καὶ τὸν μέλλοντα τἀνθάδε κατάψεσθαι τὴν τῶν ὅλων φύσιν εἰδέναι πρότερον.

(2) *Timée*, 47 B-C. Celui qui s'exprimait de la sorte n'a pu manquer d'applaudir à ce passage d'Euripide : « L'homme qui est tout entier à la science ne médite aucune injustice : son âme, tandis qu'il contemple l'ordre inaltérable de la nature immortelle, son origine et ses éléments, demeure fermée à tout dessein honteux ».

Au lieu de procéder à pas lents, mais sûrs, il cède comme ses devanciers à cette tendance qui impatiente de tout délai veut qu'on dicte d'avance à la nature ses réponses au profit de quelque thèse préconçue.

Aussi bien l'esprit humain a-t-il ici un moyen tout prêt de contenter sa curiosité en dissimulant son impuissance : c'est à l'imagination qu'il demande la révélation des causes secondes et de leur mode d'action jusqu'au jour où l'observation et la réflexion les lui feront connaître (1). L'intuition rationnelle se substitue avec assurance à l'investigation expérimentale : en de hardies synthèses on construit la nature que l'on devait analyser ; on emprunte à la spéculation abstraite des lois *a priori* pour en déduire ensuite avec une logique infatigable les conséquences les plus lointaines. Socrate, nous l'avons vu, se détournait de la nature pour observer les hommes, en démêler les vices ou les ridicules : Platon s'en éloigna pour vivre avec sa pensée (2).

Ajoutons qu'il est du nombre de ces esprits de haut vol qui aiment à considérer les choses par leurs grandes lignes, et si je puis ainsi parler, par leur côté idéal (3). Nous rencontrons chez lui ce que Bacon appelait les idoles de l'*intellectus sibi permissus* : il est toujours tenté de mettre dans la nature plus d'unité, plus de régularité qu'elle n'en offre réellement (4). Il en a compris la beauté et la grandeur : optimiste par raison

---

(1) « L'imagination n'est pas étrangère aux philosophes. Quelques-uns d'entre eux sont de grands poètes qui raisonnent. L'inspiration seconde en eux la pensée. Elle leur fait entrevoir ce que l'expérience ne saurait leur faire atteindre. Le monde n'est-il pas un sublime poème en même temps qu'une admirable machine ? » (Mignet, *Eloge de Schelling*).

(2) Αὐτῇ τῇ νοήσει χρῆσθαι (*République*, VII, 526 B).

(3) Il arrive même à Platon de parler d'une « nature idéale », ἡ ἄϋπνος καὶ ἀληθῶς φύσις ὑπάρχουσα (*Timée*, 52 B).

(4) « Accoutumé à raisonner moralement en morale, Platon a raisonné de même en physique : il a voulu expliquer toute la nature par des convenances » (Fleury).

et par tempérament, il n'en a pas vu, il n'en a pas voulu voir ce qu'on a nommé « les hasards funestes ».

Au reste le génie même égaré garde ses privilèges : il y a dans les intelligences supérieures une pénétration naturelle qui parfois triomphe plus sûrement des difficultés qu'un siège conduit selon toutes les règles de l'art. Dans ce vaste et obscur domaine de la philosophie scientifique Platon a mal résolu ou même mal posé plus d'un important problème. « Néanmoins du milieu de cette confusion sortent fréquemment des éclairs éblouissants qui décèlent le génie de l'auteur et font regretter qu'une méthode plus sévère ne l'ait pas guidé. Quelques aperçus pleins de profondeur témoignent de ce qu'il aurait pu faire dans une voie meilleure. C'est ainsi que dans l'école où il est demeuré vingt ans Aristote trouvait des pressentiments qui ont pu susciter son ardente admiration pour les merveilles de la nature, et éveiller en lui l'idée d'une science nouvelle (1) ».

Dans son *Histoire du matérialisme*, Lange nous montre « l'abstraction devenue l'échelle céleste au moyen de laquelle le philosophe s'élève jusqu'à la certitude : plus il est loin des faits, plus il s'estime près de la réalité » : il déplore « cette tendance intellectuelle qui croit dominer de haut le vulgaire empirisme et qui cependant est forcée de reculer sur tous les points devant l'empirisme, quand il s'agit de faire véritablement progresser la science (2) ». D'autres critiques, allant plus loin encore, ont accusé Platon d'avoir systématiquement méconnu le rôle nécessaire de la matière et du mouvement.

---

(1) BARTHÉLEMY SAINT-HILAIRE, préface de la traduction de la *Physique* d'Aristote. — Göthe, ce poète doublé d'un savant et d'un philosophe, préférait aux analyses minutieuses du disciple les intuitions du maître, si admirablement fait, ajoutait-il, pour s'identifier avec la nature par l'intelligence et le sentiment.

(2) Le même critique ajoute (p. 71) : « Toutes les fictions platoniciennes n'ont donc été et ne sont encore aujourd'hui que des obstacles, des lueurs trompeuses pour la pensée, pour la recherche, pour l'assujettissement des phénomènes à l'intelligence humaine, enfin pour la science positive et méthodique. »

Le philosophe ainsi mis en cause n'aurait pas trop de peine à se justifier. Sans doute il a subordonné le sensible à l'intelligible : jamais, nous le répétons, il ne l'a tout à fait sacrifié ; au contraire c'est à ses yeux le point de départ obligé de la connaissance ; c'est à la vue des êtres créés que se réveille en nous par la réminiscence la notion de l'immuable et de l'incréé. De même que c'est la beauté corporelle qui doit nous faire aspirer à la contemplation de la beauté intellectuelle, de même rien n'offre une analogie plus étroite avec le rôle du bien dans le monde idéal que le rôle du soleil dans le monde visible. D'un mot, Platon, ce métaphysicien convaincu, n'en aura pas moins sa physique (1). Socrate, au témoignage de Xénophon, s'était fait une arme des contradictions de ses devanciers dans le domaine de la nature; Platon, mieux inspiré, s'efforcera de les dominer en les corrigeant (2). Son œuvre nous intéresse d'autant plus que la perte de tous les ouvrages antérieurs en fait pour nous le premier essai d'une philosophie véritable de la nature, le plus ancien *Cosmos* dans la bibliothèque scientifique de l'humanité.

La première question qui se présente ici semble bien être la suivante : qu'est-ce que la matière dans le système de Platon ?

Chez les modernes, ce mot de *matière* répond à une notion

---

(1) Voir le chapitre qui va suivre : *La science de la nature*.

(2) Théophraste à ce propos disait de Platon : τούτοις ἐπιγενόμενος, τῇ μὲν δόξῃ καὶ τῇ δυνάμει πρότερος. — Le pythagorisme et l'atomisme, voilà deux sources auxquelles l'auteur du *Timée* n'a pas dédaigné de puiser. Si l'expression assez peu courtoise καὶ τούτων μὲν μεθεκτέον (55 D) semble bien viser certaines théories de Démocrite, en revanche c'est certainement à ce philosophe que Platon a emprunté ce qu'il nous apprend des rapports entre les figures atomiques et nos sensations, de même que son νοθὸς λογισμος (52 B) fait penser presque immédiatement à la γνώμη σκοτίη de Démocrite, lequel, au témoignage de Sextus Empiricus (VII, 117) s'était le premier servi de l'exemple du vanneur (*Timée* 52 E) pour expliquer la place relative des corps légers ou lourds dans l'univers.

concrète, opposée à l'esprit par ses qualités comme par son essence. Ainsi entendu, ce mot, je le crains, n'existait pas dans le vocabulaire de Platon (1) : avant lui en tout cas le concept de matière n'avait pas paru assez clairement défini pour réclamer une dénomination spéciale. Il va de soi que la philosophie platonicienne ne pouvait s'accommoder des rêveries cosmologiques de Thalès et de l'école ionienne, plaçant dans un élément particulier tout à la fois la cause et la substance universelles. Mais alors d'où naissent tous les êtres sensibles? D'un principe complètement indéterminé, indifférent à toutes les formes, et pouvant par là, sans cesser d'être lui-même, entrer dans toutes les combinaisons.

D'après le *Philèbe*, tout ce qui nous paraît devenir plus et moins, tout ce qui est susceptible de grandir et de diminuer, c'est-à-dire de se modifier sans limites, il faut le rassembler en quelque sorte en un, en le rangeant dans l'espèce de l'infini (τὸ ἄπειρον). Même langage dans le *Timée* : « Le principe qui contient (2) tous les corps en lui-même, nous devons l'appeler toujours du même nom, car il ne change jamais de nature. Fond et substance de ce qui existe, il n'a pas d'autre forme, pas d'autre mouvement que la forme et le mouvement des êtres qu'il renferme... S'il était semblable à l'une des formes qui viennent s'empreindre en lui, lorsque se présenterait une forme contraire ou simplement différente, il s'y prêterait mal, la métamorphosant en sa propre apparence... Donc cette mère (3) des choses, ce réceptacle (ὑποδοχή) de tout

---

(1) Etant donnée la multiplicité des termes auxquels Platon a recours pour rendre cette notion, il paraît étrange qu'il n'ait pas songé au mot ὕλη, qui ne se rencontre chez lui (sauf peut-être *Philèbe* 54 C, où il est pris dans un sens assez voisin de celui où nous l'attendions dans le *Timée*) que dans son acception populaire ou avec une signification métaphorique.

(2) Le verbe δέχεσθαι qui apparaît ici et dans plusieurs passages analogues est celui dont se sert constamment Platon quand il veut marquer que telle substance admet tel attribut (Voir notamment *Philèbe*, 24 E, 27 A, 27 E, etc.)

(3) Platon dit aussi τιθήνη. — Le rapportement de *mater* et *materia* en latin est à noter.

ce qui est visible et sensible, nous ne l'appellerons ni terre, ni air, ni feu, ni eau (1), ni aucune des choses qui en viennent, ni aucune de celles d'où ces éléments dérivent. Nous ne nous tromperons donc pas en affirmant que c'est une espèce d'être invisible et informe, propre à tout recevoir, qui participe de l'intelligible d'une façon obscure et inexplicable (2). » C'était, on l'a dit, une grave inconséquence de la part de Platon que d'enlever à la matière toute manière d'être, et de la maintenir néanmoins à titre de réalité ; mais après avoir affirmé que les choses tiennent des idées tout ce qu'il y a en elles d'être véritable, il ne restait, semble-t-il, qu'à qualifier cet autre principe de μὴ ὄν ou tout au moins de θατερόν (3). Quoi qu'il en soit, les derniers mots de la citation précédente sont une attestation manifeste de ce que M. Dauriac a appelé le désespoir de Platon en face de cette matière qu'il aspirait à définir, et qui lui échappait sans cesse, apparaissant tantôt sous un aspect, tantôt sous un autre, toujours impatiente de nouvelles métamorphoses. De graves considérations le détournaient soit de la considérer comme un corps sensible quelconque, soit de l'appeler à jouer dans la sphère intelligible un rôle parallèle à celui des idées (4).

Il est même certain que le philosophe a été plusieurs fois

---

(1) Comme l'avaient fait les Ioniens. — La matière d'Anaxagore contenait toutes les formes ; celle de Platon prend toutes les formes : deux conceptions moins éloignées l'une de l'autre qu'on ne serait tenté de se le figurer.

(2) *Timée* 50 B-51 B. — Bassfreund résume plutôt qu'il n'éclaircit cette définition de la matière dans la phrase que voici : « Das schlechthin formlose unveränderliche, beharrliche und identische Substrat aller veränderlichen und wechselnden Erscheinungen und Bestimmtheiten ».

(3) C'est peut-être ici le lieu de faire observer en passant avec quelle souplesse merveilleuse la langue grecque se prête à ces subtiles distinctions métaphysiques, qu'elle esquisse sans les souligner. — Selon M. Brochard, ce terme énigmatique θάτερον désigne non pas la matière elle-même, mais ce qu'il y a en elle d'intelligible.

(4) Voilà pourquoi il la conçoit d'une part μετ' ἀναισθησίας ἁπτόν, et de l'autre ἁπτὸν λογισμῷ τινὶ νόθῳ, μόγις πιστόν (52 B).

sur le point de réduire cette matière originelle à l'espace, ou comme il s'exprime quelque part, « au lieu éternel qui ne peut être détruit et sert de théâtre à tout ce qui existe (1) ». C'est même là, écrit Zeller, une dénomination essentielle et non métaphorique ou accidentelle (2). Ainsi pendant que certains critiques (3) soutiennent qu'il faut maintenir chez Platon la réalité complète et entière de la matière, d'autres, dans leur ferveur idéaliste, vont jusqu'à prétendre qu'aux yeux de Platon la matière se confond avec la négation pure, quelque chose d'analogue au *non-être* de Hegel. Le plus récent éditeur du *Timée* en Angleterre, M. Archer-Hind (4), ne voit dans ce dialogue qu'un monisme idéaliste, une ontologie déguisée, un procès tout dialectique enveloppé dans une description impliquant des événements qui s'accomplissent dans le temps et dans l'espace. Si cette interprétation toute moderne et cartésienne était exacte, non seulement Platon aurait renoncé en fait d'un bout à l'autre de sa cosmologie à toute explication de la multiplicité et du changement, mais on ne comprend plus ni comment la matière se trouvait à l'origine à l'état

---

(1) 52 A. Voici les arguments communément allégués à l'appui de cette opinion : 1) Platon distinguant ses trois principes, les appelle ὄν τε καὶ χώραν καὶ γένεσιν (52 D) — 2) Les êtres formés à l'imitation des idées sont représentés entrant dans la matière et en sortant (εἰσιόντα καὶ ἐξιόντα, 50 C) — 3) Le *Timée* parlant de l'ἐκμαγεῖον emploie l'expression ἐν ᾧ (50 C. — Cf. 49 E) et non ἐξ οὗ. — Enfin 4) Platon qui s'attache à donner du temps une explication si ingénieuse, ne traite de l'espace qu'à l'occasion de la matière. Il a très bien vu d'ailleurs (52 B) que cette notion d'espace dérivait pour nous de l'expérience sensible.

(2) Aussi l'éminent historien définit-il la matière de Platon « die Form der Materialität, der räumlichen Getheiltheit und der Bewegung » — La conception de Franck n'est pas très différente : « La matière première des anciens ne représente en aucune manière un être réel, un principe positif, qui partage avec Dieu le privilège de l'éternité : elle n'est que l'ensemble des conditions qui rendent les choses possibles ».

(3) Par exemple Sartorius dans les *Philosophische Monatshefte*.

(4) Sous la plume duquel on lit des phrases comme celle-ci : « Material nature is but the refraction of the single existent unity. » Voici d'ailleurs comment cette édition est appréciée dans la *Revue critique :* « Œuvre de seconde main, peu personnelle, peu sûre, peu méritoire ».

chaotique (1), moins encore comment cette « cause vagabonde (2) » a pu entrer en lutte avec l'intelligence dans la formation du monde, et ne céder que contrainte à la persuasion de la sagesse.

Maintenant examinons de plus près la distinction des quatre éléments admis par Platon (3) avec toute l'antiquité : on sera frappé de voir jusqu'où les anciens poussaient la curiosité en ce genre de problèmes. « Qu'est-ce qui les constitue chacun avec son caractère propre ? lequel faut-il appeler plutôt eau que feu ? Quelle dénomination convient à l'un quelconque d'entre eux à l'exclusion des autres ? Comment enfin répondre sur ce point d'un ton ferme et asssuré ? c'est ce qu'il n'est pas facile de dire » (4). Bien que ces corps « roulent dans un cercle et semblent s'engendrer les uns les autres », ils n'en offrent pas moins, considérés isolément, une structure particulière, que Timée va entreprendre d'exposer, non sans avoir prévenu ses interlocuteurs qu'il se servira d'un langage inaccoutumé ; mais, ajoute-t-il, vous me suivrez sans peine, n'étant pas étrangers aux méthodes et aux procédés que je dois employer dans mes démonstrations » (5).

Pour nous rendre compte de cette invasion des mathématiques dans la philosophie, il faut nous souvenir que depuis un siècle surtout les sciences exactes venaient de réaliser de

---

(1) Πάντα ταῦτα εἶχεν ἀλόγως καὶ ἀμέτρως (53 A).

(2) Τὸ τῆς πλανωμένης εἶδος αἰτίας (48 A).

(3) Chez Platon les éléments, entendus au sens physique et non au sens chimique comme chez Empédocle, sont d'après Hermann « die erste Schranke, welche der formlosen Macht des stoffartigen Princips beigelegt ist ». Toute cette partie du *Timée* a été l'objet d'un commentaire approfondi dans les *Etudes* de Th.-H. Martin.

(4) 49 B.

(5) Ces mots caractérisent très bien le rôle essentiel joué par les mathématiques dans ce qu'on a appelé « l'éducation platonicienne », et dans l'initiation exigée par le maître de ses futurs disciples. N'oublions pas qu'il serait difficile de reprocher ici un excès à Platon sans atteindre du même coup d'illustres philosophes modernes, Descartes, Spinoza, Leibniz et même Kant.

merveilleux progrès. La théorie des nombres notamment, l'histoire nous en fournit la preuve, était poussée chez les anciens beaucoup plus loin qu'elle ne l'est en général chez les modernes (1), et si l'auteur du *Timée* a puisé quelques germes de sa théorie dans ses entretiens avec les pythagoriciens de la Grande-Grèce, il était homme à les adapter à son système et à leur donner un développement tout à fait inattendu (2). Le premier, dit-on, il mit les admirables ressources de l'analyse au service de la science, et M. Tannery le félicite d'avoir donné une preuve éclatante de valeur spéculative en pressentant l'achèvement de l'édifice dont il jetait les fondations.

Mais essayons de résumer dans ses traits essentiels cette singulière conception de l'univers. Aussi bien Platon s'en fait-il expressément honneur, sans s'apercevoir que comme Descartes deux mille ans plus tard, de l'idée que la nature est l'œuvre d'une intelligence il passait à l'idée très différente que la raison se suffit à elle-même pour construire de toutes pièces l'édifice du monde. S'il va réduire à des figures planes et régulières les atomes irréductibles des éléments, c'est, n'en doutons pas, afin que jusque dans ses entrailles les plus profondes l'univers soit fait d'ordre et de beauté.

« Tout ce qui a l'essence du corps a aussi la profondeur. Tout ce qui a la profondeur contient nécessairement en soi la nature du plan. Une base dont la surface est parfaitement plane se compose de triangles ». Quant aux principes d'ordre supérieur, ajoute Platon, Dieu et quelques hommes aimés de lui sont seuls à les connaître (3).

---

(1) Ainsi Pythagore et Platon parlaient de nombres « triangulaires » ou « pyramidaux », tandis qu'Euclide et son école distinguaient avec soin les nombres « linéaires, plans et solides ».

(2) Chez Platon le bien n'est pas un rapport mathématique, mais les mathématiques constituent l'intermédiaire nécessaire (τὸ μεταξύ) auquel doit recourir le Démiurge divin.

(3) 53 D. — Cf. Gœthe, *Betrachtungen über Naturwissenschaft* (I, 15) : « Das unmittelbare Gewahrwerden der Urphœnomene versetzt uns in eine Art von Angst, wir fühlen unsere Unzulänglichkeit : nur durch das ewige Spiel der Empirie belebt erfreuen sie uns ».

Cela posé, et les cinq solides réguliers de la géométrie décrits avec une précision étonnante pour l'époque, le *Timée* assigne la figure cubique à la terre, comme au plus stable des éléments : le solide à forme pyramidale, le tétraèdre, donne naissance au feu, le plus léger et le plus pénétrant de tous les corps, l'octaèdre à l'air, l'icosaèdre à l'eau : enfin le dodécaèdre « servit pour tracer le plan de l'univers. » Platon ajoute : « Voilà d'où tirent leur origine les corps simples et primitifs. Quant aux espèces diverses qui se sont formées dans chacun de ces genres, elles ont leur raison d'être dans la disposition (ξύστασις) des éléments constitutifs des choses... La diversité en est infinie, et celui qui ne s'appliquerait pas à l'observer serait hors d'état de parler avec vraisemblance de la nature » (1).

Il y a je ne sais quelle hardiesse dans cette tentative faite par un métaphysicien du IVe siècle avant notre ère pour construire le monde réel à l'aide de pures spéculations géométriques (2) : nous verrons tout à l'heure quel correctif Platon

---

(1) *Timée* 57 D : Ἧς δὴ δεῖ θεωροὺς γίγνεσθαι τοὺς μέλλοντας περὶ φύσεως εἰκότι λόγῳ χρήσεσθαι. L'importance de l'observation et de la recherche expérimentale n'avait donc pas échappé au génie pénétrant de Platon. — Chez Pythagore c'est à la théorie des nombres qu'était dévolu le premier rôle en cosmologie : ici au contraire c'est à la théorie des surfaces. Ainsi, comme le fait remarquer M. Milhaud, l'intuition géométrique devient représentation de la quantité : au lieu de se borner à des additions purement mécaniques, Platon se trouve entraîné vers des préoccupations dynamistes et qualitatives, alors que les postulats mathématiques sur lesquels repose son explication du monde semblaient emporter l'exclusion de toute finalité.

(2) Comment se représenter sinon par quelque chose d'étendu, c'est-à-dire justement de géométrique, le reflet des idées dans l'espace ? mais l'esprit n'en est pas plus satisfait : « Dass diese Zutheilung willkürlich ist und nur wegen der nothdürftigen naturwissenschaftlichen Einsicht des Alterthums begreiflich erscheint, liegt auf der Hand » (TEICHMÜLLER). — Je lis dans M. Tannery, si compétent en tout ce qui touche l'histoire des sciences dans l'antiquité, que les cinq polyèdres réguliers reçurent à partir du IVe siècle, le nom de « figures platoniciennes ».

lui-même, hésitant et troublé, s'est vu obligé de lui apporter. Quoi qu'il en soit, et sans rechercher ici les analogies qu'on pourrait découvrir dans telle ou telle théorie moderne, écoutons un savant respecté résumer l'impression profonde qu'il avait éprouvée en face de cette partie du *Timée* : « Plusieurs passages, écrits du point de vue le plus élevé, témoignent de la conscience qu'avait Platon de l'insuffisance de ses connaissances. Ce n'en est pas moins une chose considérable que la distinction des quatre éléments par les formes géométriques qualifiées aujourd'hui de cristallines, et l'historien de la science doit faire remarquer que Platon s'est élevé à cette grande idée par la seule force de sa pensée, tandis que les savants modernes y ont été conduits successivement par la cristallographie, la physique, et la chimie. Ne connaissant que des propriétés physiques, comment Platon aurait-il échappé à l'impossibilité de comprendre des faits qui sont du ressort des propriétés chimiques (1) ? »

Et maintenant, quelle puissance a fait jaillir de la rencontre des éléments le monde avec toutes ses merveilles ? S'en tenir uniquement aux faits et ne pas remonter plus haut jusqu'à un premier auteur, aux yeux de Platon ce serait une aberration, presque un sacrilège. Suffit-il d'ailleurs, pour satisfaire notre raison, d'invoquer je ne sais quel attrait supposé vers l'idéal, je ne sais quel trésor de finalité intime déposé dans l'atome, ou d'imaginer des lois fatales, expressions abstraites des rapports naturels des choses, ou encore d'attribuer les mouvements de l'univers à une force inconnue inhérente aux corps, à de certaines propriétés (φύσεις) ou a quelque chose de semblable ? Le religieux disciple de Socrate ne l'a pas cru : avec une conviction éloquente et vraiment communicative il ne s'est pas lassé de proclamer l'existence d'une intelligence

---

(1) CHEVREUL, *Journal des savants*, 1868.

parfaite, d'une bonté souveraine, antérieure à toutes les harmonies que conçoit notre pensée ou que perçoivent nos regards.

Ainsi s'achève la théorie de la finalité, à peine ébauchée par Anaxagore, affirmée plutôt que démontrée par Socrate (1).

Ce n'est pas, comme on pourrait le croire, que Platon ait totalement ignoré les théories de nos évolutionnistes. « On soutient, nous dit-il, que le feu, l'eau, la terre et l'air sont productions de nature et de hasard, et que de ces éléments sans vie, poussés çà et là à l'aventure, s'est formé tout ce que nous voyons. On les appelle du nom de nature et l'on prétend que l'âme n'a existé qu'après eux et par eux ». Ecoutons maintenant sa réponse. « Tous ces systèmes fauteurs d'impiété ont renversé l'ordre des choses en ôtant la qualité de premier principe à la cause première de la génération et de la mort de tous les êtres : ils n'ont pas su ce qu'était l'âme, ce que sont ses facultés... Toutes les productions de la nature (2) et la nature elle-même, selon la fausse idée qu'ils attachent à ce terme (ἣν οὐκ ὀρθῶς ἐπονομάζουσιν αὐτὸ τοῦτο) sont postérieures et subordonnées à l'art et à l'intelligence » (3). L'auteur pla-

---

(1) Notons en effet que cette conviction se fait jour non seulement dans le *Timée*, déprécié à tort comme trop mythique par un certain nombre de critiques, mais encore dans les *Lois*, ce testament à la fois philosophique et politique de Platon. (Voir mon mémoire intitulé *La théodicée platonicienne*, dans les *Comptes rendus de l'Académie des sciences morales*, Février 1896).

(2) Dans cette phrase (*Lois*, X, 892 C) : φύσιν βούλονται λέγειν γένεσιν τὴν περὶ τὰ πρῶτα, il semble bien que Platon vise des penseurs tels que cet Epidicus, auquel Stobée, qui le place entre Héraclite et Archélaüs, attribue la thèse que voici : Ὑπὸ φύσεως γεγεννῆσθαι τὸν κόσμον.

(3) *Lois*, X, 891 E et XII, 966 E. Dans ce dernier passage, Platon, qui s'étonne qu'on ne tombe pas à genoux devant les merveilles du monde organique et inorganique, paraît à un autre point de vue reconnaître qu'autour de lui l'étude de l'astronomie et des sciences connexes était suspecte de conduire à l'athéisme (ἀθέους γίγνεσθαι καθεωρακότας ὡς οἷόν τε γιγνόμενα ἀνάγκαις πράγματα, ἀλλ' οὐ διανοίαις βουλήσεως ἀγαθῶν πέρι τελουμένων).

tonicien de l'*Epinomis*, après avoir reproduit et réfuté à son tour avec non moins d'énergie l'explication matérialiste du monde, conclut ainsi : « Voilà un système qu'il est impossible d'accepter, impossible de goûter (1) ». Enseignement philosophique d'autant plus opportun en ce temps-là que l'étude progressive de la nature faisait de plus en plus toucher du doigt une foule d'erreurs mythologiques, désormais objet de dérision.

Ainsi la nature (2) est le théâtre où s'est exercée la perfection (3) de l'Etre suprême voulant réaliser hors de lui-même les splendeurs du monde des idées. (4) Un Dieu façonnant la matière à l'image de modèles achevés doit introduire l'ordre et la beauté dans l'univers sorti de ses mains. Et cependant ici-bas tout n'est pas parfait : pourquoi donc les idées éternelles n'apparaissent-elles dans le monde sensible qu'à l'état d'ébauche ? comment la matière résiste-t-elle à l'artiste divin, réduit à n'imprimer en elle qu'un pâle reflet des magnificences qu'il contemple ? Grave problème dont Platon en dépit de son optimisme a eu conscience. Et comment l'a-t-il résolu ? Ecoutons sa réponse : « L'origine des choses est dans l'action

---

(1) 988 C. — Cf. 983 A : τίς τρόπος ἄν εἴη τοσοῦτον περιφέρειν ὄγκον τινὰ φύσιν τὸν αὐτὸν ἀεὶ χρόνον;

(2) Stobée en donne dans le système platonicien la définition suivante : τὸ παθητὸν τῆς φύσεως, « la partie passive de l'univers. »

(3) Se souvenir qu'ἀγαθός (Cf. le superlatif ἄριστος) traduit avant tout aux yeux du Grec non pas la bonté, mais une supériorité de nature.

(4) Ce « démiurge » nommé déjà incidemment dans la *République* (vii, 530 A), sauf à devenir un peu plus tard le personnage essentiel du *Timée*, semble combler par son intervention une lacune indiscutable de la Théorie des Idées. « Im Timaeus behaupte ich dass der Demiurg desselben durchaus noch Ausdruck eines philosophischwissenschaftlichen Drangs nach Ergänzung und Verbesserung namentlich der Ideenlehre sei ». (M. Pfleiderer, l. c., p. 639). — De fait on dirait qu'Aristote n'a pas pu ou n'a pas voulu se résigner à voir dans cette fiction un principe au sens philosophique, car il se pose gravement la question : τί ἐστί; τὸ ἐργαζόμενον πρὸς ἰδέας ἀποβλέπον; (*Metaph.*, I, 9, 99120).

combinée de la nécessité et de l'intelligence (1). » Celle-ci a présidé à la création de la partie divine et immortelle du monde : celle là à tout le reste.

Avant l'intervention du démiurge, ce qui existait (2) s'agitait sans trêve comme sans but : un principe désordonné y produisait un mouvement continu, résultant de la violence des forces contraires. Voilà de quel chaos l'acte divin retira toutes choses, afin de leur communiquer la plus grande perfection possible « par tous les moyens auxquels la nécessité se prêtait en se laissant persuader par les conseils de la sagesse (3) ». Qu'est-ce que cette nécessité dont Timée parle en tant de passages ? Ce qui dans le monde ne se laisse pas réduire à la notion de l'Idée, « une force aveugle qui après avoir régné seule sur la matière éternelle est obligée, sans abdiquer, de se soumettre plus tard à l'action supérieure de la Providence » (4). Ainsi la puissance suprême se heurte à des bornes infranchissables; le mal n'est pas l'œuvre de Dieu (5), mais

---

(1) *Timée*, 48 A : ξύστασις ἀνάγκης καὶ νοῦ. Démocrite et Anaxagore étaient ainsi conciliés.

(2) Cette matière chaotique, sur laquelle ni les sens ni l'intelligence n'ont de prise, n'est-elle chez Platon qu'un ressouvenir des traditions anciennes et notamment de la *Théogonie* ? M. Fouillée (*Philosophie de Platon*, I, p. 542 et suiv.) se refuse absolument à attribuer sinon à titre d'hypothèse symbolique la doctrine du chaos primitif, « si illogique en elle-même et de plus en contradiction formelle avec la théorie des Idées », au philosophe qui a écrit le *Parménide*. Cependant la préexistence des éléments est affirmée à plusieurs reprises dans le *Timée*, et de la façon la plus explicite : mais il paraît qu'ici tout est « exotérique, allégorique », et que le vrai Platon ne se rencontre que dans les énigmes du *Parménide*.

(3) Τῆς ἀνάγκης ἡττωμένης διὰ πειθοῦς. L'éloquence et la persuasion dont elle est l'ouvrière jouant leur rôle jusque dans l'action créatrice ! Il faut être dans l'Athènes de Périclès et de Démosthène pour imaginer pareille conception.

(4) Th. H. Martin, *Études sur le Timée*.

(5) On sait avec quelle insistance Platon revient sur cette thèse, au X° livre de la *République* et ailleurs. Déjà on pouvait lire dans le *Théétète* : « Il y a dans la nature des choses deux modèles, l'un divin et bienheureux, l'autre sans Dieu et misérable », et nul n'ignore en

la conséquence fatale de la matière entravant ses desseins (1). Toutefois au regard de Platon les ombres s'évanouissent dans l'éclat de la lumière : si l'univers est trop étroit pour contenir le beau infini, trop imparfait pour réaliser jusqu'au bout les plans de l'artiste immortel, il n'en a pas moins sa perfection relative, son imposante grandeur. C'est « un Dieu sensible, image de son auteur » et l'unique moyen par où ce dernier pût se révéler à des êtres raisonnables (2). Chrysippe appelait le *Timée* « le gouvernement ou la cité de Jupiter » : c'est « un hymne magnifique (3) à la bonté du démiurge, aux merveilles de l'organisme humain, à l'excellence de l'âme qui dans le monde comme dans l'homme dompte la perversité

---

quel embarras le philosophe a jeté ses commentateurs même les plus ingénieux, lorsqu'au X° livre des *Lois* il a paru, ne fût-ce qu'en passant, envisager l'hypothèse de deux âmes du monde, l'une bonne, l'autre mauvaise (Sur ce dernier point je me permets de renvoyer le lecteur à mon mémoire déjà cité sur la *Théodicée platonicienne*). M. Pfleiderer n'a-t-il pas raison d'affirmer qu'il n'a été donné à aucun philosophe d'expliquer le problème du mal plus clairement et plus rationnellement que ne l'a fait Platon ?... Sera-t-on plus satisfait, par exemple, du langage que M. Hébert prête au philosophe athénien (*Annales de philosophie chrétienne*, mai 1893) au cours d'un entretien supposé avec le célèbre Darwin : « Pourquoi avancer inconsidérément sans restriction aucune, que la nature est l'œuvre de Dieu? n'a-t-elle pas joué un rôle actif dans sa propre évolution ? N'est-elle point douée dans son fond d'une spontanéité et d'une intelligence, obscures dans l'instinct de l'animal, plus claires dans la raison et la liberté de l'homme ?... Pourquoi donc ne pas distinguer entre ce qui résulte du libre exercice de cette spontanéité imputable à la seule nature, et ce qui vient de Dieu, à savoir les énergies primitives d'où est dérivée l'organisation, bienveillante en somme, de l'univers?... Jouissances excessives, excessives souffrances, telle est la loi que la nature a choisie. »

(1) M. Maillet nous offre, il est vrai, une explication différente : « La Providence de Platon est une action qui a sans doute son principe en Dieu, mais qui en même temps provoque et dirige une action corrélative de la nature, entre ses mains un instrument pour la réalisation de ses desseins. Influence d'ailleurs toute persuasive, comme celle de l'éducation. »

(2) *Timée*, 92 C et 69 A.

(3) On pourrait ajouter : le premier qu'ait entendu le monde idolâtre.

de la matière par l'harmonieuse uniformité de ses révolutions » (1).

Si dans l'analyse de la physique platonicienne on voulait se laisser guider par Platon lui-même, il faudrait placer au premier rang des notions comme celles de temps et de mouvement. Au lieu de descendre dans le détail, la science d'alors préférait s'arrêter aux notions fondamentales dont nous nous désintéressons au contraire trop aisément aujourd'hui. A ce point de vue, comme les *Principes de philosophie* et la Ve partie du *Discours de la méthode* nous en apportent la preuve, notre Descartes se rapproche encore singulièrement de Platon. Mais on nous excusera de ne toucher à ces questions que dans la mesure où elles éclairent l'idée que le *Timée* nous donne de la nature.

Le monde, tel que le comprenait Platon, n'est-il pas éternel? Le philosophe grec semble avoir hésité, comme Kant, en face de la redoutable antinomie que ce problème faisait surgir devant sa raison. Cependant il enseigne en termes exprès que le temps, œuvre de Dieu et image permanente de l'immobile éternité (2), n'a commencé qu'avec le monde dont il mesure la durée (3), et il ajoute : « Afin qu'il y eût une mesure évidente de la lenteur et de la vitesse relative des astres, Dieu alluma dans le second cercle au-dessus de la terre (4) cette lumière que nous nommons le soleil : il éclaira

---

(1) Lud. Carrau.

(2) 37 D : Διακοσμῶν ἅμα οὐρανὸν ποιεῖ μένοντος αἰῶνος ἐν ἑνὶ κατ' ἀριθμὸν ἰοῦσαν αἰώνιον εἰκόνα : pensée brillante, que la postérité a légitimement admirée.

(3) Ainsi, selon une remarque ingénieuse de M. Brochard, ce n'est pas, comme nous avons coutume de le dire aujourd'hui, le monde sensible qui est dans le temps et dans l'espace, mais le contraire.

(4) Notons à ce propos que le système astronomique exposé dans le *Timée* repose sur l'immobilité de la terre au centre du monde. Il est vrai, si l'on en croit Théophraste, que Platon vieillissant aurait ou imaginé ou emprunté à l'école pythagoricienne une théorie plus rationnelle.

ainsi d'un vif éclat toute l'étendue du ciel, et fît participer à la science du nombre tous les êtres vivants qui en avaient le privilège. » A cette autre question : la nature doit-elle durer toujours ? le philosophe n'a pas donné davantage de réponse formelle (1) : car ce n'est qu'aux éléments divins de la création que s'adresse la promesse souveraine du Démiurge : « Vous dont je suis l'artisan et le père, vous êtes indissolubles, parce que je le veux. Tout ce qui est composé peut être dissous, mais il n'y a qu'un méchant qui puisse vouloir anéantir ce qui est beau et bien proportionné. »

Sur le mouvement « les vues de Platon sont incomplètes ou peu précises, mais pleines de grandeur, et à quelques égards elles peuvent passer pour le dernier mot de l'esprit humain sur ce profond et difficile sujet... Après les travaux des philosophes et des mathématiciens modernes, on en sait beaucoup plus long sans doute, et l'analyse a mis en lumière une foule de détails dont Platon n'a pas eu le moindre soupçon. Mais c'est lui qui, le premier, a placé ce problème à la hauteur qu'il devait toujours conserver... La question du mouvement dans le monde et dans la nature se lie intimement à la question même de Dieu et de sa Providence. Platon l'a bien compris et c'est une gloire qui lui appartient mieux qu'à qui que ce soit (2) ». L'argument du « premier moteur » n'a été mis en forme que par Aristote, mais l'idée originelle revient à Platon.

Dans le *Timée* quatre grands principes doivent rendre compte des lois d'équilibre de l'univers : l'impulsion circu-

---

(1) Voir notamment *Timée*, 38 B. — Quant à la série indéfinie de destructions et de créations qu'implique le mythe du *Politique*, je laisse à ceux qui admettent l'authenticité de ce dialogue le soin de mettre d'accord cette doctrine avec les enseignements tout opposés du *Timée*.

(2) BARTHÉLEMY SAINT-HILAIRE. — En dehors du *Timée*, sauf le passage du *Théétète* (141 D) où tous les mouvements sont ramenés les uns à l'ἀλλοίωσις, les autres à la φορά, je ne vois que les derniers livres des *Lois* où Platon se soit étendu sur la nature et les divers genres du mouvement.

laire qui lui a été imprimée, l'attraction des semblables, la loi de transformation des éléments, enfin la répartition, dans l'espace, de la masse principale de chacun des quatre corps primitifs.

Reste maintenant à expliquer cette forme d'activité, cette source supérieure de mouvement qui s'appelle la vie. Les premiers Ioniens avaient admis qu'une certaine puissance inséparable de la matière l'organise et l'anime. Le fond de cette théorie se retrouve chez Platon, mais avec cette différence que les causes secondes, telles qu'il les détermine, ne lui ont caché ni le pouvoir ni la bonté de la cause première, habile à se ménager des auxiliaires dans le gouvernement de ce vaste univers, en vue d'y réaliser autant que possible le règne du bien (1). Et sur ce point Platon fait une constatation qui après vingt siècles et plus n'a rien perdu de sa justesse : « Aux yeux de la plupart des hommes, ces causes ne sont pas seulement secondaires, mais principales, parce qu'elles échauffent, refroidissent, condensent, dilatent et produisent mille effets analogues : or elles sont incapables de raison et d'intelligence. »

Ce qu'il faut noter avant tout, c'est que sur le terrain cosmologique plus que partout ailleurs Platon est resté fidèle aux vues de Socrate son maître. Loin de se persuader avec certains modernes que « la croyance à une finalité consciente compromet gravement l'explication scientifique de la nature », après avoir défini avec netteté dans le *Phédon* (2) le principe même des causes finales, il en a fait dans le *Timée* une constante application (3). S'il paraît débuter par une explication

---

(1) *Timée*, 46 C : τὰ ξυναίτια, οἷς θεὸς ὑπηρετοῦσι χρῆται. C'est de la même façon que le corps est attaché au service (ὑπηρεσία) de l'âme.

(2) 97 C : τὸν νοῦν κοσμεῖν πάντα καὶ ἕκαστον τιθέναι ταύτῃ, ὅπῃ ἂν βέλτιστ' ἔχῃ.

(3) Théophraste a dit de lui très justement : μόνος ἢ μάλιστα τῇ ἀπὸ τοῦ προνοοῦντος αἰτίᾳ κατεχρήσατο. Mais si Platon approuve hautement et emploie sans cesse cette façon de raisonner, il en pressent les écueils : « Sur les raisons qui ont déterminé la formation des êtres,

mécaniste des choses, il se hâte d'y superposer une explication finaliste (1) : des types spécifiques qui ne trouvent ni dans la matière leur cause efficiente, ni dans la géométrie leur représentation nécessaire, ne peuvent être l'œuvre que d'une volonté intelligente. Ici ontologie et téléologie ne font vraiment qu'un.

Au jugement de Platon (et cette thèse sera reprise après lui par les stoïciens) le monde considéré dans sa totalité doit posséder toutes les perfections de ses parties : aussi nous le présente-t-il tantôt comme un animal vivant, tantôt même comme un dieu : définitions étranges, dont s'accommodent mal nos propres habitudes d'esprit. Ce qui a surtout frappé l'auteur du *Timée*, c'est la nécessité d'établir un intermédiaire entre l'idée et la matière inerte. Cet intermédiaire Platon crut le trouver dans l'âme (2), principe divisible en même temps qu'incorporel, « participant de la raison et de l'harmonie des êtres intelligibles et éternels ». A ce prix seulement, puisque le démiurge est rentré dans son repos, peut s'expliquer la conser-

---

pour pouvoir dire : voilà la vérité, il faudrait l'avoir apprise de Dieu même ».

(1) « The reality of things lies in their purpose... The finged search for sensation is transformed into a moral and enthousiastic cult of goodness » (Bigg, *Christian platonists*, p. 100 et 106). Ainsi tandis que l'observation nous fait connaître les étapes successives des divers et innombrables procès qui s'accomplissent dans la nature animée et inanimée, seul notre sens moral nous en révèle la signification. — Nous verrons cependant dans une partie subséquente de ce travail la place d'honneur qu'occupe Platon dans la science proprement dite.

(2) Platon ne semble pas avoir clairement saisi en quoi l'unité de l'être moral diffère de celle d'un corps organisé, laquelle à son tour lui sert, comme on le sait, pour définir l'unité nécessaire dans les ouvrages de l'esprit. — Notons en passant que dans le *Phèdre* où Platon touche d'assez près à ces divers problèmes, il n'est question qu'indirectement d'une âme du monde, théorie admissible pour les anciens, aux yeux desquels l'âme est avant tout un principe de mouvement, tandis que pour nous modernes, tous élevés plus ou moins à l'école de Descartes, c'est une substance dont toute la nature est de penser.

vation indéfinie de l'ensemble de la création avec l'ordre qui y éclate de toute part. « Une œuvre privée d'intelligence ne peut être plus belle dans son ensemble qu'une œuvre pourvue d'intelligence : donc Dieu mit une âme dans le monde. » Argumentation étrange, mais conforme aux idées de l'antiquité qui n'avait pas encore appris à isoler la cause de l'effet dans les grands phénomènes de la création.

Cette conception de l'âme du monde sans laquelle aux yeux de Platon la nature fût restée muette et inerte, cette « biologie de l'univers », pour parler comme Galien, avait été ébauchée dans plusieurs des philosophies antérieures : plus tard le stoïcisme en fera un de ses dogmes essentiels (1). Telle que le *Timée* l'expose dans un langage où un symbolisme qu'on pourrait croire oriental se mêle constamment à l'élément scientifique, elle ne manque ni de poésie ni de grandeur (2) ; mais Platon a eu le tort de prendre pour un être à part, extérieur à la matière, l'ensemble harmonieux des lois qui régissent ce vaste univers (3).

---

(1) Dans le vers célèbre où Virgile a traduit cet axiome de la cosmologie stoïcienne (*Enéide*, vi, 727) Benoît interprète le verbe réfléchi *se miscet* comme la marque d'une idée plus nette de l'action exercée par l'âme du monde sur le corps qu'elle anime. — Platon nous la présente comme formée du mélange du *même*, de l'*autre*, et d'une essence intermédiaire que M. Brochard croit être le nombre. Et pourquoi cet alliage ? c'est, a-t-on répondu, en vertu du principe : *simile simili cognoscitur*, afin que cette âme soit capable de connaître tous les genres de réalités. Cette explication ne me paraît guère satisfaisante : si elle était exacte, il faudrait convenir que les prétendus idéalistes de la Grèce antique étaient des réalistes renforcés.

(2) Dans son remarquable mémoire *Über die platonische Weltseele* Bœckh s'exprime comme il suit au sujet des fictions du *Timée* : « Als Ideen verdienen sie alle Achtung ; sie sind ächt humane Ideen. Nicht die reine Form des Weltalls ist ausgesprochen, sondern eine Form, unter welcher dasselbe ein Pythagoras, ein Platon empfangen, oder wozu er es gestaltet hat. Und sollten wir trefflicher Meister schöne Gebilde nicht mit Liebe betrachten, wenn auch die Originale, nach welchen sie gearbeitet worden, nicht getroffen sind ? »

(3) A cette question : « Y a-t-il un nombre infini de mondes ou seulement un nombre limité ? » Platon répond : « Celui qui réfléchira

Nous retrouverons un peu plus loin la contribution apportée par Platon non plus à la philosophie, mais à la science proprement dite de la nature : essayons de résumer les impressions qui se dégagent de cette partie de son œuvre.

Évidemment ce que les anciens appelaient la *physique* (1) n'a pour Platon qu'une valeur toute relative. Sur ce terrain, il ne cesse de le répéter, l'esprit humain ne peut aller au delà d'une probabilité ou même d'une simple vraisemblance (2) : et les seules affirmations catégoriques qu'il se permet sont une application de ses principes métaphysiques (3).

« En fait, le monde sensible existe de quelque manière : rationnellement, il n'est que possible en lui-même, il est pure

---

attentivement comprendra qu'on ne saurait tenir pour un nombre infini — thèse de Démocrite — sans manquer de connaissances qu'il n'est pas permis de ne pas avoir. Mais n'y en a-t-il qu'un seul ou plusieurs ? Problème embarrassant à résoudre. Quant à nous, nous pensons que l'opinion d'un monde unique est la plus vraisemblable : mais un autre placé à un point de vue différent pourrait fort bien en juger autrement ». (55 C)

(1) Les diverses expressions employées dans la suite, ἡ φυσικὴ διέξοδος, ὁ φυσικὸς λόγος, ou ἡ φυσικὴ tout court, n'existent pas chez Platon.

(2) Il y a néanmoins, à mon avis, quelque exagération dans le jugement suivant d'Archer-Hind : « Physical speculations according to Plato are profitable only in so far they can be made subservient to metaphysical science : to suppose that they have any intrinsic merit is an egregious error. They can only be pursued for their own sake with a view of recreation. » — Platon nous avait sans doute promis un divertissement dans le *Timée* : mais ce divertissement a par accès des allures singulièrement sérieuses et scientifiques. D'ailleurs le philosophe lui-même a pris soin de distinguer entre les vérités dont il a la certitude et les hypothèses qu'il avance avec la parfaite conscience des limites imposées à nos connaissances, limites que les savants modernes sont si disposés à oublier ou à franchir.

(3) Si de ce chef le positivisme contemporain le condamne, rappelons-nous cette déclaration d'E. Caro : « Avant de saisir l'ordre dans ses manifestations variées, nous le pressentons, nous affirmons *a priori* que le Cosmos est intelligible, c'est-à-dire que ses phénomènes sont de nature à être ramenés à une unité rationnelle. »

matière : rationnellement aussi il y a une réalité à laquelle il participe d'une manière mystérieuse. » Après avoir ainsi résumé à son point de vue la doctrine de Platon, M. Fouillée ajoute : « Maintenant, est-il nécessaire de donner un nom et comme une étiquette à son système ? Dualisme, création, idéalisme, panthéisme, ces mots sonores ne sont-ils pas souvent bien vides ? Ce qui est certain, c'est que dans le cas présent ils seraient ou trop précis ou trop vagues pour désigner la doctrine platonicienne (1). » Peut-être cependant notre embarras cesserait-il si l'authenticité du *Sophiste* était absolument démontrée (2). Que lit-on en effet dans une page peu connue et rarement citée de ce dernier dialogue :

« Les êtres vivants, les plantes, les objets inanimés contenus dans les entrailles de la terre, est-ce une autre puissance, une autre action que celle d'un Dieu qui a fait que, n'existant pas d'abord, toutes ces choses ont dans la suite commencé d'être ? ou bien, faut-il là-dessus adopter la croyance et le langage de la foule, persuadée que c'est la nature qui engendre tout par une cause mécanique que ne dirige pas la pensée ? » (3)

Ce qui est remarquable, ce n'est pas que la première opinion soit adoptée par l'auteur avec la même conviction qui lui fait repousser la seconde : ce sont les expressions mêmes dont il se sert pour la traduire : ni Platon ni aucun autre écrivain païen ne s'est jamais approché de plus près de la notion judaïque et chrétienne de la création.

---

(1) « Yet herein Plato was defective that he did not correct and reform the abuse of this word *Nature*, that he did not screw it up to a higher and more spiritual notion. » (CULVERWELL, *On the light of nature*, p. 37 de l'édition de 1857.)

(2) M. Lutoslawski tient d'ailleurs le *Sophiste* pour l'un des derniers écrits de Platon : « This dialogue belongs evidently to Plato's old age, and is, just as the *Timæus*, much later than the *République* and *Phædrus* » (p. 441).

(3) 265 C : Μῶν ἄλλου τινὸς ἢ θεοῦ δημιουργοῦντος φήσομεν ὕστερον γίνεσθαι πρότερον οὐκ ὄντα ;

Constatons en outre que si en maint passage la doctrine platonicienne confine au panthéisme, l'auteur de la *République* et du *Timée* n'en a pas moins tenté un visible effort pour échapper à la fascination mystérieuse que ce système a de tout temps exercée sur de grands esprits. Bref, et pour conclure avec Nourrisson, cet idéalisme, quand on a soin de le dégager des abstractions et des mythes (1), se traduit en une philosophie de la nature qu'à beaucoup d'égards les modernes n'ont pas surpassée. Si Platon n'est pas allé jusqu'à concevoir et affirmer nettement l'acte créateur, dont ni la raison intuitive ni la raison discursive ne sauraient nous donner une représentation adéquate (2), du moins il a le ferme vouloir de distinguer et de maintenir à leur place la matière, l'homme et Dieu. Pour qui pénètre au fond des choses, l'élément essentiel de la philosophie de la nature chez Platon, c'est le divin (3) : cet élément, il le cherche et le met

---

(1) Dans sa thèse audacieuse *De Platonicis mythis*, M. Couturat s'appuie sur certaines expressions poétiques et métaphoriques du *Timée* pour écrire un chapitre sous ce titre : *Mundi fabrica mythica est*. Sans entamer ici sur ce point une polémique en règle, je me bornerai à répondre avec M. Apelt : « Als tieferste Wahrheit bleibt doch der Grundgedanke des Mythus stehen, im Timæus zum Beispiel, der Gedanke von Gott als dem letzten Grund der Dinge, als dem heiligen Urheber der Welt. Auch die Ideen verdanken ihr Sein der Gottheit. »

(2) A ce propos on a dit avec raison que Platon s'était arrêté devant la seule lacune que la raison se soit reconnue impuissante à combler. Seule la notion de création va jusqu'au bout de l'idée de puissance, c'est-à-dire jusqu'au bout de l'idée divine. C'est qu'en effet aussi longtemps que la nature est indépendante de Dieu dans son être, elle ne lui est pas absolument soumise dans son évolution : il y a ou du moins on conçoit toujours dans le monde un *fatum*, une fatalité primordiale, une nécessité indestructible qui limite et entrave l'action providentielle de la divinité.

(3) D'après une légende que rapportait Aristoxène, un sage de l'Inde venu à Athènes aurait amèrement reproché à Socrate d'avoir prétendu fonder la science humaine en dehors de la science divine. Ce n'est pas à l'auteur du *Timée* que semblable reproche pourrait être légitimement adressé. Il rejette avec une égale conviction toute théorie qui demande à la nature seule l'explication de l'homme.

en lumière partout : dans la nature entière, là où Dieu n'est pas, là où il n'intervient pas, c'est le chaos.

Mais c'est une erreur manifeste de prétendre, comme on l'a fait souvent, que le monde sensible n'a et ne peut avoir aucune place dans le système platonicien : si la *République* professe un idéalisme qui ne s'accommode que de l'immatériel et de l'invisible, dans le *Timée* le philosophe redescendu des hauteurs de la spéculation pure cesse de regarder avec cette impassible indifférence les phénomènes si variés de la création. Pour être un plus grand méditatif encore que Malebranche, il ne se résout pas comme celui-ci à n'écouter que « celui qui ne nous quitte jamais et nous éclaire toujours » : et dans la contemplation de la nature il voit une invitation plutôt qu'un obstacle à ses profondes réflexions sur l'idéal du vrai, du beau et du bien (1).

Les successeurs immédiats de Platon à l'Académie ne nous retiendront pas longtemps : d'abord parce que leurs œuvres ne sont pas arrivées jusqu'à nous (2), et ensuite parce qu'on ne voit pas la place que l'étude réelle et vraiment scientifique de la

---

(1) Il est certain que la nature chez Platon, comme chez tous les penseurs qui mettent le divin au premier plan, n'a en somme qu'un rôle secondaire : aussi le retour de l'idée et du mot est-il bien moins fréquent dans sa cosmologie que dans celle d'Aristote. Sans parler de l'acception moderne du terme, dont Timée se rapproche évidemment d'assez près quand il dit (47 A) en parlant des révolutions merveilleuses des astres : περὶ τῆς τοῦ παντὸς φύσεως ζήτησιν ἔδοσαν, Platon emploie φύσις pour désigner soit les qualités des choses (p. ex., *Lois*, IV, 714 B) soit leur constitution (p. ex., *Phèdre* 270 D, *Philèbe* 59 A), soit surtout leur essence, en concurrence avec les deux mots techniques εἶδος et ἰδέα (p. ex., *Phèdre* 254 B, ἡ τοῦ κάλλους φύσις, *République*, IV, 429 D). Le *Philèbe* et le *Sophiste* en particulier offrent de très nombreux cas de cette dernière substitution.

(2) Parmi les ouvrages de Speusippe, Diogène Laërce (IV, 2, 4) cite Τὰ ὅμοια en 10 livres : or, si nous en croyons Athénée, c'était un traité de physique ou d'histoire naturelle. De même Thémistius attribue à Xénocrate un Περὶ φύσεως.

nature pouvait tenir dans leur enseignement (1). Aussi bien la théorie des nombres idéaux, professée, dit-on, par Speusippe et Xénocrate, nous ramène aux rêves les plus bizarres du pythagorisme. Le second de ces philosophes passe également pour avoir soutenu une thèse chère à maint philosophe allemand et français de ce siècle, à savoir que le parfait, au lieu d'exister au commencement de toutes choses, ne se rencontre qu'au terme dernier de leur évolution. Il semble également qu'après Platon il n'y ait plus, dans l'enseignement de l'Académie, de trace positive du beau rôle assigné au démiurge par le *Timée*. Avait-on jugé que dans cette partie de la doctrine platonicienne le raisonnement s'effaçait trop devant les créations de l'imagination ? L'hypothèse est permise, bien qu'aucun texte ne la confirme.

Des fondateurs de la moyenne et de la Nouvelle Académie, Arcésilas et Carnéade, la cosmologie avait encore moins à attendre. Enfermés dans de subtiles discussions sur le critérium et les modes divers de la connaissance, tout entiers aux luttes qu'ils engagèrent contre l'empirisme stoïcien, ils paraissent s'être absolument désintéressés de l'étude de la nature que nous allons voir, au contraire, en grande faveur dans le Lycée et le Portique.

---

(1) Le *De natura deorum* (I, 13) fait sur ce point à Speusippe un reproche des plus graves : « Vim quamdam dicens, qua omnia regantur, eamque animalem, evertere conatur ex animis cognitionem deorum ». Certains de nos évolutionnistes modernes s'expriment d'une façon au fond toute semblable. — Quant à Xénocrate, dans les fragments que nous possédons, il est question d'un triple Ζεύς, ὕπατος, μέσος, νεατός : mais φύσις n'apparaît nulle part. Ce sont sans doute des préoccupations d'ordre essentiellement métaphysique qui lui avaient fait assigner aux phénomènes célestes sous le nom de δοξαστά une place intermédiaire entre les αἰσθητά du monde matériel et les νοητά du monde purement intelligible. — Les critiques paraissent également d'accord pour appliquer aux premiers successeurs de Platon à l'Académie une phrase remarquable du livre N de la *Métaphysique* (4, 1091a33): παρὰ τῶν θεολόγων ἔοικεν ὁμολογεῖσθαι τῶν νῦν τισίν, οἵ φασιν προελθούσης τῆς τῶν ὄντων φύσεως καὶ τὸ ἀγαθὸν καὶ τὸ καλὸν ἐμφαίνεσθαι.

VI. — Aristote (1).

Si l'on nous demandait quel est de tous les philosophes de l'antiquité celui qui a le mieux compris la nature, qui en a fait l'étude la plus sérieuse, la plus complète, la plus approfondie, nous n'hésiterions pas à répondre : c'est Aristote. Un ancien l'avait qualifié d'une façon à la fois originale et expressive : il le nommait « le secrétaire de la nature » (ὁ τῆς φύσεως γραμματεύς) : rien de plus exact. Avant lui nul ne l'avait aussi bien connue : après lui jusqu'au XVIe siècle, combien ont pu légitimement se vanter de mieux la connaître ? Génie puissant, il a, selon le mot de Hegel, asservi à l'idée la richesse et la dispersion des phénomènes, et de l'aveu de Lange son adversaire, son système est le modèle le plus parfait d'une conception du monde, une et complète, que l'histoire nous ait présenté jusqu'à ce jour : par là comme par sa confiance imperturbable dans son œuvre s'explique le prestige qu'il a exercé sur tant de générations. Il est à remarquer, en effet, que tandis que Platon a pleine conscience des obscurités et des mystères de la science, de l'incertitude de ses théories, et de ce qu'il est obligé pour ainsi dire malgré lui de mêler de fantaisie à ses vues même les plus profondes, Aristote, au contraire, procède d'ordinaire avec un dogmatisme qui semble exclure jusqu'à la possibilité d'une contradiction. On dirait qu'il n'a ni rencontré sur sa route ni même soupçonné ces

---

(2) En 1852 paraissait un mémoire intitulé *Le premier moteur et la nature dans le système d'Aristote*, par Ch. Lévêque. C'étaient les prémices philosophiques d'une des plus belles et des plus sympathiques intelligences qu'ait comptées la France du XIXe siècle.

difficultés auxquelles nos savants modernes les plus éminents se heurtent un peu plus tôt, un peu plus tard, quand ils veulent remonter jusqu'aux premiers principes de la science. Il aborde ces problèmes obscurs avec une puissance d'esprit merveilleuse, mais aussi avec une assurance aussi appréciée des uns qu'elle est importune aux autres.

Nous examinerons plus tard ce que la science proprement dite doit à cet infatigable observateur : mais si à ses heures Aristote a été un naturaliste, et de premier ordre, les choses de l'esprit ont pour lui un intérêt égal et même supérieur (1). Avant tout il est logicien, moraliste, métaphysicien (2) : en même temps qu'à certains égards il fait dépendre l'éthique et la politique de la physique, il introduit à l'exemple de Platon son maître des notions d'ordre métaphysique ou moral dans la considération et l'explication de l'univers, et ce que les uns ont vivement admiré, d'autres le lui ont non moins vivement reproché (3).

On sait qu'Aristote (et il convient de l'en louer) se plaît à définir le sens des mots qu'il emploie, en conformité ou en opposition avec celui que leur assigne le langage courant. C'est avec ce besoin de clarté et de précision qu'en deux endroits (4) il passe en revue les acceptions déjà très diverses alors du mot φύσις. A-t-on recours à l'étymologie ? c'est la

---

(1) On a résumé très heureusement les mérites de sa méthode en disant qu'elle rappelle tout ensemble les idéalistes à l'étude de la réalité et les positivistes au respect des lois métaphysiques.

(2) *Métaphysique*, III, 3,1005a 33 : Ἐπεὶ δ'ἐστὶν ἔτι τοῦ φυσικοῦ τις ἀνωτέρω,... ἔστι σοφία τις καὶ ἡ φυσική, ἀλλ' οὐ πρώτη. Rappelons à propos de ce texte que selon M. Waddington Aristote paraît avoir été le premier à employer les mots désormais si usuels de φυσική et φυσικός (qu'il oppose tantôt à τεχνικός, tantôt à βίαιος ou ἐπίθετος).

(3) « Aristote a corrompu dans ses sources toute étude de la nature, en plaçant dans des formes transcendantes les causes du mouvement » (Lange). Ravaisson qui a élevé à la gloire de la *Métaphysique* un monument si imposant, n'en signale pas moins chez Aristote des formules qui, pour être plus voisines de la réalité que les nombres de Pythagore ou les idées-nombres de Platon, sont cependant encore fort loin d'elle.

(4) *Physique*, II, 1 et *Métaphysique*, IV, 4.

simple production d'un être ou d'un phénomène (γένεσις τῶν φυομένων). Mais l'être étant nécessairement tiré de quelque matière, de quelque substance (1), cette substance sera appelée sa nature (ἐξ οὗ φύεται πρῶτον τὸ φυόμενον ἐνυπάρχοντος) (2). Mais est-ce là l'élément le plus important de l'être ? Non sans doute : la forme, voilà ce qui le détermine, ce qui le caractérise, ce qui lui assure une existence individuelle et distincte : de là un emploi nouveau et mieux justifié encore du mot φύσις (ἡ μορφὴ καὶ τὸ εἶδος, τὸ οὕτως ἔχειν (3). Enfin par extension ce mot a fini par désigner toute essence (μεταφορᾷ δ'ἤδη καὶ ὅλως πᾶσα οὐσία φύσις λέγεται) (4).

Veut-on maintenant connaître en quoi le physicien diffère du métaphysicien ? Aristote dira que le premier cherche à définir les êtres concrets (5) dans lesquels matière et forme sont inséparablement unies, tandis que le second étudie dans les êtres l'attribut, la qualité détachée de la matière. Au troisième livre de la *Physique* nous trouvons une distinction toute semblable tracée entre le physicien et le mathématicien. Il en résulte que la physique est « la science des êtres capables de mouvement et de leur essence immanente (6) ». Parmi

---

(1) Ὑποκείμενον γάρ τι καὶ ἐν ὑποκειμένῳ ἐστὶν ἡ φύσις ἀεί.

(2) Tel l'airain de la statue. — Barnet (*Early Greek philosophy*, Londres 1892) croit que c'est ainsi que les φυσιολόγοι de l'école d'Ionie prenaient le mot φύσις, puisque ὕλη n'a été introduit dans la langue philosophique que par Aristote.

(3) C'est la base de la persistance des espèces : ὥστε εἶναι φανερὸν ὅτι ἔστι τι τοιοῦτον ὃ δὴ καὶ καλοῦμεν φύσιν (*De part. anim.* I, 1, 641^{b}25).

(4) *Métaphysique*, IV, 4, 1015^{a}11. Il est incontestable qu'une des difficultés les plus fâcheuses dans l'étude de la philosophie résulte du caractère fuyant et flottant de ces termes abstraits tels que *nature, force, matière, essence*, etc., auxquels tout métaphysicien est forcé de recourir et qui changent d'acception non seulement d'un système à un autre, mais parfois à l'insu de l'auteur, d'une page à la suivante d'un même ouvrage.

(5) A propos de ces êtres Aristote fait une remarque intéressante : τὸ δ'ἐκ τούτων (la matière et la forme) φύσις μὲν οὐκ ἔστι, φύσει δέ, οἷον ἄνθρωπος.

(6) *Métaphysique*, V, 1, 1025^{b}26 : ἡ φυσικὴ θεωρητική τις ἂν εἴη, ἀλλὰ θεωρητικὴ περὶ τοιοῦτον ὃ ἔστι δυνατὸν κινεῖσθαι καὶ περὶ οὐσίαν τὴν κατὰ

ces êtres, les uns sont périssables, les autres impérissables : mais tous sont des corps ou renferment des éléments corporels (1), et par nature en général il faudra entendre « la force créatrice, cause première du mouvement et du repos, existant par elle-même et non par accident dans l'objet où elle existe (2) » (ἀρχὴ κινήσεως καὶ μεταβολῆς). Cela posé, étudier des abstractions, comme les Pythagoriciens, c'est tourner le dos à la nature (οὐ περὶ φύσεως ζητεῖν) ; même reproche à adresser à ceux qui comme Platon se mettent dans l'impossibilité d'expliquer le mouvement (3). La physique contemporaine, avec ses découvertes et ses conquêtes vraiment merveilleuses, eût pu à la rigueur trouver place dans les frontières agrandies de celle d'Aristote : mais cette dernière se distingue mal de la métaphysique qui tantôt l'envahit et tantôt se laisse pénétrer par elle (4).

τὸν λόγον ὡς ἐπὶ τὸ πολὺ οὐ χωριστήν. — Cette science est d'ailleurs appelée tantôt ἡ φυσικὴ ἐπιστήμη (*Métaph.* XI, 1061b28) ou ἡ περὶ φύσεως ἐπιστήμη (*Phys.*, I, 1 184a15), tantôt ἡ φυσικὴ σκέψις (*De cœlo*, III, 1, 298b20), ἡ περὶ φύσεως ἱστορία (Ib., 298b2), οἱ περὶ φύσεως λόγοι (*Métaph.* I, 8, 990a7). Simplicius nous apprend que de son temps sous ce titre commun Φυσικά on comprenait outre la *Physique* le traité *Du ciel*, le traité *De l'âme*, et plusieurs autres.

(1) *De cœlo*, III, 1, 298b3 : αἱ φυσικαὶ οὐσίαι ἢ σώματα ἢ μετὰ σωμάτων γίγνονται. Les êtres naturels sont désignés tour à tour par les mots τὰ φύσει, τὰ φύσει ὄντα ou γιγνόμενα, τὰ φύσει συνεστῶτα, τὰ φυσικά, αἱ φυσικαὶ οὐσίαι, etc.

(2) *Physique*, II, 1, 192b21 : ὡς οὔσης τῆς φύσεως ἀρχῆς τινὸς καὶ αἰτίας τοῦ κινεῖσθαι καὶ ἠρεμεῖν ἐν ᾧ ὑπάρχει πρώτως καὶ μὴ κατὰ συμβεβηκός.

(3) *Métaphysique*, I, 7, 988b2. Aristote lui-même soumettra cette notion du mouvement à une analyse des plus savantes : n'en soyons pas surpris. « Il faut bien nous dire que le mouvement est dans l'ordre des idées le premier fait que doit constater la science de la nature et dont elle doit se rendre compte, sous peine de ne pas assez se comprendre elle-même. » (Barthélemy Saint-Hilaire, préface de la traduction de la *Physique*). Mais lorsqu'il s'agit de la science des lois et de l'économie de ce vaste univers, en quoi le Démiurge du *Timée* constitue-t-il une explication moins plausible et moins raisonnable que le Premier moteur de la *Métaphysique* ?

(4) « Il importe d'étudier ces matières non pas seulement pour la connaissance de la nature, mais en outre pour la science des principes premiers des choses » (*Physique*, VIII, 1, 251a5).

Passons sur la matière qui dans le péripatétisme n'a pas en elle-même d'être véritable (1), ni de qualités tombant sous les sens : bien différente de ce que nos savants ont entre les mains dans leurs laboratoires et leurs amphithéâtres, elle n'est que par rapport à ce qui doit sortir de son union avec la forme. Nous pouvons la concevoir, non la percevoir (2) : possibilité pure (3), substratum des états les plus opposés, virtualité de tout ce qui est actuel, tantôt considérée comme une substance, tantôt se voyant refuser cette qualification, elle doit toute son importance à ce seul fait qu'elle intervient inévitablement dans la production des êtres. Est-ce à dire, dès lors, qu'il n'y ait qu'une matière unique dont les corps simples sont en quelque sorte les modes (4) ? Aristote a cherché sans doute à distinguer entre la matière première et ce qu'il appelle la matière seconde : mais quelle explication vraiment scientifique attendre d'une théorie où les qualités élémentaires des corps deviennent de véritables êtres de raison auxquels on a fini par attribuer les modes d'action les plus fantastiques !

Il y a comme un dernier écho de l'hylozoïsme ionien dans cette tendance qu'Aristote reconnaît à la matière (δεκτικόν, περιεχόμενον) vers la forme (περιέχον), son complément nécessaire. A peine a-t-on franchi ce degré inférieur de l'être que la nature nous apparaît à l'œuvre dans ses incessantes créations. Non seulement elle est le but à atteindre (ἡ φύσις τέλος καὶ οὗ ἕνεκα) mais c'est elle-même qui est chargée de le réaliser (ἡ αἰτία ἡ οὗ ἕνεκα) (5). Et elle agit comme le ferait un artiste, travaillant en toute circonstance d'après un plan arrêté. A un finalisme d'organisation s'ajoute dans ses œuvres un autre finalisme de des-

---

(1) « Materia secundum se nec esse habet, nec cognoscibilis est », écrit S. Thomas commentant son maître Aristote.

(2) Σῶμα οὐκ ἂν εἴη, σωματικὴ δέ (Stobée, *Ecl.* I, 12, 5).

(3) Il est à remarquer que, d'après la théorie péripatéticienne, le non-être et l'être ne sont pas des termes radicalement incompatibles, mais deux états successifs d'une seule et même chose.

(4) Certains textes sont contraires à cette supposition : ainsi, *Physique*, III, 2, 194^{b}8 : ἔτι τῶν πρός τι ἡ ὕλη· ἄλλῳ γὰρ εἴδει ἄλλη ὕλη.

(5) *Physique*, II, 8, 199^{a}30.

tination : « Il y a, écrit Aristote, un pourquoi et une fin dans toutes les choses qui existent ou se produisent au sein de la nature. » L'erreur du grand philosophe n'a pas été de croire aux causes finales (1) (qu'il fait passer en quelque sorte au premier plan, même avant les causes efficientes), mais de se persuader que la fin des diverses classes d'êtres pouvait être ou observée immédiatement ou, sinon, déterminée dogmatiquement *a priori*, par une sorte d'induction téléologique en dehors de toute indication, de toute révélation fournie par l'expérience. Ainsi le mouvement circulaire étant à ses yeux le seul mouvement continu doit être celui de tous les corps simples : le nombre des espèces animales, la succession des saisons sont des conséquences que l'on peut déduire à la façon des propriétés du triangle. Aristote refait de la sorte l'univers par le raisonnement, à l'aide d'idées absolues de convenance ou de nécessité (2) : et la méprise d'un grand homme a retardé de vingt siècles la prise de possession définitive de la nature par le génie humain.

Mais si cette conception du monde prête à de justes critiques, en revanche quel magnifique piédestal pour la nature, seule ouvrière visible dans cet immense atelier de production (3) ! Voilà la puissance souveraine avec laquelle il faut

---

(1) S'il faut en croire un récent historien de la philosophie du moyen âge, cette expression « cause finale » apparaîtrait pour la première fois dans les écrits d'Abélard.

(2) Ceci me remet en mémoire une boutade légèrement ironique de Malebranche, à propos précisément d'une des explications les plus téméraires d'Aristote. Cela est assez surprenant, écrit l'auteur de la *Recherche de la vérité* (III, 1) : mais il n'y a rien de caché à ce grand homme, et il rend raison d'un si grand nombre de choses dans presque tous ses ouvrages de physique que c'est avec raison qu'on dit de lui qu'il nous a été donné de Dieu afin que nous n'ignorassions rien de ce qui peut être connu et même, aurait dû ajouter Averroës, de ce qu'il est impossible de savoir.

(3) Lévêque ne veut pas que dans ces divers textes d'Aristote on entende par « *nature* une force générale, unique, la même partout », et la raison qu'il allègue, c'est que l'universel n'a qu'une existence logique. Mais alors pourquoi Aristote parle-t-il constamment de la nature au singulier? N'est-ce pas lui qui admire ce mot d'Homère : οὐκ ἀγαθὸν πολυκοιρανίη ?

compter : partout présente, toujours active, elle prend la place et revêt la grandeur du Démiurge du *Timée* : comme lui elle s'efforce de réaliser dans des êtres périssables, autant qu'il est en elle, l'éternel et le divin : comme lui elle poursuit par des méthodes aussi ingénieuses qu'efficaces l'exécution d'un plan harmonieusement conçu. Toutes les créatures nous apparaissent ainsi comme pourvues d'une sorte de ressort intime, système complet de lois harmoniques, force plastique orientée vers leur fin individuelle. Néanmoins la nature n'atteint pas fatalement son but (1) : non seulement elle est faillible en même temps qu'intelligente, mais devant elle se dressent parfois des obstacles inattendus. Comme Platon, Aristote a été amené à faire une part à cet élément irrationnel que l'un et l'autre ont appelé la nécessité (2). La nature aspire au bien, mais le défaut de réceptivité dans la matière lui crée des empêchements invisibles : de là dans son action des déviations qui aboutissent à des anomalies, ou même à des monstruosités. C'est son privilège et son honneur de ne rien faire au hasard (*De cœlo*, II, 8, 290ª31, οὐδὲν γὰρ ὡς ἔτυχε ποιεῖ ἡ φύσις), rien en vain (16, 291ᵈ 13), rien sans raison (3). Et cependant le hasard a son rôle dans

---

(1) Les types idéaux des êtres représentent pour Aristote des modèles autour desquels la nature gravite, si l'on peut user ici de cette expression. Dans ses *Problèmes* (X, 45), le philosophe constate qu'à chaque espèce d'animaux apprivoisés correspond une espèce demeurée sauvage, tandis que la réciproque n'est pas exacte : et comparant à ce propos, comme il le fait souvent, les œuvres de la nature à celles de l'art, il termine par ces mots : ὁμοίως καὶ ἡ φύσις φαῦλα μὲν πάντα ποιεῖ πλείους καὶ πλείω, σπουδαῖα δ'ἐλάττω, καὶ οὐ πάντα δύναται. Et il constate que dans la réalité il sort des mains de la nature bien peu de chefs-d'œuvre.

(2) Aristote est du nombre des philosophes qui estiment que la nécessité, de quelque manière d'ailleurs qu'on la définisse, n'a pas dans les choses une existence absolue, mais seulement conditionnelle. En outre, tandis que Platon dans les *Lois* avait hasardé l'hypothèse d'une double âme du monde, l'une bonne, l'autre mauvaise, Aristote rejette tout principe intrinsèque de mal : οὐκ ἔστι κακὸν παρὰ τὰ πράγματα..

(3) Ces affirmations posées, il est d'autant plus remarquable de voir Aristote expliquer par des « jeux de la nature » les fossiles, ces restes surprenants dont l'origine a si fort intrigué l'antiquité.

l'univers (1). Quoique adversaire irréconciliable des théories de Démocrite, Aristote combat les philosophes qui avaient exclu formellement la Fortune du gouvernement du monde, et il n'hésite pas à en appeler contre eux à l'opinion du vulgaire : aussi bien, au milieu de ses contemporains devenus incrédules le culte de Τύχη faisait les plus inquiétants progrès (2).

Il ne reste donc à la nature qu'à produire le mieux dans la mesure des circonstances, dans la proportion des moyens et des matériaux dont elle dispose (3). Dispensatrice suprême de toutes les qualités, de tous les attributs des choses, c'est elle qui entretient le mouvement et la vie à tous les degrés de l'existence, c'est elle qui veille à la conservation des êtres (4), plus attentive d'ailleurs au tout qu'à ses parties, plus préoccupée de l'espèce et de la race que des individus. A tout instant il nous arrive, à nous modernes, de considérer la nature comme une puissance autonome avec laquelle nous avons des rapports directs et que nous personnifions dans des phrases telles que les suivantes : « La nature a fait l'homme pour vivre en société. » — « La nature a donné l'agilité au cerf et la force au lion (5). » — En parlant de la sorte, nous ne faisons que copier Aristote, suivi en ceci par toute la postérité. En effet, obéissant à son insu à la tendance d'où était sorti, bien

---

(1) Aux yeux d'Aristote, le hasard est la cause ou l'ensemble des causes accidentelles qui s'opposant aux desseins maternels de la nature suspendent la marche des êtres vers leur fin. Dérivant αὐτόματον de μάτην, il voit dans tout résultat du hasard une activité inutilement dissipée.

(2) Consulter à ce sujet l'intéressante thèse de M. Allègre : *La déesse grecque* Τύχη, Paris 1890.

(3) Ἐκ τῶν ἐνδεχομένων (*De part. anim.*, IV, 14, 658ᵃ23). Platon, on l'a vu plus haut, avait déjà tenu le même langage et en employant presque les mêmes expressions.

(4) *De gen. anim.*, III, 3, 755ᵃ 31 : ἀναμάχεται γὰρ ἡ φύσις τῷ πλήθει τὴν φθοράν. Cf. Hérodote, III, 108.

(5) Veut-on maintenant entendre un philosophe dont le spiritualisme religieux est manifeste ? Voici quelques lignes de la *Connaissance de Dieu et de soi même* (ch. IV) : « Sous le nom de *nature*, nous entendons une sagesse profonde qui développe avec ordre et selon de justes règles tous les mouvements que nous voyons. »

des siècles auparavant, l'anthropomorphisme hellénique, le même philosophe qui nous avait d'abord montré la nature agissant sans conscience du but à atteindre, en vient à concevoir son action sur le type de celle de l'homme (1) ; son imagination lui prête une raison, des calculs, une volonté (quoi de plus fréquent chez lui que l'expression ἡ φύσις βούλεται ou ἐθέλει), une liberté. Il n'ignore pas, sans doute, qu'il s'agit ici, avant tout, d'un rapprochement, d'une comparaison (2) ; mais son génie et sa ferme logique n'ont pas suffi à le préserver d'une illusion que tant d'autres ont partagée avec lui (3). Bien souvent en le lisant, on croirait que la nature non seulement se suffit à elle-même, mais qu'il n'y a à côté d'elle et au-dessus d'elle aucune autre force, aucune autre puissance debout dans ce vaste univers. A elle de nous expliquer tout et de s'expliquer elle-même (4).

Évidemment Aristote n'a pas pu embellir, agrandir ainsi indéfiniment le rôle de la nature, devenu le principal acteur dans le grand drame des existences, sans se sentir épris pour elle d'admiration : admiration réfléchie, raisonnée, qui s'élève par instants jusqu'à l'enthousiasme. Chez lui, la science est austère ; mais, on l'a dit avec raison, elle n'est ni froide, ni indifférente. Jamais peut-être cet infatigable explorateur des merveilles de l'univers n'a rencontré sur ses pas, épouvanté et

---

(1) Il nous montre en elle ici un savant habile, là un sage administrateur. — M. Hardy (*Der Begriff der Physis in der griechischen Philosophie*, Berlin, 1884) a dressé la liste de tous les verbes successivement employés par Aristote pour décrire cette action réfléchie de la nature. Il en compte près d'une trentaine : ce qui est à remarquer, c'est que tous sont à l'actif. Aristote dit à chaque instant ἡ φύσις ποιεῖ : nulle part, on ne lit ἡ φύσις πεποίηται.

(2) Par exemple, *De cœlo*, 290ᵃ 33 : ἀλλ' ἔοικεν ὥσπερ ἐπιτηδὲς ἀφελεῖν ταῦτα.

(3) C'est ainsi que Polybe, voulant expliquer les vicissitudes des êtres matériels ou celles des empires, invoque des lois naturelles (ἡ τῆς φύσεως ἀνάγκη, VI, 57 — ἡ τῆς φύσεως οἰκονομία, VI, 9).

(4) Aussi l'auteur anglais du *Chrétien naturaliste*, Bayle, accuse-t-il Aristote d'avoir plus que tout autre contribué à fausser et à pervertir la notion et le mot de *nature*.

tremblant, l'infini : en face du mystère insondable des choses, il n'a pas éprouvé l'*horror* dont sera saisi Lucrèce : du moins dans tout ce qu'il a écrit sur la nature, rien n'est sacrifié à l'amour de la phrase, rien n'est dicté par une rhétorique frivole : de l'aveu unanime, tout est profondément senti et non moins profondément pensé. Jusque dans ses plus humbles recherches d'histoire naturelle, il demeure philosophe : c'est parfois son écueil, mais c'est aussi sa grandeur (1).

Ainsi, l'auteur de la *Métaphysique* avait des vues très nettes sur la hiérarchie des êtres, à ses yeux, selon l'expression de M. Boutroux, réalisations plus ou moins complètes d'un seul et même type, et dès lors distribués, pour ainsi dire, le long d'une chaîne immense, et partagés en espèces si voisines qu'on ne sait où en fixer rigoureusement les limites (2). Les formes les plus simples préparent les plus complexes et y conduisent. Platon a-t-il rien de plus hardi que cette audacieuse hypothèse qui va démêler jusque dans les profondeurs les plus silencieuses de l'être les premières palpitations de la vie ? De plus, toutes les parties de l'univers sont connexes et leur action réciproque doit servir à expliquer les transformations régulières ou anormales dont ce monde est le théâtre. Ainsi, la nature entière ressemble à une tragédie bien faite où tout s'enchaîne, où tout marche au dénouement sans digression oiseuse (3), sans épisode inutile, ce qui n'était, à l'origine,

---

(1) Barthélemy Saint-Hilaire est allé jusqu'à dire : « En métaphysique, Descartes n'égale point Aristote, et Newton est resté très inférieur... Nul autre après lui n'a repris l'étude de ces idées fondamentales avec plus d'originalité, de profondeur ou de délicatesse. » (Préface de la traduction de la *Physique*).

(2) Cette continuité entre toutes les formes de l'être suffit-elle pour qu'on doive attribuer à Aristote une doctrine évolutionniste ? Pour ma part, je ne l'admets pas.

(3) *Métaphysique*, XIII, 3, 1090^{b}19 : οὐκ ἔοικε δ'ἡ φύσις ἐπεισοδιώδης οὖσα ἐκ τῶν φαινομένων, ὥσπερ μοχθηρὰ τραγῳδία. Voilà ce qui a fait dire à certains commentateurs que la foi au caractère rationnel de l'univers, ce fondement de tout idéalisme, était moins vive chez Platon que chez Aristote.

qu'une simple puissance, passant à l'acte avec une plénitude oujours croissante.

Et maintenant, quelle est la vraie cause, quel est le vrai principe de cette harmonie du monde? N'en cherchons pas d'autre que la nature (1), cette force éternellement créatrice qui, guidée par une sorte d'instinct, déploie dans sa marche ascendante de énergies de plus en plus parfaites (2). Demande-t-on le secret de cette ascension constante qui élève la nature de la matière brute jusqu'à l'homme? Aristote en vient à une sorte de panthéisme latent qui pénètre toutes les parties de la matière : le mouvement sans commencement ni fin qui se manifeste dans le monde, anime comme un foyer de vie infuse les êtres de toute espèce que la nature a formés (3).

Mais cette perfection, terme dernier de l'évolution de la nature, est-elle totalement absente de ses origines et n'est-elle pour rien dans son progrès? Et Ch. Lévêque a-t-il compris jusqu'au bout la pensée d'Aristote quand il écrivait : « Cette nature si prévoyante, si attentive, si bonne et si maternelle pour tout ce qu'elle enfante est en même temps une puissance aveugle, inintelligente, insensible, incapable de délibérer et

---

(1) *Physique*, VIII, 1, 252a11 : ἡ φύσις αἰτία πᾶσι τάξεως.

(2) « Aristote a transféré à la nature la plupart des actes dans lesquels nous avons l'habitude de faire consister surtout le gouvernement providentiel du monde. L'activité divine ne peut se rapporter à une fin qui lui soit extérieure. Seule, la nature se propose un but et y rapporte tous ses mouvements. » (MAILLET)

M. Kaufmann (*Die teleologische Naturphilosophie des Aristoteles und ihre Bedeutung in der Gegenwart*, Paderborn, 1893) distingue dans la cosmologie péripatéticienne une double finalité : l'une immanente, assurant la perpétuité de chaque type organique, l'autre extrinsèque, perpétuant l'ordre général du monde : et il y voit une double réfutation préalable et sans réplique de l'hypothèse darwiniste.

(3) *Physique*, VIII, 1, 250b13 : ἀθάνατον καὶ ἄπαυστον ὑπάρχει οἷον ζωή τις οὖσα τοῖς φύσει συνεστῶσι πᾶσι. — Cf. *De gener. anim.*, III, 11, 762a 18 : ὥστε τρόπον τινὰ πάντα ψυχῆς εἶναι πλήρη. — Les critiques allemands, pour distinguer sur ce point le disciple et Platon son maître, ont coutume de dire que dans le système d'Aristote on rencontre « eine Weltbeseelung, aber keine Weltseele. »

de faire un choix. Comment concilier de si contraires assertions?... Je ne connais pas de sentiment plus pénible que celui dont on est saisi lorsqu'après une de ces descriptions qui laissent voir tout le génie d'Aristote, au moment où l'on se flatte de rencontrer enfin à l'origine de ces merveilles de l'organisation des êtres un Dieu puissant et bon, on se heurte invariablement à cette nature aveugle, toujours à la fois si vantée et si infirme? »

Arrêtons-nous en face de ce grave problème : aussi bien dans l'ordre de recherches qui nous occupe, il n'en est pas de plus capital.

Sans doute, ce n'est qu'accidentellement qu'il arrive à Aristote d'associer en termes exprès Platon et Démocrite, l'action de Dieu et celle de la nature, comme dans sa phrase célèbre : ὁ θεὸς καὶ ἡ φύσις οὐδὲν μάτην ποιοῦσιν (1). Si dans son système, Dieu continue à dominer le monde, c'est du seul droit de sa présence et nullement au nom de son intervention. D'ailleurs, aux yeux d'Aristote, le monde est éternel, ce qui simplifie singulièrement le problème à résoudre : et le mouvement lui-même n'ayant pas eu de commencement, le fameux argument du premier moteur, si l'on y prend garde, perd beaucoup de sa portée métaphysique (2). Néanmoins, peut-on dire sans injustice que se plaçant en face de l'état actuel de l'univers, Aristote supprime ou ajourne indéfiniment toute question indiscrète sur ses origines? La vérité est qu'il hésite entre les deux solutions que les critiques allemands nous ont appris à désigner sous les noms d'*immanence* et de *transcendance* (3).

---

(1) *De cœlo*, I, 4, 271a 33, et en cent autres endroits.

(2) Il est intéressant de constater l'effort tenté par Aristote pour conserver une relation entre le monde et Dieu, alors qu'il supprime si radicalement toute relation entre Dieu et le monde.

(3) C'est un fait que tandis que, dans toute la théologie ou, si l'on aime mieux, dans toute la mythologie grecque la nature est le complément presque nécessaire de la divinité, la caractéristique du système d'Aristote, c'est au contraire l'abîme creusé entre le divin et le monde contingent, sinon périssable. Mais au point de vue cosmolo-

Au début du dixième chapitre du livre XII de la *Métaphysique*, le philosophe se demande si l'univers suppose, en dehors de lui, un principe de souverain bien existant par lui-même, ou s'il réalise ce bien par son mouvement ordonné ? La question, on le voit, est très nettement posée (1) : malheureusement, elle n'est traitée ni avec l'ampleur, ni avec la précision désirables ; comme s'il était possible de retenir et concilier sans peine et sans inconséquence l'une et l'autre solution (2).

Toutefois, à considérer avec quelle énergie Aristote réprouve et combat les philosophes qui ont cru aux seules forces de la matière (3), on en conclura qu'à ses yeux la nature n'avait pas en elle les raisons de sa finalité, pas plus que le mouvement ne peut s'expliquer en dehors d'une puissance motrice antérieure. Quelque enclin que fût Aristote à l'empirisme, et malgré son hostilité bien connue contre les spéculations platoniciennes, il a su se garder des vues incomplètes et manifestement insuffisantes des φυσιόλογοι ses devanciers (4).

---

gique proprement dit, l'embarras du critique persiste, et Eucken, par exemple, écrira sans hésiter : « Im Grossen und Ganzen, das können wir zusammenfassend behaupten, ist die Anwendung der Zweckbetrachtung bei unserem Philosophen eine immanente ». Τέλος, δ' ἐστι φύσεως ἔργον, voilà ce qu'il oppose perpétuellement à Platon.

(1) « Admet-on que la nature soit dans sa substance et dans sa forme l'expression de la pensée divine, distincte en tant que cause de la série de ses effets ? Admet-on, au contraire, que le monde porte en soi le principe de son existence, la raison de ses effets et qu'il soit inutile de recourir à un principe transcendant ? Tout est là. » (Caro, *Philosophie de Göthe*.)

(2) Ch. Lévêque, dans le rapport si suggestif qu'il a composé à propos de notre propre mémoire, nous paraît avoir très bien saisi la pensée d'Aristote : « Il semblerait qu'il ait mis en Dieu la transcendance et la cause finale, et l'immanence avec la cause efficiente dans la nature. » Un autre critique s'exprime comme suit : « La volonté inconsciente de la nature est comme déterminée par des entéléchies immanentes et finalement par une entéléchie transcendante, un esprit absolu. »

(3) Sa seule polémique, directe ou cachée, contre Démocrite mériterait incontestablement les honneurs d'une dissertation spéciale.

(4) Je suis loin de penser avec M. Farges qu' « il est impossible

Pour lui, le monde est l'acte éternel d'un premier moteur immobile (1). Mais comment entendre cet acte ?

Par une inspiration de génie, Aristote s'est représenté la nature, distincte de l'Être suprême et entièrement indépendante de lui quant à sa substance (2), comme une immense et permanente aspiration vers ce même être (3), vers qui toute force se dirige, comme éprise de désir et d'amour pour sa perfection (4) : sous la tranquillité ou plutôt sous l'inertie apparente de la nature physique, un courant irrésistible entraîne les choses à leur fin. Rien ne vient de Dieu, tout tend vers lui : l'Être parfait, inutile, semble-t-il, comme cause efficiente, est indispensable comme cause finale (5). On a dit de cette

---

d'avoir parcouru tous les ouvrages d'Aristote sans être frappé de la grande place que l'idée de Dieu occupe dans sa pensée ». Mais au point de vue spiritualiste, peut-être faut-il se féliciter qu'en dehors de toute préoccupation religieuse et de toute raison de sentiment, l'illustre philosophe ait été amené à ses théories uniquement par une étude profonde et impartiale de la nature.

(1) Dans la *Physique*, le premier moteur dont la nature reste d'ailleurs très obscure semble bien jouer, plus ou moins, un rôle de cause efficiente : mais il en va tout autrement dans la *Métaphysique*.

(2) « La nature, pour Aristote, est un être réel, éternel comme Dieu, dont la pensée le pénètre et l'inspire. » (Franck). Ces derniers mots me paraissent appartenir moins à l'auteur qu'au commentateur.

(3) *Métaphysique*, XII, 10, 1072^b 14 : ἐκ τοιαύτης ἄρα ἀρχῆς ἤρτηται ὁ οὐρανὸς καὶ ἡ φύσις· οὐ γὰρ ὁ θεὸς διὰ τὴν τάξιν, ἀλλ' ἐκείνη διὰ τοῦτον ἐστίν.

(4) « C'est l'amour qui sera avec Aristote, comme avec Hésiode, avec Acusilaüs, avec Parménide, avec les Orphiques, le branle de la vie universelle : mais ce n'est plus la sympathie des éléments qui se rencontrent : c'est un vague et mystique amour du monde pour son principe suprême et voilé, une sorte d'effort ardent et douloureux de l'Univers vers un idéal obscur auquel il aspire et qui met le Ciel en marche vers Dieu. Ce n'était point la peine de tant railler Platon et ses métaphores poétiques. » (Darmesteter).

(5) Deux choses sont ici à remarquer. La première, c'est qu'on ne doit pas songer au célèbre argument des causes finales, totalement absent de la *Métaphysique*, bien que, s'il faut en croire Cicéron, Aristote lui eût fait une place dans ses dialogues populaires : le point de vue est bien différent, malgré l'identité de l'expression. — La seconde c'est que « tous les êtres et tous les faits de la nature sont entièrement

conception qu'à regarder uniquement son admirable économie, c'était une des plus belles que la philosophie ancienne eût léguées aux âges à venir : mais quand on l'examine de près, on la voit se heurter à de sérieuses difficultés.

Tout d'abord, de quelle façon Dieu pour qui le κόσμος est inaccessible devient-il lui-même accessible au κόσμος? d'où vient à la nature cette aspiration, cette ὄρεξις, mouvement spontané qui n'est ni une intuition, ni une détermination? Est-elle dans le monde comme l'empreinte du Créateur des mains duquel il est sorti?

Sans doute, certains interprètes ont agité la question de savoir si le Dieu d'Aristote, cause finale et cause motrice par excellence, n'était pas au sens absolu du mot créateur de cette nature qui est constituée à son égard dans une certaine dépendance, et qui, au lieu de forcer la divinité à se retirer devant elle, ne serait, comme dans nos traités modernes, qu'un prête-nom commode de cette même divinité (1). Le malheur est que, dans les nombreux écrits du fondateur du Lycée, il ne se rencontre pas un mot (j'entends un mot décisif) pour confirmer cette assertion.

J'accorde qu'en plus d'un passage, on le surprend à diviniser la nature (2), si l'on me permet cette expression : il qualifie sans hésiter le ciel et les astres de « divins », en les opposant à notre univers où il entre une multiplicité indéfinie

---

ramenés à des causes naturelles. Ce n'est que la nature prise dans son ensemble qui est suspendue à la divinité » (M. Boutroux). N'est-ce pas ce qu'Averroès avait dans l'esprit quand il écrivait : « Le gouvernement du monde ressemble à celui d'une cité où tout part d'un même centre, mais où tout n'est pas l'œuvre immédiate du souverain. »

(1) M. Farges, notamment, s'appuie pour soutenir cette thèse sur le mot ἀρχή dont Aristote se sert en parlant de Dieu. Mais c'est là le terme général qui désigne indistinctement tous les principes (πάντα γὰρ τὰ αἴτια ἀρχαί, dit Aristote), et non pas d'une manière spéciale la cause efficiente ici seule en jeu. La même tentative, faite dans la *Revue néo-scolastique* (oct.94) par M. Franz Brentano, n'a pas eu plus de succès.

(2) On lit dans le *De divinatione*, 463ᵇ12 : ἡ φύσις δαιμονία, ἀλλ' οὐ θεία.

d'éléments; et même quand il descend de ces hauteurs de l'incorruptible et de l'immuable à notre séjour terrestre, domaine du changement et de la caducité, cette alliance de la liberté et de la nécessité au sein de la nature, cette harmonie universelle où l'être sans raison trahit une raison qui a pensé pour lui, lui fait dire : πάντα φύσει ἔχει τι θεῖον (1). Mais qui ne sait avec quelle facilité cette épithète était prodiguée par les poètes et les penseurs même les moins religieux du monde ancien? Ailleurs, il met l'existence de la nature au compte des causes divines (2), et parle même de la puissance divine qui maintient cet univers (3). Mais cette action de Dieu ne peut être qu'une action à distance (4); car sous peine de déchéance, le Dieu d'Aristote, acte pur, est condamné par son essence à ignorer le monde (5) et à l'abandonner absolument à ses propres destinées; c'est un postulat de la logique, de la psychologie peut-être, mais non de la morale comme le Dieu

---

(1) *Éthique à Nicomaque*, III, 14, 1153b32.
(2) Id., X, 10 : τὸ τῆς φύσεως δῆλον ὡς διὰ τινὰς θείας αἰτίας ὑπάρχει.
(3) *Politique*, VIII, 4, 1326ᵃ 32 : θείας τοῦτο δυνάμεως ἔργον, ἥτις ἀεὶ τόδε συνέχει τὸ πᾶν, ou encore : τὸ θεῖον περιέχει τὴν ὅλην φύσιν (*Métaphysique*, XII, 8, 1074b4).
(4) Arrivée au sommet de la création, la série ascendante des causes finales se renverse pour ainsi dire et se convertit en une série descendante de causes motrices. Le premier moteur agit sur le πρῶτος οὐρανός, qui transmet à son tour le mouvement à la double sphère planétaire et terrestre. — On lit à ce propos dans un mémoire tout récent de M. Zahlfleisch : « Dass Aristoteles keine Theologie im heutigen Sinne des Wortes verfassen wollte, liegt klar zu Tage. Er nennt seine Metaphysik nur desshalb θεολογική, weil sie die Geheimnisse des Alls, diejenigen Dinge, welche den gewöhnlichen Menschen verborgen zu sein pflegen, entschleiern wollte. »
(5) « Aristote définit Dieu par l'intelligence seule, et voilà que cette « pensée de la pensée », absorbée dans la contemplation d'elle-même comme dans une sorte d'égoïsme stérile, ne semble plus qu'une pensée sans pensée. » (M. Fouillée) — Cette partie capitale du système péripatéticien a trouvé dans Ch. Lévêque un juge encore plus sévère. Cependant en face de ce texte : ἀνάγκη εἶναι τινὰ ἀίδιον οὐσίαν ἀκίνητον, et d'autres semblables, je n'irais pas jusqu'à dire : « La formule d'Aristote n'est autre chose qu'une négation flagrante de la substance en Dieu. »

de Kant. Le système péripatéticien semble supposer parfois la Providence ; mais il en ignore jusqu'au nom, ou s'il y fait quelque vague allusion (1), on ne saurait en tirer aucun dogme philosophique sérieusement et scientifiquement démontré.

A la conception assez singulière que se fait Aristote des rapports entre le monde et Dieu on peut opposer en outre le dilemme que voici. Ou cette tendance dont nous parlons résulte d'une connaissance comme en chaque être raisonnable : or la nature ignore le souverain désirable, et nous-mêmes y pensons fort peu ; — ou cette attraction s'exerce en dehors de toute conscience, sans qu'aucun être ait le secret de sa destinée (2), et alors dans l'homme comme dans la nature tout est l'œuvre d'une force inconnue, d'une cause étrangère : plus de volonté libre ni de personnalité. Par certain côté l'hypothèse péripatéticienne peut séduire : mais de toute manière, quand on va au fond des choses, elle reste obscure et le hiatus infranchissable, à moins qu'on ne l'interprète à la lumière d'une autre philosophie, comme le firent les grands scolastiques du Moyen Age.

Ainsi, tandis que la connaissance empirique de la nature, comme nous le verrons plus loin, a pris un développement inespéré chez Aristote qui étudie les divers ordres de phénomènes en savant épris du réel et de l'expérience, sa philosophie de la nature, si intéressante, si bien ordonnée qu'elle paraisse, est en somme moins satisfaisante que celle de Platon son maître. En vain le centre de gravité de sa cosmologie s'abaisse-t-il du Créateur à la création elle-même : dans sa physique, à la considérer attentivement, pas de force active, pas de cause véritable (3) : lacune d'autant plus frappante que la notion

---

(1) Par exemple, *Eth. Nicom*, x, 1179ᵃ27.

(2) Chacun accordera-t-il à M. Paulhan que « ce qu'il y a d'essentiel dans la finalité, ce n'est pas la conscience du but, c'est la convergence des phénomènes vers un même résultat, la systématisation des faits ? »

(3) Aristote lui-même, en dépit de son dogmatisme habituel, reconnait combien dans la métaphysique de la nature l'entière certitude est difficile à conquérir.

de cause se trouve analysée et approfondie avec plus de soin dans sa *Métaphysique*, et que le principal reproche adressé par Aristote au système platonicien, c'était précisément l'absence de toute causalité non pas abstraite, mais concrète et effective. Le bien, principe ou plutôt terme de l'évolution des êtres, voilà à quoi se réduit pour Aristote la notion idéale de la nature, et ici il est infiniment plus platonicien qu'il ne veut l'avouer ; mais le bien dans ce système n'agit pas, ne crée rien, ne dispose rien, il fait agir, et cela par une attraction après tout des plus mystérieuses (1) : sans compter que ce κόσμος suspendu par le désir à la beauté suprême ne reçoit de personne le fond de l'être qu'il n'a pas pu cependant, imparfait et mobile, se donner à lui-même.

Aristote a reconnu parfaitement (et c'est son honneur) que, d'une manière ou une autre, l'esprit infini doit dominer et gouverner le monde ; s'il n'a pas résolu cet obscur et presque indéniable problème, c'est sans doute que la raison humaine livrée à ses seules forces n'est capable ni de cet effort ni surtout de ce triomphe.

Le péril, ou, si l'on aime mieux, l'écueil que nous venons de signaler dans le péripatétisme était si manifeste que déjà les successeurs immédiats d'Aristote furent amenés à rejeter toute transcendance. Théophraste transporte au Ciel même tous les attributs de la divinité (2), et s'il s'occupe encore de ce qu'Aristote avait appelé « la philosophie première », c'est uniquement parce qu'il y voit une sorte de complément utile, sinon nécessaire, de la physique à laquelle chez lui tout est subordonné. Quelle idée se faisait-il de la nature ? Les textes qui nous sont parvenus ne donnent aucune réponse à cette question.

---

(1) Selon la formule expressive d'un critique allemand « Aristoteles, Gottheit wird nur passiv angestrebt ».

(2) Clément d'Alexandrie, *Protrepticus*, V, 58.

L'évolution dont Théophraste avait ainsi donné le signal atteignit son apogée avec son disciple Straton (1), un de ces dissidents comme il s'en rencontre dans toutes les écoles, très habiles en général dans la critique d'autrui, très faibles au contraire dans l'exposition et la défense de leurs propres opinions. Ses vues n'avaient rien de commun avec celles de Platon, au témoignage de Plutarque, (2) à qui, sur ce point, nous sommes bien forcés de donner raison. L'atomisme lui souriait bien davantage, quoiqu'il reprochât, dit-on, à Démocrite de s'être mis en quête bien moins d'une théorie inattaquable que d'une explication du monde conforme à ses préférences (3). En tout cas, ses points de contact avec Aristote portent sur les détails bien plus que sur les lignes fondamentales du système : sa conception du monde notamment est débarrassée de toutes les notions métaphysiques (4) qui abondent dans la *Physique* et dans les deux traités *Du ciel* et *De la génération et de la corruption*. Aristote eût même probablement renié pour son disciple celui qui, sous prétexte de rajeunir ses théories, n'aboutissait qu'à les mutiler et à les appauvrir.

Ce qui revient en propre à Straton, — si nous en croyons M. Rodier qui a consacré à ce philosophe une monographie intéressante (5), — ce qui nous semble faire son mérite et avoir contribué à sa réputation, c'est d'abord la part plus grande qu'il accorde, l'appel plus pressant et plus fréquent qu'il fait à l'expérience prise comme point de départ, et non plus seule-

---

(1) De Lampsaque, où d'après la tradition les théories de Démocrite n'avaient pas cessé d'être en honneur. Précepteur de Ptolémée Philadelphe, il reçut de Ptolémée Soter un présent royal de 80 talents, somme considérable pour l'époque.

(2) *Contre Colotès*, 14.

(3) Comme Démocrite, il déclarait que cette division des corps matériels en molécules infiniment petites doit être conçue οὐ κατὰ τὸ αἰσθητόν, ἀλλὰ κατὰ τὸ λόγῳ θεωρητόν.

(4) Notons en particulier la notion de temps qui a cessé d'être « le nombre du mouvement » pour devenir τὸ πόσον ἐν ταῖς πράξεσι. »

(5) *La Physique de Straton de Lampsaque*, 1890.

ment comme moyen de vérification (1) : ensuite et surtout la restriction du nombre des qualités (ποιότητες) invoquées pour rendre compte des faits particuliers (2). Au surplus, le surnom de φυσικὸς qui lui est resté attaché dans l'antiquité (3) suffirait à nous avertir du genre d'études dans lequel il s'est plongé tout entier. Chez lui comme chez Epicure, c'est la nature qui est au premier plan, à l'exclusion de toute essence et de toute puissance divine (4); si le mouvement est éternel, à quoi bon imaginer un principe extracosmique, doué de pensée et d'activité? On n'a plus besoin d'une pareille hypothèse, selon un mot fameux de Laplace. L'univers et tous les phénomènes dont il est le théâtre, toute existence et toute vie résultent directement et fatalement du concours des causes efficientes, forces inhérentes à la matière (5). Mais cette nature que Straton proclame la cause universelle et aveugle (6) de toute génération, de tout accroissement, de tout dépérissement n'a ni figure ni sentiment, comme Cicéron le rappelle.

Qu'il persiste néanmoins, à l'exemple d'Aristote, à l'appeler le grand artiste qui a fait spontanément et qui continue à

---

(1) C'est à lui qu'on rapporte communément cette pensée de Polybe (IV, 39, 11) dont se fût scandalisé Platon : τῆς κατὰ φύσιν ἀκριβεστέραν θεωρίας εὑρεῖν οὐ ῥᾴδιον. Chez Straton c'est le réalisme de l'école alexandrine qui triomphe, selon la remarque très judicieuse de Diels.

(2) Sextus Empiricus (*Pyrrh. Hyp.*, III, 32) dit expressément que Straton considérait les qualités des êtres comme autant de principes (ὑλικαὶ ἀρχαί). Tels les physiciens modernes rendant compte des phénomènes concrets par la pesanteur, la chaleur, la lumière, etc.

(3) Φυσικὸς ἐπικληθεὶς ἀπὸ τοῦ περὶ τὴν θεωρίαν ταύτην παρ' ὄντιν' οὖν ἐπιμελέστατα διατετριφέναι (Diog. Laerce, V, 58, lequel ajoute cette curieuse réflexion : ὅπερ εἶδος ἀρχαιότερον καὶ σπουδαιότερον).

(4) *Acad.*, II, 120 : « Omnia effecta esse natura », et plus explicitement encore *De natura Deorum*, I, 13 : « Strato omnem vim divinam in natura sitam esse censuit, quæ causas gignendi, augendi et minuendi habeat, sed careat omni sensu et figura. »

(5) *Acad.*, II : « Ipse autem singulas mundi partes persequens, quidquid aut sit aut fiat naturalibus fieri aut factum esse docet ponderibus et motibus. »

(6) « Sein letztes Prinzip ist die ohne Bewusstsein und Intelligenz wirkende Naturnothwendigkeit » (Siebeck).

produire toutes choses sans conscience et sans réflexion : il montre uniquement par là qu'il méconnaît un des caractères les plus essentiels de l'art : ainsi conçue, la nature n'est plus que la personnification imaginaire des causes connues ou inconnues qui agissent dans l'univers. Le hasard préside au monde de la matière, une sorte de sélection à celui de la vie.

Ainsi, quelle que fût la valeur de sa science, elle ne pouvait remédier à la pauvreté de sa philosophie. Son attitude à l'égard des problèmes métaphysiques est celle du doute plutôt que de la négation formelle : voilà pourquoi M. Rodier ne consent à le laisser qualifier ni de panthéiste ou d'hylozoïste (1), ni d'athée ou de matérialiste. De même que nos positivistes modernes, Straton s'est renfermé systématiquement dans le monde des phénomènes, se gardant aussi bien de contester l'existence de Dieu que de l'affirmer. Négligeant sans doute comme malaisément accessibles les causes générales et lointaines, il n'a voulu envisager que les causes particulières et immédiates. Mais l'exclusion de la divinité devait entraîner dans son enseignement celle de l'âme qui, dans la théorie de Straton comme dans celle de Dicéarque, retombe à un rang inférieur ou même s'évanouit complètement pour ne plus laisser apparaître en nous que le jeu des fonctions physiologiques (2). Longtemps avant nos psychophysiciens modernes ces péripatéticiens, à commencer par Théophraste, avaient, selon les propres expressions de Simplicius, réduit à des mouvements les énergies de l'âme. L'empirisme portait ses fruits (3).

---

(1) Au XVIIᵉ siècle Cudworth, qui croyait trouver en Straton un adepte de ses propres théories, avait pour le désigner inventé précisément ce terme d'*hylozoïste*, bien peu applicable à un philosophe qui, au dire de Plutarque, reprochait amèrement aux stoïciens d'avoir fait du monde un ζῶον.

(2) Straton considérait le πνεῦμα (c'est-à-dire l'air en mouvement) comme le support mécanique des facultés de l'âme. C'était une théorie renouvelée de Diogène d'Apollonie.

(3) L'auteur inconnu du Περὶ κόσμου, longtemps attribué à Aristote,

VII. — Les stoïciens.

Chez les stoïciens, comme on va s'en convaincre, il est perpétuellement question de la nature (1) : peut-on dire qu'ils l'aient sérieusement étudiée et qu'ils aient contribué à la faire mieux connaître ? Et cependant quel rôle est le sien dans leur philosophie ? elle a sa place dans les notions premières, base de la dialectique : c'est elle en outre qui sert de fondement et de régulateur à la morale entière : enfin la physique s'étend au point d'embrasser dans son domaine agrandi jusqu'à la métaphysique elle-même. Ne serait-ce pas pour avoir laissé, peut-être à dessein, cette notion de nature dans le vague qu'il a été possible de la faire intervenir avec une égale autorité dans des sphères si différentes ? Les stoïciens en ont donné des définitions sans nombre : au cours de cette étude nous aurons occasion de relever les plus caractéristiques.

Tout d'abord la nature leur apparaît comme l'être le plus élevé et le plus parfait : ils ne veulent rien reconnaître, rien adorer qui lui soit supérieur. Chrysippe disait : « Si dans la nature il y a des choses que l'esprit de l'homme, que sa raison, que sa force, que sa puissance soit incapable de réaliser, l'être qui les produit est certainement meilleur que l'homme (2). » Zénon avant lui était allé plus loin, et voici

---

enseigne que Dieu, surélevé au-dessus du monde par son essence, le compénètre par son activité. C'est un compromis plus ou moins logique entre les deux cosmologies péripatéticienne et stoïcienne.

(1) « Die Natur ist der Grundbegriff der Stoïker » (DILTHEY).
(2) *De natura deorum*, II, 6, et plus loin 7, 18 : « Atqui certe nihil omnium rerum melius est mundo, nihil præstabilius. »

son raisonnement. Tous accordent qu'il n'y a rien de plus beau que le monde : donc il a la raison en partage et avec elle toutes les perfections. Comment en effet concevoir inanimé et privé de raison un être à qui des êtres animés et raisonnables doivent leur existence? Pour le même motif la vertu doit lui appartenir en propre (1). Argumentation bizarre qu'un des interlocuteurs du traité *De natura deorum* rétorque d'une manière assez plaisante : « Rien de meilleur que le monde, dites-vous : et moi je dis, rien de meilleur sur la terre que la ville de Rome. Jugez-vous donc pour cela que cette ville ait de l'esprit, qu'elle pense, qu'elle raisonne?... De la même façon vous prouveriez que le monde est orateur, mathématicien, musicien, qu'il possède toutes les sciences : enfin qu'il est philosophe (2). »

Jusqu'alors une certaine distinction avait été établie entre la nature et le monde : comme le montre ce qui précède, cette distinction, les stoïciens la suppriment ; l'univers hérite de toutes les puissances comme de tous les attributs de la nature qu'il constitue et dont il est l'œuvre (3).

Pour s'expliquer une semblable assimilation, il faut se souvenir que lorsque le stoïcisme entreprit de remonter à l'origine des choses, il ne sut pas aller au delà du grand fait de la nature interprété dans le sens panthéiste, grave erreur dont l'enseignement péripatéticien, nous l'avons vu, n'est pas absolument innocent. Nous assistons à la proclamation de ce que Ravaisson a très justement appelé le dogme fondamental du paganisme, dogme à la fois affirmé et dispersé dans la mythologie des poètes et dans le polythéisme des foules, à savoir la déification de la nature (4). Les Hébreux qualifiaient

---

(1) *Ib.*, II, 16.
(2) *Ib.*, III, 9.
(3) « Natura est quæ mundum contineat eumque tueatur » (*Ib.*, II, 11), et dans un autre passage « Mundus seminator et sator et parens omnium rerum quæ natura administrantur. »
(4) On objectera peut-être qu'à aucune époque la Nature ne s'est vu

la création de « demeure de Jéhovah ». Manilius (1) définira le monde : « Publica naturæ domus ». Πάντα ὑπακούει τῷ κόσμῳ sera la maxime favorite d'Epictète.

Ainsi d'un côté tous les attributs métaphysiques et moraux de la divinité sont transportés sans aucune restriction à la nature proclamée éternelle (2), immense, intelligente (3), infaillible, toute-puissante : de l'autre on ne se contente plus de dire que Dieu est l'ordonnateur souverain (4), ou la fin suprême de la nature : c'est la nature même ; il n'est rien sans elle : elle n'est rien sans lui (5). « Il se mêle à la matière universelle de cette sorte de mélange par lequel les substances s'unissent intimement sans pourtant se confondre, entrent tout entières l'une dans l'autre, bien que chacune d'elles garde ses propriétés spéciales... Indispensables l'un à l'autre et identiques en essence, le monde et Dieu apparaissent tantôt comme les phases alternatives que traverse pour se conserver un seul et même principe, tantôt comme les faces opposées et complémentaires d'une seule et même réalité, jamais comme

---

dresser des statues ni des autels, sans doute parce que son degré d'abstraction et d'universalisation l'empêchait de trouver un facile accès dans les esprits en dehors des écoles philosophiques.

(1) *Astronomiques*, I, 278.
(2) Ici toutefois il convient de rappeler que Zénon (Diogène Laerce, VII, 142) avait vivement combattu l'éternité du monde admise par Aristote, et que la plupart des stoïciens font allusion à des destructions et des rénovations périodiques de l'univers.
(3) Des deux expressions *lex naturæ*, *ratio naturæ*, usitées concurremment par le Portique, l'une est entrée dans nos langues modernes, tandis que l'autre leur restait tout à fait étrangère.
(4) Cléanthe, employant pour la première fois peut-être le mot φύσις dans un sens inconnu aux vieux poètes, saluait Jupiter du titre de φύσεως ἀρχηγέ, et ajoutait en parlant du monde : ἑκὼν ὑπὸ σεῖο κρατεῖται.
(5) Ce sont les expressions mêmes de Sénèque (*De beneficiis*, IV, 7) : « Quid aliud est natura quam Deus et divina ratio, toti mundo et partibus ejus inserta... Natura nihil sine Deo est nec Deus sine natura : sed idem est uterque ». (Cf. *Questions naturelles*, II, 45) — Chrysippe définissait Jupiter τὴν κοινὴν ἁπάντων φύσιν.

deux réalités distinctes (1). » Tout au plus Dieu est-il caractérisé par le fait de nous demeurer invisible en partie. « Qu'est-ce que Dieu ? » demande Sénèque dans la préface de ses *Questions naturelles*, et il répond : « C'est l'âme de l'univers (2), c'est tout ce que tu vois et tout ce que tu ne vois pas. Si on le conçoit dans toute son amplitude, au-dessus de laquelle on ne peut rien imaginer, si l'on comprend que seul il est tout, on dira que son œuvre est en lui et qu'il est dans son œuvre. »

Mais comment s'exerce l'action divine au sein de cette masse corporelle ? Par elle-même la matière n'a ni vie, ni forme, ni beauté : mais en elle réside une pensée (λόγος) qui règle et dirige le développement de tous les êtres, leur fin immanente en même temps que leur germe et leur principe (3). Pareille conception du monde, où l'on retrouve le dualisme d'Aristote transformé et corrigé dans le sens de l'hylozoïsme primitif (4), ne manque pas d'une certaine grandeur. Auparavant déjà, le *Timée* nous avait montré « l'Auteur des choses formant à son gré l'âme du monde, disposant au dedans d'elle le corps de l'univers et les unissant en attachant leurs centres l'un à l'autre... Ainsi prirent naissance et le corps visible du ciel, et l'âme invisible, laquelle participe de la raison et de l'harmonie des êtres intelligibles et éternels. entre les choses produites

---

(1) M. Ogereau, *Essai sur le système philosophique des stoïciens*, p. 66 et 72.

(2) Avant Sénèque Manilius avait célébré

Tanta naturam mente potentem
Infusumque Deum cœlo terræque marique.

(3) La première idée de ces λόγοι σπερματικοί remonte à Aristote (*De gener. anim.*, III, 6, 743 a 26). Ces λόγοι ont été définis assez heureusement par un critique allemand « die unter sich verschiedenen in die Materie zum Behufe der organischen Entwicklung gelegten Formbestimmtheiten ».

(4) Des éléments aussi disparates ne peuvent être rapprochés sans quelque contradiction. « Die der alten Naturphilosophie entnommenen concreten Anschauungen fügen sich nicht völlig den abstrakten aristotelischen Begriffen, welche ihre Fassung bilden sollen. » (Bæumker).

la plus parfaite qu'ait produite l'Etre parfait (1) ». Mais cette âme du monde que Platon voudrait nous faire admirer à sa suite, a gardé malgré lui des dehors un peu mythologiques : c'est comme un personnage de plus dans la grande scène créatrice qui se déroule sous nos yeux. Dans l'intervalle, entre la fondation de l'Académie et celle du Portique, l'*Epinomis* avait préparé la transition en transférant au ciel tous les attributs de la divinité : « C'est à lui qu'il est souverainement juste d'adresser nos hommages et nos prières... Qu'on l'appelle monde, Olympe ou ciel, la chose est de peu d'importance, pourvu que, s'élevant à la vraie contemplation de ce Dieu, on observe comme il se diversifie (2), imprimant aux astres leurs révolutions, faisant naître les saisons et la vie avec les différentes connaissances (3). »

D'autres rapprochements, cette fois avec des modernes tels que Gœthe ou Lamartine, nous aideront à mieux saisir cette étrange doctrine. Cette âme qui selon la théorie stoïcienne fait circuler partout la sève et la vie, qui est comme le ressort caché d'où partent les mouvements des molécules les plus ténues comme ceux des masses les plus imposantes, c'est presque déjà ce que notre langue contemporaine appelle « l'âme des choses ». La nature tout entière revêt ainsi, au moins d'une façon indirecte, une sorte de caractère religieux (4). Je ne suis pas surpris que certains stoïciens aient qualifié leur

---

(1) *Timée*, 36 D.
(2) Même conception chez les stoïciens. « Dans l'économie de l'univers, ce n'est plus la nature qui s'accommode et se proportionne selon le degré de ses puissances à la pensée immuable de Dieu : c'est Dieu lui-même qui, se distribuant, se dispensant à tout dans l'ordre et la mesure prescrite par la raison, se proportionne et s'accommode à toutes les conditions » (Ravaisson, *Essai sur la Métaphysique d'Aristote*, II, p. 162). Une raison identique se trahit dans les mouvements des planètes, l'instinct de l'animal et les lois de la conscience.
(3) *Epinomis*, 977 A-B.
(4) « La science de la nature nous dépasse » (ἐστὶν ὑπὲρ ἡμᾶς), écrivait le stoïcien Ariston.

physique de « sanctuaire de la science (1) », et que Panétius et Posidonius n'aient pas voulu commencer par un autre enseignement l'exposition de leur doctrine.

Ce qui achève de prouver combien cette conception de la nature était poétique et sollicitait les imaginations, c'est l'empressement que mit la poésie à s'en emparer. Qui ne se souvient de la leçon éloquente donnée par Anchise à Énée au VIe chant de l'Enéide : « Apprends d'abord qu'un esprit caché dans leur sein anime le ciel, la terre, les plaines liquides : répandu comme une âme dans les membres du monde, il en agite la masse entière et ne fait qu'un avec ce grand corps. » Manilius dans ses *Astronomiques* (2) ne montre pas moins d'enthousiasme : « Je chanterai la nature douée d'une secrète intelligence et la divinité qui, vivifiant le ciel, la terre et les eaux, tient toutes les parties de cette immense machine unies par des liens communs (3). Je décrirai ce tout qui subsiste par le concert mutuel de ses parties et le mouvement qui lui est imprimé par la raison souveraine. »

En somme, quand on passe en revue les définitions de la nature les plus célèbres données par les stoïciens (4), on est frappé de voir combien elles se rapprochent de nos habitudes d'esprit, sinon de nos théories modernes ; mais ce ne sont pas là pour eux comme pour nous des façons de parler abréviatives et commodes : ils y attachent une véritable signification métaphysique, dont une logique sévère aurait peine à s'accommoder. En réalité, ce grand Tout, tel qu'il vient de nous être

---

(1) Diogène Laerce, VII, 40 : τὰ δ' ἐσωτάτω τὸ φυσικόν.

(2) II, 59.

(3) C'est là une des thèses les plus profondes en même temps que les plus familières du stoïcisme. Voici une remarque de Cicéron à ce sujet: « Hæc ita fieri omnibus inter se concinentibus mundi partibus profecto non possunt, nisi ea uno divino continuatoque spiritu continerentur. »

(4) Cf. Diogène Laerce, VII, 148 : φύσιν ποτὲ μὲν ἀποφαίνονται τὴν συνέχουσαν τὸν κόσμον, ποτὲ δὲ τὴν φύουσαν τὰ ἐπὶ γῆς. Une troisième définition : ἕξις ἐξ αὐτῆς κινουμένη κατὰ σπερματικοὺς λόγους est beaucoup moins aisément intelligible.

représenté, est caractérisé par des attributs opposés, et même contradictoires : il est et il doit être à la fois spirituel et corporel, animé et inanimé : on veut, dit Plutarque, qu'il puisse être tout et on le condamne à n'être rien (1).

Du moins une pareille nature, identifiée avec le monde des intelligibles, ne peut qu'être constante dans ses voies : les lois qu'elle suit ou qu'elle impose sont immuables. C'est en de fort beaux vers que le poète des *Astronomiques* célèbre dans « la charte de la création (*fœdera mundi*) » l'idée chère à la science moderne d'une règle invariable présidant à chaque classe de phénomènes :

> Nec quidquam in tanta magis est mirabile mole
> Quam ratio, et certis quod legibus omnia parent :
> Nusquam turba nocet, nihil ullis partibus errat
> Laxius aut levius, mutatove ordine fertur (2).

Ce que nous voyons reparaître ici sous une forme plus acceptable, ne fût-ce que parce qu'elle est plus savante, c'est le destin des anciens (ἡ εἱμαρμένη) (3) : mais c'est aussi la Providence (4), car leur optimisme aidant, les stoïciens excellent à se persuader que ces deux idées, pour nous si différentes,

---

(1) Φαίνονται τῷ μηδενὶ τὸ πᾶν ποιοῦντες.

(2) I, 181. — Une notion analogue, quoique restreinte à un exemple particulier, se rencontre chez Virgile (*Géorgiques*, I, 60) :

> Continuo has leges æternaque fœdera certis
> Imposuit natura locis.

Ecoutons également Lucain parler des débordements du Nil : « Dès l'heure où se constituait l'univers, certains fleuves ont été soumis à des lois régulières, à la stabilité desquelles veille le Créateur suprême : mystère où il faut adorer la bienveillance de la divinité qui a organisé le monde ». — « Natura per constituta procedit », dira à son tour Sénèque (*Quest. nat.*, III, 16).

(3) Au dire d'Aulu-Gelle (XIII, 1), les stoïciens romains, qui en morale ont singulièrement dépassé en subtilité leurs devanciers grecs, mettaient une différence entre *Fatum* et *Natura*.

(4) Dans le *De natura deorum* Balbus fait remarquer que le mot *Providentia* n'a de sens qu'autant qu'on ajoute ou que l'on sous-entend *deorum*.

peuvent être aisément conciliées (1). On sait que la doctrine de la fatalité était un des dogmes fondamentaux du Portique. Dans ce système où triomphe le mécanisme le plus rigide les causes intellectuelles et morales elles-mêmes agissent à la façon des causes physiques : toutes composent ensemble, comme autant d'anneaux, une chaîne immense qui lie tous les êtres. Dieu même est atteint par le destin, ou plutôt le destin, c'est lui qui le personnifie. Le déterminisme contemporain, pour traduire l'inexorable enchaînement des effets et des causes, n'a pas trouvé d'expressions plus fortes que celles dont sont remplis les livres stoïciens (2).

Plaçons ici une remarque qui a son importance. Il serait difficile de citer dans l'antiquité un système philosophique d'où la nécessité (ἀνάγκη) ait été complètement exclue. Mais pour ne parler que de Platon et d'Aristote, il est certain qu'avec un sentiment plus ou moins vif de la supériorité de l'action libre et réfléchie qui accomplit le bien avec intelligence, ces deux philosophes ne font intervenir qu'en seconde ligne et et en s'efforçant de restreindre son rôle cette puissance inférieure, dont ils ne se servent que pour expliquer ce qu'il y a d'imparfait et d'inachevé en apparence dans l'œuvre de la création. Les stoïciens au contraire étendent son empire sur toutes choses sans exception (3). Il est vrai que puisqu'ils en font la

---

(1) Stobée (*Ecl.*, I, 5, 15).

(2) Voir le *De Fato* de Cicéron et notamment la phrase suivante : « Fatum autem id appello, quod Græci εἱμαρμένην, id est ordinem seriemque causarun, quum causa causæ nexa rem ex se gignit. Ea est ex omni æternitate fluens necessitas sempiterna ». — Cf. Aulu-Gelle (VI, 2) : « Fatum est sempiterna quædam et indeclinabilis series rerum et catena volvens semetipsa sese et implicans per æternos consequentiæ ordines ex quibus apta connexaque est. »

3) Ζεὺς ἢ τῆς ὑμετέρας ἀνάγκης ἀνάγκη (Œnomaüs dans Eusèbe, *Prép. évang.*, VI, 16). Il importe de ne jamais perdre de vue qu'aux yeux des stoïciens la finalité et la nécessité ou, pour emprunter les expressions d'un critique allemand, « das idealvernünftige » et « das naturnothwendige » sont absolument confondus. Le destin (κόσμου ou Διὸς λόγος) cesse d'être aveugle comme la finalité d'être libre.

loi de la sagesse suprême, ils accordent à la raison tout ce qu'ils sont contraints d'enlever à la liberté.

Ainsi puisque la nature ne connaît aucune force supérieure ni même aucune force rivale (1), toutes ses œuvres doivent porter la marque de son excellence : il ne saurait être ici question des exceptions et dérogations admises par Platon et Aristote. Plus que toute autre, l'école stoïcienne a été frappée de l'admirable harmonie, de l'unité parfaite de tous les éléments dont se compose l'univers. Aux yeux et surtout à l'esprit qui le contemple, ce monde avec les milliers d'astres qu'il renferme offre le spectacle d'un tout magnifiquement disposé où toutes les parties sont liées et solidaires, où chaque être a sa raison, où rien n'est en vain, selon le mot de Manilius :

Nec quidquam rationis aget, frustrave creatum est, (2),

où enfin un concert incessant maintient partout la plus étroite connexion (3). Aucune partie ne peut être affectée sans que le reste en subisse le contre-coup : les Grecs appelaient cette influence réciproque des êtres συμπάθεια (4) : et pour célébrer cette liaison des choses, cet accord merveilleux entre les innombrables ressorts de la machine du monde, les stoïciens ont accumulé tous les termes que leur fournissait le langage : c'est un sujet qui prête au développement et sur lequel ils reviennent sans se lasser. Il faut lire, par exemple, Cicéron décrivant dans le *De natura deorum* la sollicitude infinie qui a présidé à l'organisation de nos sens (5), ou reprenant avec

---

(1) « Cæteris naturis multa externa quominus perficientur, possunt obsistere : universam autem naturam nulla res potest impedire » (*De natura deorum*, II, 13).

(2) *Astronomiques*, II, 231.

(3) *De natura deorum*, II, 7 : « Tanta rerum consentiens, conspirans, continuata cognatio. »

(4) Cicéron, *De divinatione* (II, 14), se raille assez spirituellement des prédictions qu'on tentait de justifier par l'unité de la nature universelle.

(5) II, 57 : « Quis opifex, præter naturam qua nihil esse potest callidius, tantam solertiam persequi potuisset in sensibus? »

son abondance habituelle la démonstration socratique et platonicienne de l'existence de Dieu par l'ordre du monde (1). Il est vrai que les stoïciens, avec leur sentiment si profond de l'art qui est dans la nature, attribuaient trop aisément à l'ouvrage lui-même l'industrie et l'habileté de l'ouvrier.

Mais comment expliquer dans l'univers les lacunes et les incohérences au moins apparentes sur lesquelles les épicuriens leurs adversaires insistaient dans un dessein facile à comprendre? On parlait alors ou des contrastes indispensables pour faire ressortir pleinement la beauté, ou d'un relâchement inévitable à la suite d'une tension prolongée dans la force qui crée les choses : réponses qui ressemblaient étonnamment à des défaites (2).

Au surplus, d'après la doctrine du Portique, l'univers n'est pas un assemblage de masses inertes : une âme commune pénètre toutes choses et en constitue le lien vivant (3). La nature est ainsi assimilée à un animal immense dont tous les êtres organiques et inorganiques sont les membres (4). Cette âme du monde, qu'ils identifiaient avec la divinité (5), les stoïciens l'appellent πῦρ τεχνικόν, ou pour emprunter les expressions de Cicéron traduisant littéralement la formule de Zénon, « un feu vivifiant, artiste, qui procède avec ordre et méthode

---

(1) Ib., II, 5.

(2) « Magna dii curant, parva negligunt », disent les stoïciens, ici en complet désaccord avec la thèse que soutient avec tant de conviction l'auteur des *Lois* (X, 902 E). Ils se hâtent au reste d'ajouter que les imperfections du détail disparaissent derrière le mérite achevé de l'ensemble.

(3) On peut voir dans Sénèque à quelles ridicules analogies se laissaient entraîner des hommes qui, ignorant la véritable structure du corps humain, prétendaient néanmoins s'en servir pour expliquer l'univers.

(4) Πνεῦμα ἐνδιῆκον δ᾽ ὅλου τοῦ κόσμου (Stobée, Ecl.; I, 58) — Ἡνῶσθαι τὴν συμπᾶσαν οὐσίαν, πνεύματός τινος διὰ πάσης αὐτῆς διήκοντος (Alexandre d'Aphrodise). — Les vers de Virgile dans l'*Enéide* sont trop connus pour qu'il soit à propos de les transcrire ici.

(5) « Quid est deus ? mens universi » (Sénèque). — « Deum per materiam decucurrisse, quomodo mel per favos » (Tertullien). — Cf. Virgile, *Géorgiques*, IV, 221.

à la génération des êtres (1) ». Pourquoi un feu ? Parce que, répond-on, de tous les éléments c'est le plus puissant par sa tension, le plus rapide et le plus subtil dans ses mouvements. Mais c'est remonter jusqu'à Héraclite et aux premiers bégaiements de la philosophie.

Pour expliquer ce retour en arrière, il faut se souvenir que même le spiritualisme incomplet d'Anaxagore n'avait pas trouvé grâce aux yeux des stoïciens pour qui tout est de nature corporelle, même l'âme, même la divinité : il n'y a dans le monde aucune puissance universelle et autonome distincte des corps eux-mêmes. Toute l'activité intellectuelle se résume et se concentre dans la sensation (2); en exaltant la raison, ces philosophes ont oublié de lui assigner dans le domaine intellectuel sa sphère propre, son essence particulière.

Nous sommes loin, on le voit, du monde des idées de Platon, ou de la νόησις d'Aristote : reconnaissons toutefois avec de judicieux critiques que la physique stoïcienne, matérialiste dans ses origines, prend un caractère vitaliste et même idéaliste au cours de son développement. « Etranges matérialistes, en vérité que des philosophes qui ont abouti à ne poser dans le monde que des forces organisantes, vivifiantes, pensantes, émanées d'une force unique et primitive (3) ! »

On a dit que le stoïcisme réduisait la nature à une vaine conception de l'esprit, imaginairement réalisée par une expression métaphorique. Il nous semble, au contraire, que la Nature joue un rôle agrandi, exceptionnel (4), et d'autant plus

---

(1) Diogène Laerce, VII, 156 : πῦρ τεχνικόν, ὁδῷ βαδίζον εἰς γένεσιν, et Galien (Hist. phil., 20) πνεῦμα ἔντεχνον, ὁδοποιητικόν.

(2) Quelques critiques sont d'un avis opposé : mais la philosophie de la nature n'est qu'indirectement intéressée à cette discussion.

(3) M. Chaignet, Psychologie des Grecs, II, — Le stoïcisme se présente ainsi à nous comme « ein vertiefter hylozoïstischer Monismus ».

(4) Ainsi, s'agit-il de faire pressentir au monde tremblant les horreurs de la guerre civile ? La nature y pourvoira.
...Leges et fœdera rerum
Præscia monstrifero vertit natura tumultu.

(Pharsale, II, 2.)

nécessaire qu'elle est en possesion de toute la puissance, de tout le prestige reconnus ailleurs à la divinité. C'est ce qui apparaîtra plus clairement encore quand de la physique des stoïciens nous passerons plus loin à leur morale.

VII. — Les épicuriens.

Veut-on une preuve frappante de la compréhension indéterminée, partant de l'étonnante souplesse de l'idée de nature? Deux écoles rivales, nettement hostiles, s'en emparent avec la même ardeur et y trouvent l'une et l'autre la formule qui doit résumer presque toutes leurs croyances. Il est vrai que si de part et d'autre le mot est le même, à aller au fond des choses, quelle profonde divergence! Là, la nature se confond avec Dieu, ici avec le hasard. Il va de soi que les anciens déjà en avaient fait la remarque. « Quelques-uns prétendent que la nature est une certaine force aveugle qui excite dans les corps des mouvements nécessaires : d'autres, que c'est une force intelligente et réglée qui observe une méthode et se propose une fin. » (1)

A la suite des grands philosophes, ses devanciers, Epicure s'est posé le problème des choses (2) : mais il ne s'est pas mis en frais pour le résoudre. On a dit des stoïciens qu'ils avaient fait de louables efforts pour fondre en un même corps de doctrines Héraclite, Platon et Aristote : Démocrite a suffi à Epi-

---

(1) Balbus dans le *De natura deorum*, II, 32.
(2) Son principal ouvrage était un Περὶ φύσεως en 37 livres : les rouleaux d'Herculanum nous ont restitué des fragments des livres II et XI. — Sur la vocation d'Epicure à la philosophie, voir l'anecdote (déjà citée dans une autre partie de notre ouvrage) que rapporte Diogène Laërce (X, 2).

cure (1). Les atomes et le vide (2), voilà les seuls éléments dont il a besoin pour expliquer l'univers : les atomes incréés, éternels, infinis en nombre et agrégés de mille façons différentes, afin de rendre compte des propriétés opposées des corps : le vide immense, sans bornes (3), où ils s'agitent d'un mouvement à eux propre, sans commencement, ni fin (4). Le monde est un composé d'éléments inertes, régis par des lois purement mécaniques, auxquelles s'ajoute, on ne sait comment, cette déclinaison arbitraire célèbre sous le nom de *clinamen*. Volontiers sceptiques sur tout le reste, en ce qui touche leur cosmologie les épicuriens se refusent à toute discussion : contre les dieux issus de la superstition populaire, leur dogmatisme est aussi hardi qu'absolu.

Mais ces atomes eux-mêmes, d'où viennent-ils? Qui les a mis en mouvement, ou sinon, d'où leur vient ce don inexplicable? On oublie de nous l'apprendre (5), et c'est là, selon un

---

(1) Sauf une différence capitale, il est vrai, et que La Fontaine, sans s'en douter, a très bien résumée :

> Pendant qu'un philosophe assure
> Que toujours, par leurs sens, les hommes sont dupés,
> Un autre philosophe jure
> Qu'ils ne nous ont jamais trompés.

Ajoutons qu'Epicure qui se prétend volontiers « autodidacte » n'a pas été plus reconnaissant pour son maître qu'A. Comte ne le sera pour Saint-Simon.

(2) Ou l'essence intangible (ἀναφὴς φύσις), la seule forme sous laquelle on puisse concevoir l'incorporel.

(3) Voir dans Cicéron (*De divinatione*, II, 50) comment Epicure s'y prenait pour établir que la nature universelle est infinie. « On trouve dans Lucrèce ce sentiment grandiose et effrayant de l'infinitude du monde, que les savants et les poètes contemporains ont si éloquemment exprimée » (M. Pichon, *Histoire de la littérature latine*). Il semble vraiment que, comme Pascal, quoique pour aboutir à une conclusion bien différente, Lucrèce, lui aussi, ait médité sur « le silence éternel des espaces infinis ».

(4) Pour les Epicuriens, le temps appartient aux choses, tandis que l'espace est un être en soi.

(5) Diogène Laërce, X, 44 : ἀρχὴ δὲ τούτων οὐκ ἐστίν.

mot expressif de M. Brochard, le grand scandale du système. Il est vrai que si le monde s'est fait, ce n'est pas sans peine : car c'est apparemment la cosmologie épicurienne que Plutarque a en vue, au début de son traité sur *La fortune des Romains* : « Au dire de quelques philosophes, le monde, au commencement, ne voulait pas être monde : les corps refusaient de se joindre et de se mêler pour donner une forme unique à la nature ; tous les éléments luttant les uns contre les autres, il en résulta une violente tourmente jusqu'au jour où la terre commença à s'affermir elle-même. » Désormais, ce sera le signal de l'ordre.

Mais de quel droit parler d'un ordre établi, d'un ordre régulier, quand on fait régner partout le hasard, c'est-à-dire l'indétermination absolue ? La contradiction paraît formelle : cependant, sous peine de nier l'évidence, elle s'imposait en présence du spectacle du monde. Ainsi l'intelligence qu'on a cru exiler rentre d'abord dans la place ou s'y glisse par surprise : elle reprend ses droits méconnus et renverse d'un souffle les inconséquentes théories qui prétendaient se passer d'elle.

« Quand même je ne connaîtrais pas la nature des éléments, j'oserais affirmer à la simple vue du ciel et de l'univers qu'un tout aussi défectueux n'est pas l'ouvrage de la divinité. » Qui parle de la sorte ? Lucrèce, dans un de ses passages les plus triomphants (1) : mais tournez quelques feuillets du poème et vous recueillerez cet aveu involontaire : « Telle fut, dès l'origine, l'énergie propre de chaque cause, et dès lors la nature suit fidèlement l'ordre invariable fondé à l'heure où se forma le monde » (V, 676). Encore une fois, quel est cet ordre ? Pourquoi cette marche réglée par des lois éternelles qu'aucune

---

(1) V, 107. — Si je cherche la doctrine épicurienne avant tout dans Lucrèce, c'est, d'une part, parce qu'elle n'a pas (pour nous du moins) de plus éloquent interprète, et de l'autre, parce que les textes d'Herculanum ne laissent plus aucun doute sur la fidélité mise par le disciple à reproduire trait pour trait les théories du maître, qu'il semble d'ailleurs avoir connues surtout par les résumés qu'Epicure avait rédigés et publiés à l'usage des profanes.

force n'est capable de suspendre ou d'altérer (1)? d'où vient que chaque être a sa constitution propre et son évolution spéciale, que sa durée et son accroissement sont contenus dans des limites marquées, son action renfermée entre des bornes qu'il lui est impossible de franchir (2)? Nous avons déjà rencontré dans Platon les lois de la nature : Lucrèce est le premier à nous parler de sa charte fondamentale (*fœdera*). Ainsi, à propos de l'invariabilité des espèces :

> Denique jam quoniam generatim reddita finis
> Crescendi rebus constat vitamque tuendi,
> Et quid quæque queant, per fœdera naturai
> Quid porro nequeant, sancitum...   (I, 580)
> Res sic quæque suo ritu procedit, et omnes
> Fœdere naturæ certo discrimina servant...   (V, 921)

Mais cette charte, n'a-t-elle aucun auteur? qui en assure le maintien d'une main aussi souveraine (3)? L'univers a donc une cause qui veille à sa conservation et que le poète a en vue, toutes les fois qu'il parle de forces naturelles, d'ordre constant : grands mots, on l'a dit très justement, qu'il eût fallu éviter s'ils n'ont qu'un sens conventionnel et poétique, mais qui renversent tout l'édifice du système, s'ils renferment implicitement l'idée de cause première et de Providence.

Epicure avait coutume de se moquer de ses adversaires qui, embarrassés pour trouver une explication scientifique des phénomènes, invoquaient l'action divine (4). Il se refusait à comprendre un dieu partout affairé, disait-il, toujours en haleine,

---

(1) V, 310 :
> Nec sanctum numen (cernis) fati protollere fines
> Posse, neque adversus naturæ fœdera niti.

(2) V, 90.

(3) La perpétuité des lois naturelles n'a jamais été affirmée et célébrée avec plus d'éloquence que dans le *De natura rerum* (II, 297-307).

(4) *De natura deorum*, III, 10 : « Omnium talium ratio reddenda est : quod vos quum facere non potestis, tanquam in aram confugitis ad Deum. »

sans cesse accablé de toutes sortes de soucis (1); pour sa part, il se fait une tout autre idée de la vraie félicité (2). C'est ainsi, écrit Constant Martha, qu'avec le langage de la plus douce piété, il dérobait habilement aux dieux le gouvernement du monde : se flattant d'avoir mis la main sur les causes naturelles, il exilait comme inutiles et surannées les causes divines (3). Mais c'est en vain que, selon une expression énergique de Cicéron, il abuse du pouvoir et du caprice des atomes : lui-même ne prend pas garde que, pour diriger, compléter et corriger au besoin leur œuvre, il est obligé de recourir à la Nature, devenue entre ses mains un nouveau *deus ex machina*. Il ne s'agit plus seulement, comme c'est fréquemment le cas, d'une dénomination collective des atomes et du vide (4) : c'est une puissance créatrice (5), puissance distincte des êtres qu'elle contribue à former, puissance d'organisation et d'évolution (6), un gouvernement supérieur (7), l'ensemble des causes chargées d'opérer la transformation de

---

(1) *Ib.*, I, 20 : « Laboriosissimus, implicatus molestis negotiis et operosis. »

(2) Laquelle est à ses yeux exempte de toute charge, ἀλειτούργητος.

(3) Tertullien résume quelque part toute cette partie de la doctrine d'Epicure dans un adage concis que je recommande aux positivistes contemporains : « Quæ super nos, nihil ad nos ».

(4) « Sunt qui omnia naturæ nomine appellant, ut est Epicurus » (Cicéron). Dans les textes épicuriens on rencontre maintes fois les expressions ἡ ὅλη φύσις ou ἡ τῶν ὅλων φύσις, et de fait, le philosophe a singulièrement élargi l'idée de nature en embrassant sous ce nom l'infinité des mondes créés par le mouvement éternel des atomes à travers l'infinité du temps et de l'espace.

(5) « Rerum natura creatrix » (Lucrèce, I, 623). — « Docuit nos idem qui cætera, effectum natura esse mundum » (Veellius dans le *De natura deorum*, I, 20). Et malgré les difficultés de cette tâche, c'est si bien un jeu pour la nature toute puissante qu'elle l'a déjà recommencée et la recommence encore des milliers de fois.

(6) *De natura rerum*, I, 51 :

> Unde omnes natura creet res, auctet alatque,
> Quoque eadem rursum natura perempta dissolvat.

(7) *Ib.*, V, 78 : « Natura gubernans. »

la matière brute en organismes, et des êtres organisés en êtres pensants ; c'est même, les épicuriens allaient jusque-là, une Providence (1). Qui ne voit que pareille conception est ici une véritable interprétation ? Dans l'épicurisme, rien ne l'implique, tout la condamne. Ailleurs, la Nature pouvait jouer plus ou moins légitimement le rôle de cause : dans un univers résultant du choc aveugle des atomes, elle est réduite logiquement à n'être qu'un effet.

Et cependant, son nom revient sans cesse, son action est partout.

Je ne parle même pas ici du prologue célèbre du *De natura rerum*, de cet hymne enthousiaste adressé par le poète à Vénus (2). Pareille invocation n'est-elle pas en désaccord formel avec l'esprit et la teneur d'un poème manifestement dirigé contre la mythologie païenne (3) ? N'est-ce pas, en outre, comme l'a fait remarquer M. Bénard (4), un non-sens ou un contre-sens de placer la vie dans un principe chargé de tout engendrer, de tout procréer dans la nature entière, alors que la vie ne saurait être ici ni dans la matière, ni dans ses éléments qui sont les atomes ? Ce morceau n'a-t-il et ne pouvait-il avoir d'autre intérêt que celui d'un ornement convenu, au-

---

(1) Ib., V, 781 : « Maternum nomen adepta », et I, 225 : « Nullius exitium patitur natura. »

(2) Il en avait, dit-on, trouvé le premier modèle dans un fragment conservé de la *Médée* de Sophocle. Je ne cite ici que pour mémoire la supposition bizarre de Bernardin de Saint-Pierre, imaginant que Lucrèce « avait emprunté les principales beautés de ce prologue au portrait si élevé que nous lisons de la sagesse divine au XXIV° chapitre de l'*Ecclésiastique* ».

(3) Le II° livre contient une critique expresse du polythéisme. Cependant il est juste de reconnaître que plus d'une fois le poète a faussé compagnie au philosophe, dans ces vers, par exemple :

Tempore item certo Matuta per oras
Ætheris Auroram defert...
(V, 655).

(4) *L'Esthétique d'Aristote et de ses successeurs*, p. 198.

quel le poète n'avait pas le droit de renoncer (1)? Pour ma part, j'admettrais volontiers avec M. Martha que, sans être infidèle à sa doctrine, Lucrèce a pu mettre en scène et personnifier sous un nom populaire la grande loi de la génération, la puissance mystérieuse qui partout répand la vie et assure à travers les âges la durée des espèces animales maintenues par son empire. Il fallait bien expliquer de quelque façon la vie absente du système, quoique partout présente, partout agissante au sein de la création (2).

Au reste, qu'on parcoure toute la suite du poème ; presque à chaque page on retrouvera cette conception d'une nature habile à tout produire (3) et contenant en elle les germes de toutes choses : en approchant de cette puissance mystérieuse que Démocrite n'avait certainement pas connue, Lucrèce, bien différent en cela d'Epicure, éprouve quelque chose comme un sentiment religieux (4). Il y a même des passages où il la fait intervenir avec une force et une solennité inat-

---

(1) Au jugement de certains critiques, le *De natura rerum* est en effet à la fois un poème didactique et une épopée d'un nouveau genre. — Les lignes suivantes de M. A. Croiset nous paraissent intéressantes à citer ici : « Parménide ne croit, en dévot, ni à Thémis ni à Δίκη, ni même à ces charmantes Héliades, pas plus que Lucrèce ne croit à Vénus qu'il invoque si magnifiquement. Tout cela est de la poésie pure, où la foi proprement dite n'a aucune part. Le triomphe de l'imagination n'en est que plus grand, puisque le mythe est vivant et beau ».

(2) C'est la divinité qui se venge, écrit un autre critique, et force le poète à s'incliner devant une action nécessaire, quelque sens qu'on lui prête et sous quelque nom qu'on la dissimule.

(3) « Natura dædala rerum » (V, 235). Ce qu'il importe de remarquer, c'est qu'à côté de cet emploi « éminent » de *nature*, Epicure et Lucrèce n'hésitent pas à se servir du mot soit dans son acception courante (ἡ τοῦ κενοῦ φύσις, Diogène Laerce, X, 44. — *natura inanis* (Gén.), Lucrèce, I, 360), soit dans de simples périphrases telles que *divum natura, aquæ natura*, etc., soit enfin au sens métaphysique de « substance, » à peu près comme Spinoza (Ainsi *De natura rerum*, I, vers 544, 579, 629, 1001, etc).

(4) « Me divina voluptas percipit atque horror », selon ses profondes expressions. Epicure s'était borné à réclamer la première place pour la science de la nature, chargée de résoudre les problèmes les plus

tendues. Au III° livre, le poète veut nous guérir des terreurs de la mort, et comme s'il se défiait de l'efficacité de ses raisons, tout d'un coup il s'efface derrière un personnage nouveau. « Si soudain, écrit-il, la Nature élevait la voix et nous faisait entendre ces reproches : « Mortel, pourquoi te désespérer sans mesure ? pourquoi gémir et te lamenter aux approches du trépas ? Si jusqu'ici tu as passé des jours agréables (1), si ton âme n'a pas été un vase sans fond où les plaisirs se sont perdus sans laisser de trace, que ne sors-tu de la vie comme un convive rassasié ?... Car enfin je ne peux rien inventer, rien produire de nouveau qui te plaise : toujours reviendra le même spectacle (2). »

L'admonestation (que j'abrège) est éloquente (3) : mais si nous oublions le poète pour ne voir que le philosophe, que signifie en cet endroit et en maint autre l'intervention de la Nature ? simple métaphore, dira-t-on, prosopopée ingénieuse ; pour nous, il nous semble qu'il y a plus que cela dans cette personnification de l'ordre éternel. Je crains bien qu'aux yeux d'un épicurien qui semble ignorer le moi et la conscience, cette Nature, quelle qu'elle soit, ne soit forcément dépourvue d'intelligence : mais il y a certaines erreurs qu'un esprit éclairé ne peut soutenir jusqu'au bout. En vain Epicure, s'inscrivant

---

ardus de la philosophie : τὴν ὑπὲρ τῶν κυριωτάτων αἰτίαν ἐξακριβῶσαι φυσιολογίας ἔργον εἶναι δεῖ νομίζειν, lisons-nous dans sa lettre à Hérodote (Diogène Laerce, X, 78).

(1) De même, lorsque Epicure nous demande de nous montrer reconnaissants de nos plaisirs, à qui peut s'adresser notre gratitude, sinon à la Nature ?

(2) Idem semper erit, quoniam semper fuit idem (*Astronomiques*, I, 510), cri d'enthousiasme du stoïcien qui dans l'ordre du monde contemple l'œuvre de la raison suprême ;

..... Eadem sunt omnia semper..... (Lucrèce, III, 958), ou encore : « Subit illud rabidarum deliciarum : Quousque eadem ? » (Sénèque, *De tranq. animi*, 2), cri de désespoir de l'épicurien sans cesse en quête de nouvelles sensations et de nouveaux plaisirs.

(3) On sait que Bossuet n'a pas dédaigné de s'en inspirer dans son *Sermon sur la mort*.

en faux contre les plus brillantes démonstrations de ses devanciers (1), entend bannir toute fin, tout dessein prémédité de la création : en vain cherche-t-il à se persuader qu'aucun plan n'a présidé à la disposition de l'ensemble. La correspondance de toutes les parties est aussi manifeste qu'elle est merveilleuse et bon gré, mal gré, il faudra que les mouvements des atomes, quoique se produisant au hasard, rétablissent dans le système, on l'a dit d'un mot heureux, un simulacre de finalité (2).

A la fin de son premier livre, Lucrèce nous met en présence d'une conception qui a sa grandeur. L'harmonie du monde et l'adaptation des organismes à leur fonction ne seraient qu'un résultat particulier de l'activité mécanique opérant à l'infini : l'exacte corrélation des détails enfin rencontrée après mille tâtonnements aveugles aurait déterminé la stabilité au moins provisoire de l'ensemble,

> Ut semel in motus conjecta est convenientes
> Materia.

---

(1) Cf. Lucrèce, IV, 831 :
> Omnia perversa præpostera sunt ratione.
> Nil ideo quoniam natum est in corpore, ut uti
> Possemus : sed quod natum est, id procreat usum.

(2) Est-ce, comme on l'a tant de fois affirmé, pour sauver, en lui donnant une base rationnelle, la liberté humaine, qu'Epicure n'a pas hésité à accorder à la matière le pouvoir de déroger à une loi immuable de la nature ? Le *clinamen* (contre lequel eût protesté Démocrite) constitue-t-il vraiment, selon l'expression de M. Chaignet, « un mouvement volontaire et libre auquel l'être se détermine lui-même », ou est-il simplement une loi physique de plus ? Je constate, d'une part, que dans les plus anciens textes épicuriens il n'y est fait que d'insignifiantes allusions, de l'autre, que nous sommes ici en présence d'une notion psychologique transportée pour ainsi dire de vive force (*De natura rerum*, II, 284) dans le monde de la matière ; et tout en blâmant les termes sévères employés par de grands philosophes modernes (à l'exemple, ne l'oublions pas, de Cicéron et de Plutarque) à propos du *clinamen*, M. Chaignet reconnaît lui-même sans détours que « par une contradiction, une inconséquence au moins, la physique d'Epicure reste mécanique » (*Psychologie des Grecs*, II, 272). Ceci nous excusera de ne pas insister sur cette question.

Mais cette convenance (1), cet accord, même payé si cher, mais sa conservation à travers les âges, où l'athée en trouvera-t-il l'explication ? De même, lorsque dans son V⁰ livre, rejetant bien loin les fables usées de l'âge d'or pour leur substituer une hypothèse moins séduisante à coup sûr, mais plus vraisemblable, le poète applique la notion d'évolution à la solution des problèmes d'origine ; lorsqu'il nous montre la vie pullulant autrefois à la surface du globe et la sélection naturelle condamnant les êtres mal venus à disparaître afin de faire place à des combinaisons plus viables ; lorsqu'il peint l'homme partant d'une condition presque animale pour conquérir sa glorieuse destinée ; lorsque plaçant, comme tant d'autres l'ont fait depuis, la barbarie au berceau de notre race, il décrit la naissance et le développement graduel des sociétés, des arts, du pouvoir, en un mot de la civilisation tout entière, ne s'aperçoit-il pas du facteur nouveau qu'il introduit dans le système, dont il doit devenir le ressort fondamental (2) ? Sans doute c'est la Nature qui nous est représentée ici comme la première et pour ainsi dire comme la seule institutrice de l'homme, mais cela après qu'on l'a conçue assez complètement à notre propre image pour qu'elle devienne capable de s'éclairer par l'expérience et de produire des créations de plus en plus parfaites (3) Et ce progrès même que

---

(1) « Ce mot, qui n'a pas de sens dans la logique du système, est une notion empruntée à une tout autre philosophie et qui se glisse inconsciemment, involontairement dans la métaphysique épicurienne pour en combler les lacunes. » (M. Chaignet).

(2) Chose étrange, les philosophes anciens les plus optimistes, les plus convaincus de l'existence d'une Providence (un Platon, par exemple, dans sa fable de l'Atlantide) affirment, au contraire, sur les traces du vieil Homère, que le monde va en dégénérant.

(3) C'était aussi l'enseignement d'Epicure : Ἀλλὰ μὴν ὑπόληπτον καὶ τὴν φύσιν πολλὰ καὶ παντοῖα ὑπὸ τῶν αὐτῶν πραγμάτων διδαχθῆναι καὶ ἀναγκασθῆναι (Diogène Laerce, X, 75). — Tout autre était la pensée des stoïciens. Manilius (I, 472) se raille de ceux qui voient dans la nature

Lucrèce célèbre avec une sorte d'enthousiasme (1), ce progrès dont le but est une vie de plus en plus intense, de plus en plus développée (2), sinon de plus en plus vertueuse, en quoi consiste-t-il, sinon précisément à soustraire à l'empire aveugle des forces matérielles tout ce que peuvent leur enlever la raison et l'intelligence secondées par la liberté (3) ? Le poète lui-même en cent passages reconnaît que la marche du temps ne suffit pas à elle seule pour expliquer tant de précieuses intentions, tant d'admirables découvertes : il y faut le concours exprès de la raison :

> Sic unumquidquid paulatim protrahit ætas
> In medium, ratioque in luminis eruit oras (4).

De même pour bannir les préjugés, pour étouffer la superstition, pour soustraire l'humanité aux tyrans intérieurs qui l'oppriment, Lucrèce ne compte pas uniquement sur les leçons que nous donne le spectacle des choses : ici encore il fait intervenir les lumières de la raison appliquée à l'étude de la nature :

---

un ouvrier sans cesse préoccupé de retoucher, de perfectionner son œuvre :

> Et natura vias servat quas fecerat ipsa
> Nec tirocinio peccat.

(1) Bien entendu, sans nous en expliquer le principe, sans nous en faire la théorie.
(2) Aristote (*Métaphysique*, XII, 7,1072b32) blâme et réfute les philosophes qui comme les Pythagoriciens et Speusippe, ὑπολαμβάνουσιν τὸ κάλλιστον καὶ ἄριστον μὴ ἐν ἀρχῇ εἶναι. Mais à la seule condition d'être étroitement rattachée à la notion d'un Dieu créateur et d'une Providence, la théorie de l'évolution n'a rien par elle-même qui scandalise la raison. Aux savants de se prononcer sur sa justesse.
(3) On sait avec quelle énergie Lucrèce plaide la cause de la volonté libre arrachée aux étreintes du destin, *fatis avulsa potestas*.
(4) Pour être juste, il faut constater qu'en écartant résolument Dieu du monde, l'épicurisme y a fait ressortir mieux qu'aucune école l'action personnelle et incessante de l'homme.

> Hunc igitur terrorem animi tenebrasque necesse est
> Non radii solis, neque lucida tela diei
> Discutiant, sed naturæ species ratioque.

Or cette faculté qui fait la dignité de l'homme, comment la refuser, non pas à l'auteur de la nature (l'épicurisme n'en reconnaît pas), du moins à la Nature qui est obligée de tenir sa place ? Et après avoir accordé à des corps bruts un mouvement immanent, bien mieux que cela, un genre d'activité libre et spontanée, il faudra proclamer l'existence d'une force cachée (« vis abdita quædam ») qui se joue dans l'univers et qui par son rôle, sinon par ses attributs, tiendra la place du Dieu des stoïciens ou d'Aristote ou de Platon.

Relevons ici une dernière conséquence du système. Certes le mal existe dans le monde : il existe dans la nature. Parmi les philosophes chrétiens, Leibniz n'est pas seul à nous apprendre comment il peut et doit se concilier avec les attributs de l'Etre parfait ; mais qui n'admet pas de Providence, ou n'en connaît d'autre qu'une nature dominée par des lois fatales, ne saurait se faire longtemps illusion : tôt ou tard la réflexion lui découvrira l'inclémence des éléments à l'égard de l'homme, moins favorisé sur cette terre que la plupart des animaux (1). Il n'est personne qui ne connaisse le passage fameux où Lucrèce, faisant avec une âpre et sombre éloquence le procès de la Nature, lui reproche de hérisser de ronces la faible partie du globe où le laboureur peut enfoncer sa pesante charrue,

> Id natura sua vi
> Sentibus obducat, ni vis humana resistat,

de multiplier sur la terre les causes de destruction,

> Quare anni tempora morbos
> Apportant ? quare mors immatura vagatur ?

---

(1) L'affaiblissement des croyances avait popularisé ces réflexions pessimistes, et nous voyons par les *Académiques* (II, 38) que Carnéade avait devancé le poignant réquisitoire de Lucrèce.

enfin de n'arracher l'enfant avec effort du sein maternel que pour lui faire commencer au milieu des gémissements et des pleurs la plus malheureuse des existences,

> Quum primum in luminis oras
> Nixibus ex alvo matris natura profudit.

C'est le morceau entier qu'il eût fallu transcrire, d'abord à cause de la poésie qui y éclate, puis pour mettre une fois de plus en pleine lumière toute la différence qui sépare la Nature de Zénon de celle d'Epicure : la première, synonyme de la divinité, est une mère bienfaisante ; la seconde, synonyme de force aveugle, tombe au rang d'une marâtre pour qui l'homme est la plus déshéritée des créatures (1). Elle-même touche à sa décrépitude, et l'heure de la destruction universelle n'est plus éloignée (2). En attendant, Lucrèce dans ses tableaux fait une large place à ses cruelles rigueurs (3), à ses déchaînements mystérieux. Le *De natura rerum*, peut-être à dessein, se ferme sur les effrayantes réalités de la peste d'Athènes, aggravées par ce fait que la doctrine condamnait le poète à se renfermer dans la peinture des douleurs matérielles, sans pouvoir, comme on l'a dit, saisir aucun de ces traits de sentiment qui blessent l'âme et l'élèvent en l'attendrissant.

---

(1) Esprit sagement équilibré, quoique un peu timide en matière de doctrine, Cicéron reproduisant ces déclamations systématiques a soin de les corriger par une réflexion qui fait penser immédiatement au *roseau pensant* de Pascal : « In homine tamen inest tanquam obrutus quidam divinus ignis ingenii et mentis. »

(2) Ce que les Epicuriens pardonnaient le moins à l'auteur du *Timée*, c'est de nous représenter le Démiurge communiquant à son œuvre une jeunesse éternelle (32 C). Il est contraire aux lois de la nature, disaient-ils, que ce qui a commencé dure toujours.

(3) Ainsi voyez le contraste. Virgile parle en termes d'une douceur pénétrante du calme bienfaisant de la nuit : Lucrèce n'en veut voir que les ombres effrayantes :

> Nox ubi terribili terras caligine texit (VI, 851).

IX. — Les Alexandrins.

Aux yeux des mystiques volontiers enfermés dans une sphère idéale, la matière ne peut être qu'un objet d'aversion, et le mépris qui la frappe atteint et enveloppe la création entière. La nature est un amoindrissement, une déchéance de l'Etre infini. Pour contempler la beauté ineffable, il faut fermer son regard au spectacle fascinateur des choses terrestres. Quelle valeur peut conserver la nature extérieure dans un système où la pensée franchissant dans son vol hardi tous les intermédiaires qui séparent le réel de l'intelligible, s'élance dans le monde des Idées pour s'élever de là à l'Un absolu ! Deux routes seulement, écrit Plotin (1) à la suite de Platon, donnent accès à cette sphère supérieure : les mathématiques et la dialectique, arme spéciale, science propre du philosophe absorbé dans l'étude de la nature. Sachons gré néanmoins à cet idéaliste d'avoir défendu avec tant d'ardeur contre les gnostiques la beauté et la magnificence de la création, qu'il admire, d'ailleurs, avec l'enthousiasme du poète bien plus qu'il ne l'analyse avec la patiente observation du savant (2).

Avant lui Philon le Juif, trop fidèle aux traditions de sa race pour faire de la Nature, à l'imitation des écoles helléniques, un substitut ou un rival de la Divinité, y avait vu la manifestation de Dieu considéré comme l'Artiste suprême. Sans doute le monde n'est point chez lui, comme dans la *Genèse*, le résultat d'une création proprement dite, ou l'œuvre contingente d'une volonté toute-puissante, mais la mise en œuvre par les forces (δυνάμεις) divines (3) d'une matière chao-

---

(1) *Ennéade* I, 3.
(2) Voir Vacherot, *Histoire de l'école d'Alexandrie*, I, p. 470 et 498.
(3) En tête desquelles figure la sagesse divine (σοφία ou plus sou-

tique préexistante, et une conséquence de la permanente activité de l'Etre incréé.

Quant aux néoplatoniciens grecs, ils remplacent le naturalisme tant stoïcien qu'épicurien par un spiritualisme abstrait : l'unique raison d'être de la matière est de faire passer à l'état visible les concepts invisibles de la pensée (1) ; la gnose, émanée qu'elle est directement de Dieu, se donne même pour une sagesse transcendante qui n'a rien à démêler avec les procédés habituels de la science humaine. Tous ces spéculatifs égarés dans leurs rêves ignorent ce qu'est l'homme, ce qu'est la société : à leurs yeux tout attachement à la vie resserre notre chaîne terrestre. D'ailleurs leur mysticisme a conduit le plus grand nombre d'entre eux droit à la théurgie, à la thaumaturgie : ils rougiraient de ne pas franchir les bornes que nous impose la nature : dans leurs biographies ce ne sont que visions, enchantements, prodiges et miracles. Ils proclament bien haut leur ignorance de ce Dieu même dont ils veulent à tout prix contempler l'ineffable et impénétrable essence, et qu'ils séparent autant qu'il est en eux de la nature, au lieu de chercher dans celle-ci le reflet de son infinie perfection.

La théorie de Plotin, « le maître qui a imprimé à l'école sa marque, imposé sa méthode, et indiqué son esprit (2) », mérite cependant de retenir un instant notre attention. Comme ses prédécesseurs et à un plus haut degré encore, il manque d'une connaissance exacte de la nature : mais sa pensée est puissante, et le système qu'elle a conçu est fortement lié dans toutes ses parties.

Sans cesser d'être lui-même et tout en gardant en soi ses attributs, l'absolu passe ou descend dans toute la hiérarchie

---

vent λόγος) contenant les idées des choses de même que l'intelligence de l'architecte renferme le plan de la ville qu'il doit élever. (*De mundi opificio*, 1, 4)

(1) Proclus distingue une triple matière, νοητή, φανταστή, αἰσθητή.
(2) M. Chaignet, *Psychologie des Grecs*.

des êtres, sans en excepter les plus inférieurs, dérivés de sa substance par un procédé de génération, ou, si l'on aime mieux, d'émanation (1) progressive, sur laquelle les néoplatoniciens ne se sont nulle part clairement expliqués. Conçu d'abord en soi comme un être purement idéal, il tire de lui-même les lois et les conditions de son entrée dans la réalité : ce n'est plus, comme dans le système d'Aristote, le monde qui gravite vers Dieu, c'est Dieu, de qui tout dépend, à qui tout retourne, qui s'abaisse dans le monde (2). Du premier principe comme source première s'échappe et s'écoule le flot des existences finies, de même que du soleil, comme d'un foyer inépuisable, se projette perpétuellement et en tout sens une infinité de rayons. Il y a ainsi comme un océan d'être éternel à la surface duquel se déroulent les lignes toujours oscillantes et mobiles des êtres individuels : mais cette source qui jaillit d'elle-même s'épanche dans une multitude de fleuves sans être diminuée par ce qu'elle leur donne, car par un prodige étonnant les fleuves qu'elle forme, tout en suivant chacun son cours, n'en continuent pas moins à confondre encore en elle leurs eaux.

Intermédiaire entre l'essence indivisible de l'intelligence et

---

(1) Je préfère ici ce mot à celui d'*évolution*. L'évolution part de l'inférieur pour s'élever au supérieur, tandis que l'émanation, par une marche inverse, part du monde divin et cherche à saisir les liens qui le rattachent au monde humain d'abord, puis au monde matériel.

(2) Déjà aux yeux des stoïciens, si nous en croyons Ravaisson, la nature apparaît « comme une forme inférieure d'existence à laquelle l'unique principe, la raison, s'est spontanément abaissé ». Voir le développement de cette pensée dans le texte cité plus haut (p. 391, note 2). — Que penser de cette explication? M. H. Delacroix (*Essai sur le mysticisme spéculatif en Allemagne au xiv° siècle*, p. 245) la juge d'une façon assez sévère : « La procession de l'Unité n'est qu'un mot ou n'est qu'un miracle. L'Unité que nous avons cru atteindre se refuse à se manifester : pour redescendre par la vraie dialectique de ce sommet imaginaire, il faut supposer dans l'être initial une contradiction qui détruit son unité : il faut lui substituer la dualité que Plotin voulait en vain supprimer, la dyade de l'Un et de l'indéfini... La réalité, la pensée et la vie sont l'inexplicable accident de l'inexplicable essence. »

l'essence divisible du corps, l'âme universelle, troisième hypostase divine, constitue le monde de la vie (ὁ τῆς ζωῆς κόσμος) : elle engendre l'univers, c'est-à-dire les âmes diverses qui animent toutes choses ; elle donne le mouvement au monde, vaste organisme animé : de tous côtés elle l'enveloppe et n'est limitée que par le ciel. Descendue dans le corps de l'univers qui est son œuvre (III, 8), associée à des degrés d'existence de plus en plus imparfaits, elle produit (ce sont les termes mêmes de Plotin) sans conception adventice, sans les lenteurs de la délibération et de la détermination volontaire ; sa puissance génératrice, à laquelle convient par excellence le nom de *nature*(1), forme avec un art admirable tous les êtres à l'image des raisons qu'elle possède (IV, 3) (2), raisons qu'elle fait successivement arriver à l'existence dans le monde sensible (3). Toutes choses procèdent ainsi d'un principe unique et conspirent à un but unique, et la nature pourrait être également définie « l'ordre établi par l'âme universelle » (II, 2). De là vient que le monde, à titre de prolongement sensible de la réalité intelligible, d'image (ἴνδαλμα), d'ombre (σκιά), de reflet (κάτοπτρον) de l'infini est, malgré ce qu'on pourrait appeler son néant relatif, une œuvre d'art, un poème divin (4). Alléguera-t-on pour le contester

---

(1) Φύσις ἡ τὰ πάντα συνέχουσα καὶ διοικοῦσα (IV, 2). C'est elle que célèbre cet hymne de Synésius : « Tu es le principe du passé, du présent, du futur, du possible : tu es le père, tu es la mère, tu es la voix, tu es le silence, tu es la nature féconde de la nature, tu es l'éternité de l'éternité. »

(2) Réminiscence platonicienne.

(3) Voici comment s'exprime à ce sujet Jamblique dans son style d'une obscurité emphatique : « J'appelle nature la cause inséparable du monde réel, qui renferme les causes universelles du devenir, causes contenues à l'état séparé, idéal, par les essences et les ordres d'être suprêmes. Là se rencontrent la vie sous la forme corporelle, la raison génératrice (γενεσιουργος), les formes immanentes à la matière, la matière elle-même et le mouvement. »

(4) Après avoir dit de la nature, dans son *Commentaire du Timée* : οὔτε ὡς θεός ἐστιν οὔτε ἔξω τῆς θείας ἰδιότητος, Proclus déclare que l'étudier, c'est se livrer à une sorte de théologie (ἡ φυσιολογία θεολογία

les imperfections que Lucrèce étale triomphalement dans ses vers ? Plotin (1) répondra sans hésiter : « Celui qui blâme l'ensemble en ne considérant que les parties est injuste. On ne condamne pas une tragédie parce qu'on y voit figurer d'autres personnages que des héros, un esclave, un paysan qui parle mal : ce serait détruire la beauté de la composition que de retrancher ces personnages inférieurs et les scènes où ils figurent. » (III, 2)

Au surplus, il y a entre le corps du monde et l'âme universelle une harmonie assez parfaite (2) pour assurer la durée de ce vaste ensemble (II, 1). Comment pourrait-il périr ? Il faudrait qu'il y eût un autre plan plus conforme à la raison que l'existence et l'admirable disposition des êtres créés. Loin de traîner comme un fardeau la création matérielle, l'âme la meut sans peine et en fait un être vivant un et sympathique à lui-même (IV, 4). Néanmoins pour qu'il y ait une gradation constante dans les êtres (3), il est indispensable que la Providence ne se fasse pas sentir partout également. « A mesure que l'on descend, les choses s'altèrent, se troublent et se corrompent, pour finir par n'être même plus rien (4). » Telle une source

---

φαίνεταί τις οὖσα), parce que les choses qu'elle engendre ont pour ainsi parler un fonds d'existence divin (θείαν πως ἔχει τὴν ὕπαρξιν). Et à la suite de Platon, les néoplatoniciens soutenaient que pour atteindre les vraies réalités, objet propre de l'entendement, il n'y a pas de route plus sûre à suivre que la compréhension de l'ordre naturel (αὕτη γὰρ τάξις κατὰ φύσιν, *Ennéade* V, 1, 10).

(1) Il avait même composé un traité spécial Πρὸς τοὺς κακὸν τὸν δημιουργὸν τοῦ κόσμου καὶ τὸν κόσμον εἶναι λέγοντας. (*Ennéade* II, 9).

(2) C'est par là que Synésius, comme les stoïciens, cherche à justifier la divination, et il ajoute cette réflexion : « Figurez-vous un livre écrit en divers caractères, phéniciens, égyptiens, assyriens : le sage les déchiffre, mais nul n'arrive à la sagesse autrement qu'en recueillant les enseignements de la nature. » Les alchimistes tiennent exactement le même langage.

(3) Réminiscence péripatéticienne. « La nature marche par sauts, ou plutôt par intervalles. » (Damascius)

(4) Synésius, L'*Egyptien*, I, 9. — « Qu'on ne s'étonne donc pas, dit à son tour Damascius (*Les premiers principes*, § 284) si la nature est la

de lumière répand autour d'elle une clarté, dont l'intensité décroît en proportion de l'éloignement, jusqu'au point où elle s'efface dans la région des ténèbres. Plotin se retrouve d'accord avec Platon son maître pour ne voir dans la matière qu'une simple occasion pour la manifestation de l'Idée.

La Nature, qui est une, domine toutes les natures particulières (1) qui en procèdent et néanmoins y restent attachées, rameaux de cet arbre immense que nous appelons univers (IV, 4). Mais (et c'est ici une des conséquences certainement les plus remarquables du système) la propriété essentielle des racines et du tronc se transmet jusqu'à la dernière extrémité des branches. Ici-bas, toute vie est pensée ou dégradation de la pensée (2) : tout pense dans la mesure du possible, et les animaux raisonnables et les brutes et les plantes même avec la terre qui les porte (3). Les âmes inférieures, celles qui sont le plus éloignées de la pureté de leur principe, n'en sont pas moins enchaînées à leur destinée, comme fascinées par un attrait magique, mais réellement retenues par les liens puissants de la Nature (4). Celle-ci, toute privée qu'elle soit de

---

dernière vie, et vie suspendue à la zoogonie intellectuelle. » Tout ce paragraphe, où il est à plusieurs reprises question de la nature, est malheureusement aussi obscur que le reste de l'ouvrage (Voir la traduction française de M. Chaignet, II, p. 393 et suiv.). — Chez Proclus, d'après M. de Wulf (*La philosophie médiévale*, p. 126), la matière est un produit direct d'une des triades du νοῦς, et non point, comme chez Plotin, un écoulement final de l'âme du monde.

(1) Cette distinction entre la nature en général (*natura omnis* ou *universa*) et les natures particulières était déjà familière aux stoïciens. Plotin se sert maintes fois du mot φύσις dans le sens d'essence, à l'exemple de Platon et d'Aristote. C'est ainsi qu'il dit (*Ennéade* III, 9, 2) : « Toutes choses tendent à l'achèvement de leur nature » (εἰς τὸ τῆς φύσεως ἄριστον).

(2) Πᾶσα ζωὴ νόησίς τις (III, 8, 7).

(3) Anticipation du système de Schelling.

(4) IV, 3. — On lit dans Stobée ce texte de Jamblique : Τῆς δ'εἱμαρμένης ἡ οὐσία συμπᾶσά ἐστιν ἐν τῇ φύσει. Ce même philosophe définit la Nature, qu'il identifie ainsi avec le Destin, « la cause qui unie au monde contient, également unies au monde, toutes les causes de la génération, causes que les essences supérieures et ordonnatrices renferment en elles, séparées du monde ».

raison et d'imagination est capable d'une sorte de contemplation silencieuse, image d'une contemplation plus noble et plus complète (1). Il se fait en elle comme une pénétration réciproque de la substance et de la cause : être ce qu'elle est et produire ce qu'elle produit sont en elle une seule et même chose : en elle, de même que dans les intelligences de peu d'élan et à qui la méditation prolongée répugne (2), la contemplation se mêle étroitement à l'action. L'espèce de connaissance et de sensation qu'on peut lui attribuer est à la connaissance et à la sensation véritables ce que les impressions du sommeil sont à celles de la veille. Il est vrai que Plotin, comme effrayé d'une pareille concession, semble la retirer dans cet autre passage : « La Nature ne connaît pas, elle produit seulement, elle n'imagine même pas : passive par essence, elle est l'acte de la puissance active, de l'âme universelle ; elle termine la série des êtres et occupe le dernier degré du monde intelligible ; la matière qui la compose, indifférence pure (ἀοριστία), lie amère des principes supérieurs, répand son amertume autour d'elle et en communique quelque chose à l'univers (3) ». Plus haut c'est l'idéaliste qui parlait : ici c'est le mystique qui reprend le dessus. Quel que soit celui qu'on écoute, il faut convenir que l'une et l'autre de ces deux explications méta-

---

(1) III, 8. — « Il y a une merveilleuse page de Plotin où il oppose le silence méditatif de la nature au vain bavardage de l'homme : mais ce silence est plein de pensée, c'est-à-dire au fond plein de parole. La nature, en effet, selon le grand philosophe alexandrin, contemple en même temps qu'elle crée : elle produit toujours des êtres nouveaux, mais selon des formes intelligibles, et sa fécondité éternelle est un besoin éternel de s'instruire et de penser. » (JAURÈS, *De la réalité du monde sensible*, p. 157.)

(2) « Les dieux, quand il en est besoin, agissent et sauvent le monde : mais ce n'est pas là ce qui fait leur excellence : car il y a plus de bonheur à jouir de l'ordre établi qu'à bien ordonner soi-même les choses inférieures : dans le premier cas, la pensée se tourne vers la parfaite beauté : dans l'autre elle s'en détourne. »

(3) II, 3. — « Aux confins de la matière, la nature enfante les démons, race tumultueuse et perfide, entièrement insensible aux charmes de l'être divin. » (SYNÉSIUS)

physiques excluent bien plus qu'elles ne provoquent une investigation scientifique approfondie de la nature (1).

Avant de prendre congé de Plotin, signalons un écho de notre philosophie moderne dans la phrase où parlant des maux qui semblent frapper les bons contre toute justice, le philosophe alexandrin fait cette grave réserve : « Bien que ces maux soient étroitement liés au cours des choses, il faut cependant admettre qu'ils ne sont pas produits par des raisons naturelles (λόγοι φυσικοί) et qu'ils n'entraient pas dans les vues de la Providence, dont ils ne sont que les conséquences accidentelles. »

Inutile d'insister sur les allégories néoplatoniciennes ou sur les procédés à l'aide desquels Porphyre, Jamblique et Proclus, continuant la tradition du Portique, tentèrent de réconcilier le paganisme et la science en retrouvant dans les mythes, voilées sous un symbolisme théologique, les vérités enseignées par la philosophie. L'Alexandrinisme est, en somme, une régression de la métaphysique vers l'ancienne mythologie. Gnostiques et néoplatoniciens ont tenté à l'envi de ressusciter les vieilles religions naturalistes, fondant la synthèse des connaissances humaines sur une sorte de communion intime de tous les êtres au sein de la vie universelle. La connaissance de la nature n'avait absolument rien à gagner à de semblables jeux d'imagination.

Au terme de cette histoire sommaire de ce que nous avons nommé « la métaphysique de la nature » un mot final suffira pour ne pas anticiper sur l'appréciation contenue dans notre conclu-

---

(1) Disons cependant qu'avec Jamblique, écho de Pythagore, le nombre était redevenu la loi de la création. Voici, par exemple, comment s'exprime ce philosophe dans un fragment conservé par Psellus et publié par M. Tannery dans la *Revue des études grecques* (1892, p. 344) : Οἱ ἐγκεκραμένοι τοῖς σώμασι λόγοι φυσικοί εἰσιν ἀριθμοὶ ἔν τε τοῖς ζώοις ἅμα καὶ τοῖς φυτοῖς. ἕκαστον γὰρ τούτων χρόνοις αὔξεται καὶ φθίνει καὶ χρὴ τὸν φιλόσοφον τοῖς φυσικοῖς αἰτίοις προσαρμόττειν. D'autres phrases sont

sion. On a vu combien au berceau de la science grecque la notion de nature était vague et flottante : c'était avant tout la substance mal définie que l'on supposait se retrouver au fond de tous les êtres. Peu à peu cette notion grandit et s'étend ; on essaie de la bannir : elle revient triomphante et s'assure un rôle actif dans la formation et les transformations du monde. Avec Platon elle est subordonnée à Dieu ; avec Aristote elle devient un substitut de la divinité ; avec Zénon, c'est la divinité elle-même ; avec Epicure elle remplace de son mieux Dieu absent ; avec les Néoplatoniciens, c'est la dernière et la plus lointaine participation de l'être divin (1).

L'idéalisme l'ennoblit ; le matérialisme l'exalte ; l'empirisme la grandit ; le mysticisme la rabaisse. Dans tous les systèmes elle tient sa place, elle joue son rôle, à peine proportionné à son incessant ministère dans l'œuvre immense de la création.

---

des échos à la fois de Platon et d'Aristote, par exemple : τὸ εἶδος ἐν τῇ φύσει πρῶτόν ἐστι καὶ ἀρχηγικώτατον αἴτιον, et un peu plus loin : ἐπεὶ δὲ καὶ ἡ ὕλη ἐν τῇ φύσει αἰτίαν οὐ μικρῶς παρέχεται, καὶ ταύτην ἐν τοῖς φυσικοῖς ἀριθμοῖς ἀνευρήσομεν.

(1) Se plaçant à un point de vue un peu différent, Nourrisson a écrit : « En résumé, malgré de longs et prodigieux efforts, l'antiquité gréco-romaine n'a pas réussi à s'élever au-dessus de l'idée complexe de nature, tantôt attribuant à l'esprit les modes de la matière, tantôt à la matière incorporant l'esprit qui n'est dès lors qu'une matière plus sensible et plus raréfiée : mais toujours, par l'une ou l'autre voie, arrivant bon gré mal gré à identifier logiquement et la plupart du temps sous le nom de nature l'homme, le monde et Dieu. » Ne pourrait-on pas signaler certain laisser-aller, sinon certain parti pris dans cette dernière appréciation ? Il me semble que résumer en ces termes la cosmologie des anciens, c'est vraiment ne pas tenir un compte suffisant des théories les plus essentielles de Socrate, de Platon et d'Aristote.

CHAPITRE III

La science de la nature.

I. — Réflexions générales.

Certains contemporains ne parlent de rien moins que de creuser entre la philosophie et la science un abîme infranchissable. Que la première vise en tout à l'unité et à l'universalité, que la seconde au contraire fasse volontiers son domaine de la diversité, c'est ce que l'on accordera sans peine (1) : mais de là à tracer entre elles une séparation absolue, il y a loin. En tout cas, ce point de vue exclusif n'a jamais été celui des anciens.

Dans l'étude de la nature, c'est le côté métaphysique qui les a préoccupés tout d'abord ; nous avons dit précédemment pourquoi. La physique représente pour nous une fraction déterminée et nettement circonscrite de cette étude : chez eux la φυσική comprend (en conformité avec l'étymologie) cette étude tout entière, dans un temps où la philosophie, mère de toutes les sciences, avait encore des droits incontestables à la revendiquer. C'est la science de la nature totale, organique

---

(1) M. Rauh a-t-il pour autant raison de soutenir « que dans les sciences positives la recherche de l'unité a souvent retardé ou risqué de retarder les découvertes » et, partant de cette conviction, de conseiller au savant plutôt une multiplicité de principes, accommodée aux « méandres » innombrables de la réalité ?

aussi bien qu'inorganique, consciente aussi bien que matérielle, c'est l'analyse des réalités communes à des règnes et des groupes d'êtres bien différents. Mais la philosophie elle-même a senti vaguement d'abord, et ensuite avec une netteté croissante, la nécessité de s'appuyer sur les recherches spéciales des sciences particulières. Des premiers principes et des premières causes il était impossible de ne pas descendre un peu plus tôt ou un peu plus tard aux principes dérivés et aux causes secondes, de la nature considérée, selon la belle expression de Pascal, dans son entière et pleine majesté, dans les problèmes fondamentaux qu'elle soulève (1), aux innombrables réalités de tout ordre qu'elle recèle en son sein, aux productions qu'elle multiplie avec une fécondité assez étonnante pour déconcerter ceux qui ne croient pas à un Créateur.

Aussi quand l'esprit humain fut revenu de la première extase où l'avait jeté la vue de l'univers, il éprouva le besoin de considérer en détail les merveilles dont le vaste ensemble venait de le frapper. A embrasser confusément la totalité des choses, la variété littéralement infinie des êtres dont se composent les trois règnes de la nature, l'immensité de la tâche était pour décourager les plus vaillants. Œuvre d'abstraction autant que d'analyse et d'expérience, la division du travail, si désirable qu'elle fût, ne s'accomplira ici qu'avec les siècles. Les anciens l'ont à peine ébauchée. Des sciences, dont la distinction est aujourd'hui universellement reconnue, sont encore chez eux presque entièrement assimilées : seules, et nous en avons donné la raison, les mathématiques ont achevé dès lors leur émancipation : l'oublier, c'est fausser sur des points souvent importants l'histoire des idées. Mais ne soyons pas pour cela plus sévères qu'il ne convient : y a-t-il si longtemps que les sciences naturelles se sont pour ainsi parler établies

---

(1) Un critique allemand me paraît les avoir résumés assez ingénieusement dans ces quatre mots : « Zeitlicher Ursprung, bleibendes Dasein der Dinge ».

pour leur compte? est-ce que, pour prendre un exemple plus tangible, la physique et la chimie n'ont pas dû attendre une époque toute récente pour se constituer en face l'une de l'autre, chacune avec son objet propre, avec ses recherches spéciales, toutes prêtes qu'elles soient à un fraternel échange de lumières sur les matières communes?

Cependant, dira-t-on, nous voyons très bien les anciens s'attacher à tel ou tel problème particulier. — Soit : mais ce n'est pas qu'ils se soient décidés après réflexion à le traiter à part : c'est ou bien parce que les questions analogues ne s'étaient pas encore posées devant leur esprit, ou bien parce qu'elles s'y subordonnaient d'elles-mêmes à la première. De la multiplicité des termes en usage il faut se garder de conclure hâtivement à l'entière distinction des notions correspondantes. « Les noms de physiologie, de physique, d'histoire naturelle ont pris naissance et ont commencé à être d'un emploi habituel bien avant qu'on eût des idées nettes de la diversité des objets que ces sciences embrassent, partant de leur délimitation réciproque (1). » Les pythagoriciens, quelques-uns du moins, ont joui d'une réputation scientifique méritée : toutefois il n'y a pas trace dans leur enseignement d'un effort sérieux pour mettre à part et distinguer logiquement les diverses classes d'êtres. En lisant le *Phédon* (2), on pourrait croire qu'il était déjà question au vᵉ siècle d'une « histoire naturelle » : mais il est visible que l'enquête visée dans ce passage embrasse toute l'étendue de ce que nous nommons aujourd'hui « les sciences physiques ». Le terme de φυσιολογία (3) (synonyme, ou à peu près, de ce que

---

(1) HUMBOLDT.
(2) 96 A : ἡ σοφία ἥν δὴ καλοῦσι τὴν περὶ φύσεως ἱστορίαν. — On sait qu'à la première ligne de l'œuvre d'Hérodote ἱστορίη doit encore se traduire par « une somme de recherches et d'informations. »
(3) Il est superflu, je pense, de faire observer que ce mot est dérivé régulièrement de φύσις comme ὀφιοφάγος de ὄφις et ἰχθυολόγος de ἰχθύς.

plus tard on appellera κοσμολογία), qui revient si fréquemment chez les écrivains philosophiques du ve et du ive siècle, appellerait une remarque identique : c'est en somme l'explication des phénomènes naturels ou rapportée à une conception théorique ou demandée à la nature elle-même.

A la classification méthodique des sciences, l'une des plus belles conquêtes de la raison humaine, s'applique admirablement le mot d'Anaxagore : ὁμοῦ πάντα χρήματα ἦν, ἀλλ' ὅσον ἐκίνησεν ὁ νοῦς, πᾶν τοῦτο διεκρίθη. Ajoutons que si les anciens n'ont pas recueilli au même degré que les modernes les avantages de cette distribution savante, ils n'en ont pas connu les inconvénients, à commencer par cet éparpillement, par cet émiettement de l'esprit dont notre génération souffre plus qu'elle ne veut se l'avouer (1). Autant je comprends l'auteur du traité hippocratique περὶ διαίτης mettant ses contemporains en garde contre toute prétention au savoir universel : Οὐ γὰρ περὶ ἁπάντων οὐχ οἷόν τε δηλωθῆναι ὁποῖά τινά ἐστι, autant j'admire Platon insistant sur la nécessité des vues d'ensemble, sur le lien qui unissant en faisceau toutes les connaissances humaines fait de la nature au point de vue de l'intelligence qui la contemple un tout merveilleusement ordonné (ἅτε τῆς φύσεως ἁπάσης συγγενοῦς οὔσης (2). Sans doute, nous modernes, nous concevons mal un traité comme le *Phédon*, expressément consacré à l'immortalité de l'âme et se terminant par des dissertations de géologie et de physique, ou une cosmogonie comme celle du *Timée* contenant des discussions logiques et toute une théorie physiologique des passions. Tous les grands génies n'en partageront pas moins l'avis de Platon : Cicéron, qui loue chez les anciens (3) une ampleur de vues

---

(1) « La spécialité dans l'ordre intellectuel correspond à l'égoïsme dans l'ordre moral. La spécialité, c'est l'égoïsme de l'esprit. » (A. Tonnellé).

(2) *Ménon*, 81 D.

(3) « Omnia hæc, quæ supra et subter, unum esse et una vi atque una consensione naturæ constricta esse dixerunt. »

qu'il regrette de ne plus retrouver autour de lui, le proclame bien haut : « Est enim admirabilis quædam continuatio seriesque rerum, ut aliæ ex aliis nexæ et omnes inter se aptæ colligatæque videantur (1). »

Quoi qu'il en soit, c'est Aristote (2) qui le premier a tenté non seulement de distinguer la physique de la métaphysique, mais de marquer aux diverses sciences leurs frontières jusquelà indécises ; le premier il a donné à ses successeurs, dans quelques-uns de ses traités les plus importants, l'exemple de s'y renfermer : le premier il a introduit dans les notions scientifiques ce qui les constitue et les caractérise, je veux dire l'ordre et la méthode de la science. C'est ce qui lui a valu l'honneur de voir tant de peuples et de siècles se mettre à son école.

Ainsi, pour revenir à notre sujet, les Grecs ne se sont pas bornés à jeter les bases de ce que nous avons nommé la philosophie de la nature : ils ont porté successivement leur curiosité sur les divers aspects et les diverses parties du monde extérieur : à côté de leurs métaphysiciens, ils citent avec quelque fierté leurs mathématiciens, leurs astronomes, leurs médecins, leurs naturalistes, d'un mot leurs savants, lesquels ont droit évidemment à être entendus sur la question qui nous occupe, et ce n'est pas une supposition téméraire que d'attacher d'avance à cet interrogatoire un véritable intérêt. Aussi bien l'observation est aussi familière à l'homme que l'usage de ses sens, et si pour les causes que nous avons indiquées la méthode expérimentale, avec tous les procédés qu'elle comporte, ne s'est développée que d'un pas très lent dans le monde grec et romain, si on lui

---

(1) « La nature est pleine d'analogies. Il n'y a pas de terme si absolu et si détaché qu'il n'enferme des relations et dont la parfaite analyse ne mène à d'autres choses et même à toutes les autres. » (LEIBNIZ).

(2) Ainsi au début de la *Météorologie* il a soin de dire qu'il aborde une branche des sciences naturelles (μέρος τῆς μεθόδου ταύτης) et un peu plus loin (I, 338^{b}24) il essayera, non sans quelque hésitation, d'en préciser l'objet.

a trop longtemps préféré l'emploi assurément plus expéditif de l'hypothèse, il était impossible qu'une race intelligente et curieuse n'aboutît pas tôt ou tard à conquérir sur la nature quelques-uns au moins de ses secrets. Bien mieux, qu'il y ait eu de véritables prétentions à la science chez la plupart des philosophes antésocratiques, c'est ce qu'attestent les traditions relatives à Thalès et à Pythagore, c'est ce que les peintures satiriques d'Aristophane dans ses *Nuées* (1) ne permettent pas de mettre en doute.

Où était la véritable difficulté ? Aristote l'avait déclaré vingt siècles avant Bacon : *Vere scire, per causas scire*. Mais tandis que l'imagination du métaphysicien se représente à son gré, sans que rien n'arrête son essor (2), les premières vicissitudes du monde et le jeu des éléments qui composent les êtres, la raison du savant est soumise à de plus sévères exigences. Encore que les anciens n'aient eu que bien rarement l'idée de demander à l'expérimentation un critérium de la valeur de leurs hypothèses (3), dans un domaine constamment ouvert au contrôle des sens les erreurs et les contradictions ne sauraient indéfiniment se dissimuler. Il s'agit de saisir le passage d'un antécédent supposé à un conséquent

---

(1) Lorsque Socrate raconte qu'il a dû, « pour bien pénétrer les choses du ciel » adopter pour domicile son φροντιστήριον aérien, lorsqu'en tant de passages le poète (et Isocrate avec lui) parle de μετέωρα, de μετεωρολόγοι ou μετεωρολέσχαι, ce n'est pas de l'*au-delà*, de l'inconnaissable qu'il est question, mais bien de ce que nous appelons aujourd'hui encore *météorologie, cosmologie*.

(2) Qui ne songe ici au vers fameux de Lucrèce :

Mœnia discedunt mundi : video per inane geri res.

(3) Voilà pourquoi, de même que de nos jours Claude Bernard et Pasteur, volontairement confinés dans un laboratoire, sont rarement comptés parmi les philosophes malgré de superbes pages philosophiques, de même nous avons quelque peine à nous représenter sous la livrée du savant moderne des génies d'un aussi haut vol que Platon et Aristote. Quand ils parlent de la nature, il y a trop de brillante fantaisie dans les mythes du premier, trop de rigueur logique dans les profondes spéculations du second.

donné : recherche souvent délicate, où l'esprit humain ne saurait montrer trop de prudence ni s'entourer de trop minutieuses précautions. Ecarter les circonstances accessoires et accidentelles pour ne considérer que ce qui est normal et nécessaire, ce qui se reproduit invariablement à travers la diversité des phénomènes, voilà la première condition pour atteindre à la connaissance des lois.

Nous venons d'écrire le mot *loi*. Chose curieuse, les anciens ont parfaitement reconnu que tout dans le monde devait avoir son principe et sa cause. Mais ils n'ont pas vu, ou n'ont vu que bien tardivement, qu'il n'y a pas hors de nous, comme il y a en nous par le fait de notre liberté, autant d'actions différentes que de phénomènes, que dans le monde physique tout obéit à des règles immuables, que certains rapports invariables se retrouvent au fond de toutes les modifications subies par la matière brute ou par la matière vivante (1). La force de l'induction repose sur la ferme croyance à la régularité et à la nécessité (relative d'ailleurs, et non absolue) de la marche de l'univers, et c'est à Démocrite que Lange rapporte l'honneur d'avoir le premier entrevu et enseigné ce principe. Il est toutefois avéré que la notion de nécessité se rencontre déjà chez des philosophes antérieurs (2), et qu'Héraclite a eu comme le pressentiment

---

(1) « La recherche des lois est doublement difficile. D'abord elles sont dispersées et comme noyées dans un océan de relations fortuites. Mais ce n'est pas tout. Elles ne se dérobent pas seulement derrière un ample réseau d'apparences illusoires : il y a plus : aucun signe distinctif, aucun critérium décisif ne sépare l'essence de l'accident. » (M. GOBLOT)

(2) Si l'on en croit Thémistius dans son Commentaire sur le IIe livre de la *Physique* d'Aristote, l'amour qui régit le monde (PARMÉNIDE), la lutte entre la sympathie et l'antipathie (EMPÉDOCLE), l'harmonie des contraires (HÉRACLITE), toutes ces hypothèses, métaphysiques en apparence, ne seraient que des applications diverses d'une même conception déterministe : πάντες σχεδὸν οἱ περὶ φύσεως διαλεχθέντες εἰς τὴν ἀνάγκην ἀνάγουσι τὰς αἰτίας. — Voir en outre ce que nous avons écrit plus haut (p. 230 et suiv.) au sujet du Destin.

de ce grand fait quand il écrivait, sans doute en pensant au mythe de Phaéton, entraînant hors de leur route les chevaux du soleil : « Le soleil ne peut s'écarter de sa course, car les Erinyes, servantes de la justice, sauraient bien le retrouver et l'y ramener ».

Le terme même de *loi* (νόμος) inconnu à Homère, et employé constamment par Hésiode dans son acception juridique, a été, si nous ne nous trompons, pour la première fois appliqué par Platon à la nature (1), d'abord dans le *Gorgias* (483 E) au sens moral : κατὰ νόμον γε τὸν τῆς φύσεως πράττειν, puis dans le *Timée* (83 E) au sens physiologique impliquant d'ailleurs l'idée d'état normal plutôt que celle de « relations nécessaires » : ὅταν αἷμα τὸν ὄγκον παρὰ τοὺς τῆς φύσεως λαμβάνῃ νόμους (2). Peut-être n'était-il pas facile de réunir ainsi dans une même expression deux idées, partant deux termes qui, comme nous le verrons, étaient perpétuellement opposés dans l'ordre politique et social. Aussi sommes-nous moins surpris de ne la rencontrer que dans un seul passage d'Aristote (*De cœlo*, I, 268ª13 : διὸ παρὰ τῆς φύσεως εἰληφότες ὥσπερ νόμους ἐκείνης, est-il dit en parlant des Pythagoriciens et de leur triade fondamentale) (3). C'était un des dogmes essentiels du stoïcisme que l'ordre immuable suivi par la nature ;

---

(1) Dans ses *Recherches sur l'histoire de la philosophie ancienne*, M. P. Tannery fait observer que chez les Hellènes νόμος impliquait avant tout l'idée d'une institution humaine, à savoir le partage, acte constitutif de la société civile. Le sens premier et étymologique d'ἀστρονομία aurait été « distinction ou répartition des constellations ».

(2) Je ne vois aucune raison sérieuse d'admettre avec un critique que pour Platon ces lois prenaient la forme d' « archétypes divins ». Il n'est pas logique d'invoquer à l'appui de cette thèse le fait qu'un hymne orphique est adressé à un Οὐράνιος νόμος, envisagé comme une sorte de divinité.

(3) Selon une remarque de M. Boutroux, suggérée tout particulièrement par la lecture d'Aristote, les anciens ne prétendaient tirer de l'expérience que le général et le probable, ce qui arrive ordinairement (ὡς ἐπὶ τὸ πολύ), et lui demandaient des règles, non des lois universelles et nécessaires.

mais à leurs yeux cet ordre était la manifestation directe de la raison divine infuse dans tous les êtres. Aussi leurs adversaires ne manquaient-ils pas de leur dire : « C'est pour pallier votre ignorance que vous avez recours à un Dieu comme à un asile qui vous met à couvert : ce *Deus ex machina* vous fournit une explication vraiment trop commode (1) ». Quant aux Epicuriens, en niant systématiquement toute intervention divine, ils ne savaient plus comment justifier l'ordre permanent du monde : en revanche, ils restituaient à la science son domaine et les recherches qui lui appartiennent (2). C'est à des raisons naturelles qu'ils ramènent toute force (3) comme tout phénomène.

Mais affirmer que la nature est soumise à des lois, ce n'est qu'une partie, et non la plus importante ni la plus délicate de la méthode inductive : il s'agit en outre de savoir dans chaque cas particulier quel phénomène est cause, et quel autre effet. C'est ici que les anciens ont procédé avec une précipitation vraiment fâcheuse, car si en toute chose la fécondité des résultats est au prix d'un sacrifice, dans les grandes études le sacrifice nécessaire est celui de l'impatience qui pousse à de hâtives conclusions : défaut dont nos savants modernes eux-mêmes ne sont pas entièrement guéris, et qui a entraîné les anciens à s'attacher immédiatement aux explications les plus hasardées : selon le mot d'Empédocle, pour arriver à la science ils ne connaissaient d'autre route que la témérité. Pour qui réfléchit sur les limites imposées au savoir humain et sur

---

(1) On connaît l'adage scolastique : « Non est philosophi recurrere ad Deum ».

(2) C'est ce qu'exprime très nettement l'un des interlocuteurs du traité *De natura deorum* : « Naturæ ista sunt, Balbe, non artificiose ambulantis, ut ait Zeno, sed omnia cientis motibus et mutationibus suis... Convenientia vero cohæret et permanet naturæ viribus, non deorum. »

(3) Encore une notion bien plus familière aux modernes qu'aux anciens, qui la conçoivent d'ailleurs sous une forme intelligible (δύναμις, ἐνέργεια) et non physique et sensible (ῥώμη, κράτος).

la brièveté de notre existence (1), il est évident que la conquête définitive de la nature ne peut être que l'œuvre d'une longue suite de générations.

D'autre part, deux conceptions également anti-scientifiques faillirent compromettre, dès ses débuts, l'œuvre de la science antique qui n'avait pour se défendre ni l'objectivité ni le prestige qu'assure à la science contemporaine son immense souveraineté industrielle. Mais ici je laisse la parole au philosophe regretté qui fut un de mes maîtres, P. Janet (2) :

« Lorsque les hommes commencèrent à jeter les yeux avec quelque réflexion sur les phénomènes de la nature, un grand nombre d'entre eux leur parurent si éloignés les uns des autres, si peu liés, si fugitifs, si arbitraires, si bizarres, qu'ils furent tentés de croire que ces phénomènes se produisaient au hasard et sans causes déterminées. D'autres, au contraire, se présentaient comme étranges, effroyables, funestes : la foudre, les volcans, les tempêtes, les tremblements de terre durent leur paraître les éclats d'une nature en courroux livrée à tous les désordres d'une violence aveugle et implacable... Ainsi naquirent dans l'esprit des hommes deux idées qui ont laissé des traces profondes dans la science et la philosophie des anciens et même des modernes : d'une part l'idée du hasard, de l'autre l'idée du désordre ». Et Janet montre comment, dès l'antiquité, ces idées ont trouvé tout à la fois des partisans convaincus et de solides et éloquents contradicteurs, et comment la métaphysique, aidée sans doute par les progrès des sciences naturelles, a fini par faire triompher la croyance à l'ordre universel (3).

---

(1) Qui ignore la fameuse maxime d'Hippocrate : *Ars longa, vita brevis* ? Encore faut-il ne pas perdre de vue que chez les anciens les progrès de la science étaient avant tout une œuvre personnelle, tandis qu'aujourd'hui tous les continents et tous les peuples travaillent de concert à cette œuvre grandiose.

(2) *Principes de métaphysique et de psychologie*, II, 332.

(3) Le savant écrivain ajoute ici cette remarque intéressante, que l'une des plus grandes découvertes scientifiques des temps modernes,

Au surplus, de tout ce qui précède gardons-nous de tirer à la légère cette conclusion que l'histoire des sciences durant l'antiquité n'offre qu'ébauches grossières ou ridicules erreurs. Toute proportion gardée, ce côté de la culture antique pâlit beaucoup moins qu'on ne se plaît à le croire en face des créations plus admirées, parce que plus connues, de la poésie et de l'art. Et ici je n'ai pas seulement en vue les mathématiques pures, poussées dès la fin du ve siècle à un degré qu'on aurait peine à soupçonner, mais même, ce qui a pour nous un intérêt immédiat, la connaissance des lois du mouvement, de la génération et de la transformation des êtres.

Soyons justes. Pour aller de l'ignorance absolue de la nature à la science tout au moins relative que supposent les ouvrages d'un Hippocrate, d'un Aristote, d'un Archimède, d'un Ptolémée, fallait-il beaucoup moins de génie, moins d'invention que pour produire les chefs-d'œuvre dont s'enorgueillissait la tragédie ou la sculpture hellénique ? nous ne le pensons pas. Si, comme l'a dit Stuart Mill, les savantes conjectures sont des rencontres qui ne peuvent naître que dans des esprits riches en connaissances et rompus à tous les exercices de la pensée, les grands philosophes de l'antiquité étaient assurément dignes de cette bonne fortune. Chez eux, au milieu d'assertions inexactes, d'analyses fautives, de suppositions insoutenables, on voit percer mainte idée juste, mainte vue profonde. Je ne parle pas de ces vastes systèmes qui s'imposent aujourd'hui encore à notre admiration comme autant d'imposants témoignages de la puissance de l'esprit humain. Jusque dans le détail ils ont eu des divinations heureuses (1). Sans anticiper sur ce qui va suivre, faut-il rappeler

---

celle-là même, on peut le dire, qui en cosmologie a amené après elle toutes les autres, la découverte de Copernic, est d'abord née d'une conception métaphysique : car ce qui a conduit le chanoine de Thorn à son système, c'est l'idée de la simplicité des voies de la nature.

(1) On sait que Faraday aimait à expliquer ses découvertes par des illuminations intérieures, des extases et presque des visions.

Pythagore et ses observations sur les vibrations des cordes sonores ? Platon et son exposé si remarquable du système nerveux, malgré une expérience anatomique évidemment très bornée ? Aristote et ses travaux physiologiques, ses opinions sur la gamme des couleurs et la nature vibratoire de la lumière ? Galien et sa merveilleuse description du corps humain ?

Si le progrès scientifique, vraiment amorcé sur tant de points, n'a pas été plus marqué, si dans l'exploration et l'intelligence de la nature les anciens (heureusement pour nous) ont laissé tant à faire aux modernes, l'une des raisons de ce retard, c'est que, contrairement aux affirmations d'A. Comte, les sciences ne se développent pas successivement, mais simultanément, et qu'il n'en est aucune qui ne soit à bien des égards dépendante et tributaire des sciences voisines. L'unité même et l'harmonie de la création exigent qu'un perpétuel concours soit donné par chacune à toutes les autres, et par toutes les autres à chacune. La physique et la mécanique, la physiologie et la chimie ont des affinités évidentes : et pour ne parler que de l'astronomie et de la météorologie qui, nous l'avons vu, ont les premières attiré l'attention des anciens, n'est-il pas évident que la première est appelée à bénéficier de tous les développements théoriques et pratiques de l'optique, tandis que la seconde suppose l'aide et l'intervention de la physique et de la géologie ?

Mais, dira-t-on, les anciens, comme savants, ont un tort irréparable ; celui de s'être volontairement fourvoyés et perdus dans le dédale de leurs puériles hypothèses. — Qu'ils se soient égarés souvent, oui ; toujours, non. Bien plus, il est permis de soutenir que leurs méprises n'ont pas été sans profit (1) : un grand savant n'a t-il pas dit du système de Pto-

---

(1) En vérité il y a autre chose qu'un paradoxe retentissant dans cette thèse de M. Soury : « Quelque jugement que l'on porte sur la science grecque en général, on reconnaîtra de plus en plus que les

lémée qu'il avait été indispensable à la découverte de la vérité ? (1) Les fausses théories ont tout au moins cet avantage d'éclairer un des côtés du problème, car elles ont presque toutes dans la réalité observée une base, si étroite et si insuffisante qu'elle puisse être : elles provoquent de nouvelles études, ne fût-ce que par les doutes qu'elles éveillent, ou par les démentis qu'elles reçoivent (2). D'ailleurs, quelque progrès qu'aient fait les méthodes scientifiques, les modernes s'engageant dans des routes encore non frayées n'ont-ils pas été amenés à user du même procédé et exposés à commettre, eux aussi, plus d'un faux pas ? Képler, Descartes, Leibnitz, Buffon, n'ont-ils pas, chacun à son heure, fait un saut, si l'on me permet cette expression, dans la région des conjectures ? Newton qui disait fièrement : *Hypotheses non fingo,* en a fait une lui-même, plus hardie et plus grandiose que toutes les autres, et il lui doit sa gloire (3). A l'heure présente, après

---

erreurs des anciens ont été plus fécondes que bien des vérités de la science moderne ».

(1) Tout récemment, à la Sorbonne, M. Boutroux n'affirmait-il pas que les idées fantastiques des théosophes expliquant les phénomènes par l'action de puissances occultes et mystérieuses, impénétrables pour notre esprit, ont préparé à leur façon la science moderne ? Il n'est personne qui ne reconnaisse dans les alchimistes de l'Egypte, de l'Orient et de l'Occident au Moyen Age les premiers et les plus lointains ancêtres de nos chimistes contemporains, et l'astrologie si décriée a du moins, durant de longs siècles, préservé l'astronomie d'un abandon total.

(2) C'est ce qui faisait dire à Letronne dans un ordre d'études parallèle, quoique différent : « On doit se compromettre hardiment par une hypothèse aventureuse plutôt que d'omettre une hypothèse utile ». Et en parlant d'Hippocrate et de la médecine grecque, Littré faisait cette réflexion : « Ces théories tombées en désuétude, si on les prend du côté de leur erreur, n'ont aucun intérêt : mais qu'on les prenne du côté de leur vérité, elles méritent encore notre attention ».

(3) Toutes celles de ses devanciers et de ses successeurs n'ont pas eu la même éclatante fortune : il en est, comme la théorie de l'émission, dont la science a dû se séparer. Et voici que naguère on a entendu un savant qui fait autorité, M. Faye, déclarer que la célèbre hypothèse cosmogonique de Laplace était en contradiction avec l'état actuel de la science et les récentes découvertes des astronomes.

trois siècles de recherches incessantes et de prodigieuses découvertes, certaines branches de la science (la photométrie par exemple) ne se composent encore que de résultats isolés dont l'interprétation est flottante. Dès que nous avons atteint certaines limites, il est vrai de dire que la science n'est que notre ignorance reculée jusqu'à sa source la plus profonde : parvenu à ce point, on redit avec Voltaire :

> La nature est muette, on l'interroge en vain.

Toute science, même la plus avancée, même la plus compréhensive en apparence, ne sera jamais, si l'on va résolument au fond des choses, qu'une approximation de la vérité totale (1).

---

(1) Une autre circonstance nous empêche de rendre complète justice aux premières tentatives et aux premières conquêtes de la science antique dans le domaine qui nous occupe : je veux parler de la pénurie singulière des textes et des documents. — En dehors de la collection hippocratique, c'est à peu près exclusivement aux œuvres des philosophes (réduites elles-mêmes, comme on le sait, à l'état de fragments pour toute la période antésocratique) que nous sommes condamnés à emprunter nos maigres renseignements : soit qu'alors il n'y ait eu réellement de savants que les hommes auxquels la tradition a réservé le titre de philosophes, soit que, faute de tout enseignement méthodiquement constitué et régulièrement distribué, les rares traités composés par des savants spéciaux aient été peu lus, peu consultés, et soient ainsi peu à peu tombés dans l'oubli. Au IIIe siècle deux disciples d'Aristote, Eudème pour les mathématiques, Théophraste pour les sciences physiques, ont essayé de résumer et de grouper les découvertes de leurs devanciers : mais ces compilations qui seraient pour nous d'un si grand prix non seulement ne nous sont pas parvenues, mais paraissent avoir disparu d'assez bonne heure. Il n'y a donc pas lieu d'être surpris qu'en France l'histoire de la science antique (exception faite de l'*Histoire des mathématiques* de Montucla, 1758) ait été si longtemps négligée. Depuis 50 ans Littré et Daremberg dans l'ordre médical, plus près de nous dans d'autres parties du domaine scientifique M. Soury (*Théories naturalistes dans l'antiquité*), P. Tannery (*Pour l'histoire de la science hellène*) et Milhaud (*Leçons sur les origines de la science grecque*) ont jeté les bases et tracé les grandes lignes du monument que l'avenir se chargera d'achever.

Mais, quelque incomplète et fragmentaire que soit la tradition scientifique pendant les premiers siècles du développement du génie grec, ce n'est pas ici particulièrement le lieu de le déplorer. Aussi bien, nous souvenant du titre inscrit en tête de ce volume, nous aurons garde de prendre tous les chemins de traverse qui coupent à chaque instant la grande route, nous bornant à parler des sciences de la nature dans la mesure où l'on a tiré de leurs données des conséquences philosophiques ou fait intervenir des éléments philosophiques dans leur explication. Qu'on ne cherche donc pas dans le présent chapitre un résumé de tout ce que les anciens ont découvert ou enseigné touchant les innombrables phénomènes dont la nature est le théâtre. Nous n'avons pas, en effet, à écrire ici successivement le premier ou les premiers chapitres de chacune des sciences dont l'ensemble constituait la *physique* grecque, ni à exposer, par exemple, les vues des anciens sur la formation des météores, de la grêle, de la neige, de la foudre, de l'arc-en-ciel, de la voie lactée ; — sur la composition et la décomposition des divers corps naturels ; — sur la production et le développement du fœtus ; — sur les causes de fécondité ou d'infécondité des êtres vivants, etc.

Un simple mot au terme de ces considérations générales. S'il ne faut pas qu'un respect exagéré par l'antiquité nous fasse exagérer arbitrairement l'importance de ses découvertes, il y aurait une égale injustice à les déprécier outre mesure. « Ne nous suffirait-il pas, écrivait, il y a deux siècles, La Bruyère, de n'être savants que comme Platon et comme Socrate ? » (1).

---

(1) Voici, au surplus, trois textes d'auteurs contemporains qui tendent à une conclusion toute semblable. « Le système mécanique du monde fut par moments entrevu : on ne sut pas s'y tenir : mais après tout le principe était trouvé. Copernic, Galilée et Newton ne feront que tirer les conséquences d'un ordre d'idées que faisait pressentir l'infinité de l'univers » (M. TANNERY). — « Il ne faut pas craindre de l'affirmer : au v° siècle avant l'ère chrétienne nos idées générales sur la nature étaient nées en Grèce : les principes fondamentaux de ces sciences étaient connus, notre conception actuelle du monde avait été entrevue »

II. — Les savants dans le monde grec.

Il était, nous l'avons déjà fait remarquer, dans la destinée de l'ingénieuse et brillante mythologie qui apparaît au berceau de la pensée hellénique d'être aussi contraire aux progrès de la science que favorable au développement de la poésie (1). Aussi longtemps que l'opinion commune se complut à placer une divinité à l'origine de chaque groupe de phénomènes naturels, l'esprit scientifique était tenu en échec, puisqu'une satisfaction telle quelle était donnée à l'intelligence humaine en quête d'une cause capable d'en justifier la production. On l'a dit avec raison : les forces qui président à l'ordre du monde étant ignorées, leur place se trouvait occupée par des êtres qui, froides allégories pour nous, étaient bien près, en l'absence de toute autre explication reçue, de passer pour des réalités (2).

(M. Soury, livre cité, p. 135). — « Qu'il s'agisse de géométrie, d'analyse, d'optique, de thermodynamique, de mécanique céleste, les savants modernes nous apparaissent comme continuant les efforts des géomètres grecs : les conceptions suggérées par les faits qu'une longue expérience accumule sans cesse sont issues, dans leur forme précise et féconde, du même fonds d'intelligence humaine que les notions théoriques de la science hellène : elles naissent de la même source de clarté et d'intelligibilité universelle » (M. Milhaud, Les philosophes géomètres de la Grèce, p. 376).

(1) Encore ne doit-on pas perdre de vue cette judicieuse réflexion de M. Croiset : « Les anciennes légendes helléniques sont raisonnables jusque dans le fabuleux, et, si l'on peut dire, naturelles jusque dans le surnaturel. Tout ce qui heurte trop durement les lois de la nature, tout miracle invraisemblable est banni du merveilleux homérique ; il y a là quelque chose de clair et de positif qui annonce déjà la science ».

(2) « Liess sich erwarten, dass eine strenge, naturwissenschaftliche.

Un autre indice nous conduit également à croire que la science n'a fait en Grèce qu'une apparition tardive. C'est l'absence jusqu'à Platon, sinon jusqu'à Aristote, d'une terminologie spéciale de quelque précision et de quelque étendue. Or, si c'est manifestement exagérer que de prendre à la lettre l'adage déjà cité de Condillac : « Une science n'est qu'une langue bien faite », il n'en est pas moins certain que les spéculations et les démonstrations des savants ne sauraient se contenter de la nomenclature courante et impliquent, comme marque et comme conséquence de l'intervention de l'esprit qui les crée, l'emploi d'une série toujours croissante de concepts et de termes particuliers. Et dans la mesure où notre connaissance très insuffisante de ce passé lointain nous permet de l'affirmer, en Grèce le vocabulaire scientifique a suivi plutôt qu'il n'a précédé le vocabulaire philosophique.

Au surplus, chez tous les peuples, même les plus heureusement doués, la science est l'œuvre d'une période déjà assez avancée de maturité. L'auteur de la *Métaphysique* (1) a formulé le premier ce qu'on pourrait appeler cette loi économique : c'est lorsque l'homme se sent en possession de ce qui peut assurer sa satisfaction et son bien-être qu'il se met à chercher au delà. Au reste, pour qui connaît le génie grec, on comprend sans peine que pendant bien des siècles les Hellènes de l'Asie mineure aussi bien que ceux de l'Attique se soient montrés plus avides de s'initier aux chants d'Homère que de pénétrer minutieusement les secrets de la nature, plus jaloux de briller dans les luttes d'Olympie ou de Corinthe que dans la liste des grands inventeurs. Mais après les guerres médiques et l'impulsion ardente imprimée à l'esprit national par les joies du triomphe, d'autres ambitions se firent jour, et la Grèce assista, étonnée et surprise, à une prodigieuse recrudescence de curio-

---

Methode zur Herrschaft gelangen werde, solange die Neigung, das Naturleben nach der Analogie des menschlichen zu behandeln durch eine Religion, wie die hellenische, genährt wurde ? » (ZELLER).

(1) I, 2, 982^{b}25.

sité intellectuelle. Le témoignage d'Aristote sur ce point est aussi intéressant que décisif (1).

Inutile de rappeler ici les expériences et les découvertes de Pythagore, dont les historiens modernes me paraissent d'ailleurs avoir exagéré plutôt qu'atténué l'influence et la portée (2) : le sujet est trop connu. Des premiers Ioniens (en dehors de l'habileté pratique reconnue à Thalès) nous ne savons qu'une chose : c'est que, dédaignant pour ainsi dire d'abaisser leurs regards vers la terre, ils ne s'étaient intéressés qu'aux phénomènes célestes. En revanche, l'attention d'Empédocle s'était portée sur les propriétés du sol, des plantes et des animaux. Les fragments de ses Φυσικά contiennent des traces d'observations anatomiques et physiologiques remarquables pour l'époque : il avait étudié le mode de respiration des animaux supérieurs, comme Diogène d'Apollonie celui des végétaux. Dans l'ordre géologique la présence de pétrifications d'animaux marins jusque sur les montagnes avait suggéré à Xénophane des vues originales sur le passé du globe. D'autre part, ce n'était pas à l'école d'Héraclite que pouvait prendre son essor la science de la nature, dont l'arrêt de mort résulte aussi bien du flux et du reflux perpétuel des choses que de leur unité et de leur immobilité absolue : quel attrait l'éphémère création peut-elle offrir à un éphémère observateur ?

Mais avec Démocrite s'ouvre vraiment une période nou-

---

(1) *Politique*, VIII, 6, 1341a28 : σχολαστιώτεροι γὰρ γιγνόμενοι διὰ τὰς εὐπορίας καὶ μεγαλοψυχότεροι πρὸς ἀρετὴν ἔτι τε πρότερον καὶ μετὰ τὰ Μηδικὰ φρονηματισθέντες ἐκ τῶν ἔργων πάσης ἥπτοντο μαθήσεως οὐδὲν διακρίνοντες ἀλλ' ἐπιζητοῦντες.

(2) « Dans l'antiquité le génie reste une puissance solitaire : il est pareil aux cimes qui sortent de la plaine et qui ne sont soutenues par aucun contrefort » (LAUGEL). — « Le pythagorisme ébauche toute la science, mais il l'ébauche avec les illusions de l'ignorance... ses théorèmes sont le premier essor d'une pensée nouvelle, ses théories sont le fruit d'une autre pensée bien plus ancienne » (M. GOBLOT).

velle : à ce nom demeure attaché le souvenir du premier éveil fécond de la science grecque ayant pris conscience de ses forces et relâché les liens étroits qui jusque-là l'avaient unie à la métaphysique. Comme Anaxagore son contemporain, le philosophe d'Abdère consacra sa vie entière à des recherches savantes (1) auxquelles il sacrifia, dit-on, un opulent patrimoine. « Nul ne m'a surpassé, écrit-il lui-même, dans les constructions et les démonstrations géométriques. » Ne serait-ce pas aux mathématiques qu'il a été redevable comme Spinoza, de l'idée claire tant de la nécessité naturelle que de l'enchaînement ininterrompu des phénomènes ? On a dit de lui qu'il était à Newton ce qu'Empédocle est à Darwin. Que cet éloge soit mérité ou non, il est certain que ceux-là même qui l'attaquent le plus vivement comme métaphysicien ne lui contestent pas le mérite du savant. Citons au premier rang Aristote qui, comparant au point de vue de l'explication scientifique des corps les atômes de Démocrite et les triangles auxquels Platon a recours dans le *Timée*, donne sans hésiter la préférence aux premiers (2). Chez les modernes, Descartes ne lui est pas moins favorable : « Démocrite a été un homme de très bon esprit, et n'a pas eu les opinions si peu raisonnables qu'on lui fait accroire ». Un critique contemporain est même allé, non sans quelque parti pris, jusqu'à soutenir qu'après Démocrite la science antique a fait un pas en arrière : « Il n'y a selon nous dans l'histoire, qu'une révolution scientifique vraiment importante, celle que les atomistes avaient commencée, que le platonisme et l'aristotélisme ont interrompue, et qui a été définitivement accomplie par l'incomparable génie de Descartes (3) ».

---

(1) Il aurait même pratiqué des dissections, au témoignage de Galien.

(2) *De gener. et corrupt.*, I, 2, 315ᵃ34 : Ὅλως δὲ παρὰ τὰ ἐπιπολῆς περὶ οὐδενὸς οὐδεὶς ἐπέστησεν, ἔξω Δημοκρίτου· οὗτος δὲ ἔοικε περὶ ἁπάντων φροντίσαι, et un peu plus loin : ἴδοι δ'ἄν τις καὶ ἐκ τούτων ὅσον διαφέρουσιν οἱ φυσικῶς καὶ οἱ λογικῶς σκοποῦντες... Δημόκριτος δ'ἂν φανείη οἰκείοις καὶ φυσικοῖς λόγοις πεπεῖσθαι.

(3) M. Pillon dans la *Revue philosophique*, mars 1896, p. 535. —

Vers le même temps vivait Hippocrate qui, sans avoir créé la médecine, a eu l'honneur insigne d'en demeurer pour une longue suite de siècles le législateur souverain. Malgré l'ancienneté des pratiques médicales déjà en usage au temps d'Homère, la physiologie n'avait guère été plus favorisée que les autres sciences naturelles (1). La médecine (réputée un art divin) s'était longtemps transmise comme un privilège au sein de certaines familles ; plus tard les médecins se recrutèrent par voie d'affiliation et d'adoption, jusqu'au jour où les secrets de leur art furent à la portée de tous les esprits cultivés.

En tout cas l'école hippocratique fut la première à porter un commencement de lumière dans ce vaste domaine, à en mesurer toute l'étendue, et à comprendre que les progrès de l'art dépendaient ici avant tout de la connaissance exacte de la nature, sans laquelle et en dehors de laquelle aucun phénomène ne se produit (2). Chaque maladie a ses causes naturelles (ἔχει φύσιν) (3). La médecine doit donc partir non pas d'une ou de plusieurs hypothèses plus ou moins ingénieuses, mais d'observations précises ; séparer des faits la science, disent ces précurseurs d'Aristote, c'est lui ôter ses racines et la frapper

---

« Quelles que soient ses illusions et ses erreurs, Démocrite ouvre vraiment la route à la science positive de tous les temps » (CROISET).

(1) Le pythagoricien Alcméon, qui passait aux yeux de quelques-uns (CLÉMENT d'ALEXANDRIE, *Stromates*, I, 16, 78) pour avoir le premier composé et publié un λόγος φυσικός, avait déjà enseigné que la santé réside dans l'équilibre des forces organiques (δυνάμεις). Mais c'est surtout comme philosophe qu'il s'était fait connaître : Cicéron le place même avant Pythagore à la tête de l'école italique. On cite d'Alcméon quelques définitions assez remarquables, et notamment la suivante : Ὁ χρόνος διάστημα τῆς τοῦ παντὸς φύσεως.

(2) Οὐδὲν ἄνευ φύσιος γίγνεται (*De acre*, II, p. 76) : affirmation catégorique de naturalisme, excluant les interventions surnaturelles auxquelles croyaient les fervents d'Esculape.

(3) « Il n'y a pas de maladies plus humaines ou plus divines les unes que les autres : toutes sont semblables en ce point et également divines. Chacune est selon la nature des choses et rien ne se fait contre la nature. »

de stérilité. Ce qui importe donc avant tout, c'est la description et le diagnostic des divers états de notre organisme (1) ; le médecin ne peut se passer de l'étude du corps vivant (ἡ φύσις τοῦ σώματος ἀρχὴ τοῦ ἐν ἰητρικῇ λόγου). L'art, si précieux qu'il soit, n'a de valeur qu'autant qu'il se modèle sur la nature, qu'il écoute ses avertissements (2) et demeure en parfait accord, en complète harmonie avec elle (3) : s'il s'en isole témérairement, il s'annihile lui-même. N'est-ce pas la nature, par exemple, qui a pris soin de nous enseigner à alterner la station et la marche, le mouvement et le repos (4), faisant ainsi de la variété des exercices une condition essentielle de force et de santé ? « La nature est le vrai médecin des maladies. Elle trouve pour elle-même les voies et moyens sans appel à l'intelligence (5). » Mais dans les cas où l'intervention de l'art devient néanmoins nécessaire, le grand arsenal où Hippocrate puise ses prescriptions est la philosophie mécaniste de ses contemporains, et selon l'habitude des anciens, si dans certaines conjonctures sa science se fait la très humble servante de la nature, ailleurs elle n'éprouve aucun scrupule à la régenter (6). Il connaît le prix de l'observation, mais il

---

(1) Πρῶτον μὲν παντὸς φύσιν ἀνθρώπου γνῶναι καὶ διαγνῶναι. De là le traité Περὶ ἀνθρώπου φύσιος, qui est d'Hippocrate ou de l'un de ses disciples immédiats. — Pour Hérodicus de Sélymbrie (cité par Platon à la première page du *Phèdre*), toute la science du médecin se réduit à distinguer, en chaque circonstance, ce qui est παρὰ φύσιν ou κατὰ φύσιν.

(2) Anticipation évidente du mot fameux de Bacon : *natura parendo vincitur*.

(3) Αἱ τέχναι τῇ ἀνθρωπίνῃ φύσει κοινωνέουσιν.

(4) Ἡ φύσις αὐτομάτη ταῦτα ἐπίσταται... καθημένος πονέει ἀναστῆναι, κινεόμενος πονέει ἀναπαύσασθαι. — C'est ainsi que plus tard Polybe invoquera l'exemple de la nature pour justifier l'extrême variété de sa vaste composition : Μάρτυρα δ'ἐπικαλεσαίμην ἂν αὐτὴν τὴν φύσιν, ἥτις κατ' οὐδ' ὁποίαν τῶν αἰσθήσεων εὐδοκεῖ τοῖς αὐτοῖς ἐπιμένειν κατὰ τὸ συνεχές, ἀλλ' ἀεὶ μεταβολῆς ἐστιν οἰκεία (XXXIX, 1, 3).

(5) A rapprocher des vers d'Epicharme sur l'instinct de la poule, cités par Diogène Laërce (III, 16).

(6) Un savant critique a relevé ce fait que les doctrines d'Hippocrate sont bien souvent des combinaisons d'idées portant ce caractère sys-

n'en fait pas une méthode et moins encore son unique méthode (1).

Il y a plus. Aux yeux de Pythagore l'âme humaine participait de l'âme universelle. Allant plus loin encore, Hippocrate avait cru reconnaître dans l'équilibre organique un corrélatif de l'équilibre cosmique (2) : ainsi la médecine est sœur de la philosophie, et « le médecin philosophe est égal aux dieux ». La santé et la maladie non seulement dépendent de notre tempérament personnel (ἑκάστη φύσις), mais trouvent leur explication dernière dans les rapports de l'homme avec la nature extérieure (ὅλος κόσμος) : vues hardies que Platon s'empressera de recueillir et dont il fera un éloge sans restriction dans un passage célèbre du *Phèdre* (3). Mais l'insistance même mise par Hippocrate à établir contre le préjugé vulgaire que l'art médical a une base solide dans la connaissance de l'anatomie d'une part, et de la nature en général de l'autre, montre combien, de son temps, les esprits étaient encore peu familiarisés avec l'idée d'une certitude possible dans une partie quelconque de la science humaine (4).

Quoi qu'il en soit, ce qui fait l'intérêt de cette attitude prise en pathologie par l'école hippocratique, c'est qu'elle n'est, dans la Grèce du vᵉ siècle, qu'un épisode de la lutte entreprise

---

tématique qui se retrouve au fond de tout l'effort scientifique du vᵉ siècle. De quel autre nom, en effet, qualifier cette théorie des forces opposées (δυνάμεις) dont le jeu varié constitue la santé et la maladie ?

(1) Après avoir payé un juste tribut d'éloges à la perspicacité d'Hippocrate, M. Croiset (*Histoire de la litt. grecque*, IV, p. 192) constate combien cet éveil de l'esprit scientifique est encore récent, et sa marche incertaine et trébuchante.

(2) Ἀπομίμησις τοῦ ὅλου.

(3) 270 B-C. — Dans le *Banquet* Eryximaque développe des vues toutes semblables, et c'est certainement à Hippocrate que songe l'auteur du *Timée* dans les lignes suivantes (83 C) : ἤ τινες ἰατρῶν ἢ καί τις ὤν δυνατὸς εἰς πολλὰ μὲν καὶ ἀνόμοια βλέπειν, ὁρᾶν δὲ ἐν αὐτοῖς ἓν γένος ἐνὸν ἄξιον ἐπωνυμίας πᾶσι.

(4) On lit dans un fragment de cet Alcméon déjà nommé plus haut : « Des choses invisibles, des choses mortelles, les dieux ont une claire connaissance : aux hommes il ne reste que la conjecture ».

contre les croyances et les pratiques traditionnelles au nom d'une civilisation nouvelle, laquelle se réclame avant tout de l'étude et de la libre discussion. On ne se contente pas de croire : on veut savoir (1).

C'est à ce courant qu'appartient manifestement Thucydide, écrivain éminent en son genre : et ce qui nous détermine à faire ici une place au célèbre historien, c'est qu'il personnifie cette réaction sous un de ses aspects les mieux justifiés et les plus respectables (2). Esprit froid et lucide, ignorant ou du moins bien résolu dans son ouvrage à ignorer jusqu'au nom des divinités qu'adore la foule, il professe sur toutes choses les idées d'Anaxagore, cherchant l'explication rationnelle et, comme nous dirions aujourd'hui, scientifique où son prédécesseur immédiat Hérodote se contentait volontiers de l'explication théologique, devinant un simple phénomène physique où tant de ses concitoyens continuaient à soupçonner une puissance vengeresse (3). A propos de ce fait en soi assez insignifiant que Thucydide se plait à désigner chacune des campagnes de la guerre par le degré d'avancement des travaux

---

(1) L'exploration physique de la nature va désormais marcher de pair avec son explication métaphysique. — Strabon (XVII, 672) cite, d'après Posidonius, un ancien φυσιόλογος, Tharsyalkès de Thrace, comme ayant l'un des premiers révélé aux Grecs la cause véritable des débordements du Nil. M. Mallet écrit à ce sujet : « Depuis que l'esprit scientifique s'était éveillé en Ionie avec Thalès, les physiciens et les logographes ne cessaient de rassembler des informations et des documents pour étayer les hypothèses que leur suggérait l'examen de ces curieux problèmes. »

(2) Le mot φύσις est rare d'ailleurs sous sa plume, et d'ordinaire il le prend au sens de Socrate, pour désigner le naturel, la capacité de chacun, par exemple, τί ὑπὲρ τὴν ἑαυτοῦ φύσιν ἀκούειν (II, 35). Cependant des expressions telles que ὑπὸ φύσεως ἀνάγκαις (V, 105) attestent qu'il use aussi de ce mot dans une acception plus rigoureusement philosophique.

(3) L'un de ses biographes rapporte même qu'il fut accusé d'athéisme. Sans instruire ici ce procès, bornons-nous à faire remarquer que la locution τὰ δαιμόνια, dont Thucydide se sert en parlant des grandes calamités publiques, ne dénote pas à coup sûr un athéisme intransigeant.

champêtres, M. Espinas (1) fait cette remarque : « Quelle que soit la valeur de ce système, n'est-il pas ouvertement inspiré par des vues naturalistes, volontairement contraires à l'esprit du calendrier religieux ? Ne témoigne-t-il pas nettement de la tendance de l'historien philosophe à considérer le temps comme étranger en soi à toute influence surnaturelle ? » Si cette argumentation ne semble pas absolument convaincante, on accordera du moins sans peine à M. Croiset (2) que pour Thucydide comme pour Hippocrate tous les événements, quelque extraordinaires qu'ils puissent paraître, « sont également divins ou plutôt également naturels. Point de miracle ni de merveilleux : rien que les causes secondes, toujours les mêmes, aussi régulières que l'ordre des jours et des saisons, rigoureusement égales à leur effet ». Ce que l'on appelle couramment « la fortune » n'est que « l'ensemble des causes naturelles dont la faiblesse de l'esprit humain n'a pu tenir compte ». Enfin le mot fameux κτῆμα εἰς ἀεί montre un homme qui sait ce que vaut la science et tout ce que l'humanité est en droit d'en attendre.

Ce qui est certain, c'est qu'au regard de la Grèce intelligente, bien au delà des milieux forcément restreints où s'exerçait l'influence d'un Empédocle ou d'un Pythagore, une puissance mystérieuse a surgi, investie d'un rôle immense, ignorée des générations antérieures qui en avaient à peine connu le nom : *la nature*. C'est la philosophie qui s'était en quelque sorte chargée de la révéler au monde : elle seule en était capable, parce qu'elle seule embrasse d'un coup d'œil

---

(1) Dans un article de la *Revue philosophique* lequel, sous ce titre un peu bizarre : *La technologie artificialiste*, expose comment la part de l'élément religieux dans les institutions sociales de tout genre est allée en diminuant dans la Grèce du ve siècle. Il est incontestable qu'à aucune époque les formulaires (τέχναι) ne se sont multipliés à ce point sous la plume des politiciens et des sophistes, des rhéteurs et des médecins.

(2) *Histoire de la littérature grecque*, IV, 107. — Cf. J. Girard (*Essai sur Thucydide*, p. 259) : « Thucydide constate, sans s'y associer, l'impression religieuse que produisent les perturbations apparentes de la nature. »

l'ensemble des choses. Ce qu'elle étudie, ce qu'elle observe, ce qu'elle a l'ambition de pénétrer, ce n'est pas, comme lorsqu'il s'agit de la science, telle ou telle catégorie d'êtres : c'est la vie dans toutes ses manifestations, c'est le monde dans sa totalité, c'est l'être en général. Lorsque les premiers philosophes, en quête de la substance primitive, avaient inscrit en tête de leurs compositions en vers ou en prose les deux mots d'apparence bien modeste Περὶ φύσεως, ils ne se doutaient peut-être qu'à demi de la révolution intellectuelle dont ces mots contenaient le germe. Parler ou traiter *de la nature*, c'était désormais, sous un terme sinon plus précis, du moins plus expressif que celui qu'avait adopté l'idéalisme abstrait de certains Éléates (Περὶ τοῦ ὄντος) parler *de l'être*, chercher l'explication rationnelle de tous les effets et de toutes les causes, de tout ce qui crée et de tout ce qui est créé.

Assurément, c'est le propre de l'esprit philosophique de généraliser, c'est-à-dire d'enfermer dans la compréhension d'une idée générale un nombre croissant de notions particulières. Mais quand on se reporte à ce qu'était le concept de nature au temps d'Homère et d'Hésiode, à son rôle si timide et si effacé, et que l'on considère la brillante destinée de ce même concept après Thalès et Pythagore, on peut dire que jamais notion n'est partie de plus humbles débuts pour conquérir un aussi éclatant et aussi durable prestige. Car, qu'on veuille bien le remarquer, il ne s'agit pas ici ou de la nature humaine exclusivement, ou de la nature organisée, ou de la nature inanimée : ce que désigne le mot φύσις, c'est tout cela à la fois, et chez les Grecs qui avaient un sentiment si vif de la connexion de toutes choses, il n'y a pas lieu d'en être surpris.

Et ici comment ne pas songer à ce que Platon (1) nous rapporte de Périclès, dont il fait remonter aux leçons d'Anaxagore l'incomparable mérite politique et oratoire? Or, le philosophe de Lampsaque est « le premier dont la vie ait pleinement

---

(1) *Phèdre*, 270 A.

présenté le type du dévouement à la science, de la recherche désintéressée de la vérité pour elle-même : c'est sur ce modèle qu'a été construit l'idéal de la vie contemplative, tel qu'il brillait devant Platon et Aristote, tel qu'il est digne encore de guider nos pas ». M. Tannery qui lui décerne cet éloge reconnaît sans doute que le philosophe grec ne se souciait nullement d'une observation tant soit peu exacte. « Il nous apparaît plutôt comme un hardi constructeur d'hypothèses scientifiques, et somme toute, les services qu'il a rendus à la science sont d'ordre secondaire ». Néanmoins l'énumération de ses théories et de ses découvertes en histoire naturelle, telle que nous la lisons dans Diogène Laërce (1), et l'indépendance d'esprit qu'il avait portée dans l'étude des astres et des phénomènes astronomiques suffisent pour nous expliquer, en même temps que son influence si prééminente à Athènes, le surnom de φυσικός et même de φυσικώτατος que lui a décerné l'antiquité.

Mais, poussée promptement à ses dernières limites, ainsi qu'il arrive trop souvent, l'insurrection intellectuelle dont nous parlons faillit tout compromettre et se ruiner elle-même (2). Des hommes que ne gênait aucun principe, d'une culture raffinée, avides de popularité, véritables « athlètes de la parole », applaudis par des auditeurs idolâtres, ceux-ci pour l'emphase de leurs déclamations, ceux-là pour la sonorité ou le piquant de leur langage, s'étaient hâtés de prendre et pour ainsi dire d'accaparer la direction du mouvement nouveau : j'ai nommé les sophistes, dont Platon nous a laissé, dans plusieurs de ses meilleurs dialogues, une photographie si vivante (3). Ont-ils

---

(1) II, 8-10.

(2) On sait avec quelle vigueur et quelle persévérance elle a été dénoncée et raillée sur le théâtre par cet Athénien de la vieille roche qui s'appelle Aristophane.

(3) Hippias notamment nous est représenté dans le *Protagoras* répondant du haut du siège élevé où il est assis aux problèmes de physique et d'astronomie que lui posent des jeunes gens émerveillés de son inépuisable érudition.

droit à une place dans le chapitre que nous écrivons ? Ce n'est pas notre avis, en dépit de l'affirmation contraire de Cicéron (1) : car d'un côté, si l'on considère la partie positive de leur enseignement, ce furent bien moins des créateurs que des vulgarisateurs, et de l'autre il paraît bien établi (2) qu'on ne peut attribuer à aucun d'entre eux des recherches sérieuses dans le domaine des sciences naturelles. Tout au plus cite-t-on Gorgias comme s'étant approprié quelques-unes des théories d'Empédocle (3), jusqu'au jour où il jugea plus original de soutenir, à l'exemple des Eléates, que le monde sensible n'est que néant et illusion. On nous parle bien sans doute d'un certain Antiphon, auteur d'un Περὶ ἀληθείας en deux livres dont le second aurait été consacré à l'explication des phénomènes naturels : mais sur cette « Physique » tout renseignement plus précis nous fait défaut.

Au surplus, quelle contribution durable pouvaient apporter à la science des hommes qui déclaraient qu'il n'existe aucune connaissance définie et démontrée vraie à l'exclusion de toute autre (4) ? Un historien contemporain de la philosophie ancienne attribue aux sophistes « une réelle signification scientifique » ; mais par là il veut dire simplement qu'en faisant table rase de tous les systèmes des philosophes naturalistes leurs devanciers (5), ils ont, sans l'avoir cherché peut-être, amené les esprits à chercher la vérité dans une direction nouvelle et

---

(1) *De oratore*, II, 32, 128 : « Quid de Prodico Ceo, quid de Trasymacho Chalcedonico, quid de Protagora Abderita loquar, quorum unusquisque plurimum temporibus illis etiam de natura rerum et disseruit et scripsit ? »

(2) Telle est du moins l'opinion d'un critique autorisé entre tous, M. E. Zeller.

(3) Consulter sur ce point l'étude de Diels, *Gorgias et Empedocles*, insérée dans les *Mémoires de l'Académie des sciences de Berlin*, 1884.

(4) Οὐκ εἶναι φύσιν ὡρισμένην οὐδενός : c'est en ces termes qu'Ammonius (*in Categ.* 81 b) résume la pensée de Protagoras.

(5) Voilà pourquoi M. Baümker définit la sophistique « la banqueroute de la philosophie de la nature ».

frayé ainsi les voies à la révolution socratique. Pareil service est vraiment trop négatif pour qu'il y ait lieu de s'y arrêter.

L'étude détaillée que nous avons antérieurement (1) consacrée à l'enseignement et au rôle de Socrate nous dispense de soumettre ici l'un et l'autre à une nouvelle analyse. Le jugement qu'il portait sur les connaissances scientifiques de son temps nous dit assez qu'elles n'avaient à attendre de lui aucun progrès. « En somme, ce qu'il cherche et voit dans l'univers, c'est la raison toujours présente, agissant d'après un but ou des fins raisonnables... Le point de vue *téléologique* se montre partout dans sa manière d'envisager la nature et les êtres qu'elle contient. Qu'il ait abusé de cette méthode et qu'il ait trop restreint sous ce rapport le champ de la science, préoccupée de connaître avant tout les causes physiques, cela est certain. Mais on n'est pas réformateur sans être exclusif et sans opérer une réaction » (2). Il nous plaît d'ailleurs d'ajouter que M. Brochard, plus juste ou moins prévenu contre les doctrines spiritualistes que Lange (3), loue le sage Athénien d'avoir su maintenir en lui, sans sacrifier l'une à l'autre, deux croyances qui semblent s'exclure : la foi en un ordre surnaturel et la conviction scientifique.

Une réserve fondée sans doute sur des considérations analogues à celles dont s'était inspiré Socrate se retrouvait dans

---

(1) Voir pages 325-335.

(2) Bénard, *La philosophie ancienne*, p. 156.

(3) « Plus la raison créatrice apparaît élevée et puissante, plus son instrument semble indifférent et insignifiant : de là le mépris de Socrate pour l'étude des causes extérieures. » M. Soury est bien autrement sévère : « Ceux qui, en Grèce, ont arrêté le développement de la physique, de l'astronomie et de toutes les sciences inductives s'appellent Socrate, Platon et Aristote. Voilà ce qu'il ne faut pas oublier. Ce qu'on prend d'ordinaire pour la philosophie est proprement le commencement de la scolastique ». Nous avons déjà répondu à cet incroyable paradoxe : mais les pages qui vont suivre en seront peut-être la plus solide réfutation.

l'ouvrage de son disciple Aristippe Περὶ φυσιολόγων (1) : du moins les cyrénaïques passent pour n'avoir fait aucun fond sur les prétendues démonstrations des φυσικοί de leur temps (2).

Mais Platon avec son merveilleux génie était fait pour renouer l'alliance de la philosophie et de la science, si étroitement unies au lendemain de leur commune origine. Pendant longtemps, disciple et continuateur de Socrate, il s'était renfermé à dessein dans l'étude d'ailleurs si vaste et si captivante du monde moral, ou s'il se préoccupait de l'univers physique, c'était pour reléguer ce que nos yeux contemplent parmi « les ombres de la caverne ». Dans la *République* (3), faisant bon marché du désaccord possible ou plutôt inévitable entre la théorie et la réalité, il veut que le véritable astronome laisse là le ciel visible et ses phénomènes, image imparfaite du ciel intelligible, ou du moins ne les fasse servir à son instruction qu'à la façon dont un géomètre userait des figures et des dessins tracés par le plus habile des artistes. Manifestement ce langage est celui d'un penseur aussi épris de la spéculation rationnelle que dédaigneux de tout le reste.

Toutefois, ainsi que nous l'avons constaté précédemment en parlant du philosophe, Platon a été peu à peu amené à atténuer ce que son idéalisme avait à l'origine de tranchant et de hautain. Déjà dans le *Philèbe* (4) il accorde que dans aucune science il ne convient d'isoler absolument la théorie de toute application pratique. Aussi bien celui qui reprochait à Anaxagore de s'être borné à une explication trop générale du monde sans jamais descendre aux détails, lesquels cependant n'offrent pas moins de beauté que l'ensemble, ne pouvait,

---

(1) Diogène Laerce, VIII, 21.
(2) Id., II, 92 : ἀφίστανται δὲ καὶ τῶν φυσικῶν διὰ τὴν ἐμφαινομένην ἀκαταληψίαν.
(3) VII, 529.
(4) Voir le texte cité p. 198.

sans une grave inconséquence, s'exposer exactement à la même critique (1). Et si dans le *Timée* nous ne cessons pas de nous trouver en face du métaphysicien invariablement fidèle aux vues fondamentales de son système, ici il est doublé d'un savant qui tient à ses côtés une place d'honneur, avec pleine conscience de son rôle. Ainsi après avoir établi que le démiurge résolu à introduire le bien dans les choses n'a pas dédaigné de recourir, pour l'exécution de ses desseins, à des « causes auxiliaires », il affirme que l'étude de ces dernières importe souverainement à la connaissance véritable de la cause première (2).

Platon a donc cherché à pénétrer les secrets du monde matériel, copie vivante de son modèle éternel, mais, circonstance digne de remarque, au lieu de remonter comme Socrate de la perfection relative de l'œuvre à la supériorité éminente de l'artiste, il a préféré suivre une marche inverse et conclure de la perfection essentielle au démiurge l'harmonie qu'il a dû infailliblement réaliser dans la création.

Considérée en effet en elle-même, et abstraction faite de son auteur, celle-ci soulève des problèmes de tout genre et d'une complexité déconcertante (3). Dans ce domaine par excellence de la contingence tout est plein de confusion et d'obscurité (4) : comment l'intelligence peut-elle se flatter d'y

---

(1) A ce point de vue M. Lutoslawski n'a pas tort de citer au nombre des traits caractéristiques de la dernière évolution du platonisme le suivant : « No explanation of the universe is accepted as sufficient, unless it accounts for the smallest and most unsignificant detail as well as for the greatest ideas » (p. 471). Mais c'est par la plus étrange des illusions qu'il découvre dans le *Timée* une théorie des Idées qui ne serait plus celle du *Phèdre* et de la *République*.

(2) *Timée*, 69 A : Ἄνευ τούτων οὐ δυνατὰ αὐτὰ ἐκεῖνα, ἐφ' οἷς σπουδάζομεν μόνα κατανοεῖν οὐ δ' αὖ λαβεῖν.

(3) Πλήθει μὲν ἀμηχάνῳ χρώμενα, πεποικιλμένα δὲ θαυμαστῶς, comme il s'exprime (*Timée*, 39 C) au sujet des révolutions des astres.

(4) Cicéron me paraît l'écho fidèle de la pensée de Platon quand il écrit dans ses *Académiques* (II, 39) : « Mirabiliter occulta natura est, ut nulla acies humani ingenii tanta sit quæ penetrare in cœlum, terram intrare possit ».

constituer une science certaine et vraiment digne de ce nom ? Une telle science se comprend dans les êtres qui, existant en eux-mêmes, ne subissent aucune altération, ne présentent aucune ombre de vicissitude ; mais comment faire fond sur des phénomènes qui naissent et meurent, passent et disparaissent, sans autre règle apparente que le caprice du hasard ? Quelle ressource reste-t-il, sinon de s'aventurer dans la région illimitée de l'hypothèse, sans la moindre garantie de jamais rencontrer la vérité ? (1) Ce n'est pas seulement aux questions qui, comme l'organisation générale de l'univers, dépassent manifestement la portée de nos sens, c'est aux moindres recherches relatives à la nature que s'appliquent dans la pensée de Platon ces mots par lesquels se termine, dans le mythe du *Phédon*, sa description de la terre : « Soutenir intrépidement que toutes ces choses sont comme je les ai imaginées, c'est ce qui ne peut entrer dans la tête d'aucun homme de sens (2) ».

Si du moins Platon avait deviné et résolument appliqué la seule méthode qui convienne à ce genre d'études ? à peine l'a-t-il entrevue. Malgré le succès obtenu par Hippocrate en s'aidant de l'induction expérimentale, il écrit sans hésiter, à la suite d'une interprétation de la diversité des couleurs, cette réflexion singulière : « Entreprendre de vérifier ces indications par l'expérience, ce serait méconnaître la distance qui sépare la nature humaine de la nature divine (3) ». Sans doute, en attendant le règne encore lointain de la physique, c'était déjà un progrès de substituer dans l'explication des choses la mathématique au pur raisonnement, à la conjecture

---

(1) Sur ce point les textes abondent, et ils sont trop connus pour qu'il soit nécessaire de les reproduire. Cette conception, diamétralement opposée à celle de nos posivitistes contemporains, s'est perpétuée longtemps après Platon, et Simplicius (*in Arist. Phys.* § 5) l'approuve sans hésiter : Καλῶς ὁ Πλάτων τὴν φυσιολογίαν εἰκοτολογίαν ἔλεγεν εἶναι.

(2) *Phédon*, 114 D.

(3) Citons ici le texte original (*Timée*, 68 D) : Εἰ δέ τις τούτων ἔργῳ σκοπούμενος βάσανον λαμβάνοι, τὸ τῆς ἀνθρωπίνης καὶ θείας φύσεως ἠγνοηκὼς ἂν εἴη διάφορον.

purement logique (1) : mais ce n'était pas assez (sauf peut-être en astronomie) (2), et en dehors de quelques exceptions, « il n'est pas difficile de s'apercevoir que Platon, lorsqu'il veut parler de la nature, commence par fermer les yeux à la nature (3) ». Il ne sait pas observer : il n'en a pas la patience, ou plutôt il n'en a même pas la pensée (4). C'est l'homme des sommets : c'est là seulement, ainsi qu'on l'a très bien dit, qu'il respire à l'aise, et ce qu'il s'approprie des sciences de la terre disparaît comme une ombre au milieu des éblouissantes clartés de sa science idéale (5).

Cela dit, malgré toutes les concessions que nous venons de faire, nous ne consentirions jamais à rayer Platon de ce chapitre consacré aux savants du monde hellénique. D'abord, parce qu'il a eu conscience de quelques-unes tout au moins des légitimes exigences de la science ; ensuite parce que sous sa plume se rencontrent, et plus souvent qu'on ne croit d'ordinaire, des réflexions ou des développements que seul un savant était en mesure d'écrire.

---

(1) Lorsque dans le *Philèbe* (25 E) Platon montre comment le nombre a pour fonction de substituer partout la règle et l'harmonie au désordre et à l'incohérence (σύμμετρα καὶ σύμφωνα ἐνθεῖσ' ἀριθμὸν ἀπεργάζεται (ἡ φύσις), n'a-t-il pas eu comme un pressentiment du rôle éminent de la formule dans la science moderne ?

(2) On serait tenté de traduire avec M. Tannery ces mots du *Gorgias* (451 C) ἡ ἀστρονομία λόγῳ κυροῦται τὰ πάντα par : « L'astronomie est une science de raison », si la même expression n'était pas employée quelques lignes plus bas à propos de la rhétorique.

(3) DAREMBERG.

(4) Un critique a néanmoins relevé dans les écrits de Platon au moins deux passages (*Gorgias* 501 A, et *République*, VII, 516 C) où ce que nous appelons aujourd'hui la méthode d'observation est nettement défini.

(5) « Oui, écrit à ce propos M. Fonsegrive (*François Bacon*, p. 60), Socrate et Platon cherchent à se représenter la nature par les pensées de leur esprit : mais comment eussent-ils admis qu'on leur en fît un reproche ? Ils se fussent demandé comment on pourrait arriver à expliquer le monde, si on ne le supposait pas au préalable intelligible. Et par la même raison ils auraient refusé d'admettre que se servir des causes finales pour expliquer le monde, ce fût fausser la nature et sophistiquer la science. »

N'est-ce pas notamment un trait distinctif de l'esprit scientifique que de chercher en toutes choses à faire le départ entre le certain d'un côté, l'hypothétique et le probable de l'autre? Or, encore que Platon entraîné par son idéalisme ait pu se méprendre sur les frontières intellectuelles respectives de ces deux domaines, jamais il n'a confondu l'allégorie mythique et l'analyse dialectique, les affirmations inébranlables de la raison et les théories flottantes de l'opinion. Bien plus, entendons-le formuler dans le *Philèbe* (1) ce judicieux avertissement : « Les sages d'aujourd'hui font *un* à l'aventure, plus tôt ou plus tard qu'il ne faut. Après l'unité, ils passent à l'infini de suite et les nombres intermédiaires leur échappent. » Et lui-même, donnant l'exemple, à l'affirmation des causes premières joint la recherche des causes secondes. La science moderne depuis Bacon ne tient pas un autre langage, comme il est facile de s'en convaincre (2). Enfin, plus que personne, Platon est convaincu du lien étroit qui relie entre eux tous les ordres de connaissance et les rend solidaires dans leur développement (3).

Des hauteurs de la théorie descend-on maintenant aux applications? La liste serait longue de tous les passages où Platon a touché, ne fût-ce qu'incidemment, aux questions naturelles. Userner déclare que de la seule lecture du *Timée* il ressort avec évidence qu'un grandiose travail scientifique

---

(1) 17 A. Avec Stallbaum je supprime καὶ πολλὰ devant θᾶττον καὶ βραδύτερον.

(2) *Novum Organon*, ch. LXXVI : « On va toujours s'élançant jusqu'aux principes des choses, jusqu'aux degrés extrêmes de la nature, quoique toute véritable utilité et toute puissance dans l'exécution ne puisse résulter que de la connaissance des choses moyennes. » — « La recherche de l'unité est le facteur essentiel de la science, le principe générateur des hypothèses vraies : mais chercher l'unité trop vite et trop bas, c'est la source principale des conjectures fausses et des systèmes erronés. » (E. NAVILLE.)

(3) Les textes abondent à l'appui de cette assertion : il suffira de citer le suivant : δεσμὸς γὰρ πεφυκὼς πάντων εἰς ἀναφανήσεται.

résultant de véritables conférences avait déjà dû se préparer à l'Académie et même s'achever au moins en partie sous la direction de Platon (1). On ne nous demandera pas de reproduire ici l'une après l'autre toutes les observations curieuses recueillies ou faites par le grand métaphysicien, ni les raisons explicatives qu'il en propose tantôt avec assurance, tantôt avec une hésitation facile à comprendre : néanmoins il est utile d'entrer dans quelques détails.

S'agit-il d'abord de la place occupée par notre globe dans l'ensemble de l'univers? Il est considéré, cela va de soi, comme le centre du système planétaire : mais est-il en mouvement ou en repos? La question n'a pas cessé d'être controversée entre érudits (2). Ce qu'il faut remarquer, c'est que le *Timée* nous offre un pressentiment confus de la gravitation universelle (3) : on n'y reconnaît en effet ni haut ni bas dans l'univers supposé concentrique (4).

S'agit-il de la constitution particulière de notre planète? Humboldt trouvait dans le *Phédon* (5) une théorie complète

---

(1) Rémusat est allé plus loin encore : « Platon a connu toutes les sciences : et Aristote fut obligé d'en créer de nouvelles afin d'en connaître qui fussent ignorées de Platon. »

(2) D'après Sartorius, le verbe εἴλλεσθαι (*Timée*, 40 B) ne signifie pas « se mouvoir en cercle », mais « se concentrer ». Platon entend par là que les parties intégrantes de la terre sont sans cesse pressées et serrées autour de l'axe du monde.

(3) Voici sur ce sujet deux témoignages également autorisés. « Here (*Timée*, 62 C) we have Plato's theory of attraction and gravitation, which is unquestionably by far the most lucid and scientific that has been propounded by any ancient authority » (Archer-Hind). — M. Pfleiderer de son côté (*Sokrates und Platon*, p. 658, note) juge comme il suit les vues de Platon sur ce sujet : « Sie sind für jene Zeit auffallend hell, und der Wahrheit ziemlich nahe, indem sie in geisteskräftiger Lösung vom hartnäckigen Sinnenschein mit der völligen Relativität des Oben und Unten und in der Hauptsache auch mit der Erklärung des « schwer » aus dem Zug des Teils zur Hauptmasse ganz das Richtige treffen. »

(4) *Timée*, 62 E.

(5) 108 D et suiv. — Dans sa récente *Histoire de la philosophie médi-*

de la terre, et s'étonnait à bon droit de l'indifférence des commentateurs en face de ce curieux passage, où Platon, tout en donnant cours à son imagination, s'est très certainement inspiré soit de ses conceptions personnelles, soit des inventions des poètes ou des philosophes ses devanciers (1). Dans ce même dialogue, M. Tannery a cru découvrir les lois essentielles du déplacement et de l'équilibre des fluides dans les vases communiquants (2). D'une manière générale il est permis de dire que Platon nous a légué comme la première ébauche d'un traité de physique dans ses recherches sur les formes, les modifications et les combinaisons des corps matériels, sur leur action au contact de notre organisme, sur la genèse et les lois des sensations diverses qu'ils provoquent.

Si nous passons à l'histoire naturelle proprement dite, plusieurs indices, à défaut de témoignages formels, nous donnent à penser que le philosophe, devançant son disciple Aristote, n'avait pas dédaigné de s'occuper des êtres vivants même les plus inférieurs (3). Mais, comme on doit s'y attendre de la part du plus fidèle admirateur de Socrate, c'est l'organisme humain, considéré soit en lui-même soit dans ses rapports avec l'âme, qui avait spécialement attiré la curiosité de Platon. Anatomie et physiologie, voilà ce qui remplit les trente dernières pages du *Timée* de même que la cinquième partie du *Discours de la méthode*, et en les lisant on se convainc bien vite que si l'une et l'autre de ces deux sciences étaient mêlées de grossières erreurs et manquaient encore de

---

rale, M. de Wulf a eu tort de s'autoriser de cette digression pour réunir dans un même groupe le *Phédon* et le *Timée*.

(1) La même remarque s'applique au mythe final de la *République*, dont le *Songe de Scipion* nous apporte une reproduction appropriée au goût des Romains du temps de Cicéron.

(2) 112 D. On peut rapprocher de ce passage une curieuse comparaison du *Banquet* (175 D).

(3) Épicrate le comique (ATHÉNÉE, II, 59 D) représentait Platon au milieu de ses élèves, s'occupant de problèmes de zoologie et de botanique. Mais peut-être n'était-ce pas là qu'un portrait de fantaisie, comme le Socrate des *Nuées*.

base solide, sur bien des points on touchait dès lors de très près à la vérité. En tout cas, l'influence réciproque du physique et du moral n'avait pas échappé au plus illustre des idéalistes, à celui qui nous a laissé des recommandations si justes et si opportunes sur la double hygiène du corps et de l'âme (1). Mais si l'on reproche avec quelque raison aux empiriques modernes de subordonner presque partout la psychologie à la physiologie, Platon semble plutôt être tombé dans l'excès contraire, mêlant des considérations morales à ses vues sur le rôle et la nature des diverses parties de notre organisme (2), et manifestement préoccupé de tout expliquer dans le monde extérieur par l'intérêt particulier de l'homme (3).

Peut-être convient-il de rappeler ici un des traits caractéristiques de la métaphysique platonicienne, déjà signalé dans un chapitre antérieur. Placé en face du même problème devant lequel devait s'arrêter hésitant le profond génie d'un Descartes et d'un Leibniz, Platon l'a résolu par une conciliation du même genre, en associant la finalité et la fatalité dans

---

(1) *Timée*, 87 et suiv.

(2) Si nous en croyons C. Martha, « jamais dans l'antiquité la physique ne cessa d'être arrangée pour les besoins des différentes doctrines et des diverses sectes morales ». Or il est difficile de ne pas reconnaître que la science de la nature ne peut avancer sur un point sans être obligée de reculer sur un autre, aussi longtemps qu'elle est sous la dépendance étroite d'une théorie philosophique *a priori*, qu'il s'agisse du spiritualisme platonicien dans l'antiquité ou du matérialisme évolutioniste à l'époque actuelle.

(3) Citons un exemple entre une infinité d'autres. « Ce que nous disons, c'est que Dieu, en créant la terre et en nous la donnant, n'a eu d'autre but que de nous mettre en état, après avoir contemplé dans le ciel les révolutions de l'intelligence, d'en tirer parti pour les révolutions de notre propre pensée, afin que, instruits par ce spectacle, prenant part à la rectitude naturelle de la raison, nous apprenions en imitant les mouvements parfaitement réguliers de la divinité à corriger l'irrégularité des nôtres » (*Timée*, 47 B). — Un livre récent de géographie physique, qui n'a pas eu moins de succès dans l'Ancien que dans le Nouveau Monde, *Earth and man*, par M. A. Guyot, repose tout entier sur cette conception que l'homme est la finalité de la terre.

l'explication de la nature (1). Toute une partie du *Timée* est consacrée *ex professo* à mettre en lumière le rôle de cette « nécessité » qui s'oppose à l'intelligence (2), et dans ce domaine il semble bien que le philosophe ait en vue des causes purement mécaniques, analogues à celles que Descartes introduira dans l'univers : tout se réduit à des changements de forme et de lieu (3). Mais c'est comme malgré lui, et dans le dessein de pallier les imperfections manifestes des créatures, qu'il semble adopter ce déterminisme immanent des choses : l'esprit général de son système implique une solution toute différente. On dirait même que dans les *Lois* (livre X), comme pris d'un remords d'avoir ouvert aux recherches profanes une route trop large, il ne veuille plus accepter, pour rendre compte de l'existence et de la conservation du monde, que l'intervention d'une âme éternelle, au gouvernement de laquelle tout est soumis. Effrayé par le déclin du sentiment religieux chez ses contemporains, il n'a pas su distinguer, comme le devait faire Bacon plus tard, entre la demi-science qui éloigne de Dieu et la vraie science qui ramène à lui.

Quoi qu'il en soit, si dans le domaine de la science pure le *Timée* (4), sorte d'encyclopédie platonicienne, pâlit singuliè-

---

(1) *Timée*, 48 A : μεμιγμένη ἡ τοῦδε τοῦ κόσμου γένεσις ἐξ ἀνάγκης τε καὶ νοῦ συστάσεως.

(2) Cette opposition se retrouve jusque au plus profond de l'âme humaine, dont la partie mortelle (ce que nous appellerions la vie organique dans son indéniable action sur le moral) nous est représentée δεινὰ καὶ ἀναγκαῖα ἐν ἑαντῷ παθήματα ἔχον.

(3) Dans l'*Humanité nouvelle*, M. E. Pottier considère cette assertion du *Timée* : « le corps du monde doit se suffire à lui-même », comme la preuve que Platon avait parfaitement compris le déterminisme physique.

(4) On sait que grâce à un concours particulier de circonstances, notamment grâce aux deux traductions de Cicéron et de Chalcidius, le *Timée* n'a pas cessé d'être lu dans notre Occident, alors que les autres ouvrages de Platon étaient ensevelis dans l'oubli durant plusieurs siècles. Ce dialogue a eu ainsi dans l'histoire des idées une influence profonde, chez les uns frayant la voie à de curieuses découvertes, chez les autres contribuant à perpétuer d'antiques préjugés.

rement à côté de nos traités modernes (1), souvenons-nous que « les ancêtres ont cet avantage inaliénable que rien ne peut compenser chez les successeurs, celui d'avoir devancé les temps et ouvert la carrière que sans eux peut-être leurs fils n'eussent jamais parcourue ». D'ailleurs, contrairement au Lycée, l'Académie a médiocrement estimé la science. Quelques-uns des disciples immédiats de Platon, Speusippe et Lacyde par exemple, sont cités parfois comme ayant apporté par leurs recherches personnelles une contribution aux progrès de l'histoire naturelle : mais les nouveaux Académiciens partageaient, en l'aggravant encore, le demi-dédain du maître pour les sciences physiques (2). L'opposition entre l'esprit et la nature, entre l'idée et le phénomène, avait été trop accentuée par Platon pour que la solution de cette antinomie fût possible au génie étroit de ses successeurs.

Des vues bien différentes se font jour dans l'école péripatéticienne. Les travaux scientifiques d'Aristote sont assez connus pour qu'il soit inutile de les rappeler en détail. Je ne dirais pas qu'Aristote le premier dans l'humanité « a essayé d'épeler scientifiquement le livre de l'œuvre divine » :

---

(1) Ici encore il ne faut rien exagérer. Le plus récent des exégètes du platonisme, M. Lutoslawski, cite parmi les découvertes postérieures dont Platon a eu comme la divination l'*atomisme chimique* (*Timée*, 56 C), l'*analyse de l'eau* (56 D), le *circulus* ou *tourbillon vital* (43 A), les *spermatozoaires* (91 C), la *télépathie* (*Lois*, 903 D), le *dynamisme* appliqué à l'explication de toutes les qualités physiques (897 A), et il écrit à propos de ce dernier point : « This audacious anticipation of modern views is one of Plato's many happy guesses, which produce on the impartial reader the strange impression of on inaccountable *a priori* knowledge of nature. » (*The origine and growth of Plato's logic*, p. 514).

(2) *Académiques*, I, 38 : « Quæ de natura rerum sunt quæsita, videamus : estne quisquam tanto inflatus errore, ut sibi se illa scire persuaserit ? » Plus les stoïciens manifestaient une foi aveugle dans le témoignage des sens, plus les académiciens leurs adversaires étaient tentés de se rejeter dans l'excès opposé.

d'autres avant lui en avaient déjà donné l'exemple : ce qui est certain, c'est que personne n'avait encore poussé si loin ce travail (1). Nous avons dit plus haut comment il a fait de la nature le pouvoir souverain avec lequel l'esprit de l'homme aurait désormais à se mesurer. Au nom des causes finales il exclut le hasard de son explication de l'univers avec la même conviction que nos savants modernes au nom des causes efficientes. Sa ferme croyance à la finalité, loin de décourager ses recherches, leur a servi au contraire, comme nous l'avons montré ailleurs, de visible stimulant, et réciproquement sa science, si supérieure à celle d'un Démocrite par exemple, a servi efficacement la cause de la finalité. Après s'être élevé aux problèmes les plus ardus, il s'abaisse sans effort jusqu'aux êtres les plus infimes, jusqu'aux détails les plus minutieux (2). Comment ne s'intéresserait-il pas à tout ce que produit cette merveilleuse ouvrière, la nature, assuré qu'il est de retrouver partout quelque trace de sa puissance et de son habileté? « Même dans ce qui peut ne pas flatter nos sens, écrit-il, la nature a si bien organisé les êtres, qu'elle nous procure à les observer d'inexprimables jouissances, pour peu qu'on sache remonter aux causes et que l'on soit vraiment philosophe... Il ne faut apporter aucun dédain dans l'étude des êtres, car en chacun d'eux éclate quelque convenance naturelle qui s'y rencontre non par l'effet du hasard, mais essentiellement en vue d'une fin (3). » Seuls ceux-là peuvent en douter, qui, par négligence ou à dessein, oublient

---

(1) « Par une heureuse fortune qui tient à son génie personnel et à son temps, Aristote a organisé à lui seul toutes les sciences de son siècle, soit qu'elles fussent déjà connues quoique imparfaites, soit qu'il les ait spécialement enfantées. » (BARTHÉLEMY SAINT HILAIRE)

(2) C'est ce qui a fait dire à Humboldt : « In Plato's hoher Achtung für mathematische Gedankenentwicklung wie in den alle Organismen umfassenden morphologischen Ansichten des Stagiriten lagen gleichsam die Keime aller späteren Fortschritte der Naturwissenschafter. »

(3) *De part. anim.*, I, 5, 645ᵃ ἐν πᾶσι τοῖς φυσικοῖς ἔνεστί τι θαυμάσιον.

de replacer chaque partie dans l'ensemble (1). Le panthéisme stoïcien aimait à répéter ce mot de Chrysippe : « Il n'y a rien de vil dans la maison de Jupiter ». Aristote, appuyé sur sa conception fondamentale de la nature, n'eût fait aucune difficulté de s'approprier cette mémorable maxime (2).

Il y a ainsi dans le Stagirite deux hommes, l'un que la spéculation occupe tout entier, l'autre qui se plaît à observer, à classer, à décrire (3) : mais ils sont d'ordinaire si étroitement unis qu'on a peine à les isoler. Néanmoins, M. Boutroux (4) a eu raison de dire que chez Aristote l'idée de science se dégage plus nette que chez Platon, plus générale que chez Anaxagore et Démocrite. Il a entrepris d'assigner à la physique son caractère propre, qui la sépare de la métaphysique d'un côté comme de la mathématique de l'autre : et ainsi dans la voie que Platon avait ouverte, il allait faire un pas décisif en avant (5). Sous sa forte impulsion les sciences naturelles négligées par Socrate, abordées tardivement par Platon, se constituent, s'affirment, et si elles restent encore, par bien des côtés, sous la dépendance de la philosophie première, par

---

(1) Δεῖ τὸν περὶ φύσεως διαλεγόμενον περὶ τῆς συνθέσεως καὶ τῆς ὅλης οὐσίας ποιεῖσθαι τὴν μνήμην.

(2) A la suite du passage cité dans le texte au bas de la page précédente, Aristote rapporte cette réponse d'Héraclite à des visiteurs étonnés de le rencontrer dans sa cuisine : « Entrez sans hésiter : Dieu est ici aussi bien qu'ailleurs. » — Gœthe de même se vantait, comme d'un inappréciable privilège, de la faculté qui lui faisait « posséder la nature entière par cœur, jusque dans ses plus petits détails ».

(3) Ou comme s'exprime M. Rodier dans sa thèse sur Straton (p. 132) : « Il y a deux physiques d'Aristote : l'une exposée dans la *Physique*, le *De cœlo*, le *De generatione*, entièrement logique, ayant pour but de prouver la nécessité du réel : l'autre scientifique (nulle part plus apparente que dans la *Météorologie*) se bornant à rechercher l'explication mécanique des phénomènes constatés par l'expérience. »

(4) *La grande Encyclopédie*, art. *Aristote*.

(5) Telle est l'opinion à peu près unanime des historiens de la philosophie. Je n'ignore pas cependant que M. Tannery déclare Aristote en recul sur Platon en physique, sous prétexte que ce dernier est moins formaliste et laisse plus de liberté à la pensée.

l'accession d'un élément empirique, elles ne permettent plus qu'on continue à les confondre avec elle. Le concret fournit la base, le terrain solide sur lequel doit s'élever l'édifice.

Ce qui frappe, à première vue, chez Aristote, c'est cette curiosité universelle, cette soif de connaître qui l'a poussé à explorer en tous sens l'œuvre immense de l'homme et de la nature (1). Même en refusant d'ajouter foi aux textes qui nous le représentent installant à sa portée, à Athènes, un aquarium et un jardin des plantes avec les généreux envois d'Alexandre (2), cette légende greffée sur des faits est une preuve de ce dont on le croyait capable. Pour s'occuper simultanément de tant de recherches, il n'avait besoin ni des exhortations, ni de la munificence royale de son élève. Une volonté plus puissante l'y pousssait, écrit Villemain : cette loi de l'esprit humain qui, après tout ce que la Grèce avait fait dans l'imagination et dans les arts depuis trois siècles, ne lui laissait à scruter que la nature, et encore les travaux d'Aristote sont-ils d'une supériorité philosophique plutôt que technique.

Sagace et patient observateur par goût et sans doute aussi par tradition de famille (3), le philosophe ne s'est pas contenté d'enseigner que pour découvrir les principes et les lois propres à chaque science les principes communs étaient insuffisants et stériles : il a pressenti la vraie mé-

---

(1) Quels sont les titres du recueil que nous possédons sous le nom de *Problèmes* à figurer dans les œuvres d'Aristote? *Grammatici certant*. En tout cas, et malgré ce que certaines pages offrent de bizarre et d'enfantin, cette façon d'aborder successivement à tous les points de vue les questions les plus diverses n'en est pas moins digne d'attention. Au Lycée, les « classes de sciences » ne devaient pas manquer d'intérêt.

(2) « Ne quid usquam genitum ignoraretur a magistro », comme s'exprime Pline l'ancien. L'*Histoire des animaux* ne contient à cet égard aucune révélation qu'on puisse dire décisive.

(3) Son père Nicomaque, médecin d'Amyntas II, appartenait à la corporation des Asclépiades.

thode à suivre dans l'exploration du monde matériel. Il a le goût du fait précis, et s'il ne parle pas en termes exprès des lois de la nature, il sait que la connaissance véritable des phénomènes doit être dégagée de l'expérience par la réflexion : on le voit, sur le point de conclure, laisser des problèmes sans solution, faute d'être en possession d'un nombre suffisant de faits pour les établir, ou encore abandonner ses propres hypothèses comme contenant trop d'éléments *a priori* (1). Aux théories qu'il combat il oppose à côté du raisonnement la réalité qu'elles contredisent : c'est le cas pour tel ou tel axiome fondamental du système de Démocrite.

Il y a plus : Aristote censure ouvertement tous ceux de ses devanciers qui ont appliqué une fausse méthode. Ainsi, quel reproche adresse-t-il en première ligne aux Pythagoriciens qu'il juge en tout le reste plutôt avec indulgence? celui d'avoir prétendu à la science de la nature sans s'inquiéter en aucune façon de ce qu'elle renferme (2). Et parallèlement il loue ceux qui dans cet ordre de recherches ont suivi une marche plus logique et plus sensée. Voici, à ce propos, un bien curieux passage (3). Après avoir réfuté les théories de Démocrite sur la nature des couleurs, il se pose cette question : « Pourquoi si peu d'explications acceptables des phénomènes même les plus simples ? » Et voici sa réponse : « C'est l'absence d'expérience (ἀπειρία). » Ceux-là seuls aboutissent à des hypothèses qui soient rationnelles et cohérentes (αἱ ἐπὶ πολὺ δύνανται συνείρειν), qui se sont pour ainsi dire établis au sein même de la nature (ὅσοι ἐνῳκήκασι μᾶλλον ἐ. τοῖς φυσικοῖς) et l'ont prise pour point de départ de leurs investigations (ἀρχὴν ποιησάμενοι κατὰ φύσιν ἥπερ ἐστί) : les autres, tout entiers à leurs idées préconçues, daignent à peine abaisser leurs regards sur le

---

(1) M. Rodier cite comme exemples deux passages de la *Génération des animaux* : III, 10, 760ᵇ30 et II, 8, 648ᵃ7.

(2) Ἐπεὶ φυσικῶς βούλονται λέγειν, δίκαιον αὐτοὺς ἐξετάζειν τὰ περὶ φύσεως.

(3) *De la génération et de la corruption*, I, 2, 316ᵃ5.

monde extérieur (ἀθεώρητοι τῶν ὑπαρχόντων ὄντες, πρὸς ὀλίγα βλέψαντες), dogmatisent avec une fâcheuse facilité. Et il n'est pas téméraire d'affirmer que ce qui a le plus contribué aux faux pas avérés de la science d'Aristote, c'est moins une méprise capitale sur la question de méthode que le manque de faits patiemment observés et intelligemment analysés (1).

Avec la même assurance qu'un moderne, l'auteur de la *Physique* enseigne que le propre du savant, c'est la recherche des causes (2), et si en cette matière il s'est maintes fois égaré, ces erreurs étaient, selon le mot très juste de Barthélemy Saint-Hilaire, en partie la rançon de ses hautes facultés philosophiques qui avaient hâte d'échapper à la complexité du détail pour atteindre à l'unité de la loi, et qui tentaient, mais vainement, de résoudre en un petit nombre de formules métaphysiques la prodigieuse variété des phénomènes. Platon, nous l'avons vu, ne s'avançait qu'avec une hésitation bien compréhensible sur un terrain encore peu connu et mal exploré : Aristote s'est trop tôt flatté d'en avoir achevé la conquête, et il lui arrive de proposer comme une vérité certaine ce que son maître s'était borné à présenter plus modestement comme une supposition vraisemblable.

Hâtons-nous d'ajouter que chez Aristote le naturaliste est incontestablement supérieur au physicien. L'esprit pénétrant qui, dans la *Physique*, nous a légué tant de subtilités sur l'es-

---

(1) « Si dans les traités péripatéticiens, quelques erreurs nous choquent, nous devons toujours nous dire qu'une première étude est nécessairement exposée à laisser de côté bien des phénomènes, quelque pénétrante qu'elle soit... On ne peut pas parcourir toute la carrière d'un seul pas, même lorsqu'en l'ouvrant on ne s'est pas trompé et qu'on a tracé aux autres une voie parfaitement sûre. » (BARTHÉLEMY SAINT-HILAIRE). — Mais de là à soutenir avec le même critique que le monde n'avait pas besoin d'un *Novum Organon* et que la méthode d'observation est tout aussi entière dans Aristote que dans Buffon, dans Cuvier, dans Dumas, il y a loin évidemment.

(2) Cf. *Physique*, II, 7, 198ᵃ22 : περὶ πασῶν (τῶν αἰτιῶν) εἰδέναι τοῦ φυσικοῦ, et DIOGÈNE LAERCE, V, 32 : Ἐν τοῖς φυσικοῖς αἰτιολογικώτατος πάντων ἐγένετο μάλιστα ὥστε καὶ περὶ ἐλαχίστων τὰς αἰτίας ἀποδιδόναι.

sence de l'infini (1), de l'espace, du temps et du mouvement, a pris généreusement sa revanche dans l'*Histoire des animaux* (2). Avec quel soin il note leur structure, leur conformation, leurs mœurs, leur manière de vivre! Ici, ses vastes connaissances, ses qualités d'observateur (peut-être même d'expérimentateur), ses vues profondes remplissent d'étonnement.

Je n'ignore pas que certains critiques ont la prétention de montrer comment tombe pierre à pierre, après avoir bravé pendant plus de deux mille ans toutes les injures du temps, le vieil édifice de la philosophie naturelle d'Aristote (3). Pour être vraie sur certains points, cette thèse est tout à fait erronée sur d'autres (4). Non content, par exemple, d'avoir en physiologie substitué aux jeux d'esprit de son maître des hypothèses plus ou moins plausibles, le fondateur du Lycée a créé l'embryogénie. C'est à lui que remonte la notion d'« organisme » qui depuis, et surtout de nos jours, a fait si brillante fortune (5). Il n'a pas moins heureusement deviné la grande loi

---

(1) Cf. *Phys.*, III, 4, 203ᵇ5 : Προσήκουσα τοῖς φυσικοῖς ἡ τοῦ ἀπείρου θεωρία.

(2) C'est ce que reconnaissent avec la même netteté des penseurs aussi différents que Schopenhauer et M. Milhaud. Flourens et Milne-Edwards ont cité plus d'une fois avec éloge, comme faites visiblement d'après nature, telle et telle des descriptions d'Aristote.

(3) M. Soury, ouv. cité, p. 260.

(4) Parlant d'Aristote, M. Fonsegrive déclare que « sa théorie générale de la formation des corps, les principes fondamentaux de sa biologie sont ceux-là mêmes qui sont le plus d'accord avec les résultats de la science contemporaine ». Et nous n'en serons pas surpris si M. l'abbé Farges a eu raison d'écrire : « Ces notions fécondes d'acte et de puissance, de matière et de forme, de spontanéité et de finalité, Aristote les a tirées des entrailles de la nature vivante, des enseignements positifs de ces sciences biologiques où il excellait. »

(5) « Le domaine qu'Aristote assignait à l'étude de la génération n'a point changé. Il s'agit toujours, pour nous comme pour lui, de connaître les moyens que la nature emploie pour réaliser la perpétuité indéfectible de l'espèce par la reproduction des individus. » (Barth. Saint-Hilaire)

de la fécondation : bien qu'une foule de détails aujourd'hui constatés lui fussent encore inconnus, sa notion de la nature, de l'acte générateur, est exacte : c'est J.-B. Dumas lui-même qui l'a expressément proclamé.

Mais jusque sous la plume de ce philosophe de l'expérience, le plus moderne, à coup sûr, des génies anciens, que de conceptions purement spéculatives, dépourvues de toute confirmation expérimentale (1) ! Combien de fois la subtilité de son esprit lui suggère des démonstrations arbitraires ! Même quand il s'agit de météorologie et de physiologie, la méthode légitime cède trop aisément la place à des procédés d'ordre tout différent. Soit pour avoir mal observé, soit pour avoir emprunté trop légèrement à d'autres des indications ou des solutions trompeuses (2), l'illustre philosophe a affirmé des faits reconnus faux depuis (3). Il a des explications auxquelles on a pu reprocher d'être plus verbales que scientifiques. Ses définitions et ses formules, si pénétrantes qu'elles puissent être, ne jettent que peu de lumière dans le domaine proprement scientifique ; telle de ses théories, et non la moins célèbre, a été accusée d'avoir dévié pour longtemps l'orientation des recherches expérimentales (4).

---

(1) C'est ce qui a fait dire à Bacon : « Naturalem philosophiam logicæ suæ prorsus mancipavit, ut eam fere inutilem et contentiosam reddiderit. »

(2) Ainsi, c'est sur les traces des Eléates qu'Aristote affirme que le monde est limité, sans aucun espace vide au delà.

(3) Lange en a dressé la liste dans son *Histoire du matérialisme* avec un empressement peu sympathique et une satisfaction mal déguisée.

(4) « On peut dire qu'Aristote a créé les sciences naturelles : il semble que son puissant esprit aurait dû donner l'élan aux sciences physiques. Si son influence au contraire leur fut néfaste, si elles ont attendu pour naître Galilée et Descartes, n'en cherchez pas ailleurs la raison que dans la théorie des qualités substantielles. » (M MILHAUD, *Les origines de la science grecque*, p. 179). Et tandis que Barthélemy Saint-Hilaire trouvait aussi juste que fine l'une au moins des définitions péripatéticiennes du mouvement, M. Tannery réplique : « Qu'Aristote se soit gravement trompé dans ses idées sur le mouvement, c'est un fait qui n'a pas besoin d'explication. L'étonnant est seulement que,

Mais si ces erreurs diminuent sa gloire, elles ne l'effacent pas: il lui reste le mérite, considérable à coup sûr, d'avoir constitué l'encyclopédie scientifique de l'antiquité. Ce fut un de ces travailleurs infatigables dont un moderne a dit : « Leur lampe nocturne éclaire le monde. » Si l'on est étonné de ce qui manque dans ses ouvrages, on l'est bien plus encore de tout ce que l'on y trouve. Pardonnons à celui qui avait accumulé tant de richesses d'avoir cru qu'après lui la science n'avait plus à réaliser que d'insignifiants progrès (1). De fait, pendant toute la période qui va suivre, pour tout ce qui concerne la physique et l'histoire naturelle, Aristote a suffi (2) : il a exercé sur ses successeurs l'ascendant d'un maître qu'il serait téméraire de contredire : si l'on n'est pas allé plus loin, c'est qu'il semblait avoir posé les colonnes d'Hercule du savoir humain.

Son disciple et héritier Théophraste le suivit dans cette voie : je n'en veux d'autre preuve que les très nombreuses dissertations (pour la plus grande partie aujourd'hui perdues) consacrées par lui aux sujets scientifiques les plus divers (3). Cicéron donne à l'école entière cet éloge qu'elle a remarquablement avancé l'explication des secrets de la nature (4). Mais,

---

sur ce point, son autorité ait été acceptée pendant de longs siècles sans trouver un contradicteur : mais cela prouve simplement que les questions physiques n'ont plus, après lui, suscité un intérêt sérieux. »

(1) « Aristoteles ait se videre brevi tempore philosophiam plane absolutam fore. » (Cicéron).

(2) Faisons observer toutefois que sous la plume d'Aristote la science manque le plus souvent de cet attrait qui seul est capable de la rendre populaire.

(3) Diogène Laërce (V, 42-50) en transcrit le très long catalogue. Parmi celles que nous avons conservées, signalons le *Traité des plantes*, où se trouve le germe du système sexuel.

(4) « Natura sic ab iis investigata est ut nulla pars cœlo, mari, et terra, ut poetice loquar, prætermissa sit... Maximam materiam ex rebus per se investigatis ad rerum occultarum cognitionem attulerunt. »

selon la remarque de Lange, si l'amour des recherches positives se manifeste avec éclat après la mort d'Aristote, à ce moment aussi la physique et la philosophie commencent à se séparer et à aspirer chacune de son côté à une véritable indépendance. Qu'ils se rattachent ou non à une secte particulière de philosophes, les naturalistes de cette époque prennent l'habitude de se réserver une liberté d'interprétation plus ou moins étendue, assez dédaigneuse des lois *a priori* posées par les philosophes, et cela à l'heure où, de leur côté, les chefs d'écoles épuisent leurs efforts en controverses sans fin sur les formules abstraites et générales, bases respectives de leurs systèmes. Ainsi ira s'accentuant le divorce (1) entre l'esprit scientifique et l'esprit philosophique, dont la mutuelle pénétration avait fait dans les siècles précédents la gloire de quelques grands génies. Des esprits superficiels essayent, sans doute, de faire servir la poésie didactique à la description et comme nous dirions aujourd'hui, à la vulgarisation de la science : mais ce ne sont ni de vrais savants, ni de vrais poètes (2).

Avant de quitter l'école péripatéticienne, il est à peine utile de revenir ici sur Straton, ce disciple infidèle d'Aristote, dont nous avons précédemment résumé la métaphysique toute naturaliste (3). S'il est vrai qu'il ait insisté plus que ses devanciers sur l'uniformité des lois de la nature (4), s'il a essayé

---

(1) Ainsi tandis qu'en musique les Pythagoriciens s'appuyaient sur les divisions mathématiques du monocorde, Aristoxène posait pour unique fondement de ses théories le jugement de l'oreille.

(2) Les péripatéticiens eux mêmes, dont on vante d'ordinaire la πολυμαθία, avaient l'esprit curieux plutôt que large et compréhensif. Il n'est nullement prouvé que l'un d'eux se soit proposé d'embrasser, comme Aristote, l'ensemble total des connaissances humaines.

(3) « Die Natur war ihm die unbewusste schaffende Kraft, die alles hervorbrachte, die Schwerkraft, der letzte Grund des Seins und Wirkens » (Diels) — Par des voies diverses toutes les écoles du IV° et du III° siècle, en dehors du platonisme, tendent à faire de la Nature « la reine et la déesse des mortels ».

(4) Il avait composé des traités περὶ νόσων — περὶ τροφῆς καὶ αὐξήσεως — περὶ μεταλλικῶν μηχανημάτων — εὑρημάτων ἔλεγχοι, etc.

de réagir contre l'atteinte apparente portée à l'unité et à l'universalité de la philosophie par les développements divergents des sciences particulières, nous ne voyons pas que l'antiquité lui fasse honneur d'une théorie scientifique qui lui soit propre. Il semble néanmoins qu'il ait eu une action réelle sur les médecins et astronomes de l'âge suivant (1).

L'étude du monde extérieur paraît à première vue peu en harmonie avec les tendances éminemment pratiques et morales du stoïcisme, très propre néanmoins à d'autres égards à lui imprimer une féconde impulsion. Comment en effet la curiosité de l'esprit humain ne serait-elle pas vivement attirée par l'observation des innombrables phénomènes naturels, lorsque la création lui apparaît comme un vaste ensemble où tout se se tient, où rien n'est superflu, où les choses mêmes d'aspect odieux ou horrible doivent avoir leur raison d'être et une convenance quelconque avec le plan général (2), lorsque comme Spinoza on affirme que tout est ce qu'il doit être, ou avec Chrysippe que rien n'est vil dans la maison de Jupiter (3) ?

De fait, parmi les historiens de la philosophie, les uns rabaissent, les autres vantent outre mesure la science stoïcienne.

---

(1) C'est à Straton que le médecin Érasistrate a emprunté (d'après Diels) sa double explication du vide dans le monde de la matière, et de la vie dans le monde organique (ἡ φύσις ἐμηχανήσατο ὀρέξεις τε τοῖς ζώοις καὶ ὕλην καὶ δυνάμεις). C'est lui également qui a servi de maître à Aristarque de Samos, lequel a tiré son système héliocentrique des spéculations et des calculs d'Eudoxe et d'Héraclide de Pont auxquels Straton, dit-on, l'avait initié.

(2) Aussi le sage ne s'étonne-t-il de rien : οὐδὲν θαυμάζων τῶν δοκούντων παραδόξων (Diogène Laerce, VII, 125) : fâcheuse disposition chez un ami de la science, si nous en croyons Platon et Aristote.

(3) « Den Stoikern ist die Natur das System von Kräften das von der göttlichen Centralkraft, die λόγος, νόμος ist, mit Nothwendigkeit bestimmt wird, so dass jede Veränderung gesetzmässig von dem Ganzen abhängt: und so kann vermittelst der logischen Operationen an den Naturvorgängen der logische, zweckmässige Zusammenhang des Weltganzen abgelesen werden » (Dilthey).

M. Zeller affirme que la préoccupation scientifique est encore moins marquée chez Zénon que chez Socrate, et M. Tannery croit découvrir dans le Portique primitif des tendances utilitaires incompatibles avec les spéculations désintéressées du savant (1). Mais plus tard, un autre courant se fait jour et le même critique constate qu'au premier siècle de notre ère l'éducation libérale, en tant qu'elle comprend des notions scientifiques, était à peu près accaparée par les stoïciens, tandis que les autres sectes philosophiques ou s'éteignaient ou rétrécissaient à plaisir le cadre de leur enseignement (2). Dans la *République* de Cicéron (I, 10) Scipion dit de Panétius, à propos d'une controverse scientifique qui vient de s'engager : « Que n'avons-nous ici notre ami, qui étudie avec tant d'ardeur tous les secrets de la nature et notamment les phénomènes célestes ! »

Posidonius de son côté avait rêvé d'être l'Aristote du stoïcisme (3), et en effet il passe pour avoir touché aux questions les plus diverses dans les nombreux chapitres de son λόγος φυσικός, que l'on sait avoir été utilisé par Manilius et par l'auteur du Περί κόσμου. Diogène Laërce (4) entre dans toutes sortes de détails au sujet des théories scientifiques des néo-stoïciens, qui avaient assez ingénieusement partagé entre mathématiciens et physiciens l'exploration de ce vaste univers.

---

(1) Un optimisme et un finalisme exagérés contribuèrent à égarer les stoïciens. Partant de la nature éminente que l'opinion du temps assignait aux astres, Cléanthe, adversaire convaincu des explications mécanistes de l'univers, était allé jusqu'à assimiler la marche du soleil à celle d'un homme qui s'impose volontairement une règle précise, et Posidonius après lui attribuera au mouvement propre des planètes une sorte de προαίρεσις.

(2) De là à soutenir avec M. Schmekel que la physique stoïcienne a donné le ton à la science durant les siècles suivants, il y a loin. En tout cas, anciens et modernes semblent en avoir jugé autrement.

(3) Les recherches de ce philosophe sur la grandeur réelle du soleil et de la lune et leur éloignement sont restées célèbres. Chérémon, un autre stoïcien du 1ᵉʳ siècle avant notre ère, est l'auteur probable d'un *Traité des Comètes*.

(4) VII, 132-196.

Rappelons en outre tout ce qu'a tenté la subtilité stoïcienne pour donner une interprétation physique aux plus anciennes traditions mythologiques. « On dirait, écrit Cicéron, que le pur stoïcisme régnait parmi les vieux poètes, à qui de pareilles idées n'ont jamais traversé l'esprit. » (1) C'était d'autre part une des thèses favorites du Portique que dans la nature rien ne se passe en dehors de l'intervention divine : thèse en partie renouvelée d'Aristote, laquelle pouvait se défendre au point de vue métaphysique, mais devait déconcerter et même choquer bien des savants (2).

Cette manière de voir n'avait pas cependant, cela va de soi, d'adversaires plus déterminés que les Epicuriens, et c'était une des raisons qui contribuaient à la popularité de leur système. Le décri de la mythologie et de ses fables enfantines faisait dire à tous les esprits sérieux comme à Cicéron : « Tout ce qui naît est produit par une cause naturelle. Si elle vous échappe, n'en continuez pas moins à la supposer avec assurance, et désabusez-vous ainsi de l'erreur qui en faisait à vos yeux un prodige (3). » Les songes passaient vulgairement pour des avertissements ou des présages célestes : « Est-il plus philosophique d'expliquer nos visions par les raisons mystérieuses de quelques vieilles femmes, ou par les effets de la nature ? » (4) Sur ce point Epicure avait cause gagnée.

---

(1) Dans sa *Minerve*, Diogène de Babylone s'était largement inspiré de cette étrange prétention. « Partum Jovis, ortumque virginis ad physiologiam traducens dijungit a fabula » (*De natura deorum*, I, 15). — Comparer ce que Diogène Laërce raconte de Chrysippe (VII, 187).

(2) Il est vrai que la réponse de Cotta à Balbus dans le *De natura deorum* (III, 9) au sujet des astres n'était pas pour embarrasser un stoïcien, habitué de longue date à confondre Dieu et la nature : « Non omnia quæ cursus certos et constantes habent, ea deo potius tribuenda sunt quam naturæ. »

(3) *De divinatione*, II, 28.

(4) *Ib.*, II, 63.

Mais lui-même n'avait rien du génie d'un Aristote (1), et sa valeur scientifique a été maintes fois contestée : si Kant et Hegel en parlent avec éloge, beaucoup d'autres, à commencer par Cicéron (2), en font très peu de cas. Les uns le félicitent d'avoir le premier envisagé la réalité telle qu'elle est, d'avoir dissipé les fantômes créés par l'imagination vagabonde ou effrayée des mortels, enfin d'avoir rendu aux hommes la tranquillité de l'âme en chassant d'ineptes superstitions (3). — Ceux-ci l'ont loué d'avoir révélé à la science l'infini (4) en affirmant que le monde s'étend bien au delà de ce que nos sens aperçoivent, et que ni dans le temps ni dans l'espace rien n'a limité, rien ne limitera jamais le mouvement et le choc

---

(1) Timon (dans Diogène Laërce, X, 3) l'appelle ὕστατος αὖ τῶν φυσικῶν καὶ κύντατος.

(2) « Aliena dixit in physicis : si qua in his corrigere voluit, deteriora fecit » (*De Finibus*, I 8). — On connaît l'anecdote de ce Poliénus, grand géomètre, qui, à peine initié à l'épicurisme, s'empressa de déclarer que la géométrie était chose vaine. A quoi Cicéron répond qu'Epicure eût mieux fait d'apprendre de Poliénus la géométrie que de la lui faire désapprendre.

(3) Comment sur ce point ne pas s'associer à la sage réserve de Cicéron : « Fusa per gentes superstitio oppressit omnium fere animos, atque hominum imbecillitatem occupavit... Multum igitur et nobismetipsis, et nostris profuturi videbamur, si eam funditus sustulissemus. Nec vero (id enim diligenter intelligi volo) superstitione tollenda religio tollitur » (*De divinatione*, III, 72). — Et Epicure lui-même n'avait pas été d'un autre avis, si M. Picavet l'a impartialement apprécié. (Voir sa thèse latine de doctorat, déjà citée).

(4) « Summa vis infinitatis et magna ac diligenti contemplatione dignissima est. » Mais entre cet infini tout quantitatif, si l'on peut ainsi parler, et l'infini dont la vision troublante tourmente depuis si longtemps la pensée moderne, il va de soi qu'aucune confusion n'est possible. Il n'en est pas moins triste de voir dans le même passage du *De natura deorum* (I, 19) l'épicurien Velléius s'armer en quelque sorte de l'infini contre l'infini lui-même : « Dei operam profecto non desiderarelis, si immensam et interminatam in omnes partes magnitudinem regionum videretis, in quam se injiciens animus et intendens ita longe lateque peregrinatur, ut nullam tamen oram ultime videat, in qua possit insistere. In hac igitur immensitate latitudinum, longitudinum, altitudinum, infinita vis innumerabilium volitat atomorum ». Pour la forme, c'est presque du Pascal.

des atomes (1). — Ceux-là enfin lui font un mérite particulier d'avoir renié toute prétention métaphysique pour ne s'en rapporter en cosmologie qu'aux données certaines de la méthode expérimentale : dès qu'on abandonne le chemin de l'observation, disait-il, on quitte les traces de la nature : examinons, étudions les phénomènes au lieu d'invoquer des aphorismes arbitraires (2). Cet appel à l'expérience a fait dire à maint critique (3) qu'inspirés par un véritable souffle baconien, les épicuriens avaient jeté, deux mille ans avant le *Novum Organon*, les premiers fondements de la logique inductive. Mais d'une part l'hypothèse illogique d'un mouvement sans loi et sans terme, la proscription de toute finalité dans les combinaisons des atomes livrait à la fois au hasard et les recherches du savant et les créations de la nature ; de l'autre, par une contradiction inconsciente, Epicure déclarait stérile en pratique et vaine en théorie la recherche des causes prochaines, des causes secondes, élément essentiel de la science. Qu'on nous permette d'insister sur ce point, d'une importance en effet capitale.

Le philosophe antique, auquel (chose un peu inattendue) donnent ici la main des penseurs contemporains d'un mérite incontesté (4), posait en principe que les faits naturels peuvent

---

(1) A propos de ces courants d'atomes qui continuellement se placent et se déplacent, diminuant les corps ou réparant leurs pertes, M. Chaignet (*Psychologie des Grecs*, II, p. 279) fait la remarque que voici : « Cette hypothèse de l'émanation répond à la théorie moderne des vibrations et pourrait bien en être considérée comme l'antécédent ou le type. » Je crains qu'il n'y ait ici une confusion avec la théorie très différente et aujourd'hui abandonnée de l'émission.

(2) Diogène Laerce, X, 86 : οὐ γὰρ κατ' ἀξιώματα κενὰ καὶ νομοθεσίας φυσιολογητέον, ἀλλ' ὡς τὰ φαινόμενα ἐκκαλεῖται. — Cf. X, 98, où il blâme τοὺς εἴς τε τὸ ἀδιανόητον φερομένους καὶ τὰ φαινόμενα ἃ δεῖ σημεῖα ἀποδέχεσθαι μὴ δυναμένους συνθεωρεῖν.

(3) Citons ici au premier rang M. Gomperz.

(4) Qui ne connaît la thèse si remarquable de M. Boutroux sur *La contingence des lois de la nature* ? En même temps un savant aussi universellement estimé que M. Poincaré considère ces mêmes lois, telles qu'elles s'étalent orgueilleusement dans tous nos traités de phy-

avoir plusieurs causes également probables, également vraisemblables, entre lesquelles il nous est impossible de décider (1) : vouloir s'en tenir à une explication unique et rejeter impitoyablement toutes les autres, c'est de la démence (2). Aussi Épicure n'avait-il que du dédain pour quiconque prétendait exposer doctoralement, sans omettre aucun détail, les phases successives de la production de tel ou tel phénomène (3). Bien plus, dans sa lettre à Hérodote (4) il fait cette remarque profonde que ce ne sont pas les solutions scienti-

---

sique, comme des rapports non pas nécessaires, mais plutôt probables ou même simplement possibles : « Si un phénomène comporte une explication mécanique complète, il en comportera une infinité d'autres qui rendent également bien compte de toutes les particularités révélées par l'expérience. » (Comparer l'introduction mise en tête de son ouvrage intitulé *Electricité et optique*.)

(1) Dans ses *Météores*, Aristote avait soutenu incidemment une thèse analogue : « Pour ce qui est des choses qui ne sont pas manifestes aux sens, on pense les démontrer suffisamment et autant qu'on peut le désirer avec raison, si on fait voir seulement qu'elles peuvent être telles qu'on les explique. » Sur quoi M. de Vorges (*Annales de philosophie chrétienne*, novembre 1893) fait cette judicieuse réflexion : « Cela ne signifie point qu'il fût indifférent à Aristote que son explication répondît ou non à la vérité : cela signifie seulement qu'il ne croyait pas possible d'obtenir une certitude plus complète. Il est bon de remarquer ici que les anciens manquaient du principal moyen de vérifier les hypothèses physiques, l'expérimentation de leurs conséquences. Leurs théories devaient donc toujours conserver quelque chose de très aléatoire. En le reconnaissant, Aristote montre un sentiment profondément scientifique. »

(2) Diogène Laerce, X, 113 : μανικὸν καὶ οὐ καθηκόντως πραττόμενον. Même réflexion, X, 97.

(3) C'est ce qu'il appelait τὸ ἐν τῇ ἱστορίᾳ πεπτωκός. Un fragment de Philodème récemment publié nous apprend qu'Épicure faisait honte à Aristote de ses minutieuses recherches d'histoire naturelle, déclarées par lui indignes d'un si grand philosophe.

(4) Diogène Laerce, X, 79 : « Pour ce qui touche la connaissance du lever et du coucher des astres, de leurs phases et de leurs éclipses, et de tout ce qui s'y rattache, rien de tout cela ne sert à rendre l'âme heureuse : au contraire ceux qui approfondissent ces questions n'en sont que plus troublés, et ils ignorent, aussi bien que les profanes, la nature et les causes premières de ces phénomènes. »

fiques, mais les solutions philosophiques qui ont le privilège d'asseoir l'âme dans une paix véritable. Pour assurer la tranquillité du sage, un système du monde est impérieusement requis, et c'est à quoi, dit-il, ont tendu tous ses efforts (1).

Ici nous touchons à un des points les plus vulnérables de l'épicurisme. Cette science de la nature, proclamée « la vraie libératrice de l'âme », n'est pas moins asservie à des vues préconçues que la science « finaliste » de Platon et d'Aristote. Les spéculations désintéressées du savant, du théoricien n'ont aucun intérêt pour Epicure : que l'explication alléguée soit exacte ou non, que ce soit une fiction ou l'expression de la réalité, peu lui importe : il lui suffit qu'elle éloigne efficacement de l'esprit de l'homme les terreurs que la superstition multiplie. (2) Il le dit sans détours : si les phénomènes célestes, si l'appréhension de la mort n'étaient pas là comme autant de causes d'épouvante, à quoi nous servirait la connaissance de la nature ? (3) Aussi le voyons-nous, contrairement à tout esprit scientifique, tantôt se travailler pour rendre compte de faits imaginaires qu'il a totalement oublié de vérifier, tantôt accepter sans hésitation les hypothèses les plus absurdes, dès qu'elles le servent dans la campagne qu'il a entreprise contre le surnaturel (4). Tout est bon à ses yeux pourvu que la mythologie ait reçu son congé (μόνον ὁ μῦθος ἀπίστω, comme il s'exprime). Et pour empêcher l'homme de

---

(1) *Ib.*, 83.

(2) Un moderne ne constate pas sans quelque surprise à quel point Epicure se montre préoccupé du trouble moral (ταραχή) qui avait envahi l'âme de ses contemporains : nous nous représentons si volontiers le Grec comme vivant au sein d'une impassible sérénité !

(3) Οὐκ ἂν προσεδεόμεθα φυσιολογίας (Diogène Laërce, X, 142). Mais, ajoute le philosophe, impossible d'échapper à ces craintes sur ce qui nous touche le plus (ὑπὲρ τοῦ κυριωτάτου), si l'on ignore la véritable nature de l'univers (μὴ κατειδότα τίς ἡ τοῦ συμπάντος φύσις) et qu'on se laisse captiver par les fables vulgaires (ἀλλ' ὑποπτευόμενόν τι κατὰ τοὺς μύθους).

(4) Voir sa lettre à Pythoclès dans Diogène Laërce.

songer à quelque puissance supérieure, Epicure estime qu'il suffit de mettre adroitement à profit ce que les phénomènes nous révèlent afin d'atteindre de quelque manière à ce qu'ils nous cachent (1).

Si donc il a adopté l'atomisme de Démocrite, ce n'est pas qu'il en ait compris toute la portée, moins encore qu'il se soit proposé de l'enrichir de nouveaux développements, mais uniquement parce qu'il a vu dans cette physique une arme plus efficace que d'autres pour réaliser son dessein. Au fond, ce n'est là dans son système qu'une pièce de rapport, une importation étrangère. Pour comble d'infortune, Epicure avait adopté une forme essentiellement didactique, si bien que la sécheresse et la raideur de ses formules (2) ont stérilisé ce qu'il pouvait y avoir de fécond dans l'hypothèse de Démocrite (3) : par ses soins, la science telle qu'il la concevait a été enfermée dans des manuels abrégés, sorte de catéchisme sommaire, où la pensée se heurte de toute part à un dogmatisme impérieux (4).

Fidèles à l'esprit du maître, les membres de la secte n'innovèrent sur aucun point, tenant une rigide orthodoxie pour leur premier devoir. Aussi, sauf de rares exceptions (telles que ce Métrodore dont un fragment contient un éloge convaincu des sciences naturelles) n'ont-ils laissé dans le double domaine

---

(1) Ἀπέσται δ'ὁ μῦθος ἐάν τις καλῶς τοῖς φαινομένοις ἀκολουθῶν περὶ τῶν ἀφανῶν σημειῶται (Diogène Laerce, X, 104).

(2) Pour n'effrayer aucun lecteur, Epicure s'était interdit tout appareil dialectique, tout vocabulaire technique : ἀρκεῖν τοὺς φυσικοὺς, écrivait-il, χωρεῖν διὰ τοὺς τῶν πραγμάτων φθόγγους.

(3) Tandis que Démocrite avait proclamé la subjectivité de la plupart de nos sensations, aux yeux d'Epicure l'esprit reçoit tels quels les εἴδωλα venant du dehors : le son et la couleur ont une réalité hors de nous, et la différence des sensations résulte des combinaisons variées des atomes.

(4) On vit se vérifier alors cet adage de Bacon : « La science une fois circonscrite et renfermée dans des cadres méthodiques, tout progrès véritable est impossible. »

des mathématiques et de la physique que des écrits sans valeur et des réputations très effacées (1).

Néanmoins, dans les siècles suivants, le développement du génie grec se fit (si nous écartons le néoplatonisme où se trahit l'influence orientale) avant tout dans le sens scientifique : comme de nos jours, les sciences spéciales héritèrent de toute la faveur et de tous les progrès auxquels renonçait la philosophie. Il semble que les conquêtes d'Alexandre, en ouvrant à l'hellénisme des contrées immenses, devaient déterminer dans les esprits un ébranlement inattendu : de fait, la science grecque, ramenée par les événements aux bords qui l'avaient vue naître, y fit encore de grandes choses après le déclin de la poésie et de l'éloquence sur la vieille terre hellénique. Dans la capitale des Ptolémées comme dans la Pergame des Attales, savants et lettrés se partagent la protection et les largesses royales : les mathématiques et l'astronomie prennent un incontestable essor; les sciences naturelles et les belles-lettres se mêlent fraternellement dans les doctes réunions du Musée. A côté du bâtiment principal, où était installée vraisemblable-

---

(1) Cf. P. TANNERY (*Recherches sur l'histoire de l'astronomie ancienne*, p. 92) : « Si le doute est le commencement de la science et si Epicure avait en général montré plus de sens critique, les sages réserves qu'il avait été amené à formuler contre bon nombre d'opinions courantes auraient pu, confiées à des successeurs animés d'un esprit de progrès, être dans bien des cas fécondes pour la science. Mais restant sur le terrain étroit où s'était placé le maître, ses disciples aboutirent en physique et même en mathématiques à un véritable scepticisme pratique, et ils n'exercèrent aucune influence sérieuse sur le développement scientifique. » Leur exemple est une éclatante justification de ce mot de Lange : « Le matérialisme resta stérile dans l'antiquité : il n'avait pas de goût pour les recherches neuves et hardies ». — Quant aux sceptiques proprement dits, disciples de Pyrrhon, il est trop évident que la science de la nature n'avait rien à en attendre, car des contradictions inhérentes à la perception (DIOGÈNE LAERCE, IX, 85-86) ils avaient conclu à l'impossibilité de connaître les substances (ἐπεὶ οὐκ ἔνι ἔξω τόπων καὶ θεσέων ταῦτα κατανοῆσαι, ἀγνοεῖται ἡ φύσις αὐτῶν).

ment la fameuse bibliothèque alexandrine, M. Couat nous fait admirer les salles de dissection où Hérophile et Erasistrate inaugurèrent les brillantes destinées de l'anatomie : sur la terrasse de l'édifice, des appareils d'astronomie disposés pour les observations d'un Hipparque d'abord et plus tard d'un Ptolémée : à l'entour, des parcs où Philadelphe faisait venir des animaux de toute espèce, un jardin d'acclimatation pour les plantes rares : en un mot, tout ce qui pouvait provoquer et encourager l'activité des savants. Et l'érudit historien de l'alexandrinisme ajoute : « Ce n'est plus la conception naïve et grandiose du commencement (1) ; ce n'est pas encore la démarche sûre et hardie de la science adulte. On se contente le plus souvent d'hypothèses, mais, si arbitraires qu'elles soient, ces hypothèses sont cependant accompagnées d'observations et de calculs (2). Toutefois ni ces observations ni ces calculs isolés n'ont pu conduire à la découverte d'une loi de quelque importance. Les matériaux de chaque science s'amassent : aucune science n'est encore née (3).... On ne cherche plus d'ailleurs à étreindre la science universelle et à la tenir sous un seul regard ; on s'est mis à en parcourir successivement les diverses contrées. Chaque science particulière tend à se tailler son domaine, et bien que les savants de ce temps aient encore des prétentions à l'universalité, les connaissances spéciales apparaissent. » Non seulement la physique générale reprend à son compte les spéculations cosmologiques dont se détournent de plus en plus les philosophes, mais la mécanique, l'acoustique, l'optique se constituent en branches indépendantes. Malheureusement à Alexandrie une curiosité oiseuse tient plus de place dans les recherches de

---

(1) Allusion aux multiples systèmes de la période antésocratique.
(2) Dans les livres de Héron d'Alexandrie (2ᵉ moitié du IIIᵉ siècle avant notre ère) chaque assertion est confirmée par un fait d'expérience.
(3) Jugement un peu sévère, si l'on songe à la tâche accomplie par les grands génies dont nous venons de passer en revue les travaux.

toute nature qu'une méthode vraiment scientifique (1) : les recensions et les catalogues ne sont pas en moindre honneur que les œuvres originales, et les-phénomènes réputés merveilleux occupent bien autrement l'attention que le cours régulier de la nature. A Athènes, grâce aux péripatéticiens, la physique demeura assez longtemps la science principale et centrale : les Alexandrins furent érudits et critiques, biographes et collectionneurs (2).

Cependant, jusque dans cette période d'une pauvreté au moins relative, l'historien de la science peut glaner quelques faits ou noms intéressants. C'est ainsi que dans le domaine médical en face des *dogmatiques* d'une part —, attachés aux causes et aux forces spécifiques et remontant aux questions les plus hautes et les plus générales de la physique philosophique, et des *méthodiques* de l'autre, procédant par genres à l'exclusion de toutes les singularités — on voit se fonder l'école *empirique* avec un programme dont le premier article est de bannir le raisonnement, afin de donner pour base à la médecine l'observation répétée et la constatation des symptômes (3).

Citons maintenant Archimède, figure assez remarquable pour que la légende ait contribué autant que l'histoire à l'au-

---

(1) Ici comme ailleurs les exceptions confirment la règle. « Nos méthodes et notre esprit moderne ne seraient certes pas désavoués par un Archimède et un Aristarque de Samos : à la lecture de nos ouvrages, ils reconnaîtraient leurs légitimes héritiers. » (BERTHELOT)

(2) Après avoir fait remarquer que la science grecque s'est constituée à une époque où les livres, les bibliothèques, les écoles savantes faisaient à peu près entièrement défaut, M. Milhaud ajoute : « Plus tard, quand Alexandrie réalisa ce groupement qui semble la condition indispensable du progrès, la science ne brilla plus longtemps d'un vif éclat. »

(3) Τοῖς ἐμπειρικοῖς ἀρχὴ ἡ πεῖρα ἡ πλειστάκις κατὰ τὰ αὐτὰ καὶ ὡσαύτως ἔχουσα (GALIEN).—Diogène Laërce (VIII, 89) nous parle d'un Chrysippe « sous le nom duquel on a un livre intitulé *Remèdes pour les yeux*, car les recherches sur la nature avaient attiré sa curiosité ». C'est ainsi du moins que je propose de traduire la phrase assez énigmatique τῶν φυσικῶν θεωρημάτων ὑπὸ τὴν διάνοιαν αὐτοῦ πεσόντων.

réole qui entoure son nom (1). Dans celles de ses œuvres qui ont été traduites, j'ai sans doute vainement cherché une théorie quelconque de la nature, qui pût prendre place à côté de celles de Platon et d'Aristote. Néanmoins il avait pleine conscience de son talent et du rôle de la science, celui qui, sollicité par Hiéron de mesurer la quantité d'alliage entrée dans une couronne qu'on lui disait d'or pur, découvrait par une intuition soudaine la solution du problème, et s'en allait à peine vêtu à travers les rues de Syracuse en jetant à tous les échos son cri célèbre : εὕρηκα, εὕρηκα. Il savait quels prodiges l'art du savant est capable de tirer des lois naturelles, celui qui prolongea si longtemps la résistance de Syracuse assiégée par Marcellus et qui s'écriait avec une si magnifique assurance : « Donnez-moi un point d'appui, et je soulèverai le monde ». Il avait conçu l'idée d'une représentation mécanique des mouvements célestes, celui qui, au rapport de la tradition, avait construit un appareil mû par l'eau et où étaient réalisées dans leurs rapports de grandeur et de vitesse les révolutions des planètes (2). « Archimède n'a pas donné des batailles, mais il a laissé à tout l'univers des inventions admirables. Oh! qu'il est grand et éclatant aux yeux de l'esprit! (3) »

La conquête successive de l'Achaïe d'abord, puis de l'Égypte par les Romains ne pouvait qu'être préjudiciable à la science grecque, désormais dénuée de tout appui officiel dans des provinces soumises à un joug étranger, et réduite comme la littérature à attirer à elle, de l'Italie, des disciples que le sol hellénique ne lui fournissait plus. Après un regain passager

---

(1) « Unicus spectator cœli siderumque, mirabilior tamen inventor et machinator » (TITE LIVE, XXIV, 34).

(2) « Archimedes quum lunæ, solis et quinque errantium motus in sphæram illigavit, effecit idem quod ille qui in Timæo mundum ædificavit Deus, ut tarditate et celeritate dissimillimos motus una regeret conversio » (Ve *Tusculane*).

(3) Pascal. — J'ignore sur quels textes s'appuie M. Séailles, lorsque, dans sa belle étude sur Léonard de Vinci, il nous représente les savants de la Renaissance invoquant Archimède au même titre que les humanistes Platon, Cicéron et Virgile.

de vitalité sous les Antonins, elle s'efface à son tour (1) devant
l'éclat jeté par une philosophie nouvelle dont elle avait
d'ailleurs fort peu à attendre. En général, le mystique perdu
dans ses vagues rêveries, insoucieux du monde matériel et de
la liaison véritable des faits dont ce monde est le théâtre, ou
se désintéresse absolument des problèmes scientifiques, ou,
s'il les aborde, c'est avec une absence complète de procédés
raisonnés et en recourant aux pratiques les plus bizarres. Telle
fut la destinée du mysticisme alexandrin. « Les néoplatoniciens (et non pas seulement les illuminés comme Jamblique,
mais les savants comme Proclus) enlèvent aux sciences naturelles leur méthode rationnelle et quelques-uns de leurs résultats les plus avérés pour les soumettre au joug d'une autorité illusoire (magie, traditions orientales, etc.) . » (2)

Néanmoins, avant de passer du monde hellénique au monde
romain, trois noms également, quoique diversement célèbres,
méritent encore de retenir notre attention.

III. — Plutarque, Ptolémée et Galien.

On éprouve quelque surprise à voir nommer dans une
étude sur la philosophie de la nature le célèbre historien de
Chéronée, plus connu évidemment comme biographe que
comme physicien. Mais ouvrons celui de ses ouvrages qui
porte le titre de *Causes naturelles*. Il contient la réponse (en

---

(1) « Vers la fin du III⁰ siècle de notre ère, époque de décadence, le
savant doit embrasser tout le cercle des connaissances humaines et le
nom qu'il revendique est celui de philosophe. » (TANNERY)

(2) Th. H. Martin, *La science et la philosophie*, p. 49. — Au IV⁰ siècle
(ainsi que M. Tannery l'a établi dans plusieurs études justement re-
marquées) c'est chez les Pères de l'Église, non chez les néoplatoniciens, qu'il faut chercher des vues véritablement scientifiques.

général, il faut l'avouer, aussi peu scientifique que possible) à trente-neuf questions, les unes assez curieuses : « Pourquoi l'eau qui est blanche à la surface, semble-t-elle être noire au fond ? » — « Pourquoi l'huile que l'on répand sur la mer la rend-elle calme et transparente ? » — les autres singulières : « Pourquoi les eaux de pluie mieux que les eaux courantes sont-elles naturellement propres à entretenir la végétation ? » d'autres enfin absurdes : « Pourquoi dans la pleine lune ne peut-on pas du tout suivre les traces des animaux ? » Dans cette compilation des plus médiocres, une seule chose est à relever : c'est le passage suivant de l'introduction : « Pour éclairer notre conduite, les dieux nous offrent les oracles. Quant aux questions qui sont du domaine de la science, ils les présentent d'eux-mêmes à l'activité curieuse et intelligente des esprits, de même que l'ordre de doubler l'autel de Délos était une manière d'inviter les Grecs à cultiver la géométrie. » L'idée est assez neuve et Platon eût pu l'envier à son disciple de Chéronée. En revanche, il eût peu goûté la pensée suivante empreinte d'un néoplatonisme de mauvais aloi : « Incorruptible et libre par nature, Dieu est soumis par l'ascendant d'une loi et d'une raison fatales à différentes transformations d'où est résulté l'ensemble de ce qui existe maintenant sous le nom si connu de monde (1) ». Le même Platon eût retrouvé un écho de ses propres pensées dans cette autre réflexion : « La nature qui se mesure par le temps est dans les mêmes conditions que ce qui la mesure ; il n'y a rien en elle qui soit permanent, rien qui existe : tout y naît, tout y meurt en suivant la marche de la durée... Ainsi toute nature périssable, placée entre la naissance et la destruction, n'offre qu'une apparence, une vague et incertaine opinion d'elle-même (2) ».

---

(1) *De Ei apud Delphos*, 9.
(2) *Ib.*, 19 : οὐδὲν φύσις μένον οὐδ' ὂν ἐστιν, ἀλλὰ γιγνόμενα πάντα καὶ φθειρόμενα κατὰ τὴν πρὸς τὸν χρόνον συνέμησιν. Plutarque, rompant ici avec la tradition commune de l'antiquité, ne fait même pas d'exception en faveur des âmes des astres, elles aussi incapables d'atteindre l'éter-

On comprend sans peine qu'aperçue uniquement sous cet aspect d'un flux et d'un reflux incessant de simples phénomènes, la nature ne réussisse pas à attirer sur elle les regards et l'attention persévérante du savant. Quelle science fonder sur ce qui n'a rien de stable, rien d'uniforme, sinon ses perpétuelles variations ?

Rendons cependant à Plutarque cette justice que dans un autre traité il a exposé avec une rare justesse l'attitude différente du métaphysicien et du savant proprement dit en face des problèmes de la nature. « Toute génération a constamment deux causes : dès la plus haute antiquité, théologiens et poètes préférèrent ne s'occuper que de la plus parfaite, appliquant d'une façon générale cet adage populaire :

> Jupiter est de tout milieu, principe et fin.

Mais ils n'avaient pas encore abordé les causes nécessaires et naturelles (ταῖς δ' ἀναγκαίαις καὶ φυσικαῖς οὐκ ἔτι προσήεσαν αἰτίαις). Plus près de nous des hommes appelé physiciens ont au contraire perdu de vue le principe divin qui est si beau : ils ont tout fait dépendre des corps, des accidents des corps, des impulsions, des changements, des combinaisons que subit la nature. De là deux théories dont l'une et l'autre sont incomplètes... Mais le philosophe qui le premier les a ouvertement rapprochées a ajouté au principe rationnel, cause de l'action et du mouvement, une matière qui en subit nécessairement les effets (1) ». Ce philosophe, nous le connaissons, c'est Platon (2) : et sous les formes de langage propres à l'antiquité,

---

nel et l'infini au milieu de leurs rapides vicissitudes (ἀπαυδῶντα πρὸς τὸ ἀίδιον καὶ ἄπειρον ὀξείαις χρῆσθαι μεταβολαῖς. *De defectu oraculorum*, 51).

(1) *Ib*, 47 et 48. — On peut rapprocher de ces lignes une phrase de Polybe (VI, 57, 1) : Ὅτι μὲν οὖν πᾶσι τοῖς οὖσιν ὑπόκειται φθορὰ καὶ μεταβολή, σχεδὸν οὐ προσδεῖ λόγων· ἱκανὴ γὰρ ἡ τῆς φύσεως ἀνάγκη παραστῆσαι τὴν τοιαύτην πίστιν.

(2) A la suite duquel Plutarque affirme également que dans l'univers

ce que nous venons de lire, c'est le programme abrégé de cette science spiritualiste, vraiment philosophique et vraiment savante, qui depuis Képler, Descartes et Newton est l'honneur de nos temps modernes.

Dans le développement scientifique dont Alexandrie fut le centre au IIIe siècle avant notre ère, une des premières places, nous l'avons dit, revient aux mathématiques et à leurs applications à l'astronomie (1). Au siècle suivant, Hipparque de Nicée mit à profit et coordonna avec une habileté supérieure les travaux de tous ses devanciers (2). Pline l'ancien (3) ne parle de lui et de ses prédictions qu'avec une sorte de vénération : « La suite des temps a révélé qu'il n'eût pas mieux fait s'il eût pris part aux décisions de la nature. Grands hommes qui vous êtes élevés au-dessus de la condition des mortels en découvrant la loi que suivent les astres divins, salut à votre génie, interprètes du ciel, démonstrateurs de l'univers, créateurs d'une science par laquelle vous avez surpassé et les hommes et les dieux ! » Et plus loin, après avoir rappelé les instru-

---

la sagesse des desseins l'emporte sur la tyrannie de la nécessité (*De Facie in orbe lunæ*, 15).

(1) « Là pour la première fois la science des astres, appelée la *mathématique*, procède avec des instruments permettant des observations relativement précises et par des calculs présentant une rigueur au moins égale à celle des observations » (P. TANNERY). Zeller avait dit que le stoïcisme était la philosophie qui convenait le mieux à une époque déshabituée de la recherche scientifique : M. Schmekel (p. 474) répond : « Die Blüte und Ausbreitung der exakten Wissenschaften bei den Griechen fällt gerade in die Zeit nach Alexander, und ist eine ganz natürliche Folge des philosophischen Lebens, ähnlich wie in der Neuzeit. »

(2) « Les savants modernes sont émerveillés de la hardiesse de ses entreprises, de la sûreté fréquente de sa méthode, de la grandeur des ésultats qu'il obtint avec des ressources si faibles » (CROISET). La plupart de ses observations ont été faites à Rhodes, cité qui a jeté alors pendant un siècle un véritable éclat, jusqu'au jour où les convoitises et la jalousie de Rome lui portèrent un préjudice mortel.

(3) *Histoire naturelle*, II, 12 et 26.

ments de tout genre inventés par cet astronome pour constater les déplacements des étoiles et les variations de leur grandeur apparente : « Cet Hipparque qu'on ne louera jamais assez, car personne n'a mieux prouvé que l'homme a une parenté avec les astres et que nos âmes font partie du ciel, a laissé à tous le ciel en héritage, s'il se trouve quelqu'un qui veuille l'accepter. » Malheureusement la perte de tous ses écrits ne nous permet pas de savoir jusqu'à quel degré de réflexion philosophique l'avait conduit la contemplation de la terre et des cieux.

Ptolémée qui fleurit sous Marc-Aurèle a dû sa célébrité peut-être autant aux circonstances (1) qu'aux services par lui rendus à la science : car non seulement il ne peut réclamer l'honneur d'aucune grande découverte, mais les erreurs dans lesquelles il est tombé laissent supposer qu'il avait peu et médiocrement observé ; aussi des juges compétents ont-ils porté sur lui des appréciations assez sévères. Si nous ne le passons pas sous silence, c'est uniquement parce que le système auquel demeura attaché son nom (sans doute à cause du prestige dont a été entouré dans le monde grec d'abord, et plus tard dans le monde arabe, son *traité d'astronomie* partout cité sous le titre d'*Almageste* ou le très grand) soulève une question philosophique assez intéressante.

On s'explique sans peine que l'humanité au berceau, incapable de discuter et de contrôler une illusion persistante, ait cru à l'immobilité de la terre : c'est ici l'un des points où éclate avec le plus de force le divorce entre le sens commun et l'esprit scientifique. La philosophie n'a pas, comme on l'a dit, créé cette erreur ; elle n'a eu d'autre tort que de la prendre trop légèrement à son compte et de la couvrir de son

---

(1) « Venu le dernier dans la série chronologique des grands savants de la Grèce, et n'ayant pas eu de successeur, c'est lui qui a révélé la science hellénique aux hommes du Moyen Age d'abord, et ensuite aux modernes. Par là son rôle a été très grand, supérieur même à son mérite personnel. » (CROISET)

autorité. Encore convient-il de constater qu'elle a fait plus d'un effort, stérile d'ailleurs, pour se soustraire au joug de la tradition. On lit dans Aristote cette phrase très précise et très catégorique : « Les Pythagoriciens (1) soutiennent que la terre en tournant sur elle-même, produit la nuit et le jour ». D'où vient que, malgré cette vue ou du moins ce pressentiment de génie, l'opinion contraire ait rallié des intelligences de la valeur de Platon (2) et d'Aristote (3) ? Il est permis de penser que le préjugé selon lequel l'homme était non seulement le roi, mais le centre et la fin de la création, l'être à l'utilité duquel tout ici-bas était subordonné (4), eut comme complément naturel, sinon comme corollaire nécessaire, la doctrine qui faisait de notre globe le centre immobile de l'univers et comme le pivot de tout le système planétaire. Ce n'est pas, bien loin de là, le seul exemple que nous offre l'antiquité d'une subordination semblable de la physique à la métaphysique. Mais le sillon était creusé et lorsque (vers 280 avant notre ère) Aristarque de Samos soupçonna, ou même selon d'autres enseigna formellement que la terre tournait autour du soleil, cette découverte capitale ne trouva aucun écho (5).

---

(1) S'il fallait écrire ici un nom propre, on songerait avant tout à Philolaüs.

(2) Voir le *Timée*, p. 38.

(3) La philosophie péripatéticienne qui attribuait au ciel des étoiles fixes une régularité parfaite et un ordre inaltérable par opposition à notre monde sublunaire, où tout est trouble et désordre, allait, semble-t-il, à l'encontre de la croyance populaire bien plus qu'elle ne s'harmonisait avec elle. « Quoi qu'il en soit, malheureusement pour la science astronomique, Aristote proclama l'immobilité de la terre ; son adhésion à l'idée de Pythagore n'eût pas empêché peut-être le système de Ptolémée de se former et de parcourir sans doute quelque carrière appréciable, mais du moins nous n'eussions pas attendu Copernic et Galilée pour voir se constituer l'astronomie moderne. » (M. MILHAUD, p. 266). Entre les deux théories rivales Hipparque, dit-on, ne se sentit pas assez éclairé pour prendre parti.

(4) De même les scolastiques affirmeront que l'homme, en sa qualité de *microcosme*, est « le point central vers lequel toutes les perfections de la nature convergent ».

(5) Si nous en croyons M. Faye, ce sont avant tout des préjugés poly-

Au Moyen Age, Ptolémée ayant été, si l'on peut ainsi parler, incorporé avec toutes ses théories astronomiques dans le bloc péripatéticien, la philosophie a fini par se solidariser avec son erreur, et chacun sait que l'alliance conclue entre les théologiens et l'*Almageste* faillit soulever contre la cosmologie de Copernic une aveugle et irréconciliable opposition.

Une dernière remarque avant de terminer cette digression astronomique. Un autre mathématicien grec de mérite, Théon de Smyrne, passe pour avoir emprunté à un stoïcien inconnu une vue du monde qui offre de curieuses analogies avec le système de Tycho-Brahé. Voici le résumé de son argumentation. De même que l'homme a un centre de grandeur et un centre d'animation, de chaleur et de vie (le cœur) très différents, de même, si l'on peut, d'après des êtres infimes, sujets aux caprices de la fortune et à la mort, former des conjectures sur les êtres augustes et divins dont la grandeur nous écrase, le monde aurait pour centre de grandeur la terre froide et immobile, et pour centre de vie le soleil, vrai cœur de l'univers, d'où son âme rayonne jusqu'aux extrémités.

Parmi les médecins postérieurs à Alexandre, plus d'un nous est cité comme ayant allié à ses études professionnelles des recherches sur la nature des choses. Mais tous les textes faisant défaut, on ne peut aller au delà de cette très vague indication. Un seul a eu cette bonne fortune en partage, que la plupart de ses écrits ont passé à la postérité (1). C'est Galien, né l'an 131 de notre ère. Dans sa jeunesse il avait suivi les cours de toutes les sectes qui étaient représentées à

---

théistes qui auraient empêché dans l'antiquité le triomphe de la vérité astronomique clairement entrevue. Mais il est certain que seul l'épicurisme (et non le platonisme) a pu suggérer une opposition fondée sur le prétendu trouble ainsi apporté au repos des dieux.

(1) Il est vrai que M. Croiset est, en France du moins, le premier des historiens de la littérature grecque qui ait consacré à Galien une étude en rapport avec ses nombreux et intéressants travaux.

Pergame, sa ville natale, et cette forte éducation intellectuelle porta ses fruits, car il compte au nombre des esprits les plus philosophiques de son siècle; grand anatomiste, habile physiologiste, il a été lui-même par excellence ce médecin philosophe dont un de ses traités (1) nous trace le portrait idéal.

Comme Hippocrate, il en appelle sans cesse à la nature, dont les œuvres merveilleuses sont dignes de provoquer non-seulement l'étonnement naïf de l'ignorant, mais plus encore l'admiration réfléchie du savant. En toutes choses, dit-il, elle vise au plus grand bien définitif, et son art n'est pas moins apparent dans la construction du corps de l'homme (2) que dans la disposition des cieux (3). Et tout en s'excusant d'apporter à l'appui d'une si grande cause des arguments d'aussi peu de poids, il fait remarquer, par exemple, qu'en ce qui touche les articulations, la nature a pris des dispositions si habiles que le moindre changement compromettrait ou arrêterait le fonctionnement de l'ensemble (4). On porte aux nues l'art des statuaires: pourquoi ferme-t-on les yeux sur celui de la nature? « Est-il juste d'admirer Polyclète pour la symétrie des formes dans la statue qu'on appelle *canon*, et non seulement de ne pas célébrer la nature, mais de lui refuser toute espèce de talent, alors que, loin de se contenter de créer les parties proportionnelles à l'extérieur, comme le font les sculpteurs, elle leur a donné à l'intérieur une harmonie encore plus merveilleuse? ou plutôt toute l'habileté de Polyclète ne consiste-t-elle pas à avoir imité la nature dans ce qu'il était possible de lui emprunter? (5) »

---

(1) Ὅτι ὁ ἄριστος ἰατρὸς φιλόσοφος. « Chez lui le philosophe ne dédaigne pas les enseignements de la médecine et le médecin ne croit pas déroger en demandant à la philosophie des lumières. » (CHAUVET, *La Psychologie de Galien*)

(2) On cite notamment ses observations relatives à l'anatomie de la jambe disposée par la nature « de façon à ne mettre en péril ni l'aisance du mouvement ni la sûreté de la station ».

(3) *Œuvres*, XIV, 10.

(4) XII, 6.

(5) XVII, 1. Même pensée déjà chez Aristote (*De part. anim.*, IV, 10).

Et il faut entendre Galien réfuter en s'armant tour à tour d'une abondante éloquence et d'une mordante ironie (1) ceux pour qui la nature n'est qu'une puissance brutale et aveugle, ignorant ce qu'elle fait et se jouant à l'aventure, c'est-à-dire Épicure et les philosophes de son école, Asclépiade (2) et les médecins de sa secte. Demander à des causes toutes mécaniques, et non à l'espèce divine de la cause, comme s'exprimait Platon, la raison d'être d'un accord aussi parfait, lui paraît une déraison absolue. A la suite d'Aristote, il considère la finalité comme de toutes les causalités la plus parfaite, et jetant les yeux sur l'ensemble de la création, il s'écrie : « Tout homme sensé doit comprendre et célébrer la perfection de l'intelligence qui est dans le ciel, d'où elle anime, ordonne et gouverne tout (3) :...cette étude ne renferme pas moins que les principes d'une théologie éminente, laquelle l'emporte en importance et en portée sur la médecine tout entière (4). » Et en s'exprimant ainsi, il n'est que l'écho de la grande tradition philosophique et scientifique de l'antiquité. Mais insistant, comme il en avait le droit, sur les révélations spéciales de son art, il termine son traité *De usu partium* par cette conclusion célèbre : « Je viens d'écrire le plus bel hymne en l'honneur de l'auteur du corps humain. »

---

(1) « Ces heureux atomes, en se mouvant au hasard, ont l'air d'achever toutes choses avec plus de réflexion qu'Épicure lui-même ! »

(2) Fervent de l'épicurisme et de la circulation des molécules corporelles, cet Asclépiade, ami de Cicéron et médecin de Mithridate, soutenait que « le médecin abdique lorsqu'il se plie en esclave aux injonctions de la nature, alors qu'il lui appartient de la redresser et de s'en rendre maître » (Cf. Maurice Albert, *Les médecins grecs à Rome*, 1894).

(3) Tout en proclamant la puissance divine, Galien, avec presque toute l'antiquité païenne, croit qu'elle est contrainte de se soumettre à certaines conditions inhérentes à la matière, et il reproche à Moïse, dont il place d'ailleurs la Providence suprême bien au-dessus du hasard désordonné d'Épicure, de n'avoir pas vu que les lois de la nature sont antérieures et supérieures à Dieu lui-même.

(4) XVII, 1. « Les mystères d'Eleusis et de Samothrace n'offrent que de faibles démonstrations de ce qu'ils sont destinés à prouver, tandis que l'enseignement de la nature est d'une éloquence irréfutable. »

Au reste, « rien n'est plus confus que la doctrine de Galien sur la nature : ici il en fait une force, là un être ; tantôt il entend ce mot dans le sens universel, tantôt dans le sens particulier... Dans plusieurs passages, c'est la substance de toutes choses formée par le tempérament des quatre éléments ; ailleurs la substance première à la base de tous les corps créés et périssables (1) ». M. Croiset nous donne la clef de ces dissidences doctrinales : « Au fond, si l'on excepte quelques affirmations qui lui sont chères, Galien a très peu le goût de dogmatiser. En face des questions difficiles, sur lesquelles les philosophes disputent, lui s'arrête volontiers, avoue son ignorance et ne se croit pas autorisé à conclure, faute de preuves. Mais où se montre la supériorité de son intelligence, c'est dans ce qu'on peut appeler sa philosophie de la médecine (2). Elle se ramène essentiellement à étudier l'art de la nature : car cet art, le médecin a besoin de le connaître et de le comprendre à fond, pour y conformer sa pratique. La nature a des fins auxquelles elle arrive par le jeu des forces qu'elle a créées et qu'elle entretient. Ces forces résident dans chaque partie de l'organisme : en s'unissant entre elles, elles constituent d'autres grandes forces supérieures et collectives. Telles les forces de création, d'alimentation et d'accroissement (3). » Et à la page suivante, le judicieux critique ajoute les remarques que voici : « Aujourd'hui cette doctrine des « forces »

---

(1) DAREMBERG.

(2) En effet, Galien tient expressément à être distingué de ceux de ses confrères que l'on appelait alors *méthodiques*, et qui, nous dit Sextus, négligeaient toute considération transcendante ou simplement exceptionnelle pour se borner à constater les phénomènes, à en observer la liaison et à en prévoir le retour.

(3) *Histoire de la littérature grecque*, V, p. 422. — « Avant tout, écrit Galien, la nature aurait désiré, si cela avait été possible, créer une œuvre immortelle... Ses créations ont vécu des milliers d'années et vivent encore, grâce au moyen admirable qu'elle a inventé pour substituer constamment à l'être mort un être nouveau. » Et il admire la nature réalisant ses fins malgré toutes les imprudences et tous les désordres des hommes.

nous apparaît à travers les moqueries dont Molière a accablé les médecins de son temps... Mais toutes les grandes explications théoriques des phénomènes du monde, une fois dépassées, en sont là : ce qui n'empêche pas qu'en tout temps la science ait besoin de théories pour lier ses expériences et en coordonner les résultats... Or, dans le monde scientifique d'alors, nous ne voyons en dehors de cette doctrine que des théories stériles, qui ne provoquaient ni observation ni expérimentation. Au contraire, la philosophie si vigoureusement défendue par Galien, tenait compte de tous les faits établis : elle lui en faisait même découvrir d'autres... On lui a reproché d'abuser de la dialectique. Mais la dialectique de Galien est celle d'un homme qui sait, qui observe, qui réfléchit et qui éprouve le besoin de conclure de ce qu'il voit à ce qu'il devine. Sans dialectique de cette sorte, il n'y a jamais eu de grand savant, il n'y en a pas plus aujourd'hui qu'autrefois. »

Et cependant en ce qui touche la méthode, la science moderne ne consentirait pas à se montrer entièrement satisfaite. Sans doute Galien exprime la même fière confiance que Straton dans l'expérience personnelle, et se plaint amèrement du temps infini enlevé aux recherches par les discussions théoriques (1) : « Définition, dissection, expérimentation, voilà les vrais procédés que Galien oppose avec force à la méthode arbitraire et frivole des stoïciens (2). » Tout ce qui échappe chez lui à l'esprit de système est concluant et fécond : le reste est mêlé d'erreurs. L'anatomie comparée donne un démenti complet à plusieurs de ses propositions : ses explications physiologiques offrent maintes fois une véritable incohérence ; sans cesse en extase devant l'œuvre de la nature, il a entrepris de tout justifier, de tout expliquer jusqu'aux moindres détails, et cela à l'aide de connaissances forcément encore imparfaites. De là, dans bien des passages, une ingénuité qui étonne et qui atteste chez un savant aussi éclairé un aveu-

---

(1) *De naturæ viribus*, I, 14.
(2) Chauvet, ouv. cité.

glement de parti pris. Il eût été du moins préférable, écrit à ce propos Daremberg, qu'il n'eût pas rendu en quelque sorte complice de ses puérilités cette nature dont il vante à tout propos la sagesse et l'équité.

Mais ses nombreux ouvrages, d'une lecture plus intéressante qu'on ne pourrait s'y attendre, témoignaient d'un savoir étendu et d'une culture d'esprit peu commune : aussi, sans être un auteur original, Galien a-t-il exercé une influence profonde sur les générations qui l'ont suivi. Quoique dans un domaine différent, ses traités eurent pendant de longs siècles dans notre Occident, au même titre que ceux d'Aristote, le privilège envié d'être « l'oracle » de l'école.

IV. — Les savants dans le monde romain.

Les Romains, nés pour conquérir le monde, n'étaient guère faits pour les recherches désintéressées et patientes qui sont à la base de la science. On a souvent parlé de leur peu d'aptitudes littéraires : que dire de leur inaptitude scientifique ? Dans les programmes de leurs écoles il est question d'arithmétique, de géométrie, jamais ou presque jamais de sciences physiques et naturelles : les études de ce genre passent, d'une part, pour ne convenir qu'à des gens de beaucoup de loisir; de l'autre, pour être hérissées de complications et de difficultés (1).

Cicéron dans sa *République* (2) ne leur reconnaît guère

---

(1) Cicéron ne néglige aucune occasion de parler de ce qu'il y a d'insondable dans les secrets et les mystères de la nature.

(2) I, 18. Quintilien s'exprime en termes presque identiques. — On m'objectera peut-être la description des neuf cercles ou plutôt des neuf sphères de l'univers contenue précisément dans le *Songe de Scipion*: mais cette page offre autant de fantaisie que de science véritable, rappelant en cela le modèle qu'elle reproduit, je veux dire le mythe d'Er à la fin de la *République* de Platon.

d'autre avantage que d'aiguiser un peu l'esprit de la jeunesse et de l'amener à des travaux plus sérieux en piquant sa curiosité. Quelques hommes d'élite, comme Scipion dans sa retraite de Linternes, se plaisent sans doute à converser avec les hommes les plus instruits de leur génération (1) : mais aux yeux du très grand nombre, les sciences, recherchées uniquement en vue de leur application les plus usuelles et les plus vulgaires (2), demeurent confondues avec les métiers dont elles partagent le discrédit.

En outre, disons-le à l'excuse des Romains même du siècle d'Auguste, la hauteur à laquelle la Grèce s'était élevée dans la philosophie et la science, aussi bien que dans la poésie et dans l'art, interdisait à peu près tout espoir de la surpasser ou même de l'égaler (3). Pourquoi entreprendre des essais téméraires dans un domaine où d'autres ont acquis une supériorité aussi incontestée et se donnent fièrement comme n'ayant rien laissé à découvrir à leurs successeurs ? Les plus intelligents vont jusqu'à admirer ces exemples, mais sans aucune ambition de s'en inspirer (4). Nous chercherions vainement à Rome un Archimède, un Eratosthène, un Euclide ou un Galien.

---

(1) Ennius ne fait probablement que traduire leur pensée quand il écrit ces deux vers :

Philosophari est mihi necesse, at paucis. Nam omnino haud placet.
Degustandum ex ea, non in eam ingurgitandum censeo.

(2) Les vers d'Horace relatifs à l'éducation de ses jeunes compatriotes sont dans toutes les mémoires et n'étonnent pas chez un peuple qui n'a pas d'autre critérium que l'utile pour juger même la poésie « divine » d'Eschyle et de Sophocle :

Post Punica bella quietus quærere cœpit
Quid Sophocles et Thespis et Æschylus *utile* ferrent.

Qu'on nous permette à ce propos une courte citation de M. A. Fouillée : « Vouloir des vérités utiles avant les vérités belles, c'est vouloir les fruits avant l'arbre. Ce n'est pas aux nations utilitaires que la prééminence restera : car elles sont stériles en génies et même en simples esprits d'élite. »

(3) Les aveux de Virgile au VIe chant de l'*Enéide* sont aussi explicites qu'éloquents.

(4) Dans les bibliothèques de Pompéi, le seul ouvrage scientifique

L'agriculture, chacun le sait, est l'art romain par excellence, mais de même que les *scriptores rei rusticæ* ne connaissent guère la poésie de la nature, la science de la nature, au sens le plus élevé du mot, ne leur fait pas moins défaut. Ce sont des agronomes estimables, pleins d'estime pour leur utile profession, ce ne sont pas de vrais naturalistes. Aristote lui-même leur eût refusé l'épithète de φυσικοί ou de φυσιόλογοι.

Ainsi Varron, cet infatigable polygraphe, le plus savant d'entre les Romains de la république, proclame sans doute l'antiquité, partant, la noblesse du labourage qui participe, dit-il, à ce qu'il y a de divin dans la nature, tandis que les cités sont l'œuvre de la politique humaine (1). L'âge pastoral a été précédé de l'âge qu'il appelle « de nature (2) », contemporain du berceau même de l'humanité. Mais ce sont autant de réflexions jetées au hasard sans ombre de système.

Si de Varron nous passons à Columelle, nous voyons ce dernier, dès sa préface, protester contre le préjugé accrédité par l'épicurisme que la terre épuisée est incapable de produire comme autrefois d'opulentes moissons. N'est-elle pas la mère de tout ce qui existe et à ce titre n'a-t-elle pas reçu en partage une jeunesse éternelle? et n'y a-t-il pas quelque impiété à se représenter, frappée d'une stérilité incurable, la Nature à qui a été communiquée une fécondité sans fin (3)? Chercher la

---

qu'on ait rencontré jusqu'ici est le Περὶ φύσεως d'Epicure. — En dehors du monde grec, il y a un pays conquis par les armes romaines, où une certaine philosophie de la nature paraît avoir été en honneur : c'est notre vieille Gaule. On lit en effet dans César : « Multum de sideribus, de mundi ac terrarum magnitudine, de rerum natura disputant et juventuti tradunt (Druides) » (*Commentaires*, VI, 14). De son côté Cicéron dit de l'Eduen Divitiacus : « Qui et naturæ rationem, quam physiologiam græci appellant, notam esse sibi profitebatur » (*De divinatione*, I, 41).

(1) *De re rustica*, III.

(2) Livre II : « Summum gradum fuisse naturalem, cum viverent homines ex iis rebus quas inviolata ultro ferret terra. »

(3) « Neque fas existimare rerum naturam quam primus ille mundi genitor perpetua fecunditate donavit, quasi quodam morbo sterilitate affectam... Terra quæ divinam et æternam juventutem sortita commu-

richesse dans des voyages au long cours, dans d'audacieuses explorations à travers les continents, c'est à ses yeux manquer de confiance et de respect à l'égard de la nature, c'est contrevenir à ses lois (« rupto naturæ fœdere ».) Columelle se fait d'ailleurs une idée assez haute de son art pour souhaiter que l'agriculteur ait approfondi la nature des choses (« sit oportet naturæ rerum sagacissimus »), sans qu'il ait à rougir de ne pas atteindre à la hauteur d'un Démocrite ou d'un Pythagore (1) (« si in universa rerum natura sagacitatem Democriti vel Pythagoræ non fuerit assecutus »).

Lui même, dans son X° livre où il a chanté en vers les jardins oubliés par Virgile, essaye de dépeindre, à la suite de Lucrèce, la puissance secrète qui rapproche tous les êtres et renouvelle perpétuellement la vie : mais une tâche aussi vaste l'accable et il s'écrie :

> Ista canat, majore Deo quem Delphica laurus
> Impulit, et rerum causas et sacra moventem
> Orgia naturæ, secretaque fœdera cœli.

Je viens de nommer Lucrèce. Dans une partie antérieure de ce travail, le métaphysicien a déjà comparu devant nous : il nous reste à interroger le savant, le physicien, l'astronome, le naturaliste : mais chez lui ces divers rôles sont bien près de se confondre avec celui de philosophe, et en tout cas lui sont manifestement subordonnés. Nous ne reviendrons pas ici sur le peu de valeur scientifique d'Epicure : malgré ce défaut, ou peut-être à cause de ce défaut même, le naturalisme caché au fond de sa philosophie trouva à Rome un favorable ac-

---

nis omnium parens dicta est. » Varron déjà avait associé à Jupiter, père des hommes, la Terre Mère (« Tellus Terra mater »), tandis que Lucrèce (II, 656) proteste avec énergie contre une telle qualification beaucoup trop religieuse à son gré.

(1) Divers textes d'auteurs latins font supposer que le souvenir de Pythagore ou du moins de son école était resté assez vivant dans le sud de l'Italie.

cueil : il en coûtait si peu pour le comprendre et le retenir ! Citons ici quelques lignes d'un traducteur de Lucrèce, M. Blanchet :

« Né en Grèce du développement normal de la pensée humaine, l'épicurisme se présenta aux Romains comme une doctrine de circonstance, parce qu'il répondait à une disposition qui, sans être générale ni même commune chez eux (elle ne le fut jamais), cependant au siècle de Cicéron devenait tous les jours moins rare : ils sentaient le besoin, ils éprouvaient le désir d'étudier, de connaître la nature... Or, expliquer la nature, telle était précisément la prétention de l'épicurisme : prétention, si l'on veut, chimérique, mal fondée, ridicule même : mais qu'importait pour le succès ? Il suffisait qu'elle fît illusion. D'ailleurs à tout prendre, l'épicurisme, considéré comme point de départ d'une investigation scientifique de l'univers, valait autant et mieux pour les Romains que les autres systèmes philosophiques de la Grèce (1) : gênés par l'insuffisance de leurs méthodes, tous négligeaient d'observer la nature ou ne la voyaient qu'à travers le prisme de leur métaphysique *a priori*, tandis que l'épicurisme, faisant un dogme de l'infaillibilité des sens, n'avait qu'à en appeler à leur témoignage pour redresser ses propres erreurs. Par là, quelque ruineux que fussent d'ailleurs les fondements de sa morale et de sa métaphysique, l'épicurisme était peut-être, pour cette partie de la philosophie qui touche aux sciences naturelles, la plus perfectible des doctrines de l'antiquité, et de plus il armait ses disciples de ce levier tout-puissant qui, entre les mains des modernes, a soulevé le monde : l'expérience ! »

Il y a dans cette page plus d'un détail contestable. Ainsi je crois moins que l'auteur au goût et aux aptitudes du Romain,

---

(1) C'est par des motifs d'un ordre différent et certainement moins honorables que Cicéron dans ses *Tusculanes* (IV, 3) explique la popularité de l'épicurisme chez ses concitoyens. Doctrine à l'usage des petits esprits, écrit-il ; quelques grosses théories, pas de raisonnements subtils !

même du Romain cultivé, contemporain de Lucrèce, pour les sciences naturelles (1): et si l'on entend refuser à l'ancienne philosophie grecque en général le mérite d'avoir discerné la vraie méthode dans l'étude des phénomènes, une équitable impartialité exige qu'une exception soit faite en faveur du péripatétisme ou tout au moins d'Aristote son fondateur.

Mais pour en revenir à Lucrèce, on peut accorder qu'il y a dans son poème un certain nombre d'idées justes (2) et comme le pressentiment de mainte découverte à venir (3), à côté de passages où l'argumentation ne manque pas de force, si l'on se reporte aux connaissances et aux idées du temps. Ailleurs (quand il est question de la foudre et des tempêtes, par exemple), ses

---

(1) Sans doute (et M. G. Boissier, dans *La religion romaine*, en fait la remarque) il n'est pour ainsi dire aucun grand poète du siècle d'Auguste que n'ait touché l'ambition de marcher sur les traces de l'auteur du *De natura rerum* : mais ce qui est à noter, c'est que chez tous cette ambition est demeurée à l'état de vœu tout platonique.

(2) Quelques parties, par exemple, du tableau si détaillé de la lente et progressive évolution de l'humanité.

(3) Considérons notamment en quels termes d'une précision inattendue le poète latin expose le principe de la conservation des forces et de l'unité de la matière avec son complément obligé, le transformisme universel :

> Nec stipata magis fuit unquam material
> Copia nec porro majoribus intervallis,
> Nam neque adaugescit quidquam, nec deperit inde :

voyons comment, préludant aux vues profondes d'un des plus grands savants du xixe siècle, il aperçoit dans le monde la lutte de deux principes opposés, et la vie toujours empressée à réparer les ravages de la mort : avec quelle énergie (II, 897-900 et 926-9) il défend la thèse (chère aux matérialistes de tous les temps) de la *génération spontanée*, naguère encore cause de polémiques si bruyantes, et d'autre part quelle devise heureuse fournit à la microbiologie ce vers curieux :

> Corporibus igitur cæcis natura gerit res.

Enfin Lucrèce n'a-t-il pas deviné la théorie des terrains sédimentaires, quand il définit le sol terrestre une boue *(fex)* laissée par les eaux après leur disparition ? Ainsi, conclut M. Pichon (*Histoire de la littérature latine*, p. 293) le déterminisme, la psychophysiologie, l'évolutionisme, toutes les doctrines dont vivent les esprits à l'heure actuelle ont dans le *De natura rerum* leurs racines lointaines.

explications sont grotesques : pouvons-nous nous vanter d'en posséder sur tous les points de complètes et de définitives ? Partout il vise à couper court à ces étonnements qui sont le propre des natures ignorantes (1) : mais s'il a raison de combattre les préjugés vulgaires, la théorie souvent fort compliquée qu'il leur oppose n'est guère plus satisfaisante. De même dans la lutte qu'il déclare aux superstitions mythologiques, il avait pour alliés, nous l'avons dit, tous les esprits éclairés, d'accord pour reconnaître que ces superstitions déshonoraient l'idée qu'un être intelligent doit se faire de la divinité. Quant à s'imaginer qu'on a fait œuvre de science parce que de toute manière on a travaillé à bannir le divin du monde, c'est une étrange illusion (2). Encore ici faut-il reconnaître chez Lucrèce quelques traces d'un sentiment que semble avoir totalement ignoré Épicure, je veux dire l'enthousiasme, le frémissement intérieur du savant devant lequel se découvre soudain un coin de l'infini.

Lucrèce, en dépit de ses connaissances si supérieures à celles des Romains de son temps, avait reconnu les difficultés grandioses de sa tâche (3). Un siècle plus tard le stoïcien Manilius,

---

(1) Horace (*Satires* I, 5, 101) répète cette même profession de foi épicurienne :

> Deos didici securum agere ævum,
> Nec, si quid miri faciat natura, deos id
> Tristes ex alto cœli demittere tecto.

(2) Ne fût-ce qu'en se plaçant à un point de vue tout profane : « Le matérialisme de Lucrèce, qui a des prétentions scientifiques, nous donne une cosmogonie encore plus enfantine et d'une plus naïve complication que le polythéisme grec. » (M. Faye)

(3) Il est certain qu'il abonde en hypothèses toutes aussi gratuites les unes que les autres, et entre lesquelles, au grand scandale de ses lecteurs modernes, il se dispense de choisir :

> Plures... sequor disponere causas
> E quibus una tamen sit et hic quoque causa necesse est :
> ..... Sed quæ sit earum
> Præcipere, haudquaquam est pedentantim progredientis.
>
> (V, 531).

abordant à son tour des problèmes du même ordre, aura un sentiment plus profond encore du mystère dont aime à s'envelopper la nature :

> Sic altis natura manet consepta tenebris,
> At verum in cæco est, multaque ambagine rerum.
> (IV, 301).

Il affirme que « l'origine des choses nous demeure impénétrable : secret éternel, bien au-dessus de l'intelligence des hommes et même de celle des dieux (1). Ce qui tombe sous les prises de la science, ce sont les rapports des êtres, leur forme, leur composition. Ici l'homme peut fêter son triomphe : la raison règne dans l'univers soumis à ses lois : l'immensité des objets, leur obscurité, rien ne l'arrête. Le monde est devenu notre conquête : nous en jouissons à ce titre : enfants des astres, nous nous élevons jusqu'à eux ». (2) La science moderne pourrait avec bien plus de droits encore s'approprier ces belles paroles : il lui serait difficile de témoigner de plus de confiance et de plus d'enthousiasme. Dès ce temps l'esprit humain se sentait et se savait fait pour commander au monde.

Tous, il est vrai, ne parlaient pas de ce règne de l'intelligence avec une égale fierté. Cicéron, par exemple, qui cepen-

---

et en effet, à suivre ainsi pas à pas la nature sans autre boussole, sans autre lumière que le témoignage des sens, arbitres souverains de la connaissance, les empiriques de tous les temps, depuis les philosophes de l'Ionie jusqu'aux positivistes de l'heure présente, ont dû se reconnaître impuissants à pénétrer dans la sphère des « premières causes et des premiers principes ». Et cependant aussi longtemps qu'on ne s'est pas élevé jusque-là, l'édifice de la science reste inachevé.

(1) Pensée singulière, peut-être sans exemple dans tout le reste de la littérature classique, et qui fait songer à certains aphorismes de l'Inde antique.

(2) Et dans un autre passage :

> Nec prius imposuit rebus finemque manumque
> Quam cœlum ascendit ratio, cepitque profundam
> Naturam rerum claustris, viditque quod usquam est...
> Eripuit cœlo fulmen sceptrumque Tonanti.

dant, au témoignage de Pline, ne s'était pas absolument désintéressé ni de la physique ni de l'histoire naturelle, en était resté dans ce double domaine aux vues de Platon (1). Il rappelle volontiers après l'auteur du *Phèdre* que Périclès dut une partie de son génie oratoire aux leçons d'Anaxagore, le philosophe physicien ; en plus d'un passage il nous montre dans l'examen et la contemplation de la nature le véritable aliment de l'âme et du génie : c'est là, dit-il, le plus sûr moyen de réduire à leurs véritables proportions les choses d'ici-bas, et tel développement philosophique qu'on lit sous sa plume pourrait se résumer dans cette antithèse toute moderne : que l'homme est grand, quand il se compare à la matière ! qu'il est petit, quand il se mesure à l'infini (2) !

Mais quand il s'exprime de la sorte, Cicéron visiblement répète une pensée éloquente de ses modèles grecs plutôt qu'il ne traduit une conviction personnelle, fruit d'une pratique journalière. Ce sont du reste les résultats qu'il apprécie bien plus que les investigations qui les ont rendus possibles (3). Ce qui l'enthousiasme, c'est l'industrie de l'homme réussissant, comme il le dit en termes expressifs, « à créer dans la nature même une seconde nature (4) ». S'il traduit en vers les *Astronomiques* d'Aratus, c'est en versificateur qui aime à se mesurer avec les difficultés de son art, non en savant charmé des conquêtes de la science. Entre

---

(1) Quand on songe à l'étendue de la tâche accomplie par Cicéron, on éprouve quelque scrupule à lui reprocher de n'avoir pas compris aussi bien la physique que la philosophie proprement dite dans ses remarquables travaux de vulgarisation. Mais qui peut dire tout ce que la postérité y a perdu ?

(2) Cf. *De legibus*, I, 23, et *De republica* I, 17 : « Animus cum cœlum, terras, maria, rerumque omnium naturam perspexerit, eaque unde generata, quo recursura, quando, quomodo obitura, quid in iis mortale et caducum, quid divinum æternumque sit, viderit... quam se ipse noscet ! quam despiciet ! »

(3) En vrai Romain, il écrit : « Non me deus ista scire, sed his tantummodo uti voluit » (*De divin.*, I, 18.)

(4) *De natura deorum*, II, 60.

autres dialogues platoniciens, il met en latin le *Timée*, sans doute afin de faire provision de matériaux et de documents en vue de quelque traité philosophique sur l'origine des choses (1); nous sommes tentés d'en conclure que ce côté de la doctrine du maître exerçait sur lui une séduction toute particulière, mais lui-même a pris soin de nous ôter cette illusion, puisque dans la préface mise en tête de sa traduction il rappelle qu'en plusieurs endroits des *Académiques* il s'est élevé contre l'ambitieuse prétention de pénétrer les secrets de la nature. N'est-il pas un disciple de l'Académie nouvelle, et notamment de ce Carnéade qui en physique rejetait toute certitude sous prétexte que les théories opposées invoquaient pour se défendre des arguments d'égale valeur (2)? Sur ce terrain, Cicéron ne cesse de répéter que toute évidence lui manque, et qu'il faut éviter de se prononcer entre des opinions vaines et contradictoires : « Maxime in physicis quid non sit citius quam quid sit dixerim », et ailleurs : « Utinam tam facile vera invenire possim quam falsa convincere ! » Disposition d'esprit opportune, parce qu'elle met en garde contre toute hypothèse aventureuse, mais fâcheuse en ce qu'elle retarde indéfiniment la constitution de la science.

D'où vient, trois siècles après Platon et Aristote, cette défiance des anciens en présence des révélations de la nature, et leur hésitation dans le seul domaine où l'esprit moderne se flatte au contraire de s'enrichir de données positives? De l'absence de toute démonstration rationnelle, de toute vérification expérimentale : faute de principes reconnus auxquels

---

(1) Dans les manuscrits, le fragment que nous en possédons est intitulé habituellement *De universo*. Notons que dans l'introduction Cicéron fait allusion à ses entretiens sur la nature avec Nigidius, physicien fort savant pour l'époque (« acer investigator et diligens earum rerum quæ a natura involutæ videntur », dit-il de lui, et Macrobe (II, 2) répète le même éloge), lequel faisait revivre à Rome les théories pythagoriciennes. L'antiquité connaissait de lui deux traités : *De ventis* et *De animalibus*.

(2) « Propter contrariarum rationum paria momenta » (*Académiques*. II, 39).

on sût la rattacher, chaque découverte restait à l'état de conjecture isolée, de théorie provisoire ; au lieu d'offrir comme à l'heure présente l'aspect d'un solide et bel édifice, la science ne se composait que de pierres éparses, quelques-unes, il est vrai, déjà supérieurement taillées (1).

V. — Sénèque et Pline l'Ancien.

Mais des temps nouveaux sont venus pour Rome : les âpres luttes du forum, la fièvre des guerres civiles ont été pacifiées par l'avènement d'un maître. Repoussé de la vie publique, désormais sans luttes à livrer pour la défense d'une doctrine ou d'un parti, le talent devait se reporter vers les travaux solitaires de la pensée. Forcés par la suppression de l'arène politique à chercher un autre aliment à leur activité, les uns allaient se jeter dans la poésie, les autres dans les déclamations et les controverses : il était impossible que la science n'attirât pas quelques-unes au moins des intelligences d'élite.

Deux ouvrages surtout, parmi ceux que le temps a respectés, témoignent de la faveur qui entourait à Rome, au premier siècle de notre ère, l'étude de la nature ; les *Questions naturelles* (2) de Sénèque et l'*Histoire naturelle* (3) de Pline l'ancien.

---

(1) A Rome la science n'a pour ainsi dire aucune obligation au siècle d'Auguste, qui a en revanche si remarquablement mérité de la poésie. Mais Bacon oubliait le siècle de Périclès lorsque, généralisant les enseignements que contient sur ce point l'histoire romaine, il écrivait au premier chapitre du *Novum Organon* : « Dans les temps mêmes où les lettres et les talents de toute espèce ont eu leur plus brillant épanouissement, la philosophie naturelle n'a eu en partage que la moindre partie de l'attention et de l'industrie des hommes. »

(2) Ouvrage composé dans les années 62-63 de notre ère.

(3) En parlant de cette œuvre de son oncle, Pline le Jeune l'appelle

De ces deux écrivains, le premier est avant tout un philosophe et un stoïcien, ce qui veut dire un professeur de morale et un moraliste. Sa valeur scientifique a été discutée (1). Il a personnellement observé, cela est certain : mais son savoir est, avant tout, le fruit de ses innombrables lectures. En géologie, par exemple, il se contente d'être au courant de tout ce qu'ont écrit ses devanciers et de faire entre ces diverses hypothèses un choix souvent judicieux. Bien que l'école à laquelle Sénèque appartient estime en général qu'en dehors des moyens propres à aguerrir l'homme contre lui-même et contre la fortune, rien ici-bas n'est vraiment digne d'une sérieuse attention, néanmoins les ambitions scientifiques qu'il nourrit ne sont pas de celles dont il croit avoir à rougir (2). Il veut bien s'étudier lui-même d'abord : mais il demande de quel droit on lui interdirait ensuite d'étudier le monde (3), et sa protestation n'est pas sans éloquence : « Ego non quæram quæ sint initia universorum ? qui rerum formator ? quis omnia in unum mersa et materia inerti convoluta discreverit ? non quæram quis sit istius artifex mundi ? qua ratione tanta magnitudo in legem et ordinem venerit ? quis sparsa collegerit, confusa distinxerit ? unde lux tanta fundatur ? ego ista non quæram ! ego nesciam unde descenderim ? vetas me cœlo interesse ? »

Il se gardera donc de séparer la physique de la morale : macrocosme et microcosme offrent au sage un égal intérêt. Assez

---

l'*Histoire de la nature :* Quintilien se sert de l'expression *naturalis sapientia.*

(1) Pour nous borner à l'antiquité, Pline l'Ancien qualifie Sénèque de « princeps eruditionis temporis sui », tandis que Quintilien ne le tient qu'en fort médiocre estime, tout en lui reconnaissant « plurimum studii, multa rerum cognitio » et en ajoutant pour excuser ses méprises : « in qua tamen aliquando ab his quibus inquirenda quædam mandabat, deceptus est. »

(2) Et ce n'est pas là pour lui une opinion de circonstance : car dans les *Consolations* et les *Lettres à Lucilius* il tient exactement le même langage.

(3) « Me prius scrutor, deinde hunc mundum » (*Lettre* LXV).

dédaigneux à l'égard du raisonnement mathématique qu'il juge peu à la portée du commun des lecteurs, il déclare qu'il cherchera en tout des démonstrations d'un accès facile (1). Il est tout prêt d'ailleurs à se moquer des géomètres qui, habiles dans l'art de mesurer lignes et surfaces, ne comprennent rien à la grandeur ni à la petitesse du caractère, et des astronomes qui prétendent retrouver l'orbite des planètes dans l'espace et ne savent pas dans quelle voie se diriger eux-mêmes ici-bas (2). Et si, à l'heure présente, on exigeait de nous la preuve que pour l'homme les brillantes conquêtes matérielles de la science sont accompagnées d'autant de conquêtes morales, dans quel embarras ne nous jetterait-on pas? Pour Sénèque, ce sont là deux ordres de faits et de réflexions qui sont et qui restent distincts : tout au plus se permet-il de faire jaillir çà et là des entrailles de la physique quelque leçon inattendue de morale, quelque précepte pour la direction de la vie. A Posidonius qui revendiquait pour le sage l'honneur d'avoir découvert et perfectionné jusqu'aux arts mécaniques, il répond : « Il n'y a là rien d'impossible : mais ce n'est pas par de telles découvertes que se fait apprécier la sagesse. » Néanmoins, il reconnaît à la physique sa place à côté des autres branches de la philosophie, bien plus, dans l'ouvrage dont nous parlons il est bien près de réclamer pour elle l'honneur du premier rang (3).

En somme, les *Questions naturelles* nous offrent ce que

---

(1) Ou comme il s'exprime, « probationes quæ de plano legi possint ». Dans une de ses *Lettres* (la XC°) je relève une phrase qui fait songer à un des adages les plus fameux de Bacon : « Verum corpore incurvato et animo humum spectante est quærendum ».

(2) Un écrivain contemporain a dit avec raison que telle page de Sénèque fait songer aux auteurs de notre génération qui ont dénoncé et proclamé « la faillite de la science ».

(3) C'était là, nous dit Sextus Empiricus (*adv. Math.*, VII, 23) la thèse de certains stoïciens s'appuyant sur cette considération que, de toutes les sciences, aucune n'avait un objet plus divin. Ceci résultait de leur système, mais nous donne aussi la mesure de ce que la pensée chrétienne a ajouté à la notion de la dignité humaine.

nous appellerions aujourd'hui un traité de météorologie (1). Bien que la préface n'annonce rien moins qu'une sorte de *Cosmos* antique, l'auteur s'est arrêté pour ainsi dire au seuil de son sujet. Il s'agit pour lui beaucoup moins de déterminer les lois générales, les principes constants de la matière que de donner une explication telle quelle des prodiges dont s'alarme à tort le vulgaire ignorant (2) et de certains problèmes plus ou moins curieux, plus ou moins compliqués que se plaisaient à discuter les « honnêtes gens » de son temps (3). Sa méthode d'exposition n'a rien de sévère, ses démonstrations commencent et finissent un peu au hasard (4) : il lui arrive d'annoncer un sujet pour l'esquiver ensuite, ou de substituer habilement à la discussion promise des considérations qui prêtent davantage à la pompe du style : c'est le miel dont Lucrèce voulait enduire les bords de sa coupe. Mais surtout il est fier d'écrire, même sur ces matières, en philosophe sans cesse préoccupé de remonter aux principes (5) et sa fierté s'exprime

---

(1) Diogène Laërce nous apprend à quel point ces questions préoccupaient les stoïciens (VII, 150-156). L'antiquité n'a guère connu d'autre physique soit que cette science alors au berceau n'eût pas de lien plus étroit avec la philosophie de la nature que la météorologie, soit parce que la contemplation des astres avait été le point de départ de l'une et de l'autre, comme le rappelle Cicéron dans un passage de la V° *Tusculane* (ch. xxiv) qui a en même temps le mérite d'être un sommaire de la science naturelle chez les anciens.

(2) Sur ce terrain Sénèque et Lucrèce, stoïciens et épicuriens se tendent loyalement la main, de même qu'aujourd'hui la religion est d'accord avec la philosophie pour faire la guerre à de fâcheuses superstitions.

(3) C'est ainsi qu'Iccius, un des amis d'Horace, se demande

> Quæ mare compescant causæ, quid temperet annum,
> Stellæ sponte sua jussæne vagentur et errent,
> Quid premat obscurum lunæ, quid proferat orbem.
>
> (*Epîtres*, I, 12)

(4) L'ensemble de l'ouvrage trahit un certain désordre auquel M. Gundermann (*Neue Jahrbücher für Philologie*, 1890) a proposé de remédier en adoptant la disposition suivante des divers livres : VII, I, IV^b, V, VI, II, III, IV^a.

(5) III, 4 : « Crescit animus, quotiens cœpti magnitudinem ostendit

en termes qui auraient une véritable noblesse, s'il ne s'y mêlait une nuance importune de déclamation : « Equidem tunc naturæ rerum gratias ago, quum illam non ab hac parte video, quæ publica est, sed quum secretiora ejus intravi : quum disco quæ universi materia sit, quis auctor aut custos... Hæc inspicere, hæc discere, his incubare, nonne transilire est mortalitatem suam et in meliorem transcribi sortem? — Quid tibi, inquies, ista proderunt? — Si nihil aliud, hoc certe : sciam omnia angusta esse, mensus Deum (1). » La grandeur du monde doit nous enseigner à « mépriser l'étroitesse de notre domaine », et ainsi (comme chez Cicéron) la science, qui se tourne si aisément en sujet d'orgueil pour le savant moderne, devenait une leçon d'humilité pour le sage antique.

Et maintenant qu'à la suite de Platon Sénèque confine en physique l'esprit humain dans la sphère du vraisemblable, la chose n'est pas pour étonner ceux qui connaissent l'histoire de la philosophie ancienne. Mais ce qui chez lui est aussi remarquable qu'original, c'est la haute idée qu'il se fait de la science à venir, ce sont les découvertes merveilleuses qu'il lui prédit avec l'assurance d'un prophète. « Un temps viendra, dit-il (2), où l'on sera surpris que nous ayons ignoré tant de

---

et cogitat ». Un moderne ne parlerait pas avec plus de conviction du rôle capital du principe de causalité : « Videbimus an rerum omnium certus ordo ducatur, et alia aliis ita implexa sint, ut quod antecedit aut causa sit sequentium aut signum. » (I, 1, 4). Mais c'est au philosophe que ressortissent les recherches de ce genre : « Sapiens causas naturalium quærit, quorum numeros mensurasque geometer persequitur... Philosophus primum et quæsivit causas rerum, et observavit effectus, et, quod melius est, initiis rerum exitus contulit. » (II, 53).

(1) Préface.
(2) « Veniet tempus quo ista quæ, nunc latent, in lucem dies extrahet. » (VII, 25). Comparer ces vers si surprenants d'un des chœurs de *Médée* :

        Terminus omnis motus, et urbes
        Muros terra posuere nova
        Nil qua fuerat sede reliquit
           Pervius orbis.
        Venient annis sæcula seris
        Quibus Oceanus vincula rerum

choses manifestes... Nous nous plaignons de ne pas connaître Dieu : que de conquêtes sont réservées aux siècles futurs ! La nature ne livre pas tous ses secrets à la fois : nous nous croyons initiés ; nous ne sommes qu'au seuil du temple. »

Sur plus d'un point, Sénèque a eu le mérite d'émettre des conjectures ingénieuses et de discerner non sans habileté la vraie cause des phénomènes : c'est ainsi qu'il a très bien démêlé la vraie nature du son (II, 6). Mais on chercherait en vain dans tout l'ouvrage quelque définition de la nature, quelque théorie vraiment scientifique sur les éléments dont elle se compose, sur le mode d'action des forces auxquelles elle sert de théâtre. S'agit-il des perturbations lentes ou soudaines qui ont modifié et modifient incessamment la surface du globe ? Sénèque veut qu'on les mette au compte d'un défaut imprévu de la machine : mais il ne permet pas qu'on fasse un procès de négligence au constructeur.

Tel qu'il est, le livre des *Questions naturelles* a été beaucoup lu dans l'antiquité, et plus tard. La morale de Sénèque, qui avait ses admirateurs en plein Moyen Age, a contribué à rendre sa physique populaire et à lui assurer une autorité véritable, au moins jusqu'à la renaissance péripatéticienne (1).

Dans la Rome impériale, Pline l'ancien, esprit vif et curieux, chercheur infatigable, a seul élevé à la science un monument encore plus complet. Sauf le génie, ce fut le Buffon et le Humboldt de son temps. Ses dernières lignes montrent qu'il avait pleine conscience de son mérite : « Salve, parens rerum omnium Natura, teque nobis Quiritium solis celebratam esse numeris omnibus tuis fave (2). »

<pre>
        Laxet et ingens pateat tellus,
        Tethysque novos detegat orbes
        Nec sit terris ultima Thule.
</pre>

(1) Il est facile de s'en convaincre en parcourant, par exemple, le *Speculum majus* de Vincent de Beauvais.

(2) XXXVIII, 77.

Chez les Grecs eux-mêmes personne n'avait encore exécuté ni même conçu un ouvrage aussi vaste, une encyclopédie aussi étendue de tout ce qui pouvait s'appliquer aux besoins de la vie et de l'art, anthropologie, biologie, minéralogie. Quoique Pline semble avoir pris à tâche de parcourir le domaine entier du savoir humain, il juge téméraire la prétention des savants qui s'arrogent le pouvoir de mesurer pour ainsi dire l'univers (1) : les calculs astronomiques paraissent éveiller sa défiance plutôt que de provoquer son admiration. « La raison, écrit-il, fournit un prétexte à l'impudence : on a osé deviner la distance de la terre au soleil, et l'on double cette distance pour obtenir celle du ciel, dans la supposition que le soleil est juste au milieu » (II, 21) : phrase qui fait toucher du doigt et les procédés par trop simples en honneur chez les savants d'alors, et les bizarres préjugés qu'ils continuent à partager.

Ce qui manque à Pline, c'est l'esprit philosophique, c'est la critique et la méthode. Son œuvre, si riche en renseignements de toute espèce, « ne s'élève pas au-dessus de l'érudition décousue... Les idées qui le rendent si intéressant, voire même si poignant, ne sont que des remarques accessoires qui ne dominent pas son exposition scientifique, mais sont énoncées au hasard, par accident. Pline est un savant qui philosophe quelquefois : il ne connaît pas la philosophie de la science (2) ». Il est superflu de faire remarquer que l'*Histoire*

---

(1) Cicéron de même fait dire à Scipion l'Africain, à propos de son ami Panétius qui s'était beaucoup occupé de recherches météorologiques : « Pour moi, dans toutes ces recherches, je ne partage pas trop sa confiance : il parle des merveilles les plus inaccessibles comme s'il les voyait de ses yeux et s'il les touchait de ses mains. » Que diraient Cicéron et Pline de nos astronomes contemporains ?

(2) M. Pichon. *Histoire de la littérature latine*, p. 487. Je lis quelques lignes plus bas : « Du temps même de Pline, les études scientifiques sont battues en brèche par la philosophie... Aussi la science du premier siècle a pu produire des œuvres utiles, solides, parfois originales : mais elle n'a pas eu d'influence générale sur tous les esprits : elle est restée en marge du mouvement des idées ; elle n'a pas été un principe de vie. »

naturelle est une œuvre de seconde main : c'est avant tout dans les compositions de ses devanciers que Pline a étudié la nature (1). On peut le comparer aux érudits alexandrins qui, sans prendre la peine de jeter les yeux autour d'eux, faisaient en déroulant les *volumina* de la Bibliothèque royale toutes leurs observations sur le ciel et sur la terre, ou encore à ces historiens dont parle Polybe : « N'ayant voulu s'instruire que dans les livres et ne parlant que d'après le témoignage d'autrui, ils ressemblent à ces peintres qui ne peignent que d'après des mannequins et des animaux empaillés (2) ».

L'immense étendue de cette encyclopédie peut servir d'excuse à l'auteur : ajoutons à sa décharge qu'elle est riche en vues originales, en indications rares, en traditions curieuses, véridiques ou imaginaires, exposées dans un style quelque peu déclamatoire, mais où le pittoresque naît parfois de l'incorrection même. L'ouvrage est dédié à Vespasien, lequel, dit Villemain, ne pouvait manquer d'accueillir avec faveur un ouvrage qui détournait les Romains d'eux-mêmes pour les occuper de l'Univers.

La Nature y apparaît plus rarement qu'on ne serait tenté de le supposer : mais elle y tient le premier rang, comme on peut s'y attendre chez un homme qu'on dirait tantôt séduit par les hautes envolées de la cosmologie stoïcienne, tantôt conquis aux déclamations impies de l'épicurisme. Du reste, Pline parle d'elle presque sur le ton d'un moderne : il cite volontiers les jeux ou les travaux de la Nature, métaphore banale et sujette à toutes sortes d'équivoques ; il vante sa Providence

---

(1) C'est ce qu'avait déjà fait Varron, et il croyait devoir s'en excuser : « Eo hodie philosophia perducitur ut præclare nobiscum agatur si in his ætatem consumimus exponendis quibus antiqui suæ portionem commodabant contexendis. Apum mella comedimus, non ipsi facimus. » — Au 1er siècle de notre ère, la multiplicité des sources d'information faisait croire que l'homme n'avait désormais plus rien à découvrir, et M. Vidal-Lablache a raison de dire que l'*Histoire naturelle* traduit d'une façon frappante le sentiment de haute et universelle curiosité qui avait alors envahi certains esprits.

(2) XII, 25.

(livre XVII) qui a donné une fécondité exceptionnelle aux animaux inoffensifs (VIII, 81) et ménage de secrètes compensations aux êtres envers lesquels elle a paru se montrer inclémente (V, 20); il s'émerveille de l'industrie prodigieuse de la Nature dans l'organisation des insectes (XI, 2) (1); il s'extasie devant sa surprenante variété (XXII, 1); il célèbre la raison qui lui sert de guide et assigne un but même aux plus singulières d'entre ses productions (2). On croirait lire Bernardin de Saint-Pierre et retrouver chez ce Romain du premier siècle des pages détachées des *Etudes de la nature*.

Par une sorte de finesse d'auteur, il annonce dans sa préface que dans l'étude de l'univers il s'attache à la partie la plus commune et la moins relevée (3) : néanmoins, chaque fois que son attention se porte sur l'ensemble, chaque fois qu'il rencontre sur sa route la pensée de l'ordre qui préside à l'univers, on ne saurait méconnaître dans son style une émotion sincère (4). De même que les historiens du temps parlent volontiers de la majesté romaine, de même Pline invoque « la majesté de la nature (5) ». Aussi bien le monde est à ses yeux un dieu éternel, incommensurable, qui n'a pas eu de com-

---

(1) « Nusquam alibi spectabilius naturæ rerum artificium, quum natura nusquam magis quam in minimis tota sit ». N'est-il pas permis de dire de cette simple phrase qu'elle contient en germe une des pages les plus célèbres de Pascal?

(2) « Nihil a natura rerum sine aliqua occultiore causa gigni » (livre XVII).

(3) « Sterilis materia, rerum natura, hoc est vita narratur et hoc sordidissima sui parte. » Et il ajoute un peu plus loin cette phrase qui nous sert d'épigraphe : « Res ardua obscuris lucem dare, dubiis fidem, omnibus vero naturam et naturæ sua omnia. » Buffon ne s'en est pas laissé imposer par cette précaution oratoire: « Pline, dit-il, a voulu tout embrasser, et il semble avoir mesuré la Nature et l'avoir trouvée trop petite encore pour l'étendue de son esprit ».

(4) M. Heure écrit dans son *Histoire de la littérature latine* : « Dans sa longue carrière Pline est soutenu par un souffle puissant, par une sorte d'enthousiasme qui rappelle Lucrèce : comme lui il aime la nature, avec une passion âpre et violente. »

(5) VII, 1 : « Naturæ rerum vis atque majestas. »

mencement et n'aura point de fin, ouvrage et ouvrier tout ensemble (1). Prétendre qu'il y a des dieux particuliers auxquels conviennent des noms spéciaux et un culte à part, c'est se nourrir de pures imaginations que la réflexion rend dignes de risée (2). Il n'y a qu'un Dieu, c'est la Nature dans sa puissance, c'est le monde dans son immensité. De même c'est se méprendre sur la vraie notion de l'infini (ici d'ailleurs assez peu et assez mal comprise) que de croire à l'existence d'une série innombrable de mondes, lesquels exigeraient, lisons-nous, autant de natures différentes (3). Mais ce coup droit à l'adresse des Epicuriens n'empêche nullement Pline, véritable éclectique comme Cicéron et Sénèque, d'insister à leur exemple sur les bizarreries de la création, qu'il explique par une sorte de caprice de la toute-puissante Nature ; (4), et s'enhardissant dans cette voie, il en vient peu à peu à accuser la malignité de celle dont tout à l'heure il exaltait la Providence, à faire sans pitié le procès de cette jalouse sou-

---

(1) Qui ne reconnaît ici le dogme stoïcien ? Mais la phrase entière mérite d'être citée : « Mundum et hoc quod nomine alio cœlum appellare libuerit, numen esse credi par est, æternum, immensum, neque genitum neque interiturum unquam... Sacer est, totus in toto, imo vero ipse totum. Finitus et infinito similis, extra, intra, omnia complexus est in se : idemque rerum naturæ opus, et rerum ipsa natura » (II, 1). Spinoza n'a rien de plus précis ni de plus énergique dans le sens de son système que cette dernière ligne.

(2) « Fragilis et laboriosa mortalitas in partes ista digessit, ut portionibus coleret quisque quo maxime indigeret... effigiem Dei quærere, imbecillitatis humanæ est ». Au siècle suivant, Apulée dans l'*Ane d'or* nous montrera son héros se consacrant à la déesse qui l'a sauvé et qu'il invoque sous dix noms différents, et la déesse l'avertissant que sous ces appellations et ces dehors multiples, elle est toujours et partout « la nature. »

(3) « Furor est quosdam... innumerabiles tradidisse mundos, ut totidem rerum naturas credi oporteret quasi, si hæc infinitas naturæ omnium artifici possit assignari, non illud idem in uno facilius sit intelligi tanto præsertim opere. »

(4) « Quibus in rebus quid possit aliud causæ afferre mortalium quispiam quam diffusæ per omne naturæ subinde aliter atque aliter numen erumpens ? » (II, 93).

veraine qui a permis à la mer d'envahir violemment les continents (1), ou qui a traité l'homme avec si peu de bienveillance qu'on peut se demander si elle est pour lui une mère ou une marâtre (2). Tout le passage est empreint d'une grave et austère tristesse : c'est qu'il ne s'agit pas seulement pour Pline, comme pour Lucrèce, de la misère extrême du nouveau-né que menacent tant de périls et tant de souffrances (3) : l'auteur de l'*Histoire naturelle* découvre sans peine au fond du cœur de l'homme des convoitises, des passions, des défaillances, des craintes ignorées des autres êtres vivants.

Sénèque, Pline, Galien, Ptolémée, voilà des noms auxquels la postérité a marqué leur place dans les annales de la science. Si leurs doctes études ne nous servent plus d'oracles comme à nos pères d'il y a sept et huit siècles, pour l'historien de la pensée humaine elles n'en continuent pas moins à avoir leur intérêt et leur prix. Mais ces savants méritent assurément le reproche qu'adresse M. M. Croiset aux grands esprits de cette époque : « Ils vivaient trop sur un passé qui était épuisé... Après avoir tiré parti des enseignements de l'antiquité, on ne savait pas s'en affranchir, pour marcher hardiment dans des voies nouvelles. »

La Grèce qui a créé ou renouvelé tant de choses dans l'ordre intellectuel, avait fini par découvrir la route à suivre dans

---

(1) Pline s'ispire ici d'une objection fameuse de Lucrèce mais il la fait suivre d'une réserve assez imprévue : « Ita tres partes terræ cœlum abstulit : Occani rapina in incerto est » (II, 68). Ailleurs (VI, 1) on lit que le Pont-Euxin a été créé « peculiari invidia naturæ sine ullo fine indulgentis aviditati maris ».

(2) « Ut non sit satis æstimare parens melior homini Natura an tristior noverca fuerit » (VII, 1). Mais un peu plus loin se retrouve le disciple de Platon et des stoïciens : « Naturæ vis in omnibus momentis fide caret, si quis modo partes ejus, et non totum complectatur animo. »

(3) « Hominem tantum nudum et in nuda humo natali die abjicit (natura) ad vagitus statim et ploratum et lacrymas » (*Ib.*).

l'exploration de la nature : elle n'y a guère fait que les premiers pas. La science hellénique, contenue dans la durée relativement courte de trois ou quatre siècles, n'a pas eu le temps de mûrir ; mais on voit s'y multiplier graduellement les indices de la maturité à laquelle elle eût pu parvenir si la Grèce elle-même avait sauvegardé plus longtemps l'indépendance politique et nationale qui avait marqué son apogée. Cette science offre à première vue d'étranges lacunes : des provinces entières de son royaume actuel étaient ou partiellement ou même totalement ignorées, et la connaissance de l'ensemble ne laissait pas moins à désirer que celle des détails. « Aucun savant ne paraît s'être élevé à la conception de l'univers comme peuplé à l'infini de systèmes stellaires analogues à celui que nous pouvons contempler » (1) : et donc aucun n'avait aperçu, pour parler l'admirable langage de Pascal, la nature entière dans sa haute et pleine majesté. Des erreurs graves ont jusqu'au bout trouvé créance : il fallait attendre que les enseignements de l'expérience, l'emploi de méthodes plus sûres et d'instruments perfectionnés vinssent en faire justice (2).

En revanche, sur quelques points peu nombreux, mais il est vrai d'une grande importance, les affirmations de l'antiquité n'ont pas cessé de faire loi. Elle avait déjà très bien posé certains problèmes : malheureusement ils se rangent

---

(1) M. Tannery, *Recherches sur l'histoire de l'astronomie ancienne*, p. 101. Le même critique constate que si l'astronomie, chez les anciens, ne voyait dans les astres que des satellites de la terre, centre de toutes choses, de même la physique n'allait guère au delà des principes généraux de l'acoustique et de l'optique, et de quelques notions sur la statique et la théorie des vapeurs.

(2) Un philosophe de grand mérite, M. V. Egger, a émis l'opinion que la science grecque avait été retardée dans ses progrès surtout par son besoin constant d'évidence et de preuve mathématique. Il fallait à l'esprit humain, pour que la science moderne pût naître, une éducation nouvelle qui le dispensât de cet appel incessant à la démonstration rationnelle, et cette éducation, c'est le fidéisme religieux du moyen âge qui l'a réalisée. La thèse est séduisante, mais demeure très discutable.

parmi les plus vastes, les plus complexes, les plus obscurs, partant, les plus difficiles à résoudre, tandis que d'autres, en apparence mieux à la portée de l'humaine intelligence, et en tout cas plus riches en applications de tout genre, n'avaient pas réussi à provoquer l'attention. De toute manière il ne nous sied pas de nous montrer sévères pour les faux pas inévitables d'une science encore neuve, manquant à la fois de points d'appui et de points de repère. Et si la notion que les savants antiques se faisaient de la nature était vague et imprécise, s'ils se sont médiocrement préoccupés de relier par un enchaînement logique les multiples significations données à ce mot si compréhensif, est-ce que nous modernes, nous ne continuons pas comme les anciens à parler de la nature sans nous soucier autrement de définir de plus près soit cette puissance mystérieuse, tour à tour notre bienfaisante alliée et notre inclémente adversaire, soit cette collectivité d'êtres et de phénomènes qui nous entoure et à certains égards nous enveloppe? mais les forces qui agissent dans la nature, les transformations qui s'y produisent, nous les connaissons infiniment mieux que les Grecs et les Romains, nous les mettons en œuvre avec une maîtrise et une sûreté qu'ils n'ont jamais connues. Seulement, on en a fait justement la remarque, si nous sommes plus riches qu'eux, au fond, continuant leur labeur intellectuel, nous ne faisons qu'accroître leurs trésors qui sont ceux de l'humanité.

CHAPITRE IV

La nature et le monde moral.

Quand l'esprit grec se prit à réfléchir sur la notion de nature, il l'appliqua d'abord, nous l'avons vu, à la substance unique d'où l'on croyait tirés les éléments constitutifs des êtres, substance demeurant immuable au milieu des vicissitudes continuelles de ses infinies combinaisons. Mais à côté de ce rôle cosmologique assurément plein de grandeur, la nature n'en avait-elle pas d'autre? Le même principe qui assurait l'unité, la stabilité, la permanence de ce qu'on pourrait appeler l'ordre matériel, ne remplissait-il pas une mission analogue dans l'ordre moral (1)? Cette φύσις, soutien et réalité du κόσμος, ne se retrouvait-elle pas avec des attributions semblables ou même identiques dans chaque espèce et dans chaque individu? Après être intervenue dans la formation de la pierre, dans la croissance de la plante et de l'animal, n'a-t-elle pas sa part à revendiquer dans la naissance et le développement des êtres raisonnables? N'appellera-t-on pas à bon droit « nature humaine » cet élément primordial qui fait le fond de notre être à tous, cette puissance inconnue qui, en nous garantissant certaines facultés, en marque du même

---

(1) Remarquons une fois de plus, à ce propos, que dans la Grèce antique les diverses branches du savoir et les divers éléments de la civilisation se relient de bien plus près que ce n'est le cas de nos jours.

coup les limites d'une main souveraine? et d'autre part, ce qui constitue notre personnalité, ce qui est la manière d'être propre et distinctive de chacun de nous, n'est-ce pas notre « nature individuelle »?

Cette longue chaîne de réflexions, le génie grec l'a-t-il traversée? S'il y a quelque témérité à le prétendre, il est certain du moins que les deux dernières applications du mot φύσις sont presque aussi anciennes que la première (1). Mais pendant deux siècles les φυσιόλογοι ne se sont guère préoccupés que de la nature universelle (2), et nos lecteurs viennent d'assister aux controverses mémorables qui ont surgi sur ce terrain. C'est à Socrate (et peut-être aussi dans une certaine mesure aux sophistes ses contemporains) qu'il était réservé d'ouvrir à la curiosité de l'esprit humain des horizons nouveaux, moins vastes, moins ambitieux sans doute, mais aussi plus accessibles et plus lumineux. Si le sage d'Athènes refuse de s'enrôler sous la bannière d'aucun de ces φυσικοί qui s'appellent Pythagore ou Démocrite, Héraclite ou Parménide, il y a cependant une nature à l'examen de laquelle il a fait servir toutes les forces de son intelligence si sagace et si merveilleusement aiguisée : s'il s'est détourné de la physique, c'est qu'il se sentait attiré vers la psychologie et la morale. Cette philosophie que selon un mot célèbre il faisait des-

---

(1) C'est ce qu'atteste l'emploi que depuis une époque très reculée la langue courante fait de l'aoriste ἔφυν et du parfait πέφυκα (renforcé même parfois de φύσις, ainsi *Philoctète*, 79, et *Bacchantes*, 896). « La nature propre de chacun de nous, telle que l'a faite notre naissance, est appelée par Pindare φυά : il en parle sans cesse... L'homme demeure toute sa vie ce qu'il est par naissance » (A. Croiset, *Histoire de la littérature grecque*, II, p. 383).

(2) On lit cependant parmi les maximes d'Héraclite : ἦθος ἀνθρώπῳ δαίμων, et Démocrite posait en principe que la première règle pratique qui s'impose à l'être raisonnable c'est de connaître sa nature, de ne rien entreprendre qui la dépasse, de ne rien faire qui la violente. Les rares fragments qui nous soient parvenus de ces deux philosophes permettent de supposer que si nous possédions leurs œuvres complètes, l'histoire de la pédagogie compterait deux chapitres de plus.

cendre du ciel sur la terre, il a voulu qu'elle servît à expliquer ce qu'est l'homme, ce qu'est la famille, ce qu'est la société : le premier il a soupçonné l'étonnante complexité de la nature humaine et entrevu les problèmes de tout genre, si curieux à la fois et si pratiques, qu'elle pose devant quiconque cherche à la définir. L'homme qui n'était rien ou presque rien pour les philosophes antérieurs est bien près d'être tout dans les préoccupations de Socrate, aux yeux duquel il est de toutes les créatures celle qui est le plus étroitement apparentée à la divinité.

Et Socrate n'est pas seul à se complaire ainsi dans l'étude de l'âme. C'est pour avoir tourné de ce côté leurs investigations les plus pénétrantes que les tragiques (1) et les comiques du grand siècle athénien ont mérité une si brillante renommée, que Périclès et ses émules dans l'art oratoire ont exercé sur l'agora un irrésistible ascendant. Isocrate, comme le philosophe dont parle La Bruyère, consume sa vie à observer les hommes et à raisonner sur le devoir (2). Voyez avec quelle profondeur Thucydide (3) analyse les mobiles de notre conduite, les motifs de nos résolutions, avec quelle noblesse il oppose aux faveurs passagères de la fortune le mérite personnel, la force intellectuelle et morale à laquelle se mesure la valeur comme l'influence sociale des individus. Il n'est pas jusqu'aux sophistes qui n'aient contribué dans une large mesure au développement de cet esprit nouveau. Ce qu'ils prennent en effet pour point de départ de leurs expositions oratoires, ce n'est plus l'objet, la nature extérieure, c'est le sujet, la faculté pensante et raisonnante qui est en cha-

---

(1) Qu'est-ce que le drame de Sophocle, et surtout celui d'Euripide, sinon une « dialectique en action des relations sociales » et des devoirs de l'homme ou du citoyen ?

(2) Ce qu'il appelle σκοπεῖν τὰς φύσεις τὰς τῶν ἀνθρώπων (Nicoclès, 13).

(3) Lui-même emploie l'expression ἡ φύσις τῶν ἀνθρώπων, et il la décompose en διάνοια, γνώμη, et σύνεσις. Il traduit ce que nous appelons « force de caractère » par φύσεως ἰσχύς.

cun de nous. Pour qui l'homme est la mesure de toutes choses, les divers aspects de la nature humaine ont un intérêt facile à saisir.

Or, précisément à cette époque, sur le terrain juridique et social la nouvelle acception du mot *nature* se trouve engagée dans un conflit d'une portée très grave, d'autant plus grave que chez les Grecs, selon une remarque profonde de M. Renouvier, le concept de civilisation opposé à celui de « barbarie » n'a pour ainsi dire rien de commun avec l'idée d'un bien-être supérieur et d'une plus grande somme de jouissances, mais implique uniquement une plus large et plus généreuse expansion de la liberté et de l'activité du citoyen.

I. — Droit et législation.

L'homme tient-il des droits de sa nature, et lesquels? et n'est-il pas autorisé à refuser sa soumission aux lois positives, toutes les fois que celles-ci sont ou paraissent en opposition avec le droit naturel? Problème troublant, qui a soulevé dans la Grèce du ve et du vi^e siècle avant notre ère d'ardentes controverses, et devant lequel dès lors notre programme nous fait un devoir de nous arrêter.

Chez la plupart des peuples de l'antiquité, l'histoire relève comme un trait caractéristique la perpétuité des institutions politiques et sociales. Les dynasties se succèdent, des conquérants étrangers surviennent; les ressorts essentiels et les cadres de la cité changent à peine, mœurs et usages opposent à toute transformation radicale une résistance victorieuse. Il semble que ce qui a été soit la règle non seulement de ce qui sera, mais de ce qui doit être.

La Grèce n'a pas entièrement ignoré ce prestige de la tradition (1) : chez elle aussi la coutume eut une grande force (2) et l'antiquité demeura longtemps un titre d'honneur. Toute prescription séculaire semblait, pour ainsi parler, faire partie de la nature même des choses, et à ce titre revêtait un caractère à moitié sacré. Le peuple ne s'intéressant encore que de loin à la vie publique, tout ou presque tout se passait au-dessus de sa tête, je veux dire hors de ses investigations et de son contrôle. La loi existante était l'expression de la volonté invisible et immuable des dieux (3). Quelques familles nobles veillaient avec un soin jaloux à la perpétuité du droit antique et des rites religieux avec lesquels il s'identifiait (4) : comme on l'a dit très justement, la société était pour tous, avec sa hiérarchie constitutive, une sorte de chœur céleste à jamais enchaîné aux mêmes mouvements. Il y avait des mœurs, pas de morale (5) ; des cités et des Etats, pas de politique. Les chefs de la société civile étant en même temps les chefs de la religion, en leur obéissant on faisait acte de soumission à la divinité. C'est de Jupiter qu'Agamemnon et ses descendants tiennent le sceptre, insigne de leur dignité. Plus tard le tyran, incorporation de la volonté populaire, a le privilège de dé-

---

(1) L'Athènes des guerres médiques trouvait dur le joug de l'éducation ancienne, et néanmoins, comme elle le portait allègrement !

(2) Lorsque Pindare écrit ces vers fameux : « La loi est la reine de tous (νόμος πάντων βασιλεύς), mortels et immortels : elle mène avec soi la Force et d'une main puissante elle en fait la Justice », parle-t-il en penseur qui promulgue une règle de morale, ou « avec la résignation ingénieuse d'un poète lyrique obligé de chanter des actes qu'il réprouve » ? Ces deux interprétations ont des partisans : néanmoins Nageotte a eu grand tort de voir dans ce passage une consécration de la maxime : *La force prime le droit*. Platon, quoique inclinant vers un commentaire de ce genre (*Lois*, III, 690 B, 715 E. — X, 890 A) ne va certainement pas aussi loin.

(3) Ὅσα ἐγὼ ἐνομοθέτησα, οὐδεὶς αὐτὰ δύναται λῦσαι (Isis dans Diodore de Sicile, I, 27).

(4) Le crime du despote maudit par Théognis est d'avoir révélé « aux petites gens » les arcanes du droit.

(5) Les adages attribués aux sept sages manquent de ce caractère général, systématique et spéculatif, qui est propre à la science.

créter le droit : sa puissance est illimitée : selon l'expression du poète (1), il est la loi vivante. Les Doriens en particulier, d'esprit roide, peu avides de nouveauté, étaient élevés dans le culte de la force et le respect de la consigne : des siècles se passeront sans qu'une pierre se détache de l'édifice construit ou du moins supposé construit par Lycurgue.

Mais chez d'autres tribus de la grande famille hellénique il était impossible que la réflexion d'une part et l'esprit de discussion de l'autre ne fissent pas de rapides progrès. Longtemps assimilés au point de se confondre, le domaine du conventionnel et celui du naturel commencent à recevoir des frontières différentes, à entrer timidement d'abord, puis bruyamment en conflit. Les orateurs populaires se rient des grands qui ont constamment à la bouche les lois et coutumes des ancêtres, prétendant ainsi éterniser un état de choses dont ils sont seuls ou presque seuls à tirer profit. Les croyances religieuses elles-mêmes ne sont pas épargnées ; le premier regard que l'esprit grec émancipé jette sur la mythologie traditionnelle est un regard de défiance et même d'hostilité. Ecoutons parler Critias : « Il fut un temps où la vie humaine était sans loi, semblable à celle des bêtes, et esclave de la violence. Les hommes fondèrent la loi pour que la justice fût reine et l'injure asservie. Mais comme on continuait à commettre en secret tout ce que la loi devait réprimer quand le crime était découvert, il se rencontra un homme habile et avisé qui, pour imprimer la terreur aux mortels, imagina la divinité (2). » Et comme l'a fait remarquer M. Denis, le théâtre applaudissait dans la bouche d'Aristophane ce que l'Aréopage

---

(1) EURIPIDE, *Suppliantes*, 429. — « Le type normal de la pratique politique depuis le vi[e] siècle jusqu'à la fin du ve, est la souveraineté d'un homme, auteur et interprète de la loi et, comme on l'a appelé, démiurge de l'intérêt public, maître à ce titre de défaire et de refaire selon le besoin la machine sociale. » (M. ESPINAS)

(2) Selon Platon (*Lois*, X, 88 · E), dans les cercles sophistiques religion naturelle et droit naturel étaient également répudiés.

avait condamné dans celle de Protagoras affirmant que les dieux n'existent que par la loi (1).

Ajoutons que les Grecs du v⁰ siècle voyagent beaucoup, plus que ne l'avaient fait leurs devanciers : au cours de leur séjour à l'étranger, ils rencontrent sur leurs pas des mœurs, des usages et des lois qui ne sont pas les leurs. Ce qui est permis chez les barbares, n'est-il pas souvent interdit sur la terre hellénique ? et ce qui est vérité en deçà de l'Olympe ou du Taurus n'est-il pas erreur au delà ? Le caractère artificiel de tant de législations opposées éclate à tous les yeux, surtout quand on les rapproche des prescriptions naturelles, partout entourées du même respect (2). Puis, regardant plus près de soi, on en arrive bien vite à reconnaître avec le Thrasymaque de la *République* que les gouvernants érigent en loi ce qui leur sert : pourquoi s'incliner devant des décrets dictés par le caprice et l'intérêt des puissants du jour ? Dès lors il se trouvera des esprits assez indépendants pour refuser d'assimiler plus longtemps l'œuvre plus ou moins factice des hommes avec les injonctions de la nature ou les arrêts éternels des dieux.

Par qui cette opposition désormais fameuse, résultat inattendu des progrès mêmes de la civilisation, a-t-elle été soulevée, c'est ce que l'histoire a oublié de nous apprendre (3). Empédocle parlait encore en métaphysicien, non en sociologue, lorsqu'il enseignait que la loi universelle étend son domaine à l'infini (4) : mais on lit chez ce même Héraclite

---

(1) Demandait-on l'explication de la diversité des dieux adorés dans les différentes cités ? On répondait en proclamant que leur culte était d'invention humaine, ou avec Prodicus on les réduisait à de simples personnifications des forces de la nature, aussi variées que ces forces elles-mêmes.

(2) « Varietatem natura non patitur » (Cicéron).

(3) Diogène Laërce nomme à cette occasion Archélaüs, disciple d'Anaxagore (II, 16).

(4) Vers 438 9, éd. Mullach. — Une remarque analogue s'applique au subjectivisme des sensations dénoncé par Démocrite : νόμῳ γλυκύ, νόμῳ πικρόν, ἐτεῇ δὲ ἄτομα καὶ κενόν, subjectivisme qui, dans un autre

— qui a célébré en termes si catégoriques la raison commune, appui et fondement de toutes les législations positives (1) : « La loi et la nature par qui tout se fait ne s'accordent pas sur ce que nous devons reconnaître. La loi a été établie par les hommes pour eux-mêmes ; la nature a été disposée par les dieux et ce que les dieux ont établi est toujours droit (2). » Qui ignore avec quelle rare élévation, avec quel pathétique émouvant cette distinction s'affirme dans une scène célèbre d'*Antigone* ? (3) Lorsque la fille d'Œdipe s'écrie : « Ce n'est pas Jupiter qui a promulgué cette défense », le poète ne veut certainement pas donner à entendre que les lois humaines doivent n'être comptées pour rien. Il déclare simplement que s'il existait une puissance capable de relever les hommes de leurs obligations morales, cette puissance ne pourrait être que celle du dieu suprême.

Nous touchons ici à une époque où l'antiquité des traditions ne suffit plus à recommander ni à sauvegarder ce qu'elles protègent. Ce qui caractérise le mouvement intellectuel dont la Grèce et Athènes en particulier furent le théâtre pendant la dernière moitié du ve siècle, c'est d'une part l'affaiblissement de l'idée du droit et de la justice, déclarée de pure conven-

---

domaine, allait devenir entre les mains des sophistes le point de départ d'une véritable révolution sociale.

(1) C'est la thèse reproduite dans un fragment attribué par Stobée à Archytas, mais où se trahit une forte saveur stoïcienne : Δεῖ τὸν νόμον ἀκόλουθον ἦμεν τᾷ φύσει μιμεόμενον τὸ τᾶς φύσιος δίκαιον.

(2) L'auteur du traité hippocratique περὶ διαίτης s'exprime en termes à peu près identiques (I, p. 639) : Νόμον ἔθεσαν ἄνθρωποι αὐτοὶ ἑωυτοῖσι, οὐ γινώσκοντες περὶ ὧν ἔθεσαν. φύσιν δὲ πάντες θεοὶ διεκόσμησαν· ὅκοσα δὲ θεοὶ ἔθεσαν αἰεὶ ὀρθῶς ἔχει.

(3) Vers 456 et suiv. La courageuse jeune fille invoque, comme nous dirions aujourd'hui, « le cri de la nature », lorsqu'aux instances de Créon qui veut lui faire reconnaître un ennemi dans Polynice révolté elle répond : οὔτοι συνέχθειν ἀλλὰ συμφιλεῖν ἔφυν (v. 523). — M. Faguet (*Drame ancien et drame moderne*) fait observer que dans *Antigone* les caractères sont plus ou moins développés, non suivant leur importance dans l'action, mais selon qu'ils contribuent plus ou moins à mettre en relief le contraste entre la loi civile et la loi naturelle.

tion, et parallèlement l'ascendant croissant de la force (1), de l'autre le besoin de secouer le joug de toute autorité, de remuer, selon l'expression de Platon, tout ce qui était immobile (2), le dessein hautement affiché de tout remettre en question ; la libre pensée cite à son tribunal les institutions existantes, obligées de justifier de leurs titres et condamnées, dès qu'elles ne subissent pas victorieusement cette redoutable épreuve, où elles ont encore plus à craindre des caprices de la raison individuelle que de l'antagonisme de la raison universelle. Le moi, le jugement personnel est érigé en effet en arbitre suprême de toutes choses ; ainsi se trouve inauguré le règne du subjectivisme dans ce qu'il a de plus dangereux. Plus de beauté absolue, plus de vérité absolue : le bien lui-même, — comme la sensation, comme le plaisir, n'a désormais qu'une existence flottante et mal assurée.

Les hommes, les uns savants, les autres beaux diseurs, qui ont gardé dans l'histoire le nom de « sophistes » ont-ils créé cette situation? non sans doute, mais ils en sont les représentants les plus en vue. Ce qui fit la force de la sophistique, née des entrailles de l'hellénisme, c'est qu'elle a servi de point d'appui, de centre de ralliement à la profonde évolution qui se dessinait alors dans les sentiments et les idées de la Grèce. Le premier et le plus grand des sophistes, a dit Platon dans sa *République*, c'est le peuple, lorsque ce peuple ne veut être contrarié ni dans ses opinions ni dans ses caprices. Au surplus, la Grèce de la fin du ve siècle n'est pas le seul pays où les esprits devenus plus éclairés, plus raffinés, ont du même coup raffiné leur corruption.

Or une des thèses chères aux sophistes, plus possédés encore

---

(1) Alors se précise l'état d'esprit que Platon et Aristote après lui ont désigné de façon si expressive sous le nom d' « âme tyrannique ». Tel nous apparaît dans l'*Anabase* (II, 6) Ménon de Thessalie, par opposition à Proxénos en qui se personnifie au contraire le respect de la loi.

(2) Voyez Aristophane, traité de son temps et depuis de conservateur endurci : et par lui jugez des autres.

de la fureur de dominer que de la passion de jouir, c'est précisément l'insurrection contre les maximes courantes de la cité, l'assaut donné, au nom de la nature (1), à toutes les barrières artificielles établies et légitimées par la loi. L'homme avisé (2) sait le peu de cas qu'il convient de faire de la législation positive ; c'est s'humilier que de se laisser imposer un joug qu'on a le pouvoir de secouer. Chacun a le droit naturel de suivre ses penchants, d'aller jusqu'au bout de ses moyens d'action, de développer en liberté la plénitude de son être (3) : si la loi et la coutume essaient de s'y opposer, qu'on se révolte (4), du moment qu'on est sûr du succès.

Nul lecteur de Platon n'ignore avec quelle hautaine éloquence ces principes (si toutefois il n'est pas déraisonnable de se servir ici de ce mot) sont défendus par le Calliclès du *Gorgias* : « Dans l'ordre de la loi il est injuste et honteux de cher-

---

(1) Benn (*Westminster Review*, avril 1885) fait remarquer à ce propos que Protagoras, plus habile que ses rivaux de popularité Prodicus et Hippias, louait tour à tour et avec une conviction égale φύσις et νόμος. Tantôt il fait dériver toute morale d'une convention sociale : tantôt il semble admettre (mythe du *Protagoras*) que le double sentiment de la justice et de l'honneur (δίκη et αἰδώς) est le fondement nécessaire de toute société humaine : et on le croirait prêt à affirmer avec un de nos plus célèbres contemporains que l'homme de nature, « c'est la bête féroce que le plus civilisé d'entre nous porte en lui-même et qui a parfois de soudains et horribles réveils ». — Ainsi, au XVIII° siècle, tandis que les uns voulaient ramener l'humanité dans les forêts, les autres portaient aux nues le progrès des lumières, ce que les Allemands appellent d'un mot expressif *Die Aufklärung*.

(2) « In dem gesteigerten Weltbewerb der Civilisation erwies sich auf allen Gebieten der Wissende als der Tüchtigere ». (WINDELBAND) Mais, comme on peut s'y attendre, les sceptiques, Pyrrhon en tête (DIOGÈNE LAERCE, IX, 61), n'ont pas moins accentué que les sophistes cette opposition entre la coutume et la nature.

(3) C'est là, comme on le sait, la morale usuelle des politiques de la Renaissance, et le cyrénaïque Théodore ne faisait qu'en tirer les dernières conséquences lorsqu'il traçait ce programme à ses disciples : κλέψειν τε καὶ μοιχεύσειν καὶ ἱεροσυλήσειν τῷ καίρῳ· οὐδὲν γὰρ τούτων φύσει αἰσχρὸν εἶναι (DIOGÈNE LAERCE, II, 99).

(4) C'est la théorie hardiment soutenue par Hippias dans le *Protagoras* (337 D) : ὁ νόμος τύραννος ὢν τῶν ἀνθρώπων, πολλὰ παρὰ τὴν φύσιν

cher à l'emporter sur les autres. Mais la nature elle-même démontre qu'il est juste que celui qui vaut mieux ait plus qu'un autre qui vaut moins (1), et le plus puissant plus que le plus faible (2). Elle le fait voir de mille manières, tant dans le reste du règne animal que dans les races et les sociétés humaines (3). » C'est exactement le langage tenu et par Thrasymaque, ce digne émule de Calliclès, au second livre de la *République*, et par ce personnage inconnu à qui, au moment où il allait devenir criminel, Euripide prête cette parole : « La nature l'exigeait : que lui importent les lois » ? (4) Rendre la nature complice et même seule responsable de leurs rêves ou de leurs pires excès, n'est-ce pas de la part des cœurs corrompus un trait de génie ?.

Ainsi parlaient les sophistes, réclamant pour l'homme de talent sans scrupules les joies enivrantes de la domination avec les gémissements des vaincus pour accompagnement

---

βιάζεται. Mais cette servitude apparente est la rançon d'inappréciables bienfaits.

(1) « A chacun selon sa capacité », devaient dire nos Saint-Simoniens. Cette argumentation de Calliclès est d'autant plus perfide, qu'un certain fond de vérité y colore adroitement le sophisme. Démocrite déjà disait : φύσει τὸ ἄρχειν οἰκήϊον τῷ κρέσσονι (fr. 193). Aristote s'exprime à peu près de même.

(2) L'adage si souvent discuté,
    La raison du plus fort est toujours la meilleure,
est ici non plus seulement le résumé d'une fable ingénieuse, mais le fondement de toute une morale.

(3) Tout ce chapitre du *Gorgias* est à lire : c'est une des maîtresses pages d'un maître écrivain. Nietzche lui-même, qui de nos jours a substitué à la religion de la Vérité le culte de la « Volonté », de la puissance, n'a rien de plus profond, de plus méprisant, de plus ironique. Il disait : « Platon rougirait, s'il me lisait. » Sans doute : mais Platon connaissait pour les avoir déjà entendues de son vivant des déclarations comme les suivantes : « Nous ne tenons pas pour désirable que le règne de la justice et de la concorde soit fondé sur la terre (ce serait en effet le règne de la plus abjecte médiocrité et de la pire chinoiserie) ; mais nous aimons tous ceux qui ont comme nous le goût du danger, qui n'acceptent ni compromis ni accommodements, qui ne se laissent pas retenir captifs ni rogner les ailes. » (*Le surhomme*)

(4) Ἡ φύσις ἐβούλεθ', ᾗ νόμων οὐδὲν μέλει.

de son triomphe. D'autres se chargent de faire passer ces maximes de la théorie à la pratique. Dans toute la politique extérieure de la cité de Minerve s'étale ce mépris affiché de la justice. Périclès lui-même, dans une assemblée du peuple, déclare que le pouvoir d'Athènes sur ses tributaires n'a d'autres limites que son intérêt. Que sera-ce, si ceux avec qui l'on traite sont, non des alliés, mais des vaincus? « Vous savez, disent aux Méliens les Athéniens leurs vainqueurs, vous savez comme nous que la justice dans les discussions humaines n'entre en ligne de compte que si les forces sont égales des deux côtés... C'est un commandement de la nature de tenir sous sa dépendance ceux dont on a triomphé (1). »

Disons à l'excuse des anciens que pendant ce temps d'autres mieux inspirés tiraient de ce même ordre de considérations des conséquences plus consolantes ou moins cruelles. C'est ainsi qu'Alcidamas, mettant le doigt sur une des plaies les plus invétérées des sociétés antiques, s'autorisait du droit naturel pour condamner l'esclavage, œuvre des hommes et des lois (2), et Lycophron pour soutenir que les titres de noblesse sont pure vanité.

Veut-on maintenant la note comique dans ce tournoi dialectique qui met aux prises les plus grands esprits? Comme toujours, c'est Aristophane qui se charge de nous la donner. Dans les *Nuées*, Strepsiade prouve à son père qu'en dépit des lois il a le droit de le battre : « N'était-il pas un homme comme

---

(1) THUCYDIDE, V, 105 : τὸ ἀνθρώπειον σαφῶς διὰ παντὸς ὑπὸ φύσεως ἀναγκαίας οὗ ἂν κράτῃ ἄρχειν. De même que cette politique froidement despotique, l'exemple d'Alcibiade, avec ses brillantes qualités et sa funeste et déplorable conduite, met en pleine lumière « la malfaisance des concepts métaphysiques d'origine physique et naturaliste quand on les transporte de l'ordre cosmique dans l'ordre moral et social » (DAURIAC).

(2) Ἐλευθέρους ἀφῆκε πάντας ὁ θεός, δοῦλον δ' οὐδένα ἡ φύσις πεποίηκε (texte cité par Aristote, *Rhétorique*, I, 13). C'est la thèse de Philon (II, 283, éd. Mongey) : ἄνθρωπος ἐκ φύσεως δοῦλος οὐδείς, et de Sénèque : « Eadem est erga omnes natura... nos cognatos edidit, quum ex iisdem et in eadem gigneret ».

nous celui qui le premier fit adopter cette défense par ses contemporains ? Pourquoi ne pourrais-je pas faire une loi nouvelle qui permît aux fils de battre leurs pères, comme ceux-ci ont battu leurs enfants ? Vois les coqs et les autres animaux, ne se défendent-ils pas contre leurs pères ? Et cependant quelle différence y a t-il entre eux et nous, sinon qu'ils ne rédigent pas de décrets ? »

Heureusement pour la Grèce, la comédie ne fut pas seule à s'armer de la moquerie contre les novateurs : Socrate d'abord et Platon ensuite ont cru, et nous le comprenons sans peine, qu'il y avait un devoir, et un devoir sacré à remplir en face de cette sorte de nihilisme moral qui menaçait de tout ébranler et de tout détruire.

En ce qui touche le premier, c'est un méditatif aux yeux duquel (comme pour les cartésiens du xviie siècle) le monde extérieur, sa composition et ses lois, en un mot, tout ce que ses devanciers embrassaient sous le nom de φύσις n'avait plus, nous l'avons vu, qu'un intérêt fort secondaire, tandis qu'il prend pour objet principal et constant de ses réflexions la sphère des pensées et des actions humaines (1). Ouvrons les *Mémorables* (2) : nous y retrouverons maint épisode de la lutte alors engagée entre φύσις et νόμος. Socrate, par exemple, y démontre à Hippias (adversaire résolu de la loi en tant que portant atteinte aux droits consacrés par la nature) l'identité de la légalité et de la justice, et l'amène à reconnaître que des lois universelles écrites dans le cœur de tous les hommes, et portant avec elles le châtiment de qui les transgresse

---

(1) Dans les *Annales de la Faculté des Lettres de Bordeaux* (1891, p. 38 et 39) M. Espinas insiste sur ce point et ajoute les lignes suivantes que je comprends moins : « Socrate, tout en niant la technologie, introduit un point de vue technologique de la plus haute importance : il renverse les barrières qui séparaient d'après certains philosophes de la nature le champ d'action des forces morales de celui des forces physiques. »

(2) Il est à noter que dans son *Economique* Xénophon identifie à plusieurs reprises les prescriptions de la nature avec les ordres de la divinité.

supposent nécessairement un législateur supérieur à l'humanité. Mais au point de vue de la question qui nous occupe, il y a chez Socrate en quelque sorte un personnage double. Tantôt c'est le philosophe qui domine et qui, en face d'une loi injuste mettant le salut d'autrui en péril, refuse courageusement de s'y soumettre, au risque de provoquer des haines redoutables, ou qui parle des assemblées populaires, du suffrage universel et de ses décisions avec la rude franchise que l'on sait. Tantôt c'est le citoyen qui reprend le dessus, et alors, même quand l'État le condamne par le vote des héliastes, il va jusqu'à dire que l'État est chose sainte et que lui obéir c'est faire acte de piété. Tout, même la mort, lui paraît préférable à la malédiction des lois. Admettons qu'il y ait un plaidoyer de circonstance au fond de la magistrale prosopopée du *Criton* : il sera toujours vrai de répéter à la suite de Xénophon que Socrate aima mieux mourir en respectant la loi que vivre en s'insurgeant contre elle.

Quant à Platon, que ce soit par une sorte de coquetterie d'écrivain ou pour toute autre cause qu'il ait donné un pareil relief à la figure de Calliclès (1), il l'a fait réfuter par Socrate d'une manière non moins admirable, quoique plus calme et mesurée. Remarquons d'ailleurs que dans ses derniers ouvrages, et notamment dans les *Lois*, c'est à la nature (au sens philosophique du mot) que Platon en appelle dans plusieurs de ses définitions, et pour concilier les deux partis antagonistes, il pose en fait cette vérité qui depuis n'a jamais été sérieusement contestée : la loi doit être calquée sur la nature (2), le droit positif a pour premier fondement le droit naturel.

Ces deux droits, Aristote les définit et les oppose avec une rare précision (3), ajoutant que les lois, ne faisant pas les

---

(1) Dans les *Lois*, il proteste avec une nouvelle vivacité (X, 889, D-E) contre ce que Hardy appelle « der von Plato perhorrescirte Naturbegriff der religiös und sittlich emancipirten gebildeten Kreise Athens ».

(2) *Lois*, 636 B : εἴ τις ἀκολουθῶν τῇ φύσει θήσει τὸν νόμον.

(3) *Éthique à Nicomaque*, V, 10, 1134^{b}18, et 12, 1136^{b}33. — Dans sa

hommes qu'elles gouvernent, mais les recevant tout faits des mains de la nature, doivent avant tout être conformes à la raison.

Chose singulière, le même conflit que nous avons vu surgir au temps de la sophistique va ressusciter à la fin du IVᵉ siècle pour mettre aux prises deux écoles puissantes : seulement les rôles en apparence sont intervertis.

Pour les Epicuriens, pas de justice naturelle, mais des lois reposant sur des conventions (1), lois que l'intérêt a dictées aux sociétés et qui représentent la justice aussi longtemps qu'elles ne sont pas abolies. Dans ce domaine, la volonté du législateur est souveraine :

> Jura inventa metu injusti fateare necesse est
> Tempora si fastosque velis evolvere mundi. (Horace)

On entend bien parler d'un droit de la nature : mais à y regarder de près, c'est ou un code purement utilitaire, ou même l'affirmation du droit du plus fort dans la lutte pour la vie (2).

Contre cette thèse épicurienne, développée avec le talent que l'on sait par Lucrèce au Vᵉ livre du *De natura rerum*, les stoïciens s'élèveront avec la dernière énergie (3). Non, la loi

---

Rhétorique (I, 13, 1373ᵇ6) Aristote invoque des témoignages nombreux à l'appui de cette thèse qu'il existe un φύσει κοινὸν δίκαιον.

(1) Ils suivent en cela l'exemple d'Aristippe, demeuré conséquent avec le caractère sensualiste de toute sa doctrine quand il disait (Diogène Laerce, II, 93) : μηδὲν εἶναι δίκαιον φύσει ἢ καλὸν, ἀλλὰ νόμῳ καὶ ἔθει.

(2) Cf. Lucrèce, II, 1137 et Diog. Laerce, X, 150 : Τὸ τῆς φύσεως δίκαιόν ἐστι· σύμβολον τοῦ συμφέροντος εἰς τὸ μὴ βλάπτειν ἄλληλα μήτε βλάπτεσθαι.

(3) Diogène Laerce, VII, 128 : φύσει τὸ δίκαιον καὶ μὴ θέσει. — Dans le seul traité des *Lois* de Cicéron, les textes à l'appui abondent — I, 5 : Natura juris ab hominum est explicanda natura. — I, 10 : Non opinione, sed natura constitutum est jus. — I, 15 : Si natura confirmatura jus non erit, virtutes omnes tollentur. — II, 24 : Natura quæ norma legis est. — Lex est ratio profecta a rerum natura. — Lex est summa ratio insita in natura, etc.

n'est pas une imagination de l'esprit humain : elle est divine par son origine et par son essence, car la raison qui la promulgue au dedans de nous est une émanation de Dieu même. Elle repose sur la nature, en ce sens qu'il suffit de descendre dans notre conscience pour l'y trouver : s'il en était autrement, c'en serait fait de toutes les vertus. Ainsi la même doctrine qui dans la bouche de Calliclès parlant au nom de la nature individuelle était un encouragement à toutes les convoitises et à toutes les violences devient ici, appliquée à la nature humaine en général, la plus sûre garantie de l'ordre social. Tant sont diverses les interprétations auxquelles se prête cette notion si complexe de nature !

Mais nous voici amenés insensiblement en face d'un problème d'une portée philosophique et sociale plus étendue encore et plus haute, et sur lequel nous aurons à insister davantage.

II. — Éducation et morale.

L'homme, ici-bas, a une tâche à remplir, et la vertu correspond à son parfait accomplissement. C'est l'état d'une âme qui, victorieuse de toutes les tentations inférieures, s'avance résolument vers le but qui lui est assigné. Or d'où vient la vertu ainsi comprise ? (1) Est-elle purement et simplement un don de la nature, ou au contraire une conquête de notre activité libre ? vient-elle de plus haut que nous, ou peut-elle s'acquérir par la pratique, les forces humaines et les leçons des sages suffisant pour y conduire ?

Grave question qui s'était posée de bonne heure devant les moralistes grecs (2), et qui n'avait pas encore cessé d'être

---

(1) Inutile de rappeler que nous avons ici affaire à la vertu païenne, différente à bien des égards de la vertu au sens chrétien et moderne.

(2) Dans la Chine antique, Confucius attribue également à la nature

débattue à l'époque où Horace (1) écrivait à son ami Lollius :

> Inter cuncta leges et percontabere doctos
> Virtutem doctrina paret, naturave donet.

S'agit-il d'abord de la distinction de l'esprit et d'une supériorité plus spécialement intellectuelle ?

Dès le temps de Pindare il y avait, comme il y eut encore longtemps après, de vives controverses sur ce qu'on appelait la sagesse innée et la sagesse acquise : l'auteur des *Olympiques* ne goûte que la première et traite la seconde de laborieuse et méchante contrefaçon. « Le sage, dit-il, est celui qui sait beaucoup de nature (σοφὸς ὁ πολλὰ εἰδὼς φυᾷ) : ceux qui ne savent que pour avoir appris, bavards infatigables comme des corbeaux, vocifèrent inutilement contre l'oiseau de Zeus. » De là à ses yeux le prix inappréciable d'une haute naissance. Telle est au VIe et au Ve siècle l'opinion régnante qu'exprime en très beaux vers l'Hippolyte d'Euripide (2) ; Platon, de son côté, ne manque aucune occasion de répéter que le poète n'est poète que par inspiration (3).

Veut-on parler au contraire de la distinction morale et de l'éclat qui rayonne autour d'une grande âme ?

Simonide (4) et Pindare s'accordent à voir ici un don des

---

nos qualités et nos défauts : prétendre corriger son œuvre est une chimère. Le poète Tchuang-Tse est plus généreux : « Développez en vous ce qui est de l'homme, il en sortira l'artifice ; suivez la nature, il en naîtra la vertu. » Rousseau, comme on le voit, a eu des devanciers dans l'Extrême-Orient.

(1) *Epîtres*, I, 18.
(2) Vers 76 : ὅστις διδάσκων μηδὲν ἀλλ' ἐν τῇ φύσει τὸ σωφρονεῖν εἴληχεν.
(3) Voir l'*Apologie* (ch. VII), l'*Ion* (534 A) et surtout le *Phèdre* (245 A) auquel fait écho notre Lamartine :

> L'homme n'enseigne pas ce qu'inspire le ciel.

(4) Οὔτις ἄνευ θεῶν ἀρετὰν λάβεν οὐδὲ πόλις οὐδὲ βροτός. Pour bien comprendre cette phrase et d'autres analogues, il ne faut pas perdre de vue le sens précis de l'ἀρετή des Grecs et de la *virtus* des Latins.

dieux. « Zeus, écrit ce dernier, c'est de toi qu'arrivent aux mortels les grandes vertus ainsi que la fortune dont elles sont le couronnement (1). » — « C'est à la nature qu'il appartient de nous enseigner le bien avec une efficacité souveraine (2) », dira à son tour Xénophon. La conclusion du *Ménon* de Platon est que la vertu échoit par une faveur divine (3) à ceux qui la possèdent, et le plus bel éloge décerné aux Athéniens dans les *Lois* (4), c'est que « ce sont les seuls qui ne doivent pas leurs vertus à une éducation forcée : elle naît en quelque sorte avec eux, et, parce qu'ils la tiennent des dieux en présent, elle est franche et n'a rien de fardé ».

Mais une race aussi fière de sa personnalité que la race grecque n'admettra pas aisément que ce qu'il y a de meilleur en elle ne puisse en aucun cas être son œuvre, et ce sera au contraire une des causes de l'éminente supériorité du génie hellénique que la conciliation, disons mieux, la fusion par lui tentée et réalisée dans les divers aspects de la vie humaine entre l'action de la nature et celle de l'éducation (5). Démocrite qui, au dire d'Horace, estimait le génie, livré à ses seules forces plus digne d'envie que l'art avec toutes ses gênes misérables, n'hésitait cependant pas à dire que l'instruction infuse en nous un sang nouveau (ἡ διδαχὴ φυσιοποιέει) (6). Isocrate

---

(1) *Isthmiques*, III, 4. Cf. *Néméennes*, III, 40 : « On est bien solide, quand on a ce don inné de la vertu. Celui qui n'a que de l'acquis reste un homme obscur, aspirant à ceci, à cela, ne marchant jamais d'un pas sûr : il goûte à dix mille talents, en esprit incapable d'en posséder un ».

(2) Κράτιστόν ἐστι παρ' αὐτῆς τῆς φύσεως τὸ ἀγαθὸν διδάσκεσθαι.

(3) Affirmation qui revient dans Platon sous bien des formes, et qui a des affinités indéniables avec la doctrine chrétienne de la grâce.

(4) I, 642 C. — On prête également à Platon ce mot : θεοῦ δῶρον προτέρημα φύσεως.

(5) C'est ce qu'Horace, au point de vue artistique et littéraire, a si heureusement exprimé dans les vers tant de fois cités :

> Natura fieret laudabile carmen, an arte
> Quæsitum est, etc.

(6) On cite du philosophe d'Abdère cette maxime significative : ἡ φύσις καὶ ἡ διδαχὴ παραπλήσιόν ἐστι. — Rappelons à ce propos que M. Espinas

reconnaît que si même en ne restant étranger à aucun élément de culture il n'est pas aisé de remédier aux imperfections de sa nature (τὰς τῆς φύσεως ἁμαρτίας ἐπικρατεῖν), l'éducation n'en est pas moins merveilleuse pour développer ce que celle-ci a d'heureux (τὴν ἡμετέραν φύσιν εὐεργετεῖν) (1). Il est juste, écrit-il, de louer ceux qui sont vertueux par nature (τοὺς φύσει κοσμίους ὄντας), plus juste encore de féliciter ceux que la réflexion et la lutte ont formés à la vertu (2). Platon dans la *République* ne tient pas un autre langage : « Il en est à peu près des autres qualités de l'âme comme de celles du corps : quand on ne les a pas reçues de la nature, on les acquiert par l'éducation et la culture » (3). Mais il a soin d'ajouter aussitôt : « Quant à la sagesse, elle est d'une nature plus divine. » — Comme Socrate, l'éducateur populaire par excellence, comme Platon son maître (4), Aristote dans la formation de l'homme comme dans celle du poète et de l'artiste a su réserver la part de la nature, de l'étude et de l'exercice (5).

---

explique les contradictions du *Protagoras* par « le souvenir des hésitations de Socrate entre la doctrine des sophistes, d'après laquelle la vertu est comme tous les autres arts le fruit de l'initiative individuelle aidée de la culture, et sa propre doctrine de l'illumination logique qui exclut la liberté ».

(1) Ce double pouvoir (de relèvement et de perfectionnement) est attribué en cent endroits à l'éducation par le Socrate des *Mémorables* (par exemple, II, 6, 39, IV, 1, 3, etc.) et Cicéron l'a en vue quand il écrit (*Tusculanes*, III, 1) : « Quod si tales nos natura genuisset, ut eam ipsam intueri et perspicere eademque duce cursum vitæ conficere possimus, haud erat sane quod quisquam rationem ac doctrinam requireret ».

(2) Critias avait coutume de dire : Ἐκ μελέτης πλείους ἢ φύσεως ἀγαθοί.

(3) La contre-partie se lit dans le *Timée* (87 B) à propos de nos vices : ὧν αἰτιατέον τοὺς φυτεύοντας μᾶλλον τῶν φυτευομένων, καὶ τοὺς τρέφοντας τῶν τρεφομένων.

(4) « Si la nature t'a fait orateur, et que tu cultives ces bonnes dispositions par la science et par l'exercice, tu seras illustre quelque jour : mais s'il te manque une de ces conditions de succès, tu n'auras jamais qu'une éloquence imparfaite. » (Socrate à Phèdre) — Le *Pro Archia* (VII, 15) nous offre de cette phrase une traduction presque littérale.

(5) Diogène Laerce, V, 18 : τριῶν ἔφη Ἀριστοτέλης δεῖν παιδείᾳ, φύσεως,

Le cynique Diogène au contraire, dédaigneux des dons de la nature, exaltait la puissance de la discipline morale : quiconque s'applique à se corriger peut triompher des défauts en apparence les plus opiniâtres, des résistances les plus obstinées (1). Mais en même temps c'est le propre des cyniques de poursuivre de leurs railleries ce que nous entendons plus spécialement aujourd'hui par « l'éducation ». L'homme « bien élevé », formé par ce qu'on a nommé les « lois de l'imitation », leur est essentiellement antipathique ; et plus de vingt siècles avant Rousseau, ils déclameront à plaisir contre les influences sociales bonnes tout au plus à gâter, non à perfectionner, l'œuvre de notre seul maître légitime, la nature. Oubli de la pudeur, mépris des convenances, dédain de toute politesse, voilà le premier article de leur programme pédagogique.

Les stoïciens auront garde de le leur emprunter : mais eux aussi prêcheront l'effort, l'effort persévérant pour atteindre à la supériorité morale dont l'être humain est susceptible : c'est à une constante vigilance, à un travail infatigable sur nous-mêmes qu'il appartient de développer les germes fournis par la nature (2) : mais aussi le sage idéal se vante de ne devoir qu'à soi sa haute perfection :

> Satis est orare Jovem quæ donat et aufert :
> Det vitam, det opes ; animum mi æquum ipse parabo (3).

μαθήσεως, ἀσκήσεως. — On lit au VIIᵉ livre de la *Politique* (17, 1337a1) : πᾶσα τέχνη καὶ παιδεία τὸ προσλεῖπον βούλεται τῆς φύσεως ἀναπληροῦν.

(1) Diogène Laerce, VI, 71 : οὐδὲν ἔλεγε (Διογένης) τὸ παράπαν ἐν τῷ βίῳ χωρὶς ἀσκήσεως κατορθοῦσθαι, δυνατὴν δὲ ταύτην πᾶν ἐκνικῆσαι. Il appelait cette contrainte exercée sur soi-même οἱ κατὰ φύσιν πόνοι. Peut-être n'avait-il pas assez médité l'avertissement d'Aristophane : χαλεπὸν τῆς φύσεως ἀποστῆναι, avertissement qu'Horace (*Epitres*, I, X) devait traduire en deux vers bien connus :

> Naturam expellas furca : tamen usque recurret,
> Et tua perrumpet furtim fastidia victrix.

(2) « Semina nobis scientiæ natura dedit, scientiam non dedit » (Sénèque). Et il en est de la volonté comme de l'intelligence.

(3) L'antithèse avec la θεία μοῖρα de Platon est, on le voit, aussi nette que possible.

C'est qu'en effet, selon le mot de Sénèque, « non dat natura virtutem : ars est bonum fieri ». (1)

Ce qui précède laisse à peine soupçonner le rôle capital assigné en morale à la nature par les plus célèbres écoles philosophiques de l'antiquité.

Durant des siècles on s'était contenté, comme règles de conduite, de directions traditionnelles léguées par chaque génération à la génération suivante. Mais ici, comme ailleurs, la réflexion tôt ou tard devait intervenir pour chercher la base rationnelle de ce qui n'avait été jusque-là que croyance spontanée. Quelle contribution la connaissance de la nature humaine pouvait elle apporter à la solution des problèmes fondamentaux de la morale ? Voilà la question par excellence que se sont posée les plus grands d'entre les successeurs de Socrate.

Le nom de Platon éveille d'ordinaire la pensée de l'idéalisme sous sa forme la plus élevée, la plus transcendante : il semble que dans la société de l'auteur des *Dialogues* on doive constamment planer en pleine métaphysique. Un tel portrait de Platon est loin d'être fidèle, car certainement il ne s'y retrouve pas tout entier : son enseignement a moins d'unité qu'on ne se l'imagine, et s'il y perd en rigueur logique, il y gagne beaucoup en intérêt.

Pendant toute la première partie de sa vie, Platon a eu le même but, la même ambition que Socrate : instruire et réformer ses contemporains en leur faisant connaître la vraie

---

(1) Je ne parle pas des Epicuriens, qui ne paraissent pas avoir eu sur l'éducation des vues nettement arrêtées. Le maître se rencontre avec Sénèque pour recommander la frugalité et la simplicité. N'est-ce pas ce que nous prêche l'exemple des animaux, que la nature nous offre en modèles (« specula naturæ », *De Finibus*, II, 10) ? Il faut du reste se souvenir que si entre épicuriens et stoïciens le point de départ est presque toujours très différent, le point d'arrivée est souvent très voisin. S'agit-il, par exemple, du courage ? Voici ce qu'enseignait Epicure (Diogène Laerce, X, 120) : ἀνδρείαν φύσει μὴ γενέσθαι, λογισμῷ δὲ τοῦ συμφέροντος.

nature de l'homme étudiée à la lumière de la plus fine psychologie. Dans le *Cratyle*(1), φύσις représente encore la réalité objective, ce que nous appelons communément « la nature des choses », qui sont ce qu'elles sont par elles-mêmes (ᾗπερ πέφυκε) et qu'il n'est pas en notre pouvoir de changer. Cette nature, élément permanent en opposition avec les opinions variables des hommes et leurs actes arbitraires, voilà la pierre de touche de nos jugements (2), voilà ce qui doit servir tout à la fois de point d'appui et de direction au moraliste et au politique : une cité bien organisée est οἰκισθεῖσα κατὰ φύσιν (3). Loin

---

(1) Puisque l'occasion nous en est offerte, disons un mot du problème philologique fort curieux que pose ce dialogue. Les mots sont-ils une création arbitraire de l'homme, ou ont-ils un rapport logique avec les choses qu'ils désignent ? — Les uns, à la suite d'Héraclite, voulaient que les choses eussent un nom naturel (φύσεως δημιουργήματα) dont l'étude attentive serait pour le sage comme une révélation implicite de leur essence. « L'examen des mots est le commencement de la science », disait Antisthène, et s'il convient de ne pas exagérer l'importance de l'étymologie, il est permis de regretter que nos philosophes contemporains en fassent un si rare et si parcimonieux emploi. — Les autres, avec Démocrite, ne voyaient dans les mots qu'une convention humaine et ajoutaient avec Gorgias qu'il faut se garder d'aller aux choses à travers les mots. De fait, que de mots ont des significations multiples ! que de choses peuvent être désignées par une profusion de termes entre lesquels seuls les délicats savent discerner des nuances ! Détail piquant : Epicure, préludant à une science que les récentes découvertes de M l'abbé Rousselot ont merveilleusement perfectionnée, insistera (Diogène Laerce, X, 75) sur les différences que l'organisation physiologique et organique des différentes races doit introduire dans le développement des divers idiomes.

(2) « Die φύσις bezeichnet den Normalzustand, der auf dem Wege der mit der Erziehung Hand in Hand gehenden Staatsgesetzgebung anzustreben ist » (Hardy, *Der Begriff der Physis*, p. 121). — « Φύσις is the watchword of teleology and rationalism against empiricism in the *Gorgias*, *Phædrus* and elsewhere. Especially with regard to the ethical judgments, φύσις is the word regularly used to express the view that they are not arbitrary and conventional, but have a validity of their own : see for instance *Theaitetus*, 172 B. » (Llewelyn Davies, *Journal of Philology*, 1897.)

(3) *République*, IV, 428 E. Est-il nécessaire de rappeler que c'est avant tout sur l'éducation que Platon fait fond pour réaliser et maintenir la cité de ses rêves ?

d'avoir des dispositions naturelles identiques, les hommes ont chacun leur vocation propre, leur mission spéciale : l'art des gouvernants consiste précisément à la bien discerner. Ainsi ce que Platon a ici en vue, ce n'est même pas la nature humaine en soi, mais bien ce je ne sais quoi dont l'influence aussi mystérieuse dans son origine que manifeste dans ses effets constitue pour ainsi dire l'élément *a priori* de notre être moral (1). En ce sens tout ce qui est contre notre nature est douloureux, tout ce qui est en harmonie avec elle nous est agréable (2). Platon attache même une telle importance à ces dispositions natives que les naturels pervers ou disgraciés (κακοφυεῖς) doivent être éliminés de sa république par tous les moyens possibles. En revanche, toujours au nom de principes abstraits, il met la femme sur le même rang que l'homme : jamais (dans l'antiquité du moins) la thèse de l'égalité des deux sexes n'a été plaidée avec tant d'insistance et avec une pareille fougue de raisonnement (3).

Jusqu'ici en feuilletant la *République* nous ne sommes pour ainsi dire pas sortis des bornes de la « physique » entendue au sens des anciens : mais tout à coup (à partir du livre V, 472 B) la pensée de Platon reçoit une orientation nouvelle : un autre idéal s'est montré à ses yeux. Il a conçu un monde supérieur au nôtre, un ordre céleste et vraiment immuable. Ce n'est plus la nature qui fait loi : elle abdique devant l'Idée : le bonheur appartient à celui que le bien suprême absorbe tout entier dans sa contemplation : c'est la science sous sa forme la plus haute qui va prendre en mains

---

(1) Platon n'admet au nombre des artistes que les hommes bien nés, capables de saisir la nature du beau et de l'honnête (τοὺς εὐφυῶς δυναμένους ἰχνεύειν τὴν τοῦ καλοῦ τε καὶ εὐσχήμονος φύσιν, *Ib.* 401 c).

(2) *Timée*, 81 E, – *Philèbe*, 31 D.

(3) De 453 A à 457 B, le mot φύσις n'est pas répété moins de 25 fois. — « The great frequency of the term φύσις in Plato's dialogues represents what has too often been ignored, the experimental aspect of his philosophy » (CAMPBELL, *République*, II, p. 321). Isocrate est le seul auteur de ce temps qui fasse de ce mot un si abondant usage.

le gouvernement de l'humanité. Voulez-vous connaître la véritable essence des choses ? cherchez-la dans cette sphère idéale dont l'intelligence de l'homme ne peut ici-bas qu'approcher sans l'atteindre (1).

Cependant, le philosophe ne devait pas rester jusqu'au bout sur ces hauteurs : sont-ce les désenchantements et les déceptions qui lui ont ôté ses illusions radieuses ? Ce qui est certain, c'est que dans les *Lois* la sécurité et la félicité sociales ont pour base, non plus les satisfactions données à la nature, ni même les inspirations d'une philosophie idéale, mais bien le frein jugé plus efficace et plus rassurant des lois et du sentiment religieux (2).

Il semble qu'il y ait sur ce point moins de divergences entre les divers enseignements d'Aristote, et qu'ils tendent un peu plus à une même chose.

La nature, lisons-nous chez ce philosophe, est le seul maître de l'esclave et du barbare : l'homme civilisé y ajoute les lumières de la science et de la réflexion ; l'œuvre de l'art et de l'éducation consiste précisément à compléter, à perfectionner cet ensemble de dispositions innées (3), qui est pour la pensée tantôt un auxiliaire, et tantôt une entrave. La raison nous a été donnée pour aller plus loin que la nature, et s'il le faut, pour lutter même contre elle (4). Par l'habitude, nous arrivons à créer en nous une seconde nature (5), sans

---

(1) Chose singulière, le mot φύσις apparaît jusque dans le vocabulaire idéaliste de Platon : ἡ κλίνη ἡ ἐν τῇ φύσει οὖσα (*République*, X, 597 B), παραδείγματα ἐν τῇ φύσει ἑστῶτα (*Parménide*). Au dire des commentateurs, dans le langage platonicien cette locution ἐν τῇ φύσει correspond à l'idée considérée comme transcendante.

(2) *Lois*, IV, 713 C-D.

(3) Voir le texte cité plus haut (page 351, note 7) et *Physique*, II, 8, 199a15.

(4) *Politique*, VII, 1332b5-10.

(5) Entre l'habitude et la nature il n'y a guère d'autre différence, dit Aristote (*Rhétorique*, I, 1170a6) que celle de « souvent » à « toujours ».

cependant jamais réussir à éliminer entièrement la première. Aussi un heureux naturel (εὐφυΐα) est-il le don le plus précieux de la destinée (1). Même chez le sage, l'âme est distraite des jouissances de la contemplation par les exigences du corps auquel elle est attachée. C'est à la nature que nous devons l'amour de l'être, le désir de nous perpétuer, l'aspiration à la vérité et au bonheur, l'instinct d'imitation ; en ce qui touche ces inclinations fondamentales, son action est à la fois si puissante et si sûre que le législateur doit non seulement obtempérer à ses ordres, mais s'inspirer de ses conseils et de ses désirs (2). Bref, pour résumer les théories d'Aristote, dans l'art comme dans la morale, dans l'éducation de l'individu comme dans le gouvernement des États, la nature qui est une fin à sa manière (3) marque le but à atteindre, sauf à laisser ensuite à notre jugement et à notre initiative le choix de la route (4).

Sur ce terrain un rapprochement graduel s'opéra entre les disciples de Platon et ceux d'Aristote ; aux deux écoles Cicéron (5) attribue cette doctrine commune : « Finis bonorum secundum naturam vivere, id est virtute adhibita frui primis a natura datis. » Mais qu'étaient-ce que ces *prima naturæ* (6) ?

---

(1) *Eth. Nicom.*, III, 7, 1114ᵇ8.
(2) Les deux mots φύσις et φυσικός reviennent si fréquemment et avec des nuances si variées dans la seule *Politique*, qu'un savant allemand a consacré à leur rôle dans ce dialogue un mémoire tout entier.
(3) *Politique*, I, 2, 1252ᵇ30 : ἡ φύσις τέλος τί, et dans un autre passage : οἷον ἕκαστόν ἐστι τῆς γενέσεως τελεσθείσης, ταύτην φαμὲν τὴν φύσιν εἶναι αὐτοῦ.
(4) « En fait, dit M. Boutroux dans une de ses belles leçons sur Pascal, il n'y a pas, même chez les anciens, de morale purement naturaliste : ils distinguent de la nature réelle une autre nature idéale qui n'est autre que leur conception du divin. Ainsi *nature* chez Aristote ne désigne pas causalité pure et simple, nécessité immanente aux choses, mais finalité, c'est-à-dire forme parfaite, type accompli vers lequel tend le mouvement des êtres. Loin d'être en opposition avec l'art, comme le prétend le naturalisme contemporain, au fond elle ne fait qu'un avec lui. »
(5) *De Finibus*, II, 33.
(6) Ou, d'après un autre texte (*Académiques*, I, 129), « res, quas pri-

Il est probable que la liste en était tantôt plus courte et tantôt plus longue, selon l'humeur personnelle des philosophes.

Mais voici deux écoles célèbres qui se réclament l'une et l'autre officiellement de la nature, et ne veulent reconnaître aucun autre juge, aucun autre critérium de ce que l'homme ici-bas doit faire et éviter. De fait, briser sa nature, se renoncer à soi-même, a été de tout temps une idée étrangère au Grec : ce qu'il poursuit comme d'instinct, c'est le complet développement, l'harmonieux épanouissement de tout son être ; et la maxime fameuse, susceptible (l'expérience l'a prouvé) d'interprétations à l'infini, ζῆν ὁμολογουμένως τῇ φύσει, était inscrite dans les mœurs bien avant de devenir une formule philosophique. Au reste, comme le fait remarquer Cicéron, lorsqu'en parlant des vrais biens et des vrais maux on veut savoir ce qu'il y a de principal dans les uns et dans les autres, il faut en venir à la source des premiers mouvements et des premières impressions de la nature (1) : quand on l'a trouvée, c'est de là que doit partir toute la discussion (2).

Ainsi demandez à Zénon quelle est la loi fondamentale des actes humains ? « Vivre en accord avec soi-même (3) », vous

---

mas homini natura conciliat ». Stobée (*Ecl.*, II, 60) nous en offre l'énumération la plus complète : ἕξις, κίνησις, σχέσις, ἐνέργεια, δύναμις, ὄρεξις, ὑγίεια, ἰσχύς, εὐεξία, εὐαισθησία, κάλλος, τάχος, ἀρτιότης, αἱ τῆς ζωτικῆς ἁρμονίας ποιότητες, puis εὐσυνεσία, εὐφυία, φιλοπονία, ἐπιμονή, μνήμη, τὰ τούτοις παραπλήσια, ὧν οὐδέπω τεχνοειδὲς οὐδέν, σύμφυτον δὲ μᾶλλον.

(1) Voici sur ce point, d'après Aulu-Gelle (XII, 5, 7), le commentaire du philosophe Taurus : « Hoc esse fundamentum rata est (natura) conservandæ hominum perpetuitatis, si unusquisque nostrum simul atque editus in lucem foret, harum prius rerum sensum affectionemque caperet, quæ in veteribus philosophis τὰ πρῶτα κατὰ φύσιν appellatæ sunt, ut omnibus scilicet corporis sui commodis gauderet, ab incommodis abhorreret. » Quelle pauvre morale, si elle ne va pas plus loin ?

(2) *De finibus*, V, 6. Mais ailleurs (*De legibus*, 1, 8, 25) Cicéron se hâtait d'ajouter : « Est virtus nihil aliud quam *perfecta et ad summum perducta natura.* »

(3) Ζῆν ὁμολογουμένως (Stobée, *Ecl.*, II, 132). Le premier livre de Zénon avait, dit-on, pour titre Περὶ τοῦ κατὰ φύσιν βίου.

répondra-t-il, ou sous une forme sinon plus précise, du moins plus complète, et dès lors classique chez les anciens, « vivre conformément à la nature (1) ». En la suivant, on ne court pas risque de s'égarer :

Nunquam aliud natura, aliud sapientia dicit (2).

Qu'est ce à dire et que signifie au juste ce précepte qui m'est répété à tout instant? Quelle est cette nature qui doit me servir de modèle et dont on affirme avec tant d'assurance qu'elle est la règle absolue du bien (3), et selon le mot de Chrysippe, la mesure du possible et de l'impossible? Où est-elle? et quelles leçons ai-je à lui demander (4)?

Faut-il l'entendre au sens de Socrate? veut-on que fermant les yeux aux spectacles du dehors, nous rentrions en nous-mêmes, où dans notre conscience nous découvrirons sans peine notre fin suprême? Les stoïciens définissent volontiers le bien l'accord et l'harmonie des fonctions qui conservent notre être propre dans son intégrité : est-ce uniquement notre qualité d'êtres vivants, est ce au contraire notre attribut d'êtres intelligents et raisonnables qui est ici en jeu? qui se chargera de définir la nature de l'homme dans son étonnante et presque effrayante complexité? qui dira tout à la fois et les obligations et les entraînements de tout genre qui

---

(1) Ces mots se lisent déjà chez Polémon (CICÉRON, *Acad. pr.*, II, 42), chez Speusippe (CLÉMENT D'ALEXANDRIE, *Stromates*, II, 418) et même chez Héraclite (d'après STOBÉE, *Serm.*, III, 84). Incontestablement c'est l'interprétation de la loi qui est neuve dans le stoïcisme beaucoup plus que la loi elle-même, laquelle dans sa forme originelle a un parfum tout socratique. Comme il arrive fréquemment, les stoïciens plus modernes trouvèrent cette simplicité peu de leur goût et la transformèrent en ζῆν ἀκολούθως τῇ τοῦ ἀνθρώπου παρασκευῇ.

(2) JUVÉNAL.

(3) DIOGÈNE LAERCE, VII, 100 : ἔχειν τοὺς ἐπιζητουμένους ἀριθμοὺς ὑπὸ τῆς φύσεως.

(4) On connaît le vers de Musset (*La coupe et les lèvres*) :

La nature, sans doute, est comme on veut la prendre.

pour lui en découlent? D'ailleurs comment la déterminer, à moins de connaître son origine, c'est-à-dire de remonter jusqu'à Dieu? Or, le Dieu des stoïciens, nous le savons, se confondait avec cette nature elle-même dont ils parlent à tout propos (1). A chaque page de leurs traités on se heurte à des phrases comme celles-ci : « La divinité habite dans l'homme ». — « Le sage marche de pair avec les dieux ». Raison, nature, vertu, tout cela est tantôt distingué, tantôt synonyme. Bref, la nature se trouve pour ainsi dire déterminée *a priori*, en conformité avec les idées dominantes et le but du système (2).

Ainsi toute passion nous est présentée comme une perturbation intérieure, comme une maladie de l'âme (3), dont la cause est dans la matière où nos esprits ici-bas sont pour ainsi dire emprisonnés :

> Igneus est ollis vigor et cœlestis origo
> Seminibus, quantum non noxia corpora tardant
> Terrenique hebetant actus moribundaque membra.
> Hinc metuunt cupiuntque, dolent gaudentque vicissim (4).

Le corps ne fait donc pas partie de la nature humaine aussi bien que l'âme, la sensibilité aussi bien que la raison? Sans paraître s'en douter, on interdira au sage tout désir, sous prétexte que le désir est l'avant-coureur de la passion : on lui ordonnera d'ignorer la compassion, la pitié, et d'étouffer

---

(1) Ainsi s'explique le mot de Caton dans le *De Senectute*, II, 1. « Quid est aliud Gigantum modo bellare cum diis nisi naturæ repugnare? »

(2) On le voit, les stoïciens, si singulier que fût leur point de vue, n'ont pas commis l'erreur où sont tombés tant de philosophes de notre temps, lesquels laissent aller la morale se perdre dans le grand courant des sciences de la nature.

(3) Conclusion : pour la combattre et la réduire, les stoïciens font appel à toutes les énergies de l'homme, tandis qu'Aristote voit dans les passions des impulsions que la nature a données à l'homme pour son plus grand bien.

(4) *Énéide*, VI, 730.

en lui le sentiment au point de ne souffrir ni de la perte d'un père, ni de la mort d'un ami. A ce compte, le sage stoïcien est un être de raison (1), auquel, pour être homme, il ne manque que ce qui s'appelle par excellence « l'humanité » : le renoncement qu'on voudrait lui imposer au nom de la nature est en réalité un renoncement contre nature. Sénèque lui-même éprouve le besoin de protester contre de tels paradoxes : « Il y a des mouvements dont nous ne sommes pas les maîtres : nos larmes jaillissent souvent malgré nous et ces larmes nous soulagent : on peut obéir à la nature sans compromettre sa dignité. »

Prend-on au contraire l'homme tout entier? Nouvelle difficulté : dans son âme les bons éléments, les bons mouvements ne se rencontrent pas seuls ; il y en a d'autres, séparés à l'origine des premiers par une ligne de démarcation parfois à peine visible ; si l'on prend en bloc tous nos instincts, tous nos penchants pour les ériger sans autre critérium en ligne de conduite, qui ne voit à quels excès, à quelles hontes la porte est largement ouverte (2)? Au terme de cette route, la divinisation du vice était aussi inévitable que celle de la vertu. Et enfin, s'il nous suffit d'aller où nous pousse la nature, d'où vient que la pratique du devoir impose tant de sacrifices ? pourquoi tant d'hommes déshonorent-ils par leur conduite et eux-mêmes et la société à laquelle ils appartiennent ? Rendons du moins cette justice aux stoïciens que s'ils n'ont pas été moins

---

(1) « Homini suum bonum ratio est : si hanc perfecit, finem naturæ suæ tetigit » (Sénèque). L'homme cesse, de la sorte, de faire partie de la nature pour devenir tout entier raison et pensée, de même que nous voyons Spinoza au cours de son exposition transformer son Dieu nature en un Dieu esprit.

(2) Il était impossible que ces conséquences extrêmes n'ouvrissent pas les yeux des prudents : aussi Sénèque juge-t-il nécessaire l'avertissement que voici : « Quod bonum est, secundum naturam est, non protinus quod secundum naturam est, etiam bonum est. » (*Lettre* 118.) L'homme veut-il s'éclairer sur des besoins qui ne sont que factices, sur des exigences purement arbitraires ? « Fons reperiendus est, in quo sint prima invitamenta naturæ. » (Cicéron, *De Finibus*, V, 6.)

empressés que les philosophes du xviiie siècle à se réclamer de la nature, ils n'ont du moins jamais cru que la vertu vînt toute seule et sans culture comme la fleur des champs. Ils enseignent à l'homme l'effort, au lieu de l'inviter à un aimable et mol abandon.

Mais l'école comprit de bonne heure qu'il convenait d'agrandir cette notion un peu étroite de la nature (1), et sans se demander si et comment la nature individuelle relevait du κόσμος, elle substitua à cette première conception (2) ou plutôt y ajouta (3) celle de la nature universelle, que la physique entendue à la façon antique nous montre toujours en action dans le monde pour y maintenir partout un ordre invariable. Platon avait voulu que la contemplation des cieux servît à nous associer plus étroitement aux mouvements réguliers de la Divinité : à sa suite, Chrysippe enseignera que pour l'homme la première condition de la vertu et du bonheur, c'est de connaître et d'imiter l'univers (4), en faisant régner dans tout son être une harmonie aussi parfaite que celle des cieux. N'est-il pas lui-même une des parties (5) de ce vaste ensemble à la nature duquel sa constitution et sa perfection se trouvent irrévocablement liées (6) ? Et l'univers n'est-il pas un

---

(1) Théorie de Zénon.
(2) Théorie de Cléanthe.
(3) Théorie de Chrysippe, dont la formule était : ζῆν κατὰ τήν τε κοινὴν φύσιν καὶ ἰδίως τὴν ἀνθρωπίνην (Diog Laerce, VII, 89) ou encore κατ' ἀρετὴν αὐτοῦ καὶ κατὰ τὴν τῶν ὅλων. Des divergences analogues se font jour dans le Portique moyen où le côté psychologique domine dans la morale de Panétius (ζῆν κατὰ τὰς δεδομένας τῆς φύσεως ἀφορμάς) et le côté cosmologique dans celle de Posidonius (ζῆν θεωροῦντα τὴν τῶν ὅλων ἀλήθειαν καὶ τάξιν, formule qui n'est pas moins platonicienne que stoïcienne).
(4) Ce qu'il appelait ζῆν κατ' ἐμπειρίαν τῶν φύσει συμβαινόντων. — *Cf.* Sénèque, *De la vie heureuse*, 3 : « Rerum naturæ assentior : ab illa non deerrare, et ad illius legem exemplumque formari, sapientia est. »
(5) Diog. Laerce, VII. 87 ; μέρη γὰρ εἰσιν αἱ ἡμέτεραι φύσεις τῆς τοῦ ὅλου, et Marc-Aurèle, II. 4 : ἀπόσπασμα καὶ οἷον φῦμα τοῦ κόσμου.
(6) Des vues semblables se rencontrent chez quelques-uns de nos penseurs contemporains les plus en vue. « Le cœur de l'homme rai-

État immense dont les dieux et les hommes sont également les citoyens (1)?

Ainsi, si les astres roulent dans leurs orbites, si les saisons se succèdent avec une précision mathématique, si le flux et le reflux de la mer obéissent à des influences constantes, est-ce là l'image de ce qui doit se passer en nous, et n'avons-nous pas d'autre liberté? Comprise de la sorte, la règle stoïcienne ne serait qu'une conséquence cachée mais inévitable du panthéisme de la secte, de même que dans l'*Ethique* de Spinoza il n'y a pas, il ne peut pas y avoir à proprement parler de devoir, mais une nécessité imposée à chacun de nous de jouer le rôle qui lui est assigné dans le grand Tout. Suivre la nature, c'est en ce sens s'incliner devant le destin, accepter avec une soumission parfaitement raisonnée mais entièrement passive ce que l'ordre des choses a réglé en ce qui nous touche. Aussi bien, comment pourrions-nous y échapper (2)?

Une place d'honneur se trouve de la sorte restituée à la

---

sonnable et désintéressé bat à l'unisson, malgré les apparences contraires, avec le cœur même de la nature, et ses idées-forces sont ou peuvent devenir à la fin les idées directrices de l'univers » (M. Fouillée, *L'avenir de la métaphysique*, p. 270). — « La solidarité de la nature avec l'homme n'est pas une idée poétique seulement : c'est une idée philosophique et profonde. L'univers est plein de fils mystérieux qui lient nos âmes aux choses » (Stapfer, *La poésie satirique de Victor Hugo*). — Les sociologues de leur côté parlent volontiers d'éléments cosmiques devant entrer comme facteurs dans leurs savantes combinaisons.

(1) « Ut jam universus hic mundus una civitas sit communis deorum atque hominum existimanda » (Cicéron). Plus tard Dion dans son *Borysthénique* (Discours XXXVI) montrera à ses auditeurs le modèle idéal des cités humaines dans l'ordre harmonieux de l'univers, de la cité divine.

(2) « Ducunt volentem fata, nolentem trahunt ». Faisons remarquer en passant combien ce fatalisme, que certains voudraient ressusciter de nos jours sous un extérieur tout scientifique, est incompatible avec la notion de progrès. On l'a dit avec raison : si la nature est une souveraine absolue dont les arrêts sont justes par cela seul qu'elle les rend, dont tous les ouvrages sont bons par cela seul qu'ils sont arrivés au jour, préparés par la série incommutable des causes et des effets enchaînés les uns aux autres, c'en est fait de toute civilisation.

la physique, science des principes universels dont la morale n'est qu'une application et comme un cas particulier (1). Ignorer les ressorts constitutifs du monde, les lois selon lesquelles il vit et se gouverne, les conditions éternelles de sa beauté, de sa stabilité, de son harmonie, n'est-ce pas rendre inintelligibles les formules qui traduisent notre fin suprême, n'est-ce pas leur ôter à la fois tout sens et toute autorité (2) ? De là la recommandation bien connue de Sénèque : « Insere te toti mundo ». Notre liberté (si toutefois ce mot est encore ici à sa place) n'a qu'un emploi légitime : maintenir l'accord de notre nature individuelle avec la nature en général, entre l'effort permanent de la meilleure partie de nous-mêmes et l'ordre inflexible de l'univers. Que là comme ici ce soit la droite raison qui triomphe : à ce prix toute la suite de nos actes aura cette tenue majestueuse, ce cours paisible que rien n'altère et qui est le gage le plus sûr de la félicité. Les stoïciens ne disaient pas : « Le sage est l'esclave de la divinité », mais bien : « il entre dans ses conseils, il s'abandonne à la direction de l'éternelle loi » (3).

Voilà sans nul doute un thème à développements oratoires, et le Portique n'a pas manqué d'y insister avec une visible complaisance. Mais à y bien réfléchir, il est certain que ce modèle que l'on nous propose est bien éloigné : ces leçons de modération, de désintéressement, de possession de soi-même qui nous tombent des étoiles ne sont pas d'une intelligence facile, et servent mal à éclairer ces cas de conscience difficiles où les plus honnêtes se trouvent quotidiennement engagés. C'est en outre un modèle où rien ne m'enseigne les

---

(1) « La physique est l'arbre dont l'éthique est le fruit ». disait Chrysippe (PLUTARQUE, *De stoïc. repugn.*, 9). — *Cf. De Finibus*, III, 22.

(2) « Nec vero quisquam potest de bonis et malis vere judicare, nisi omni cognita ratione naturæ ». (*De Finibus*, III, 22). — Cf. MARC-AURÈLE, VIII, 52 : Ὁ μὲν μὴ εἰδὼς ὅτι ἐστὶ κόσμος, οὐκ οἶδεν ὅπου ἐστιν, ὁ δὲ μὴ εἰδὼς πρὸς ὅ τι πέφυκεν, οὐκ οἶδεν ὅστι ἐστί.

(3) *Cf.* DIOGÈNE LAERCE, VII, 88.

plus douces et les plus nobles d'entre les vertus humaines (1). Après avoir fait du sage un citoyen du monde (2), Marc-Aurèle écrivait : « On perd aisément de vue les choses de la terre, quand on veut les contempler de trop haut ». De même, à vouloir se régler uniquement sur les mouvements inconscients de la mer ou des astres, c'est s'exposer à oublier ou à ne jamais connaître certains devoirs dont l'accomplissement jette cependant sur la vie autant de douceur que de noblesse (3).

Parmi les conséquences que les stoïciens ont tirées de leur doctrine morale, deux surtout méritent ici notre attention.

Tout d'abord l'importance que prenaient à leurs yeux ce que nous appellerions les leçons de la nature (4), et l'autorité qu'ils reconnaissaient aux idées innées (φυσικαὶ ἔννοιαι), expressions des rapports naturels et invariables des choses. Dans leurs controverses ils y font perpétuellement appel pour établir l'existence de Dieu, la survivance de l'âme, et toutes les grandes vérités qui appartiennent au patrimoine de l'humanité. En face de ces croyances universelles, placées en quelque sorte sous le couvert et la garantie de la nature,

---

(1) Un romantique moderne pourrait soupçonner les sages du Portique d'avoir voulu copier dans leur attitude l'insensibilité de la nature au milieu des ruines et des deuils dont elle est la cause ou le théâtre, et son inaltérable et railleuse indifférence en face des joies et des souffrances de l'homme. Mais ce thème favori d'Alfred de Vigny ou de Victor Hugo était à coup sûr bien étranger aux spéculations métaphysiques des stoïciens.

(2) Il est superflu de faire remarquer par quels liens ce cosmopolitisme qui est une des notes caractéristiques de la morale des stoïciens se rattache à l'ensemble du système et tout particulièrement à leurs vues relatives à la nature. Ils se vantaient, non sans raison, d'avoir créé les droits du genre humain.

(3) C'est sans doute à quoi pensait Cicéron quand il écrivait : « Naturam universam ita conservare debemus, ut propriam sequamur. »

(4) « Rerum plurimarum obscuras nec satis expressas intelligentias inchoavit natura, quasi fundamenta quædam scientiæ » (*De legibus*, I, 9). — « Naturæ in nos beneficium, quod virtus in omnium animas lumen suum permittit. » (SÉNÈQUE, *Des bienfaits*, IV, 7, 4)

s'élève le flot toujours mouvant des hypothèses et des opinions (1).

En second lieu, leur indifférence au moins théorique pour tout ce que le hasard ou la fortune peut nous offrir. Le sage n'a besoin de rien (2). Que lui importent les événements extérieurs, succès ou échecs, plaisirs ou douleurs ? Remplir la fin assignée par la nature suffit ou doit suffire à notre félicité (3). S'il n'y a rien de plus insatiable que l'opinion, il n'y a rien de moins exigeant que la nature (5) : tout ce qui doit nous rendre heureux ou meilleurs, elle a pris soin de le mettre à notre portée, en nous ou près de nous. Sénèque, le favori opulent de Néron avant d'être l'objet de sa haine, ne tarit pas sur cette bonté complaisante de la nature (5), et aux constructions gigantesques, aux prodigalités ruineuses, au

---

(1) « Opinionum commenta delet dies : naturæ judicia confirmat. » (*De natura Deorum*, II, 2).

(2) « Quum hoc sit extremum, congruenter naturæ convenienterque vivere, necessario sequitur, omnes sapientes semper feliciter, absolute, fortunate vivere, nulla re impediri, nulla prohiberi, nulla egere. » (Cicéron).

(3) Marc-Aurèle, IX, 42 : Οὐκ ἀρκῆ τοῦτο ὅτι κατὰ φύσιν τὴν σὴν τι ἔπραξας, ἀλλὰ τούτου μισθὸν ζητεῖς ; — Cf. Cicéron (*De senectute*, XIX, 71) : « Omnia quæ secundum naturam fiunt, sunt habenda in bonis ». Bien entendu, il ne saurait être question ici de cette nature indépendante ou révoltée qui selon le mot d'Horace (*Satires*, II, 7) tantôt nous harcèle de son ardent aiguillon :

..... Acris ubi te
Natura incendit.....

tantôt n'est contenue dans ses plus fâcheux écarts que par la crainte du châtiment :

..... Tolle periclum,
Jam vaga prosiliet frenis natura remotis.

(4) « Exiguum natura desiderat, opinio immensum. » (Sénèque, *Lettres à Lucilius*, XVI). C'est là d'ailleurs la traduction presque littérale d'une maxime d'Épicure rapportée parmi les κύριαι δόξαι par Diogène Laërce (X, 144). — Cf. *De Finibus*, I, 13.

(5) « Ad quæcumque nos cogebat, ultro instruxit ». — « Sufficit ad id natura quod poscit » — « Parabile est quod natura desiderat, et cito apponitur ». — Lucrèce, en de très beaux vers, avait déjà soutenu cette même thèse.

luxe effréné et corrupteur de ses contemporains, l'auteur des *Lettres à Lucilius* oppose la frugalité des premiers hommes, qui sous la voûte du ciel, au milieu des simples plaisirs de la vie champêtre (1), jouissaient d'un bonheur que devaient leur envier leurs riches descendants.

Avec les siècles, le stoïcisme primitif a perdu de ses vastes ambitions, comme de sa roideur sévère et de sa fierté provocatrice. A l'heure où il va disparaître, Marc-Aurèle, nouveau Socrate, avoue qu'il est resté étranger aux spéculations des physiciens. Aussi bien à ses yeux le monde n'est plus ce concert sans discordances dont parlaient à l'envi les fondateurs de l'école : c'est le théâtre d'un perpétuel changement, torrent immense et rapide où tout passe et disparaît. Le cours des choses obéit-il à une nécessité fatale, à une Providence, au hasard? L'âme incertaine de Marc-Aurèle hésite entre ces solutions opposées (2) et se replie douloureusement sur elle-même. « Tout ce qui t'accommode, ô monde, m'accommode moi-même. Tout ce m'apportent les heures, ô Nature, est pour moi un fruit savoureux. Tout vient de toi, tout est en toi, tout rentre en toi (3). » Et dans cet acquiescement résigné aux arrêts d'une puissance aveugle, il veut qu'on trouve « un sentiment d'amour pour la nature » (4). C'est ainsi qu'en lui le stoïcisme survivait à toutes les désillusions.

A l'autre pôle du monde philosophique, les Epicuriens s'accordent ou paraissent s'accorder avec les stoïciens sur un

---

(1) « Levis umbra aut rupis aut arboris, et perlucidi fontes, et prata sine arte formosa : inter hoc agreste domicilium rustica positum manu. Hæc erat secundum naturam domus. » (SÉNÈQUE, *Lettres*, XC) Maint passage de la *Germanie* de Tacite, comme une page célèbre de Lucrèce qui sera citée plus loin, procède de la même inspiration.

(2) XII, 14. — Cf. l'alinéa final de l'*Agricola* de Tacite.

(3) IV, 23.

(4) X, 14. — « Quelqu'un disait : Bien-aimée cité de Cécrops ! et toi ne peux-tu pas dire : Bien-aimée cité de Jupiter ! »

point fondamental. S'agit-il en effet de tracer à l'homme la route qui doit le conduire au souverain bien, au bonheur? — Eux aussi, c'est la nature qu'ils invoquent, c'est à la nature qu'ils font appel ; c'est elle qui a charge de nous révéler les vérités nécessaires (1), de nous éclairer sur ce que nous ne pourrions pas ignorer sans dommage. Volontiers Epicure se fût approprié ce mot de Bernardin de Saint-Pierre : « C'est dans la nature que nous devons trouver les lois de notre félicité, puisque ce n'est qu'en nous écartant de ses lois que nous rencontrons les maux. » Comme Zénon encore, il enseignait que la connaissance de notre véritable fin a pour condition antécédente et nécessaire la science de la nature de l'univers (2) : l'âme humaine ne peut être étudiée qu'à la lumière du Tout et dans ses rapports avec lui. Ici encore la physique entre ouvertement au service de la morale.

Mais voici où les deux doctrines se séparent pour ne plus se rencontrer. Tandis que pour Zénon la nature dans l'homme, c'est la partie de notre être par où nous touchons à la divinité et où se révèlent à nous les lois régulatrices du monde, pour son rival c'est le côté terrestre et mortel de l'existence, celui par lequel nous sommes en contact perpétuel avec le monde extérieur. D'un côté la raison, la sensation de l'autre. L'un nous dit : agir, c'est sortir de soi pour lutter ; l'autre : vivre, c'est satisfaire tous ses désirs.

Or que désirons-nous toujours, partout, en vertu de notre tempérament et de notre constitution mêmes? Jouir. Vers

---

(1) « De quo omnium natura consentit, id verum esse necesse est » (*De natura Deorum*, I, 18). C'est ce qu'Epicure appelait φυσικαὶ προλήψεις, et, chose assez singulière, au nombre de ces vérités primitives il place l'existence des dieux : « Natura informationem ipsorum deorum dedit. »

(2) Diogène Laerce, X, 143 : κατειδὼς τίς ἡ τοῦ σύμπαντος φύσις. Aussi Epicure a t-il raison de terminer sa lettre à Hérodote par les mots suivants : ταῦτά σοι ἔστι κεφαλαιωδέστατα περὶ τῆς τῶν ὅλων φύσεως ἐπιτετμημένα. Tout le poème de Lucrèce est la confirmation indirecte ou explicite de ce point de vue.

quel but tendent spontanément tous nos efforts ? Vers le plaisir. Le plaisir, voilà le bien premier, inné, propre et intime à notre être (1). En veut-on la preuve ? « Tout être animé, dès qu'il est né, aime la volupté, et la recherche comme un très grand bien : de même il hait la douleur et l'évite autant qu'il peut, comme un très grand mal : et cela, alors que la nature en lui n'a point encore été corrompue et que rien n'a altéré la droiture et la sûreté de son jugement (2). »

Il est vrai qu'Epicure ne songeait nullement à prêcher de la sorte la volupté sous toutes ses formes, même les plus grossières : son bien suprême, c'est plutôt l'absence de douleur dans le corps et de trouble dans l'âme. Ce n'est pas là à coup sûr une morale sévère, propre à éveiller, à fortifier dans les âmes les sentiments généreux et magnanimes : c'est une morale sans élan, sans essor, triste et décolorée. La tempérance doit être de tous les instants, la sobriété devient une vertu éminente, l'*aurea mediocritas* enfin, à condition de ne pas trop s'y attacher, un paradis sur terre, car ceux qui savent le mieux jouir de l'abondance des biens sont ceux à qui ils sont le moins nécessaires et qui consentiraient le plus aisément à en être privés (3).

Dans un passage célèbre, Lucrèce a éloquemment commenté la pensée du maître : « N'entendez-vous pas le cri de la nature ? elle ne demande qu'un corps exempt de souffrance, le contentement de soi-même, une âme libre d'inquiétudes et de terreurs. Les besoins du corps sont bornés : peu de choses suffisent pour le garantir de la douleur et lui procurer en

---

(1) Diogène Laerce, X, 129 : πρῶτον (ἀγαθόν), συγγενικόν, σύμφυτον διὰ τὸ τῇ φύσει ἔχειν οἰκείως.

(2) *De Finibus*, I, 9 : « Idque facere nondum depravatum, ipsa natura incorrupte atque integre judicante. » L'argument, aux yeux d'Epicure, était péremptoire : « Itaque negat opus ratione neque disputatione, quamobrem voluptas expetenda, fugiendus dolor sit : tantum satis esse admonere ».

(3) Diogène Laerce, X, 130 : ἥδιστα πολυτελείας ἀπολαύουσίν οἱ ἥκιστα ταύτης δεόμενοι.

abondance d'agréables sensations. Si vos festins nocturnes ne sont point éclairés par des flambeaux que soutiennent des statues magnifiques, si l'or et l'argent ne brillent pas dans vos palais, si le son de la lyre ne retentit pas pour vous sous des lambris dorés, vous pouvez du moins, étendu sur un gazon épais, près d'une eau courante, à l'ombre d'un grand arbre, goûter à peu de frais de grandes jouissances, surtout dans la riante saison, quand à pleines mains le printemps sème ses fleurs. » L'auteur des *Géorgiques* n'aura qu'à jeter à son tour sur ce thème les beautés et l'éclat de sa poésie pour en tirer l'épisode célèbre,

O fortunatos nimium, etc.

C'est ainsi qu'au déclin des civilisations, l'homme que les raffinements du luxe ont été impuissants à satisfaire se retourne comme d'instinct vers la nature et sa gracieuse simplicité.

Pour en revenir à Epicure, l'antiquité louait volontiers comme propre à contribuer à la félicité de la vie la division qu'il avait faite des convoitises humaines : les unes naturelles et nécessaires, les autres naturelles, mais non nécessaires, d'autres enfin à qui manquait à la fois ce double caractère. Les dernières sont étrangères, souvent même fatales au bonheur ; quant aux autres, on les contente sans peine, parce que la nature elle-même a pris soin d'en marquer les bornes. Et il ajoutait cette maxime à laquelle applaudissait Sénèque : « Pas de pauvreté pour qui règle sa vie sur la nature (1) ».

Il n'en est pas moins remarquable de voir Lucrèce, un des poètes les plus ouvertement matérialistes qui aient paru dans le monde, non seulement revendiquer avec énergie la liberté humaine que les stoïciens asservissaient ou du moins subor-

---

(1) « Si ad naturam vives, nunquam eris pauper. » Ce que Delille a traduit dans le vers bien connu :

Qui borne ses désirs est toujours assez riche.

donnaient sans remords au destin (1), mais en outre prêcher une morale d'ascète, exhorter à la résignation, au renoncement, et insister sur l'universelle vanité des choses. Que dans cette attitude on voie l'humeur personnelle d'un penseur mélancolique jeté par sa naissance dans une époque de guerres civiles et de révolutions sanglantes, on n'aura pas tort : mais c'est là en même temps le reflet inattendu de la doctrine épicurienne, dominée, quand au lieu de s'en tenir aux apparences on va jusqu'au fond des choses, par un secret et amer désenchantement (2).

---

(1) Epicure déjà écrivait à Ménécée (Diogène Laerce, X, 134) : κρεῖττον ἦν τῷ περὶ θεῶν μύθῳ κατακολουθεῖν ἢ τῇ τῶν φυσικῶν εἱμαρμένῃ δουλεύειν.

(2) Voir l'admirable chapitre par lequel se termine le *Poème de Lucrèce* de C. Martha.

CONCLUSION

Au cours de ce travail sur la notion de nature dans la philosophie et la science antiques, on a cherché à faire ressortir la part de vérité et la part d'erreur contenues dans chacune des théories exposées : il reste, avant de terminer, à considérer brièvement ces théories non plus seulement en elles-mêmes, mais dans leurs rapports avec la pensée moderne (1).

I

Ce qui frappe ici tout d'abord le spectateur réfléchi, c'est la fécondité vraiment extraordinaire du génie philosophique en Grèce pendant les trois siècles qui séparent Thalès d'Epicure. Que d'hypothèses successives! que de systèmes différents! alors qu'en d'autres temps et d'autres pays une seule et même doctrine diversement commentée suffit à l'activité intellectuelle de toute une suite de générations, ici surgissent perpé-

---

(1) Ce que M. G. Picot (*Comptes rendus de l'Académie des sciences morales*, janvier 1900, p. 71) a dit avec tant de justesse de l'annaliste politique s'applique également à l'annaliste philosophique : « Que se passe-t-il dans l'esprit du véritable historien? Il a en lui deux conceptions, deux âmes, celle du passé et celle du présent : il les compare, il les rapproche, il les explique l'une par l'autre ».

tuellement des penseurs originaux qui ne doivent rien ou presque rien à leurs devanciers ou à leurs contemporains : chercheurs aussi infatigables dans le domaine de la pensée (1) que pourront l'être les modernes dans celui des faits : explorateurs courageux que le succès ou l'échec de ceux qui les ont précédés ne dissuade pas un instant de reprendre la tâche à peine interrompue :

> Et quasi cursores vitaï lampada tradunt.

Pour nous rendre compte d'une aussi prodigieuse fécondité, il faut songer aux dons intellectuels éminents, apanage de cette race privilégiée ; mais des considérations pénétrantes, maintes fois développées par M. Boutroux dans ses cours de la Sorbonne, méritent aussi notre attention. Devant la philosophie naissante, l'espace s'ouvre libre en tout sens : elle n'était pas obligée, alors comme aujourd'hui, à lutter pour se faire une place entre le dogme religieux qui s'impose à la croyance, et la science, fière de la sûreté de ses démonstrations : elle n'avait pas à se tailler péniblement un domaine entre le monde moral sur lequel une autre puissance réclame des droits de souveraineté, et le monde matériel dont les savants, armés de leurs méthodes propres, se réservent l'accès. La religion hellénique ne réglait que les pratiques du culte extérieur, laissant libre carrière à l'esprit philosophique dans la sphère de la spéculation : et, d'autre part, la science qui venait de naître n'avait point encore appris à regarder en face la philosophie sa mère, et à revendiquer avec hauteur sa complète indépendance. Physique et métaphysique, étroitement et fraternelle-

---

(1) Sous le rapport du génie et de la méditation, ce que les anciens ont à nous offrir est vraiment digne de toute notre admiration. Venus à leur place, nos plus illustres penseurs modernes fussent-il arrivés à d'aussi brillants résultats ? On hésite à l'affirmer. Il est évident d'ailleurs que moins gênés que nous ou moins distraits par la masse importune et presque écrasante des détails, les anciens pouvaient d'un seul coup d'œil embrasser un d'autant plus vaste horizon.

ment unies dans le cerveau puissant d'un Pythagore, d'un Platon et d'un Aristote, marchaient de concert et du même élan à la conquête de la vérité.

Cette conquête, elles ne l'ont pas dès lors achevée, sans doute : néanmoins quels brillants résultats ! à peine pourrait-on nommer une philosophie moderne de la nature qui ne soit à certains égards la reproduction, le plus souvent retouchée et agrandie, je l'accorde, mais enfin la reproduction de quelque système ancien. Le fait est d'autant plus remarquable qu'il ne s'agit pas ici de psychologie ou de logique, c'est-à-dire de sciences dont les éléments essentiels étaient à la disposition des anciens comme à la nôtre, mais de cosmologie, c'est-à-dire d'une étude appelée, semble-t-il, à grandir avec les siècles en mettant à profit l'une après l'autre les découvertes inespérées de l'esprit humain : car qui se persuaderait que les révélations merveilleuses de l'astronomie, de la physique, de la chimie et de la biologie ne nous permettent pas à cette heure de lire plus avant dans le livre de la création ?

Et cependant, pour expliquer les premiers principes de l'univers et le rôle constant de la Nature, il semble que nous n'ayons pas imaginé d'autre solution fondamentale (1) : bien mieux, lorsqu'une observation rigoureuse est devenue la base de toute investigation sérieuse dans le monde matériel, la science moderne a retrouvé pour la guider les mêmes notions qui jadis présidèrent aux premiers efforts des penseurs grecs. Et autant il est surprenant de constater combien de théories modernes réputées originales existaient en germe dans les écoles du passé, autant il est instructif de retrouver chez des métaphycisiens morts il y a plus de deux mille ans et les vérités dont nous sommes le plus fiers et les erreurs que nous étalons parfois avec le plus d'orgueil. A mesure que les sciences positives ont progressé, elles sont venues sans doute introduire dans ces antiques explications des horizons plus

---

(1) On comprendra sans peine pourquoi je ne fais pas intervenir ici le dogme hébraïque et chrétien de la création.

larges (1), des démonstrations plus certaines, une expression plus précise ou des formes plus savantes : mais les principes ont à peine varié, comme s'il n'était pas donné à l'esprit humain d'en poser de nouveaux (2).

Une revue rapide va nous en convaincre.

Laissons de côté la vieille philosophie de l'Inde et ces bouddhistes dans lesquels aujourd'hui Schopenhauer ne serait plus le seul à saluer pieusement des ancêtres. Ne parlons que des philosophes grecs, avec lesquels nous avons évidemment une parenté intellectuelle plus étroite : qui pourrait nier leur intervention dans toutes nos controverses contemporaines? Quelle est la question capitale sur laquelle on ne les cite, la difficulté à propos de laquelle on ne les consulte? Encore un coup, entre eux et nous, tout n'est pas filiation pure et simple, imitation littérale. Nous arrivons souvent au même but par des voies différentes : nous retrouvons par l'expérience ce qu'ils avaient deviné *à priori* : nous justifions ce qu'ont hasardé leurs conjectures : à leurs théories, parfois singulièrement abstraites, nous ajoutons la confirmation et le contrôle d'applications de tout genre. Et ce n'est pas un faible honneur pour l'esprit humain que cet accord de ses premières et naïves impressions en face de la nature avec les recherches et les conquêtes postérieures de l'observation savante.

Il n'en reste pas moins que ces Grecs du ve et du ive siècle ont aperçu toutes les routes de la pensée ; ils en ont les premiers reconnu et signalé les écueils. Ils ont compris qu'on ne pou-

---

(1) « Notre vue a plus d'étendue, et quoiqu'ils (les anciens) connussent aussi bien que nous tout ce qu'ils pouvaient remarquer de la nature, ils n'en connaissaient pas tout néanmoins et nous voyons plus qu'eux » (PASCAL). Mais si nous voulons être justes, n'oublions pas que nos points de départ actuels, ces données si élémentaires que nous n'avons jamais songé à y réfléchir, ont partout exigé des siècles de pensée ».

(2) C'est ainsi qu'en allant au fond des choses, on constate avec quelque surprise que dans un autre domaine la pensée grecque a devancé le phénoménisme, le nominalisme et le subjectivisme critique des modernes.

vait ni tout ramener à la matière comme les Ioniens, ni tout réduire à une abstraction comme les Éléates, et que la science ne s'accommode ni de l'être perpétuellement immobile de Parménide ni de l'être sans cesse mobile d'Héraclite. Dans leurs voies, nous marchons plus loin et plus sûrement qu'eux : mais ils furent les initiateurs (1). « C'est la Grèce qui a ouvert cette admirable et sûre carrière, où nous ne faisons absolument que la suivre, bien que nous ayons parfois la prétention de découvrir des routes nouvelles. Notre gratitude doit être inépuisable comme le bienfait (2). »

Tout ce que les anciens qui ignoraient et le vrai système solaire et la gravitation universelle et la théorie cellulaire et les lois de la chimie ont pu savoir de la nature sans le secours de nos instruments et de nos méthodes, ils l'ont tantôt aperçu

---

(1) La même opinion a été exprimée avec non moins de force par un archéologue compétent entre tous lorsqu'il s'agit de la Grèce antique : « Les Grecs ont tout vu ou plutôt tout deviné. Plus on les étudie de près, plus on pénètre dans le secret de leur pensée qu'ils ont aimé longtemps à cacher sous le voile du symbole et du mythe, et plus on reconnaît que depuis trois siècles le puissant effort de l'esprit moderne n'a souvent abouti qu'à démontrer par une série d'observations et d'expériences méthodiquement enchaînées telles ou telles vérités scientifiques que leurs sages avaient entrevues par une rapide intuition. Parmi les théories ou les hypothèses sur lesquelles repose aujourd'hui l'idée que nous nous faisons de la nature, des forces qui s'y jouent et des lois qui y président à la succession des phénomènes, il en est peu qui ne se soient un instant présentées à l'esprit de l'un ou de l'autre des philosophes de l'Ionie, de la Sicile, de la Grande-Grèce ou d'Athènes » (M. G. Perrot, *Revue des Deux-Mondes*, février 189.). — Et comme, selon le mot de M. Fouillée, rien de ce qui est intelligible n'est resté étranger aux Grecs, le même aveu a été fait dans le domaine de l'art par des écrivains de la valeur de M. Collignon (*Histoire de la sculpture grecque*, 1890).

(2) On serait tenté de relever dans ces paroles une certaine exagération; mais comment ne pas donner raison à Barthélemy Saint-Hilaire quand il ajoute : « Entre les anciens et les modernes, il n'y a point de solution de continuité, ni cet abîme intellectuel qu'on a si souvent voulu creuser avec plus d'orgueil que de justice. Nous en savons plus que nos pères, mais nous ne sommes que leurs héritiers ».

avec une pénétration supérieure, tantôt pressenti comme par un instinct particulier.

« Au commencement était le chaos », disaient leurs vieux poètes : « au commencement était la nébuleuse », répètent les savants modernes à la suite de Laplace.

Thalès et ses premiers successeurs ont eu le sentiment confus d'une unité fondamentale de la substance matérielle, unité dissimulée sous la diversité vraiment infinie des apparences : ce principe n'est-il pas au nombre des affirmations les plus célèbres de la science contemporaine? Ces vieux philosophes ne se sont trompés que dans la détermination de cette unité. Ils enseignaient que tout vient de l'eau, — de l'air, — du feu. La physique actuelle se pose très sérieusement ce problème : tout ne viendrait-il pas de l'éther? — osant ainsi, dans un temps où la guerre est déclarée à toutes les entités conventionnelles, emprunter aux anciens, pour caractériser un milieu hypothétique, l'un des termes et l'une des notions que nous rencontrons dans leurs écrits.

Que dire de Pythagore? Ce que lui avaient révélé ses observations sur la longueur des cordes sonores, nos traités savants le reproduisent pour toutes les parties de la physique : ils sont hérissés, de la première page à la dernière, de chiffres, de calculs et de formules. Si tout n'est pas nombre, tout reçoit le nombre, selon la profonde expression de Philolaüs, tout participe du nombre, avec cette restriction toutefois que « dans la physique les nombres sont tout, dans la biologie et la physiologie peu de chose, en métaphysique rien » (Robert Mayer). « Comme autrefois à l'école des Italiotes, mais dans un sens plus large, les nombres, seuls caractères idéographiques qui nous soient restés, apparaissent comme les forces directrices de l'univers » (Humboldt). Lorsque nous établissons que de l'infiniment petit à l'infiniment grand tout relève du nombre, du poids et de la mesure, quand nous disons que la beauté de Dieu réside dans l'unité, et celle de la création dans l'harmonie, que faisons-nous autre chose que de nous approprier la sagesse de Pythagore? Et pour prendre un exemple frappant, est-ce que la grande loi de Dalton relative aux proportions définies des combinaisons chimiques ne fait pas songer immédiatement à ce qu'enseignaient les Pythagoriciens de la proportionnalité universelle?

Parménide, avec son mépris de l'expérience vulgaire, son dédain des esprits superficiels qui ne voient dans la nature que le théâtre de phénomènes toujours changeants et de luttes incompréhensibles, avec son amour de la pensée pure et de ses formes austères de raisonnement, avec son affirmation catégorique de l'unité de l'être, et son besoin de se reposer dans l'absolu, ne revit-il pas en Spinoza et en Hégel, tous deux prenant pour point de départ l'être abstrait conçu par la raison?

Mais voici un autre ancêtre de Hégel ; c'est Héraclite (1), laissant là la substance pour ne voir que ses transformations à l'infini et faire ainsi de l'être un tissu de perpétuelles antinomies: la philosophie scientifique actuelle n'incline-t-elle pas de même à substituer à la permanence de la matière la permanence de la force vive et de l'énergie? Encore que le mouvement n'explique rien et même ne soit rien en dehors des êtres où il se manifeste, n'en fait-on pas comme Héraclite le phénomène unique, générateur de tous les autres, auxquels il sert pour ainsi dire de commune mesure et entre lesquels il établit des équivalences constantes? Lorsque Herbert Spencer nous montre la vie et l'humanité asservies à des intégrations et à des désintégrations constantes, avec cette loi qui les résume : marcher toujours, évoluer sans cesse, mourir pour renaître et renaître pour mourir, que fait-il sinon traduire dans un autre langage la maxime du sage d'Ephèse : Πάντων πάτηρ πόλεμος (2) ?

---

(1) Les systèmes de l'un et de l'autre de ces philosophes ne se résument-ils pas également dans la formule célèbre : *Alles ist im Werden*?

(2) « J'ai l'air de parler grec (disait Caro exposant dans sa chaire de Sorbonne les théories d'Héraclite), je parle le langage des théories contemporaines. »

La théorie des quatre éléments, chère à Empédocle, n'a plus droit de cité dans la science : mais l'opinion commune lui est demeurée fidèle, tant elle répond heureusement aux états les plus généraux et les plus connus de la matière. Le thaumaturge d'Agrigente ne se doutait pas des prodiges de la chimie moderne ; mais quand il parlait de l'amour qui associe et de la haine qui désunit, ne touchait-il pas de bien près aux attractions et aux répulsions qui sont pour nous la charte constitutive du monde moléculaire ? et faut-il beaucoup d'imagination pour se représenter les affinités chimiques comme le résultat de sympathies et d'antipathies qui éclatent, violentes et irrésistibles, au sein de l'infiniment petit (1) ?

Je ne sais si sur ce terrain aucun philosophe de l'antiquité est plus voisin de nous que Démocrite. Le vide et les atomes, ses deux principes, voilà le double pivot fondamental sur lequel roulent toutes les grandes hypothèses scientifiques des modernes. La divisibilité de la matière à l'infini avait le grave inconvénient de l'éparpiller, de l'émietter jusqu'à l'anéantir : par sa constitution atomique elle offre à la théorie et au calcul une base appréciable et solide. « La conception de ces particules indivisibles paraît être la conséquence nécessaire des lois fondamentales qui président à la combinaison chimique » (Berthelot). Elle est supposée par la double règle des proportions définies et des proportions multiples. « Transformée de diverses sortes par des hommes tels que Descartes, Boyle et Newton, la doctrine des atomes et de l'origine de tous les phénomènes cosmiques par le mouvement de ces atomes est devenue, à notre époque, le fond de toutes les sciences de la nature » (Soury). Les atomes sont assurés d'y régner en maîtres aussi longtemps qu'une conception plus claire et plus satisfaisante ne les aura pas détrônés. Que si le matérialisme contemporain, en vantant la puissance des

---

(1) Observons, en passant, que c'est à Empédocle qu'André Chénier paraît avoir emprunté ses plans de poésie physique.

atomes, leurs propriétés merveilleuses, leur indestructible durée tentait, comme le matérialisme antique, de s'en faire une arme pour battre en brèche Dieu et sa Providence, Platon et Cicéron nous fourniraient pour le combattre des arguments dont la pointe, quoi qu'on en dise, n'est nullement émoussée.

Moins célèbre à cette heure que Démocrite, Anaxagore cependant ne doit pas être passé ici sous silence. M. Berthelot n'a-t-il pas écrit que « les homœoméries sont le germe confus des idées actuelles sur la constitution des corps et sur celles des principes immédiats » ? On a de même le droit de considérer comme un écho (conscient ou inconscient) d'Anaxagore la formule fameuse d'Herbert Spencer : « Le monde s'est constitué en passant de l'homogénéité confuse à l'hétérogénéité coordonnée ». A un autre point de vue, plus décisif encore, le jour où l'intelligence fut solennellement replacée à l'origine des choses, quel élan donné à la science pour chercher et retrouver dans son vaste domaine les preuves de plus en plus nombreuses, de plus en plus éclatantes de l'ordre universel ? Et si, comme l'ont cru des esprits éminents, le spiritualisme projette une égale lumière et sur les problèmes fondamentaux du monde physique et sur ceux du monde intellectuel, quelle reconnaissance ne devons-nous pas au maître de Socrate et après lui à Socrate lui-même, dont la lumineuse et virile piété unissait sans effort dans l'explication de la nature les données de la philosophie et celles de la croyance ?

De tous les « chefs de chœur » de la philosophie antique, c'est peut-être de Platon que les savants modernes croient avoir le moins à apprendre, ou même le plus à se défier : c'est un si habile enchanteur ! Assurément ses Idées sont impuissantes à elles seules à mettre de l'ordre dans l'univers, soit : avouons en échange qu'à titre de causes exemplaires des choses elles aident supérieurement à expliquer celui qui, en effet, y règne. On peut ne prendre qu'un médiocre intérêt aux hypothèses physiques du *Timée* (1), encore que tel passage

---

(1) Précédemment (voir p. 448 et suiv.) nous avons tenté de faire le

où le monde nous est représenté comme « un tout unique, parfait, à l'abri des maladies et de la vieillesse (1) » exprime sous le voile du symbolisme antique quelque chose de très voisin de ce que la science moderne entend par « la conservation de la force et de l'énergie » ; mais ce n'est pas tout : l'idée maîtresse de ce beau dialogue, à savoir l'Etre éternel et parfait disposant toutes choses en vue du bien par un acte de bonté, était bien digne de l'admiration des siècles (2).

Si, comme on l'a dit justement, dans la vie d'un homme ce ne sont pas les erreurs qu'il faut compter, mais bien les vérités qu'il a mises en lumière, les pas en avant qu'il a fait faire à l'esprit humain, rien de plus mérité que le respect séculaire dont la postérité a entouré le nom d'Aristote. Quel savoir prodigieux ! quelle largeur de conception ! quelle vigueur de raisonnement ! Parmi les problèmes auxquels il s'est le plus obstinément attaché il en est que nous ne daignons plus approfondir : ont-ils perdu de leur importance, ou serions-nous plus assurés d'en posséder la solution ? On l'a fait remarquer très finement : lorsque les chimistes actuels distinguent dans les atomes un principe passif, le même dans tous, et un principe actif, produisant dans chacun la force qui le met en état de développer son activité propre, ne se rapprochent-ils pas à leur insu de ce qu'Aristote enseignait sous le nom de *forme* et de *matière ?* lorsque, pour expliquer des phénomènes dont la véritable cause nous demeure inconnue, les savants mo-

---

départ de ce qui a passé de l'enseignement de Platon dans la science moderne. On peut aller plus loin et dire avec un critique contemporain « qu'il y a beaucoup d'idées laissées jusqu'à ce jour incomprises dans les écrits de Platon et d'Aristote, lesquelles n'attendent qu'un esprit ouvert pour se réveiller à une nouvelle vie. »

(1) *Timée*, 32, C-D.

(2) Que sont les lignes suivantes de John Herschell, sinon la traduction en langage moderne d'une des plus belles pensées que nous ayons rencontrées chez Platon : « On ne saurait trop attirer l'attention de celui qui étudie la nature sur ce point qu'il n'y a guère de phénomène naturel qui puisse être complètement expliqué dans tous ses détails sans la connaissance de plusieurs sciences et peut-être même de toutes »?

dernes parlent d'*attraction*, d'*affinité moléculaire*, de *type chimique*, de *plan de structure*, etc., n'est-ce pas revenir bon gré mal gré au langage finaliste si familier au péripatétisme ? et quand fait-on plus grand usage de ces locutions que lorsqu'il s'agit précisément des principes générateurs et organisateurs de l'univers (1) ?

Passons-nous maintenant à ces systèmes qui, pour rendre compte de l'ordre et de la richesse du monde ne savent invoquer que le hasard, ou à ces écrivains qui nous représentent la nature, artiste aveugle, réalisant des fins qu'elle-même ignore et agissant dans une sorte de somnambulisme lucide ? n'est-il pas évident qu'ils s'inspirent, qu'ils le sachent ou non, d'Epicure et de Lucrèce, auquel l'athéisme de tous les temps a emprunté avec empressement des arguments qui n'étaient peut-être nullement faits pour lui (2) ?

Goethe ne reconnaît d'autre divinité que l'énergie créatrice de la nature : d'autres nous parlent du monde, corps immense, cité infinie, organisme parfait dont toutes les parties sont vivifiées par une âme douée d'une activité divine : les réminiscences de Chrysippe et de Sénèque sont ici manifestes. Mettons *force vitale* où les stoïciens écrivaient *feu artiste*, et « cours naturel des choses » où ils faisaient intervenir une Providence singulièrement voisine de l'antique destin : nous

---

(1) Aristote n'eût fait, je crois, aucune difficulté de signer les deux phrases suivantes, l'une de M. Fouillée : « L'être intelligent ne fait que s'imprimer à lui-même dans le langage de la conscience claire ce perpétuel essor en avant de la vie qui se retrouve dans la nature entière », — l'autre de M. Boutroux : « Il est raisonnable d'admettre dans la nature comme une tendance vers l'intelligibilité ».

(2) « Quelques-uns des écrivains du xviiie siècle, qui ont eu pour le matérialisme la funeste préférence si éloquemment combattue par Rousseau et quelquefois par Voltaire, ont exclusivement admiré Lucrèce, et souvent recueilli dans son poème de vieux sophismes aussi décriés que leur cause, et témoins incontestables de ce cercle uniforme d'absurdités, auquel est condamné l'athéisme. Le baron d'Holbach en a hérissé son *Système de la nature* » (VILLEMAIN).

croirons, en les lisant, avoir sous les yeux des pages publiées d'hier.

Les métaphysiciens qui font de la nature une dispersion, une réfraction de l'esprit (1) ou mieux encore une sorte d'évanouissement et d'obscurcissement de l'Etre divin, n'ont-ils pas le droit de chercher dans les Alexandrins de lointains ancêtres ?

Enfin il n'est pas jusqu'à l'évolution, si en faveur dans la seconde moitié du XIXᵉ siècle, dont une étude attentive ne fasse retrouver les éléments au sein de cette vieille philosophie. La théorie d'Herbert Spencer sur les périodes successives de développement et de déclin de l'univers est un retour pur et simple à l'hypothèse d'Anaximandre, sauf que les conceptions du grand penseur anglais portent, selon la remarque de M. Tannery, sur un monde démesurément agrandi par rapport à celui des anciens. Adaptation progressive des organismes au milieu ambiant, lutte pour l'existence, survivance des plus forts ou des plus habiles, toutes ces thèses fondamentales de l'évolutionisme contemporain se retrouvent dans les fragments d'Empédocle : Aristote insiste sur la continuité ininterrompue que présente la série des êtres, le stoïcisme sur le déroulement fatal des conditions et des choses conditionnées dans ce vaste univers ; enfin l'épicurisme sous la plume de Lucrèce (2) a la prétention de nous retracer en traits saisissants l'ascension lente et graduelle de l'animalité à l'humanité. Rendons d'ailleurs à l'antiquité cette justice qu'elle n'a jamais ressenti le moindre enthousiasme pour les plus bizarres imaginations des transformistes.

Bref, et pour conclure, le monde sans Dieu, — le monde

---

(1) « La nature, c'est l'esprit rendu visible » (Schelling).

(2) A propos du tableau que déroule sous nos yeux ce poète dans la dernière partie de son Vᵉ chant, un critique, M. Reverchon, écrivait ce qui suit : « Par la justesse des observations, la précision et la netteté des aperçus, la vraisemblance et la logique des enchaînements, ces pages remarquables ne seraient pas déplacées dans les meilleurs traités d'anthropologie contemporaine ».

distinct de Dieu, — le monde assimilé à Dieu, ces trois grandes solutions philosophiques du problème de la nature, la Grèce les a connues, rationnellement exposées, habilement défendues, éloquemment commentées. Il y a ainsi, comme Caro se plaisait à le répéter, des dynasties d'idées qui se perpétuent à travers les âges.

II

Un second point qu'il importe de mettre en lumière, c'est la cohésion reconnue par les anciens et, sauf de rares exceptions, constamment maintenue par eux entre les diverses branches de la science, c'est l'esprit systématique (qui n'est pas du tout l'esprit de système) dont ils se sont inspirés en abordant les questions les plus hautes posées devant leur raison. A leurs yeux, dans la connaissance comme dans la réalité dont elle veut être la fidèle image, et peut-être à un plus haut degré encore, tout se lie, tout s'enchaîne, tout s'éclaire et s'appuie mutuellement (1) : volontiers ils auraient appliqué à l'ensemble des choses ce qu'Aristote a si bien dit de la nature, qu'elle n'est pas un composé d'épisodes, à la façon d'une mauvaise tragédie. Les philosophes antérieurs à Socrate ont eu le tort (mais quelle indulgence ne méritent pas leurs premiers et téméraires essais ?) de concentrer leur attention trop exclusivement sur le monde ; et pour mesurer les heureuses

---

(1) Aujourd'hui, au contraire, en matière scientifique il n'y a pour ainsi dire que des spécialistes, et c'est fâcheux. — Comparer ce jugement porté par M. Faguet (*Revue bleue* du 11 novembre 1898) sur un phénomène analogue qui s'est produit dans le domaine littéraire : « La loi de subdivision successive des genres, encore que très humaine et presque fatale, est funeste autant que fatale et il serait bon de ne pas la couvrir de bénédictions. C'est précisément le rôle du génie de s'y soustraire ».

conséquences de la réforme socratique, il suffit de mettre en parallèle l'œuvre importante de Platon ou d'Aristote avec ce que l'histoire, à défaut des textes, nous apprend de leurs devanciers. Au premier coup d'œil, quel surcroît de clarté, de netteté, d'intérêt et de grandeur! Il ne s'était trouvé que de rares disciples pour recueillir les leçons d'un Thalès ou d'un Empédocle : des écoles se sont fondées, et se sont prolongées durant des siècles pour perpétuer l'enseignement du Lycée et de l'Académie. Aussi bien, loin de séparer l'étude de l'homme de celle de l'univers, ces grands génies attentifs à les rapprocher se répétaient sans cesse à eux-mêmes cette question que dans le *Phèdre* Socrate adresse à son jeune ami : « Penses-tu qu'on puisse connaître suffisamment la nature de l'âme sans connaître la nature universelle? » (1) Conséquence pratique : leur cosmologie n'avait pas moins d'étendue que leur psychologie, leur morale ou leur dialectique, et dans les siècles qui suivirent n'a eu ni moins de retentissement ni moins d'éclat. Zénon même et Epicure, dont les regards, comme ceux de leur époque, sont tournés avant tout vers la pratique, ont sur la nature des vues hardies qui non seulement ne sont pas étrangères à leurs préceptes de conduite, mais encore constituent à cette heure, aux yeux d'un grand nombre, la partie vraiment intéressante de leur système.

Faut-il rappeler ici que cette union étroite, cette poursuite simultanée de la science de l'homme et de celle de l'univers a survécu à l'antiquité, comme on devait s'y attendre, et qu'elle a été tout à la fois admise et pratiquée par Descartes,

---

(1) De même dans le *Philèbe* le bien de l'homme nous est présenté comme une manifestation particulière du bien universel. — Il y avait, dira-t-on, quelque exagération dans ce point de vue. — Soit, mais ne tombons nous pas à l'heure actuelle dans un excès opposé? « Il n'y a réellement aucun cercle vicieux à chercher l'explication partielle des lois et des fonctions normales de la pensée dans les lois de la nature entière, qui comprend notre pensée même, et dans le processus de l'évolution universelle dont notre évolution intellectuelle fait partie » (M. FOUILLÉE, *Revue philosophique*, novembre 1891).

par Leibniz et à certains égards par Kant lui-même ? Constatons cependant qu'au XIXᵉ siècle une tendance bien différente s'est fait jour.

Tandis qu'en Allemagne l'idéalisme subjectif de Fichte, l'idéalisme objectif de Schelling, l'idéalisme absolu de Hégel planaient sur les hauteurs et affectaient la même étrange indifférence à l'égard du monde matériel et des sciences positives, dans notre pays les plus en vue d'entre les « idéologues » adoptaient, pour de tout autres motifs d'ailleurs, une attitude presque identique, qui fut aussi celle de leurs heureux rivaux. Ces derniers (j'entends les restaurateurs du spiritualisme, de 1810 à 1830) ont-ils cru que dans la lutte engagée par eux contre le sensualisme alors régnant, ce qui importait avant tout le reste, c'était de remettre l'âme en possession de sa dignité et de ses droits méconnus ? La philosophie qui jadis avait créé la science, qui s'en était fait une alliée naturelle, un auxiliaire empressé, a-t-elle jugé opportun d'affirmer que « le monde des esprits » était son authentique apanage, a-t-elle désespéré trop tôt de suivre dans leur surprenant essor l'astronomie, la physique, la chimie, la physiologie modernes ? est-ce faute de sympathie pour les savants qu'elle a paru cesser de s'intéresser à leurs découvertes ? est-ce faute de confiance en ses propres titres qu'elle a craint, en pénétrant sur leur domaine, de s'entendre traiter d'usurpatrice et d'entrer en conflit avec une puissance jalouse, fière de ses triomphes ? Pour l'un de ces motifs, ou peut-être pour tous ces motifs réunis, elle a abdiqué ce que, dans l'antiquité, elle avait toujours considéré comme une partie importante de sa tâche, comme un de ses plus incontestables privilèges (1) ; afin sans

---

(1) Fait bien digne de remarque, de l'autre côté du Rhin, à l'heure actuelle, un phénomène tout semblable se produit. A la suite d'un tableau des progrès merveilleux de la science, on pouvait lire dans la *Zeitschrift für Philosophie und philosophische Kritik*, 1891, p. 290 : « Dann aber bleiben die Vertreter der Philosophie für die Verminderung der Kronrechte, die die Königin der Wissenschaften zu beklagen hat, verantwortlich. In der That sie selbst sind Schuld daran, dass die

doute de mieux défendre son patrimoine exclusif, on l'a vue se concentrer dans l'étude de l'homme moral comme dans un fort où elle se sentait inexpugnable (1).

Geschichte der mathematischen Naturerklärung nicht mehr als ein Theil der Geschichte der Philosophie aufgefasst wird : sie haben versäumt in der Zurückführung der wissenschaftlichen Methoden auf allgemeine Grundsätze der Erkenntniss die Fortschritte der Naturwissenschaften zu folgen und dadurch ist ihr Einfluss verloren gegangen. »

Aussi la *Société philosophique* de Berlin a-t-elle mis au concours pour 1893 la question suivante : « Das Verhältniss der Philosophie zu der empirischen Wissenschaft von der Natur » avec le programme très net que voici :

« Unter den gegenwärtigen Vertretern der Wissenschaft ist die Meinung weit verbreitet, dass in der Erforschung der Natur das empirische Verfahren das allein berichtigte sei ; das Recht einer Philosophie der Natur wird entweder in Frage gestellt oder mit Entschiedenheit bestritten. Zum Zwecke einer begründeten Entscheidung über diese Ansicht wünscht die Philos. Gesellschaft eine eingehende Untersuchung folgender hauptsächlicher Fragen :

I. Welche Ziele verfolgt einerseits die Philosophie, andererseits die empirische Forschung, und welche Mittel und Verfahrungsweise stehen jeder von beiden zu Gebote ?

II. Giebt es Voraussetzungen für die empirische Naturforschung, die notwendig der Philosophie zu entnehmen sind, oder Grenzen ihrer Tragweite, die eine Ergänzung durch philosophische Forschung erforderlich machen ?

III. Falls sich neben der empirischen Naturforschung eine Philosophie der Natur als möglich und berechtigt erweisen sollte, welches Verhältniss zwischen ihnen würde sich als das der Natur der Sache entsprechende ergeben, und in welchem Sinne wäre ein Zusammenwirken der beiden Forschungsarten geboten ? »

Une obligeante communication du secrétaire de la *Société philosophique* m'apprend qu'à la suite de ce concours deux mémoires, l'un de M. Schmitz-Dumont, l'autre de M. Wetterhan, ont été couronnés. Le second a été depuis imprimé à Leipzig en 1894.

J'ai hâte d'ajouter qu'obéissant à des préoccupations analogues, l'Académie des sciences morales avait prorogé à l'année 1900 le sujet suivant déjà proposé pour 1897 : *Des rapports généraux de la philosophie et des sciences*. Mais la section de philosophie, après lecture des mémoires envoyés, n'a pas jugé qu'il y eût lieu de décerner de prix.

(1) On est quelque peu étonné à l'étranger de voir dans notre pays les cours de philosophie officiellement rattachés aux Facultés des lettres. Mais on n'a pas le droit d'en conclure, comme on l'a fait, qu'ils

Quelles furent les conséquences de cette résolution, née des circonstances autant que d'un dessein réfléchi? Un divorce dont philosophes et savants ont eu inégalement à souffrir, mais qui, de part et d'autre, a eu et ne pouvait avoir que des suites funestes. Comme si la science offrait encore les mêmes incertitudes qu'au temps d'Héraclite et d'Anaxagore, Cousin et ses disciples immédiats, reprenant l'attitude, sinon les arguments de Socrate, ont laissé entièrement de côté la nature et l'univers; et cette abstention fut interprétée comme un aveu d'impuissance. On insinua que la philosophie, confuse d'avoir si longtemps envahi ce qui ne lui appartenait pas, confessait implicitement ses torts, ne demandant qu'à faire oublier par sa réserve présente ses témérités passées. Notre spiritualisme, si brillant sur d'autres terrains, semblait avoir perdu jusqu'à la conception de cette cosmologie rationnelle (1) qui tenait encore une si belle place chez les maîtres du xviie siècle: il a vu se produire en dehors de lui, presque malgré lui et, hélas! en grande partie contre lui cette prodigieuse poussée scientifique qui a renouvelé les méthodes, perfectionné les procédés de l'expérience, étendu presqu'à l'infini les frontières du savoir humain et enfanté des découvertes qui semblent un défi jeté à l'imagination la plus hardie. Oubliant qu'elle devait être « l'explication universelle », la métaphysique avait rompu avec la réalité objective, avec le monde concret des faits et des phénomènes (2); le positivisme, selon l'expression de Janet, s'empara sans coup férir de ce *bonum vacans* et y planta son drapeau.

A cette évolution la philosophie ne pouvait que perdre en ampleur, en fécondité, en élévation. Non seulement elle se

---

aient jamais cessé d'être « une œuvre de vérité » pour prendre un caractère purement oratoire.

(1) Faisons cependant une exception pour les deux cours remarquables professés par Caro à la Sorbonne en 1883 et 1884.

(2) « Pour la plupart nous ignorons les savants ou les comprenons vaguement » (M. Rauh dans la *Revue de métaphysique et de morale*, mai 1895).

privait des armes les plus puissantes (1) dans sa lutte contre un idéalisme d'importation étrangère, lequel d'une part donnait la main au phénoménisme pour supprimer la notion de substance et l'unité du moi pensant, de l'autre niait en nous toute communication avec un monde extérieur qui, disait-on, échappe à toutes nos prises, en dépit des vains efforts que nous multiplions pour le saisir (2). Mais il y a plus : on tenta même d'affaiblir l'autorité de la philosophie sur les esprits en la réduisant à une mine sans fin de controverses psychologiques plus ou moins subtiles, à l'usage spécial d'une élite d'intelligences fines et déliées ; on lui contesta le droit de se prononcer sur la valeur des plus hautes hypothèses scientifiques, le droit d'intervenir dans cette analyse de plus en plus précise des forces naturelles, passion des générations contemporaines : et sans même lui laisser la libre possession de la sphère qu'elle s'était réservée, on la pria ou on lui enjoignit de n'avoir plus à en sortir (3).

En présence de ce dédain, de cette hostilité si peu déguisée, on se souvient involontairement du temps où la philosophie, cette recherche des premières causes et des premiers principes, régnait avec une autorité incontestée sur l'harmonieux ensemble des connaissances humaines : l'esprit se reporte, avec une admiration qui ne va pas sans regret, vers ces mémorables systèmes de l'antiquité où sans doute la matière était subordonnée à l'intelligence, le monde des corps à celui

---

(1) Pour nous borner ici à cette simple réflexion, est-ce qu'au sortir de la galerie des machines à notre Exposition de 1900, en présence des résultats stupéfiants réalisés par l'industrie contemporaine, il est possible de douter un seul instant et de notre connaissance très réelle des objets matériels et de l'action non moins réelle de notre faiblesse pensante sur des forces redoutables, mais aveugles ?

(2) « L'univers existe, mais il est métaphysique et non scientifique » (M. Dunan, *Revue philosophique*, 1892).

(3) Sans méconnaître les services rendus par la psycho-physique et la psycho-physiologie, comment ne pas protester contre la prétention de ces deux sciences à se substituer désormais aux données de l'introspection et du sens intime ?

de la pensée, mais où l'intelligence et la pensée, avec une conscience très nette de leurs prérogatives, mettaient leur juste orgueil à pénétrer dans cette sphère inférieure où se produit et où agit la matière, résolues à tenter tout au moins d'en poser les lois fondament. 'es et d'en expliquer les étonnantes harmonies. Jusqu'à Socrate les anciens eurent peine à se dégager de la nature : après l'intellectualisme des trois derniers siècles, l'esprit moderne a peine à y rentrer, et sous nos yeux les métaphysiciens de presque toutes les écoles (1), au lieu de vivifier incessamment leurs doctrines au contact des recherches et des découvertes de la science expérimentale, préfèrent se réfugier dans la critique de la connaissance, dans les antinomies du relatif et de l'absolu, du subjectif et de l'objectif, dans les postulats de la morale, dans les profondeurs abstraites de l'infini et du transfini.

Ne jouirons-nous pas de nouveau de cette alliance féconde entre la philosophie et la science, alliance qui, après tant de siècles de progrès ininterrompu, offrirait certainement un surcroît de portée, de solidité et de grandeur? On a dit : « Le philosophe n'est point historien ou littérateur : il doit être géomètre et physicien ou il ne sera point philosophe » (2). C'est aller un peu loin peut-être ; mais il reste incontestable que des connaissances étendues sont nécessaires pour entrer dans l'ordre concret des êtres et aborder pratiquement les grands mystères de la création (3). Non-seulement on ne peut plus songer aujourd'hui à

---

(1) Hors de France cependant l'école néo-scolastique est entrée dans une voie plus sage ; témoin les recherches et les travaux provoqués par le remarquable *Institut philosophique* créé depuis quelques années à l'Université de Louvain.

(2) M. Faustin-Hélie dans la *Science nouvelle*.

(3) Une seule objection pourrait nous être opposée. Les lois des phénomènes, telles que la méthode expérimentale les met chaque jour mieux en lumière sont si variées, si complexes qu'à première vue une philosophie de la nature, au sens où l'entendaient les anciens, paraît humainement impossible, les travailleurs les plus laborieux pouvant tout au plus se flatter d'en élaborer des fragments épars. Autant de sciences

renouveler les audaces dialectiques d'un Hégel et d'un Schelling, à qui Humboldt leur compatriote reprochait avec tant d'autorité « les courtes saturnales d'une science étrangement idéale » ; mais il faut se persuader qu'une sérieuse métaphysique du monde ne se contente pas d'une sèche énumération d'axiomes ontologiques ou d'un catalogue des attributs généraux réels ou supposés de la matière. Démocrite, Platon, Aristote, Théophraste, dont la pensée était comme attirée par les plus profondes abstractions, ont fait à leur heure, ne l'oublions pas, œuvre de savants plongés dans l'observation et l'analyse de la réalité. Ils écrivaient sur les propriétés des plantes, sur les classifications animales, sur les mouvements des astres, sur les ressorts de notre organisme, de la même plume qui abordait sans trembler les problèmes les plus ardus de la métaphysique.

III

Mais à l'heure présente, s'il y a des philosophes qui se passent trop aisément de science, il y a, et en plus grand nombre encore, des savants qui se passent de philosophie, déclarant sans sourciller qu'ils n'attendent pas d'autres révélations de la vérité que celles des creusets et des cornues de leurs laboratoires. Or, l'enseignement qui se dégage pour nous de l'histoire de la pensée antique, c'est le rôle capital joué par la philosophie dans le développement de la science (1) ; le premier problème abordé est d'ordre philosophique : c'est précisément une de ces questions d'origine sur lesquelles une

---

particulières, autant d'états rivaux jaloux de leur indépendance et en tout cas difficiles à courber sous la suprématie d'une autorité commune.

(1) La preuve nous en est fournie par la hauteur à laquelle la Grèce s'est élevée au-dessus de la science égyptienne et orientale, confinée dans la sphère toujours étroite de l'empirisme.

école contemporaine nous invite à faire silence, sous prétexte qu'elles dépassent notre portée (1). Que les physiciens d'Ionie fussent mal préparés à les résoudre, je l'accorde : la Grèce n'en est pas moins fière d'avoir eu un Thalès et un Anaximandre, car seuls ces hardis chercheurs et leurs successeurs ont rendu possibles un Platon et un Aristote. Ce qu'on nous représenterait volontiers comme l'erreur de quelques intelligences supérieures a été celle de tout un peuple, car si vous eussiez demandé à un Grec du ve ou du ive siècle où se cultivait la science, il vous eût infailliblement conduit aux écoles des philosophes.

Et si dans ces écoles le rôle de la raison discursive dans l'interprétation des phénomènes naturels va grandissant, qui donc songerait à s'en plaindre, et croirait sérieusement déchoir en passant des hypothèses d'un Anaximène et d'un Empédocle aux démonstrations du *Timée* et de la *Physique?* Ce n'est pas Lange, le célèbre historien du matérialisme, en dépit de ses préventions contre les préoccupations morales que Socrate a léguées à Platon d'abord, puis à Aristote : « Nous accorderons même à de telles spéculations une haute importance, quand nous verrons combien cet élan de l'esprit qui s'associe à la recherche de l'un et de l'éternel dans les vicissitudes des choses terrestres réagit sur des générations entières en les animant et donne même souvent par voie indirecte une nouvelle impulsion aux investigations scientifiques... Le principe moral et religieux qui constituait le point de départ de Socrate et de Platon dirigea le grand travail de la pensée humaine vers un but déterminé ». Ainsi c'est aux

---

(1) « L'ensemble des connaissances humaines ressemble à un grand fleuve coulant à pleins bords sous un ciel resplendissant de lumière, mais dont on ignore la source et l'embouchure, qui naît et meurt dans les nuages » (M. Ribot). De fait, la science se fait illusion sur son pouvoir et on lui demande trop quand on veut que par ses seules forces elle cherche et découvre le principe initial qui a donné l'être à l'univers et qui en assure la conservation.

métaphysiciens par excellence de l'antiquité que remonte l'essor scientifique le plus hardi et en même temps le plus durable : sans eux l'étude de la nature n'eût pas atteint ce degré de souffle et de vigueur (1). La tendance de l'esprit vers le suprasensible aida puissamment à la recherche et à la découverte des lois mêmes du monde sensible, et l'on peut dire avec Barthélemy Saint-Hilaire qu'Aristote n'eût pas créé comme il l'a fait l'histoire naturelle s'il n'eût été philosophe (2).

Et comment en eût-il été autrement ? Dans la science comme dans l'art, c'est la pensée qui est l'ouvrière par excellence de la civilisation. Par lui-même, a dit Claude Bernard, un fait n'est pas scientifique : les phénomènes sont les matériaux nécessaires de la recherche expérimentale : mais c'est leur mise en œuvre par le raisonnement inductif, c'est-à-dire la théorie, qui constitue et édifie véritablement la science (3). Ce n'est pas seulement parce que, selon le mot de Schopenhauer, le monde est notre représentation, en d'autres termes, n'existe pour nous qu'à condition que par la voie de l'intuition nous le réfléchissions en notre intérieur : c'est aussi parce que la science de la nature suppose dans cette nature

---

(1) La même thèse, en ce qui concerne les savants des trois derniers siècles, a été démontrée soit par Papillon (*Histoire de la philosophie moderne*), soit par M. Naville (*Les initiateurs de la physique moderne*).

(2) A. Comte lui-même (d'après M. Lalande dans la *Revue philosophique*, septembre 1898) a démontré d'une façon qui ne comporte pas de réplique que la science est perdue si la philosophie s'en détache.

(3) Sans un Ampère jamais le monde n'aurait eu d'Edison. Ce n'est pas à ce dernier, c'est à quelque savant obscur enfermé dans ses méditations et ses calculs que la science sera quelque jour redevable d'une véritable théorie de l'électricité. — Cf. JULES SIMON, *Le devoir*, p. 146 : « Toutes les grandes découvertes ont été les fruits heureux de la spéculation pure... Si la science descend au point de n'être plus qu'une branche de commerce, il n'y aura plus de ces longues vies vouées coûte que coûte à la poursuite de la vérité. On ne verra plus naître ces grands systèmes qui donnent un nom à un siècle et marquent comme des jalons la glorieuse route de l'humanité ». Or, voilà ce qui fut précisément l'ambition de l'antiquité ; voilà, en dépit de mainte erreur dogmatique, ce qui demeurera un de ses titres d'honneur.

même un ordre, une stabilité dont la notion nous est suggérée par la raison. Les idées directrices de l'intelligence sont comme autant de cadres dans lesquels viennent pour ainsi dire spontanément se ranger les lois fondamentales auxquelles la nature est soumise. La création serait à nos yeux comme une lettre morte, si l'esprit qui en pressent les secrets n'était pas là pour en interpréter les muets symboles : ce qu'il cherche et retrouve sous les choses, c'est sa propre pensée (1). L'intelligible est l'objet propre de la raison (2).

Voilà pourquoi les sciences naturelles, malgré l'indépendance qu'elles réclament à l'égard de toute suprématie étrangère, ont à demander à la philosophie (qu'Aristote qualifiait si judicieusement d' « architectonique ») leurs principes régulateurs, de même qu'elles trouvent en elle un complément nécessaire et un magnifique couronnement (3). Ce n'est pas la méthode empirique qui à elle seule eût suffi pour enfanter les plus grands progrès. Que de découvertes, préparées en apparence depuis longtemps par l'observation et même par le calcul, n'ont pu s'épanouir, selon la belle expression d'un contemporain, que sur les hauteurs de la pensée ! Qui a les yeux fixés sur le nécessaire peut seul se flatter de comprendre le contingent ; aussi là où brille dans tout son éclat l'esprit scientifique (par exemple, dans les travaux d'un Faraday, d'un Dumas, d'un Cauchy, d'un Quatrefages et d'un Pasteur),

---

(1) Pythagore vivait vingt siècles avant Copernic et Képler : cela l'a-t-il empêché de saluer avec admiration la beauté du κόσμος ?

(2) Qu'on veuille bien le remarquer, pourquoi la science des phénomènes inférieurs est-elle encore si incomplète ? Ne serait-ce pas parce que nous ignorons comment y interviennent ces notions de fin, d'ordre, d'harmonie qui illuminent de leur clarté les grandes lignes architecturales de l'univers ?

(3) Ici, bien entendu, je me place à un point de vue purement didactique, sans songer à invoquer le témoignage de M. Fouillée demandant au nom de la morale (*Revue bleue* du 3 mars 1894) qu'en étudiant au lycée les grandes hypothèses auxquelles aboutissent les sciences de la nature on mette en lumière « l'insuffisance de ces hypothèses pour résoudre l'énigme de l'existence ».

regardez de près : vous retrouverez sous une forme parfois inattendue la tendance, le langage et, pour tout dire d'un mot, la culture philosophique (1). La science observe et analyse successivement tel et tel cas particulier ; elle détermine et circonscrit par ses formules l'action des causes secondes (2) : à la philosophie de reconstituer l'ensemble (3) et de remonter jusqu'aux premiers principes (4). « La science expérimentale, disait Caro, peut enrichir de quelques anneaux la chaîne des phénomènes : son effort n'aboutira jamais qu'à reculer la limite supérieure de notre ignorance » (5). Que d'admirables progrès réalisés dans le domaine des faits ! mais que d'obscurités lorsqu'avec les seuls procédés de la science on veut saisir le dernier mot des choses ? (6) Autre chose en

---

(1) C'est ce que paraît oublier M. Goblot lorsque dans son *Essai sur la classification des sciences* il nous représente la philosophie, « dont l'objet va s'appauvrissant à mesure que celui de chaque science se détermine et s'en détache », refoulée et diminuée de plus en plus par le progrès même des connaissances humaines.

(2) On connaît l'adage séculaire : « Il n'y a de science que du général ». Il semble qu'aujourd'hui la perspective soit absolument renversée. C'est au point que les anomalies, les singularités, les cas morbides offrent à l'heure présente un intérêt bien autrement vif et sont étudiés avec bien plus d'ardeur que les lois générales.

(3) « La vraie science est celle qui donne à toutes les autres leur achèvement naturel dans la contemplation de l'ordre universel, dont chacune ne nous révèle qu'un aspect unique et isolé ».

(4) « C'est le devoir de l'ami de l'intelligence et de la science de rechercher premièrement les causes rationnelles et seulement en seconde ligne celles qui meuvent et qui sont mues par une sorte de nécessité » (PLATON). — Même langage chez Epicure parlant des bases de sa cosmologie (DIOGÈNE LAERCE, x, 116) : ταῦτα μάλιστα συνθεωρούμενα ῥᾳδίως τὰς περὶ τῶν κατὰ μέρος αἰτίας συνορᾶν ποιήσει.

(5) « Si quelques écrivains, pleins d'enthousiasme pour la méthode inductive, estiment que dans la philosophie naturelle le syllogisme a vieilli et fait son temps, ils commettent une erreur grossière, réfutée péremptoirement par la science elle-même... A ceux qui regardent l'induction comme l'α et l'ω de la philosophie de la nature, il convient de faire remarquer qu'elle n'en est que l'α » (DROBISCH).

(6) « Nous allons à l'aventure, en cherchant l'unité de nos connaissances matérielles dans des abîmes dont nul n'a sondé la profondeur »

effet est calculer la marche du monde, autre chose, la comprendre. Et n'est-on pas tenté parfois de répéter à la suite de Philolaüs : « C'est à Dieu et non à l'homme qu'il appartient de connaître complètement la nature » (1) ?

Ainsi, lorsqu'on a défini la matière « un principe de quantité et d'étendue », en a-t-on donné une explication définitive ? En dépouillant un corps de tout ce que la sensation nous en révèle, d'élimination en élimination on arrive à la notion d'Aristote, une simple possibilité d'être ; mais nous reculons devant notre imagination mécontente d'une conception où elle ne peut rien saisir, et qu'elle est impuissante à se figurer. Préfère-t-on se représenter la matière comme « un mode d'action de la force réglée par les lois du mouvement » ? Mais la force et le mouvement, nouveaux problèmes : sur leur essence intime, que peuvent nous apprendre les efforts même combinés de la physique et de la chimie ? comment l'attraction et la répulsion sont-elles liées à l'élément matériel ? qu'y a-t-il derrière les expressions de molécules, d'atomes, d'éther ? Comment ces sujets inconnus et ces milieux supposés arrivent-ils à former des groupes différents les uns des autres par leurs propriétés intimes ou visibles ? pour répondre, à peine sommes-nous plus avancés qu'au temps de Platon et d'Aristote, et cette simple constatation suffirait pour assurer au présent travail quelque intérêt. N'a-t-il pas fallu à ces philosophes, au berceau même de la science, une sorte d'héroïsme intellectuel pour se mesurer avec ces redoutables énigmes, et, à vingt siècles et plus de distance, ne suivons-nous pas avec une curiosité bien légitime la lutte aussi ardente que désintéressée de leur pensée contre le mystère ?

On l'a dit avec raison : l'homme poursuit aujourd'hui l'infini par de subtiles analyses, comme il avait cherché au début

---

(HUMBOLDT). Néanmoins ces problèmes, chaque génération de savants les lègue à la génération suivante, et le jour où l'intelligence humaine s'en désintéresserait pour toujours, elle signerait son abdication.

(1) Ἀ φύσις θείαν τε καὶ οὐκ ἀνθρωπίναν ἐνδέχεται γνῶσιν.

de la science à l'embrasser par d'ambitieuses synthèses ; le savoir humain se subdivise à l'infini et chaque savant, occupé à sa récolte sur la branche qu'il a choisie, perd de vue le tronc et les racines de l'arbre (1). Schopenhauer dans son style ironique disait : « Je suis toujours tenté d'appeler « tâtillons de la nature » (Topfgucker) ces naturalistes microscopiques et micrologiques à l'excès » (2). Et il ajoutait dans un autre passage : « Avec de la physique pure on n'arrivera jamais à rien. Quelques grands progrès qu'elle puisse accomplir, elle ne nous fera pas avancer d'un pas vers la métaphysique, de même qu'une surface, aussi loin qu'on la continue, ne gagnera jamais rien en profondeur » (3). Les sciences pratiques éclairent la route où la philosophie doit entrer, et la philosophie à son tour, leur rendant au centuple ce qu'elle en a reçu, agrandit l'horizon de la science qu'elle porte à des hauteurs que celle-ci d'elle-même n'eût jamais gravies.

C'est ce qu'avaient très bien compris les philosophes de l'antiquité. Ils ont pris définitivement possession au nom de la raison humaine de ces régions supérieures d'où tous les assauts du positivisme contemporain n'ont pas réussi et ne réussiront pas à la chasser (4). « Par delà les limites resserrées de la science, j'aperçois les vastes et réels horizons accessibles à

---

(1) « Le résultat le plus important d'une étude rationnelle de la nature est de saisir l'unité et l'harmonie au sein de cet immense assemblage de forces » (HUMBOLDT).

(2) « Pour qu'elles fleurissent au lieu de s'en aller en poussière, il faut que les sciences vivent d'une vie commune, qu'elles se touchent et se rejoignent par leurs principes généraux » (SAISSET).

(3) Telle fut la conviction des grands penseurs de tous les temps. « Mit der blosser Thatsächlichkeit und nackten Gegebenheit mag sich das kühne Denken dieser Männer nirgends zufriedengeben, ohne nach einer *ratio* oder *jus facti* zu bohren » (M. PFLEIDERER, *Sokrates und Plato*, p. 671).

(4) « N'est-il pas permis de dire que ce refus de l'esprit de se laisser enchaîner par les faits positivement connus, cette audacieuse activité qu'il manifeste quand même pour les dépasser sont le ferment le plus puissant pour pousser la science toujours plus haut ? » (M. MILHAUD).

l'âme qui se dilate... Rien ne fera que les idées qui donnent aux théories de la nature leur lumière ne soient filles de la plus pure activité spéculative ; rien ne retirera du tissu de la science les fils d'or que la main de la philosophie y a introduits » (1).

---

(1) Papillon, ouvrage cité.

APPENDICE

Extraits du rapport présenté au nom de la section de philosophie à l'Académie des sciences morales et politiques sur le concours relatif à la Philosophie de la nature chez les anciens,

Par M. Ch. Lévêque.

(16 juillet 1892)

« Cette question avait été mise au concours en 1887 avec échéance au 31 décembre 1889. Aucun mémoire n'avait répondu à ce premier appel. L'Académie jugea qu'il convenait de ne pas retirer un tel sujet sans faire une nouvelle tentative et il fut proposé une seconde fois. Les mémoires devaient être remis au 31 décembre 1891. Il en est venu deux dont je vais entretenir l'Académie.

On demandait aux concurrents d'exposer historiquement les notions, les doctrines, les théories des anciens sur la nature. Ils devaient les chercher non seulement chez les philosophes, mais dans les religions, dans les mythologies, chez les poètes, chez les savants, chez les moralistes. Le sujet était donc très vaste. C'était une première difficulté. Mais il y en avait une seconde plus grande encore. Celle-ci consistait à ne faire à chaque ordre de connaissance que sa juste part, c'est-à-dire notamment à ne pas donner soit à la science soit à la morale plus de place ou même autant de place qu'à la philosophie. Or, la philosophie de la nature, c'était l'ensemble des questions que soulève le spectacle de l'univers, surtout au point de vue des origines et des causes.

. . . .

Le mémoire n° 2 est un travail considérable et très complet. Si l'auteur a pu embrasser le sujet dans son ensemble et dans ses détails, on constate aisément que c'est grâce à un savoir étendu, exact, et à part ce qui a rapport aux religions orientales, acquis de première main... La littérature grecque sous toutes ses formes lui est

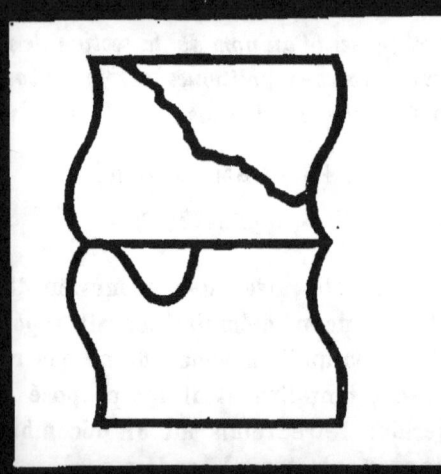

Texte détérioré — reliure défectueuse
NF Z 43-120-11

APPENDICE

Extraits du rapport présenté au nom de la section de philosophie à l'Académie des sciences morales et politiques sur le concours relatif à la Philosophie de la nature chez les anciens,

Par M. Ch. Lévêque.

(16 juillet 1892)

« Cette question avait été mise au concours en 1887 avec échéance au 31 décembre 1889. Aucun mémoire n'avait répondu à ce premier appel. L'Académie jugea qu'il convenait de ne pas retirer un tel sujet sans faire une nouvelle tentative et il fut proposé une seconde fois. Les mémoires devaient être remis au 31 décembre 1891. Il en est venu deux dont je vais entretenir l'Académie.

On demandait aux concurrents d'exposer historiquement les notions, les doctrines, les théories des anciens sur la nature. Ils devaient les chercher non seulement chez les philosophes, mais dans les religions, dans les mythologies, chez les poètes, chez les savants, chez les moralistes. Le sujet était donc très vaste. C'était une première difficulté. Mais il y en avait une seconde plus grande encore. Celle-ci consistait à ne faire à chaque ordre de connaissance que sa juste part, c'est-à-dire notamment à ne pas donner soit à la science soit à la morale plus de place ou même autant de place qu'à la philosophie. Or, la philosophie de la nature, c'était l'ensemble des questions que soulève le spectacle de l'univers, surtout au point de vue des origines et des causes.

. . . .

Le mémoire n° 2 est un travail considérable et très complet. Si l'auteur a pu embrasser le sujet dans son ensemble et dans ses détails, on constate aisément que c'est grâce à un savoir étendu, exact, et à part ce qui a rapport aux religions orientales, acquis de première main... La littérature grecque sous toutes ses formes lui est familière... Il en est de même de la littérature latine. Mais il est encore plus versé dans l'histoire de la philosophie que dans celle des littératures. Quant à la science proprement dite, ancienne et moderne, il la connaît assez pour en saisir le côté philosophique...

Le sujet présentait un inconvénient qu'il était malaisé d'éviter et qu'il fallait subir sans hésiter, dans l'intérêt même de la vérité historique. Le même personnage, dans l'antiquité comme de nos jours, peut avoir été poète à certains moments, philosophe, moraliste, savant à la fois ou tour à tour, de sorte que le sujet obligeait à faire reparaître tel ou tel écrivain à plusieurs reprises et sous ses divers aspects. L'auteur du mémoire n° 2 a accepté cette nécessité. Il en a atténué autant que possible le mauvais effet. De même, en adoptant la méthode chronologique, il s'en est affranchi lorsqu'elle aurait nui à la clarté de son exposition...

Quel service la mythologie a-t-elle rendu à l'intelligence et à la philosophie de la nature ? On a dit qu'elle avait poétisé l'univers, qui ne fut jamais plus imposant qu'au temps

> Où le Ciel sur la Terre
> Vivait et respirait dans un peuple de dieux.

L'auteur du mémoire n° 2 est d'un autre avis...

Dans un chapitre intitulé : *La poésie de la nature en Grèce*, l'auteur recueille avec soin les impressions, les descriptions, les fragments de tableaux, dont les anciens poètes grecs ont été généralement sobres, mais qui pourtant se rencontrent dans leurs œuvres... Il aborde ensuite la partie la plus importante de sa tâche, qui consiste à étudier non plus comment les Grecs ont traduit les impressions qui leur venaient de la nature, mais au contraire comment ils l'ont soumise aux prises de leur intelligence « pour essayer de la comprendre, de la définir et de lui ravir ses secrets »...

La coutume, lorsqu'on écrit l'histoire de la philosophie, est d'aller tout droit à ce que les solutions, même les plus anciennes, présentent de tant soit peu psychologique ou métaphysique, sauf à ne parler qu'en dernier lieu des données physiques, mathématiques et physiologiques. De récents et très savants critiques, français et allemands, ont pensé au contraire que les premiers philosophes grecs étant presque tous partis d'une première contemplation de la nature, il convient, pour les bien comprendre, de suivre la même marche. L'auteur du mémoire n° 2 a adopté à peu près cette manière de procéder. Ajoutons que par le parti qu'il en a tiré, il en a en quelque façon montré les avantages, dont le plus évident est de laisser à chacun de ces philosophes, si originaux et si différents, sa physionomie individuelle...

Mais les anciens ne se sont pas contentés d'étudier la nature en métaphysiciens ; ils s'en sont aussi occupés en savants, en physiciens, plus attentifs aux phénomènes qu'aux causes et aux substances. De là un chapitre intéressant et çà et là quelque peu nouveau...

La nature extérieure n'est pas la seule qui rappelle la réflexion du philosophe. Il y a une nature intérieure qui est en nous, qui est nous. C'est sur celle-ci que Socrate fit descendre la philosophie, jusqu'à lui trop tournée du côté du ciel...

La conclusion générale du mémoire n° 2 est un morceau digne d'être loué. L'auteur y dégage et y fait ressortir avec sûreté les rapports qui rattachent la philosophie de la nature des anciens à la science, à la philosophie et à la philosophie scientifique des modernes. Comme les maîtres les plus éminents d'aujourd'hui, il refuse de dire qu'entre les systèmes antiques et les théories modernes sur la nature il y a un abîme. Il établit non par de simples affirmations mais par des comparaisons précises, qu'en toute grande question les anciens nous ont frayé la voie, de telle sorte que l'on retrouve chez eux les commencements de solutions que les esprits légers sont seuls à regarder comme absolument nouvelles. Très justement il loue les anciens philosophes d'avoir uni, pour la plupart au moins, les spéculations les plus hautes et les recherches scientifiques, en quoi ils ont eu pour imitateurs des penseurs tels que Descartes, Leibniz, Kant...

Sur un programme vaste, sur un sujet difficile et complexe, le mémoire n° 2 est un travail distingué, répondant à toutes les questions avec érudition et méthode ; il est bien composé : les omissions, d'ailleurs rares, n'y sont pas des lacunes ; les longueurs, peu nombreuses, n'y sont pas des hors d'œuvre ; le style en est élégant et pourtant naturel : enfin les convictions spiritualistes de l'auteur sont à la fois très fermes et exprimées sous une forme toujours exempte de raideur. La section propose à l'Académie de décerner intégralement le prix au mémoire n° 2 et une mention très honorable au mémoire n° 1. »

L'Académie a adopté ces propositions.

Saint-Amand (Cher.) — Imprimerie BUSSIÈRE

TABLE DES MATIÈRES

AVANT-PROPOS 1

PREMIÈRE PARTIE

INTRODUCTION. 5
CHAP. I. — LA NATURE ET LA PENSÉE RELIGIEUSE. 13
    I. — Réflexions générales. 13
    II. — Les Hébreux 20
    III. — Les Perses (Assyriens et Phéniciens). . . . 27
    IV. — Les Egyptiens. 32
    V. — Les Chinois. 38
    VI. — Les Hindous. 41
CHAP. II. — LA NATURE ET LE SENTIMENT POÉTIQUE. . . . 62
    I. — Réflexions générales. 62
    II. — La mythologie. 80
    III. — La poésie de la nature en Grèce. 94
        1. Homère. 94
        2. Hésiode. 102
        3. La poésie lyrique. 105
        4. La poésie dramatique. 110
        5. Xénophon et Platon 117
        6. Théocrite. 121
        7. Les romanciers grecs. 125
        8. Les Pères de l'Église. 126
    IV. — La poésie de la nature à Rome. 128
        1. Les prosateurs latins avant Auguste. . . . 128
        2. Lucrèce 133
        3. Virgile. 137

    4. La poésie élégiaque 141
    5. Horace. 144
    6. Manilius 146
    7. Les écrivains de l'ère impériale 148
    8. Conclusion 156

DEUXIÈME PARTIE

CHAP. I. — LA RECHERCHE SCIENTIFIQUE. 159

  I. — Considérations préliminaires. 159
  II. — La science orientale. 162
  III. — La science hellénique 170
  IV. — Les sources. 204

CHAP. II. — LA MÉTAPHYSIQUE DE LA NATURE. 216

  I. — Cosmogonies 216
  II. — Cosmologies 233
    1. Réflexions générales. 233
    2. Solution de quelques difficultés. 243

  III. — Les philosophes antésocratiques. 256
    1. Thalès. 256
    2. Anaximandre 260
    3. Anaximène. 267
    4. Diogène d'Apollonie. 269
    5. Pythagore. 271
    6. Xénophane et Parménide 282
    7. Héraclite. 292
    8. Empédocle. 300
    9. Démocrite. 306
    10. Anaxagore 314

  IV. — Socrate. 325
  V. — Platon. 336
  VI. — Aristote 366
  VII. — Les stoïciens. 387
  VIII. — Les épicuriens 398
  IX. — Les Alexandrins. 411

TABLE DES MATIÈRES

Chap. III. — LA SCIENCE DE LA NATURE. 420

    I. — Réflexions générales. 420
    II. — Les savants dans le monde grec. 435
    III. — Plutarque, Ptolémée et Galien. 479
    IV. — Les savants dans le monde romain 491
    V. — Sénèque et Pline l'ancien. 500

Chap. IV. — LA NATURE ET LE MONDE MORAL. 513

    I. — Droit et législation 516
    II. — Education et morale. 528

Conclusion. 553

FIN

A. FONTEMOING, Éditeur, 4, Rue Le Goff, 4, Paris

HUIT (Ch.), professeur honoraire de l'Institut Catholique de Paris, docteur ès lettres. — **La Vie et l'Œuvre de Platon**, 2 vol. gr. in-8° raisin *(contenant un beau buste de Platon en héliogravure Dujardin)*.................. **24 fr.**

DENIS (J.), professeur de littérature ancienne à la Faculté des lettres de Caen. — **Histoire des théories et des idées morales dans l'antiquité**, *ouvrage couronné par l'Institut de France. Deuxième édition, 1879, 2 vol in-8°*..... **10 fr.**

PLUZANSKI (E.), docteur ès lettres, professeur agrégé de philosophie au lycée de Rennes. — **Essai sur la philosophie de Duns Scot**, 1 vol. in-8°.................. **5 fr.**

COMPAYRÉ (G.), ancien élève de l'École Normale, professeur de philosophie, docteur ès lettres. — **La Philosophie de David Hume** *(ouvrage couronné par l'Académie française)*, 1 vol. in-8°.................. **7 fr. 50**

DESDOUITS (Théophile), professeur agrégé au Lycée de Versailles, docteur ès lettres. — **La Philosophie de Kant**, d'après les trois critiques *(ouvrage couronné par l'Académie des Sciences morales et politiques)* 1 vol. in-8°...... **8 fr.**

DU MÊME AUTEUR

— **De la Liberté et des Lois de la nature**. Discussion des théories panthéistes et positivistes sur la volonté. 1 vol. in-8°.................. **5 fr.**

— **La Responsabilité morale**. Examen des doctrines nouvelles *(ouvrage couronné par l'Académie des Sciences morales et politiques)*, 1 beau vol. in-8°.......... **5 fr.**

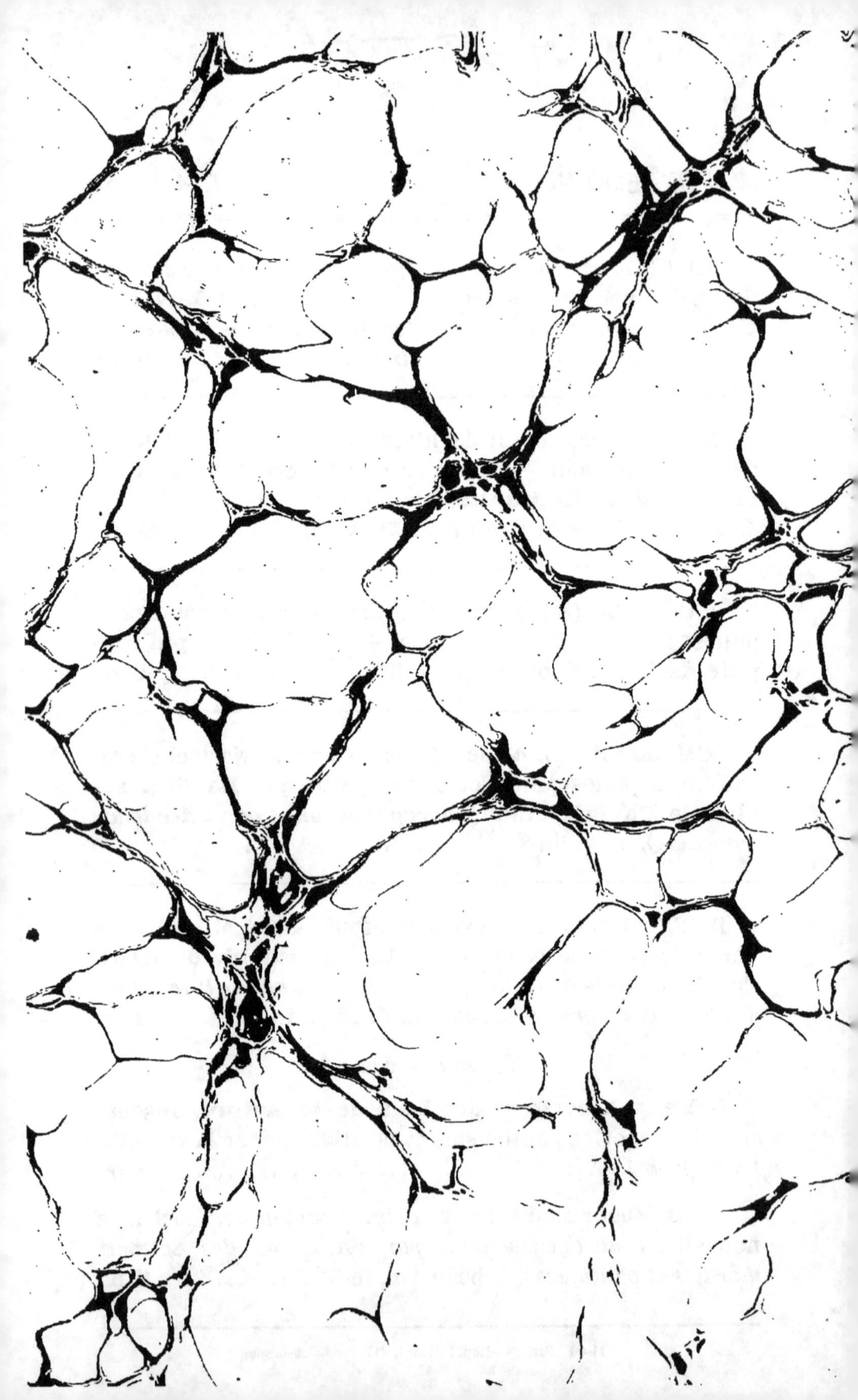

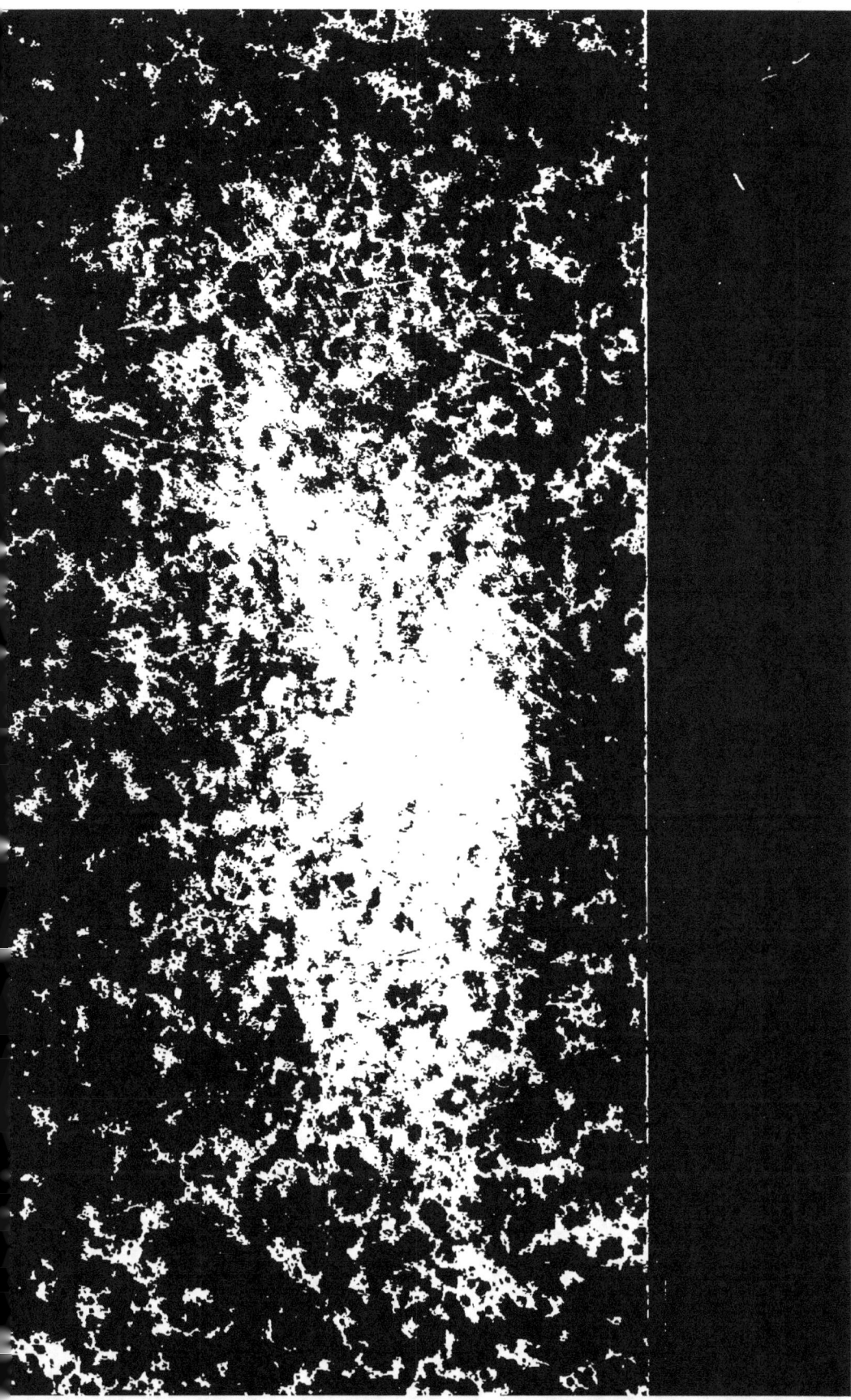

www.ingramcontent.com/pod-product-compliance
Lightning Source LLC
Chambersburg PA
CBHW070401230426
43665CB00012B/1200